人口·社会·法制研究

RENKOU SHEHUI FAZHI YANJIU

2019—2020年（上）

主　编◎杨军昌
副主编◎郑姝霞　申　鹏　廖　艳　方　印

知识产权出版社
全国百佳图书出版单位
—北京—

图书在版编目（CIP）数据

人口·社会·法制研究．2019–2020年．上/杨军昌主编．—北京：知识产权出版社，2022.3

ISBN 978-7-5130-7909-9

Ⅰ．①人… Ⅱ．①杨… Ⅲ．①社会科学—文集 Ⅳ．①C53

中国版本图书馆CIP数据核字(2021)第242648号

内容提要

本书为贵州省高校人文社会科学研究基地——贵州大学人口·社会·法制研究中心连续性学术集刊《人口·社会·法制研究》2019—2020年（上、下），所载论文涉及人口、社会、法制、民族、文化等多个方面，既有宏观研究，也有微观分析，既有理论探讨，也有实证剖析，均主题鲜明，中心突出，资料翔实，论从据出。具有一定的学术与实践参考价值。

本书适合人口学、社会学、法学、民族学等专业及相关领域研究人员阅读。

责任编辑：王　辉　　　　**责任印制**：孙婷婷

人口·社会·法制研究2019—2020年（上）

杨军昌　主　编

郑姝霞　申　鹏　廖　艳　方　印　副主编

出版发行：知识产权出版社有限责任公司　　**网　　址**：http://www.ipph.cn

电　　话：010-82004826　　http://www.laichushu.com

社　　址：北京市海淀区气象路50号院　　**邮　　编**：100081

责编电话：010-82000860转8381　　**责编邮箱**：laichushu@cnipr.com

发行电话：010-82000860转8101　　**发行传真**：010-82000893

印　　刷：北京中献拓方科技发展有限公司　　**经　　销**：新华书店及相关销售网点

开　　本：720 mm × 1000 mm　1/16　　**总 印 张**：31.875

版　　次：2022年3月第1版　　**印　　次**：2022年3月第1次印刷

总 字 数：680千字　　**定　　价**：168.00元（全两册）

ISBN 978-7-5130-7909-9

目 录

人 口

社 会

法　制

人 口

● 西南民族人口文化简论*

杨军昌

（贵州大学　历史与民族文化学院；贵州大学

人口·社会·法制研究中心　贵州　贵阳　550025）

摘　要：本研究认为我国西南是民族人口的富矿区，内容丰富，体系完整，有着民族性与独特性并存、传统性与现代性相依、先进性与落后性同在、神秘性与习俗性交融、制度性与口头性互补、稳定性与创新性共存、稳定性与创新性共存等显著特征，具有极为重要的研究价值，也是民族人口均衡、和谐发展极为重要的文化软实力。在新的时期，西南民族人口文化发展方向是和谐人口文化，即是通过文化的先导作用，促进人口自身数量、素质、结构、分布等各要素的和谐与协调发展，促进人口与经济、社会、资源、环境的协调和可持续发展，促进人的全面发展、家庭和谐幸福和社会和谐发展。和谐人口文化建设的路径动力是在树立和谐人口理念的基础上，表现在坚定事业化产业化体制化发展之路、科学处理人口文化与其他文化的关系、加强文化人才的造就培养、继承和发扬中国传统文化中的和谐理念等多个方面。

关键词：人口文化；内容特征；发展路向；少数民族；西南

人口文化是指人口再生产过程中，人口系统内部的变动及其与外部诸因素的联系和相互作用而形成的观念、伦理、道德、制度和行为规范。是人类在改造自然、改造社会、改造人类自我过程中获得的文化成果。[1]人口文化是人类文化中基础而又重要的组成部分，相关于人口文化的内容记载在国内外的文献著述中可谓浩如烟海，林林总总，对人口文化的关注和研究有着悠久的历史，在人口问题越来越成为未来发展至关影响因素的当代社会，都在寻求破解人口与发展面临着的种种问题的路径与方法，人口文化作为一种独特的人类创造性的劳动成果结晶，其与人口发展历程紧紧相随，息息相关。对人口问题的认识，应将其视野与角度置于“文化”这一更加广阔的领域加以考察和研究，才能得出更加符合实际的、正确而全面的结论。

---

*　基金项目：国家社科基金项目《西南民族人口文化研究》（10XRK001）研究成果之一。

作者简介：杨军昌，侗族，贵州石阡人，教授，博士，博士生导师。研究方向为民族社会与经济、民族人口与发展、民族文化与区域发展。

❶　杨军昌．文化、人口文化与民族人口研究刍论［J］．西北人口，2008（6）．

一、西南民族人口文化研究的价值

西南地区是我国乃至世界自然生态环境、民族文化生态环境独具特色的区域，其生态环境的脆弱特征、民族文化的丰富多样性以及在我国国防、边疆安全、民族团结和对外开放所具有的特殊地位，决定了剖析西南地区人口与经济社会发展、民族人口文化与和谐人口、安全人口环境建构等问题，必须立足于政策与发展以及全球化的背景，从民族团结稳定的角度，将其置于我国发展与变革的特殊历史背景以及国家人口发展战略、统筹解决人口问题的角度进行综合考虑，而其中又必须从西南少数民族自身发展的角度，将其置于西南少数民族聚居地区独特的“人口—环境—经济—社会—文化”大系统之中，并注重人口文化“内生”机制与外部环境的综合考察，系统寻析西南民族人口文化的内容与表现形式、功能与价值以及未来的发展方向与战略，从而为西南民族人口文化研究的深入化、系统化作基础的理论分析框架铺垫和参考。

西南地区是我国多民族聚居的民族人口大区，各民族在创造光辉灿烂的民族文化的同时，也创造了丰富多彩的人口文化，对于促进民族地区的人口再生产和社会经济发展与进步产生了积极的作用和价值。但由于各种因素的影响，西南少数民族及其民族地区社会经济相较落后，人们的思想观念保守传统，人口增长过快、人口素质偏低、人口结构问题突出等人口发展问题凸显，人口与资源环境矛盾日趋严重。可以说，新的阶段，西南地区人口问题的重点是民族人口问题，反贫困的重点对象是民族人口问题，实现小康与和谐社会的关键之一也是民族人口问题。这些问题制约着西南民族地区全面小康建设与和谐社会建构，影响着西南边疆的社会稳定和民族共同发展繁荣目标的实现。因此，要重视从文化的角度对西南民族人口问题进行研究，从文化的角度来探讨民族人口和民族地区经济发展、社会进步和民族共同发展繁荣的深层次问题。一定的文化影响一定的社会政治和经济，因此对西南地区民族人口文化的研究具有十分重要的理论与实践意义。

其一，有利于全面系统地反映西南地区少数民族特有的人口文化。西南地区是一个多民族聚居的区域，长期以来专家学者对各民族历史、文化、经济、社会等研究十分深入完善，但美中不足之处就是没有全面、系统地介绍、研究少数民族的人口文化。因此本研究不仅可以填补此空白，更有利于系统全面地发掘少数民族传统人口文化资源。

其二，有利于西南地区人口和计划生育工作的开展。西南少数民族有优秀的传统文化，有些文化直接与婚姻、家庭、生育、性别、结构、迁移流动等相关，且其中不乏合理成分。通过研究这些人口文化，一方面，本着批判继承的态度，有利于人们观念的转变，为人口和计生工作营造良好的观念与实践环境；另一方面，通过对人口文化进行综合研究和分析，不断摒弃不利于人口和社会发展的落后观念，为计生工作提供更有针对性的工作目标和重点。

其三，有利于西南民族地区全面小康社会建设。小康建设是一个多维指标，不仅有经济方面的指标，也有文化、教育方面的指标。通过对西南少数民族人口文化的全面研究和对民族人口文化现状的把握，有助于加强现代化建设中社会文化基础的认识，更是对尚未被认识和重视的优秀人口文化的总结和发展，为社会主义先进文化建设注入新鲜活力。

其四，有利于西南地区的人口安全环境建构。人口安全是当前人口学界讨论比较热烈的话题，它是国家安全的基础和重要组成部分。其中人口性别比不平衡或失调是人口安全的不稳定因素之一。而最近的统计数据均表明，西南地区尤其是西南民族地区，如广西全区、贵州3个自治州、重庆各自治县等出生性别比失调。究其原因是多方面的，但人们的传统人口文化中“重男轻女”的落后生育观念是造成该现象的最根本原因。因此，只有消除少数民族中这种“重男轻女”的性别文化及其产生机制、影响因素并采取相应对策，才能从根本上抑制性别比的偏高问题，为西南地区的人口安全创造良好的文化氛围和条件机制。

其五，有利于西南民族地区的人口与资源、环境、经济和社会的可持续发展。可持续发展是人类的必然选择，同时也是人类在遭受到自己过度向自然索取的惩罚后所做的无奈选择。但有些少数民族由于禁忌、传说、习俗等原因形成了朴素的人与自然的和谐观，例如贵州黔东南榕江、锦屏等地的生态环境一直保存完好。少数民族同胞先民朴素的生态和谐观则包含丰富的人口文化思想，对这些人口文化思想的研究和继承发扬，将十分有利于民族地区的可持续发展。

二、西南民族人口文化的内容体系

人口文化研究的内容宽泛而又复杂，抽象而又具体，历史而又现实，任何单个而又短期的研究行为都无法反映其全貌，穷尽其内容。结合西南地区历史、环境、文化、人口发展特别是民族人口文化的历史与现状，将研究内容体系主要从相互联系互为补充的三个方面来构建：首先是从伴随人口生育、成长、迁移流动、老年、死亡这一生命历程的文化事项；其次是与人口再生产密不可分的婚姻、家庭、亲属、继嗣、伦理、习俗、财产继承等制度性的规范和行为；最后是人口、人类发展与资源环境、法律规制相互作用互为影响的观念意识及其行动调适。三个方面的内容整合成的研究体系与研究构架，可突破当前人口文化研究多囿于生育文化研究的局限。具体研究体系如下。

西南民族人口婚姻家庭文化：婚姻与婚姻制度、婚姻礼仪、婚姻功能、家庭类型、家庭关系、亲属制度等。

西南民族人口生育文化：内容有生殖崇拜、生育观念、生育规范、节育与计划生育、养育教育。

西南民族人口结构文化：除相关概念外，包括年龄、性别、族际、宗教、空间、职业等结构文化。

西南民族人口流迁文化主要论述流迁概念、史迹、流迁特点、当代流迁状况与效应，迁移特点与文化分析，改革开放后的西南民族人口流动等。

西南民族人口老年与长寿文化：敬老孝老文化、老年健康文化、长寿文化与西南长寿状况及其价值等。

西南民族人口死亡与丧葬文化：主要论述西南民族生死观、丧葬文化渊源、丧葬礼仪、流变与趋向等。

西南民族人口生态文化：生态、生态文化、人口生态文化概念与关系，生态文化的内容与价值、生态文化的嬗变、发展方向与路径等。

西南民族人口法律文化：在论述人口法律文化的定义、结构和特征的基础上，主要从民族习惯法、乡规民约、现代法三个层面讨论了人口法律文化的内容和现代化语境下西南民族人口法律文化的发展前景。

当然，在研究中，必然考虑铺垫性的开头和总结展望性结尾前后两部分。开头部分的研究内容主要为文化、人口文化、民族人口文化的相关概念及内涵、西南民族人口文化生存的区情与文化环境、民族区域分布与人口发展演变等问题。结尾部分包括西南民族人口的时代变迁、西南民族人口文化的作用表现及反思、西南民族人口文化发展方向、路径与动力等。

三、西南民族人口文化的主要特点

作为西南民族文化亚文化的西南民族人口文化范畴所涉及的民族多、时间跨度长（区域民族人口、单一民族人口都如此），内容广泛，不仅全方位地影响着西南民族人口再生产，而且对于促进西南民族地区的人口与经济发展、社会进步、人口与资源环境协调和谐产生了积极的作用和影响。就其主要特点，可作如下几个方面的归纳。

第一，民族性与独特性并存。讨论西南民族人口文化，必须首先看到作为其主体的民族人口文化部分，这种民族人口文化本身就是独具特色的人口文化。不同民族在自己民族的繁衍发展中，创造、总结、沉淀、发展了一支属于本民族的民族人口文化，表现为民族生育习俗甚至一切与人口过程有关的规范的或者不规范的、文字的或者口头的、制度的或者非制度的文化元素和文化现象。黑格尔说“差异产生美的和谐”。正是由于西南各个少数民族独特的人口文化的条条溪流，汇成了西南民族人口文化这条滔滔江河，从古而今始终浸润着人口的再生产，协调着人口变动与资源环境的互动平衡，当然也凸显了各少数民族在西南特定生境中争取种的延续、人丁的兴旺中积累起来的文化和智慧的光芒。

第二，传统性与现代性相依。西南民族人口传统文化是西南各民族自古以来形形色色的人口文化现象的总和，是在西南民族传统社会生活中形成和传承的，大凡包括婚嫁、生育、教养、流迁、死亡、丧葬、家庭家族、礼仪规制、行为习俗等，是历史上得到的、经过选择并能够传到今天、传到现代的东西，其丰富而又复杂，恒久而又不失变化。作为每个民族的“固有文化”，其在现实中以不同的形态展现出来，或在历史上曾经存在过但已消失只有记忆（如葬俗之“悬棺葬”），或在历史中已经存在、现实中有所保留，虽不再完整但残余影响仍然较深（如婚礼中的“回车马神”、养育中的“寄拜”“架桥”），或存在于历史又完整保存于现实。由于西南民族人口文化是与民族社会经济生活、时代发展紧密相关的观念意识，伴随着经济的发展、生活的现代化方式转变，各民族的人口意识、生育观念、人口行为等都发生了变化，其中那些较容易被主流的、新型人口文化所倡导和相似或者相同的部分变化尤为明显，或者说已融入成了当代人口文化的一部分，并对民族社会的人口行为产生影响。

第三，先进性与落后性同在。积淀数千年之久的文化，精华和糟粕并存。文化的核心是价值观，对文化的把握离不开对价值及价值观的深刻理解。少数民族传统文化的“先进”与“落后”或是“精华”和“糟粕”的属性判断，实质就是价值观的判断。任何一种文化，尤其是传统文化中无不“包揽”着“先进”与“落后”的成分。文化的“先进”“落后”属性是一个历史范畴，对其界定是一个复杂而非简单的过程。实际上，在西南民族人口文化中，先进性与落后性的内容在客观存在着，比如在婚嫁年龄上，早婚晚婚各地都有；在生育数量质量上，既有多子多福的多育观念，又有重质量轻数量的选择；在生育性别上，在男孩偏好的主流下，也有重男不轻女、重女轻男的价值选择；在人口环境关系上，既有多生多育“竭泽而渔”式的向环境索取而至“一方水土养不活一方人”或“越生越穷，越穷越生，越生越垦”的个案事项，又有人口资源环境协调和谐的“适度”人口观念与行为；在人生礼仪或人的生命历程中的关系事节上，既有科学、合理、节俭、文明等先进性元素的张扬，又有诸如巫术、求签、打卦、浪费、野蛮等愚昧落后、迷信成分的植入。当然，任何一个民族的人口文化都会伴随着生产力水平的不断发展而变迁发展，实现合理的扬弃，但这个过程由于“顽强恪守传统”的文化事实多数是处于一种渐进的状态。也要看到，民族人口文化落后的成分在现实社会中，客观上有着心灵安抚、精神慰藉、秩序维系等动能，亦即有其生存的土壤，在一定的发展阶段，就不能用机械主义、教条主义甚至是官僚主义的态度直接否定与扼杀，而要在不断改变这种人口文化生存的抽象文化环境和客观文化环境的基础上促进它彻底的自我优化和蜕变，因为从历史的角度看来，所有人口文化的成果都是在其所依赖的文化环境变化中自我完善的结果。

第四，神秘性与习俗性交融。这里讲的神秘性，主要是诸如民族地区人口生产过程中普遍存在的图腾崇拜、生殖崇拜、神灵崇拜等精神信仰行为，以及一些农村地区广为流行的求子祈福中的求神还愿、因果报应、生世轮回等无法在现实世界生活中直接实现的意识。如果没有神秘性，许多农村地区世代流传的人口文化就要失去它的吸引力、感召力和凝聚力，就要影响这种文化在人口生产领域的作用力。比如，侗寨占里自明末清初以来就实行人口一家二孩的生育“贯制”，在中华人民共和国成立后人口增长不超过5%、一家一户仅生育二孩且80%以上为一男一女的人口控制绩效所折射出的人口文化神秘现象就引起实务与学术界的广泛关注。在人口生产和再生产的层面上，对于与现代科学有距离或不能为人们所认识、所把握的现象，不能简单地认为是单纯的迷信和落后思想，反而这种源于宗教、祖先崇拜、自然崇拜、草根医药等的神秘性，在很大程度上起到了民族共同意识的形成和巩固作用，也使得民族人口的繁衍得以代代更续不断。不同的神秘信仰既是不同民族自我意识形成的精神根源，更是一些特定的民族习俗诸如祭龙神、四月八、三月三、姊妹节、萨玛节、鼓藏节、端节、泼水节、绕三灵、吃新节等得以形成和定型的基础。在许多少数民族中，自从有了神秘的信仰，就有了各种形式的习俗，这种习俗的原始形式许多是来自神秘的祭祀或者共同祈求的某种愿望，包括对子孙繁衍的愿望和民族自身壮大发展的愿望，也就将人口生产和再生产的行为包容在了各种特殊的习俗当中。

第五，制度性与口头性互补。民族地区传承着许多制度化的人口文化内容，集中表现在人口再生产过程中的各个环节当中，诸如成人、婚姻家庭、祭祀、社交等礼仪，求子、怀孕、产后等规制，养育教育、养老敬老、死亡丧葬规范、程序等。这些制度性规范用习惯法的形式，或用家族规范的形式固定下来，用以处理人口过程中出现的各种需要用集体意识裁决的问题，抑或是保障某种人口生产模式的完整和有效。也正是因为制度性人口文化的形成及其作用发挥，西南各个民族的历史文化、生计方式、族系继嗣、社会组织、习俗风尚等有了生存和传承的土壤与根基。此外，西南民族人口文化的比少内容还存在民众的日常生活中，这些人口文化的内容已经被内化为某种生活方式，生活理想或选择，包括婚姻对象的选择、家庭组成、家庭规模、子女性别的选择等，虽表现为非制度性的形式，但其影响深刻，最不易改变。一般情况下制度性的人口文化与口头性的人口文化是互为补充的，也是同时存在的，没有单纯的制度文化所能涵盖的人口生产过程，也没有仅仅靠口头的人口文化传承就能规范的人口再生产过程。

第六，稳定性与创新性共存。西南民族人口文化是西南各民族在不同历史阶段特定的经济、政治、社会和文化的基础上形成并演变发展而来的，经济基础稳定，即使社会发生变革，民族人口文化也保持着相对的稳定性。稳定性是民族人口文化得以传承的主要原因。由于人口再生产具有惯性的规律，是一种较为稳定的生产，自然需要一种较为稳定的、能持续起作用的人口文化来维系和推动。稳定性将人口文化固定在民族的范围内，内化在民族情感和民族灵魂当中，通过制度性的力量和一辈对一辈的潜移默化的影响和灌输，民族人口文化得以完整的代代相传。但任何一个民族的文化也不是永恒凝固的、一成不变的。在这个过程中，随着经济的发展，时代的前进，民族“文化自觉”意识的增强，同时又由于民族文化是一种必然在代际间传递的财富，使得民族人口文化的变迁与发展也势所必然。实际上任何一成不变的文化传递是不可能的，也是没有生命力的，同样，民族人口文化在传承的过程中，这种文化的创新在每一代中都会发生，这保证了每一时期的人口文化都能适应特定阶段人口发展的需要，不至于因为文化上的冲突而导致其失去对人口生产的引领。在新的时期，就是民族人口文化创新发展的必然趋势与动力。

四、西南民族人口文化发展方向与建设路径动力

建设和谐社会，既需要雄厚的物质基础、可靠的政治保证，也需要良好的文化条件。和谐文化是以和谐的内涵为理论基础的文化体系，是当今世界最先进的思想文化，是创建和谐社会与创建和谐世界的前提条件。只有在和谐文化的引导下，才能创造出和谐的政治与和谐的经济，只有用和谐文化培养出来的人，才能自觉地去创建和谐社会与和谐世界。和谐文化的形成，是一定的社会主体对历史的、现实的和未来的社会生活的认同和向往。从以人为本的科学发展观的理念出发，社会主义和谐文化关注人与自我、人与人、人与社会、人与自然之间的和谐相处。从表现形式上看，和谐文化既有思想观念形态方面的内容，又有制度规范形态方面的内容。就思想观念而言，和谐文化体现着人们对和谐社会的认知以及对社会和谐目标的追求；就制度规范而言，和谐文化体现着人们在和谐观念引导下建立的一系列调整利益关系、化解社会矛盾的制度设计和机制规范。

和谐人口文化是以崇尚和谐、追求和谐为思想内核和价值取向，以倡导和谐人口理念，培育和谐人口精神，营造和谐人口氛围为主要内容的人口文化，是和谐文化的重要组成部分，体现着和谐文化的精神与价值追求。和谐社会建设呼唤和谐人口文化建设，和谐社会需要和谐人口文化的关怀和引领。和谐的人口再生产进程，和谐的人口要素及其关系，和谐的人口与经济社会发展状态，和谐的人口与资源环境协调可持续图景，和谐的人口与计划生育工作环境建构，需要和谐的人口文化的功能作用与促进。和谐人口文化是当代先进人口文化的内核和实质，是新的时期人口文化建设和发展的方向，是和谐社会建设的重要组成部分。正是在此意义上，我们认为西南民族人口文化发展的方向是和谐人口文化的建立，和谐人口文化是西南民族人口文化建设和发展的根本目标。

实际上，早在 2007 年 12 月 7 日，国家人口和计划生育委员会在宁波召开的“第三阶段全国婚育新风进万家经验交流会”上，就明确提出要在科学发展观的指导下，在建设和谐社会进程中，要“大力推进和谐人口文化建设”的要求。在 2012 年 1 月 17 日国家人口和计划生育委员会出台的《关于加强人口文化建设的意见》又进一步强调了加强人口文化建设的重要性和紧迫性，要求在推进社会主义现代化建设的进程中，要“通过文化的先导作用，促进人口自身数量、素质、结构、分布等各要素的协调发展，促进人口与经济、社会、资源、环境的协调和可持续发展，促进人的全面发展、家庭和谐幸福和社会和谐发展”[1]。

---

[1] 国家人口计生委网站 . www.chinapop.gov.cn.

对于和谐人口文化建设的路径动力，主要表现为如下几个方面。

第一，和谐人口文化重在建设。任何一种文化形态的生成与发展，都是一个逐步积累的过程，不可能通过疾风暴雨式的“文化运动”来实现。建设和谐人口文化，以培育和谐人口精神，树立和谐人口理念为目标，更应突出强调重在建设。当前，我国人口文化发展正处于一个重要的战略机遇期，面临着巨大的发展空间。必须坚持重在建设的理念。在全社会努力地培育和谐精神、倡导和谐理念、营造和谐氛围，增强建设的凝聚力和向心力。要在建设中清醒地认识到和谐人口文化建设是一个持续推进的过程，必须坚持不懈地努力，积少成多，聚沙成塔，汇聚成和谐人口文化的时代潮流而促进社会主义文化软实力的增强。

第二，坚定事业化、产业化、体制化发展之路。在建设中，既要强调物质方面基本公共服务的均等化，也要强调文化方面基本公共服务的均等化。既要发展以市场为导向的经营性文化产业，更要发展以服务人民大众为主旨的公益性人口文化事业，特别是农村公益性人口文化事业，把“送文化”变成“种文化”，同时要高度重视文化产业的发展。发展人口文化产业是社会主义市场经济条件下满足人的全面发展需求的重要途径，反映着文化经济潜能的挖掘与开发，也影响着文化体制改革的进程，是文化生产力发展的不竭动力。当然和谐人口文化建设，需要与之相适应的文化体制作保障，在和谐人口文化建设的新时期，应站在全局、大体、战略的高度审视评价我国文化体制，包括人口文化体制建设的状况，并在此基础上开拓可能的体制空间，使和谐人口文化建设有更宽松的制度环境。

第三，科学处理与其他文化的关系。费孝通先生曾告诫，在文化建设中，“我们要在认识和发展自己文化的同时，还要考虑到如何处理自己的文化和其他不同文化相处的问题。”[1] 和谐人口文化建设是社会主义文化建设的重要组成部分，其他文化的建设对和谐人口文化有着重要的作用和意义。因此，应科学处理与经济文化、政治文化、教育文化、道德文化、科技文化等的关系，并在其中使和谐人口文化得到更加系统和科学的发展。

第四，加强文化人才的造就培养。西南民族和谐人口文化建设需要能力强和素质高的文化队伍为之努力。时代的要求，现实存在的问题，迫切需要西南各省采取积极有力的措施加快文化人才队伍建设，造就文化人才队伍。在此我们认为，其一是要更新人才观念，完善人才政策，营造有利于优秀人才脱颖而出的良好环境；其二是要制定好人才建设规划，培养和建设文化建设的领导与骨干队伍，文化建设的专业人才队伍，市场型、复合型的实战本领人才队伍以及理论研究、教育教学的人才队伍等；其三是要构建新型的文化建设运作机制和用人机制，充分发挥人才的作用，做到人尽其才，才有所用；其四是要制定适合于文化人才的人事管理制度，探索文化人才的行业

---

[1] 方李莉．费孝通晚年思想录——文化的传统与创造［M］．长沙：岳麓书社，2005：85.

管理办法，促进文化人才合理流动；其五是要加大文化人才的培养力度，建立人才培养基金，健全人才培养体系，把学校教育和社会教育有机结合起来，使文化建设人才辈出，总之，要在文化人才上用好现有人才培养后备人才，吸引外来人才。

第五，继承和发扬中国传统文化中的和谐理念。文化建设是一个国家或民族以其固有的文化传统为基础而进行的文化传承、变革与创新。在西南民族人口文化建中，必须高度重视西南民族传统人口文化中科学、合理、和谐成分的发掘、整理、继承和弘扬，它是西南民族和谐人口文化建设中最有民族性、最有地方性，也最具有历史性、多元性和生命力的资源基础和财富。实际上，费孝通先生于此早有提示和告诫：认为“分布在云贵高原一带的高原文化，这一类文化由于地处偏僻，所以比较原始，有些地方甚至还保留了人类最早的采集、渔猎文化，这些文化类型在一些发达国家也许是早已绝迹了的，但它们在我国西部的某些地方还在继续保存，我们不要小看它们，这是一笔属于全人类的宝贵财富。所以，我们要珍惜它，不能随意地破坏它”[1]。当代的和谐人口文化建设必须在自我传统的基础上自我更新，进行创造，必须从传统文化中去汲取营养，找到自信，达到自觉，走向自新。

[1] 方李莉．费孝通晚年思想录——文化的传统与创造［M］．长沙：岳麓书社，2005：90.

● 贵州省流动人口状况与问题研究

王怡涵
（贵州大学 历史与民族文化学院 贵州 贵阳 550025）

摘 要：人口流动一直以来都是人口学、社会学、地理学等多学科交融的重要研究领域。改革开放以来，户籍制度的逐步开放渐渐打破了对人口流动的束缚，人口流动越来越成为当今社会经济发展中的重要现象。贵州省作为我国西南地区的主要省份，研究贵州省流动人口的状况以及存在的问题有助于了解和把握我国西南地区流动人口的整体状况。本研究以2017年上半年国家人口和计划生育委员会进行的“流动人口动态监测调查”和第六次全国人口普查为主要研究数据，从贵州省流动人口的整体状况、结构、受教育水平、就业结构以及流动原因五个方面对贵州省流动人口状况进行分析，研究贵州省流动人口存在的问题并提出相应的政策建议。

关键词：贵州省；流动人口；经济社会发展

流动人口是指人户分离人口中不包括市辖区内人户分离的人口。市辖区内人户分离的人口是指一个直辖市或地级市所辖区内和区与区之间，居住地和户口登记地不在同一乡镇街道的人口。人口流动一直以来都是人口学、社会学、地理学等多学科交融的重要研究领域。改革开放以来，户籍制度的逐步开放渐渐打破了对人口流动的束缚，中国各地区之间经济交流社会的交往日益密切，人口流动越来越成为当今社会经济发展中的重要现象。为了追求更好的发展前景、更好的就业机会、更高的工资、更好的教育以及社会公共服务等，越来越多的人选择离开自己的家乡到大城市打拼，当人们离开自己的户籍所在地，这些人便构成了流动人口。人口流动作为促进当代社会经济发展的强大推力之一，发挥着“优化劳动力的空间配置，促进产业结构升级”的作用。在全面建成小康社会、实现中华民族伟大复兴的新时期，流动人口将成为一股强大的推动力量。与此同时，流动人口中的大多数来自农村地区，合理转移农村剩余劳动力，也有利于切实解决“三农问题”。

贵州省位于我国西南山区，是我国唯一一个在行政区域内没有平原的典型山区省份，境内多为山地、丘陵地形，山地和丘陵占据了贵州省17.6万平方千米的93%，生

作者简介：王怡涵（1996—），女，汉族，河南郏县人，贵州大学历史与民族文化学院2018级民族学硕士研究生。研究方向为中国少数民族经济、人口与社会。

态环境十分脆弱，“欠发达、欠开发”一直是其固有的标签。近年来，贵州统筹推进工业化、城镇化、农业现代化“三化”同步快速发展，努力走出了一条符合自身实际和时代要求的赶超之路，2019 年贵州省全年 GDP 增速位列全国第一，增长 8.3%。随着经济的快速发展，贵州省的流动人口也不断扩大，研究贵州省流动人口的状况以及存在的问题有助于了解和把握我国西南地区流动人口的整体状况。因此本研究将从贵州省流动人口的整体状况、结构、受教育水平、就业结构以及流动原因五个方面对贵州省流动人口状况进行分析，研究贵州省流动人口存在的问题并提出相应的政策建议。本研究的数据主要来自 2017 年上半年国家人口和计划生育委员会进行的“流动人口动态监测调查”。调查选取的样本是“2017 年 4 月年龄为 15 周岁以上，在本地居住一个月及以上，非本区(县、市)户口的男性和女性流动人口”。调查过程中抽取样本 5000 个。此外，本研究还引用了《第六次全国人口普查(2010)数据》《贵州省统计年鉴（2011)》《贵州省统计年鉴（2018)》等权威资料。

一、贵州省流动人口整体状况

（一）流动人口的数量与类型

第六次全国人口普查的结果表明，2010 年贵州省流动人口达 463 万人，外省流入省内 76.3 万人，省内流动人口规模为 386.7 万人。2010 年，贵州省常住人口总数为 3479 万人（见表 1）。

表 1　2010 年贵州省流动人口类型与流动人口数量

类型	人数 / 万人
省际流动人口	76.3
省内流动人口	386.7
流动人口总计	463.0
常住人口总计	3479

资料来源：第六次全国人口普查。

与 2010 年第六次全国人口普查的数据相比，2017 年贵州省流动人口动态监测抽样数据显示，虽然流动人口仍以省内流动人口为主，但省际流动的比重增加了 19.4 个百分点（见表 2)，贵州省的生产总值从 2010 年的 4602.79 亿元增加到 13 540.83 亿元，人均地区生产总值也从 13 119 元增加到 37 956 元，生产总值和人均地区生产总值都增加了近两倍，这说明贵州省经济发展不断向好，为流动人口提供了更多的就业岗位，省外流动人口流入贵州省的积极性增加。

表 2　贵州省流动人口类型分布

单位：%

类型	2010 年	2017 年
省际流动	16.5	35.9
省内流动	83.5	64.1
合计	100	100

资料来源：第六次全国人口普查，2017 年流动人口动态监测抽样数据。

（二）流动人口的居住时间

根据 2017 年流动人口动态监测抽样数据，流动人口在本地的平均居住时间为 5.27 年，其中，居住一年的占 18.84%；居住两年的占 13.1%；居住三年的占 11.78%，尚有 7.06% 的流动者居住时间低于 1 年。

由省内、省际流动人口对比可知，省际流动人口居住时间达 5.70 年，组内中值为 4 年；省内流动人口的平均居住时间为 5.03 年，组内中值为 3 年，均低于省际流动人口（见表 3），总体来说，与跨省流动人口相比，省内流动人口短期流动行为较多，居住时间长度低于或等于 1 年的占其总数的 27.2%，比省际流动人口高出 3.6%；省际流动人口长期流动者较多，居住时间长于 10 年的省际流动人口占其总数的 16.8%，比省内流动人口高出 4.5%，这可能表明省际流动人口的流入行为更多地考虑到其长期的发展。

表 3　流动人口居住时间

流动类型	均值 / 年	标准差	中值 / 年	众数 / 年
省际流动	5.70	5.670	4	1
省内流动	5.03	5.551	3	1
总计	5.27	5.579	3	1

资料来源：2017 年流动人口动态监测抽样数据。

（三）流动人口的流入区域

第六次全国人口普查数据显示，人口流入规模与经济发展水平有重要的关联。贵阳市作为贵州省的省会城市，经济发展水平较高，与其他地区相比有更多的就业机会，因此成为流动人口的主要选择。2010 年贵州省流动人口 463 万人中，流入贵阳市的规模最大，达到 151 万人，占流动人口总数的 32.7%；其次为遵义市（88 万人），占 19%；其他地区流入规模都在 50 万人以下（见图 1）。同时考虑到人口基数不同，从流入人口占常住人口的比重来看，高于全省平均水平（13.3%）的 3 个市分别为贵阳市（35%）、遵义市（14.4%）、六盘水市（13.4%）。

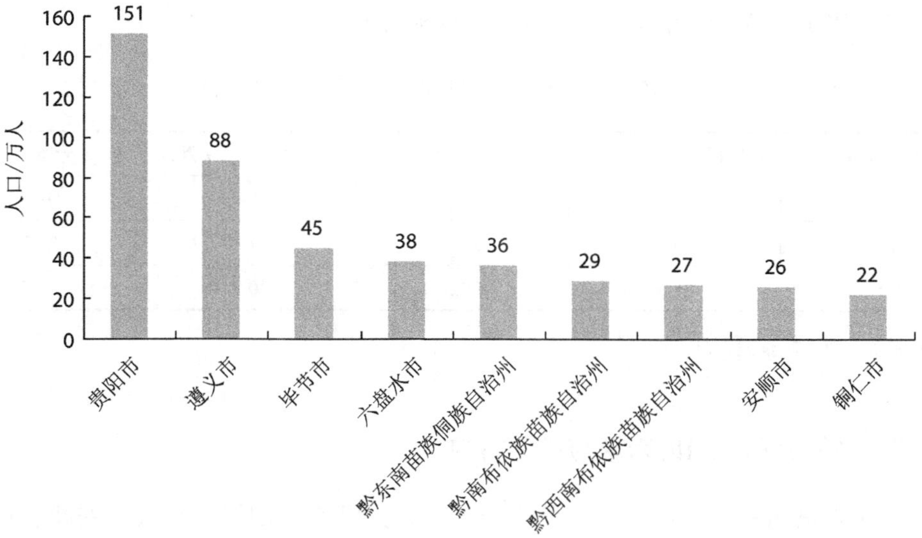

图 1　2010 年贵州省流入人口区域分布（基于第六次全国人口普查）

从人均生产总值来看，贵州省排名前三位的是贵阳市、六盘水市和遵义市（见表 4），这与流入人口的比重情况基本保持一致，这也进一步说明了经济发展越好，流动人口的吸引力越大。

表 4　2010 年贵州省各市（州）流入人口占常住人口的比重与人均生产总值

流入地	占常住人口比例 /%	总流入人口 / 万人	占常住人口比例 /%	省内流入 / 万人	占常住人口比例 /%	省外流入 / 万人	人均生产总值 / 元
贵州省	13.3	463	11.1	387	2.2	76	13 119
贵阳市	35.0	151	28.7	124	6.3	27	26 209
六盘水市	13.3	38	11.2	32	2.1	6	17 462
遵义市	14.4	88	12.6	77	1.8	11	14 650
安顺市	11.3	26	9.6	22	1.7	4	10 014
铜仁市	7.1	22	6.1	19	1.3	4	9304
黔西南布依族苗族自治州	9.6	27	7.9	22	1.8	5	10 839
毕节市	6.9	45	5.8	38	1.1	7	9113
黔东南苗族侗族自治州	10.3	36	8.3	29	1.7	6	8839
黔南布依族苗族自治州	9.0	29	7.4	24	1.5	5	10 861

资料来源：第六次全国人口普查，《贵州省统计年鉴（2011）》。

根据第六次全国人口普查数据，流动人口流入的区域大多集中在城市。2010 年贵州省内流动人口中，城市为主体流入区域。流往城市占比 51%，流往镇占比 29.5%，流往乡村占比 19.5%。外省流入人口情况基本相同（见表 5）。

表 5 流动人口流入区域的城、镇、乡人口 6 分布

流入区域	省内流入人口 / 万人	分布 /%	省际流动人口 / 万人	分布 /%
城市	197.3	51.0	37.7	49.3
镇	114	29.5	17.8	23.3
乡村	75.3	19.5	20.9	27.4

资料来源：第六次全国人口普查。

（四）省外流动人口的来源与户籍结构

外省流入贵州的人口中，排在前五位的分别是湖南、四川、重庆、安徽、江西与贵州相邻的省市，占省外流入人口的 65.4%，其中四川省、湖南省、重庆市占贵州省外流入人口的 60.2%，其他外省流入人口占 39.8%（见图 2）。

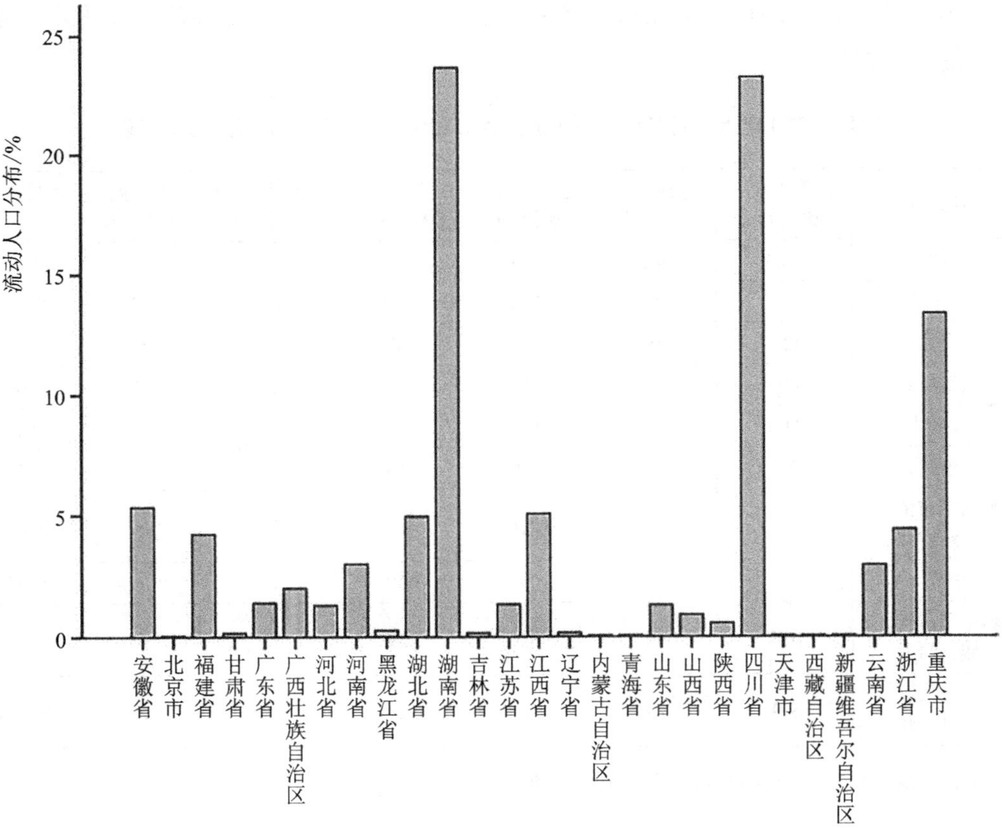

图 2 省际流动人口来源的区域分布

资料来源：基于 2017 年流动人口动态监测抽样数据。

二、贵州省流动人口结构

（一）性别结构

2017 年贵州省流动人口动态监测抽样数据显示，在当年的流动人口中，男性占流动人口总数的 52.6%，女性占流动人口总数的 47.4%，男性人口所占比重比女性人口所占比重高出 5.2%。流动人口的性别比为 110.88%。

在跨省流动的流动人口中，男性人口占流动人口总数的 55.5%，女性人口占流动人口总数的 44.5%，性别比为 124.5%。省内流动人口中，男性人口占 51%，女性人口占 49%，性别比为 104%。跨省流动的流动人口的性别比远高于省内流动人口的性别比，这说明在跨省的人口流动中，男性有更强的流动意愿，这也与我国社会一贯以来的男主外，女主内的观念有关，男性愿意到远离家乡的地方工作，而女性更多选择在省内流动。

（二）年龄结构

2017 年流动人口动态监测抽样数据显示，贵州省流动人口年龄最小为 15 岁，最大为 88 岁，流动人口年龄均值为 36.95 岁。整体上贵州流动人口的年龄分布有以下几个特点：在年龄组分布上，主要集中在 20~49 岁，占流动人口总数的 83.34%。其中 25~29 岁的流动人口是占比最高的年龄组，占流动人口总数的 18.28%，此外 20~24 岁、30~34 岁、35~39 岁、40~44 岁、45~49 岁年龄组之间的流动人口数量分别占流动人口总数的 11.02%、15.44%、13.44%、13.98%、11.18%（见图 3）。因此，贵州省的流动人口主要以中青年为主，这与经济发展的趋势保持一致，此外也说明贵州省流动人口的年龄结构并没有出现经济发达省份流动人口的年轻化现象，流动人口中“90”后所占比重不高。

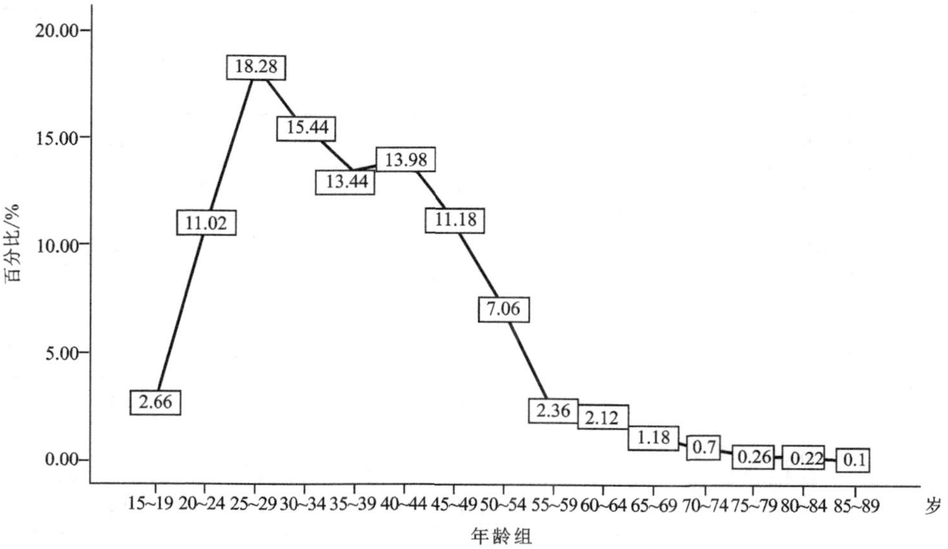

图 3　流动人口年龄分布

资料来源：基于 2017 年流动人口动态监测抽样数据。

2017 年流动人口动态监测抽样数据显示，贵州省流动人口中男性与女性的年龄结构存在一定差异。女性流动人口的平均年龄为 35.37 岁，男性流动人口的平均年龄为 38.38 岁，男性流动人口的平均年龄比女性流动人口的平均年龄大 3.01 岁。女性流动人口占比最高的年龄组依次是 25~29 岁、30~34 岁、20~24 岁年龄组，分别占女性流动人口总数的 22.1%、14.3%、14.2%，此外女性流动人口的年龄结构存在明显的峰值。而男性流动人口占比最高的依次是 30~34 岁、40~44 岁、25~29 岁年龄组，分别占男性流动人口总数的 16.4%、15.8%、14.9%。女性 60 岁以上流动人口占女性流动人口总数的 4%，男性 60 岁以上流动人口占男性流动人口总数的 5.1%。由以上数据可以看出，贵州省流动人口中，女性流动人口的年龄结构与男性流动人口相比要更为年轻。

户籍为城市的流动人口年龄比户籍为农村的流动人口年龄略大。2017 年流动人口动态监测抽样数据显示，2017 年贵州省流动人口中城市户口的流动人口年龄均值为 39.11 岁，农村户口的流动人口年龄均值为 36.45 岁。城市户口流动人口的峰值为 30~34 岁年龄组，农村户口流动人口的峰值则为 25~29 岁。这种差异在高年龄组体现得更加明显，60 岁以上的流动人口中，城市户口的流动人口比农村户口的流动人口高 5.4 个百分点（见表 6）。

表 6　不同户口性质流动人口的年龄分布　　单位：%

年龄组（岁）	户口性质	
	城市户口	农村户口
15~19	1.0	3.1
20~24	6.9	12.0
25~29	17.4	18.5
30~34	20.7	14.2
35~39	11.0	14.0
40~44	14.8	13.8
45~49	9.9	11.5
50~54	6.4	7.2
55~59	3.0	2.2
60~64	3.4	1.8
65~69	2.4	0.8
70~74	2.0	0.4
75~79	0.6	0.2

续表

年龄组（岁）	户口性质	
	城市户口	农村户口
80~84	0.3	0.2
85~89	0.2	0.1
合计	100.0	100.0

资料来源：2017 年流动人口动态监测抽样数据。

（三）民族结构

贵州省位于中国西南山区腹地，地处云贵高原，是一个多民族共居的省份。少数民族人口多，在贵州省的发展与中占据重要的位置。因此，厘清贵州省流动人口的民族构成十分重要。贵州省流动人口的民族特点是：

一是流动人口以汉族为主，但少数民族流动也占据一定地位，流动人口的民族构成与贵州省民族构成保持一致。流动人口中最多的是汉族，占流动人口总数的 80.88%，少数民族流动人口中，排在前五位的分别是苗族、布依族、土家族、侗族、彝族，分别占少数民族流动人口的 28.14%、12.87%、11.82%、10.77%、9.83%，占流动人口总数的 5.38%、2.46%、2.26%、2.06%、1.88%（见图 4、图 5）。这也与贵州省民族构成保持了一致，第六次全国人口普查数据显示，贵州省各少数民族常住人口数量排前五的依次为苗族、布依族、土家族、侗族、彝族，这五个民族人口合计占少数民族人口的总量的 82.09%。

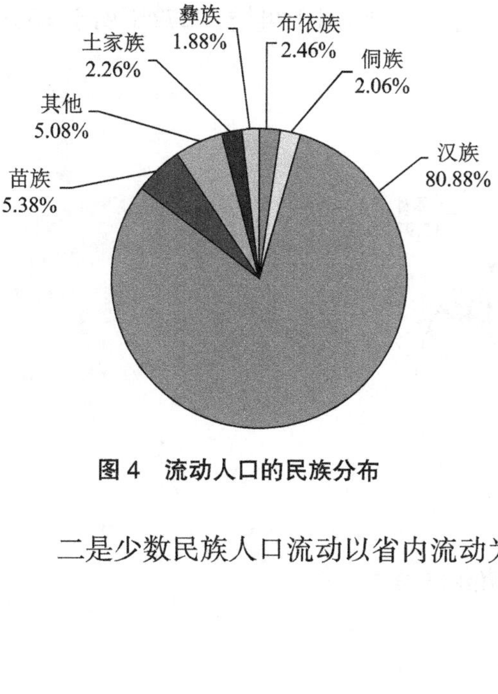

图 4　流动人口的民族分布

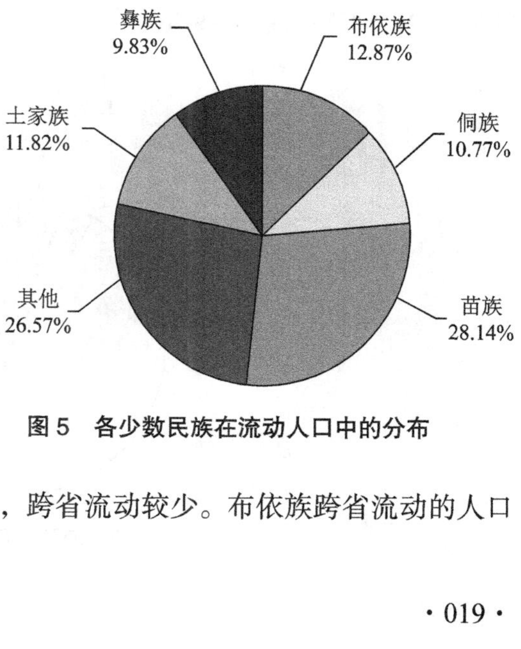

图 5　各少数民族在流动人口中的分布

二是少数民族人口流动以省内流动为主，跨省流动较少。布依族跨省流动的人口比重最低，只占布依族流动人口总数的 0.8%，省内流动人口达 99.2%，其中以省内跨市流动为主。彝族跨省流动的人口占彝族流动人口总数的 1.1%，省内流动人口达 98.9%，其中以省内跨市流动为主。苗族跨省流动的人口占苗族流动人口总数的 5.6%，省内流动人口达 94.4%，其中以市内跨县流动为主。土家族跨省流动的人口占土家族流动人口总数的 15.9%，省内流动人口 84.1%，其中以省内跨市流动为主。侗族跨省流动的人口比重最高，占侗族流动人口总数的 18.5%，省内流动人口达 81.5%，其中以市内跨县流动为主（见表 7）。

表 7　主要少数民族的流动范围　　单位：%

地区	民族					合计
	布依族	侗族	苗族	土家族	彝族	
跨省流动	0.8	18.5	5.6	15.9	1.1	35.9
省内跨市	69.9	32.0	38.6	67.3	70.2	35.8
市内跨县	29.3	49.5	55.8	16.8	28.7	28.3
合计	100.0	100.0	100.0	100.0	100.0	100.0

资料来源：2017 年流动人口动态监测抽样数据。

（四）婚姻状况

2017 年流动人口监测抽样调查数据显示，在贵州省流动人口中，初婚者占 75.62%，未婚者占 15.92%，另有 1.20% 属于同居，3.22% 属于再婚，2.72% 属于离婚以及 1.32% 属于丧偶（见图 6）。

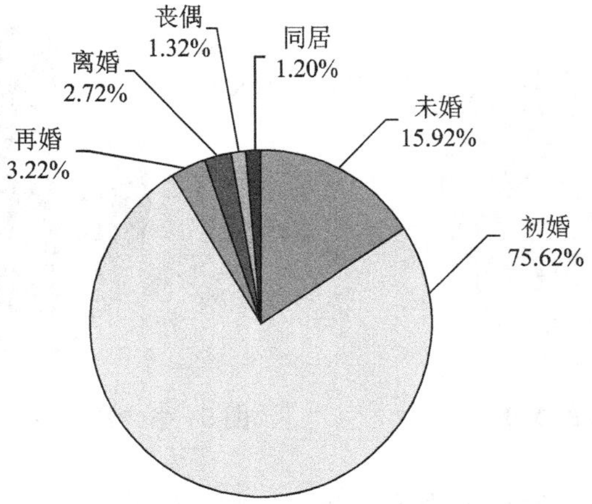

图 6　流动人口的婚姻状况分布

三、贵州省流动人口受教育水平分析

（一）贵州省流动人口受教育水平整体状况

2017年流动人口动态监测抽样数据显示，总体来讲，贵州省流动人口中受教育水平在初中及以上的占流动人口的77.1%，其中初中学历人数最多，占44.72%，高中/中专占18.78%，大学专科占7.40%，大学本科占6.04%，研究生占0.16%。小学占19.22%，未上过小学占3.68%。与第六次全国人口普查数据相比，流动人口中受教育水平最集中的仍然是初中。但是小学和初中的受教育水平的比重都有了不同程度的下降，分别下降6.69个百分点、1.78个百分点。相反，高中/中专、大学专科、大学专科的受教育水平的比重都得到了提升，分别提高了4.21个百分点、2.17个百分点、1.60个百分点。整体上流动人口中受教育水平在初中及以上的比重从71.19%提升到了77.1%，提升了5.91个百分点。这说明随着教育事业的发展，贵州省流动人口的文化水平也得到了显著提升（见表8）。

表8　贵州省流动人口受教育水平

教育程度	2010年/%	2017年/%	差值/百分点
未上过小学	2.9	3.68	0.78
小学	25.91	19.22	−6.69
初中	46.50	44.72	−1.78
高中/中专	14.57	18.78	4.21
大学专科	5.23	7.40	2.17
大学本科	4.44	6.04	1.60
研究生	0.45	0.16	−0.29

资料来源：第六次全国人口普查，2017年流动人口动态监测抽样数据。

（二）流动类型、户口性质对流动人口受教育水平的影响

根据2017年流动人口动态监测抽样数据，在整体性地分析了贵州省流动人口的受教育水平状况之后，此处将对不同流动类型和户籍性质（城乡结构）的流动人口受教育水平状况进行考察。

从外省流入人口与省内流动人口对比来看，外省流入人口的学历水平主要集中于小学、初中以及高中/中专，占外省流入人口总数的88.2%。外省流入者的低学历者显

著低于省内流动人口，未上过小学或仅接受小学教育的外省流入人口比重较省内流动人口低 7.1%；而在高学历流动人口方面，省外流入人口拥有大学专科及以上学历的比重比省内流动人口低 5.8%。但无论是何种流动类型人口，初中学历比重始终最高。

在外省流入人口中，农村户口流入者的学历水平较低，拥有大学专科及以上学历比重仅占 5.9%，而外省流入本地的城市户口人口中，拥有大学专科及以上学历比重达 32.4%。约为农村户口人口的 5 倍，但仍低于省内流动人口的 39.7%（见表 9）。

无论是省内还是省外流入人口，城市户口人口学历都远远高于农村户口人口。总体上，拥有大学专科学历的城市户口流动者是农村户口流动者的 5 倍，拥有大学本科学历的城市户口流动者是农村户籍流动者的 7.5 倍。这说明，吸引农村户口流动人口的岗位主要还是各类劳动密集型产业，对学历要求不高；吸引城市户口流动人口的则主要是技术密集型岗位，需要一定的学历和技术水平。

表 9　不同流动类型、户口性质流动人口受教育水平　　单位：%

流动类型	教育程度	户口性质		合计
		城市户口	农村户口	
外省流入人口	未上过小学	0.7	2.1	1.9
	小学	7.9	18.0	16.5
	初中	36.2	53.2	50.4
	高中 / 中专	23.8	20.8	21.3
	大学专科	16.9	4.2	6.0
	大学本科	14.4	1.6	3.6
	研究生	1.1	0.1	0.3
	合计	100.0	100.0	100.0
省内流动人口	未上过小学	1.9	5.4	4.7
	小学	10.3	23.5	20.8
	初中	24.4	46.1	41.4
	高中 / 中专	23.7	15.7	17.4
	大学专科	16.7	5.9	8.1
	大学本科	22.7	3.4	7.5
	研究生	0.3	0.0	0.1
	合计	100.0	100.0	100.0
合计	未上过小学	1.6	4.2	3.7
	小学	9.6	21.5	19.2

续表

流动类型	教育程度	户口性质		合计
		城市户口	农村户口	
合计	初中	27.7	48.6	44.7
	高中 / 中专	23.8	17.6	18.8
	大学专科	16.5	5.3	7.4
	大学本科	20.3	2.7	6.0
	研究生	0.5	0.1	0.2
	合计	100.0	100.0	100.0

资料来源：第六次全国人口普查，2017 年流动人口动态监测抽样数据。

四、贵州省流动人口的流动原因分析

第六次全国人口普查数据显示，贵州省省内人口流动的原因主要是“务工经商”和“随迁家属”，不同性别人口流动原因存在着明显差异。在贵州全部省内流入人口中，因“务工经商”“随迁家属”和“学习培训”而流动的人口占了 64.1%，其中“务工经商”的有 115.3 万人，占 29.8%，居第一位；“随迁家属”的有 82.4 万人，占 21.3%，居第二位；“学习培训”的有 50.5 万人，占 13.0%，居第三位；其余流动原因流动的人口有 138.4 万人，所占比重均在 10% 以下（见图 7）。

在务工经商人口中，男性占 57.9%，比女性高 15.8 个百分点，相反在随迁家属人口中，男性占 45.8%，比女性低 8.5 个百分点。在所有迁移原因中男女比例比较失调的有工作调动和婚姻嫁娶。在工作调动中，男性占了 67.2%，比女性高 34.4 个百分点，绝对数是女性的 2 倍多；在婚姻嫁娶中，男性只占 18.8%，比女性低了 62.4 个百分点。

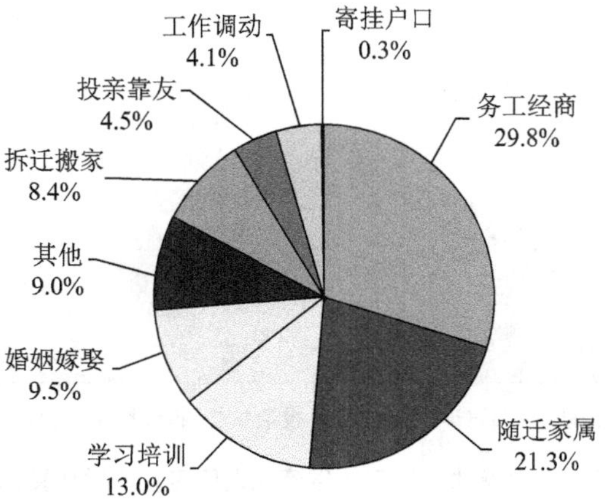

图 7　贵州省省内流动人口流动原因分布

外省流入人口的原因排在第一位的是“务工经商”。第六次全国人口普查数据显示，外省迁入人口 76.3 万人中，务工经商达 46.8 万人，占 61.3%，是绝对的主体；其次是“随迁家属”，达 10.5 万人，占 13.7%；其余迁移原因的人口规模总共不到 20 万人（见图 8）。

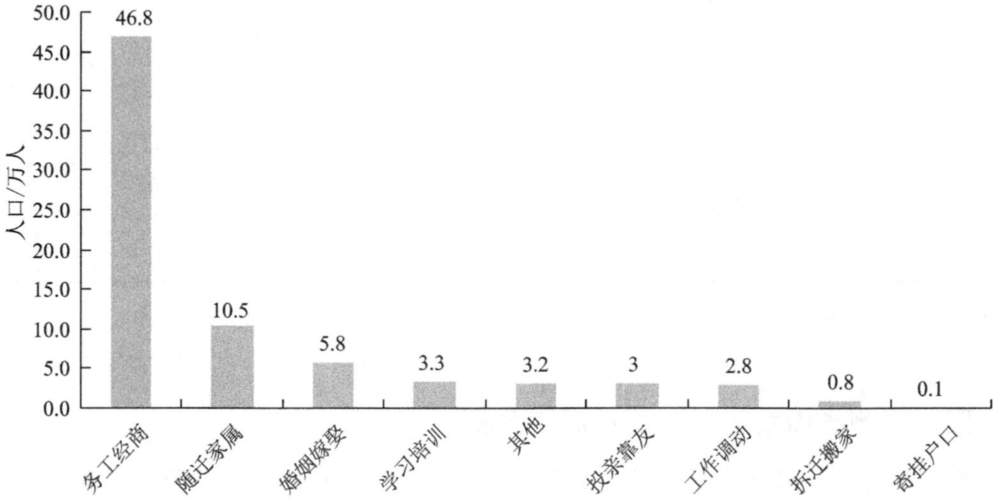

图 8　贵州省外省流入人口流动原因分布

与省内流动人口的流动原因相比，外省流入人口“务工经商”所占比重高 30 多个百分点；“学习培训”的人口所占比重低 8.7 个百分点；“拆迁搬家”低 7.4 个百分点；“随迁家属”低 7.6 个百分点；其他因素低 4.8 个百分点；其余“工作调动”“投亲靠友”和“婚姻嫁娶”省际流动人口和省内流动人口所占比重相差不大（见图 9）。一方面说明外省流入人口以务工经商为最主要的目的，另一方面贵州省高等院校的发展资源相对落后，学习培训的相对较少因此对于省外学习培训流动人口的吸引力不大。

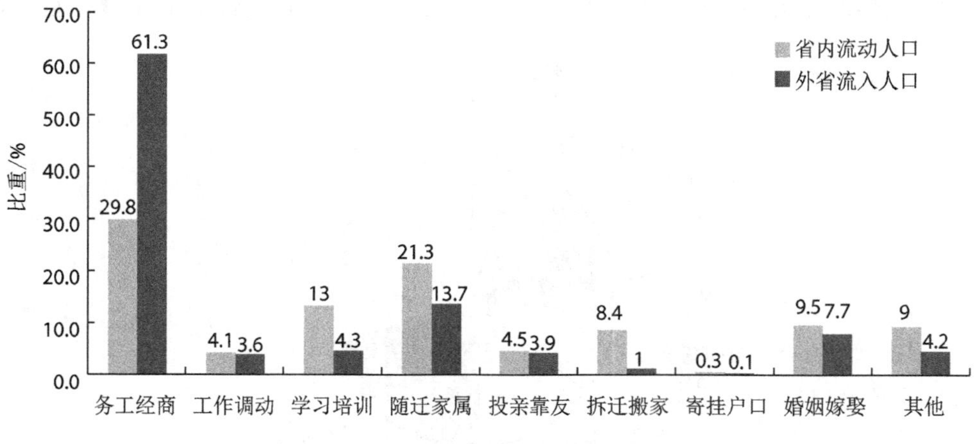

图 9　省内流动人口与外省流入人口流动原因比重对比

五、贵州省流动人口的就业结构分析

对于大部分流动人口来说，流动最为主要的目的就是获得一份更加有保障的工作，因此研究流动人口的就业状况十分必要。本部分将从流动人口的就业状况、行业分布、职业类型以及就业身份四个方面来考察流动人口的就业结构。

（一）就业状况

贵州省流动人口中就业的比重最高，占流动人口总人数的 77.36%；在家操持家务的占 7.68%；有 12.56% 的流动人口处于无业和失业状态，另有 0.96% 和 1.44% 的流动人口在学或退休。值得重视的是，女性流动人口的就业率仅 68.16%，远远低于男性流动人口，比男性流动人口的就业率低 17.5 个百分点。有 15.35% 的女性流动人口流入之后操持家务，比男性流动人口高出 14.59 个百分点。一方面，说明在流动人口中女性自身的就业意愿不强。另一方面，女性就业渠道与男性相比较窄，处于无业状态的流动人口中，女性流动人口占 14.04%，而无业的男性流动人口为 11.22%（见表 10）。

表 10　贵州省流动人口的就业状况　　单位：%

就业状况	男性	女性	合计
就业	85.66	68.16	77.36
无业	11.22	14.04	12.56
在学	0.76	1.18	0.96
退休	1.60	1.27	1.44
家务	0.76	15.35	7.68

资料来源：2017 年流动人口动态监测抽样数据。

（二）行业分布

2017 年流动人口动态监测抽样数据显示，贵州省流动人口中，从事农、林、牧、副等第一产业的仅占 1.2%，从事工业、建筑业等第二产业的占 31%，从事商业、服务业等第三产业的比重最高，占流动人口总人数的 64.6%，另有 3.2% 的人口从事其他行业。可以看出，贵州省流动人口中绝大多数从事第三产业，男性与女性流动人口的行业分布存在一定差异，与女性流动人口相比，男性从事第二产业的比重较高，男性流动人口从事第二产业的比女性高出 13.88 个百分点，而女性从事第三产业的比重比男性流动人口高 10.18 个百分点（见表 11）。

表 11　贵州省流动人口的产业分布　　单位：%

产业	性别		合计
	男	女	
第一产业	1	1.5	1.2
第二产业	36.78	22.9	31
第三产业	60.32	70.5	64.6
其他	1.9	5.1	3.2

资料来源：2017 年流动人口动态监测抽样数据。

（三）职业类型

2017 年流动人口动态监测抽样数据显示，在贵州省流动人口的职业类型划分中比重最高的是商业、服务业人员，达到 66.3%，流动人口成为专业技术人员的比重较高，为 8.2%，男性比重高于女性。流动人口成为公务员、办事人员和有关人员的比重为 1.8%。流动人口从事国家机关、党群组织、企事业单位负责人和农、林、牧、渔，水利业生产人员的比重较低，都为 1.0%。值得重视的是，4.8% 的流动人口没有固定职业，其中男性比例（5.5%）要高于女性比重（3.8%），这些人员往往受教育水平较低，生活没有保障，因此容易产生失范行为，威胁社会和谐稳定，需要高度重视并妥善管理和安排（见表 12）。

表 12　贵州省流动人口的行业分布　　单位：%

行业	性别		合计
	男	女	
国家机关、党群组织、企事业单位负责人	1.3	0.7	1.0
专业技术人员	9.3	6.7	8.2
公务员、办事人员和有关人员	1.7	1.9	1.8
商业、服务业人员	59.2	76	66.3
农、林、牧、渔、水利业生产人员	0.8	1.2	1.0
生产、运输设备操作人员及有关人员	19.4	6.2	13.8
无固定职业	5.5	3.8	4.8
其他	3.0	3.4	3.2
合计	100.0	100.0	100.0

资料来源：2017 年流动人口动态监测抽样数据。

（四）就业身份

这里谈的流动人口的就业身份是指他们在工作中所扮演的角色。总体来看，在所有获得职业的流动人口中，45.42% 的是自营劳动者（个体户），31.93% 的是有固定雇主的雇员身份，11.43% 属于无固定雇主的雇员身份，6.44% 的是雇主身份，还有 4.78% 属于其他（图 10）。

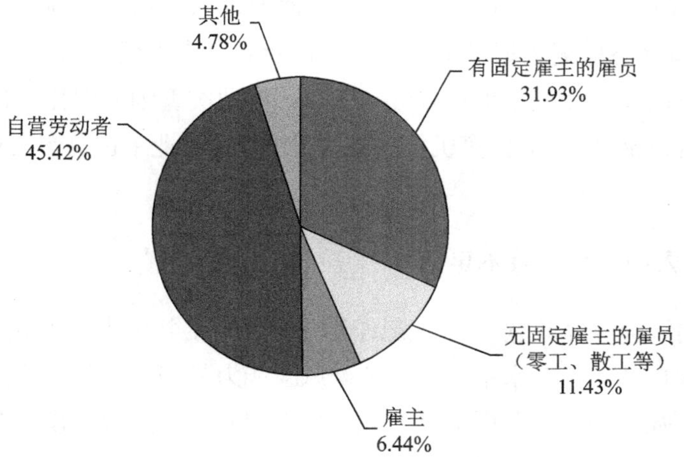

图 10　流动人口就业身份构成

六、贵州省流动人口存在的问题

（一）流动人口融入城镇障碍较多

流动人口融入现住地的愿望强烈，但融入城镇障碍较多。2017 年流动人口动态监测数据显示，2017 年贵州省流动人口在现住地居住时间均值为 5.27 年，流动居住时间 1 年以上的高达 92.94%。有 53.1% 的人喜欢现在居住的城市，52.2% 的人关注自己居住城市的变化，49.3% 的人表示自己愿意融入本地，有 33.1% 的人感觉自己已经是本地人了，46.9% 的人觉得本地人愿意接受外地人。打算在本地长期居住的流动人口占被调查对象的 44.4%，这也显示流动人口融入现住地的愿望是十分强烈的，但是实际融入过程中存在障碍较多。有关研究显示：有关城市“绿卡”——居住证的申领、积分入户的推行，贵阳市已迈出了流动人口融合的大步子，融合政策相对丰富，但贵阳市流动人口的融合度还是不理想，融合政策中虚的比较多，实质性的相对较少；偏重服务型融合，参与型融合不够；政策融合相对偏高，但是个体融合水平较低；政策框架体系模糊，尤其是发展性融合政策不够，融合政策的深度推广面临体制和机制的约束日益明显。

（二）流动人口的向上流动困难

中国社会是否存在“阶层固化”一直处于争论之中，但是不可否认的是，当前社会结构提供给弱势底层人们向上流动的通道比较狭窄。人口流动不仅包括其在空间上的位移即空间流动，更包括社会流动，即跨越社会阶层壁垒的流动。在城镇化发展进程中，尽管流动人口的空间流动是自由的，但是社会流动却很难实现。研究发现，只有当教育资本累积到一定程度时才能成为促使流动人口打破职业区隔的关键因素。2017 年流动人口动态监测数据显示，流动人口受教育水平低，以初中教育水平为主，接受过高等教育的比重较低。贵州省流动人口的职业类型划分中比重最高的是商业和服务业人员，达到 66.3%，而国家机关、党群组织、企事业单位负责人和公务员、办事人员只有 2.8%。

（三）流动人口社会保障不足

流动人口的社会保障问题一直是流动人口与当地社会互动关系中的一个无法忽视的难题。流动人口社会保障水平较低，抵御风险能力较弱，这与户籍制度壁垒、流动人口风险意识不强有关系，但更重要的是与目前的社会保障制度设置有关。以居民健康档案为例，2017 年流动人口动态监测数据显示，流动人口中只有 36.9% 的人居住地建立了健康档案。医疗保险方面贵州省流动人口中仍有 22.2% 的人口既没有参加新型农村合作医疗保险，也没有参加城乡居民合作医疗保险。

七、政策建议

（一）提升流动人口社会参与度，促进社会融入

为了推动流动人口更好地融入社会，实现与当地人口的融合，必须提升流动人口的社会参与度，这样才能真正做到经济与社会的和谐稳定发展。一方面贵州省各地政府在政策制定上应该从流动人口的角度上出发，做好对他们的各项服务工作。特别是他们所关心的就业和社会保障等方面更是应该做到全方位的考虑，为流动人口融入当地提供更好的保障。另一方面要保障流动人口参与社区和公共事务的权利，帮助流动人口树立权利意识。作为社会的主体之一，流动人口对公共事务的参与度很低，在自己权益受到损害时，流动人口往往也无所适从。这一方面与流动人口在当地的权力结构中被边缘化有关，另一方面也与流动人口自身权益意识较低关系密切。要提升其公共事务参与权利，首先，要保障流动人口的知情权。其次，要使得流动人口享有表达权、表决权。当地公共事务决策特别是流动人口所在的社区（居委会）事务决策应该有流动人口的广泛参与，他们的意见、态度应该受到尊重和认真考虑。最后，保障流动人口能够参与到社会管理组织中来。

（二）增强教育培训力度，提升人口素质

从贵州省流动人口受教育程度来看，初高中水平的人口占了绝大多数、知识结构的重心偏低，对于贵州省这样一个急需快速发展的地区来讲，将会是一个阻碍的因素。而提升教育水平是提升流动人口的阶层地位和流动境遇最为有效的途径，同时利用好流动人口这一人力资源，加强对其技能的培训，提升素质、将成为推动经济增长的一个重要的战略举措。为了提升流动人口的阶层地位和流动境遇，首先，要全面了解和分析流动人口的学习需求，知道他们最想学什么，最需要学什么，最想通过什么样的方式学习，加大对流动流动的教育资源投入，打造与其个人能力相匹配的专业教育培训平台，通过人力资本的有效积累来提升其在城市创业、就业的经济能力以及阶层地位。其次，再采取相应的培训策略，针对各行各业的特点和流动人口的受教育程度的不同，应该进行分层次分类别的因材施教。最后，要增强相关培训的信息供给和宣传，流动人口对培训信息的把握是参与的前提，这需要政府、社区和用人单位共同努力。此外我们还应该加强人口素质的提升，例如对于传统的道德和现代法律的培训。

（三）推动流动人口市民化，完善社会保障机制

当前，贵州省总体的城市化水平并不高，特别是近年来随着各地区的房价、物价等因素的影响，使人口流动迁移的成本不断增加。同时，当地的工资水平也没有实质性的变化，收入得不到提高，在这样巨大的压力下外来流动人口难以迁入，甚至大量的人口返乡工作。推进流动人口的市民化，应该把流动人口看作城市居民的重要组成部分，对其给予当地户籍人口一样的待遇，建立统一的劳动就业机制、规范劳动力市场，切实给予流动人口公平就业。在社会保障上，对于比较关注的子女教育、住房、劳动报酬、养老医疗保障等几个方面，需要建立健全相应的社会保障制度，让流动人口在流入地真正地实现与当地居民同等的待遇。在此基础上，健全和完善统一的流动人口就业、居住社会保障等相关的政策、法律法规体系，使得流动人口的管理有法律和制度的依据和保证这样才能够促使流动人口融入当地社会，实现流动人口市民化。

【参考文献】

[1] 许世存. 吉林省人口流动与经济社会发展研究 [D]. 长春：吉林大学，2013.

[2] 廉梦鹤. 贵州省人口迁移特征及其影响因素的研究 [D]. 贵阳：贵州财经大学，2017.

[3] 尚海洋，毛必文. 流动人口对经济社会发展的影响——以甘肃省为例 [J]. 西北人口，2015（3）.

[4] 刘铮，马爱荣. 中国城镇化进程中的流动人口问题 [J]. 黑龙江社会科学，2015（5）.

[5] 徐鹏，周长城. 新时代背景下流动青年社会融入的结构测度与影响因素——基于 2017 年湖北流动人口动态监测调查 [J]. 中国青年研究，2019（9）.

● 教育公平视域下的贵州城乡学龄人口变动与基础教育资源均衡配置研究

周慧群

（贵州大学　公共管理学院　贵州　贵阳　550025；

贵州大学　人口·社会·法制研究中心　贵州　贵阳　550025）

摘要： 贵州省地处我国西南腹地，作为多民族聚集省份，人口变动复杂多样。近年来，由于生育政策变动和城镇化进程加快，贵州人口格局发生巨变，基础教育学龄人口的数量、结构及变动趋势尚不明确。学龄人口变动对教育资源配置具有统领作用，因此提前进行基础教育学龄人口预测，对于避免基础教育资源供给的不足或过剩具有重要意义。

关键词： 学龄人口变动；基础教育；资源配置；教育公平；贵州省

一、贵州学龄人口变动与基础教育资源配置的城乡差异分析

（一）贵州学龄人口变动的城乡差异分析

1. 总人口变动情况分析

贵州省自计划生育工作开展以来，贵州省妇女总和生育率持续下降，人口老龄化进程加快，常住人口出现负增长，到 2016 年贵州省全面二孩政策实施，人口形势发生转折性变化。

由表 1 可知，1978—2004 年贵州省常住人口总量由 2686.40 万人增加至 3903.70 万人，累计增加 1200.00 万余人，年均增加 71.61 万人；2005—2011 年全省常住人口出现负增长，人数由 3730.00 万人下降至 3469.00 万人，累计减少 261.00 万人，年均减少 43.50 万人；2012 年常住人口数量有所回升，2017 年回升至 3580.00 万人，比 2011 年增加 111 万人，年均增加 18.50 万人，增速较为缓慢。

作者简介：周慧群（1994—），女，江西南昌人，贵州大学公共管理学院 2016 级人口学硕士研究生，研究方向为教育人口学。

表 1 1978—2017 年贵州省常住人口总量与年增长率[1]

年份	常住人口总量 / 万人	年增长率 /%	年份	常住人口总量 / 万人	年增长率 /%
1978	2686.40	—	2006	3690.00	−1.07
1981	2826.78	1.71	2007	3632.00	−1.60
1984	2931.85	1.22	2008	3596.00	−1.00
1987	3072.58	1.58	2009	3537.00	−1.67
1990	3267.53	2.07	2010	3479.00	−1.64
1993	3408.69	1.42	2011	3469.00	−0.29
1996	3555.41	1.41	2012	3484.07	0.43
1999	3710.06	1.43	2013	3502.22	0.52
2002	3837.28	1.13	2014	3508.04	0.17
2003	3869.66	0.84	2015	3529.50	0.61
2004	3903.70	0.88	2016	3555.00	0.72
2005	3730.00	—	2017	3580.00	0.70

资料来源：根据《2017 年贵州统计年鉴》整理所得。

2. 学龄人口变动情况分析

（1）学龄人口数量变动。

2000 年以来，受妇女生育率日趋下降的影响，贵州省出生人口数量不断减少，基础教育学龄人口数量也呈递减态势。2000 年贵州省基础教育学龄人口总数为 667.13 万人，2010 年下降至 586.75 万人，累计减少 80.38 万人，年均降幅为 1.29%；到 2015 年，基础教育学龄人数再次降至 478.06 万人，较 2010 年减少 108.69 万人，年均降幅为 4.19%。[2]

由表 2 可知，2000—2015 年贵州小学、初中阶段的学龄人口数量总体呈现下降趋势。2010 年小学学龄人口较 2000 年减少 68.63 万人，年均降幅为 1.74%，初中学龄人口减少 11.75 万人，年均降幅为 0.52%；2015 年小学、初中学龄人口比 2010 年分别减少 59.75 万人、48.94 万人，年均降幅为 3.64%、5.12%。

[1] 统计年鉴中 2005 年及以后的常住人口数为根据半年口径所统计，2005 年以前为一年口径；表 1 中 2002 年及之前年份常住人口年增长率计算的是每三年间隔内的年均增长率。

[2] 资料来源：根据《2000 年贵州省第五次人口普查资料》《2010 年贵州省第六次全国人口普查资料》《2015 年贵州省 1% 人口抽样调查资料》整理所得。

表 2 2000—2015 年贵州省基础教育学龄人口数量

年份	小学学龄人口		初中学龄人口	
	人口数量 / 万人	占总人口比重 /%	人口数量 / 万人	占总人口比重 /%
2000	433.34	12.29	233.79	6.63
2010	364.71	10.50	222.04	6.39
2015	304.96	8.64	173.10	4.90

与此同时，贵州省小学、初中学龄人口占总人口比重有所降低，2000—2010 年小学、初中的学龄人口比重分别下降 1.79 个、0.24 个百分点，2010—2015 年分别下降 1.86 个、1.49 个百分点。

(2)学龄人口城乡结构变动。

伴随贵州城镇化进程加速推进，人口城乡流动规模扩大，学龄人口的城乡分布结构也随之变化。2000—2015 年贵州城镇的基础教育学龄人口数量不断增加，而农村学龄人口不断减少。2010 年，贵州城镇、农村的基础教育学龄人口分别为 158.45 万人、428.30 万人，与 2000 年相比城镇增加 33.29 万人，年均增幅为 2.39%，农村减少 113.66 万人，年均降幅为 2.38%；到 2015 年，城镇、农村基础教育学龄人口分别为 159.49 万人、318.56 万人，城镇较 2010 年增加 1.65 万人，年均增幅为 0.32%，农村减少 48.33 万人，年均降幅达 6.25%。2010 年贵州省基础教育学龄人口中城镇人口的比重为 27.37%，相比 2000 年上升 8.51 个百分点；2015 年学龄人口的城镇比重达 33.27%，较 2010 年再次上升 5.9 个百分点。❶

由表 3 可知，2010 年贵州城镇的小学、初中学龄人口相较 2000 年分别增加 18.07 万人、15.22 万人，累计增幅分别达到 22.11%、35.05%，而农村小学、初中学龄人口分别减少 86.70 万人、26.96 万人，累计降幅分别为 24.66%、14.16%；2015 年城镇小学、初中学龄人口相比 2010 年变化较小，而农村小学、初中学龄人数分别减少 61.41 万人、48.33 万人，累计降幅分别为 23.18%、29.58%。

表 3 2000—2015 年贵州省基础教育学龄人口城乡构成

年份	小学			初中		
	城镇 / 万人	农村 / 万人	城镇占比 /%	城镇 / 万人	农村 / 万人	城镇占比 /%
2000	81.74	351.60	18.86	43.42	190.36	18.57
2010	99.81	264.90	27.37	58.64	163.40	26.41
2015	101.46	203.49	33.27	58.03	115.07	33.52

❶ 资料来源：根据《2000 年贵州省第五次人口普查资料》《2010 年贵州省第六次全国人口普查资料》《2015 年贵州省 1% 人口抽样调查资料》整理所得。

从全省学龄人口中城镇人口的比重来看，2010 年小学、初中的城镇人口占比较 2000 年分别增长 8.51 个和 7.84 个百分点，2010—2015 年则分别增长 5.90 个和 7.11 个百分点。

（二）贵州基础教育资源配置的城乡差异分析

1. 城乡基础教育办学规模对比

（1）在校生规模。

学生是教学活动的主体，是具有能动性的教育对象。作为教育资源的需求方，在校生规模决定了教育资源的供给与需求数量。2000—2016 年贵州小学阶段的在校生人数整体呈先降后升态势，2000—2014 年先由 500.2 万人减少至 346.3 万人，后从 2015 年开始上升，到 2016 年增加至 353.37 万人，但将 2016 年的在校生人数与 2000 年相比共减少 146.84 万人；与小学阶段相反，贵州省初中阶段的在校生人数经历了先升后降的变化过程，2000—2011 年由 138.09 万人增加至 213.8 万人，2012 年开始下降，2016 年减少至 189.14 万人。[1]

2000—2016 年贵州城镇、农村基础教育各阶段在校生人数的趋势变化也存在较大差异（见表 4、图 1）。贵州城镇小学的在校生数保持平稳增长，2016 年人数相比 2000 年增加 124.85 万人，累计增幅达到 148.70%；2000—2014 年城镇初中的在校生人数也持续增长，后从 2015 年开始出现小幅回落，但 2016 年人数相比 2000 年也增加 109.52 万人，累计增幅达 291.98%。而贵州省农村小学、初中在校生数均呈现逐年下降趋势，小学、初中人数分别减少 271.67 万、58.48 万人，累计降幅分别达到 65.27%、58.13%。

表 4　2000—2016 年贵州城乡基础教育在校生人数

年份	小学				初中			
	城镇 / 万人	农村 / 万人	城镇占比 /%	农村占比 /%	城镇 / 万人	农村 / 万人	城镇占比 /%	农村占比 /%
2000	83.96	416.24	16.78	83.22	37.51	100.58	27.16	72.84
2005	117.47	356.30	24.80	75.20	111.68	93.75	54.36	45.64
2010	139.14	294.36	32.10	67.90	131.76	81.90	61.67	38.33
2011	162.98	245.75	39.87	60.13	136.79	77.01	63.98	36.02
2012	164.29	215.79	43.23	56.77	138.18	71.90	65.77	34.23
2013	171.56	183.97	48.26	51.74	143.43	66.87	68.20	31.80
2014	181.83	164.47	52.50	47.50	149.94	56.89	72.49	27.51
2015	195.05	151.26	56.32	43.68	148.03	49.94	74.77	25.23
2016	208.81	144.57	59.09	40.91	147.03	42.11	77.74	22.26

资料来源：根据《中国教育统计年鉴》（2000 年、2005 年、2010—2016 年）整理所得。

[1] 资料来源：《中国教育统计年鉴》（2000 年、2005 年、2010—2016 年）。

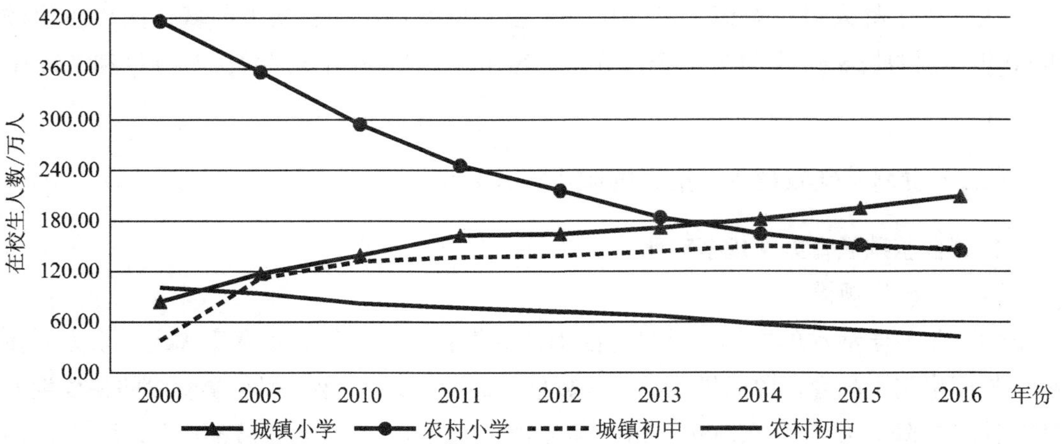

图 1　2000—2016 年贵州城乡基础教育在校生人数变化趋势

资料来源：根据《中国教育统计年鉴》（2000 年、2005 年、2010—2016 年）整理所得。

在此期间，贵州城镇在校生数占全省在校生总数的比例也不断上升，小学、初中城镇人数的占比分别上升 42.31 个百分点、50.58 个百分点。

（2）学校与班级规模。

学校、班级的规模大小取决于学生和学校、班级的数量与分布状况：学生的分布集中，学校的分布也将相对集中，且规模较大；若学生较为分散，则学校也将相对分散，且规模较小。适度的学校、班级规模对提升教育质量、优化教育资源配置以及促进教育公平都具有重要作用。

表 5 反映了 2000—2016 年贵州城乡基础教育阶段学校数量的变化情况。2000—2010 年城镇小学数量均呈现缩减之势，从 2011 年才开始趋于增长，农村小学数量虽从 2000—2016 年都在持续减少，但其数量依然远高于城镇的同期水平，2016 年农村小学数量仍为城镇的两倍有余；而城镇、农村初中数量分别呈现从始至终递增、递减的趋势，城镇初中数量由落后、再缓慢追赶直至 2013 年超过农村的同期水平，2016 年城镇初中数量几乎超过农村一倍。

表 5　2000—2016 年贵州城乡基础教育学校数量　　单位：所

年份	小学			初中		
	贵州省	城镇	农村	贵州省	城镇	农村
2000	17 985	2116	15 869	1953	597	1356
2005	14 258	1604	12 654	2193	891	1302
2010	12 422	1518	10 904	2148	933	1215
2011	12 008	2197	9811	2194	1041	1153
2012	11 529	2193	9336	2215	1085	1130

续表

年份	小学			初中		
	贵州省	城镇	农村	贵州省	城镇	农村
2013	10 632	2423	8209	2216	1155	1061
2014	9275	2351	6924	2166	1244	922
2015	8520	2434	6086	2128	1308	820
2016	7818	2437	5381	2099	1362	737

资料来源：根据《中国教育统计年鉴》(2000 年、2005 年、2010—2016 年）整理所得。

如表 6 所示，2000—2016 年贵州城镇小学、初中的班级数量均呈现增长态势，农村中小学班级数量则均趋于减少；到 2016 年城镇小学班级数仍落后于农村小学，而城镇初中班级数约超过农村两倍。

表 6　2000—2016 年贵州城乡基础教育班级数量　　单位：个

年份	小学			初中		
	贵州省	城镇	农村	贵州省	城镇	农村
2000	140 707	20 249	120 458	25 646	7131	18 515
2005	122 598	23 050	99 548	35 552	19 079	16 473
2010	112 731	26 031	86 700	37 702	22 584	15 118
2011	108 012	32 296	75 716	37 717	23 464	14 253
2012	103 138	32 757	70 381	37 256	23 913	13 343
2013	99 014	35 632	63 382	38 027	25 382	12 645
2014	96 862	38 913	57 949	38 903	27 731	11 172
2015	94 951	42 000	52 951	38 563	28 388	10 175
2016	94 431	44 679	49 752	37 909	29 135	8774

资料来源：根据《中国教育统计年鉴》(2000 年、2005 年、2010—2016 年）整理所得。

学校平均人数、班级平均人数[1]两指标常用于反映办学机构的供给效果与拥挤程度，以衡量学生均享有的教学资源数量，同时还可掌握学生的规模数量与分布状况。由图 2 可知，2000—2016 年贵州城镇小学、初中学校平均人数的变化幅度相对显著，而农村中小学的校均人数较为稳定，未出现明显波动；在此期间，城镇中小学的校均人数始终高于农村，尤其自 2010 年以来城镇小学的校均人数一直为农村小学的三倍多，

[1] 学校平均人数 = 在校生人数 / 学校数量，班级平均人数 = 在校生人数 / 班级数量。

而城镇初中校均人数约为农村初中的两倍。

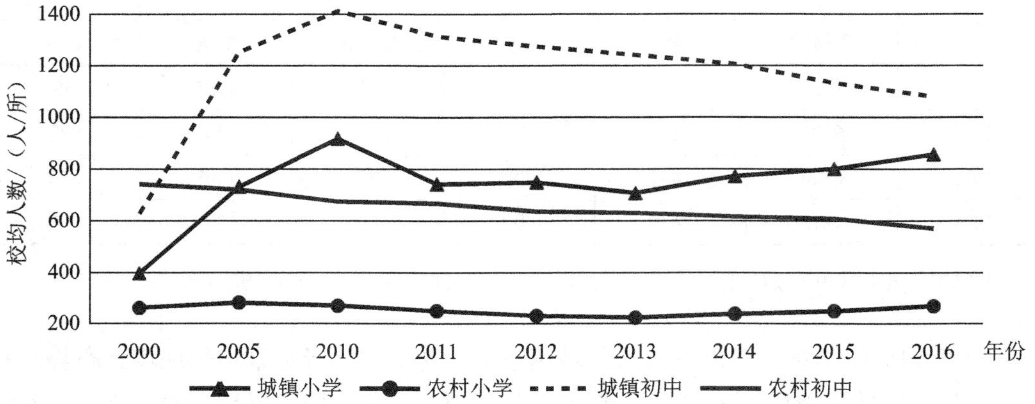

图 2　2000—2016 年贵州城乡基础教育校均人数变化趋势

资料来源：根据《中国教育统计年鉴》（2000 年、2005 年、2010—2016 年）整理所得。

由图 3 可知，2000—2016 年贵州城镇小学、初中的班级平均人数也始终高于农村中小学，且无论城乡，初中的班均人数普遍高于小学的同期水平。自 2010 年以来，城镇小学的班均人数一直保持在 45 人以上，而农村小学班额远低于城镇，为 28~34 人；城镇、农村初中班均人数分别处于 50~58 人、48~54 人，由此看出城镇中小学班级的拥挤程度高于农村。

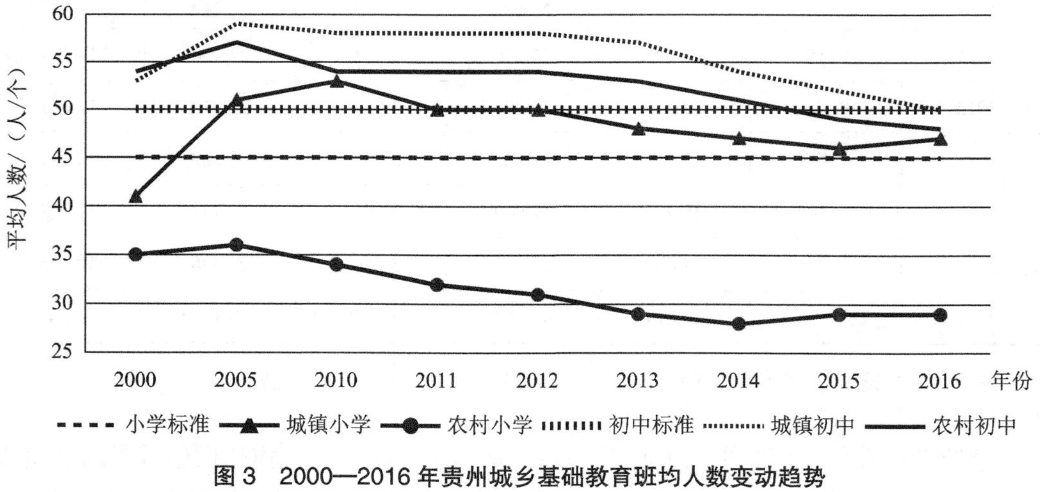

图 3　2000—2016 年贵州城乡基础教育班均人数变动趋势

资料来源：根据《中国教育统计年鉴》（2000 年、2005 年、2010—2016 年）整理所得。

根据《贵州省全面改善义务教育薄弱学校基本办学条件标准》（2015 年）（以下简称《标准》）中的班额规定，以小学不超过 45 人，初中不超过 50 人为适宜规模。通过图 3 不难看出，截至 2016 年，贵州城镇初中、农村的小学和初中班额均已达此标准，仅城镇小学班额人数的 47 人还未达标，可见近年来“大班额”现象已经取得明显改善。

2. 城乡基础教育师资配置对比

（1）专任教师人数。

教师作为教育活动的核心，在教学过程中占据主要地位并发挥主导作用，且教师的文化素养与其学生获得成就之间的关联也密不可分。如表 7 所示，2000—2016 年贵州城镇中小学的专任教师人数始终呈现上升趋势，农村中小学教师人数虽前期有所波动，而后从 2012 年附近开始下降。在 2000 年贵州省城镇小学的专任教师人数还不及农村人数的 1/3，初中教师人数也不及农村的 1/2；但随后城镇小学教师人数在 2016 年超过农村人数，而城镇初中教师数于 2005 年以前就已赶上农村同期水平，到 2016 年城镇初中教师数已超农村 3 倍。

表 7　2000—2016 年贵州城乡基础教育专任教师数量　　单位：人

年份	小学			初中		
	贵州省	城镇	农村	贵州省	城镇	农村
2000	174 822	39 689	135 133	69 498	22 701	46 797
2005	183 679	52 059	131 620	122 721	78 836	43 885
2010	197 913	61 878	136 035	142 508	98 656	43 852
2011	186 320	69 707	116 613	158 170	110 516	47 654
2012	186 880	71 991	114 889	167 428	119 315	48 113
2013	181 598	76 662	104 936	173 664	128 867	44 797
2014	181 412	83 374	98 038	183 426	142 614	40 812
2015	181 895	90 707	91 188	191 491	154 179	37 312
2016	185 309	97 567	87 742	199 887	164 794	35 093

资料来源：根据《中国教育统计年鉴》（2000 年、2005 年、2010—2016 年）整理所得。

国际上普遍采用生师比[1]的指标衡量各地的师资配置水平。由图 4 可知，2000—2016 年贵州城镇小学的生师比呈先增后减状态，其中在 2011 年生师比达到峰值为 23.38，而城镇初中、农村小学和农村初中的生师比始终处于递减状态；对比城乡来看，自 2010 年以来城镇小学的生师比均高于农村，而城镇初中生师比从始至终低于农村，且目前生师比的城乡差距仍然较大。

[1] 生师比：即在校生人数与专任教师人数之比，能反映办学机构中学生资源相对于教师资源的情况，其比值越大表示每名专任教师需负责的学生数量越多，反之比值越小则教师的负担越小。

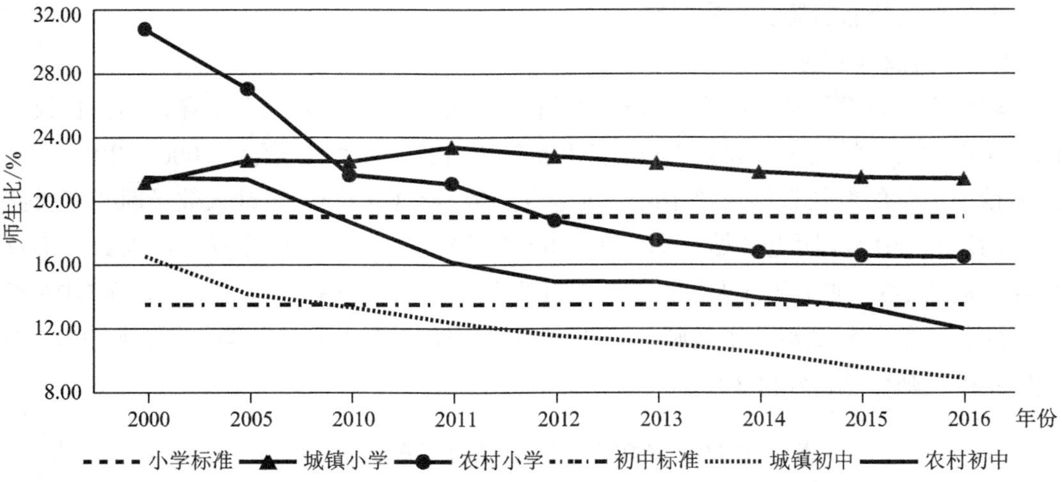

图 4　2000—2016 年贵州城乡基础教育生师比变动趋势

资料来源：根据《中国教育统计年鉴》（2000 年、2005 年、2010—2016 年）整理所得。

根据我国教育部发布的《关于制定中小学教职工编制标准意见》（2014 年）（以下简称《意见》），将城市和县镇、农村统一的生师比标准规定为初中 13.5∶1，小学 19∶1。照此标准，贵州农村小学的生师比在 2012 年就已达到全国标准，但 2016 年城镇小学生师比为 21.40，仍未达此标准，而城镇、农村初中的生师比到 2016 年也已基本符合规定要求。

教师承担的学生过多对其教育工作的开展极为不利。近年来，贵州城乡基础教育阶段的生师比正在缓慢下降，表明当地教师人数的紧缺形势已得到有效缓解。但全省城镇小学生师比仍未达标的情况说明，城镇小学阶段的师资配置可能滞后于其生源变动。

（2）专任教师学历结构。

学历结构是指教师群体中接受不同层次专业教育的成员比例，它不仅能反映教师的业务素质及其发展可能，还是衡量教师队伍水平的重要标志。要评价基础教育师资队伍的学历情况，通常借助学历合格率[1]和专科及以上（小学）、本科及以上（初中）学历的教师人数占比等指标来反映。

表 8、表 9 显示，2015 年以来贵州城乡中小学专任教师的学历合格率都已达到 99% 以上；另外，2016 年城镇小学专科及以上、初中本科及以上学历的教师人数占比较 2010 年分别提高 12.21 个、21.93 个百分点，而农村小学、初中的教师比例分别提高 19.23 个、28.72 个百分点。

[1] 小学教师学历合格率：指具有中师和高中及以上学历的专任教师数占专任教师总数的比重；初中教师学历合格率：指具有大学专科及以上学历的专任教师数占专任教师总数的比重。

表 8　2005—2016 年贵州城乡小学专任教师学历结构　　单位：%

年份	学历合格率			专科及以上		
	贵州省	城镇	农村	贵州省	城镇	农村
2005	94.63	98.46	93.12	40.21	55.40	34.12
2010	98.04	99.49	97.39	73.50	81.51	69.85
2011	98.50	99.48	97.90	78.31	84.21	74.70
2012	98.82	99.62	98.31	82.04	87.17	78.76
2013	98.99	99.66	98.49	84.84	88.84	81.84
2014	99.32	99.78	98.92	87.55	90.86	84.69
2015	99.54	99.85	99.22	89.74	92.37	87.07
2016	99.72	99.90	99.51	91.56	93.72	89.08

资料来源：根据《中国教育统计年鉴》（2000 年、2005 年、2010—2016 年）整理所得。

表 9　2005—2016 年贵州城乡初中专任教师学历结构　　单位：%

年份	学历合格率			本科及以上		
	贵州省	城镇	农村	贵州省	城镇	农村
2005	94.42	96.02	92.36	20.49	27.13	11.94
2010	98.79	98.97	98.50	53.20	56.93	47.37
2011	98.92	99.02	98.76	58.70	61.73	53.46
2012	99.00	99.10	98.82	63.59	65.60	59.97
2013	99.16	99.25	98.96	67.18	68.89	63.70
2014	99.50	99.54	99.37	71.39	72.80	67.78
2015	99.65	99.65	99.65	75.17	76.14	72.37
2016	99.77	99.79	99.72	78.22	78.86	76.09

资料来源：根据《中国教育统计年鉴》（2000 年、2005 年、2010—2016 年）整理所得。

如此看来，2005—2016 年贵州省城镇中小学专任教师的学历水平整体优于农村，但在此期间城乡教师的学历水平都已实现较大提升，且农村教师学历水平的改善程度较城镇教师更为显著，城乡师资配置差距正在日益缩小。

近年来，贵州基础教育的师资队伍建设虽已取得初步成效，但城镇、农村的教师资源无论在数量或质量方面仍存在一定差距，依然可能对未来当地基础教育事业的发展产生阻碍。

3. 城乡基础教育物资配置对比

（1）校舍建筑面积。

办学条件完善与否不仅与教学质量息息相关，也是教育事业持续健康发展的物质保障。本研究最先考虑到的是办学条件中的校舍指标。校舍建筑[1]是师生学习交流的重要场所，一定程度上能够反映学校办学条件现代化的水平，故校舍建筑面积是办学评估体系中衡量学校硬件设施配置的基础性指标，生均校舍建筑面积则用于表示生均享有的教学活动场地面积。

表 10 显示，2005—2016 年贵州城镇中小学的校舍建筑面积呈现逐年递增趋势；而从 2013 年以来，农村小学、初中的校舍建筑面积分别在 1300 万米 ^{2}、600 万米 ^{2} 附近小幅波动，发展形势较为稳定。

在此期间，全省城镇小学的校舍建筑面积始终低于农村小学，但城乡差距伴随城镇小学校舍面积的增长而逐渐缩小；而农村初中的校舍建筑面积始终低于城镇初中，且城乡差距随着城镇初中校舍面积的增长而逐渐扩大。

表 10　2005—2016 年贵州城乡基础教育校舍建筑面积　　单位：万米 ^{2}

年份	小学			初中		
	贵州省	城镇	农村	贵州省	城镇	农村
2005	1506.52	388.68	1117.84	809.35	436.36	372.98
2010	1750.30	500.06	1250.24	1122.39	639.19	483.20
2011	1688.57	564.24	1124.33	1206.53	696.89	509.64
2012	1796.22	605.08	1191.14	1316.05	759.39	556.66
2013	2012.30	748.87	1263.43	1566.36	949.11	617.25
2014	2247.39	936.25	1311.14	1741.69	1163.82	577.87
2015	2384.52	1088.76	1295.76	1935.33	1364.04	571.29
2016	2530.45	1227.68	1302.77	2121.13	1588.20	532.92

资料来源：根据《中国教育统计年鉴》（2000 年、2005 年、2010—2016 年）整理所得。

由图 5 可知，2005—2016 年贵州城乡中小学的生均校舍建筑面积均呈现较快的增长态势；而对比城乡来看，自 2010 年以来农村小学、初中的生均校舍建筑面积分别明

[1] 校舍建筑：包括教室、实验室、图书馆、微机室、语音室等教学及辅助用房，教师办公室等行政办公用房，教工宿舍、学生宿舍等生活用房和其他用房。

显高于城镇小学、初中的同期水平。

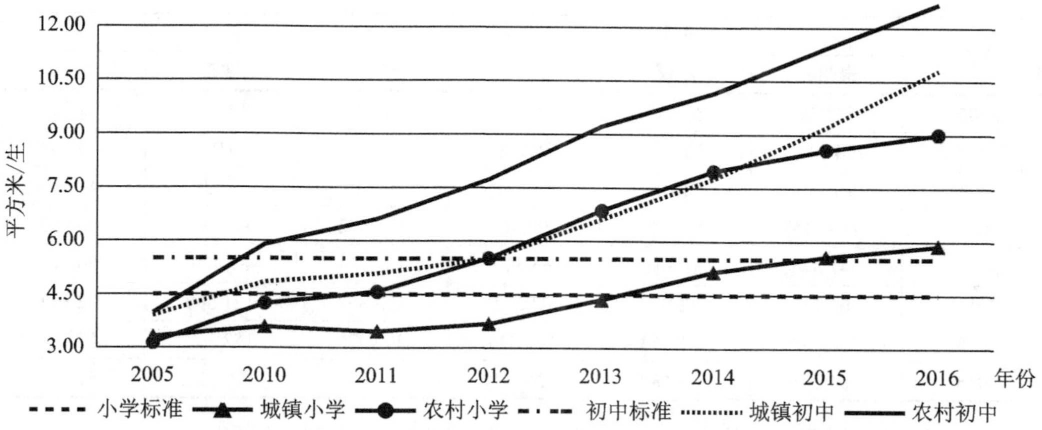

图 5　2005—2016 年贵州城乡基础教育生均校舍面积变动趋势

资料来源：根据《中国教育统计年鉴》（2000 年、2005 年、2010—2016 年）整理所得。

根据《标准》中的规定，生均校舍建筑面积小学不得低于 4.5 米 ^{2}/ 生、初中不得低于 5.5 米 ^{2}/ 生。结合图 6 趋势来看，2016 年贵州城乡小学、初中的生均校舍面积均已达到省定标准，但城镇初中、农村小学和初中生均面积明显高于标准的情况也从某种程度上反映出当地中小学校舍建筑利用效率可能偏低的问题。

（2）教学设备配置。

城乡中小学办学差异还可通过图书、计算机等教学设备的配置数量加以衡量。表 11、表 12 分别反映了 2005—2016 年贵州城乡基础教育阶段的图书配置、计算机配置情况。

表 11　2005—2016 年贵州城乡基础教育图书数量　　　　单位：万册

年份	小学			初中		
	贵州省	城镇	农村	贵州省	城镇	农村
2005	2836.64	915.31	1921.34	1988.10	1047.27	940.83
2010	4381.76	1689.94	2691.82	3346.04	1965.22	1380.82
2011	4310.31	1862.90	2447.41	3617.81	2096.56	1521.24
2012	4937.48	2180.17	2757.31	4209.09	2520.70	1688.39
2013	5423.64	2554.31	2869.33	4687.06	2927.65	1759.40
2014	6554.27	3288.19	3266.07	5559.28	3780.61	1778.67
2015	7296.03	3843.68	3452.34	6079.37	4328.63	1750.74
2016	7791.91	4317.97	3473.94	6519.66	4884.03	1635.62

资料来源：根据《中国教育统计年鉴》（2000 年、2005 年、2010—2016 年）整理所得。

表 12　2005—2016 年贵州城乡基础教育计算机数量　　单位：台

年份	小学			初中		
	贵州省	城镇	农村	贵州省	城镇	农村
2005	72 239	36 330	35 909	72 414	39 465	32 949
2010	64 241	33 962	30 279	74 209	40 946	33 263
2011	96 560	52 109	44 451	96 713	55 230	41 483
2012	116 915	62 612	54 303	115 802	68 972	46 830
2013	147 846	81 306	66 540	137 743	87 429	50 314
2014	200 162	112 930	87 232	173 892	121 590	52 302
2015	258 483	151 463	107 020	209 420	152 367	57 053
2016	304 205	179 687	124 518	236 860	179 622	57 238

资料来源：根据《中国教育统计年鉴》（2000 年、2005 年、2010—2016 年）整理所得。

2016 年贵州城乡中小学的图书数量相较于 2005 年均有所增长，其中城镇中小学图书数量的增长幅度较农村更为显著，城镇小学、初中的图书数量分别增长了 4.71 倍、4.66 倍，而农村小学、初中分别增长 1.80 倍、1.74 倍；与此同时，城乡中小学的计算机数量也有大幅增加，2016 年城镇小学、初中的计算机数较 2005 年分别增长 3.95 倍、3.55 倍，而农村小学、初中分别增长 4.95 倍、4.55 倍。从总体上看，2005—2016 年贵州省小学阶段图书与计算机数量的增幅均高于初中阶段，且城镇中小学图书与计算机数量的增幅均高于农村中小学。

由图 6、图 7 可知，2005—2016 年贵州城乡中小学的生均图书册数、每百名学生拥有计算机台数也都呈现快速增长态势。农村小学的生均图书册数从 2013 年起超过城镇小学，而农村初中生均图书数量始终高于城镇初中；同时，城镇小学的每百名学生拥有计算机台数始终高于农村小学，而农村初中每百名学生拥有计算机台数从 2010 年起超过城镇初中。

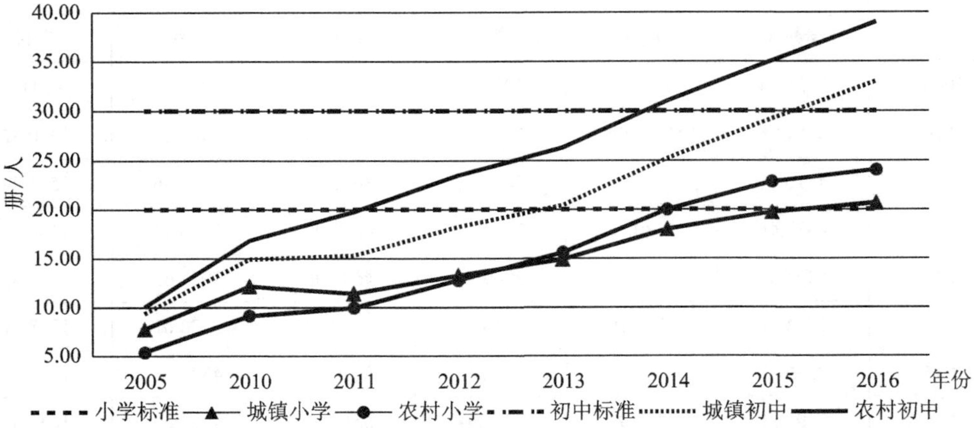

图 6　2005—2016 年贵州城乡基础教育生均图书数变动趋势

资料来源：根据《中国教育统计年鉴》（2000 年、2005 年、2010—2016 年）整理所得。

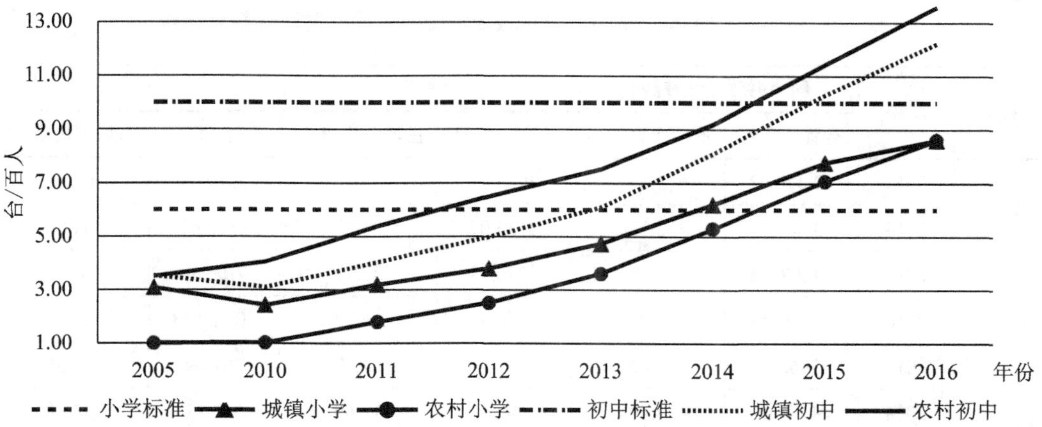

图 7　2005—2016 年贵州城乡基础教育生均计算机数变动趋势

资料来源：根据《中国教育统计年鉴》（2000 年、2005 年、2010—2016 年）整理所得。

根据《标准》的规定：生均图书册数小学不得低于 20 册，初中不得低于 30 册；每百名学生计算机数量小学不得低于 6 台，初中不得低于 10 台。由图 6、图 7 趋势可知，贵州城镇、农村中小学的生均图书册数分别在 2016 年、2014 年达到规定标准，而城镇、农村中小学的每百名学生计算机台数均在 2015 年达此标准，到 2016 年全省城乡小学、初中图书、计算机的数量配置都已基本符合贵州省的办学要求。

此外，近年农村中小学的生均图书册数、初中每百名学生计算机台数均高于城镇同期水平的现象可能反映出：一方面，为全面改善基础教育薄弱学校办学条件，当地对农村地区基础教育物资的投入力度相对于城镇而言较大；另一方面，外来务工人员子女在城镇就读的人数日益增多，导致城镇基础教育资源的生均占有量日渐降低，从而使城乡基础教育的办学差距被进一步扩大。

4. 城乡基础教育经费投入对比

（1）经费投入总量。

财力资源是教育资源领域中人力资源和物力资源的货币表现形式。教育经费的投入总量与增长速度制约着教育事业发展的规模与速度，投入不足易造成教育发展缺乏动力。一方面，本研究通过计算基础教育阶段国家财政性教育经费[1]占 GDP 的比例、公共财政教育经费[2]占公共财政支出的比例，衡量一定时期内对基础教育的支持力度；另一方面，通过计算教育经费投入的城乡分布比例，以评价对城镇、农村基础教育的重视程度（见表 13、表 14）。

---

❶ 国家财政性教育经费：包括公共财政预算教育经费、各级政府征收用于教育的税费、企业办学中的企业拨款、校办产业和社会服务收入用于教育的经费和其他属于国家财政性教育经费。

❷ 公共财政教育经费：指中央、地方各级财政或上级主管部门在本年度内安排，并划拨到各级各类学校、教育行政单位、教育事业单位，列入国家预算支出科目的教育经费。

表 13　2013—2016 年全国与贵州城乡基础教育国家财政性教育经费

地区	年份	国家财政性教育经费		城镇		农村	
		合计 / 亿元	占 GDP 比重 /%	合计 / 亿元	占城乡比重 /%	合计 / 亿元	占城乡比重 /%
全国	2013	12 470.02	2.19	4959.34	39.77	7510.68	60.23
	2014	13 403.73	2.11	4735.09	35.33	8668.64	64.67
	2015	14 976.88	2.18	5270.58	35.19	9706.30	64.81
	2016	16 390.53	2.20	5960.95	36.37	10 429.58	63.63
贵州省	2013	386.18	4.82	94.49	24.47	291.69	75.53
	2014	414.26	4.48	69.14	16.69	345.12	83.31
	2015	501.77	4.78	82.67	16.48	419.10	83.52
	2016	558.78	4.76	93.70	16.77	465.08	83.23

资料来源：根据《2014—2017 年中国教育经费统计年鉴》《2013—2016 年全国教育经费执行情况统计公告》整理所得。

表 14　2013—2016 年全国与贵州城乡基础教育公共财政教育经费

地区	年份	公共财政教育经费		城镇		农村	
		合计 / 亿元	占财政支出比重 /%	合计 / 亿元	占城乡比重 /%	合计 / 亿元	占城乡比重 /%
全国	2013	11 281.19	8.05	4309.13	38.20	6972.06	61.80
	2014	11 954.35	7.88	4152.19	34.73	7802.16	65.27
	2015	13 816.16	7.86	4862.01	35.19	8954.15	64.81
	2016	14 931.95	7.95	5433.60	36.39	9498.35	63.61
贵州省	2013	363.47	11.79	84.83	23.34	278.64	76.66
	2014	391.57	11.05	63.17	16.13	328.4	83.87
	2015	481.74	12.23	80.05	16.62	401.69	83.38
	2016	532.24	12.48	88.97	16.72	443.27	83.28

资料来源：根据《2014—2017 年中国教育经费统计年鉴》《2013—2016 年全国教育经费执行情况统计公告》整理所得。

从总量来看，2016 年贵州基础教育阶段的国家财政性教育经费、公共财政教育经费相较于 2013 年分别增加 172.60 亿元、168.77 亿元，累计增幅分别达到 44.69%、46.43%，而 2013—2016 年全国基础教育阶段国家财政性教育经费、公共财政教育经费的累计增幅分别为 31.44%、32.36%，分别低于贵州 13.25 个、14.07 个百分点，可见在此期间贵州对基础教育的投入力度高于全国水平。

从占比来看，2014—2016 年贵州对农村基础教育国家财政性教育经费、公共财政教育经费的投入比重均达到全省投入总量的5/6，而2014—2016年我国对农村基础教育国家财政性教育经费、公共财政教育经费的投入比重约为全国投入总量的2/3，可见贵州对农村教育的重视程度也高于全国。

总体上看，2013—2016年贵州基础教育国家财政性教育经费和公共财政教育经费的投入总量有所增加。且由GDP总量中国家财政性教育经费占比的趋势变化可知，全省国家财政性教育经费的增速较为稳定；由公共财政支出中公共财政教育经费占比逐年增加的趋势可知，近几年贵州省对基础教育的投入力度有所加大。

（2）生均经费投入。

教育事业费指国家用于发展社会各种教育事业的经费支出，其中又分为个人部分和公用部分[1]。由于贵州城乡之间基础教育经费的投入总量差距较大，故采用生均指标对城乡教育财政投入的差异进行分析，将能够更为准确地反映教育资金的供给水平。

表15显示，2000—2016年贵州城乡中小学的生均教育事业费均呈现出持续增长态势。其中2013—2016年城镇、农村小学的生均教育事业费分别增长3621.54元、3637.94元，2013—2016年的城乡差距变化不大；而2013—2016年城镇、农村初中的生均教育事业费分别增长5455.83元、3695.16元，城乡差距由−257.46元增加到1503.21元。

表15　2000—2016年贵州城乡基础教育生均预算内教育事业费[2]　单位：元

年份	小学			初中		
	贵州省	城镇	农村	贵州省	城镇	农村
2000	311.72	528.53	278.75	440.86	643.47	351.76
2005	885.91	1229.06	807.84	1010.96	1238.36	905.86
2010	2758.61	3116.26	2681.72	3204.20	3493.99	3115.04
2011	3419.25	3810.46	3331.10	4134.17	4606.84	3985.96
2012	5038.12	—	5143.56	5403.22	—	5354.44
2013	5975.72	5421.74	6135.61	6140.45	5953.22	6210.68
2014	6789.79	6645.04	6813.21	6924.70	7849.57	6772.77
2015	8645.83	8964.11	8589.94	8704.94	11 376.78	8249.39
2016	9659.17	9043.28	9773.55	10 131.84	11 409.05	9905.84

资料来源：根据《中国教育经费统计年鉴》（2001年、2006年、2011—2017年）、《2010—2016年全国教育经费执行情况统计公告》整理所得。

[1] 个人部分支出包括工资福利支出、对个人和家庭的补助支出，公用部分支出包括商品和服务支出等。

[2] 《2013年中国教育经费统计年鉴》（2012年数据）取消出版计划，故无法计算该年贵州城镇的生均预算内教育事业费、生均预算内公用经费等数据。

综合上述分析可知，贵州城乡中小学的生均教育事业费、公用经费支出均维持稳定良好的发展势态。

二、贵州 2018—2035 年城乡学龄人口变动与基础教育资源需求预测分析

（一）贵州城乡学龄人口变动预测分析

1. 学龄人口数量

由表 16 测得数据显示，在不同的生育水平下，未来贵州基础教育学龄人口总数的趋势变化基本相同，均呈现先降后升的 U 形特征；低、中方案在 2030 年降至预测期内最低，最低值分别为 402.51 万人、417.22 万人，高方案在 2026 年降至最低为 425.86 万人。❶

由表 16 可知，2018—2035 年贵州中小学学龄人口波动较为频繁，都经历了先减后增再减再增的变化过程。低、中、高方案下的小学学龄人口分别在 2020 年、2020 年、2033 年达到预测期的最大规模，而分别在 2027 年、2027 年、2026 年降至最低；与此同时，低、中、高方案下的初中学龄人口分别在 2026 年、2026 年、2035 年达到预测期最大规模，并都在 2030 年降至最低。

表 16　2018—2035 年贵州基础教育学龄人口数量　　单位：万人

年份	小学			初中		
	低方案	中方案	高方案	低方案	中方案	高方案
2018	308.46	308.46	308.46	160.47	160.47	160.47
2019	308.77	308.77	308.77	157.55	157.55	157.55
2020	309.76	309.76	309.76	154.67	154.67	154.67
2021	309.66	309.66	309.66	153.42	153.42	153.42
2022	297.05	297.05	297.05	152.96	152.96	152.96
2023	285.24	285.68	285.90	153.76	153.76	153.76
2024	274.71	275.84	276.74	154.56	154.56	154.56
2025	267.79	270.16	272.31	155.34	155.34	155.34
2026	262.44	266.36	270.31	155.55	155.55	155.55
2027	259.77	265.82	271.91	154.66	154.66	154.66
2028	269.30	277.74	286.49	141.31	141.31	141.31

❶ 根据《2010 年贵州省第六次全国人口普查资料》《2015 年贵州省 1% 人口抽样调查资料》预测所得。

续表

年份	小学			初中		
	低方案	中方案	高方案	低方案	中方案	高方案
2029	277.28	288.20	299.90	128.32	129.76	129.98
2030	282.80	296.39	310.78	119.71	120.83	121.74
2031	284.45	300.41	317.42	126.15	128.52	130.67
2032	284.35	302.36	321.42	132.80	136.27	140.00
2033	282.07	301.51	322.24	139.75	144.66	149.84
2034	279.48	300.04	321.89	142.83	148.89	155.48
2035	276.11	297.20	319.57	144.16	151.59	159.55

资料来源：根据《2010年贵州省第六次全国人口普查资料》《2015年贵州省1%人口抽样调查资料》预测所得。

2. 在校生人数

在获得2018—2035年贵州基础教育阶段的学龄人口预测数据之后，为进一步掌握预测期内贵州省基础教育在校生人数的情况，结合小学、初中入学率的预测，可得2018—2035年贵州小学、初中在校生人数的预测结果见表17。

表17　2018—2035年贵州基础教育在校生人数　　单位：万人

年份	小学			初中		
	低方案	中方案	高方案	低方案	中方案	高方案
2018	350.75	350.75	350.75	183.77	183.77	183.77
2019	351.26	351.26	351.26	180.51	180.51	180.51
2020	352.54	352.54	352.54	177.28	177.28	177.28
2021	352.58	352.58	352.58	175.93	175.93	175.93
2022	338.37	338.37	338.37	175.48	175.48	175.48
2023	325.06	325.56	325.81	176.47	176.47	176.47
2024	313.20	314.49	315.51	177.47	177.47	177.47
2025	305.44	308.14	310.60	178.44	178.44	178.44
2026	299.47	303.94	308.45	178.76	178.76	178.76
2027	296.55	303.46	310.41	177.81	177.81	177.81
2028	307.57	317.21	327.20	162.53	162.53	162.53

续表

年份	小学			初中		
	低方案	中方案	高方案	低方案	中方案	高方案
2029	316.82	329.30	342.67	147.66	149.31	149.57
2030	323.27	338.80	355.25	137.81	139.10	140.15
2031	325.30	343.55	363.00	145.29	148.02	150.49
2032	325.32	345.93	367.74	153.01	157.01	161.31
2033	322.86	345.11	368.84	161.09	166.75	172.72
2034	320.03	343.58	368.60	164.71	171.70	179.30
2035	316.31	340.47	366.10	166.32	174.89	184.07

资料来源：根据《2010 年贵州省第六次全国人口普查资料》《2015 年贵州省 1% 人口抽样调查资料》《中国教育统计年鉴》预测所得。

图 8 显示，2018—2035 年贵州小学阶段的在校生人数变化趋势存在三个明显的转折点，三点分别出现于 2021 年、2027 年、2032 年附近，并将整个过程划分为四个阶段：第一阶段（2018—2021 年），小学在校生人数基本保持稳定，且在此阶段各方案预测数值完全一致；第二阶段（2022—2027 年），小学在校生人数大幅下降，低、中、高方案人数均从 2022 年开始减少，而后分别在 2027 年、2027 年、2026 年降至预测期内最低，即高方案较之低、中方案提前一年结束下降趋势；第三阶段（2028—2032 年），小学在校生人数有所回升，低、中、高方案人数分别在 2031 年、2032 年、2033 年停止上升并达到高峰，其中高方案人数达到预测期最高峰值；第四阶段（2033—2035 年），小学在校生人数再次趋于下降。

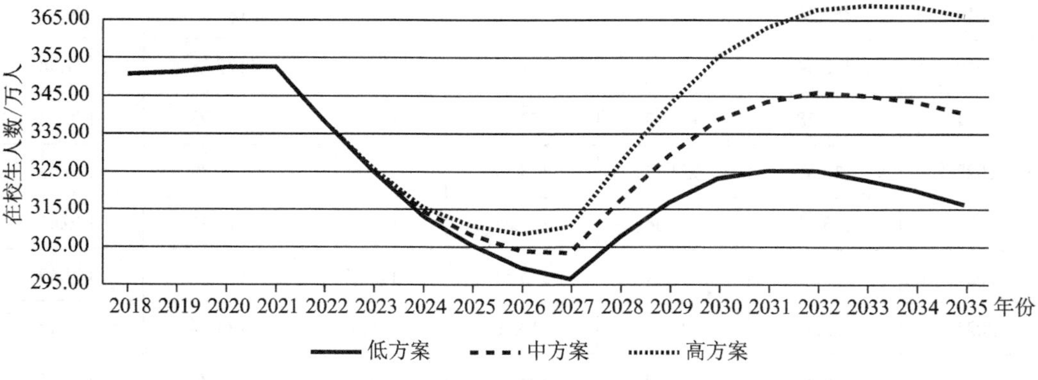

图 8　2018—2035 年贵州小学在校生人数变化趋势

资料来源：根据《2010 年贵州省第六次全国人口普查资料》《2015 年贵州省 1% 人口抽样调查资料》《中国教育统计年鉴》预测所得。

图 9 显示，未来贵州省初中阶段在校生数的变化过程也存在两个明显转折点，分别出现于 2027 年、2030 年附近，并可将其趋势大致分成三个阶段：第一阶段（2018—2027 年），初中在校生人数基本稳定、变化不大，且在此阶段各方案预测数值一致；第二阶段（2028—2030 年），初中在校生人数大幅下降，各方案人数都在 2030 年降至预测期内最低；第三阶段（2031—2035 年），初中在校生人数呈上升趋势。

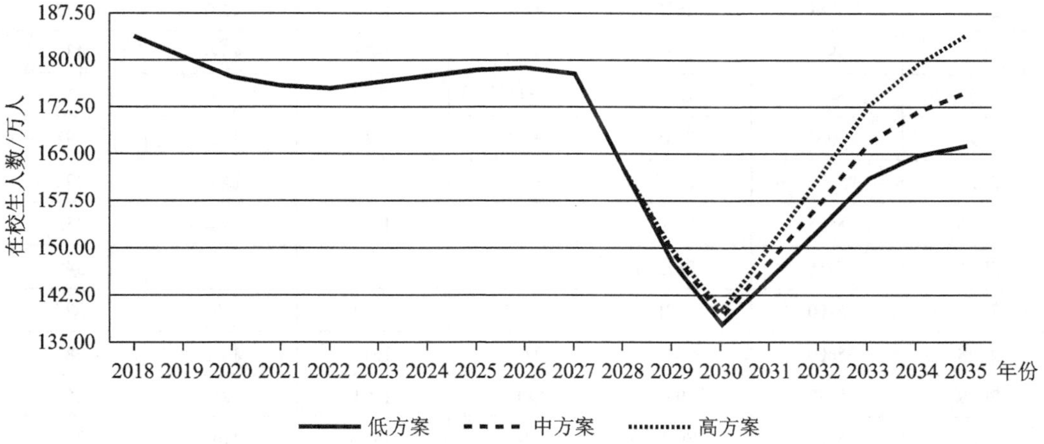

图 9　2018—2035 年贵州初中在校生人数变化趋势

资料来源：根据《2010 年贵州省第六次全国人口普查资料》《2015 年贵州省 1% 人口抽样调查资料》《中国教育统计年鉴》预测所得。

（二）贵州城乡基础教育资源需求预测分析

本部分采用前文预测所得贵州城乡基础教育在校生人数的中方案数据，参照国家或贵州省政府文件中所规定各项教育资源的配置标准（未作明确规定的参考该项资源以往的配置水平设定标准），通过测算人力、物力、财力三个方面的指标，分析贵州城乡基础教育资源需求变化的趋势前景。

1. 城乡基础教育校数、班数预测分析

（1）学校需求数量。

贵州尚未出台有关单校平均人数的规定，考虑到最新的校均规模数据是基于现实情况的反映[1]，本研究选用 2016 年贵州城镇小学、初中校均人数的 857 人 / 校、1080 人 / 校，农村小学、初中的 269 人 / 校、571 人 / 校[2] 作为标准，结合前文所预测对应学段的在校生人数，按照“学校需求数量 = 在校生人数 / 单校平均人数”公式，对 2018—2035 年贵州省城乡中小学的城镇学校需求数量进行测算（见表 18）。

---

❶ 田冀 . 山西省人口变动对各级学校教育规模发展趋势的影响［D］. 石家庄：河北师范大学，2013.

❷ 资料来源：根据《中国教育统计年鉴（2016 年）》整理所得。

表 18　2018—2035 年贵州城乡基础教育学校需求数量　　单位：所

年份	小学			初中		
	贵州省	城镇	农村	贵州省	城镇	农村
2018	7302	2624	4678	1973	1397	576
2019	7117	2718	4399	1915	1398	517
2020	6969	2808	4161	1864	1392	472
2021	6821	2876	3945	1835	1397	438
2022	6418	2818	3600	1819	1407	412
2023	6067	2761	3306	1818	1427	391
2024	5772	2708	3064	1819	1447	372
2025	5585	2686	2899	1819	1464	355
2026	5456	2673	2783	1815	1475	340
2027	5400	2691	2709	1799	1474	325
2028	5600	2833	2767	1641	1353	288
2029	5773	2959	2814	1504	1247	257
2030	5905	3060	2845	1398	1164	234
2031	5959	3116	2843	1485	1242	243
2032	5978	3148	2830	1574	1320	254
2033	5949	3147	2802	1670	1403	267
2034	5915	3137	2778	1719	1446	273
2035	5860	3110	2750	1750	1473	277

资料来源：根据《中国教育统计年鉴》预测所得。

从发展趋势来看。贵州城镇小学、初中的学校需求数量总体呈现波动上升态势。城镇小学的校数需求在 2018—2021 年、2027—2032 年持续扩张，而 2022—2026 年、2033—2035 年有所回落；城镇初中的校数需求在 2018—2026 年、2030—2035 年缓慢增长，2026—2030 年由于贵州省在校生总数剧烈下降，校数需求也将大幅萎缩。与此同时，贵州省农村小学、初中的学校需求数量均表现为波动性的下降趋势。农村小学的校数需求在 2018—2027 年、2031—2035 年迅速缩减，而 2028—2030 年出现轻微回升；农村初中的校数需求在 2018—2030 年处于递减状态，2031—2035 年则趋于增加。

从供需情况来看。预测期内城镇小学的校数需求存在两个峰值：首个峰值出现于 2021 年为 2876 所，与 2016 年城镇小学的实际校数 2437 所相比，供需缺口达到 439 所，为满足教育需求，其间需按年均 88 所的速度进行补充；2022 年起校数需求逐渐下降，2026 年降至低谷后再次出现增长，并在 2032 年达到最高峰值为 3148 所，与 2021 年相比需增加 272 所，其中 2031—2035 年校数基本维持在 3100~3200 所。城镇初中校数需求的最高峰值出现于 2026 年为 1475 所，对比 2016 年的实际校数 1362 所缺口为 87 所，需按年均 9 所的速度进行补充；2027 年起校数需求迅速下降，2030 年降至最低为 1164 所，对比 2026 年富余 311 所；2031 年校数出现明显回升，到 2035 年已接近但略低于前期最高点。

农村小学校数需求的最低值为 2027 年的 2709 所，相较于 2016 年的实际校数 5381 所富余 2672 所，其中 2025—2035 年校数基本稳定在 2800 所左右；农村初中校数需求最低为 2030 年的 234 所，相较于 2016 年的 727 所富余 493 所，2028—2035 年校数也保持在 300 所以内。

图 10 显示，贵州城镇、农村校数需求的走势基本相反，城镇初中的校数需求趋于扩增，而农村趋于缩减；城镇小学的校数需求将由最初远远落后，到 2028 年附近赶上并超过农村小学，而城镇初中的校数需求始终高于农村小学，且城乡差距有所扩大。

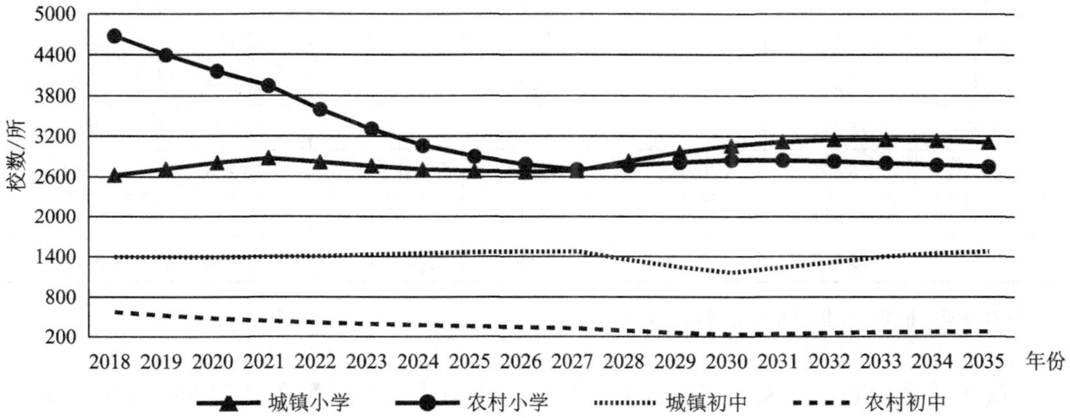

图 10　2018—2035 年贵州城乡基础教育校数需求变化趋势

资料来源：根据《中国教育统计年鉴》预测所得。

（2）班级需求数量。

根据《标准》所规定的班额，小学、初中分别以不超过 45 人、50 人为适宜规模。此处沿用该标准并结合各学段在校生数，按照“班级需求数量 = 在校生人数 / 标准班额人数”公式，对 2018—2035 年贵州城乡中小学的班级需求数量进行测算（见表 19）。

表 19　2018—2035 年贵州城乡基础教育班级需求数量　　单位：个

年份	小学			初中		
	贵州省	城镇	农村	贵州省	城镇	农村
2018	77 945	49 978	27 967	36 754	30 178	6576
2019	78 058	51 760	26 298	36 100	30 194	5906
2020	78 342	53 469	24 873	35 456	30 064	5392
2021	78 351	54 767	23 584	35 186	30 182	5004
2022	75 193	53 673	21 520	35 096	30 396	4700

续表

年份	小学			初中		
	贵州省	城镇	农村	贵州省	城镇	农村
2023	72 346	52 582	19 764	35 294	30 832	4462
2024	69 887	51 569	18 318	35 492	31 248	4244
2025	68 475	51 144	17 331	35 688	31 630	4058
2026	67 543	50 907	16 636	35 752	31 866	3886
2027	67 435	51 244	16 191	35 562	31 846	3716
2028	70 491	53 953	16 538	32 508	29 218	3290
2029	73 177	56 353	16 824	29 864	26 928	2936
2030	75 291	58 282	17 009	27 820	25 152	2668
2031	76 342	59 349	16 993	29 604	26 824	2780
2032	76 873	59 953	16 920	31 402	28 504	2898
2033	76 691	59 942	16 749	33 350	30 306	3044
2034	76 351	59 744	16 607	34 340	31 228	3112
2035	75 660	59 220	16 440	34 978	31 816	3162

资料来源：根据《中国教育统计年鉴》预测所得。

预测结果表明，未来贵州城乡基础教育的班数需求与校数需求的变化过程、阶段特征基本一致。究其原因，是由于“单校平均人数、班额标准人数”均为固定数值，故“学校需求数量、班级需求数量”随“在校生人数”变化而发生变化。由此可推知，下文将要测算的师资、物资配置需求也与校数需求的发展趋势类似，因此不再对班数、师资、物资配置需求的变化过程进行具体描述。但考虑到各类资源的配置标准存在差异，其需求数量也将各不相同，仍然需要从供求差距方面对上述指标进行分析。

预测期内，贵州城镇小学班数需求的首个峰值出现于 2021 年为 54 767 个，与 2016 年城镇小学的实际班数 44 679 个相比，供需缺口达到 10 088 个，其间需按年均 2018 个班级的速度进行补充；2032 年班数需求达到最高峰值为 59 953 个，与 2021 年相比需增加 5286 个，其中 2030—2035 年基本维持在 59 000~60 000 个。城镇初中班数需求的最高峰值出现于 2026 年为 31 866 个，较 2016 年的实际班数 29 135 个相差 2731 个，需按年均 27 个的速度进行补充；2030 年班数降至最低为 25 152 个，对比 2026 年富余 6714 个；经过小幅回升后，到 2035 年班数仍然略微低于此前峰值。

贵州省农村小学、初中班数需求的最低值分别为 2027 年的 16 191 个、2030 年的 2668 个，相较于 2016 年小学、初中的实际班数 49 752 个、8774 个分别富余 33 561 个、6106 个；其中小学班数 2025—2035 年基本稳定在 17 000 个左右，初中班数 2028—2035 年也保持在 3000 个左右。

图 11 显示，预测期内贵州城镇小学、初中的班数需求从始至终高于农村小学、初中的同期水平，且伴随城镇班数需求的逐渐增加与农村班数需求的缓慢减少，其差距还将有所扩大（师资、物资需求均与班数需求的变化趋势相似，故下文不再进行说明）。

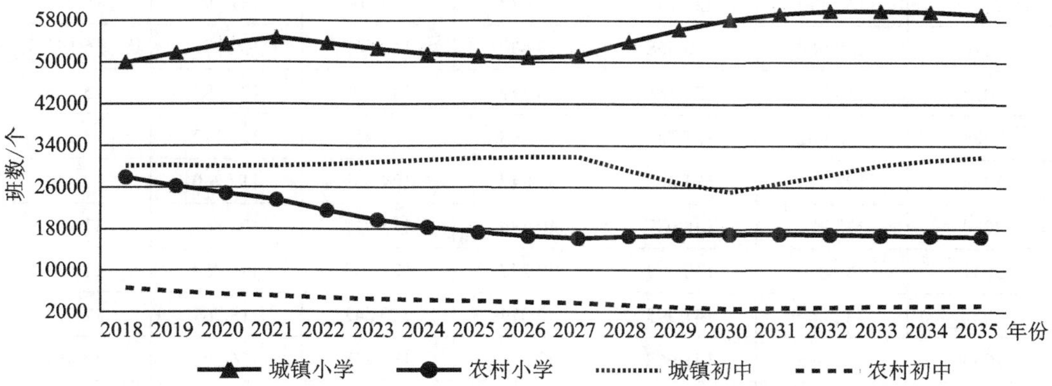

图 11　2018—2035 年贵州城乡基础教育班数需求变化趋势

资料来源：根据《中国教育统计年鉴》预测所得。

2. 城乡基础教育师资配置预测分析

教育部《意见》中将城市、县镇和农村统一的生师比标准规定为小学 19∶1、初中 13.5∶1。数据显示，2016 年贵州城镇、农村初中的生师比已分别达到 8.92∶1、12.00∶1[1]，均远低于 13.5∶1 的国家标准。鉴于贵州城乡初中教师的配置已经达标，继续沿用该标准不利于维持当地的教育发展现状，故此次预测将初中生师比设定为 12∶1（小学生师比沿用国家标准 19∶1），对 2018—2035 年贵州城乡中小学的专任教师需求数量[2]进行测算（见表 20、图 12）。

表 20　2018—2035 年贵州城乡基础教育专任教师需求数量　　单位：人

年份	小学			初中		
	贵州省	城镇	农村	贵州省	城镇	农村
2018	184 605	118 368	66 237	153 142	125 742	27 400
2019	184 873	122 589	62 284	150 416	125 808	24 608
2020	185 548	126 637	58 911	147 734	125 267	22 467
2021	185 569	129 711	55 858	146 608	125 758	20 850
2022	178 089	127 121	50 968	146 233	126 650	19 583
2023	171 348	124 537	46 811	147 059	128 467	18 592
2024	165 521	122 137	43 384	147 883	130 200	17 683

[1] 资料来源：根据《中国教育统计年鉴（2016 年）》整理所得。

[2] 专任教师需求数量 = 在校生人数 / 生师比。

续表

年份	小学			初中		
	贵州省	城镇	农村	贵州省	城镇	农村
2025	162 179	121 132	41 047	148 700	131 792	16 908
2026	159 968	120 568	39 400	148 967	132 775	16 192
2027	159 715	121 368	38 347	148 175	132 692	15 483
2028	166 952	127 784	39 168	135 450	121 742	13 708
2029	173 315	133 468	39 847	124 433	112 200	12 233
2030	178 321	138 037	40 284	115 917	104 800	11 117
2031	180 810	140 563	40 247	123 350	111 767	11 583
2032	182 069	141 995	40 074	130 842	118 767	12 075
2033	181 636	141 968	39 668	138 958	126 275	12 683
2034	180 832	141 500	39 332	143 084	130 117	12 967
2035	179 195	140 258	38 937	145 742	132 567	13 175

资料来源：根据《中国教育统计年鉴》预测所得。

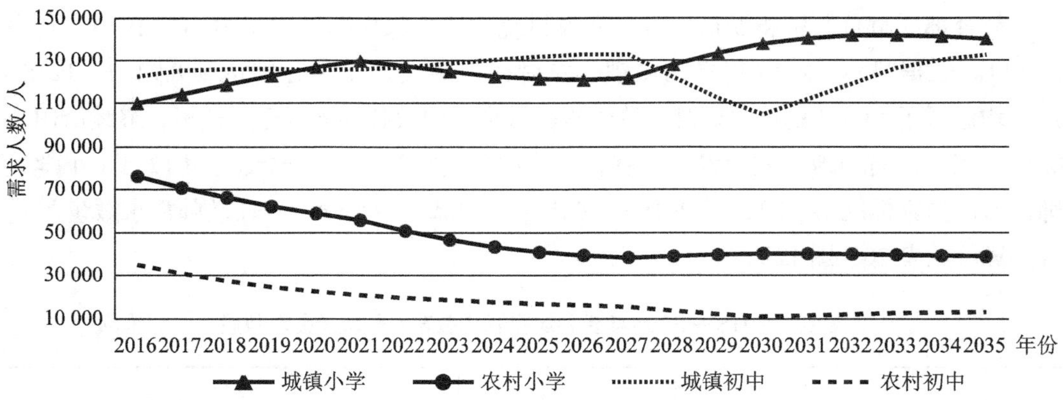

图 12 2016—2035 年贵州城乡基础教育教师需求变化趋势

资料来源：根据《中国教育统计年鉴》预测所得。

预测期内，贵州城镇小学教师需求数的首个峰值出现于 2021 年为 129 711 人，与 2016 年城镇小学的实际教师数 97 567 人相比，缺员人数为 32 144 人，其间需按年均 6429 人的速度进行补充；2032 年教师需求数达到最高峰值为 141 995 人，与 2021 年相比又需增加 12 284 人，其中 2031—2035 年基本维持在 141 000 人左右。城镇初中教师需求数的最高峰值出现于 2026 年为 132 775 人，对比 2016 年的实际教师数 164 794 人超员 32 019 人；2030 年教师需求数达到最低点为 104 800 人，较 2016 年超员 59 994 人。

贵州省农村小学、初中教师需求数的最低值分别为 2027 年的 38 347 人、2030 年的 11 117 人，相较于 2016 年小学、初中的实际教师数 87 742 人、35 093 人分别超员 49 395 人、23 076 人；其中小学教师需求数 2026—2035 年基本稳定在 38 000~41 000 人，初中 2028—2035 年处于 11 000~14 000 人。

3. 城乡基础教育物资配置预测分析

（1）校舍建筑面积需求。

根据《标准》中生均校舍建筑面积的标准，小学、初中分别不得低于 4.5 米^2/ 生、5.5 米^2/ 生。参考当前全省基础教育阶段生均校舍面积的实际水平（2016 年城镇小学、初中分别为 5.88 米^2/ 生、10.80 米^2/ 生，农村小学、初中为 9.01 米^2/ 生、12.66 米^2/ 生[1]），同时考虑到各地的教育发展现状以及部分校舍资源存在的废弃、闲置现象，将未来城镇小学、初中的生均面积标准分别设定为 5.5 米^2/ 生、8.0 米^2/ 生，农村小学、初中为 7.0 米^2/ 生、9.0 米^2/ 生，再按照重设标准对 2018—2035 年贵州城乡中小学的校舍建筑面积需求总量[2]进行计算（见表 21、图 13）。

表 21　2018—2035 年贵州城乡基础教育校舍建筑面积需求总量　　单位：万米^2

年份	小学			初中		
	贵州省	城镇	农村	贵州省	城镇	农村
2018	2117.90	1236.95	880.95	1503.04	1207.12	295.92
2019	2109.44	1281.06	828.38	1473.53	1207.76	265.77
2020	2106.87	1323.36	783.51	1445.20	1202.56	242.64
2021	2098.39	1355.48	742.91	1432.46	1207.28	225.18
2022	2006.30	1328.42	677.88	1427.34	1215.84	211.50
2023	1923.99	1301.41	622.58	1434.07	1233.28	200.79
2024	1853.34	1276.33	577.01	1440.90	1249.92	190.98
2025	1811.76	1265.83	545.93	1447.81	1265.20	182.61
2026	1783.96	1259.94	524.02	1449.51	1274.64	174.87
2027	1778.32	1268.30	510.02	1441.06	1273.84	167.22
2028	1856.29	1335.35	520.94	1316.77	1168.72	148.05
2029	1924.72	1394.75	529.97	1209.24	1077.12	132.12
2030	1978.27	1442.49	535.78	1126.14	1006.08	120.06

[1] 资料来源：根据《中国教育统计年鉴（2016）》整理所得。

[2] 校舍建筑面积需求总量 = 在校生人数 × 生均校舍建筑面积需求量。

续表

年份	小学			初中		
	贵州省	城镇	农村	贵州省	城镇	农村
2031	2004.18	1468.89	535.29	1198.06	1072.96	125.10
2032	2016.83	1483.85	532.98	1270.57	1140.16	130.41
2033	2011.16	1483.57	527.59	1349.22	1212.24	136.98
2034	2001.79	1478.68	523.11	1389.16	1249.12	140.04
2035	1983.56	1465.70	517.86	1414.93	1272.64	142.29

资料来源：根据《中国教育统计年鉴》预测所得。

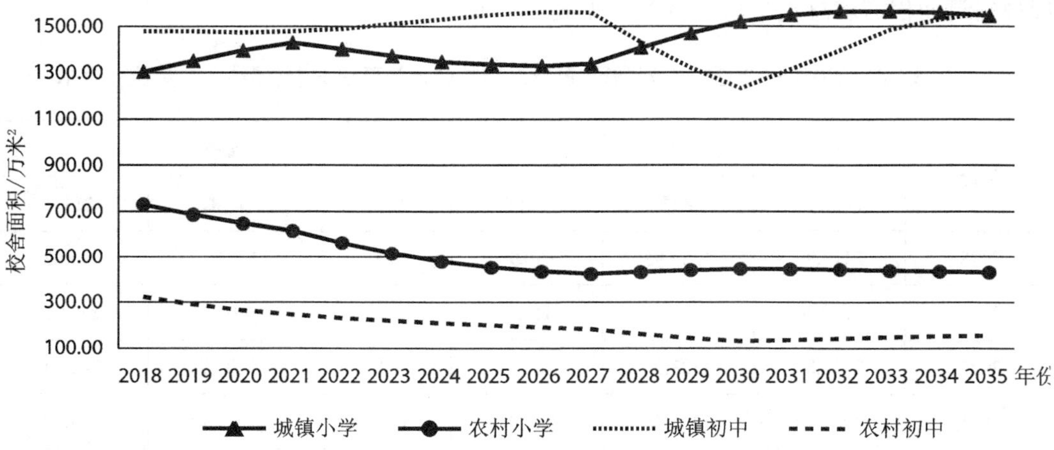

图 13　2018—2035 年贵州城乡基础教育校舍面积需求变化趋势

资料来源：根据《中国教育统计年鉴》预测所得。

预测期内，贵州城镇小学校舍面积需求量的首个峰值出现于 2021 年为 1355.48 万米²，与 2016 年城镇小学的实际校舍面积 1227.68 万米² 相比，供需差为 127.80 万米²，其间需按年均 25.56 万米² 的速度进行补充；2032 年校舍面积需求量达到最高峰值为 1483.85 万米²，与 2021 年相比需增加 128.37 万米²，其中 2030—2035 年基本维持在 1400 万 ~1500 万米²。城镇初中校舍面积需求量的最高峰值出现于 2026 年为 1274.64 万米²，对比 2016 年的实际校舍面积 1588.20 万米²，富余 313.56 万米²；2030 年校舍面积需求量达到最低点为 1006.08 万米²，较 2016 年富余 582.12 万米²。

贵州省农村小学、初中校舍面积需求量的最低值分别为 2027 年的 510.02 万米²、2030 年的 120.06 万米²，相较于 2016 年小学、初中的实际校舍面积 1302.77 万米²、532.92 万米² 分别富余 792.75 万米²、412.86 万米²；其中小学校舍面积 2025—2035 年基本稳定在 500 万 ~550 万米²，初中 2028—2035 年处于 100 万 ~150 万米²。

（2）图书、计算机配置需求。

依照《标准》中生均图书册数、每百名学生计算机台数的配置标准，小学、初中的生均图书册数分别不少于 20 册 / 人、30 册 / 人，每百名学生拥有计算机台数不少于 6 台 / 百人、10 台 / 百人。鉴于 2016 年贵州城乡小学、初中的图书和计算机配置水平均达到上述规定要求，故以此标准分别对 2018—2035 年贵州城乡中小学的图书和计算机需求数量[1]进行测算。

表 22、图 14 显示，预测期内贵州城镇小学图书需求量的首个峰值出现于 2021 年为 4929.0 万册，与 2016 年城镇小学的实际图书数 4318.0 万册相比，供需差为 611.0 万册，其间需按年均 122.2 万册的速度进行补充；2032 年图书需求达到最高峰值为 5395.8 万册，与 2021 年相比需增加 466.8 万册，其中 2031—2035 年基本维持在 5300 万 ~5400 万册。城镇初中图书需求量最高峰值为 2026 年的 4779.9 万册，对比 2016 年的实际图书数 4884.0 万册富余 104.1 万册；2030 年图书需求量达到最低点为 3772.8 万册，较 2016 年富余 1111.2 万册。

表 22　2018—2035 年贵州城乡基础教育图书需求数量　　单位：万册

年份	小学			初中		
	贵州省	城镇	农村	贵州省	城镇	农村
2018	7015.0	4498.0	2517.0	5513.1	4526.7	986.4
2019	7025.2	4658.4	2366.8	5415.0	4529.1	885.9
2020	7050.8	4812.2	2238.6	5318.4	4509.6	808.8
2021	7051.6	4929.0	2122.6	5277.9	4527.3	750.6
2022	6767.4	4830.6	1936.8	5264.4	4559.4	705.0
2023	6511.2	4732.4	1778.8	5294.1	4624.8	669.3
2024	6289.8	4641.2	1648.6	5323.8	4687.2	636.6
2025	6162.8	4603.0	1559.8	5353.2	4744.5	608.7
2026	6078.8	4581.6	1497.2	5362.8	4779.9	582.9
2027	6069.2	4612.0	1457.2	5334.3	4776.9	557.4
2028	6344.2	4855.8	1488.4	4876.2	4382.7	493.5
2029	6586.0	5071.8	1514.2	4479.6	4039.2	440.4
2030	6776.2	5245.4	1530.8	4173.0	3772.8	400.2
2031	6870.8	5341.4	1529.4	4440.6	4023.6	417.0

[1] 图书册数 = 在校生人数 × 生均图书册数，计算机台数 = 在校生人数 /100 × 每百名学生计算机台数。

续表

年份	小学			初中		
	贵州省	城镇	农村	贵州省	城镇	农村
2032	6918.6	5395.8	1522.8	4710.3	4275.6	434.7
2033	6902.2	5394.8	1507.4	5002.5	4545.9	456.6
2034	6871.6	5377.0	1494.6	5151.0	4684.2	466.8
2035	6809.4	5329.8	1479.6	5246.7	4772.4	474.3

资料来源：根据《中国教育统计年鉴》预测所得。

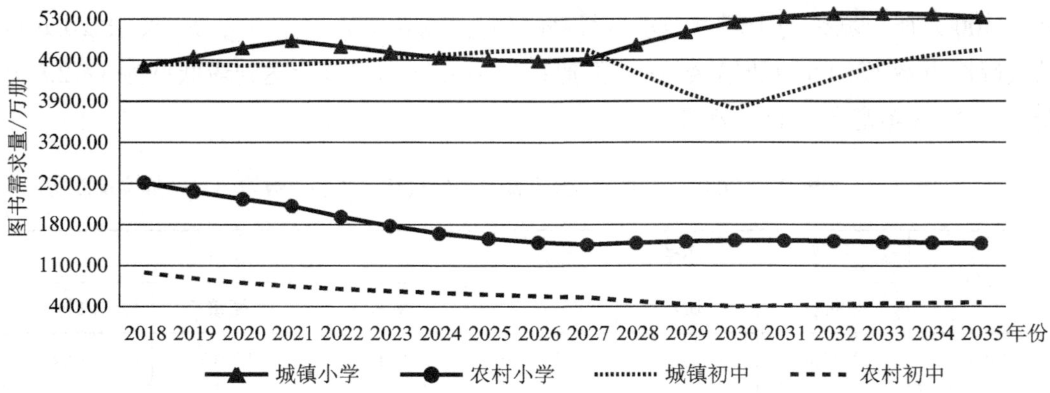

图 14　2018—2035 年贵州城乡基础教育图书需求变化趋势

资料来源：根据《中国教育统计年鉴》预测所得。

贵州省农村小学、初中图书需求量的最低值分别为 2027 年的 1457.2 万册、2030 年的 400.2 万册，相较于 2016 年小学、初中的实际图书数 3473.9 万册、1635.6 万册分别富余 2016.7 万册、1235.3 万册；其中小学图书需求量 2025—2035 年基本稳定在 1500 万册左右，初中 2028—2035 年处于 400 万 ~500 万册。

由表 23、图 15 可知，在此期间，贵州城镇小学计算机需求量的两个峰值分别为 2021 年的 147 870 台、2032 年的 161 874 台，与 2016 年城镇小学的实际计算机数 179 687 台相比，分别富余 31 817 台、17 813 台，其中 2029—2035 年计算机需求量基本稳定在 160 000 万台左右；城镇初中计算机需求量的最高峰值为 2026 年的 159 330 台，对比 2016 年的实际计算机数 179 622 台富余 20 292 台。

贵州省农村小学、初中计算机需求量的最低值分别为 2027 年的 43 716 台、2030 年的 13 340 台，相较于 2016 年小学、初中的实际计算机数 124 518 台、57 238 台分别富余 80 802 台、43 898 台；其中小学计算机需求量 2024—2035 年基本稳定在 43 000~50 000 台，初中 2026—2035 年均保持在 20 000 台以内。

表 23　2018—2035 年贵州城乡基础教育计算机需求数量　　　　单位：台

年份	小学			初中		
	贵州省	城镇	农村	贵州省	城镇	农村
2018	210 450	134 940	75 510	183 770	150 890	32880
2019	210 756	139 752	71 004	180 500	150 970	29 530
2020	211 524	144 366	67 158	177 280	150 320	26 960
2021	211 548	147 870	63 678	175 930	150 910	25 020
2022	203 022	144 918	58 104	175 480	151 980	23 500
2023	195 336	141 972	53 364	176 470	154 160	22 310
2024	188 694	139 236	49 458	177 460	156 240	21 220
2025	184 884	138 090	46 794	178 440	158 150	20 290
2026	182 364	137 448	44 916	178 760	159 330	19 430
2027	182 076	138360	43 716	177 810	159 230	18580
2028	190 326	145 674	44 652	162 540	146 090	16 450
2029	197 580	152 154	45 426	149 320	134 640	14 680
2030	203 286	157 362	45 924	139 100	125 760	13 340
2031	206 124	160 242	45 882	148 020	134 120	13 900
2032	207 558	161 874	45 684	157 010	142 520	14 490
2033	207 066	161 844	45 222	166 750	151 530	15 220
2034	206 148	161 310	44 838	171 700	156 140	15 560
2035	204 282	159 894	44 388	174 890	159 080	15 810

资料来源：根据《中国教育统计年鉴》预测所得。

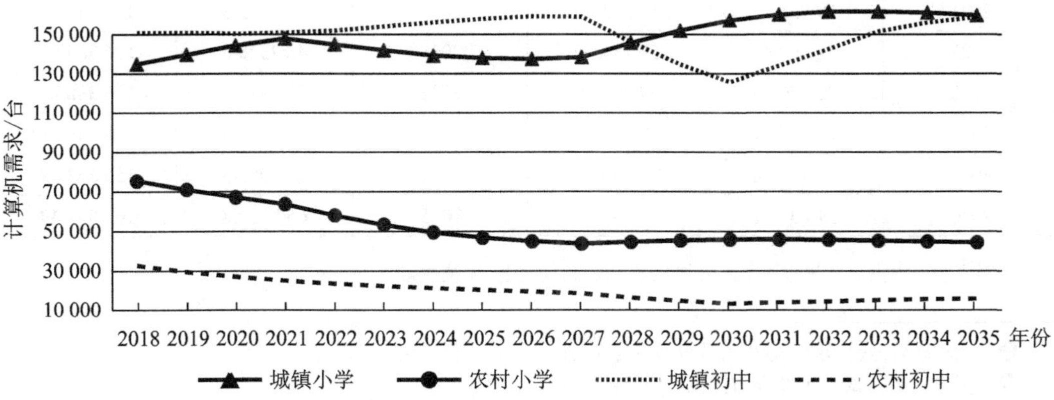

图 15　2018—2035 年贵州城乡基础教育计算机需求变化趋势

资料来源：根据《中国教育统计年鉴》预测所得。

4. 城乡基础教育经费投入预测分析

（1）生均教育经费指数。

对教育经费进行合理分配有助于实现教育资源使用效益的最大化，故对经费投入需求进行超前预测可产生具有基础性、先导性和全局性的重要作用。为衡量教育投入水平，并确定教育事业费、公用经费的生均标准，此处采用联合国教科文组织开发的“生均教育经费指数[1]”这一国际通行指标进行分析。

首先，对 2018—2035 年贵州省生产总值进行预测。2014—2017 年贵州省生产总值分别为 9299.45 亿元、10 539.62 亿元、11 776.73 亿元、13 540.83 亿元，同比增长率分别达到 10.8%、10.7%、10.5%、10.2%[2]。2018 年 1 月贵州省十三届人大一次会议上的政府工作报告提出，2018—2022 年要努力实现地区生产总值超过 2 万亿元、年均增长 10% 左右的发展目标[3]。因此，以 2017 年贵州省生产总值为基数，假设 2018—2022 年每年增速均为 10%，随后每 5 年增速放缓 1%，即 2023—2027 年每年增速均为 9%，2028—2032 年为 8%，2033—2035 年为 7%，计算得到 2018—2035 年贵州省生产总值的预测数据（见表 24、图 16）。

其次，对 2018—2035 年贵州省人均生产总值进行预测。根据各年贵州省生产总值，结合对应年份的人口总数（中方案），便可得出 2018—2035 年贵州省人均生产总值的数值（见表 24）。结果显示，2020 年、2025 年、2030 年、2035 年贵州省人均生产总值将分别达到 49 988.58 元、77 566.99 元、116 683.93 元和 168 531.49 元[4]。

表 24　2018—2035 年贵州省生产总值与人均生产总值

年份	贵州省生产总值 / 亿元	人均生产总值 / 元	年份	贵州省生产总值 / 亿元	人均生产总值 / 元
2018	14 894.91	41 747.49	2027	34 485.76	92 087.09
2019	16 384.40	45 691.30	2028	37 244.62	99 003.59
2020	18 022.84	49 988.58	2029	40 596.64	107 467.45
2021	19 825.12	54 663.56	2030	44 250.33	116 683.93
2022	21 807.64	59 784.04	2031	48 232.86	126 725.68
2023	23 770.33	64 792.98	2032	52 091.49	136 388.28
2024	26 147.37	70 888.62	2033	55 737.89	145 449.21
2025	28 762.10	77 566.99	2034	60 196.93	156 553.62
2026	31 638.31	84 890.93	2035	65 012.68	168 531.49

资料来源：根据《贵州省国民经济与社会发展统计公报》预测所得。

❶ 生均教育经费指数：指生均教育经费与人均国民生产总值之比。

❷ 资料来源：《2017 年贵州省国民经济与社会发展统计公报》。

❸ 资料来源：贵州：今后五年 GDP 年均增长 10% 左右［EB/OL］.（2018-01-12）［2018-03-15］. http://news.cnstock.com/news，bwkx-201801-4181065.htm

❹ 由于统计年鉴中未对贵州人均生产总值区分城乡，此处将该数据作为城乡统一的人均生产总值。

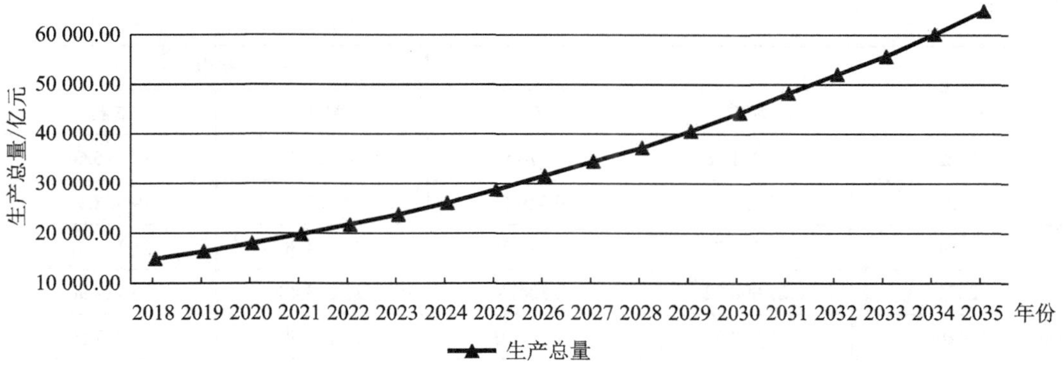

图 16　2018—2035 年贵州省生产总量变化趋势

资料来源：根据《贵州省国民经济与社会发展统计公报》预测所得。

最后，计算贵州城乡小学、初中的生均教育经费指数（包括生均预算内教育事业费指数、生均预算内公用经费指数）。2016 年贵州城镇、农村小学的生均教育事业费分别为 9043.28 元、9773.55 元，城镇、农村初中为 11 409.05 元、9905.84 元；城镇、农村小学的生均公用经费分别为 2692.81 元、1895.10 元，城镇、农村初中为 3216.31 元、2368.48 元[1]。将以上各组数据与 2016 年贵州人均生产总值的 33 257.66 元[2]代入“生均教育经费指数 = 生均教育经费 / 人均生产总值”的公式，计算得到贵州省城镇、农村小学的生均事业经费指数分别为 0.272、0.294，城镇、农村初中为 0.343、0.298；城镇、农村小学的生均公用经费指数分别为 0.081、0.057，城镇、农村初中为 0.097、0.071。

最后，假设上述各项指数在预测期内保持不变，将其与各年的人均生产总值预测值代入生均经费指数公式，即可测算出未来一段时间内贵州城乡中小学预算内教育事业费、公用经费的生均需求量。

（2）生均教育经费需求。

2018—2035 年贵州城乡小学、初中阶段生均预算内教育事业费、生均预算内公用经费的支出标准都将稳步提高（见表 25 和表 26）。

表 25　2018—2035 年贵州城乡基础教育预算内教育事业费生均需求　单位：元

年份	小学		初中	
	城镇	农村	城镇	农村
2018	11 355.32	12 273.76	14 319.39	12 440.75
2019	12 428.03	13 433.24	15 672.12	13 616.01
2020	13 596.89	14 696.64	17 146.08	14 896.60
2021	14 868.49	16 071.09	18 749.60	16 289.74

❶ 资料来源：《中国教育经费统计年鉴（2016 年）》。

❷ 考虑到最新数据是基于现实的反映，此处将采用 2016 年的教育经费和 GDP 数据进行计算。

续表

年份	小学		初中	
	城镇	农村	城镇	农村
2022	16 261.26	17 576.51	20 505.93	17 815.64
2023	17 623.69	19 049.14	22 223.99	19 308.31
2024	19 281.70	20 841.25	24 314.80	21 124.81
2025	21 098.22	22 804.70	26 605.48	23 114.96
2026	23 090.33	24 957.93	29 117.59	25 297.50
2027	25 047.69	27 073.60	31 585.87	27 441.95
2028	26 928.98	29 107.06	33 958.23	29 503.07
2029	29 231.15	31 595.43	36 861.34	32 025.30
2030	31 738.03	34 305.08	40 022.59	34 771.81
2031	34 469.38	37 257.35	43 466.91	37 764.25
2032	37 097.61	40 098.15	46 781.18	40 643.71
2033	39 562.19	42 762.07	49 889.08	43 343.86
2034	42 582.58	46 026.76	53 697.89	46 652.98
2035	45 840.57	49 548.26	57 806.30	50 222.38

资料来源：根据《中国教育经费统计年鉴》预测所得[1]。

将 2035 年教育事业费的生均需求与 2016 年的实际投入相比，城镇、农村小学分别需增加投入 36 794.49 元、39 770.51 元，每年需增加 1936.55 元、2093.18 元；城镇、农村初中分别需增加投入 46 398.92 元、40 311.60 元，每年需增加 2442.05 元、2121.66 元。

城镇、农村小学公用经费的生均需求将分别增长 10 957.18 元、7710.60 元，每年需增加 576.69 元、405.82 元；城镇、农村初中分别增长 13 121.56 元、9604.45 元，每年需增加 690.61 元、505.50 元。

表 26　2018—2035 年贵州城乡基础教育预算内公用经费生均需求　单位：元

年份	小学		初中	
	城镇	农村	城镇	农村
2018	3381.55	2379.61	4049.51	2964.07
2019	3701.00	2604.40	4432.06	3244.08
2020	4049.07	2849.35	4848.89	3549.19
2021	4427.75	3115.82	5302.37	3881.11

[1] 表 25 至表 28 中数据均根据《中国教育经费统计年鉴》预测所得。

续表

年份	小学		初中	
	城镇	农村	城镇	农村
2022	4842.51	3407.69	5799.05	4244.67
2023	5248.23	3693.20	6284.92	4600.30
2024	5741.98	4040.65	6876.20	5033.09
2025	6282.93	4421.32	7524.00	5507.26
2026	6876.17	4838.78	8234.42	6027.26
2027	7459.05	5248.96	8932.45	6538.18
2028	8019.29	5643.20	9603.35	7029.25
2029	8704.86	6125.64	10 424.34	7630.19
2030	9451.40	6650.98	11 318.34	8284.56
2031	10 264.78	7223.36	12 292.39	8997.52
2032	11 047.45	7774.13	13 229.66	9683.57
2033	11 781.39	8290.60	14 108.57	10 326.89
2034	12 680.84	8923.56	15 185.70	11 115.31
2035	13 651.05	9606.29	16 347.55	11 965.74

（3）教育经费需求总量。

基于教育事业费、公用经费生均需求的预测数据，结合各学段在校生人数（中方案），可进一步得出 2018—2035 年贵州城乡小学、初中阶段预算内教育事业费、预算内公用经费的需求总量[1]。在此期间，城镇小学、初中的预算内教育事业费、公用经费的需求总量均呈现稳步提升态势；虽然农村小学、初中的在校生人数趋于下降，但由于生均教育事业费、公用经费支出逐年增加，预算内教育事业费、公用经费的需求总量将依然持续增长（见表 27 和表 28）。

将 2035 年教育事业费的需求总量与 2016 年的实际投入相比，城镇、农村小学分别需增加 1032.73 亿元、225.21 亿元，每年需增加 54.35 亿元、11.85 亿元；城镇、农村初中分别需增加 752.16 亿元、37.75 亿元，年均增加 39.59 亿元、1.99 亿元。城镇、农村小学公用经费需求总量分别增长 307.54 亿元、43.66 亿元，年均增加 16.19 亿元、2.30 亿元；城镇、农村初中增长 212.71 亿元、8.99 亿元，年均增加 11.20 亿元、0.47 亿元。

[1] 教育事业费需求总量 = 生均教育事业费需求 × 在校生人数，公用经费需求总量 = 生均公用经费需求 × 在校生人数。

表 27 2018—2035 年贵州城乡基础教育预算内教育事业费需求总量 单位：亿元

年份	小学			初中		
	贵州省	城镇	农村	贵州省	城镇	农村
2018	409.85	255.38	154.47	256.97	216.07	40.91
2019	448.44	289.47	158.97	276.81	236.60	40.21
2020	491.65	327.15	164.50	297.90	257.74	40.16
2021	537.00	366.43	170.56	323.71	282.95	40.76
2022	562.97	392.76	170.21	353.52	311.65	41.87
2023	586.43	417.01	169.42	385.68	342.61	43.08
2024	619.25	447.45	171.79	424.72	379.89	44.83
2025	663.43	485.58	177.85	467.67	420.77	46.90
2026	715.79	528.95	186.84	513.08	463.93	49.15
2027	774.86	577.60	197.26	553.93	502.94	50.99
2028	870.42	653.81	216.61	544.63	496.10	48.53
2029	980.48	741.27	239.21	543.31	496.30	47.01
2030	1094.96	832.39	262.57	549.71	503.32	46.39
2031	1205.48	920.57	284.91	635.47	582.98	52.49
2032	1306.16	1000.86	305.31	725.62	666.73	58.89
2033	1389.45	1067.15	322.30	821.94	755.97	65.97
2034	1488.79	1144.83	343.96	911.03	838.44	72.59
2035	1588.16	1221.61	366.56	998.98	919.58	79.40

表 28 2018—2035 年贵州城乡基础教育预算内公用经费需求总量 单位：亿元

年份	小学			初中		
	贵州省	城镇	农村	贵州省	城镇	农村
2018	106.00	76.05	29.95	70.85	61.10	9.75
2019	117.02	86.20	30.82	76.49	66.91	9.58
2020	129.32	97.42	31.89	82.46	72.89	9.57
2021	142.19	109.12	33.07	89.73	80.02	9.71
2022	149.96	116.96	33.00	98.11	88.13	9.97
2023	157.03	124.18	32.85	107.15	96.89	10.26

续表

年份	小学			初中		
	贵州省	城镇	农村	贵州省	城镇	农村
2024	166.56	133.25	33.31	118.11	107.43	10.68
2025	179.08	144.60	34.48	130.17	118.99	11.17
2026	193.74	157.52	36.22	142.91	131.20	11.71
2027	210.25	172.01	38.24	154.38	142.23	12.15
2028	236.70	194.70	42.00	151.86	140.30	11.56
2029	267.12	220.75	46.38	151.55	140.35	11.20
2030	298.79	247.88	50.91	153.39	142.34	11.05
2031	329.38	274.14	55.24	177.37	164.87	12.51
2032	357.24	298.05	59.19	202.58	188.55	14.03
2033	380.28	317.79	62.49	229.50	213.79	15.72
2034	407.61	340.92	66.69	254.40	237.11	17.30
2035	434.85	363.79	71.07	278.97	260.06	18.92

三、结论与对策

（一）结论

通过对2016—2035年贵州基础教育阶段的学龄人口、在校生人数，与城乡中小学的学校和班级数量、师资配置、物资配置、经费投入等教育资源的供需形势进行预测分析，归纳出以下结论。

1. 贵州省生源规模先降后升，城乡在校生数一升一降

总体上看，预测期内贵州基础教育学龄人口的变动呈先降后升态势；而在校生人数由学龄人口数量与对应学段入学率的乘积计算得出，故全省基础教育的在校生数将经历与学龄人口相同的趋势变化。

具体来看，未来城镇、农村的基础教育在校生规模将呈现为反向变化。预测期各年城镇小学、初中（除2016年）的在校生数均超过2015年人数，且各学段在校生数都表现为波动上升；在此期间农村小学、初中的在校生预测人数始终低于2015年人数，且各学段在校生数均趋于下降。

2. 城镇校数、班数有所不足，农村数量相对过剩

预测期内贵州城镇中小学的校数、班数需求将持续增加，各年小学、初中（除2028—2032年）的校数、班数需求几乎全部高于2016年的实际数量，可见现有的学校、班级数量有所不足；而农村小学、初中的校数、班数将延续以往的降势，故其现有学校、班级数量在整个预测期始终表现为过剩状态，其中农村小学的班额人数

（2010—2016 年为 28~34 人）与省定标准（45 人）差距相对较大。

3. 城镇教师队伍超、缺员并存，农村师资超员严重

预测期各年贵州城镇小学的教师需求数均超过 2016 年的实际教师数，即当前教师队伍未来将会出现缺员情况；但与此同时，由于 2016 年贵州省城镇初中、农村小学和初中的生师比均优于全国标准，将预测期各年贵州省城镇初中、农村小学和初中的教师需求数与该年相比，现有教师数量始终表现为超员状态，且其中农村中小学教师超员现象相对严重。

4. 城镇教育物资供应存在缺口，农村物资较为充足

预测期各年贵州城镇小学的校舍面积（除 2016 年、2017 年）、图书需求量均超过 2016 年的实际数量，表明当前的校舍、图书供给无法满足未来的教育需求；而全省城镇初中、农村小学和初中的校舍面积、图书需求量始终表现过剩，说明现有的校舍、图书供给足以应对未来一段时间的需求；另外，预测期各年城乡中小学的计算机需求数均未超过 2016 年，可见现有计算机也存在大量富余。

5. 城乡教育经费需求持续增长，供需矛盾日渐突出

据前文所述，无论过去还是未来贵州城乡基础教育阶段教育事业费与公用经费的生均、总量需求都呈现逐年快速攀升的状态；将各年度预测数据与 2016 年的实际支出相比，各项经费在整个预测期的增长均超过 4 倍。

（二）对策

鉴于贵州即将面临学龄人口变化的新形势，为妥善应对随之而来基础教育面临的新挑战，本研究围绕统筹城乡教育资源配置、推进城乡教育均衡发展的思路，通过贵州基础教育发展现状及其未来可能出现问题的分析预测，提供下列具有针对性的对策建议。

1. 合理规划学校布局，适应生源规模变化

合理规划学校布局是优化教育资源配置、提高教育教学质量所应具备的基本条件，故立足实际、因地制宜，制订合理的办学结构调整方案，自然成为未来贵州推进教育事业科学发展的首要任务。有关部门需积极采取应对措施调整对当地城乡中小学的教育供给，调整过程中应注意以下几点。

首先，加强在校生数量变动趋势的分析预测。有关部门应密切关注生育政策全面放开后出生人口数的变化情况，以及城镇化进程加快所引起的学龄人口流动情况，继而为预测提供重要的支撑依据。

其次，大力提高现有教育资源的利用效率。考虑到学校数量无法随意增减，对其调整应以改建、扩建为主，新建、撤并为辅；或者根据生源规模对班额人数实行动态调整，即学生人数减少可缩小班级规模、实施小班化教学，学生人数增多则按标准班额人数进行调配。有关部门需充分整合现有资源，及时盘活低效利用或闲置资源，以确保有限的教育资源能够发挥最大限度的作用。

最后，以人为本，妥善安排农村学校设点布局。即结合各地实际情况，制订相对灵活的学校布局调整方案。对地处偏远、人口稀少、交通不便地区的小规模学校和教学点，适当保留并采取扶持性措施保障其办学质量，杜绝盲目一刀切的撤点并校，防止因学校布局调整造成学生辍学；对于人口相对集中、交通较为便捷地区，若存在布局分散、规模较小或质量偏低等问题，应及时并坚决地予以撤并，以突出中心学校的重要性，实现集聚效应。

2. 强化师资队伍建设，助推教育均衡发展

统筹区域间、城乡间、校际间的教育资源配置，关键在于促进师资力量的配置均衡。基于此，在保持全省教师资源相对稳定的前提下，将适宜数量的优质教师资源在城乡间进行合理分配，仍是现阶段贵州基础教育所面临的主要问题，故建议采取以下应对措施。

第一，动态管理教师编制，适度调控教师规模。针对城镇中小学教师队伍长期存在的结构性失衡，即小学教师数量持续短缺、初中教师数却相对过剩的问题，按照各学段生师比重新落实中小学教师编制的核定工作，并对核定编制内的教师实行动态管理，以实际教学需求为标准，建立区域内不同学段教师资源的转岗分流机制。此外，聘用合同制教师对教师队伍进行扩充，开展在编不在岗人员的专项清理工作，裁减冗余人员缩小教师规模等手段皆可用于调控师资供给。

第二，构建教师培养体系，提升教师福利待遇。即给予教育欠发达地区更为充分的政策倾斜。一是采用集中培训与网络培训相结合的形式，以骨干教师建设为重点，进一步加大在职教师的培养培训力度；二是对退休后教有余力的优秀教师进行返聘，发挥年长教师的示范带动作用；三是加强农村的物质补给，提高基本工资待遇、给予专项津贴福利、完善社会保障制度，根本上改善农村教师待遇。

第三，推进教师交流轮岗，建立跟踪考核制度。2014 年起贵州省教育厅联合多部门推进县域内校长教师定期交流轮岗工作，在定期选派城镇一线优秀教师到农村学校顶岗支教的同时，也组织农村教师到城镇优质学校跟班学习先进的教学管理经验。在此过程中，有关部门还可建立城乡教师流动的配套评价机制，设定合理的考核标准，并采取切实有效的激励举措，避免教师的交流轮岗流于形式。

3. 全面整合物力资源，精准改善办学条件

学校办学条件的差距是城乡间教育差距的直接体现。《标准》对中小学的校舍建筑、图书、仪器设备、教育信息化等多方面办学指标均提出了具体的量化标准与配备要求。鉴于此，有关部门可从加强学校基础设施建设、加快教育信息化建设两个方面推进城乡基础教育标准化建设。

第一，治理办学薄弱环节，提高硬件设施水平。为确保各地区间、城乡间、校际间教育物资分配的相对公平性，应将持续开展薄弱环节的排查整治行动视为首要任务。

换言之，需对照相应的办学标准，在保证校舍、图书、教学仪器等教育配套设施供应充足的基础上，将物资分配适当向农村学校、薄弱学校倾斜，以缩小城乡中小学校的办学差距。

第二，加强教育信息化建设，促进优质资源共享。互联网的普及引发了教育事业的颠覆性变革。未来贵州需充分发挥教育信息化的教学优势，建立城乡数字化教育资源共享机制，通过搭建覆盖城乡中小学的互联网教育平台，将优秀学校的优质教学课件、先进教研成果与薄弱学校的师生共享，以逐步提高全省基础教育的现代化水平，进一步实现办学效益的整体提升。

4. 增强财政统筹力度，拓宽经费来源渠道

教育所具备的公共产品属性决定了公共财政应当对教育发展给予扶持。政府的财政支持不仅是教育事业有序发展的根基，也是缓解城乡教育发展失衡现象的基本途径。结合贵州基础教育经费需求的增长态势来看，未来亟须加大对城乡基础教育的资金投入力度，故政府应不断强化其主导作用，承担起保障教育经费的充足供给与均衡配置的重要职责。具体可分为两个方面。

其一，统筹安排财政预算，健全经费保障机制。最大限度发挥教育投资的使用效益，即推动教育财政投入的责任主体由乡镇、县级政府上移至省级政府，在标准化基础之上统筹规划各地的教育财政拨款，确保资金投入的增量足以带动提升整体办学水平。构建促进教育公平的财政补助制度，统一确定并逐步提高中小学的生均财政拨款基准定额，兼顾特殊地区、特殊人群的额外需求，向农村学校、外来人员随迁子女较多的学校给予适当倾斜，实现相关教育经费的可携带性。

其二，拓宽资金筹措渠道，鼓励创立民办学校。为满足教育经费需求的日益增长，缓解政府的财政支出压力，建立“政府主导、市场运作、社会参与、多元投入”的教育融资新机制，充分引进民间资本为教育建设资金的筹集注入活力；另外，还可鼓励引导社会力量进入教育领域投资办学，将政府办学与社会办学有机结合，在民办教育弥补公办教育不足的同时，也令二者之间形成良性竞争，进而推动教育质量的整体提升。

5. 完善教育监管制度，落实绩效考核机制

为加快推进城乡基础教育均衡发展与全面提升基础教育办学水平，不仅需要深化基础教育管理体制改革，提高其公共服务质量，还需确立行之有效的过程监管措施与效率评价体系，从制度层面为各项政策落实到位提供保障。

首先，持续改进教育资源配置监管制度。其中包括对学校依法依规办学与履行教育教学、管理职责的情况实施督导，以及通过内部审计、纪检监察等方式对各级政府教育政策的执行过程，尤其是基础教育专项资金的筹集、分拨与使用过程进行监管。

其次，建立健全教育绩效评价问责机制。在加强教育资源配置过程监督力度的基础之上，有关部门应依据各地教育发展的实际情况，并适当借鉴国家权威部门发布的评价指标，多角度、全方位制订配套的考核评价方案，对区域内、城乡间、校际间教育均衡发展绩效进行定期评估，以实时掌控各地区基础教育的发展局势，一旦发现问题能够立即纠正；同时将问责引入评价机制，对教育资源配置过程中出现的违规行为，应严格执行行政问责或法律问责。

最后，建立独立督导机构，加强社会监督。教育监管部门应独立于教育行政部门，使其能够基于客观视角实施监督行为；此外，通过鼓励社会公众、新闻媒体等各方力量参与教育资源配置的过程监管，保障公民知情权的充分实现，也不失为提高基础教育公共服务水平的一种有效方式。

【参考文献】

[1] 贵州省人口普查办公室 . 贵州省 2000 年人口普查资料 [M] . 北京：中国统计出版社，2002.

[2] 贵州省人口普查办公室 . 贵州省 2010 年人口普查资料 [M] . 北京：中国统计出版社，2011.

[3] 贵州省统计局 .2005 年贵州省 1% 人口抽样调查资料 [M] . 北京：中国统计出版社，2007.

[4] 国家人口普查办公室 . 中国 2000 年人口普查资料 [M] . 北京：中国统计出版社，2002.

[5] 国家人口普查办公室 . 中国 2010 年人口普查资料 [M] . 北京：中国统计出版社，2011.

[6] 国家人口普查办公室 .2015 年全国 1% 人口抽样调查资料 [M] . 北京：中国统计出版社，2016.

[7] 田家盛 . 教育人口学 [M] . 北京：人民教育出版社，2000.

[8] 靳希斌 . 教育经济学 [M] . 北京：人民教育出版社，2005.

[9] 石人炳 . 人口变动对教育的影响 [M] . 北京：中国经济出版社，2005.

[10] 田宝宏 . 冲突与应对：学龄人口变动对基础教育发展的影响研究 [M] . 北京：人民教育出版社，2010.

[11] 郭雅娴 . 中国教育资源配置效率研究 [M] . 北京：人民出版社，2012.

[12] 高丽 . 教育公平与教育资源配置 [M] . 北京：中国社会科学出版社，2009.

[13] 杜育红 . 中国义务教育财政研究 [M] . 北京：北京师范大学出版社，2009.

[14] 温勇，尹勤 . 人口统计学 [M] . 南京：东南大学出版社，2006.

[15] 谢王林 . 基于人口流动视角的义务教育城乡均衡发展研究 [D] . 滁州：安徽科技学院，2017.

[16] 王延平 . 我国义务学龄人口预测及教育资源需求研究 [D] . 北京：首都经济贸易大学，2017.

[17] 江楠 . "全面二孩" 政策下重庆市基础教育阶段学龄人口与教育资源需求预测 [D] . 重庆：西南大学，2017.

[18] 廖燕 . 城乡义务教育均衡发展的现状与对策研究 [D] . 南昌：江西农业大学，2016.

[19] 奚倩文 . 城乡发展一体化背景下苏州基础教育资源空间配置研究 [D] . 苏州：苏州科技大学，2016.

[20] 郭璨 . 川西民族地区县域内义务教育均衡发展的实证研究 [D] . 重庆：西南大学，2016.

[21] 杨顺光 . "全面二孩" 政策下学龄人口变动对基础教育资源配置的影响研究 [D] . 重庆：西南

大学，2016.
[22] 李玄. 北京市基础学龄人口预测及教育资源需求分析 [D]. 北京：首都经济贸易大学，2016.
[23] 宁召雯. 公平视角下的农村基础教育资源配置问题 [D]. 沈阳：辽宁大学，2016.
[24] 单涛. 城乡义务教育资源配置效率比较 [D]. 沈阳：辽宁大学，2016.
[25] 孟宪鹏. 新型城镇化进程中山东省农村基础教育发展问题 [D]. 大连：东北财经大学，2016.
[26] 贾莉娜. 辽宁省农村义务教育教师资源优化配置研究 [D]. 大连：东北财经大学，2016.
[27] 郭涛. 新疆学龄人口变动中的基础教育资源配置研究 [D]. 石河子：石河子大学，2015.
[28] 侯崇. 天津市学龄人口变动对教育资源配置的影响 [D]. 天津：天津大学，2015.
[29] 马丽. 四川省农村义务教育教师资源均衡配置研究 [D]. 南充：西华师范大学，2015.
[30] 刘学超. 新型城镇化进程中农村基础教育资源优化配置研究 [D]. 秦皇岛：燕山大学，2014.
[31] 盛硕. 基于人口流动的农村基础教育供给研究 [D]. 济南：山东财经大学，2014.
[32] 余漫. 人口迁移背景下农村基础教育资源配置的公平性问题研究 [D]. 北京：中国农业大学，2014.
[33] 彭妍妍. 县域内城乡义务教育均衡发展研究 [D]. 郑州：河南师范大学，2013.
[34] 赵红霞. 乌鲁木齐市学龄人口变动与基础教育发展研究 [D]. 乌鲁木齐：新疆大学，2013.
[35] 姜欣. 城镇化进程影响城乡义务教育发展的研究 [D]. 长沙：长沙理工大学，2013.
[36] 丁卓然. 辽宁省人口变动对义务教育的影响研究 [D]. 沈阳：辽宁大学，2013.
[37] 田冀. 山西省人口变动对各级学校教育规模发展趋势的影响 [D]. 石家庄：河北师范大学，2013.
[38] 秦玉友，宗晓华 .2016—2030 年中国城乡义务教育师资需求预测 [J]. 东北师大学报（哲学社会科学版），2017（1）：8–21.
[39] 张彩霞，王会英. 河北省义务教育阶段学龄人口、师资及校舍情况预测分析——基于 PADIS-INT 软件 [J]. 河北经贸大学学报（综合版），2017，17（1）：47–54.
[40] 姚翠友，于亭亭，李玄. 基于 Leslie 模型的北京市基础教育学龄人口分城乡预测 [J]. 数学的实践与认识，2017，47（11）：126–134.
[41] 罗军兵. 人口流动背景下我国西部地区义务教育资源配置 [J]. 当代教育理论与实践，2017，9（3）：6–8.
[42] 翟振武，李龙，陈佳鞠，陈卫. 人口预测在 PADIS-INT 软件中的应用——MORTPAK、Spectrum 和 PADIS-INT 比较分析 [J]. 人口研究，2017，41（6）：84–97.
[43] 李玲，杨顺光. “全面二孩”政策与义务教育战略规划——基于未来 20 年义务教育学龄人口的预测 [J]. 教育研究，2016，37（7）：22–31.
[44] 赵佳音. 人口变动背景下北京市及各区县义务教育学龄人口与教育资源需求预测 [J]. 教育科学研究，2016（6）：37–43，57.
[45] 杨春芳. “十三五”时期我国学龄人口变动及教育应对 [J]. 天津市教科院学报，2016（4）：7–11.

[46] 尹德挺，胡玉萍，郝妩阳．首都教育资源配置与人口发展态势的互动［J］．人口与经济，2016（4）：62–70.
[47] 姚引妹，李芬，尹文耀．“单独二孩”政策下我国受教育人口变化趋势研究［J］．教育研究，2015，36（3）：35–46.
[48] 刘晓菲，郭明顺，孙科，张丽军，郭思思．城镇化背景下基于人口流动的农村基础教育供给研究——基于辽宁省的实证研究［J］．高等农业教育，2015（2）：33–36.
[49] 刘月兰，郭涛．新疆城乡学龄人口变动中的基础教育师资需求研究［J］．现代中小学教育，2015，31（3）：89–92.
[50] 李玲，杨顺光，韩玉梅．我国城乡义务教育资源需求探析——基于学龄人口的预测［J］．教育科学，2014，30（5）：1–6.
[51] 张灿霞．中国学龄人口变动对农村基础教育的负面影响及对策［J］．经济研究导刊，2014（12）：37–38，51.

● 中华人民共和国成立七十年来中国民族人口研究述评

——基于 CNKI 期刊文献的讨论*

孙海梦　李智环

摘　要：本研究主要采用历史文献法，首次尝试对中华人民共和国成立 70 多年来关于民族人口的研究工作进行全面系统的梳理。本研究基于 CNKI 期刊网上关于民族人口的研究文献，进行系统梳理，总结出了民族人口相关政策、民族人口结构、民族人口流动和对人口较少民族的研究这四个民族人口研究中的重要主题。中华人民共和国成立初期的民族识别政策是民族人口研究的前提，计划生育政策直接影响了民族人口的主体结构；民族人口年龄、性别与职业结构在中华人民共和国成立 70 多年历程中发生了较大改变；而伴随着城镇化的推进，民族流动人口问题凸显；学界对人口较少民族的关注一方面受到国家政策倾向的影响，另一方面也体现出了以人为本的人文关怀。最后，本研究指出了现有文献在研究内容上的缺失和研究方法上不足，以资学界同人参考。

关键词：民族人口；研究；述评

自中华人民共和国成立以来，学界对于民族人口问题就颇为重视。在 CNKI 网仅搜索篇名为“民族人口”的文献多达 4000 余篇，尚未包括与之相关的主题文献。从 CNKI 网文献搜索结果来看，自 1980 年至今，关于民族人口的研究在总体上呈波动上升趋势，其中 1980—2000 年呈缓慢上升趋势，2001—2019 年呈快速上升趋势。虽然对于民族人口的研究可谓汗牛充栋，但是到目前为止，学界未对民族人口的研究工作进行过全面系统地梳理，现有研究大多是对民族人口的某一方面进行综述。因此目前学界对于民族人口都进行了哪些方面的研究，研究侧重点，研究的问题以及研究的优势和不足还不甚清楚。本研究主要采用历史文献法，对 CNKI 网上关于民族人口的研

---

*　本研究系 2018 年度国家民委民族理论政策研究基地项目《民族人口研究回顾报告（1949—2018）》的阶段性成果，项目编号 2018—GMG—040。

作者简介：孙海梦（1995—），女，汉族，安徽芜湖人，现为中央民族大学 2021 级人类学博士研究生。李智环（1977—），女，汉族，辽宁丹东人，法学博士，现为云南民族大学云南省民族研究所研究员，研究方向为民族社会学。

究，进行多向梳理，以弥补以往单向研究的不足。

一、民族人口相关政策

中华人民共和国成立以来，党和政府在民族地区推行的最具影响力的同人口相关的政策是民族识别和计划生育。民族识别确定了56个民族为中华人民共和国主体，这是我国民族人口研究得以进行的前提。中华人民共和国成立后，党和政府实行鼓励生育的人口政策。一段时间后，人口与生态、资源、土地间的张力渐显，于是，党和政府开始推行计划生育政策。这一阶段，对于民族地区是否如汉族地区按同一标准实行计划生育、如何实行计划生育的问题，学界展开了讨论。

（一）民族识别

我国民族识别工作始于1950年，于1987年基本结束。中华人民共和国成立以前，以往政权并未对我国国土上的各个族群进行过深入调查，对于民族类别、数量、人口、渊源从未有过清晰明确的认识。中华人民共和国成立后，……随之党和政府的首要任务是确定中国有哪些民族。[1] 民族识别工作成功确定了56个民族为中华民族的主体。

在民族识别工作基本完成后，从根本上改变了以往对我国民族类别、数量以及民族人口数量认识极度不清晰的局面，确定了民族身份，为我国民族工作的顺利展开，相关民族政策的顺利实施，以及民族相关问题的学术研究提供了必要的条件。

（二）民族生育政策

中华人民共和国成立后，在马克思主义科学民族理论指导下，党和政府在不同历史阶段对民族生育政策进行了调整。虎有泽、敏振海总结少数民族计划生育政策史，将其划分为四个阶段：提倡少数民族发展人口阶段（1949—1971年）、提倡少数民族实施计划生育阶段（1971—1982年）、要求少数民族实施计划生育阶段（1982—2016年）以及全面实施“二孩政策”阶段（2016年始）。[2]

对于少数民族地区是否同汉族在同一标准下实行计划生育政策这一问题，学界持不同观点。鉴于少数民族地区地广人稀、地大物博，张天路认为大多数民族地区不宜推行计划生育政策，而应该有计划地发展人口数量、改善人口质量、提高人口密度。[3] 王红曼在对计划生育政策在少数民族地区是否可行的探讨上持肯定态度，但是认为需要采取区别对待原则。[4]1981年于北京召开的第三次全国人口科学大会，学界关于计划

[1] 费孝通．关于我国民族的识别问题［J］．中国社会科学，1980（1）．

[2] 虎有泽，敏振海．少数民族计划生育政策的实践研究：正确认识“三项政策”之二［J］．广西民族研究，2016（4）．

[3] 张天路．有计划地发展我国少数民族人口，促进民族繁荣［J］．人口与经济，1980（1）．

[4] 王红曼．我国少数民族人口政策初探［J］．南京人口管理干部学院学报，1999（3）．

生育在少数民族地区如何推行达成了共识，提出计划生育“一刀切”政策不可取，理应“因地制宜”：在人口相较众多以及人多地少的民族聚居区，控制人口；对人口集中的民族杂居区的各民族推行生育政策；在人口增长快速、人口与经济发展不匹配的部分牧区，适当控制人口；对人数低于一万人的民族则要发展人口；对有早婚习惯的地区，提倡晚婚晚育。❶

对于是否在民族地区推行计划生育政策，学界经历了由起初的持反对意见到支持因地因时制宜的推行生育政策。但是，计划生育在实践层面上的“矫枉过正”所带来的消极后果，证明了人口问题的复杂性不能够只用数字机械地进行衡量。此外，李智环对中华人民共和国成立以来党和国家领导人关于民族人口思想论述的研究也表明了，无论是在理论层面还是实践角度上，马克思主义基本原理同中国具体实际相结合的执政理念是指导民族人口工作顺利开展的行动方针。❷

二、民族人口结构

（一）人口年龄结构

学界往往通过模型构建的方法对人口年龄结构进行研究，将年龄结构模型作为对未来人口形态及其效应进行有效预测及应对的依据。但是，量化研究对数据的依赖，让学界又不得不对由数据演算出的结果发出质疑，从而寻求从更多元的角度完善对人口年龄结构的研究。

原华荣、阎丽娟用第三、第四次全国人口普查数据结合静态人口类型指标，将我国民族人口年龄结构划分为年轻型、成年型和老年型三大类，每大类又细化为初期型、中期型和后期型，在 1982—1990 年，少数民族人口年龄结构由年轻后期型转向成年初期型，西南少数民族人口类型变化最大，西北次之。❸因历史人口变动很难把握静态人口，导致以年轻型、成年型和老年型为划分标准的人口结构模型经不起推敲。为弥补这一缺憾，张丽萍、王广州综合 0~14 岁人口比例和预期寿命的影响因素，重新界定人口类型为静止型、增长型、衰减型和稳定型，并发现少数民族人口年龄结构整体上处于增长型。❹虽然几位学者在构建人口年龄结构模型上的参考标准有所不同，但是结果都指向中国民族人口正在走向老龄化。

在人口年龄结构趋向蘑菇状的过程中，袁志刚、宋铮认为未来无论采取何种形式的养老制度，第一代人退休后的消费行为必定会通过代际更替中劳动力数量的减少发

❶ 沈广杰．少数民族人口政策问题：第三次全国人口科学大会关于数民族人口问题讨论侧记［J］．西北人口，1981（2）．

❷ 李智环．不同时期党和国家领导人的民族人口思想论述［J］．重庆三峡学院学报，2012（6）．

❸ 原华荣，阎丽娟，中国少数民族人口类型研究［J］．西北人口，1996（4）．

❹ 张丽萍，王广州．中国少数民族人口年龄结构问题研究：基于稳定人口理论的分析［J］．中国人口科学，2019（1）．

生改变，并指出加大教育和发展研究的投入可拉动消费，降低个人存储率，激发市场活力，以缓解人口年龄结构改变对中国经济出现短期总需求不足的影响。❶郑长德分别从供给面和需求面论述了人口老龄化对民族地区社会发展产生的影响：在供给层面，劳动力减少的同时，养老成本正在增加；在需求层面，老龄化的速度与个体家庭、社会养老保障不相适应，因此，调整人口政策、提高国民收入、开发利用“银色人力资源”与构建社会服务机制迫在眉睫。❷

而成艾华等人认为，从数据来源看，判定老龄化必涉及出生率、死亡率和人口流动三个方面的数据。但是，在实践层面上，省区层面上的人口死亡率、省际层面上的流进人口和流出人口的年龄及其人数的数据不易获取，因此，成艾华等人从人口、经济、社会发展三个方面考察民族地区农村人口老龄化，发现上述三个方面在不同程度上对民族地区进入老龄化产生正向或负向的影响。❸

综上所述，不同领域的学者运用了不同视角来研究民族人口年龄结构，在建构人口年龄模型上，鉴于静态人口指标在历史过程中的易变性，张丽萍、王广州修正了原华荣、阎丽娟创建的人口结构模型。在面对人口老龄化问题上，学界也分别从短期和长期发展的角度提出应对建议。但是，诚如成艾华等人的反思，量化研究的缺陷在于对数字的极度依赖性，因此，在进行研究时，学者需多方验证结果的科学性。

（二）人口性别结构

基于量化研究和质性研究，学界对民族人口性别结构的研究主要集中在两个方面：民族人口性别比失衡的原因分析以及性别比失衡所引发的社会效应。

针对20世纪80年代人口出生性别比的较大幅度上升，其结果已偏离正常范围❹，曾毅等人认为女婴的漏报、妊娠期非法性别鉴定与溺弃女婴是造成这一现象的原因。❺相较于曾毅等人对引起性别比失衡的行为原因的研究，申鹏、杨军昌以贵州民族地区为研究样本，提出了造成性别比失衡的主观原因和客观原因，他们发现男孩“相对优势效用”是出生性别比失调的根本成因，其次是地区历史因素与人口生育政策。❻赵煜程以独生子女政策实施为参考因素，从经济理性的角度分析发现，男性女性的相对收入对男孩女孩出生起决定作用，传统的养儿防老与社会保障制度的完善呈负相关关系，进而影响对男孩的生育意愿。❼

---

❶ 袁志刚，宋铮．人口年龄结构、养老保险制度与最优储蓄率［J］．经济研究，2000（11）．

❷ 郑长德．中国少数民族人口老龄化问题研究［J］．民族学刊，2014（1）．

❸ 成艾华，赵凡，何立华．民族地区农村人口老龄化及其发展趋势研究：基于2000—2015年省际面板数据的经验分析［J］．民族研究，2017（4）．

❹ 出生人口性别比正常范围在102~107。

❺ 曾毅，顾宝昌，涂平，徐毅，李伯华，李涌平．我国近年来出生性别比升高原因及其后果分析［J］．人口与经济，1993（1）．

❻ 申鹏，杨军昌．基于人口生态视野的贵州民族地区出生性别比失调问题研究［J］．人口学刊，2010（2）．

❼ 赵煜程．我国独生子女政策实施以来的出生性别比变化研究［D］．武汉：华中科技大学，2011.

出生人口性别比在没有人为干预的情况下，理应是均衡的。但自 20 世纪 80 年代后，男性出生人口远高于女性出生人口，对于这一异常现象，曾毅主要进行的是现象研究，而申鹏、杨军昌更注重这一现象背后的文化作用，赵煜程则从利益驱动的角度分析养儿防老与养老机制的关系，以及其对男性偏好的影响。

（三）人口职业结构

职业不仅是人们的生计方式，还成了现代社会中社会分层的标签。学界关于民族人口职业结构的研究目前主要集中在两个方面：一方面是从静态的角度进行研究，即对少数民族的就业现状进行结构和原因分析；另一方面是从动态的角度进行研究，即对民族人口职业结构的变迁进行探究。

采用第一种研究角度的人，主要呈现的是少数民族人口的就业倾向分析。高永辉、温晶晶以 2010 年全国人口普查数据为依据，运用集中度指数与区位商指数，对乌鲁木齐市的少数民族人口职业结构进行研究，指出少数民族倾向于以民族为边界及以优惠政策为导向选择就业。[1]

采用第二种研究角度的人，会选择一个时间段，研究此阶段中职业结构发生的变迁情况。何景熙、王建敏对四个主要藏族聚居区（西藏、四川、青海、甘肃）中的藏、汉两族在 1982—1990 年的在业情况作了比较分析，并指出，藏族从事第一产业的人口比例高于汉族，从事其他产业尤其是各类技术人员的比例低于汉族，但同时，藏族从事农、林、渔、牧等简单体力劳动的在业人口正在逐渐向第三产业转化。[2] 蔡果兰、徐世英以中国百万以上少数民族人口为研究对象，通过对其职业结构及其变化的研究，认为劳动者在不同行业间的职业流动属于社会流动的一种形态，在少数民族人口行业结构中，从事知识生产与高技术的人口比例上升，且女性人口就业显著增加，表明了少数民族群体社会的显著发展。[3] 如果说何、王二位学者的研究视角依旧停留在职业变迁上面，蔡、徐二位学者则在研究职业变迁的基础上做了升华，呈现出了职业变动背后的社会结构。

职业作为人类的生存根基，学界从两个角度进行了研究，一是研究是什么因素影响了少数民族人口职业的倾向，二是借少数民族人口职业结构的变迁了解其社会发展情况。在对年龄结构的研究上，一部分学者倾向于建构模型并以一目了然的方式呈现出现今人口年龄结构；另一部分学者则关注在人口年龄结构下，会产生什么社会后果，并尝试给出应对建议。在对性别结构的研究中，学者们较为热衷回答是什么导致了性

---

[1] 高永辉，温晶晶．城市少数民族人口的行业结构分析：以乌鲁木齐市为例［J］．中南民族大学学报（人文社会科学版），2017（3）．

[2] 何景熙，王建敏．1982—1990 年全国主要藏区民族人口行业、职业、产业结构变动分析［J］．西藏研究，1995（1）．

[3] 蔡果兰，徐世英．中国百万以上少数民族的职业结构状况及其变化特征［J］．中央民族大学学报（自然科学版），2013（4）．

别比失衡，以及性别比异常后会引发出什么样的社会效应。

三、民族人口流动

学界关于少数民族流动人口的研究一般是从人口学角度，运用人口普查数据进行总体性概况描述。进入21世纪，城市化进程加速，城市流动人口问题凸显，与之关联的少数民族流动人口及其权益实现问题成为不同专业的学者的关注焦点。

学界关于民族人口流动特点的研究，主要从区域性流动和职业性流动形成的分布格局以及促进或抑制人口流动的影响因素这两个方面着手。

对于民族人口流动后形成的格局，在李若建对1953—1990年我国民族人口流动研究中，发现中华人民共和国成立后我国各民族人口的分布变动方向以向心移动为主，这种变动主要表现在以人口迁移为手段的地域扩散，但其中不排除有部分是民族身份更改所致，居东北民族人口重心移向西南；居西北的民族人口重心移向东南；居西南的民族人口重心则移向东北；汉族人口重心的移动方向是东北。[1]许宪隆接前人的研究，将1990年的人口普查同1987年全国人口1%抽样调查数据进行比对，显示人口迁移量增幅最大的是少数民族人口较为集中的省区。[2]进而，高向东、王新贤通过对1953—2010年人口普查分县数据的分析，发现少数民族人口分布从西、中、东的梯度格局向西、东、中的梯度格局转变。[3]王卓、张凌华系统分析了1990—2010年我国各民族人口空间分布格局，发现我国大多数少数民族与汉族的互嵌水平呈现出不断提高的趋势，呈现出正向互嵌、逆向隔离以及少数民族空间分布越集聚与汉族的互嵌化程度越高这三种交流交融模式。[4]

对于人口流动，学界主要聚焦于民族人口流动方向及其流动后形成的分布格局上。在研究影响民族人口流动的因素上，学界不仅关注到了客观因素与主观因素的相互作用，还发现了积极因素与消极因素并存。

四、对于人口较少民族的研究

2000年以后，国家逐渐重视人口较少民族的发展，而学术研究倾向则与国家公共政策密不可分。学界开始聚焦于探讨研究人口较少民族的意义，并围绕国家政策为其发展出谋划策。

---

[1] 李若建．1953—1990年中国民族人口的地域扩散［J］．西北人口，1992（4）：51-55.

[2] 许宪隆．论少数民族人口与生态环境［J］．中南民族学院学报（哲学社会科学版），1997（2）.

[3] 高向东，王新贤．中国少数民族人口分布与变动研究：基于1953—2010年人口普查分县数据的分析［J］．民族研究，2018（1）.

[4] 王卓，张凌华．中国各民族人口空间分布格局研究：基于31个省级行政区域1990—2010年人口数据［J］．西北人口，2019（1）.

（一）对人口较少民族进行研究的意义

2000 年，国家民委发起的“中国人口较少民族经济和社会发展调查研究”，人口较少民族首次作为独立的研究主题出现在公众面前。王铁志以人口较少民族人口数量少、基本分布于边境、人口大多散居和经济社会发展相对落后这四个特点为依据，提出研究人口较少民族的应用性价值体现在通过研究制约人口较少民族群体发展的因素，从而作为拟定具体政策的依据；其学术性价值在于对人口较少民族独特的文化和社会发展阶段进行研究。[1]对于人口较少民族研究意义的认识明显经历了由浅到深，由概念认识到同具体实际相结合的过程，如果说初期研究还停留在概念认识的层面的话，那么其后的研究则更具有实质性认识了。

（二）人口较少民族经济社会发展

在人口较少民族社会经济发展这个论题上，学界运用从整体到部分和部分到部分两种研究方式对人口较少民族发展滞后的问题进行原因分析，并提出相应发展意见。

采用从整体到部分研究范式的学者，先通过宏观分析，继而提出发展建议。韩彦东借用阿玛蒂亚·森的贫困理论，认为人口较少民族地区的贫困问题实质上是由贫困人口缺少创造收入的能力和机会所造成的。[2]徐长恩也提出对人口较少民族的援助应从“援助导向保障”，即“低保式”救助，过渡到“发展媒介”救助，即保障人口较少民族的发展权利。[3]闫丽娟、孔庆龙认为在人口较少民族社会发展中，民族主体自身的发展愿望才是目前限制社会发展的主要因素，所以较为合适的做法是以政府扶持为基础，以社会助力为推力，以居民资源谋发展为核心。[4]从上述学者的观点来看，实则是在探讨人口较少民族的发展滞后是由结构性障碍引起的还是由功能性障碍导致的。

采用从部分到部分研究范式的人，通过对某一人口较少民族或某一区域的人口较少民族的研究，推演出相应的发展建议。李澜以人口较少民族中经济发展较为乐观的京族为例，认为京族经济发展模式的成功转型可归功于民族主体地位的确立、可行的政策、对潜在特色优势的挖掘与开发、将人的发展作为基本动力与根本目标这四个要素，并认为京族经济发展的内在规律可为其他人口较少民族经济发展提供启发意义。[5]然而魏林认为，即使同为人口较少民族，群体之间的实际情况也相差甚远，以东北人口较少民族为例，他们不同于西南人口较少民族拥有自治县或者自治州，这意味着这

---

[1] 王铁志．人口较少民族研究的意义［J］．黑龙江民族丛刊，2005（5）．

[2] 韩彦东．基于可持续发展的人口较少民族地区扶贫开发政策研究［D］．北京：中国人民大学，2008．

[3] 徐长恩．从“援助导向”到“发展媒介”：人口较少民族贫困人口社会救助策略的转变［J］．西南民族大学学报（人文社会科学版），2016（4）．

[4] 闫丽娟，孔庆龙．政府扶持、社会助力与农民行动——人口较少民族乡村发展的内源动力新探［J］．西南民族大学学报（人文社会科学版），2016（7）．

[5] 李澜．人口较少民族经济发展模式转型研究——以广西壮族自治区京族经济发展模式为例［J］．学术论坛，2007（5）．

部分群体的发展处境更不容乐观，需要各级政府主动制订帮扶计划，在现有对人口较少民族的扶持政策上，再灵活实施。[1]

从20世纪末21世纪初以来，人口较少民族的研究历经了一个从起步到快速发展的过程，内容丰富，成果丰硕，充分体现出在政府及学界相关举措的影响下，专家学者对此问题表现出极大兴趣和高度关注。他们完成了大量田野调查，获取了丰富的资料，分析和探讨的问题和内容包括了人口较少民族的社会经济发展、语言、文化等诸多方面，促进人口较少民族全面建设，推动该类民族人口的研究向前发展，加深对这一领域的认识和把握。

五、结论

在此，笔者认为学界对于民族人口的研究仍有待完善。

第一，在对人口较少民族研究中，学界对人口较少民族身体素质与文化素质的发展关注较少，将对民族人口的研究重点放在人口较少民族的经济社会发展上，而事实上社会经济发展的目的是使社会成员的生活更加美好。

第二，在采用量化研究时，对于数据来源及产生的研究结果，没有进行多方考证。缺少学科交叉研究视角，这就有可能因为数据的不准确造成研究结果产生偏差。此外，在对人的研究中倾注了过多的科学进步论思想，以主流的一维标准去对异文化价值进行衡量，未真切尊重文化多元。

第三，在对民族人口的研究上，学界惯用的研究方法是，以民族作为分类进行研究，忽视了在信息交流、经济交往、人口流动的背景下，少数民族和汉族之间的差异可能会比同一民族不同阶层间的差异更小。

---

[1] 魏林 . 东北人口较少民族经济发展研究［J］. 贵州民族研究，2014（8）.

● 人口老龄化背景下我国养老模式研究综述

许苗苗

（贵州大学　公共管理学院　贵州　贵阳　550025；

贵州大学　人口·社会·法制研究中心　贵州　贵阳　550025）

摘　要：随着我国人口老龄化形势的不断加剧，如何更好地解决老年人口的养老问题一直是学界和政府关注的热点。从传统的家庭养老、机构养老、居家养老到日益走进大众生活的医养结合养老、时间储蓄养老和以房养老，不少学者为解决老龄化问题进行了研究。本研究基于文献查阅，对近年来我国有关养老模式的研究进行了梳理，阐释了国内学者对养老模式内涵的解释，对我国养老模式研究的趋势走向进行了归纳总结，并提出目前研究中存在的不足之处，希望可以为我国未来养老模式的研究提供一定借鉴意义。

关键词：养老模式；人口老龄化；研究综述

一、引言

我国自1999年进入老龄化社会，迄今已有20多年。中国老龄协会在2019年上半年发布的《需求侧视角下老年人消费及需求意愿研究报告》表明，从1999年进入人口老龄化社会到2018年的19年，中国老年人口净增1.18亿人，成为目前世界上唯一老年人口超过2亿人的国家。

由于我国人口基数大，而老龄化速度逐年提升，导致人口老龄化程度严重，使得养老问题备受关注，关于养老模式的研究也在不断增长。知网的数据库显示，自2000年起我国近20年关于养老模式的相关研究整体呈现增长状态，自2007年起发布篇数达300篇以上，并在2009年以后快速增长，单独年份以“养老模式”为主题的论文篇数已由2000年的62篇增加至2017年的1919篇，且知网数据库对养老模式在2020年发文量的预测值已达2034篇。文献中包含传统的家庭养老、受众较为广泛的机构养老以及近年来走入人们视野的医养结合养老、时间储蓄养老、以房养老等。

但纵观相关文献，笔者发现，虽然当前的养老模式的研究对缓解我国老龄化的现状

作者简介：许苗苗（1993—），河南周口人，贵州大学公共管理学院在读硕士研究生，贵州大学人口·社会·法制研究中心特聘兼职研究实习员。研究方向为人口社会学。

起到了一定作用，但无论是传统的养老模式，还是处于探索中的新型养老模式均暴露出各种各样的问题，养老模式研究还需要进一步的努力。本研究主要对近年来我国养老模式的研究进行了梳理，归纳总结了我国养老模式研究的趋势走向，并提出了目前研究中所存在的不足之处，希望可以为我国未来养老模式的研究提供一定方向和帮助。

二、养老模式的定义及其分类

（一）养老模式的定义

近年来，养老问题受到社会各界的广泛关注，有关养老模式的研究也层出不穷，很多专家学者对“养老模式”的定义进行了阐述。卢德平[1]将养老模式归属于养老方式的类型化，认为养老模式是对多种养老方式进行概括和提炼，以有助于规模化的商业开发；康璇璇[2]将养老模式定义为在人口老龄化背景下为老年人提供主要的各项养老资源保障的方式方法，包括经济、生活和精神等各个方面；宋悦，吕康银和王丽娜[3]认为养老模式是对老年人的生活照料、精神慰藉和文化娱乐等方面具备一定满足能力的养老服务体系。

从以上学者对养老模式概念的界定可见，目前学术界尚未对养老模式做出明确统一的定义，但综上所述，我们了解到，通常我们所说的“养老模式”主要是指一个国家或地区为解决养老问题，满足老年人各种生活需求及精神慰藉的典型且系统的方式方法。

（二）养老模式的分类

由于养老模式的分类学术界没有一个约定俗成的标准，各个学者在进行划分时的依据和侧重点也不一样，所以目前关于养老模式的分类尚未有统一的结论，当前对养老模式的分类主要有以下几种。

左美云和张驰[4]根据养老服务的地点将养老模式分为异地养老、居家养老、社区养老和机构养老四种类型；胡婉[5]按照老年人所被供养的环境将养老模式划分为家庭养老、机构养老和社区养老三种；穆光宗和淦宇杰[6]则根据养老经济来源的不同将养老模式划分为自我养老、子女养老和政府养老；王维和刘燕丽[7]以养老的供养方为标准将养

[1] 卢德平．略论中国的养老模式［J］．中国农业大学学报（社会科学版），2014，31（4）：56-63.

[2] 康璇璇．人口老龄化背景下我国农村养老模式研究［D］．延安：延安大学，2016.

[3] 宋悦，吕康银，王丽娜．新常态下我国养老模式的创新［J］．税务与经济，2019（2）：21-28.

[4] 左美云，张驰．养老模式分类的全景图——一个房车模型［J］．中国老年学杂志，2015，35（4）.

[5] 胡婉．我国智能养老模式的构建及路径选择［J］．山西经济管理干部学院学报，2018，26（4）：60-63.

[6] 穆光宗，淦宇杰．给岁月以生命——自我养老之精神和智慧［J］．华中科技大学学报（社会科学版），2019，33（4）：30-36.

[7] 王维，刘燕丽．农村养老服务体系的整合与多元建构［J］．华南农业大学学报（社会科学版），2020，19（1）：103-116.

老模式划分为家庭养老、社区养老、社会保险养老和机构养老（见表 1）。

表 1　养老模式划分的代表学者、划分依据及类别

代表学者	划分依据	养老模式类别
左美云，张池（2015）	养老服务地点	异地养老、居家养老、社区养老、机构养老
胡婉（2018）	老年人所被供养的环境	家庭养老、机构养老、社区养老
穆光宗，淦宇杰（2019）	养老的经济来源	自我养老、子女养老、政府养老
王维，刘艳丽（2020）	养老的供养方	家庭养老、社区养老、社会保险养老、机构养老

虽然学术界对养老模式的划分多种多样，而且在概念上也有所交叉，如家庭养老和子女养老、居家养老和社区养老等。但整体而言，目前养老模式的主要研究类别不外乎家庭养老、机构养老和居家养老三大类。

家庭养老是一种“反哺式”的养老模式。孙薇薇和聂瑞[1]指出，家庭养老是由血缘联系起来的家庭成员为老人提供生活照料的一种养老模式，这种养老模式是以个人终生为子女做出的贡献以及在子女身上积累的劳动为基础的，其中血缘关系是家庭养老的重要连接纽带。

机构养老是由养老机构的专业服务人员为老年人提供日常照料的养老模式。刁鹏飞，臧跃和李小永[2]将机构养老模式定义为：以养老机构为载体，由专业人员进行组织、运营和管理等工作，通过有偿或无偿的方式来满足老年人在生活照理、精神慰藉等方面需求的养老模式。

居家养老是由多个主体共同承担养老责任并完成养老任务的养老模式。王莹[3]指出居家养老以家庭为主要载体，老人依旧居住在自己家中，但由政府、社会组织、社区、家庭以及志愿者等多个主体为老年人提供日常生活照料、医疗康复、精神慰藉、法律援助以及其他特殊服务的一种更加人性化、更加尊重老人的养老模式。

但随着社会的不断整合与发展，除上述三种比较典型的养老模式外，一些新的养老模式也被不断提出，据当前研究来看，将医疗资源与养老资源整合起来的医养结合养老模式、基于社会参与角度以自助为基石的时间储蓄养老和将自有房产作为抵押物，获得金融机构提供养老收入的以房养老模式关注度较高。

[1] 孙薇薇，聂瑞．家庭养老困境中的“诉苦”——基于农村老年人心理干预的探索性研究［J］．云南大学学报（社会科学版），2020，19（1）：106-118.

[2] 刁鹏飞，臧跃，李小永．机构养老的现状、问题及对策——以上海市为例［J］．城市发展研究，2019，26（8）：98-103.

[3] 王莹．福利多元主义视角下我国农村居家养老服务问题研究［J］．劳动保障世界，2018（32）：16-17.

医养结合养老是把生活照料及康复关怀融为一体的新型养老模式。赵亚杰和李磊[1]将医养结合养老定义为：将医疗资源与养老资源相结合，通过利用医养一体化的发展模式，将养老机构和医院的功能相结合，从而实现医疗、康复、养生、养老的一体化，为老年人提供健康医疗服务。

时间储蓄养老是一种互助志愿式的养老模式。王小凤、赵向红[2]指出时间储蓄养老指的是志愿者为老人提供服务，然后将服务时间存储起来，存储的时间可以在自己或家人需要时提取出来让其他志愿者免费为自己服务，以这种互助的形式来达到养老目的。

以房养老是以生命周期理论为基础的养老模式。张栋[3]将以房养老定义为：持有房产的老年人，将自己的房产抵押给银行、保险公司等金融机构或中介机构，然后由相应的机构根据房屋价值、房主年龄和预期寿命及未来折旧增值等因素进行综合评估，对老年人房屋的价值做出评估，让老人通过变现或获取相应的养老服务的一种养老方式。以房养老被认为是解决老年人“房产富人，现金穷人”问题的有效手段。

三、我国养老模式发展中存在的问题综述

（一）家庭养老

家庭养老是我国最传统的支柱型养老模式，但孟艳春[4]认为，在当代社会背景下，受现有的家庭制度、分配结构以及人口流动等多方面因素的影响，家庭养老的养老功能正在不断弱化；何敏[5]指出，传统孝道观念由于受到个人主义、消费主义等不良价值观影响，导致家庭养老功能弱化，甚至出现子女不愿意承担起赡养老人责任的现象；此外，在独生子女的唯一性与不可替代性的背景下，蒋月萍，王净[6]和冯萍[7]则分别研究了独生子女家庭养老现存的困境以及和失独老人家庭养老所面临的空前风险。张琪[8]以山西省为例分析了由劳动力的外流造成农村家庭养老在经济供养、生活照料、精神慰藉等方面出现一系列的问题。由此可见，在当今社会发展的条件下，由于人口的高速流动和整个社会的分配结构等，已经令家庭养老无法像几十年前一样，充分发挥其养老的功能了。

---

❶ 赵亚杰，李磊．医养结合养老模式创新发展的对策分析［J］．中国校医，2020，34（1）：63-64.

❷ 王小凤，赵向红．“时间储蓄”养老模式建构与对策研究——以上海的实践为例［J］．江南论坛，2018（10）：18-20.

❸ 张栋．中国“以房养老”：现实困境、国际经验与应对策略［J］．当代经济管理，2002（2）.

❹ 孟艳春．中国养老模式优化探析［J］．当代经济管理，2010（9）.

❺ 何敏．我国农村家庭养老模式的困境与对策［J］．智库时代，2018（51）：112-113.

❻ 蒋月萍，王净．独生子女家庭养老问题［J］．中国老年学杂志，2019，39（23）.

❼ 冯萍．农村失独老人养老问题探究［J］．戏剧之家，2019（17）：230-231.

❽ 张琪．劳动力外流对农村家庭养老问题的影响研究——以山西省为例［J］．中国集体经济，2020（3）：165-166.

（二）机构养老

机构养老可以说是除家庭养老外我国最为普遍的养老模式，但当下我国的机构养老仍存在很多问题。郭帆和杨俊峰[1]认为，目前我国的机构养老供需不均衡、机构的资金相对缺乏，不仅工作人员专业化水平不高，而且相关机构监督力度不够；张昊[2]通过问卷调查的方式对上海市养老机构的调查发现，当前机构养老不仅收费标准高、轻视老年人的精神需求、工作人员专业化程度低，而且功能定位也不够明确；杨彦[3]等人通过调查甘肃省登记注册正常运营的 396 所养老机构的机构资质与床位数量、硬件设施、护理能力、人力资源及政府财政补贴等状况提出，当前西部地区养老机构存在资源发展不平衡、硬件设施不完善、护理能力普遍较低的问题；李金秋[4]等人通过选取珠海市香洲区 9 位常住老年人进行半结构式访谈，用现象学分析法处理资料发现，老年人自身对机构养老持是观望态度的，且对养老机构存在的问题表示担忧。

（三）居家养老

居家养老的养老模式更加尊重老人，除日常照料外可以更好地满足老年人的精神需求，但其发展过程中也存在层层阻碍。杨智慧[5]认为居家养老存在社区发展程度低，服务种类单一，政府职能缺位、越位，服务人员素质较低，队伍不稳定以及服务资源缺乏有效整合等问题；苏振芳[6]等人表示，在现行的城市居家养老模式中，老年人经济上的社会供养缺乏可持续发展的财政保证，而且要达到真正意义上的认可标准还有一定困难；马俊娟和陈雪茹[7]指出当前居家养老的管理过于碎片化，政府和资金的支持力度都很缺乏，宣传力度和专业人才的欠缺也是居家养老发展的阻碍；高洁[8]则提出，在人口老龄化背景下我国居家养老服务体系存在很多不足之处，其中包括养老设备不完备、医护人员短缺、养老服务定位不明确等；钟雯和陈翠霞[9]以河北保定市社区为例，通过问卷设计分析指出，目前我国社区居家养老的居民参与度并不高，不仅资金投入不足，而且服务主题也比较单一，社会化程度不高。

---

[1] 郭帆，杨峻峰．机构养老模式存在的问题及对其发展方向的思考——以南京市江宁区为例［J］．中国国际财经（中英文），2017（22）：129-130.

[2] 张昊．上海市机构养老存在的问题与对策研究［J］．中国集体经济，2018（36）：165-167.

[3] 杨彦，李惠菊，卜小丽，王进才，丁军洲．西部地区机构养老服务发展的现状及对策研究——以甘肃省为例［J］．护理研究，2019，33（12）.

[4] 李金秋，刘依萍，罗雯馨，尹瀛．城市老年人对机构养老态度的质性研究［J］．卫生职业教育，2019，37（14）：157-159.

[5] 杨智慧．完善我国居家养老服务网络体系建设研究［D］．成都：西南财经大学，2013.

[6] 苏振芳．人口老龄化与养老模式［M］．北京：社会科学文献出版社，2014.

[7] 马俊娟，陈雪茹．老服务存在的问题及对策研究［J］．中外企业家，2017（36）：119-121.

[8] 高洁．积极老龄视域下居家养老服务研究［J］．文化创新比较研究，2019，3（36）：160-161.

[9] 钟雯，陈翠霞．城市社区居家养老服务存在问题及对策研究——以保定市社区为例［J］．中国市场，2020（1）：70-71，104.

（四）医养结合养老

徐金阳[1]指出，在人口老龄化加剧的情况下，老年人的医疗保健和养老问题都必须解决，因此医养结合养老模式的实施迫在眉睫。但是当前我国医养结合养老还存在“医养结合”养老机构运营压力较重、医保报销不畅等突出问题，加上部分机构在发展医养结合重扩张、轻整合，重硬件、轻软件等行为，导致医养服务水平一直处于一个较低的状态。区慧琼[2]在医养结合养老模式的SWOT分析中指出，医养结合养老模式发展存在资金匮乏、融资渠道狭窄、有效供给不足的发展劣势，大多基础设施建设形式化，专业人才欠缺、政府部门多重管理，缺乏有效的市场监管机制；杨蕙宁[3]以河北为研究对象提出，医养结合实践过程中还存在着政策保障乏力、管理机制不健全、社会资金参与度低、服务主体积极性不高、医养衔接程度不高、机构融合不足等问题。耿慧、徐颖剑[4]等人以云南省为研究对象提出，医养结合实践过程中存在着医养结合养老服务发展水平低、市场定位不清晰、融资困难、专业医护人员数量不足等问题。

（五）时间储蓄养老

董自龙[5]指出时间储蓄养老模式无法在大范围施行的主要瓶颈包括时间的价值无法准确衡量和无法在不同社区通存通兑，对存在的风险也缺少有效处理措施，而且高质量的志愿者团队也极其缺乏。黄少宽[6]表示，虽然时间储蓄养老提供了一种低成本、高效率的养老途径，但是时间储蓄养老服务不仅规模小、持续时间短、服务内容单一，而且很难在大范围内进行普及；王小凤、赵向红[7]通过分析上海“时间储蓄”养老模式运行的状况与特点，发现“时间储蓄”养老模式存在政府支持力度不够、专业人才缺乏、管理不科学等诸多困难问题；白芳芳[8]等人认为当前时间储蓄养老模式的发展存在法律不完善、管理不科学等制约因素，尤其是道德危机和信任风险的限制大大阻碍了时间储蓄养老模式的发展；陈际华[9]指出时间储蓄互助养老模式的推广难点包括：劳动成果代际接力的延期支付方式不易得到信任和认同，“时间货币”缺乏统一、规范、科

---

[1] 徐金阳．“医养结合”养老模式问题现状及几点构想［N］．济南日报，2019-04-08（A08）．

[2] 区慧琼．基于SWOT分析的“整合照料”医养结合养老模式问题研究［D］．天津：天津工业大学，2016.

[3] 杨蕙宁．河北省医养结合养老模式的发展困境与对策［J］．沧州师范学院学报，2018（4）．

[4] 耿慧，徐颖剑，杨扬，钱倩严慧，谭佳．医养结合的养老服务模式与路径研究［J］．经济研究导刊，2018（28）．

[5] 董自龙．“时间储蓄”养老服务模式研究［J］．河南商业高等专科学校学报，2013，26（3）：18-20.

[6] 黄少宽．我国“时间储蓄”养老服务模式的研究进展［J］．社会保障研究，2014（6）：104-111.

[7] 王小凤，赵向红．“时间储蓄”养老模式建构与对策研究——以上海的实践为例［J］．江南论坛，2018（10）：18-20.

[8] 白芳芳，马芳，陈妍妍，李金俞．“时间储蓄”养老模式的可能性与可行性研究——以武汉市为例［J］．湖北经济学院学报（人文社会科学版），2019，16（9）：91-94.

[9] 陈际华．“时间银行”互助养老模式发展难点及应对策略——基于积极老龄化的理论视角［J］．江苏社会科学，2020（1）．

学的计量标准，且人口流动背景下难以实现“时间货币”的转让、继承及通存通兑。

（六）以房养老

以房养老在 2014 年在我国北京、上海、广州、武汉四大城市试行，但由于我国养儿防老的传统观念一时难以转变，因此袁伟[1]认为，老年人更愿意将自己的房产留给自己的后代，并且对以房养老的相关机构和产业缺乏安全感，再加上法律的缺失，使得以房养老的接受度很低；岳一鸣[2]指出，以房养老推广难度大的问题是受多方面主体影响的。一方面，对于保险公司来说，住房反向抵押养老保险时间长、收益慢，其风险与收益是不对等的。另一方面，在我国人的眼里，住房是一项刚性需求，且这种观念在短时间里很难转变，信息的不对称和法律的欠缺更是严重阻碍了以房养老模式的发展；陈筱然[3]也表示“遗产观念”在我国根深蒂固，传统的养老伦理与“以房养老”保险之间存在极大冲突，加上以房养老的操作运营模式宣传不到位，甚至沦为不法分子行骗的新手段。而房地产市场的不成熟、不稳定，也让以房养老模式的推广举步维艰。

四、我国养老模式发展中的对策建议综述

（一）家庭养老

家庭养老在未来的发展过程中将会很少以纯粹的传统家庭养老模式单独出现。李捷枚[4]指出，尽管家庭养老的养老功能正在不断弱化，但这一传统养老模式仍将持续存在并在养老保障中发挥重要作用，因此其在未来养老模式的发展过程中依旧不可忽略，政府在构建养老保障体系时，应当建立完善的社会养老保险制度，使家庭养老与社会养老保险相得益彰，并推动和鼓励营利性和非营利性的机构及个人提供养老服务，将社区资源与家庭资源进行优化配置，积极发展社区养老；而对于独生子女家庭和失独老人等特殊群体的家庭养老问题，褚楚[5]认为解决独生子女家庭的养老问题，需从政府、社会和个人的角度寻找解决方法，政府是主导力量，负责相关政策的制定和完善，社会是重要参与者，将社区与养老活动紧密结合起来，发挥资源优势，有利于老人在社区中享受到高效便捷优质的服务，与此同时，老年人自身也应当改变传统的养老观念，积极主动地参与室外活动，多与外界沟通；王春萌[6]认为破解失独家庭养老困局首

---

[1] 袁伟 . 经济新常态背景下以房养老的现状、问题与对策［J］. 中国商论，2016（26）：154-155.

[2] 岳一鸣 . 浅析我国以房养老模式的潜在风险和对策建议［J］. 中国国际财经（中英文），2017（22）：178-179.

[3] 陈筱然 . 推广“以房养老”的制约因素及应对策略［J］. 上海房地，2019（11）：14-20.

[4] 李捷枚 . 关于家庭养老及其功能替代的思考［J］. 中外企业家，2015（36）：229.

[5] 褚楚 . 老龄化背景下独生子女养老问题探究［J］. 河北农机，2019（7）：91.

[6] 王春萌 . 坍塌与重建：失独家庭养老困境与破解路径选择［J］. 黄河科技学院学报，2020，22（1）：48-54.

先要完善相关法律法规，明确失独者的权利、待遇以及地方政府的责任和义务，并严格执法。以政府为主体，构建失独养老保障体系，面对失独家庭，也应该开辟再生育绿色通道，简化其子女领养手续。

（二）机构养老

面对机构养老陷入的困境，解决机构养老现存的问题，学者们大多从政府、养老机构、家庭等方面入手。赵满华和闫二旺[1]认为机构养老的发展战略应当由数量扩张型转变为质量提升型，提高养老机构的服务能力；周雷波[2]认为，机构养老问题的解决应当从政府监督、国家政策、和养老机构自身约束三方着手来考虑应对之策。在政府监督方面，政府必须规范养老行业标准，提高养老机构运营的准入门槛，而国家政策层面须扩大公立养老机构的覆盖范围，加强公立与民营养老机构的合作，并制定相关扶持政策，降低养老院筹建及运营成本，与此同时，养老机构应当根据服务内容层次设置付费层次，不可一概而论。郭媛媛[3]指出机构养老走出困境不仅需要政府加强监督和管理机制，养老机构明确自己的功能定位、提高服务水平，同时倡导老年人慢慢改变在家养老的传统观念，与子女们认真沟通并协商一致也是至关重要的。

（三）居家养老

居家养老可更好地满足老年人的精神需求。耿晓[4]认为，构建居家养老服务体系需要做好基础工作，确保社区居家养老对象定位精准、服务项目明晰，多元化发展社区养老服务，同时积极发展智慧养老服务，开启“互联网+养老”模式；潘国庆[5]通过了解长沙市老年人的基本特征以及对居家养老的需求状况提出，居家养老服务属于准公共产品，带有一定的公益性，政府要明确自身职能，起主导作用，同时要整合各种资源，吸引社会力量参与居家养老行业，完善服务体系，增加服务内容；杨琪[6]表示，完善居家养老服务，不仅需要建立完善的居家养老服务标准化制度，落实政府部门在居家养老服务建设中的职责并规范居家养老市场行为，同时也要加强居家养老服务专业人才队伍建设，积极创新居家养老服务内容；王爽[7]基于辽宁省丹东市居家养老服务现状的分析指出，首先要拓宽养老资金的来源渠道，才能确保居家养老服务的正常进行；

---

❶ 赵满华，闫二旺．现阶段养老服务机构存在的问题及对策［J］．太原师范学院学报（社会科学版），2017，16（6）：49-52.

❷ 周雷波．新形势下国内养老机构存在的问题与对策［J］．中小企业管理与科技（中旬刊），2018（9）：89-90.

❸ 郭媛媛．我国养老机构的发展状况、问题与对策研究［J］．农家参谋，2019（17）：172.

❹ 耿晓．着力构建社区居家养老服务体系［N］．河北日报，2017-12-22（007）.

❺ 潘国庆．长沙市居家养老服务现状及对策［J］．长沙民政职业技术学院学报，2018，25（4）：7-8.

❻ 杨琪．我国居家养老服务研究［J］．中共郑州市委党校学报，2019（6）：64-66.

❼ 王爽．城市老龄人口居家养老问题研究——基于辽宁省丹东市的实践与思考［J］．党政干部学刊，2020（2）：69-74.

其次要理顺居家养老工作运行机制，合理定位居家养老服务内容及模式；同时要加强人才队伍建设，创新人才培养模式，并以国家人口老龄化国情教育为契机，开展对居家养老服务的宣传工作。

（四）医养结合养老

吴先敏[1]从供给侧结构性改革的视角指出，医养结合养老的发展需要建立以资源整合为基础的医养结合模式，建立以老人需求为核心的智慧医疗服务体系及以基层村（社区）为依托的分级诊疗体系，使这一养老模式在基层也可以得以落实；李咏阳、刘世晴[2]认为在推进医养结合发展的过程中，必须调动各方力量，整合多方面的资源，贯彻落实“十三五”健康老龄化规划，着力构建“居家为基础、社区为依托、机构为补充”的医养结合服务体系科学规划，这样才能探索医养结合的长效机制；冯宏杰[3]认为从整合医疗的角度出发，将医疗和养老两个领域所具备的资源整合为一体，才是更加关注老年人医疗与健康服务需求的体现，但是目前医养结合发展还需要完善法律制度、加强人才队伍建设、拓宽资金渠道，同时追求理念上的“医疗”与“养老”结合，改变社会大众的养老观念；邝奕轩[4]指出推动医养结合高质量发展须把握五个着力点：一是医养结合聚焦居家养老和社区养老；二是充分考虑城乡差异、区域差异，注重差异化发展；三是积极构建“互联网＋医养结合”新模式；四是大力推进老年医院建设；五是建立健全长期照护服务体系。

（五）时间储蓄养老

任何一项制度要获得可持续的发展，都需要一套完整的管理、运行、监督及保障体系，时间储蓄养老模式的发展也不例外。董自龙[5]认为，时间储蓄养老模式的可持续发展不仅需要政府牵头，来提高“时间储蓄”的统筹层次，提供必要的资金支持，同时要扩大服务者队伍，提高“时间储蓄”的影响力，最重要的是，要建立相应的“时间储蓄”信息管理系统，对部分服务资源进行整合统一管理；游河、肖佳玉[6]指出，对于时间储蓄模式来说，诚信是立身之本，因此建立诚信机制，打消储户疑虑至关重要，同时要建立一定的培训制度，完善相关法律法规，并建立时间储蓄网站，来推进时间储蓄模式的信息化。刘亚男、申瑞茨、康晓娟[7]认为，时间储蓄养老模式系统的正常运

---

❶ 吴先敏．从供给侧结构性改革发力探索医养结合新路径［N］．中国人口报，2017-12-29（003）．

❷ 李咏阳，刘世晴．老龄化形势下医养结合的现状及问题研究［J］．实用老年医学，2019，33（12）．

❸ 冯宏杰．医养结合发展现状及对策建议［N］．中国人口报，2020-03-04（003）．

❹ 邝奕轩．推动医养结合高质量发展的五个着力点［N］．中国人口报，2020-02-20（003）．

❺ 董自龙．“时间储蓄”养老服务模式研究［J］．浙江万里学院学报，2013，26（4）：38-42．

❻ 游河，肖佳玉．“时间储蓄”居家互助养老模式的问题与对策研究［J］．法制与社会，2018（36）：138-139．

❼ 刘亚男，申瑞茨，康晓娟．基于社会参与角度的时间储蓄养老系统研究［J］．现代商贸工业，2019，40（23）：83-84．

行需要更多社会主体参与进来，将市场竞争机制引入养老服务供给，形成政府、社会组织、市场组织、“储户”四方联动的时间储蓄养老体系，有利于建立起覆盖全国的公共时间银行，实现时间储蓄通存通兑。

（六）以房养老

尤晨楠[1]认为，如果想要真正最大化发挥以房养老政策的作用，除改变老年人的思想观念外，还需要政府部门要加大宣传扶持力度，完善法律法规，同时作为以房养老重要经营单位的经营机构也要勇于投资；史长俊和宋刚[2]指出推动以房养老的发展需要坚持普惠金融理念，改进发展路径和操作模式，对以房养老市场需求进行细分，依托以房养老建立城市居民养老综合服务体系，并将以房养老与各项社会管理体系相结合；阿梅娜·阿布力米提和帕提古丽·库尔班[3]通过对美国、英国、日本三个国家以房养老模式的借鉴指出，“以房养老”模式的成功离不开健全的法律制度、合适的试点城市，还有政府积极参与和监管；王亚柯、叶雨彤、汤晟[4]通过借鉴美国以房养老政府介入和市场运作的经验，认为我国以房养老一方面要促进政府在需求端和供给端的制度供给，提供保险保障机制，另一方面也应该鼓励各类金融机构以多种形式积极参与，利用市场机制来分散风险。

五、养老模式研究的趋势与特点

（一）养老模式的研究由单一走向多样化

早期我国养老模式的研究相对现在来说比较单一，主要集中在家庭养老。家庭养老作为我国典型的传统养老模式，一直都是学术界研究的热点，自 2008 年起中国知网每年以“家庭养老”为主题发布的文献篇数就在 700 篇以上，在 2016 年更是达到了 1200 多篇，但 2000 年以后，机构养老和居家养老的相关研究开始走进人们的视野并逐渐增多，目前很多学者仍将家庭养老、机构养老、居家养老这三种养老模式作为我国的基本养老方式。随着社会的不断发展，养老模式的研究则更加多样化，医养结合养老、时间储蓄养老和以房养老渐渐成为养老模式研究的新方向，也有很多学者通过对国外养老模式的借鉴探索中国养老模式发展的新路径。如张楠[5]通过论述新加坡、日本、英国、法国等国家的养老模式，为西安养老服务的供给侧结构性改革提供启示，通过帮助老年人

[1] 尤晨楠 . 对中国社会的“以房养老”政策的研究［J］. 现代商业，2016（29）：176-177.

[2] 史长俊，宋刚 . 秉承普惠金融理念促进以房养老市场发展［N］. 金融时报，2017-09-18（009）.

[3] 阿梅娜·阿布力米提，帕提古丽·库尔班 . 我国“以房养老”的前景分析与政策建议［J］. 法制与经济，2019（10）：5-8.

[4] 王亚柯，叶雨彤，汤晟 . 以房养老：经验、困境与发展路径［J］. 江海学刊，2020（1）：240-245，255.

[5] 张楠 . 国外老龄化政策对西安养老服务供给侧改革的启示［J］. 现代营销（下旬刊），2019（9）：201-202.

建立社会关系网络，提高其身心健康水平，并鼓励老年人融入社会，参与社会发展。同时为老年人制订多层次、多样化的保障计划等。贺莎莎、孙建娥[1]和张云钒[2]分别探讨了国外积极老龄化政策的实践和养老模式对解决我国养老问题的启示。

（二）养老对象的研究由统一向类别化发展

早期的养老模式研究往往更多是将老年人作为一个整体进行研究，最多也只是进行了城乡的划分，很少有人根据差异化养老需求的角度进行研究，而是将老年人口作为一个研究整体。而事实上由于人口结构的变化、家庭结构的不同、地区分布的差异，处于不同文化背景、家庭条件下的老年人口往往需要不同的养老模式，近年来，不少学者开始关注不同人群、特殊人群的养老模式问题。如袁嘉颖、谢东燚[3]和石磊磊[4]分别针对城镇丧偶老人和农村丧偶老人的养老问题进行研究，希望可以提高这些特殊老年群体的晚年幸福指数；汪元蒙[5]以开封市为例对农村特困老人养老问题进行了研究，希望可以自上而下解决农村特困老人这一社会弱势群体中最困难、最脆弱老年人的养老问题；张娟[6]则通过选取“中国健康与养老追踪调查（CHARLS）”作为本研究的数据基础，通过对数据的整理与清洗，对我国失能老人家庭照顾支持及其影响因素进行了研究。

（三）新型养老模式相较于传统养老模式的研究比重逐渐上升

笔者通过知网数据库的主题搜索发现，新型养老模式相较于传统养老模式的研究比重逐渐上升。传统的家庭养老文献数量在 2016 年之前均处于稳步上升阶段，但 2016 年至今知网数据库发布的文献数量逐年递减，且预测 2020 年有关家庭养老研究的发布量将会进一步下降。相比之下，机构养老的文献数量在 2016 年后的上升速度也在不断降低，甚至在 2019 年出现了下降的现象，发布数量与 2017 年相比下降了 18%，近年来以居家养老为主题的研究文献数量也趋于稳定，基本不再上升。

但是部分新型养老模式的研究趋势却与之相反。如医养结合养老模式在知网自 2011 年才有相关数据，但在 2014 年后的相关研究大幅度上升。时间储蓄养老和以房养老等新型养老模式的研究热度也不断升高，走进人们的视野，相比传统的养老模式，新型养老模式在应对人口老龄化问题的研究中所占的比例正在不断增大。

---

❶ 贺莎莎，孙建娥．国外积极老龄化政策实践及其对我国的启示［J］．重庆科技学院学报（社会科学版），2017（11）：28-30.

❷ 张云钒．国外养老服务模式对我国医养结合的启示［N］．中国人口报，2019-07-19（003）.

❸ 袁嘉颖，谢东燚．乡村振兴战略背景下农村丧偶老人养老问题研究［J］．法制与社会，2020（3）：182-184.

❹ 石磊磊．城镇丧偶老年人养老问题［D］．长春：吉林农业大学，2016.

❺ 汪元蒙．开封市农村特困老人养老问题研究［D］．郑州：河南大学，2019.

❻ 张娟．我国失能老人家庭照护支持及其影响因素研究［D］．南京：南京邮电大学，2019.

六、目前研究中的不足之处

（一）对老年人的养老意愿和养老需求的调查研究不足

笔者通过梳理近年来学者对我国养老模式的研究发现，目前我国对老年人的养老意愿和养老需求的调查研究不足。当前养老模式的研究、新路径的探索往往是宏观上理想化的假想。虽然很多学者对多元化的养老模式进行了探究，希望养老模式的实施可以对解决我国的老龄化问题起到一定的作用，但这个过程中往往忽略了老年人——人口老龄化的主体自身的养老意愿和养老需求。无论是目前已经在我国施行的典型养老模式，还是新型养老模式的探索研究，都很少有学者针对老年人对养老模式的接受度和倾向性进行多方面的调查研究，尤其是在借鉴国外养老模式时，常常忽略了在不同文化背景的影响下，我国老年人口是否愿意接受新的养老方式、新型的养老方式在我国能否顺利实施等问题。

（二）养老模式的研究过程中缺乏对比研究

当前我国有关养老模式的研究多为单一性研究，很少有对比研究的出现。事实上，不同的地区、不同文化背景和不同健康状况的老年群体他们的养老需求是不同的，但是在诸多养老模式中，什么样的养老模式更加适合他们也应当是我们研究的方向。虽然目前有一些调查性研究，如华黎，王歆慧[1]基于CHARLS（2013）数据对城市老年人养老模式选择的影响因素进行了分析，王莹[2]等人通过问卷以辽宁省为例针对农村养老模式的选择意愿进行了研究，但关于养老模式的对比性研究却屈指可数。与单一性研究分析单个养老模式的优缺点相比，对比性研究更能发掘养老模式适用性，以便取长补短，探索出更加适合不同地区、不同类别老年群体的养老模式，也可为老年人选择养老模式时提供一定的借鉴信息。但是目前学术界此类的对比性研究却十分少见。

（三）养老模式的研究过程中缺乏以老年人为主体的层次差异研究

我国是世界上老龄人口数最多的国家，老年人口内部的层次差异也比较大，养老模式的选择与实施对于不同状况的老年人口来说，不能混为一谈。年龄、文化背景、健康状况、职业、区域的差异性都会对养老模式的选择有所影响，比如文化背景会影响老年人养老模式的接受度，不同健康状况的老年人对不同养老模式的满意度也会有所差别，不同区域的老人养老模式可选择的类别也有所差异，因此依据老年人口的不同状况进行分层研究，根据不同老年人口的不同特点，指出与之相适应的养老模式，

[1] 华黎，王歆慧．城市老年人养老模式选择的影响因素分析——基于CHARLS2013数据［J］．长春师范大学学报，2020，39（3）：62-66.

[2] 王莹，王欢，张会君．农村老年人养老模式选择意愿研究——基于辽宁省的调查［J］．山西农经，2020（5）：42-43.

才能增加养老模式实施的可行性，更好地满足老年人的各项需求。但笔者在文献的梳理过程中发现，虽然目前已经有一些分类研究，如关于独生子女、失独老人、失能老人、特困老人等群体的养老问题研究，但是整体来说目前从老年人口内部的层次差异角度来研究养老模式的相关研究相对较少。

七、小结

通过对 60 余篇文献的梳理，笔者发现，目前我国基本的养老方式主要包括家庭养老、机构养老、居家养老等，且随着社会的不断整合与发展，医养结合养老、储蓄养老和以房养老等新型养老模式日益走进人们的视野，成为解决我国养老问题的新路径。但就现状来看，我国当前的养老方式还没有使老年人的养老服务需求得到充分的满足，并且在实施过程中也出现一系列的问题。笔者认为，未来我国养老模式的研究中，一方面，要注重具体的、有针对性的个案研究，提高养老模式实施的适用性；另一方面，要进行一定的分层研究，从老年人口内部的层次差异角度来研究养老模式；最后还要注意，在我们借鉴国外养老模式经验时，一定要本土化，充分考虑文化的差异和老年群体本身的接受度，这样才能确保所推行养老模式的可实施性。

社 会

●“父职困境”与“密集母职”：0~3 岁婴幼儿家庭照料的性别分工

——基于社会性别理论的质性分析

凌　玲　袁嘉颖

（贵州大学　公共管理学院　贵州　贵阳　550025）

摘　要：随着家庭规模小型化、结构核心化和居住方式分离化的社会转变，家庭照料能力逐步弱化，男女两性在 0~3 岁的婴幼儿照料中存在一定的性别分工逻辑。基于社会性别理论的视角，通过对多案例的访谈，研究发现：第一，“父”和“母”两性在婴幼儿照料中存在权力博弈关系；第二，社会建构的社会性别规范形成一种性别化的归责逻辑；第三，随着现代社会转型，“父职缺席”不再是所有男性的主观意愿，社会制度规训出父亲参与婴幼儿照料的困境；第四，“男主外，女主内”的社会性别观念强化了母亲对婴幼儿的抚育责任，滋生出“密集母职”现象；采用性别角色理论分析 0~3 岁婴幼儿家庭照料中男女两性的性别分工，为解决家庭照料服务和提高生育率提供可能。

关键词：父职；母职；婴幼儿照料；性别分工；社会性别理论

自 2015 年 10 月，党的十八届五中全会决定实施全面二孩政策以来，我国妇女生育率与政策预期设想存在很大差距，2018 年生育率创 1949 年以来新低，总和生育率降至 1.52。制约生育意愿的众多因素中，婴幼儿的照料和托育问题尤为凸显。现阶段，0~3 岁婴幼儿照料主要以家庭抚育为主，且多数家庭由母亲担任大部分或全部抚育工作，在工作和育儿的双重压力下，“母职”往往焦虑不已。工业化生产和人力资源的需求与安排给“父职缺席”提供了一种“合理”的解释，父亲被认为是社会经济主要的提供者，母亲只能退到家庭中承担起日常照料的烦琐事务。“父职”和“母职”的角色和实践仿佛受到了性别结构的支配，0~3 岁婴幼儿的照料过程中男女两性是如何受到性别结构的支配？按照什么样的逻辑进行性别分工？本研究试图从社会性别理论的视角回答上述问题。

作者简介：凌玲（1980—），女，四川内江人，副教授，研究方向为人口学；袁嘉颖（1996—），女，贵州铜仁人，硕士研究生在读，研究方向为人口学。

一、理论基础及文献回顾

社会性别理论最先由美国人类学家盖尔·卢宾提出，旨在消除两性之间的不平等和性别歧视。社会性别理论首先对生理性别进行批判，提出要从社会文化和政治经济等方面去剖析男女两性问题；其次强调“后天”对“先天”影响，指出社会制度、法律、价值观对妇女的歧视而造成政治、文化、经济上的压迫；最后指出实现两性平等的关键在于创造一个平等的制度和平等的文化环境。该理论主要围绕四个核心观点展开：其一，社会性别是一种权利关系；其二，社会性别是一种社会构建；其三，社会性别是一种制度安排；其四，社会性别是一种文化观念。社会性别理论认为男女两性角色差异主要是由社会宏观层面的文化价值和信仰构成的性别文化规范的，社会性别通过角色规定了两性之间的责任与义务分配，包括两性在就业与家庭照料之间的协调，按照传统的性别分工，女性主要处于负责家庭抚育，而男性负责社会抚育。即使到了现代社会，女性照料家庭仍得到积极评价，对于职场上的就业安排则持负面态度，这种刻板印象可能会导致女性迫于压力选择退回家中抚育孩子。

关于“父职”的研究，学者主要集中在以下两点：一是父职参与的现状，大多数父亲都有良好的父职参与愿望和科学的育儿观，但是参与度是非常有限的，造成这种矛盾现象的主要原因有父亲自身情况、家庭成员的态度和社会因素等；“90 后”的大学生父亲家庭教育参与总体水平不佳，父亲参与家庭教育还存在态度和方式的两难、内容和程度的缺失、理想和现实的鸿沟等问题。二是父职参与的困境与展望，即强调社会文化、福利制度、对性别结构的认同都会在不同程度上阻碍父亲参与育儿，并提出要从转变男性气质与构建平等的社会性别政策等方面重构父职角色与父职实践；此外，父亲参与育儿不仅对婴幼儿成长有促进作用，对其本身的成长和成熟也有积极的影响。关于“母职”的研究，主要集中在母职的构建与现代母职等方面。不同的历史阶段，媒体再现的理想母亲形象不一样，20 世纪 80 年代，杂志和报纸主要提倡夫妻双方与祖辈共同育儿，90 年代提倡母亲应提高自身素质来培养具有社会竞争力的高素质儿童，21 世纪以来，媒体所提倡理想母亲的角色要多元化，应增进理性、遵从专家、利用商品和服务来养育快乐的小孩；现代母职受到传统家庭观念和科学育儿观念的双重规训，导致现代母职非但没有摆脱“男主外，女主内”的传统育儿模式，还担任了一部分父职的角色，相较于传统母职，现代母职主要变化的是育儿方法和育儿理念，现代女性的价值依然无法避开她们的育儿职责。以上对父职的参与与影响到母职的构建与现代母职等方面的研究，观点鲜明独到，为本研究研究婴幼儿的家庭照料的性别分工奠定了基础，但未涉及用性别理论对父职和母职在分工中是如何受到性别结构的支配。基于此，本研究用社会性别理论对访谈资料深度分析，剖析“父职困境”和“密集母职”背后更深层次的原因，及“母职”和“父职”在 0~3 岁婴幼儿照料过程中的性别分工。

二、资料来源及访谈提纲

（一）资料的来源

为了获得第一手的质性分析资料，笔者主要采用深度访谈的方式进行资料收集，研究对象为 4 对 0~3 岁婴幼儿父母，访谈对象为两男两女。尽管样本总量有限，访谈对象的代表性也有待商榷，但借助个案访谈的方式可以充分了解在不同家庭背景、人生经历和收入分配等的影响下，在社会性别理论的研究视角下，男女两性在 0~3 岁婴幼儿的家庭照料中的性别分工逻辑。个案基本情况如表 1 所示。

表 1　研究对象基本情况

序号	编码	性别	年龄	孩童数	孩子年龄	本人工作现状	配偶工作现状
1	TSS20191213F	女	30	1	2 岁半	全职太太	建筑行业
2	LB20191128M	男	34	2	老大 8 岁 老二不到 2 岁	物流网点合伙人	全职太太
3	AYQ20200212M	男	31	1	1 岁半	通信公司职员	私立学院任教
4	SBB20191218F	女	28	1	3 岁	机构兼职教师	国企

注：本研究所使用资料的编码由两部分组成，前面字母为研究对象名字的字母缩写，数字为访谈的日期，最后的字母代表研究对象的性别。

（二）基于上述问题，本研究围绕研究主题主要提出了以下问题

（1）您的家庭基本情况（收入、家庭成员）如何？

（2）在 0~3 岁婴幼儿的照料过程中，您和您的配偶是怎样分工的？分别承担了什么样的角色？

（3）您认为在婴幼儿家庭照料过程中，主要存在哪些问题？

（4）您对以后的婴幼儿照料分工有何展望？

三、支配与从属：两性参与照料的权力博弈

美国女权主义学者凯特·米莉特在她的博士医学论文《性的政治》中把两性之间的关系比喻为政治学的核心概念——“权力关系”，即两性之间的支配与从属的关系，她指出这种家庭“内部殖民”比任何形式的殖民都更严重、更持久。作为性别权力关系的表现形式，通常有两种：一是强制的控制，二是柔软的控制。强制的控制通过权力与资源来实现，从古至今两性分工的主流观点都认为男性理应承担社会抚育的责任，女性负责家庭抚育，进入职场或社会工作的男性占据了比妻子更多的资源、金钱，拥有更多的政治权利、经济权利和教育权利，因为照料家庭而放弃工作的女性则因为拥

有较少的“资本”而处于被控制的位置。柔软的控制则是通过文化和心理的认同来实现的，这种手段虽然看似柔和，却是最持久和最有效的控制方式。在很多家庭和女性看来，她们并不认为这是一种压迫和控制，反而习以为常的接受这种权力统治，但以上说的权力控制，也不完全是男性控制女性，随着现代性别意识的发展，两性地位变得越来越平等，女性地位高过男性地位的情况也不在少数，本研究的社会性别理论视角仅分析传统的性别分工下，婴幼儿抚育时男女两性表现出的区别与原因。

我从事的上一份工作是公司前台，丈夫一开始是建筑公司的施工员，现在自己在外面单干。2016 年我们结了婚，结婚后他经常劝说我辞职回家做全职太太，慢慢地我也有了辞职的想法，在查出怀孕的第二天，我毫不犹豫地辞去了工作，回家过“享清福”的好日子，随着收入的提高，他的工作越来越忙，有时甚至一个星期都在外出差，我们之间的关系发生着微妙的变化，甚至不再平等。孩子出生后，他没有主动为孩子换过一片尿不湿，基本给我搭把手都是我实在忙不过来的时候，在他眼里，我每天的任务不过是照顾孩子、做做家务，没有任何做不好的理由。（TSS20191213F）

转变态度的不只是丈夫，TSS 的想法也在这种长期不平衡的关系下发生了一些变化。在不满丈夫对孩子照料的缺席时，TSS 不再像以往那样在不理解自己的丈夫面前哭诉自己的不容易。

我老公是由我婆婆一个人带大的，在他的观念中，妻子理所应当在家相夫教子，承担家务，他也并不认为我有多委屈多辛苦，我的控诉在他那里反而成了矫情。经常因为这些事情吵架，哪一天真把这个家吵散了怎么办呢？离婚了我只是一个连孩子奶粉都买不起的单亲妈妈，他却是抢手的黄金单身汉，问题归根结底，还是因为我没有经济来源，如果当时没有辞职，如果现在自己还有一份收入，这种焦虑是不是就不存在了。（TSS20191213F）

TSS 在决定当全职妈妈的那一刻家庭的经济资源就完全由丈夫提供，丈夫对家庭经济资源实现了占有、控制和支配，依靠资源生活的 TSS 自然也受到了控制力。在与丈夫进行的这场育儿博弈中，TSS 受到了丈夫的强制控制，这种强制控制正在以一种隐秘的方式慢慢渗透着，直到以一种柔软控制的方式作用在 TSS 身上。所以当丈夫缺席孩子的成长时，她从一开始的努力争取丈夫的积极参与，到后面被动承担孩子的一切事务，最后甚至接受了自己“丧偶式育儿”这一事实，TSS 深知自己陷入这种困境的原因，却找不到更好的办法改变现状。

这种支配与从属的权力关系充分体现在两性育儿博弈中，随着两性地位的发展，现如今也出现了越来越多的“全职奶爸”现象，无论是奶爸还是奶妈，都是家庭内部经过两性各自拥有的资源、财富等所权衡和博弈的结果。处于资源劣势的一方留在家里照料家庭事务和婴幼儿，在这场权力博弈中处于从属地位。处于资源优势的一方会因为在外工作而拥有越来越多的资源继续处于支配端，这样两性之间似乎就进入了占有—博弈—支配的死循环，想要打破这种权力和资源的博弈结果也越来越困难。

四、先天与建构：性别化归责逻辑

社会性别理论的另一核心观点认为：社会性别是一种社会构建。这种观点否认了生理性别决定论，强调了社会文化的构建作用。社会文化后天的建构主要构建两性之间的性别观念和性别规范。性别构建以一种潜移默化的方式使两性之间或者整个社会接纳这种性别观念，并不断地传承和模仿，被建构者也逐渐将这种性别规范内化为自己的性别观念。“勇敢、力量、担当、冒险”等词语向来都是男性气质的代名词，而女性则被冠以“温柔、知性、持家、相夫教子”的社会期望，社会对父职缺席的关注从一开始的母亲难以承受独自育儿的重任，到现在对母亲难以独自教育好儿子的担忧，例如有学者指出，父亲参与孩子的成长会使孩子更加具有男子气概，可避免由母亲单独育儿引起孩子“娘娘腔”“妈宝男”的坏习，母亲逃避育儿责任，会被人看作异类，独自扛起照料孩子的大旗，也要承担教子无方的风险。社会对男女两性的性别角色观念和规范，致使在孩子成长出现问题时，社会或者是母亲本人都会形成性别化的归因逻辑。

从怀上孩子到生下孩子的这两年多时间内，TSS 的生活可谓是战战兢兢。

从发现怀孕的第二天，担心自己没经验照顾肚子里面的宝宝，我就去书店买了很多育儿书，对宝宝发育不利的水果、食物，或是冒险的运动，我都没有碰过一次，好不容易盼到了一个健康宝宝，以为能缓口气，事实上是我太乐观了。在孩子刚开始学走路的时候，我因为接电话走神了，不到半分钟孩子就摔倒了哇哇大哭，在确认孩子并无大碍之后，还没来得及安抚还在哭闹的宝宝，我便遭到了丈夫的厉声指责。此外，我在孩子两岁的时候发现，自己的宝宝比一般孩子睡眠时间更长，并且时常出现对同龄小朋友不友好的现象，为此我那段时间做事常常都容易分心，常常问丈夫是不是自己哪里做得不好，做得不够，还请教了学心理学的朋友验证自己的教育方式是否有问题。最夸张的是一天要给孩子量四五次体温，生怕他身体不舒服而我却察觉不出来。（TSS20191213F）

TSS 和丈夫都在这种社会文化的建构中形成了自己的性别观念，身为母亲的她认为应该对孩子成长过程出现的种种问题负责，丈夫也将带娃看作妻子唯一的职业，没有任何理由连这一份“程序化”的任务都完不成。TSS 的丈夫从小由婆婆带大，所以他认为他的孩子也应该由自己的妻子照看，自己需要负责的只是工作，无论是外部舆论环境，还是自身从小内化的性别角色规范，都让 TSS 对孩子的成长忧心忡忡。

从幼儿时代起社会文化和制度就将男孩女孩置于分离的领域进行熏陶和训练，把两性的行为模式及角色要求内化为个体的行为规范。通过同性的模仿、社会的奖惩手段，个体的行为方式与性别定型观念取得认同，从而完成性别角色的建构。“男主外，女主内”观念便是社会性别建构的最大产物。即使在当今社会，国家提倡二胎，医院提倡母乳、专家不提倡隔代带娃等外部环境，都给“母亲应该为孩子的一切负责”这一观念披上了一层合理的外衣，形成了特有的性别化规则逻辑，也将女性彻底推到母职实践的中心地带。

五、社会制度规训下的“父职困境”

盖尔·卢宾指出人类两性的生活不会是完全自然的，将永远受到人和习俗的制约和干预，这种制约与干预可以概括为社会性别制度。人的发展离不开社会和他人，在人与人的交往中形成了人际关系，当这种人际关系普遍化、规范化的时候，就变成了社会制度。当今社会经济制度分工下的男女两性各有不同，顺应工业化的发展和人力资源的要求，男性往往是社会经济发展的主要承担者，提供了更多的社会抚育，福利制度规定了女性有产假，但是男性只有陪产假，这些制度都限制了男性进入家庭照料的机会。且家庭内部也有自己的一套制度，如父亲全职在家当“奶爸”会被亲戚朋友甚至自己的父母诟病，而女性不承担家庭照料，发展事业也不会被看作人生赢家，这个社会的各种政治、经济、文化制度都提倡父亲出去工作，而母亲留守家中，种种社会制度交织，都进一步地加剧了父职参与婴幼儿照料的困境。

LB 先生的妻子做全职妈妈已经 8 年多了，他有着不一样的性别角色观念，在他眼里，全职母亲并不比他的工作容易和轻松，且带孩子需要全天候的高度集中，对母亲的要求极高。

我的工作时间不是朝九晚五，一到闲暇时我就想着为妻子减轻负担，想带老二几个小时，但是我老婆并不是很乐意让我带小孩。在老大刚生出来时，我有想过把生意暂停两三年和老婆共同把孩子带到上幼儿园的年纪，但是很快我这个“荒谬”的想法就遭到了我爸妈和她爸妈的强烈反对，长辈们认为这是很冒险的行为，并且完全没必要。妻子为了避免更多矛盾也劝我出去工作，其实我前些年赚的钱维持家庭两三年的开销应该是没问题的。（LB20191128M）

只要有时间 LB 就会带老大去超市或商场，给孩子买她想要的东西，满足女儿的任何需求，弥补对她的亏欠。渐渐地，孩子出现了很多性格问题，得不到想要的玩具时不分时间地点地在地上撒泼打滚，一生气就会摔东西等，妻子马上暂停了他这种“偶尔式”参与育儿，并且花了很多时间才把孩子的劣习纠正了一些。

AYQ 的工作主要负责设备维修，一到设备出现故障时加班到凌晨都是常事。妻子就职的私立学校工作任务也很重，AYQ 只能在白天上班前把孩子送去母亲那里，晚上下班再去接回家。

平时还好，我母亲虽然很辛苦但白天也应付得过来，最怕的就是我们双方同时加班，等我们忙完的时候他已经睡着了，这种情况下就让宝宝留在他奶奶那里睡了，最长一次是在他奶奶家住了一个星期，确实觉得挺对不起她们祖孙俩的。还有一次宝宝从下午就开始一直啼哭不止，那个时候妻子又出差了，哭了大概一个小时母亲实在没办法了就打我电话问能不能请个假提前回去看看，电话响起时我正在和领导去一个基站检查工作的路上，和领导说清楚我的诉求后，我从领导眼中看到了一丝不理解，最后还是硬着头皮半路下车了。（AYQ20200212M）

AYQ 把履行父职当作自己人生圆满的必要环节，但在现代社会对于男性的首要期待下，在社会工作时间安排下，完成一个父亲应尽的义务和履行父职的要求变得越来越困难。

受社会观念的影响，无论是家人，还是社会都把男性为家庭提供经济支持视为第一职责，由此衍生出的各种福利制度、经济制度甚至是政治制度，在为男性在工作场所提供便利时，更给男性履行自己的父职职能和义务带来了诸多阻碍。从外部环境看，由于各种制度的安排，多数男性无法全程参与家庭照料和孩子成长，从内部自身条件看，即使挤出闲暇时间，由于对养育孩子的各个环节的安排设置和对教养孩子知识的匮乏，偶尔的参与还给孩子成长带来了负面影响的可能。由此，父职参与育儿陷入一种困境，在看待父职缺席这一现象时，要结合社会经济文化和家庭环境来理性看待这种现象背后的原因和父职参与的困境所在，不能一味地批判或将其简单地归因为两性地位不平等所产生的不良后果。

六、文化观念下的“密集母职”

社会文化把人类划分为男女两性，不断赋予两性之间的同一性和差异性，并作为划分男女劳动分工、个性特征和社会角色的依据。它反映了关于男女角色分工、精神气质、行为方式等方面的一整套社会观念和性别规范。社会学家莎伦·海斯首次提出“密集母职”的概念，即密集母职一种性别模范，母亲是照顾孩子的最佳人选，因此母亲应该以孩子的身心健康为终极目标，即使牺牲自我也要全身心投入孩子的照料工作中。这一文化观念迫使母亲不得不将大量的时间、精力与金钱用于养育孩子。

SBB 本科专业为汉语言文学，大学毕业后进入一家国企从事文秘工作，工资也还不错，她对那份工作总体评价很满意。SBB 原以为自己会在这种工作环境里干到退休，可所有的设想都在女儿出生后破灭了。出月子后婆婆就承担起了女儿的大部分照料工作，休完产假回到职场后的 SBB 也并没有感觉到自己和社会脱轨。但女儿从小体弱多病，婆婆一个人根本搞不定，且各种专家和权威研究都不建议孩子由父母隔代照料，这时候就面临她和丈夫必须有一人回到家庭照顾女儿。S 女士迷茫过、挣扎过，最终这个辞职回家照顾女儿的人还是她。

虽然之前那份工作很累，但是同事之间相处融洽，并且工作内容和自己的专业方向契合，处理工作事务也算得心应手，并且国企嘛，还是挺稳定的。其实真正让我下决心放弃事业当全职妈妈的原因有两点，一是我婆婆文化程度不高，对于育儿专家的经验传授，她（婆婆）不能很好地吸收，还是沿用老一套的育儿方法，如用她的嘴巴去试探孩子辅食的温度，这一点我觉得很不能接受。二是现在的孩子从出生开始就在进行各种竞争，稍不注意就输在了起跑线上，虽然她才刚上幼儿园，但是每天她听多久的音乐、看多久的漫画我都是有计划的，周末还得上兴趣班，只有我辞职回家照顾女儿对她的成长才是最好的。辞去国企的工作对女儿、对家庭都是最好的，只是大大

的偏离了我的人生正常轨道。（SBB20191218F）

SBB 不想完全放弃自己的生活，后来她去一家小型教育机构找了一份兼职教师的工作，这份工作虽然工资低，但每天只是晚上去上两个小时的课，能够兼顾女儿，同时也保证自己不与社会脱节。

形成“密集母职”文化规范的力量主要有两股。首先，科学育儿专业知识的普及逐渐代替了长辈育儿经验，成为很多 SBB 这类有文化年轻妈妈育儿的指南和参照，这使得隔代育儿在不同程度上受到质疑。其次，由于当代社会“竞争性育儿”现象的盛行，母亲需要充当孩子学习和生活中“代理人”的角色，收集和筛选孩子的学习资源，以孩子为生活的中心，密集的投入精力和时间到孩子身上。SBB 正是迫于以上压力和对现实的考量，牺牲自我回到家庭承担孩子照料工作，满足对“好妈妈”这一角色的社会期望。

即使在今天这样一个社会文化下，男性往往不被期待提供家庭抚育，而是以经济支持为首要职责，男性在劳动力市场上所具备的劳动优势更是框定了男性更适合承担社会性职责。SBB 迫于压力和现实牺牲自我回到家庭承担孩子照料工作，满足对“好妈妈”这一角色的社会期望。由此，母亲被视为“理想照顾者”，父亲被视为“理想工作者”的文化规则逐渐成形，在这种性别文化观念的熏陶下，放弃工作回家参与孩子照料的男性不会得到社会的支持与赞赏，而投身于工作的女强人同样也不是这个社会倡导的主流。

七、结语

本研究从四个案例出发，在社会性别理论的框架下对 0~3 岁婴幼儿家庭照料的分工展开论述，从权力、后天建构、制度、文化规范四个方面对男女两性对婴幼儿照料分工的现状、起因和内在逻辑进行分析。对于父亲来说，与妻子孩子共同生活并参与育儿，是人类文明演化出来的父性机能。它的出现是因为在一个农耕社会中，需要有一个角色去组织社会合作和斗争，制定和维护规则。不管是在东方还是西方，在父权社会中，父亲都是令人畏惧的不可忤逆的绝对权威，父亲不仅是家庭的领导者，也是教育者及精神支柱。进入近现代社会之后，一个传统好父亲的职能被逐一消解。教育已经脱离了家庭，取而代之以学校等社会机构。过去，孩子主要从他们的父亲身上直接学习技能。然而，在当代社会对男性和女性各自的期待下，已经不再有可能，这给当代男性履行父职职能带来了阻碍。

随着社会的进步，男女两性在职业分工、社会交往等领域并无太大鸿沟。但在家庭这样一个小单位里，特别是在婴幼儿的照料方面，母亲还是主要的承担者，其归根结底还是由传统的男女分工和性别观念造成的。在 0~3 婴幼儿照料中，无论是男性自觉内化的性别规范，还是旁人固守的陈旧的性别观念，都造成了父职参与婴幼儿照料不足这一事实。权力博弈结果、个人经历等可能是一部分男性缺席婴幼儿照料的原因，“偶尔式参与"的育儿方式也给父职带来诸多困境。在这过程中，母职也同样受到两性观念和规范的制约，为了迎合社会对于母亲这一角色的期望，母职不得不牺牲自我抚育家庭。社会在出台政策去应对这一趋势时，应该从婴幼儿的孕育、生产、照料各个环节去考虑，赋权男性，给予男性陪同产检、生产和婴幼儿照料的机会，引导男性在参与中逐步建立责任意识。社会文化、观念和制度也要给男性足够的空间去履行他们的父亲职责，参与到婴幼儿的照料工作中。同时解构专家话语和消费话语、重塑性别平等的社会文化环境，缓解母职焦虑这一常态。养育孩子，不仅是为人父母的责任和义务，孩子更像是一面镜子，可以折射出父母身上的不足。不仅社会环境要为育儿提供友好的环境，作为父母本身，更要有高度的行动自觉参与到孩子成长过程中。

【参考文献】

[1] 任泽平，熊柴，周哲. 中国生育报告2019 [J]. 发展研究，2019 (6)：20–40.

[2] 华怡佼. 我国"二孩政策"下0~3岁儿童公共托育服务供给体系研究——以上海为例 [D]. 上海：上海师范大学，2018：17–20.

[3] 郭戈. "丧偶式育儿"话语中的母职困境与性别焦虑 [J]. 北京社会科学，2019 (10)：117–128

[4] 李慧英. 论社会性别理论的核心观点 [J]. 山东女子学院学报，2015 (2).

[5] 吴帆，牛劭君. 儿童照料背后的逻辑与博弈——三个理论视阈的诠释 [J]. 山东社会科学，2019 (10)：79–86.

[6] 石慧. 江苏省农村父亲育儿参与现状的调查研究 [D]. 上海：华东师范大学，2012：23–50.

[7] 钟阿敏. 家庭教育中的父职参与状况研究 [D]. 南昌：江西师范大学，2015：33–67.

[8] 刘中一. 角色虚化与实践固化：儿童照顾上的父职——一个基于个体生命经验的考察 [J]. 人文杂志，2019，274 (2)：111–117.

[9] 徐安琪，张亮. 父职参与对男性自身成长的积极效应——上海的经验研究 [J]. 社会科学研究，2009 (3)：123–129.

[10] 陶艳兰. 塑造理想母亲：变迁社会中育儿知识的建构 [J]. 妇女研究论丛，2016 (5)：25–37.

[11] 张融融. 现代母职的重构——来自一个社区的田野调查 [D]. 北京：中共中央党校，2018：39–49.

[12] 向盼盼. 凯特·米利特的《性政治》研究 [D]. 武汉：华中师范大学，2016：16–21.

[13] 许诺. 盖尔·卢宾的女性主义——关于《女人交易：性的"政治经济学"初探》[J]. 南方文坛，2009 (2)：24–28.

[14] 杨可. 母职的经纪人化——教育市场化背景下的母职变迁 [J]. 妇女研究论丛，2018 (2)：79–90.

● 社会工作参与巩固脱贫攻坚成果与乡村振兴有效衔接实践研究*

胡　晓

（贵州大学　公共管理学院　贵州　贵阳　550025）

摘　要：2021年2月25日，中共中央总书记、国家主席、中央军委主席习近平向全国脱贫攻坚楷模荣誉称号获得者等颁奖并发表重要讲话，按现行标准下9899万农村贫困人口全部脱贫，832个贫困县全部摘帽，12.8万个贫困村全部出列，区域性整体贫困得到解决，完成了消除绝对贫困的艰巨任务。中国脱贫攻坚实践的伟大胜利，是实现全面建成小康社会，实现两个一百年奋斗目标的重要基石，也为全球减贫事业贡献了中国方案和中国智慧。发挥社会工作专业优势，通过向脱贫主体提供全面系统社会支持网络，激发实现人的全面发展的内生动力，巩固脱贫成效并使其有能力投入乡村振兴建设中，成为脱贫攻坚与乡村振兴衔接的重要纽带。

关键词：社会工作；脱贫攻坚；乡村振兴；有效衔接

正如习近平总书记在脱贫攻坚表彰大会上的讲话所强调的，脱贫摘帽不是终点，而是新生活、新奋斗的起点。贵州省最为全国脱贫攻坚任务最重的省之一，66个贫困县全部脱贫摘帽，923万贫困人口全部脱贫，易地扶贫搬迁192万人，彻底撕掉了绝对贫困的标签。2021年春节前夕，习近平总书记在视察贵州时对贵州提出"在新时代西部大开发上闯新路，乡村振兴上开新局，在实施数字经济战略上抢新机，在生态文明建设上出新绩"的总要求。在解决发展不平衡不充分问题、缩小城乡区域发展差距、实现人的全面发展和全体人民共同富裕仍然任重道远。我们没有任何理由骄傲自满、松劲歇脚，必须乘势而上、再接再厉、接续奋斗，要切实做好巩固拓展脱贫攻坚成果同乡村振兴有效衔接各项工作。脱贫攻坚与乡村振兴的有效衔接就是缩小城乡差距、实现人的全面发展和全面建成小康社会的必然选择和最优方略。

根据《中共中央国务院关于全面推进乡村振兴加快农业农村现代化的意见》，贵阳贵安融合发展是以强省会战略为拉动平台，充分发挥两地融合的政策优势和资源优势

---

* 项目来源：贵州大学人文社会科学研究项目《社会工作在贵州省精准扶贫战略中的作用机制研究》，项目编号GDQN2016008。

作者简介：胡晓（1982—），女，贵州贵阳人，贵州大学公共管理学院讲师，研究方向为人口社会学。

以及人才优势，对贵阳市和贵安新区辖区内尤其以农村社区、农业人口和农村经济发展为重要载体，实现脱贫攻坚与乡村振兴的有效衔接，续写脱贫攻坚战略的伟大胜利。

一、脱贫攻坚与乡村振兴有效衔接何以可为？

（一）脱贫攻坚与乡村振兴在发展内涵上的协同性

自中华人民共和国成立以来，中国共产党就致力于改变贫困面貌，全面提升人民生活水平。党的十八大以来，以习近平同志为核心的党中央，将脱贫攻坚伟大实践作为中国共产党执政为民的重要举措，在最短的时间内实现了最大规模的减贫治理样本，创造了全球反贫困事业的中国奇迹，为国际反贫困事业贡献了中国智慧。2021 年 2 月 25 日，中共中央总书记、国家主席、中央军委主席习近平向全国脱贫攻坚楷模荣誉称号获得者等颁奖并发表重要讲话。习近平强调，经过全党全国各族人民共同努力，在迎来中国共产党成立一百周年的重要时刻，我国脱贫攻坚战取得了全面胜利，现行标准下 9899 万农村贫困人口全部脱贫，832 个贫困县全部摘帽，12.8 万个贫困村全部出列，区域性整体贫困得到解决，完成了消除绝对贫困的艰巨任务，创造了又一个彪炳史册的人间奇迹！这是中国人民的伟大光荣，是中国共产党的伟大光荣，是中华民族的伟大光荣。

（二）脱贫攻坚与乡村振兴在运行机制上的一致性

反贫困治理所取得的伟大成就其前提和基础就是坚持中国共产党的领导，只有通过全党全社会共同参与在最大限度上调动社会资源，才能在最短时间内实现如此大规模的人口脱贫。实践证明坚持党对各项事业的全面领导，是脱贫攻坚取得胜利的制胜法宝，集中力量办大事是社会制度优势的集中体现，是我们“四个自信”的实践源泉。脱贫攻坚就是通过从中央到地方的扶贫管理体制、五级书记一起抓的领导负责制和全党全社会广泛参与的帮扶责任体制集中体现了党的组织领导能力、深刻践行了党全心全意为人民服务的宗旨。乡村振兴与脱贫攻坚在运行机制上具有高度协同性，乡村振兴是实现农村各项事业全面升级最有效的现实路径，与脱贫攻坚的减贫目标一脉相承，都是要实现人的全面发展、实现共同富裕的目标。乡村振兴就是要沿着脱贫攻坚取得伟大成绩继续前进，一是坚持党的领导，完善中央统筹、省负总责、市县落实的组织体系，五级书记一起抓的联动机制；二是锐意进取改革创新，打赢脱贫攻坚战是中国特色社会主义进入新时代，以习近平同志为核心的党中央为消除绝对贫困、确保全面建成小康社会而做出的重大决策部署，围绕这一决策部署，全党全社会广泛动员，在脱贫攻坚战场上发掘了中国特色反贫困理论、精准扶贫工作机制、易地扶贫搬迁等具体做法，走出了一条中国特色的减贫道路，为全球的反贫困治理贡献了中国方案；三是发挥社会主义集中力量办大事的制度优势，充分调动社会资源，在一定时期内实现乡村各项事业的蓬勃发展。

（三）脱贫攻坚与乡村振兴在奋斗目标上的统一性

脱贫攻坚就是要改变贫困面貌，使城乡居民共享改革开放的成果，最终实现共同富裕。我们立足我国国情，把握减贫规律，出台一系列完善的政策举措，构建了一整套行之有效的政策体系、工作体系、制度体系，走出了一条中国特色减贫道路，形成了中国特色反贫困理论——坚持党的领导，为脱贫攻坚提供坚强政治和组织保证；坚持以人民为中心的发展思想，坚定不移走共同富裕道路；坚持发挥我国社会主义制度能够集中力量办大事的政治优势，形成脱贫攻坚的共同意志、共同行动；坚持精准扶贫方略，用发展的办法消除贫困根源；坚持调动广大贫困群众积极性、主动性、创造性，激发脱贫内生动力；坚持弘扬和衷共济、团结互助美德，营造全社会扶危济困的浓厚氛围。这些重要经验和认识，是我国脱贫攻坚的理论结晶，是马克思主义反贫困理论中国化最新成果也是社会主义本质的体现。脱贫攻坚是全面建成小康社会的底线要求，而乡村振兴就是在解决温饱的基础上实现更高质量的“共富”。

二、社会工作参与脱贫攻坚与乡村振兴有效衔接意义重大

按照“产业兴旺，乡风文明，生态宜居，治理有效，生活富裕”的乡村振兴建设总要求，让脱贫攻坚和乡村振兴有效衔接、协同发展、并驾齐驱，在实际工作中相辅相成。

（一）链接资源、巩固发展

社会工作的参与有利于链接和延续脱贫攻坚政策红利，进一步促进巩固脱贫攻坚成果，建立长效反贫困机制，防止返贫。脱贫攻坚通过精准扶贫工作机制，用“精工细作”的工作方法帮助困难群众战胜困难彻底摆脱了绝对贫困的束缚，解决了人的基本需要问题，夯实了全面建成小康社会、实现中华民族伟大复兴的基础。而乡村振兴与脱贫攻坚是在实现共富这个共同目标引领之下，通过延续脱贫攻坚中的组织优势、政策红利、产业红利、人才红利和资源红利，建立和完善政策体系和监督机制，实现从基础性要求到更高发展标准的转变，从根本上说就是“扶上马走得稳”。社会工作的专业使命是助人自助，其实现路径就是成为社会资源有效链接。通过社会工作以人为本的工作理念，通过对脱贫群体的增能以激发其内生发展动力和能力，充分利用乡村振兴中对脱贫攻坚政策红利的延续，以精准帮扶为基础的脱贫长效机制确保困难群众不返贫、易地扶贫搬迁安置社区群众稳得住、农业从业人口大发展的新局面。

（二）社会工作有利于农村产业升级、实现产业发展与农村社会建设的深度融合

巩固脱贫攻坚成果与推动乡村振兴有效衔接最深刻的内核是促进农业稳定发展和

农民增收。2021年是“十四五”规划开局之年，“三农”工作重心要实现从脱贫攻坚向全面推进乡村振兴历史性转移，中央农村工作会议的核心也正是全面推进乡村振兴加快农业农村现代化。脱贫攻坚取得的成果就是以经济发展带动各项社会事业的发展，就是要在发展中实现基层社会的稳定。通过农业产业升级、乡村数字经济发展、农产品规模化生产、农民合作组织带动，促进农村基础设施建设、壮大村集体经济、务工人员回流乡村建设，彻底改善农村土地撂荒、空心村寨、留守儿童等因素所导致的基层社会治理难题。截至2020年9月，淘宝直播场次已超过183万场，农村网络零售额增长到了1.79万亿元[1]。

利用数字化平台来带动农村消费和零售额增长，是数字乡村建设的主要接口。电商网络和销售平台对农产品从生产到价格和销售渠道的推进，使提振经济增长的同时还带来了人才回流、设施完善、乡风文明等社会领域的发展。乡村振兴的内核是乡村的振兴，最终要实现人的全面发展，通过发挥社会工作中社区工作方法的优势，以加强基层党建为依托，利用社区中的经济社会及自然资源，强化社区治理功能，解决社区问题，促进社区政治、经济、文化、环境协调和健康发展，不断提高社区成员的生活水平和生活质量，实现百姓富、生态美、产业兴的乡村生活新面貌。

（三）社会工作助人自助的专业使命有利于乡村内部培养与外部引进相结合的乡村人才培养机制

乡村要振兴，人才是保障。乡村人才的流失主要有两个方面的原因：一是农产品价格走低销售成本高企所导致的劳动报酬下滑；二是城乡之间的推拉作用所导致的人才流失。乡村振兴需要大量各领域人才作为支撑，振兴的乡村才能留住人才、培养出真正热爱乡村建设乡村的真人才，二者相辅相成。社会工作助人自助的专业使命是通过“增能”而激发主体内生动力，从而能通过自身力量摆脱困境。增能已成为彻底改变困境的最根本方式。乡村振兴既要通过扩大对乡村人才的狭隘认知，将专业研究人才、种植能手、基层治理中的积极分子纳入广义的乡村人才范畴中，形成专业技能人才支撑农业转型升级、数字经济崛起、规模化集约化发展，也能通过以社会工作为抓手，以项目平台为依托培养乡村专门人才、鼓励种植能手在新型农业生产大升级中持续发力，社会治理中的积极分子夯实基层社会治理基础的立体人才使用机制。通过完善政策体系中的激励机制，留住乡村农业生产和乡村治理人才、吸引城镇各行业人才投身乡村振兴、建立和完善人才稳定机制，聚全社会之力促进农村社会建设向纵深发展。

[1] 资料来源：CNNIC发布的《中国互联网络发展状况统计报告》。

三、结语

脱贫攻坚与乡村振兴无论是在内涵还是运行机制以及奋斗目标上都具有高度统一性与协调性。乡村振兴战略无论是深度、广度和难度并不亚于脱贫攻坚，国家乡村振兴局的建立就是在顶层设计上的创新和规划，在党的领导下，以更有力的举措、汇聚全党全国人民的强大力量来推进乡村振兴战略。喜迎建党一百周年的历史时刻，在脱贫攻坚取得全面胜利、迈上新生活、新起点的关键期，以社会科学视野研究巩固脱贫攻坚成果与乡村振兴的有效衔接意义重大。

社会工作的专业使命是助人自助，实现社会的公平与正义，而巩固脱贫攻坚成果与乡村振兴的有效衔接，是缩小城乡差距、实现人的全面发展和全面建成小康社会的必然选择和最优方略。社会工作对巩固脱贫攻坚成果与乡村振兴的有效衔接之间有着高度的契合性。社会工作成为乡村振兴中社会资源的链接者，有利于巩固和延续脱贫攻坚中的政策红利，“摘帽不摘帮扶”，巩固脱贫成效；社会工作的社区工作方法与技巧，通过政策宣传、文化倡导等，弘扬社会主义核心价值观，营造勤劳致富、勇于创新的精神力量和文化氛，为乡村振兴创造人文力量；社会工作重视实践，以人为本的价值理念、增能的工作方法有利于全面发掘乡村人才，尤其是深入发掘农业生产能手和乡村治理积极分子，助力乡村振兴中人才的培养进而实现人的全面发展。

【参考文献】

[1] 向德平 . 社会工作减贫与决胜全面建成小康社会［J］. 社会工作，2020（6）.

[2] 向德平，罗珍珍 . 反贫困社会工作的发展——专业取向、价值意蕴与实践进路［J］. 社会工作，2020（6）：4-13.

[3] 何明，方坤 . 组织再造与文化接续——后脱贫时代社会工作介入民族地区乡村振兴的实现路径研究——以广西上林县壮族 F 村为例［J］. 贵州民族研究，2020（11）：83-92.

[4] 王思斌 . 社会工作要参与相对贫困治理［J］. 中国社会工作，2020（28）：45.

[5] 任文启 . 情境脱嵌、现实张力与实践更新——社会工作参与精准扶贫的个案观察［J］. 社会治理，2020（9）：54-64.

● 黔中民族乡（镇）留守老人生活质量问题研究

——以高坡苗族乡为例

李绍练
（贵州大学　公共管理学院　贵州　贵阳　550025；
贵州大学　人口·社会·法制研究中心　贵州　贵阳　550025）

摘　要：随着我国经济发展迅速及城市化、城镇化的加快，农村劳动力向城市不断转移，农村留守老人越来越多，相关社会问题也不断出现。诸如，农村留守老人养老问题、生活质量问题、精神生活匮乏问题等。而这些问题的高度重视和努力解决事关农村社会稳定、社会和谐、代际公平及乡村振兴之大局，需要从学术的角度进行必要的调查以了其状况，知其因由，助以对策，有鉴于此，本研究以花溪区高坡苗族乡为调查点，就高坡乡留守老人生活质量问题进行调查分析，以展示问题之一斑，究问题解决之策。

关键词：黔中；苗族；高坡乡；留守老人；生活

一、绪论

（一）选题背景

随着城镇化、工业化、现代化进程的加快，导致农村剩余劳动力向城镇转移就业，农村留守老人成为一个普遍现象。据中国政府网公开数据，1978 年年末，我国城镇常住人口仅有 1.7 亿人，常住人口城镇化率仅为 17.92%，到 2017 年年末，城镇常住人口已经达到 8.1 亿人，常住人口城镇化率达到 58.52%，比 1978 年年末提高 40.6 个百分点，年均提高 1.04 个百分点[2]。2017 年 4 月 4 日，贵州省人民政府新闻网公开《贵州省“十三五”人口发展规划》（以下简称《规划》），《规划》中提到我省到 2020 年，全省常住人口城镇化率达到 50% 以上；2015 年省内流动人口达 513.1 万人，2020 年增加至

作者简介：李绍练（1993—），女，汉族，贵州瓮安人，贵州大学公共管理学院 2016 级人口学硕士研究生，贵州大学人口·社会·法制研究中心特聘研究实习员。研究方向为人口社会学。

[2] 国家统计局.城镇化水平显著提高城市面貌焕然一新——改革开放40年经济社会发展成就系列报告之十一［EB/OL］.（2018-09-10）［2018-11-12］. http：//www.stats.gov.cn/ztjc/ztfx/ggkf40n/201809/t20180910_1621837.html.

641.1 万人，年均增加 25.6 万人[1]。数据表明，城镇化发展越来越迅速，大量农村劳动力向城镇"进军"，农村留守老人问题依然亟待解决。

（二）选题目的及意义

随着老龄化"热潮"的到来，留守老人问题越发受到社会各个层面的关注。本研究将以贵阳市花溪区高坡苗族乡留守老人为研究对象，通过对高坡乡 129 位留守老人发放问卷调查和对 12 位典型留守老人进行深度访谈，从留守老人自身的视角来看待留守老人生活质量的积极面和消极面，了解留守老人生活质量的基本情况，挖掘留守老人生存中遇到的难题，探寻留守老人在留守生活中的内心感受，找出影响留守老人生活质量的真正原因。从而便于社会及当地政府能从各个方面实时地增加民生福祉，坚持在发展中保障和改善民生，提高其人民生活水平，改善其人民生活质量，使人民获得幸福感、安全感，带领人民创造更美好的生活[2]。

（三）相关概念

1. 留守老人

2018 年 2 月 24 日，国家印发的《关于加强农村留守老年人关爱服务工作的意见》中，指出农村留守老年人是指那些子女长期离开户籍所在地，在外务工或者经商，身边没有赡养人，或者赡养人没有赡养能力的老年人。

2. 生活质量

1958 年，美国经济学家加尔布雷思（J.K.Galbraith）在 *The Affluent Society* 一书中揭示了美国居民相对较高的生活水平，与相对落后的居民精神需求之间的矛盾，并首次提出生活质量这一概念[3]。然而生活质量是一个复杂、多领域、多角度的概念，不同的领域和不同的角度对生活质量的界定有所不同，所以至今还没有一个公认的定义。

从经济学领域来看，周栋认为生活质量强调国民合理分配资源以满足需求，从而产生效用或满足的过程[4]。经济学家后以宁把生活质量具体化为自然和社会两个方面，其中自然指生活环境的美化，社会方面主要指文化、教育、卫生、交通、生活服务状况等[5]。从社会心理学角度来看，生活质量强调从人的主观感受出发，从感觉来体验人们的需求同幸福之间的密切关系。孙鹃娟认为生活质量与人的生理、心理状态、社会

[1] 贵阳晚报 . 贵州省"十三五"人口发展规划出台实施［EB/OL］.（2017-04-04）［2017-10-12］. http：//www.guizhou.gov.cn/xwzx/gzxw/201704/t20170404_716174.html.

[2] 习近平 . 决胜全面建成小康社会夺取新时代中国特色社会主义伟大胜利［EB/OL］.（2017-10-27）［2018-12-11］. http：//www.xinhuanet.com/2017-10/27/c_1121867529.htm.

[3] 约翰·肯尼思·加尔布雷思 . 富裕社会［M］. 赵勇，周定瑛，舒小昀，译 . 南京：江苏人民出版社，2009.

[4] 罗栋 . 中国城乡居民生活质量统计研究［M］. 北京：经济管理出版社，2012：16.

[5] 厉以宁 . 社会主义政治经济学［M］. 北京：商务印书馆，1986：523.

关系、个人信仰和环境有着显著的相关性[1]。

从研究生活质量的角度差异来分，生活质量可以分为三类：第一类是从影响人们物质生活和精神生活的客观条件来理解生活质量，也就是说该生活质量不仅可以反映国民生活水平，还可以反映社会发展程度。冯立天认为人们把物质生活的改善看作提高生活质量的主攻领域，因而更倾向于研究客观生活质量[2]。第二类是从主观感受来评价生活质量，主要是指人们对总体生活水平和各种客观存在的生活状态进行的主观的感受评价，主要通过建立主观生活质量指标来衡量[3]。第三类是将主观与客观结合起来，生活质量既要反映客观的外在条件也要反映主观的自身感受和认知，将主观与客观结合起来更能面面俱到反映生活质量的各个侧面，二者应相辅相成。

本研究从研究对象、研究内容、研究主题来看，所涉及的生活质量将是主观生活感受和客观生活条件的相互结合。在对老年人口生活质量的概念界定上，最具有代表性的观点是：刘渝琳认为生活质量至少包括六个方面的内容：物质生活、精神文化生活、生命质量、自身素质、生活环境、享有权利，其中身体素质、物质生活、精神文化生活是生活质量的前提和必要[4]。这也正是本研究所采用的生活质量概念。

（四）研究设计

1. 研究对象

本研究以高坡苗族乡 19 个村寨：石门村、大洪村、扰绕村、新安村、高坡村、街上村、摆龙村、平寨村、云顶村、水塘村、杉坪村、批林村、五寨村、掌已村、高寨村、甲定村、克里村、硐口村、龙云村为调查地点。在挑选村落时，采用非随机抽样及结合当地实际情况来确定调查地点。在挑选对象上，采用滚雪球抽样，在一个村中先选择一个或一组调查对象，访问完这些对象后，再请他们提供另外一些属于相同情况的对象，依据所提供的线索继续选择此后的调查对象，形成滚雪球的效果来走访留守老人，完成面对面逐个翻译填答问卷 111 份。除此之外，为能更深入地了解留守老人的具体实际生活状况，选取 12 名具有典型性代表的留守老人作为深入访谈对象进行访谈。

2. 研究方法

文献研究：充分阅读文献资料、书籍资料，来梳理过往学者对留守老人的研究。在已有文献和数据资料的基础上，初步构建本论文的理论框架。

调查法：本研究通过走访发放生活质量问卷，问卷包含生活质量的四个维度（生活照料、经济供养、健康状况、精神慰藉）共 36 个问题，采取逐个翻译、逐个问答来填写问卷。另外通过面对面的深入访谈对典型性的留守老人依次提出问题并记录下回

---

1. 孙鹃娟．中国老年人生活质量研究［M］．北京：知识产权出版社，2007：134.
2. 冯立天．中国人口生活质量研究小康生活质量目标的进程与省际比较［J］．人口与经济，1995（6）：4.
3. 罗栋．中国城乡居民生活质量统计研究［M］．北京：经济管理出版社，2012：15.
4. 刘渝琳．养老质量测评——中国老年人口生活质量评价与保障制度［M］．北京：商务印书馆，2007：45.

答结果。访谈内容包括：访谈对象基本情况、居住条件满意度、经济收入满意度、子女经济供养情况、与子女交流频率情况、子女孝顺情况、身体疾病情况等。除此之外，还走访当地政府，尽可能收集高坡乡农村留守老人的相关数据资料。

3. 研究框架

本研究首先通过梳理文献整理出研究思路，其次结合问卷调查与深入访谈等调查法探讨高坡乡留守老人生活状态，最后结合研究思路及理论运用对高坡乡留守老人生活状态进行分析，探寻高坡乡留守老人生活所面临的困境，在问题的基础上提出进一步改善留守老人生活质量的对策建议（见图 1）。

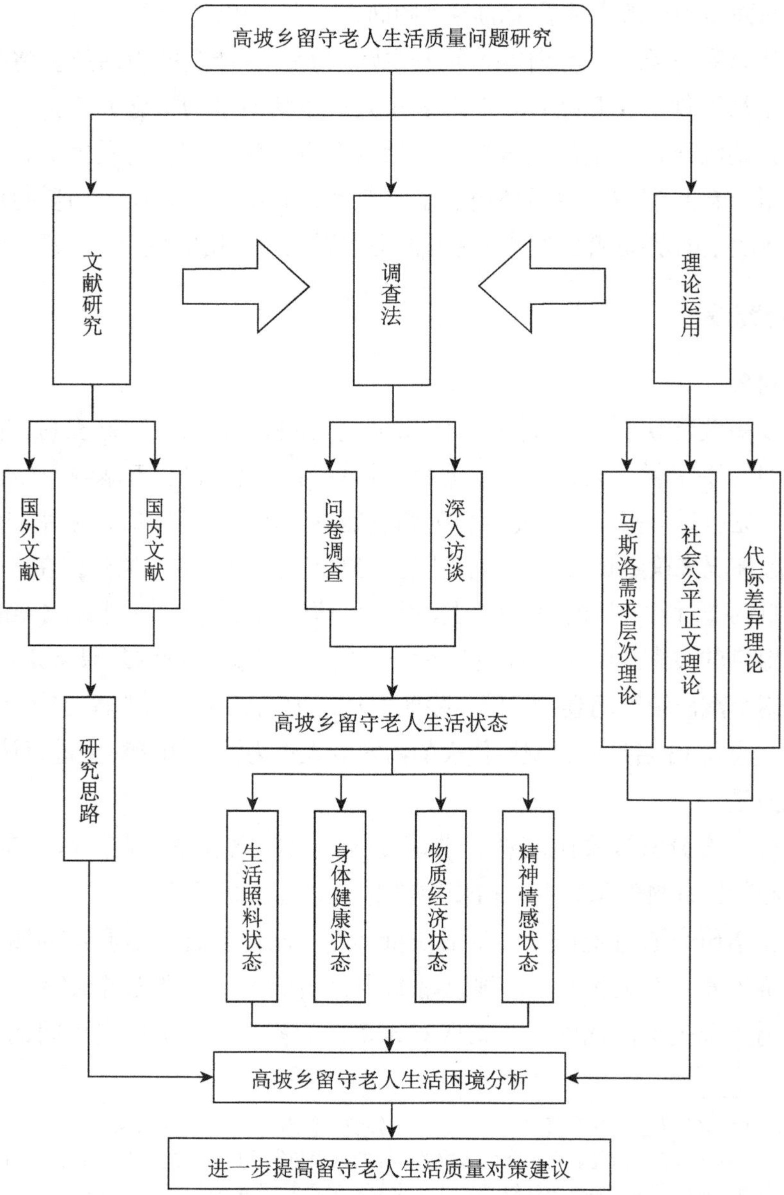

图 1　研究框架

二、研究现状

（一）国外研究情况

1. 关于留守老人的研究

纵观研究文献，我国学者对留守老人在年龄、户籍所在地、子女外出务工时间等方面有明确的说明和界定。但是国外对于留守老人的研究并没有区分其子女是国内迁移还是国际迁移，统一把户籍留在原地的老人统称为“left-behind”，即子女不在身边户籍留在原地的老人❶。在国外，由于发达国家的老年人社会福利制度较完善，格外重视老年人的身心健康和生活质量，因此，对于留守老人主要集中在老人身心健康发展和加强老人社会生活保障两个方面。而对于发展中和不发达国家来说，由于农村劳动力的乡村迁移和跨国迁移对留守老人的现状和需求产生一定的影响，所以关于留守老人的研究主要围绕经济供养、生活照料、精神慰藉几个方面。

第一，经济供养方面。这里的经济供养主要指子女对留守老人的经济支持。留守老人经济上能否受益于子女的外出，与每个国家和地区的社会政策、经济状况、劳动力迁移特征和地方文化等有直接关系❷。Francesca Alice Vianello 认为跨国家庭是留守老年人的主要福利提供者，但是针对老年人的具体政策的制定这方面却严重滞后。

第二，生活照料方面。留守老人实际受到的生活照料会受到多方面的影响，如：居住距离、家庭结构、子女经济收入、老人经济收入等因素。FRANCISCA M. ANTMAN（2010）通过调查子女迁移状况与父母生活状况之间的关系，认为移民会使家庭的其他成员从中受益，比如父母，但是当移民子女年龄大到足以建立独立家庭的时候。由于子女迁移会中断对年迈父母的照顾，而且没有其他类似办法替代这种照顾，因此子女外出影响到了家庭成员提供照料的能力。Stoehr，Tobias（2015）认为连锁迁移效应会导致传统的照料结构崩溃，但相反的专业化效应会增加家庭成员留在家里的动机，并在他们的兄弟姐妹迁移时为留守老人提供照料，这一研究结果针对留守人口的政策具有重要意义。

第三，精神慰藉方面。国外对留守老人精神慰藉的研究主要集中在老人的心理状态和精神需求上。Song Qian 发现子女移民与老年人抑郁症状的增加有显著相关性，若农民工子女全部生活在省外，会导致留守老人处于负面精神状况。Vanore Michaella，Siegel Melissa et al 认为摩尔多瓦和格鲁吉亚的成年子女迁徙会对老人个体造成负面影响，认为没有子女陪伴的老人比有子女陪伴的老人幸福度更差。也就是说，家庭社会支持在代际关系与老人心理健康之间发挥着中介作用。

---

❶ 高娜 . 中国农村留守老人问题研究综述［J］. 农村经济与科技，2011（5）：113.

❷ 贺聪志，叶敬忠 . 农村留守老人研究综述［J］. 中国农业大学学报（社会科学版），2009（2）：25.

2. 关于老年人口生活质量的研究

在生活质量研究方面，国外起步较早，回顾国外对“老年人口生活质量”的研究，大致可以分为三个阶段：20 世纪 50 年代的起始阶段；20 世纪 90 年代的发展阶段；21 世纪后的深化及创新阶段。

20 世纪 50 年代时期，国外对老年人口生活质量的研究并不是先从主体开始的，而是先从“生活质量”的概念为起始的。美国著名心理学家马斯洛（A.H.Maslow）从满足需求的角度把人类需求分为五个层次，认为“生活质量”的最高境界是人的全面发展，这可以说是对人口生活质量的较为深层次的论述。

20 世纪 90 年代，随着研究的深入，弗朗索瓦佩鲁、依安、米勒斯等学者提出“以人为中心”的发展即发展的首要目标是提高人民生活质量。为此，人们开始关注生活质量的应用研究，将研究重点转向测量和评估生活质量的指标体系上，同时开始重视对老年人口生活质量的研究。罗伯特·L. 克拉克和约瑟夫·J. 斯彭格勒所著的《个人和人口老龄化经济学》一书中探讨了人口老龄化对其社会经济和老年人口生活的影响，这对往后老年人口的研究有了较大的启示和贡献。詹姆斯·H. 舒尔茨（James H.Schulz）出版的《老龄化经济学》研究了老年人口的特征及面临的现实问题，对老年人口生活质量的具体内容做了重要的贡献。

进入 21 世纪以后，国外学者对老年人口生活质量的研究主要与健康、生活、幸福、护理、养老、福利、收入等概念相关。Mugomeri、Eltony 等通过对南部非洲国家莱索托老年人口生活质量进行研究，发现老人对生活质量的环境和物理领域最不满意，老年人的总体生活质量主要受婚姻状况、教育程度、住房类型、收入来源和收入满意度的影响。国外学者对于老年人口生活质量的研究还在不断深化和创新，这将对国际老龄化背景下的老年服务实践和老龄化政策设计提供新的启示。

（二）国内研究现状

1. 关于留守老人的研究

留守老人是我国社会发展进程中产生的一类特殊群体，其数量庞大，年龄结构老化，社会认同感低下，生活水平较低等一系列问题日益凸显。研究和解决农村留守老人问题，不仅有助于改善老人的晚年生活状况，而且对我国应对老年化问题与构建和谐社会具有重要意义[1]。

第一，产生农村留守老人的原因研究。从已有文献来看，大部分学者主要从国家社会发展背景、社会经济体制等视角来研究为何农村产生大量的留守老人。芦明辉从两点来看待产生留守老人的原因：一是我国处于社会转型期，随着城市化和工业化进程的加快，导致大量农村青年劳动力向城市转移就业来养家糊口，而流入城市的劳动

[1] 刘巧，方素，刘旭蓉，李红屏，刘爱敏．滇、渝两地农村留守老人生存质量现状及影响因素分析［J］．齐鲁护理杂志，2017（5）：16.

力由于工作、经济、时间等原因不能自由的往返城乡间，因此无法时时刻刻兼顾农村的家庭成员，从而造成留守老人产生。二是城乡二元经济结构体制的存在，致使农村转移劳动力者及家人不能享受城市居民的医疗、教育、社会保障等服务体系，以至于这些转移劳动力者不能迁家入户至城市，从而造成农村存在着大量的“无子女”家庭。马春兰认为老龄化是产生农村留守老人的必然原因，再者由于家庭互助形式日渐退出，而以社区为主体的互助形式又不够健全，农村老人的经济、生活、精神的救助还难以得到满足，这也是农村产生留守老人的重要原因之一。

第二，农村留守老人生存状况研究。对农村留守老人生存状况的研究有囊括生活各个方面来论述的，也有就某一个特定方面进行深入研究的，有以某一个地区为例的也有以全部农村留守老人为对象研究的[1]。对农村留守老人生存状况主要从生活照料、经济供养、精神情感等方面来研究。

首先，从生活照料方面研究来看，学者们一致认为，子女外出务工会给留守老人带来负面影响。雷敏发现留守老人主要受配偶和未外出子女及家人的照顾，而附近亲戚朋友、邻居、村委会和政府照料只占少数。杨书胜，陈国庆指出留守老人生活自理能力较弱，一般和配偶居住，日常生活照料以配偶照料为主。王艺璇，何云峰等指出留守老人生病时希望能及时得到子女的照料。

其次，从经济供养方面研究来看，经济供养是影响留守老人生活质量的一个重要方面，大部分学者认为子女在经济上支持老人对改善留守老人生活起到积极作用。实际上，由于长期的居住分隔，子女对老人的经济供养有限，甚至有的子女对赡养父母的责任感在不断降低，老人反过来还要负担人情来往、孙辈教育等的经济支出。肖菲，张敏认为经济状况不仅决定了留守老人的物质生活质量，还影响了老人的精神状态。万红莲，陈代研指出老人还要反过来负担孙辈们的经济供养。孙玉梅通过调查发现，外出务工的部分子女由于不孝顺，会弃父母于不顾导致老人经济来源单一。刘硕指出留守老人经济供养困难主要是因为计划生育导致经济供养资源减少、家庭功能弱化导致经济供养缩小、子女外出务工颠覆了老人话语权导致家庭经济供养功能弱化、老人文化程度低不知如何维护自己的经济保障权益。

最后，从精神情感方面研究来看，需求是人们在一定的情境下，对客观事物产生缺乏从而要求得到满足的一种社会心理反应，精神需求是人的需求的重要方面[2]。陈小萍，赵正指出亲子支持将会影响留守老人的主观幸福感，留守老人接收到子女的情感关心较少，就会导致主观幸福感水平显著较低。谢其利，宛蓉认为人格特质、自尊会对留守老人孤独感产生影响，高文化程度的老年人比较受人尊重，其孤独感低下，低外倾的人格除影响孤独感外还会影响人际交往。张志花认为留守老人的孤独感程度与

[1] 高娜．中国农村留守老人问题研究综述［J］．农村经济与科技，2011（5）：114.

[2] 杜卫萍．农村留守老人精神慰藉的社会工作介入研究［D］．陕西：西北农林科技大学，2017：6.

性别、文化程度、年龄、健康状况、子女沟通频率有关。

第三，农村留守老人养老问题研究。从已有文献研究可知，对留守老人养老问题的研究大致可以归纳为三点：一是探析造成养老困难的原因并以此提出对策的研究。二是探讨了留守老人养老模式及养老服务现状，以期找到最适合留守老人养老的路径来提高养老质量的研究。三是基于各种视角下的养老问题研究，如劳动力转移、城镇化背景、老龄化热潮、社会工作介入、福利多元等视角。现有研究从微观层面较为全面系统地分析了留守老人养老的困境、原因并提出了解决方案，还对养老模式及服务进行多元研究，除此之外还引入新的研究角度。

第四，民族地区农村留守老人研究。我们所说的“少数民族地区农村留守老人”，是指随着社会的发展，城市改革的步伐日益加快，大量的少数民族青壮年农民进城务工，子女和老人在迁移时间上的不同步，以及相当一部分老人对原居住地的留恋，养老载体和对象在时空上发生了巨大变化，跨省流动越来越多、离家时间越来越长，导致越来越多的农村留守老人[1]。谭静，姚玉娇对永顺县西岐乡西岐村土家族留守老人进行详细调查，发现老人经济来源单一、收入不稳定且有限，社会保障体系对老人的覆盖率低，经济是影响老人精神生活和生活质量的主要原因。邓琼生发现苗族社区的留守老人在生活照料、经济供养和精神慰藉等方面所获得的社会支持都不足以满足老人的养老需求。从研究来看，对少数民族农村留守老人的研究主要在养老需求、社会支持、生活状况三个方面。

第五，解决农村留守老人对策研究。针对目前留守老人所面临的问题，一些学者从以下几个方面提出对策和建议：一是制度层面的创新和完善，倡导加快各种社会制度保障完善，增加医疗投入，完善农村社区养老服务建设，使得留守老人各项社会权益得以保障。二是文化层面的举措，通过发展农村社区的娱乐活动，丰富老年人的精神文化生活[2]。李淑霞认为解决留守老人生活困境要从政府、社会给予老人支持和关爱、家庭要多关怀老人。三是建议留守老人充分认识自我，适当转变传统家庭养老观念，同时提出社会及政府应给予留守老人更多的社会支持，并倡导子女重塑孝文化。

2. 关于老年人口生活质量的研究

我国对生活质量的研究始于 20 世纪 80 年代，纵观国内学者的研究，无论是在理论上还是方法上都积累了不少成果，这为后来的研究留下了许多可借鉴的思想。我国正式对生活质量的研究起步较晚，在 20 世纪 90 年代，著名学者林南、卢汉龙、卢淑华、叶南客等对生活质量指标体系进行了研究。

1922 年，国家统计局正式提出小康生活质量量化的标准，从宏观经济发展水平、消除贫困、消费结构、教育和健康等方面对国民的小康生活质量进行评价，这标志着我

[1] 吴安明，吴安贵 . 少数民族地区农村留守老人文化心态调查——以施秉县杨柳塘镇板屯村为例［EB/OL］.（2018-08-30）［2018-11-12］. http：//www.chinamzw.com/WebArticle/ShowContent?ID=4239.

[2] 贺聪志，叶敬忠 . 农村留守老人研究综述［J］. 中国农业大学学报（社会科学版），2009（2）：31.

国对生活质量的研究取得突破性的进展❶。而真正把老年人口生活质量进行专门研究，是从20世纪90年代开始的，这期间学者们通过建立指标体系对北京市老年人口进行生活状况研究。2000年至今，学术界对老年人口生活质量的研究，开始有了性别、地域、以某个特质等划分的不同群体，有分性别的男性老年人口、女性老年人口；分地域的农村老年人口、城市老年人口；以有无子女在身边为判定特质的留守老人、非留守老人。而对留守老人生活质量的研究，大多学者主要是通过对老人的生活照料、经济供养、健康状况、精神慰藉等几个维度的研究来体现留守老人的生活质量，学者叶敬忠在《静寞夕阳：中国农村留守老人》一书中进行了深入分析。

3. 研究述评

综上所述，国内外对留守老人的研究可知：一是子女外出务工将会对留守老人的生活照料、经济状况、健康状况、精神情感等均产生不利影响；二是留守老人来自子女的情感需求难以得到满足；三是国外发达国家对留守老人的研究主要集中在福利保障和心理健康方面，而国外发展中国家、不发达国家和国内对留守老人的研究内容具有相似性，主要从生活照料、经济供养、精神慰藉等方面来研究。四是子女外出务工直接或间接弱化了传统家庭的养老功能和支持功能。

从对老年人口生活质量的研究可知：一是国外对老年人口生活质量的研究有涉及护理、养老院、福利等相关内容，也就是说国外的福利制度和社会保障制度相对国内来说比较完善；二是国内对老年人口生活质量的研究，学者们对研究主体进行了不同类别划分；三是认为主客观标准日益融合研究、跨文化比较研究将成为重要的研究方向；四是人们对“生活质量”研究的宗旨不会变，即始终是为了实现人类全面自由的发展、实现生活的舒适和满足及对生活幸福的追求。

（三）相关理论基础

1. 马斯洛需求层次理论

马斯洛需求层次理论（Maslow's hierarchy of needs），是人本主义科学的理论之一，由美国心理学家亚伯拉罕·马斯洛（Abraham H. Maslow）出版的《人类激励理论》一书中提出来。他认为人的基本需求有五个层次，这五种需求像阶梯一样从低到高，依次为生理需求、安全需求、社交需求、尊重需求、自我实现。生理需求在尚未得到满足的时候会主宰机体，迫使所有能力为满足自己服务，在相对的满足平息了这些需要后，下一个层次的需要得以出现，成为优势需要，继而继续主宰机体❷。农村留守老人作为一个弱势群体在追求幸福上有各种各样的需求，本研究运用马斯洛的需求层次理论来研究和分析高坡乡农村留守老人在追求美好生活上这些需求是否得以满足，以及

❶ 罗栋．中国城乡居民生活质量统计研究［M］．北京：经济管理出版社，2012：27.

❷ 亚伯拉罕·马斯洛．动机与人格［M］．三版．许金声，等译．北京：中国人民大学出版社，2013：32.

存在什么问题。按理论逐级递升来分，留守老人基本需求主要有经济供养、健康状况、生活照料，当基本层次需求得以满足后就会渴望更高层次的心理需求、情感需求、尊重需求、自我实现需求。

2. 社会公平正义理论

公平正义是中华民族世世代代追求的价值理想，国家实现人民富强、民族振兴、人民幸福都与公平正义密不可分❶。马克思主义公平思想是建立在辩证唯物主义和历史唯物主义的世界观和方法论上的，理论的内容主要包括：社会制度思想、分配公平思想、权利平等思想等❷。马克思认为随着生产方式的转变，公平正义具有历史性、阶级性、相对性。

三、高坡乡人口老龄化现状

（一）高坡乡概况

1. 地理环境

高坡位于贵阳市东南郊的一个苗族乡镇。高坡乡政府所在地距花溪 31 千米，地理位置在北纬 26°11′~26°19′，东经 106°46′~106°53′，全乡平均海拔 1500 米，最高海拔 1712.1 米，位于贵阳市最高点，属典型的高寒山区❸。常年日均气温在 12.5~14℃，凌冻在 15~30 天，所以总给人寒凉、湿润、风大、雾多的印象，尤其是在春秋两季温差大。高坡地势北高南低，北为高山台地，南为峰峦洼地，高坡大抵由此得名。乡境内多为喀斯特岩溶地质，因而遍布溶洞怪石，属于独特的喀斯特山地概貌。

高坡面积 120 万平方千米，辖 19 个行政村，包括位于北方位的石门、扰挠、新安、高坡、街上、大洪 6 个村寨；南部的克里、甲定、掌己、高寨、五寨 5 个村；西部的杉坪、批林、硐口、龙云 4 个村，以及位于中部的摆龙、平寨、云顶、水塘 4 个村落。

2. 民族文化

从历史发展来看，高坡乡苗族具有深厚的历史渊源，从元代文献来看，《元史·本纪》载："至元二十九年，秋七月戊午，贵州猫蛮三千余人作乱，劫顺元路，入其城。遂攻阿牙寨，杀伤官吏，其众遂盛。"元时贵州即现在的贵阳市，在元代，高坡苗族及贵阳市附近苗族统一被称作"猫蛮"。明代文献中，《明史》英宗记载："天顺三年，夏四月，南和候方瑛克贵州苗。"此时，高坡苗族被称作"东苗"或"贵州苗"。在清代，因为服饰尚白，被称作"白苗"❹，道光《贵阳府志》中有对白苗的记载："白苗在府属

❶ 黄有璋．党的十八大以来社会公平正义理论与实践的新发展［J］．毛泽东邓小平理论研究，2016（12）：30.

❷ 刘云凤．近代以来西方公平思想在中国的传播及影响［D］．扬州：扬州大学，2017：56.

❸ 张旭．高坡苗族传统社会组织［D］．贵阳：贵州大学，2009：15.

❹ 严奇岩．贵州苗族"跳洞"的文化意蕴及功能［J］．西北民族大学学报（哲学社会科学版），2016（4）：130.

者居中曹司高坡、石板诸寨，在龙里者居东苗坡、上中下三牌、大小谷朗诸寨，在贵定者居摆成、摆布、甲佑诸寨。”府指的是贵阳府，该记载明确指出高坡苗族称为“高坡苗”。如今，高坡苗族多称“背牌苗”或“红毡苗”。截至2017年年底，高坡乡现有4847户，20 302人[1]。其中苗族占70.9%、布依族占3%、汉族占26%。地域居住上，高坡乡汉族主要居住在高坡场坝附近，交通要道周围；苗族大多傍山而居，对洞穴情有独钟[2]；布依族介于汉族与苗族之间，自立村寨聚族而居。

苗族作为高坡乡的主体民族，具有独有的特征，“黔”为贵州简称，故黔中指贵州省的中部地区，但如今的黔中已不再是一个完整的行政单元，现已分属于黔南、安顺、贵阳等地。据《苗族四月八》记载，历史上苗族是黔中地区最早的开拓者，但由于历史变迁苗族被迫向边缘地区转移，导致大聚居的格局被打破。在历史变迁的过程中，高坡民族乡也曾被分裂过和同化过，但是作为一个文化社区和行政单元，它却是相沿承袭的，它保存着苗族文化最深刻的奥秘。因此，高坡苗族乡，是一个比较完整的民族社区，也是较为典型的黔中苗族文化的代表。

（二）人口老龄化现状

1. 老龄化趋势

据高坡乡政府提供的数据资料，高坡乡2017年年末总户数4847户，户籍人口数为20 302人。其中，60周岁及以上老年人口占人口的14.15%，70周岁及以上老年人口占人口的6.29%，80周岁及以上老年人口占人口的1.61%。根据联合国标准，高坡乡60周岁及以上老年人口的比重已经超过10%，达到了14.15%，65周岁及以上老年人口的比重超过了7%，达到了7.9%。可见，高坡乡的人口结构已经属于老年型人口结构，且老年人口规模大，比重高。

2. 老龄人口分布

2017年年末，高坡乡19个村落中，60岁及以上老年人口占人口比重较大的村落有大洪村、高坡村、街上村、杉坪村、批林村、甲定村、龙云村、平寨村、摆龙村、云顶村。60岁及以上老年人口占人口比重超过1%的村落有6个村，分别为大洪村、高坡村、平寨村、杉坪村、五寨村、甲定村。老龄化程度较低的几个村落分别是扰绕村、新安村、水塘村、掌已村、高寨村（见表1）。

在村落分布上，高坡乡老年人口老龄化地域上并不是平均分布。从年龄结构分组上，高龄老年人口相对较少，主要为低龄老人和中龄老人。从老龄化预测角度上，10年后高坡乡的低龄和中龄老人将陆陆续续过渡为高龄老人。

---

[1] 参见《贵州省“四在农家·美丽乡村”小康寨行动计划升级版摸底表》，高坡乡人民政府提供，2018年9月1日。

[2] 严奇岩．贵州苗族“跳洞”的文化意蕴及功能［J］．西北民族大学学报（哲学社会科学版），2016（4）：129.

表 1　高坡乡老年人口分布情况

村名	60~69岁 / 人	70~79岁 / 人	80~89岁 / 人	90~99岁 / 人	100 岁及以上 / 人	合计 / 人	占总人口 /%
石门村	66	32	10	2	0	110	0.5
大洪村	114	80	12	2	0	208	1.0
扰绕村	35	22	4	0	0	61	0.3
新安村	48	33	11	1	0	93	0.4
高坡村	116	54	21	5	0	196	1.0
街上村	101	61	22	1	0	185	0.9
摆龙村	83	52	11	0	0	146	0.7
平寨村	128	62	22	2	0	214	1.0
云顶村	86	58	16	1	0	161	0.8
水塘村	41	15	10	1	0	67	0.3
杉坪村	96	76	17	2	0	191	1.0
批林村	67	48	16	2	0	133	0.7
五寨村	176	101	19	6	1	333	1.6
掌己村	42	27	5	0	0	74	0.4
高寨村	43	20	4	0	0	67	0.3
甲定村	110	62	22	1	0	195	1.0
克里村	58	30	13	0	0	101	0.5
硐口村	101	55	16	1	0	173	0.9
龙云村	85	62	18	1	0	166	0.8

资料来源：高坡乡人民政府提供。

四、高坡乡留守老人人口学特征与生活状态

（一）高坡乡留守老人人口学特征

本研究对黔中民族乡（镇）高坡苗族乡的留守老人进行生活质量问题调查，此次调查选取 111 名农村留守老人进行调查，一共发放问卷 111 份，共回收问卷 111 份，有效问卷 111 份，有效回收率 100%。当场采用逐个翻译逐个问答匿名填写问卷，并及时进行资料收回。高坡乡农村留守老人人口学特征包括年龄、性别、民族、文化程度、婚姻状况、居住方式等。

1. 年龄性别结构

（1）年龄结构。

表 2 中，从被调查留守老人年龄结构来看，样本年龄主要集中在 60~69 岁、70~79 岁两个年龄段，分别为 39 人与 52 人，占比分别为 35.1% 和 46.9%，两个年龄段总占比达到 82.0%，80 岁及以上老人有 20 人，占比为 18.0%。

表 2　留守老年龄结构

年龄	人数 / 人	百分比 /%
60~69 岁	39	35.1
70~79 岁	52	46.9
≥ 80 岁	20	18.0
合计	111	100.0

（2）性别结构。

表 3 中，在有效 111 个样本中，男性人数 52 人，女性人数 59 人，分别占 46.8% 和 53.2%。从样本性别比例来看，女性占比高于男性占比。

表 3　留守老人性别结构分布

性别	人数 / 人	百分比 /%
男	52	46.8
女	59	53.2
合计	111	100.0

2. 婚姻家庭结构

（1）婚姻状况。

表 4 中，被调查对象的婚姻状况情况，已婚达到 45.0%，其中男性占 18.9%，女性占 26.1%；丧偶达到 55.0%，其中男性占 27.9%，女性占 27.1%。从结果来看，高坡乡留守老人婚姻状况主要为已婚和丧偶，其中丧偶老人占一半以上，从已婚状况来看，女性留守老人婚姻状况好于男性留守老人。

表 4　留守老人婚姻状况

婚姻状况	男（52 人，46.8%）	女（59 人，53.2%）
已婚	18.9%	26.1%
离婚	0.0	0.0
丧偶	27.9%	27.1%
再婚	0.0	0.0

（2）家庭结构。

本研究中家庭人口数指的是具有直接关系和血缘以及居住生活在一起过的亲人。笔者在询问留守老人家庭人口数情况时，发现汉族、苗族、布依族对于家庭人口数的理解有差异，苗族对家庭人口数的划分是：认为嫁出去的女儿不再属于现有的家庭成员。因此本研究的家庭人口数统计结果是依据各个民族所定义划分出来的家庭人口成员。

家庭人口数情况：家有 3 个及以上子女的有 75 人，占 67.6%，占比最多；家有 1 个子女的有 13 人，占 11.7%，占比最少（见表 5）。

可见高坡乡留守老人家庭结构偏传统家庭中的主干家庭结构模式，即以父母为主干的一种家庭形式。

表 5　家庭人口、子女人数

家庭情况	选项	人数 / 人	百分比 /%
家庭人口情况	1~5 口	31	28.0
	6~10 口	65	58.6
	11 口人及以上	15	13.5
子女情况	1 个	13	11.7
	2 个	23	20.7
	3 个及以上	75	67.6

3. 民族与文化状况

（1）民族结构。

表 6 中，样本分布主要为苗族，苗族有 89 人，汉族 17 人，布依族 5 人，占比分别为 80.2%、15.3%、4.5%。

表 6　留守老人民族结构分布

民族	人数 / 人	百分比 /%
汉族	17	15.3
苗族	89	80.2
布依族	5	4.5

（2）文化程度。

表 7 中，没上过小学的达 60.4%，其中男性占 14.5%，女性占 45.9%；上过小学或者私塾的达 31.5%，其中男性占 25.2%，女性占 6.3%；上过初中的达 7.2%，全为男性；上过高中或中专的达 0.9%，全为女性，上过大专及大专以上的留守老人为 0。可见，高坡乡留守老人整体文化程度偏低，教育未得到普及。

表 7　留守老人文化程度　　单位：%

文化程度	男（52 人，46.8%）	女（59 人，53.2%）
没上过小学	14.5	45.9
小学或者私塾	25.2	6.3
初中	7.2	0.0
高中或中专	0.0	0.9
大专	0.0	0.0
大专以上	0.0	0.0

（二）高坡乡留守老人生活质量状态

依据马斯洛需求层次理论，人的需求是呈现逐级递升的，在正常情况下，基本需求得到满足后就会转向更高层次的需求。农村留守老人除了具有一般人口生活质量的共性需求，还具有特殊性需求。其中共性需求，指的是个人对生活的满足程度，这种满足程度主要取决于生活条件的优劣程度，生活条件具体表现为生活中的自然生活条件（如居住环境）和社会经济中的生活条件（如服务、教育、经济、照料、卫生等）。特殊性需求，指的是老年人口随着年龄的增大和人际交流互动的减少，身体状况和精神情感需求与一般人口表现出差异性。

高坡乡留守老人生活质量主要通过生活照料、身体健康、物质经济、精神情感等四个维度来体现。笔者在问卷调查的基础上，与留守老人进行了面对面的深入访谈，本研究依据性别、年龄、民族、子女情况、文化程度、婚姻状况、居住方式、对老年生活幸福的自我评价程度这八个方面，选择具有差异性的留守老人为访谈对象（见表 8）。

表 8　访谈对象情况

编号	性别	年龄	民族	子女情况	文化程度	婚姻状况	居住方式	老年生活幸福程度
A1	男	73 岁	苗	2 男 1 女	小学	丧偶	独居	一般
B2	男	83 岁	汉	1 男 3 女	初中	丧偶	独居	幸福
C3	男	64 岁	苗	2 男 1 女	初中	已婚	与老伴、子孙	不幸福
D4	男	82 岁	苗	1 男	高中	已婚	与老伴	非常幸福
E5	女	78 岁	苗	1 男 1 女	未上过学	丧偶	独居	幸福
F6	男	73 岁	苗	3 男	小学	丧偶	独居	一般
G7	女	70 岁	汉	1 男 1 女	未上过学	丧偶	独居	不幸福
H8	女	72 岁	汉	1 男	未上过学	丧偶	独居	一般
I9	女	64 岁	苗	1 男 1 女	未上过学	已婚	与老伴	一般
J10	男	64 岁	布依	1 男 3 女	小学	丧偶	独居	不幸福
K11	男	84 岁	汉	1 男	小学	丧偶	与子女	幸福
L12	女	90 岁	布依	2 男 3 女	小学	丧偶	独居	不幸福

表 8 中，年龄段包含了低龄组 60~69 岁，中龄组 70~79 岁，高龄组 80 岁及以上的老人，性别包含了男性与女性，民族包含汉、苗、布依，子女情况包含了独生子女、多子女，文化程度包含未上过学、上过小学、初中、高中，婚姻状况主要包含丧偶和已婚，居住方式包含独居、与老伴、与老伴子孙、与子女，老年生活幸福的自我评价程度包含了一般、不幸福、幸福、非常幸福。

具体为，性别：男性 7 人，女性 5 人；年龄：低龄组 3 人，中龄组 5 人，高龄组 4 人；子女情况：独生子女 3 人，多子女 9 人；文化程度：未上过学 4 人，小学 5 人，初中 2 人，高中 1 人；婚姻状况：丧偶 9 人，已婚 3 人；居住方式：独居 8 人，与老伴、子孙 1 人，与子女居住 1 人，与老伴居住 1 人；老年生活幸福程度：一般 4 人，幸福 3 人，不幸福 4 人，非常幸福 1 人。

1. 生活照料状态

（1）居住意愿。

生活照料状况主要包括留守老人居住意愿、被照顾情况、照料满意度等。居住意愿可以间接的影响留守老人的生活质量，杨赞，方帅等对中国老年人口的生活满意度、居住方式、居住意愿进行了研究，发现老年人的居住意愿得到满足将会提升生活满意度[1]。老年人生活满意度作为其对自身生活质量的评价，反映了老年人生活需求的满足程度，是反映老年人生活质量的综合体现。

从相关访谈数据可知（见图 2），83% 的留守老人愿意与子女居住，只有 17% 的留守老人不愿意与子女居住。由此可知，绝大部分留守老人愿意与子女居住。

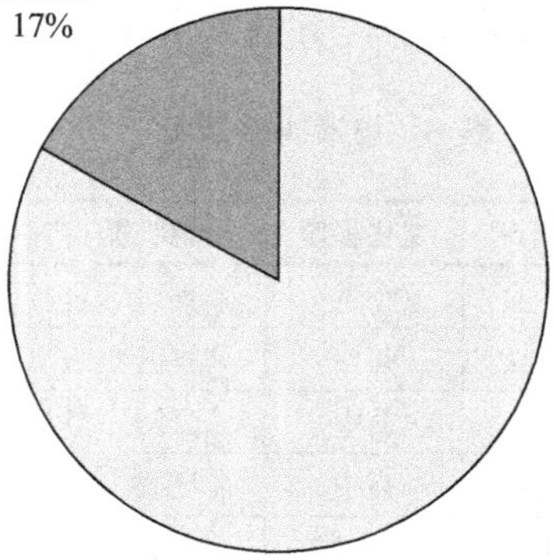

图 2　留守老人愿不愿意与子女居住情况

（2）生活照顾。

在照顾方面，高坡乡留守老人照顾方式主要有两种：一是自己照顾自己；二是配偶照顾。在希望的照顾人选方面，超过一半的老人希望是子女照顾自己。

[1] 杨赞，方帅，樊颖．基于居住选择与居住意愿的中国老年人生活满意度的微观研究［J］．华东师范大学学报（哲学社会科学版），2018（6）：158.

从相关访谈数据得知，由配偶照顾的有 44 人，占 39.6%，占比最高；由亲戚照顾的有 3 人，占 2.7%，占比最低。高坡乡丧偶老人占一半以上，大多丧偶老人为独居。在想被谁照顾方面：超 64.0% 的老人表示想被子女照顾（见表 9）。

表 9　留守老人被照顾情况

问题	选项	人数 / 人	百分比 /%
谁在照顾您	没有人	43	38.7
	子女	15	13.5
	亲戚	3	2.7
	配偶	44	39.6
	子孙	6	5.4
	邻居	0.0	0.0
最想谁照顾您	子女	71	64.0
	亲戚	1	0.9
	配偶	13	11.7
	自己照顾自己	23	20.7
	其他	3	2.7

（3）照顾满意度。

老人对子女照顾自己的满意度中觉得满意的有 50 人，占 45.0%，比较满意的有 4 人，占 3.6%，觉得一般有 41 人，占 36.9%，觉得不满意有 16 人，占 14.4%，觉得非常不满意的为 0（见表 10）。

表 10　留守老人对子女照顾自己满意度

选项	满意	比较满意	一般	不满意	非常不满意
人数 / 人	50	4	41	16	0
百分比 /%	45.0	3.6	36.9	14.4	0

2. 身体健康状态

（1）健康程度。

留守老人的生理特征主要是衰老或老化，对高坡乡留守老人的健康程度通过三个方面来体现：第一，有没有患过重大疾病；第二，从老人自己的角度看待自己的身体健康状况；第三，通过老人现在被确证的疾病来判断。

①身体病史。图 3 中数据表明，曾经患过重大疾病的留守老人占 35%，未患过重大疾病的占 65%。

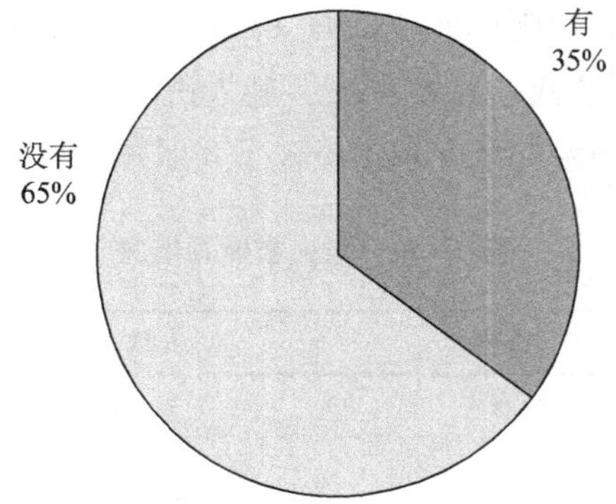

图 3　患过重大疾病情况

②健康自评。表 11 中，觉得自己身体健康的有 44 人，占 39.6%，占比最高；觉得自己比较健康的有 2 人，占 1.8%，占比最低。可见，自我认知里老人对自我身体健康状态评价较正向。

表 11　留守老人自我评价健康状况情况

选项	健康	比较健康	一般	不健康	非常不健康
人数 / 人	44	2	36	29	0
百分比 /%	39.6	1.8	32.4	26.1	0

③目前被确证疾病有哪些。从图 4 中可知，留守老人被确认疾病人数最多的病是风湿病，占 63.1%，其次是关节、骨质疏松症，占 57.5%，再者是高血压，占 25.2%，后面依次分别是头痛病占 24.3%，其他病 11.7%，无疾病的占 9.9%，胃病占 4.5%，糖尿病的占 1.8%。

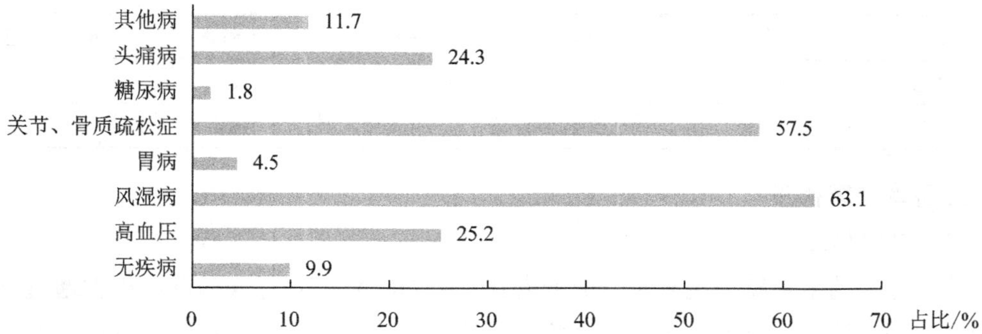

图 4　目前被确证疾病情况

结果表明，风湿病和关节病是比例最高的，这源于高坡苗族乡的地形和生态气候，该乡海拔较高，长年湿润，因此有近一半老人患有关节炎和风湿病。

（2）生病就医态度。

老年群体比其他年龄群体在医疗保健方面有更多的需求，因此，医疗保障是老年人身体健康的重要保障。

图 5 中，高坡乡农村留守老人生病的就医态度，超过一半的老人生病了选择买点药吃，达到 55.9%，还有一部分人觉得大病去大医院就医，小病可以去小诊所看病，这部分人占 27.9%，还有 11.7% 的人坚持只要有病就去大医院看病，只有很少一部分人持生病了不就医，不吃药态度，占到 4.5%。

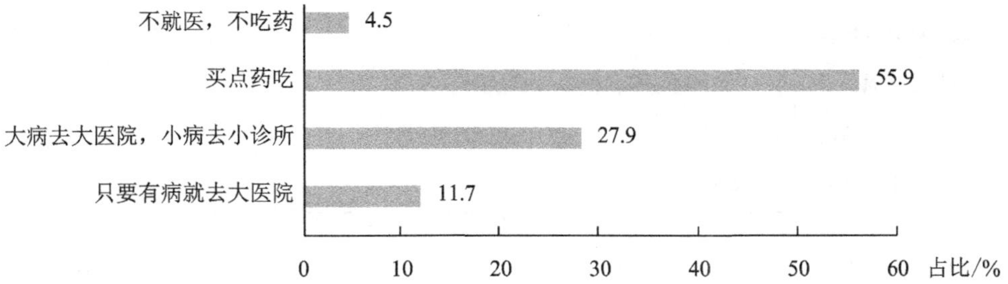

图 5　生病就医态度情况

（3）医疗费用来源。

据笔者调研了解到，通常老人看病都是自费结合医疗保险看病，所以医疗费用承担方面第一优先选择国家医疗保险（公费医疗、城镇医疗、新农合）来承担，医疗保险几乎人人享有，这为留守老人看病减轻了很多负担，在医疗费用承担中达到 95.5%，另一部分是来自自费，自费部分要么是子女给予，要么是老人自己承担。调查结果显示，第二承担者是子女承担，占比有 56.8%，另外老人自费的占 41.4%，其他来源为 0.9%。

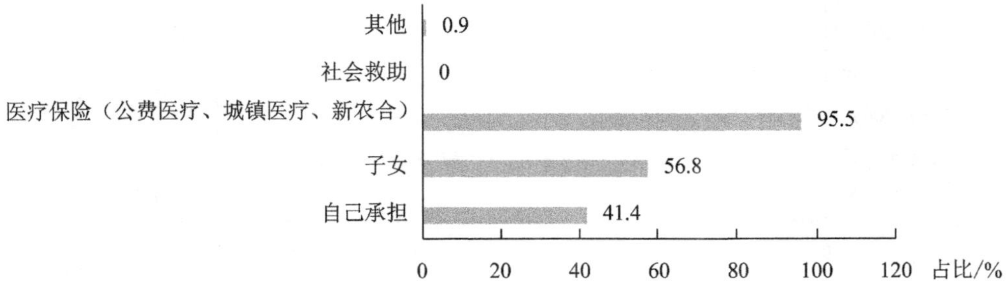

图 6　医疗费用来源情况

3. 物质经济状态

（1）收入来源。

物质保障是提高留守老人主观幸福感和生活质量的前提，包括经济收入来源及水平，主要体现在吃、穿、住、行等方面。因此，高坡乡留守老人生活需求的满足必须以物质条件为基础，物质也是提高留守老人生活质量的保证。

由图 7 可知，高坡乡留守老人以养老保险金和子女及其他亲属供养为主要收入方式，其中养老保险金为第一收入来源，占比达到 73%，这是国家为解决劳动者在达到国家规定的解除劳动义务的劳动年龄界限，或因年老丧失劳动能力退出工作岗位后的基本生活而给予的一种补贴。第二收入来源为子女及其他亲属或者自己劳动，占比分别为 36.9% 与 30.6%，政府补贴及低保占 12.6%，其他收入来源占 21.6%，个人储蓄占 4.5%。

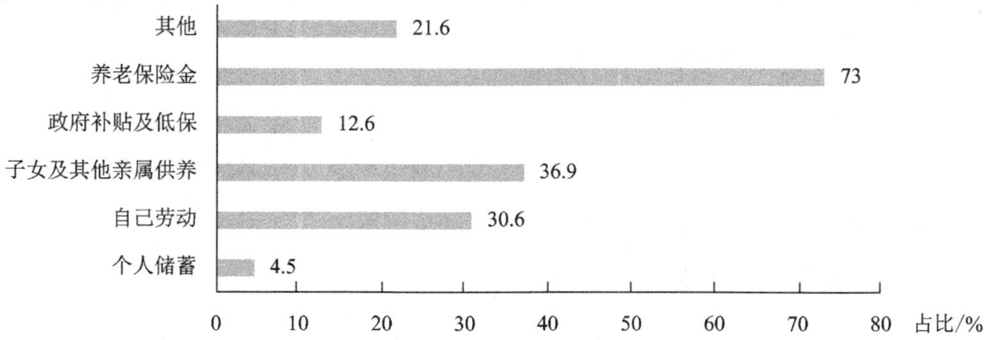

图 7　留守老人经济收入来源

（2）收入情况。

图 8 中，高坡乡留守老人的月平均收入较低，大部分集中在 0~500 元，留守老人的经济收入并不理想，基本上都是低收入老人。高坡乡老人主要劳动时间几乎投入在农业的生产上，只有少部分人因为有某种特殊的技能才会从事其他产业。

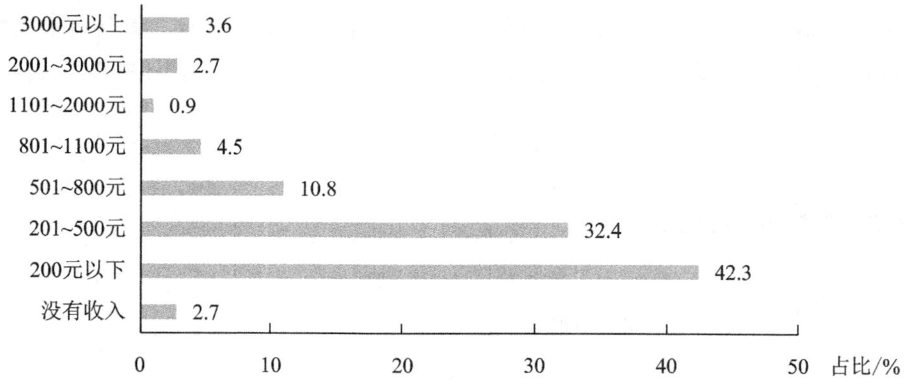

图 8　留守老人经济收入情况

（3）收入满意度。

在 111 份有效问卷中，0.9% 的留守老人觉得自己收入状况非常宽裕，4.5% 觉得自己比较宽裕，有 52 人觉得自己收入基本够用，比例高达 46.8%。另外有 48 人觉得自己经济比较困难，占比达 43.2%，非常困难有 5 人占 4.5%。从图 9 中可以看出，高坡乡男性留守老人与女性留守老人对自己收入状况的满意度差距情况，持基本够用态度的女性留守老人明显高于男性留守老人，女性占49.2%，男性占44.2%；而认为自己收入状况比较困难的男性留守老人高于女性留守老人，男性为48.2%，女性为40.7%；认为自己收入比较宽裕和非常困难的女性略高于男性，占比分别为5.1%、3.9%和5.1%，3.9%。

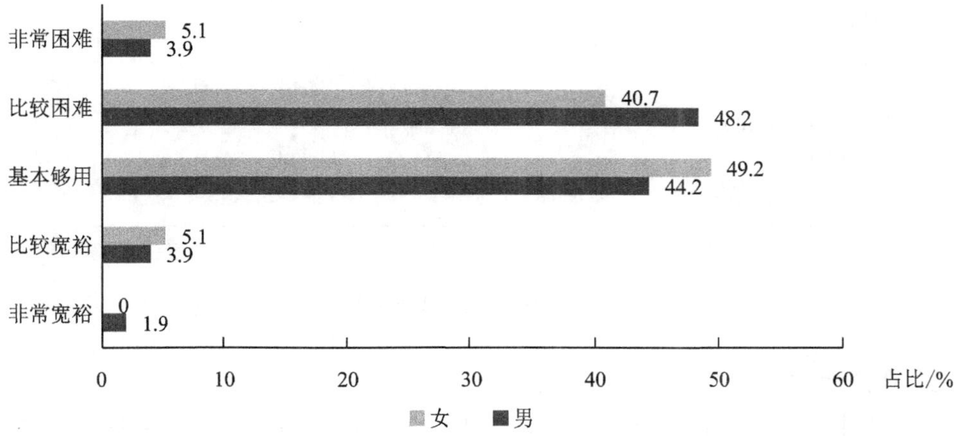

图9　留守老人收入满意度

4. 精神情感状态

（1）孤独情况。

许多精神卫生专家提出，人在进入老年生活之后，身体的各个器官会部分先老化、功能衰退，加上工作、生活环境的改变，老年人的心理、情绪变化十分复杂。而农村留守老人作为一个特殊群体，在生理和心理上的一定程度的变化，使得他们对于精神需求的满足越来越强烈。留守老人在一定程度上更需要精神上的供给，精神需求不仅体现在文化娱乐的精神享受方面，更体现在情感方面的需求，这会极大影响留守老人的身心，这也是衡量留守老人生活质量中最难以衡量的一个因素。

从精神情感角度出发，随着老人身体机能下降，子女外出务工缺少陪伴，农村文化基础设施匮乏，老年人群体精神文化生活关注下降等都造成了农村留守老人精神生活得不到满足，内心时常孤独，情感缺乏关爱，对老年生活没有期盼。

农村留守老人情感的缺乏大多是子女、配偶、亲人不在身边所引起的一种对精神情感得不到满足状态。

从图10中，高坡乡留守老人对于子女常年不在自己身边照顾、陪伴自己，内心孤独感时常伴有孤独感，其中46.8%的老人会觉得自己孤单，5.4%的老人觉得很孤单；总体表现为一半以上的老人觉得没有儿女的陪伴，内心充满孤独。另外有10.8%的老人觉得不孤单，22.5%的老人觉得不是很孤单，还有14.4%的老人没有太大感受，觉得一般。通常觉得自己不孤单或不是很孤单的老人大多配偶还健在，有可以说话的人，另外一小部分是对于自己时常一个人生活已经感到麻木，所以孤单不孤单已经感觉不出来，觉得生活就是这样过一天算一天。

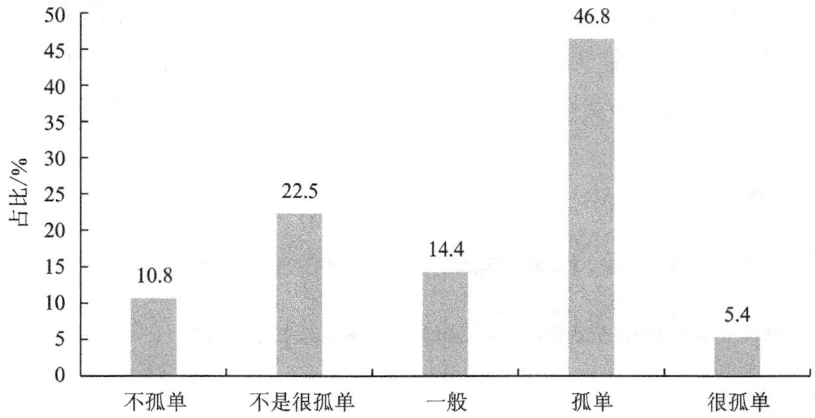

图 10　留守老人孤独情况

（2）业余活动。

从表 12 中可见，被调查地区农村留守老人的平时觉得孤独了，一般会选择看电视、听广播、打纸牌等，占比达到 50.5%，有老伴的会选择和老伴聊天说话，占比达到 26.1%，还有一部分老人会选择去邻居家串门占比达到 36.0%，另外什么事都不做的竟然有 58 人，比例超过一半达到 52.2%，还有选择其他事情来消磨时间的达到 32.4%，但是找子女聊天的仅占 2.7%。

在老人心目中，子女平时都比较忙，没有时间陪自己聊天，所以即使他们再孤独也不会主动找子女聊天。

表 12　留守老人业余活动情况

问题	选项	人数 / 人	百分比 /%
孤独的时候会做什么	看电视、听广播、打纸牌等	56	50.5
	找老伴说话	29	26.1
	去邻居家串门	40	36.0
	找子女聊天	3	2.7
	什么事都不做	58	52.2
	其他	36	32.4
您一天看多久时间的电视	1 个小时以下	33	29.7
	1~2 个小时	23	20.7
	2~3 个小时	14	12.6
	3~5 个小时	7	6.3
	5 个小时以上	4	3.6
	家里没有电视	30	27.0

另外，高坡乡留守老人业余最受欢迎的活动之一就是看电视，从表 12 可知，每天看 1 个小时以下电视的老人占 29.7%，1~2 个小时的占 20.7%，2~3 个小时的占 12.6%，3~5 个小时的占 6.3%，5 个小时以上的有 3.6%，家里没有电视的还占 27.0%。

（3）老年生活感受。

从图 11 可以看出高坡乡留守老人对自己老年生活感受最深的是经济拮据，经常发愁，占 43.2%，可见经济滞后是影响留守老人生活质量的原因之一，会让老人经常为经济而发愁，再者还有一部分是对老年生活没有多大感觉，觉得过一天算一天，占 41.4%，这类留守老人通常被现实生活所麻痹或者对子女不抱有积极期望，这类老人的想法是活一天算一天。还有 23.4% 的老人觉得老年生活单调乏味，枯燥无趣，由于年事已高，又是生活在农村，老人们的精神生活并不是很丰富，大部分老人白天都是在干农活中度过的，晚上回到家有老伴的老人有彼此说话解闷的对象，但是还有一部分独居老人身边没有人陪伴，过着重复疲惫不堪的生活。子女不孝，缺乏关爱的占 1.8%，内心孤独，需要陪伴的占 2.7%，这类老人极度渴望关怀。另外生活平淡，没有波澜的占 0.9%，觉得自己家庭和睦，幸福美满的占 14.4%，这类老人只占样本的少数。

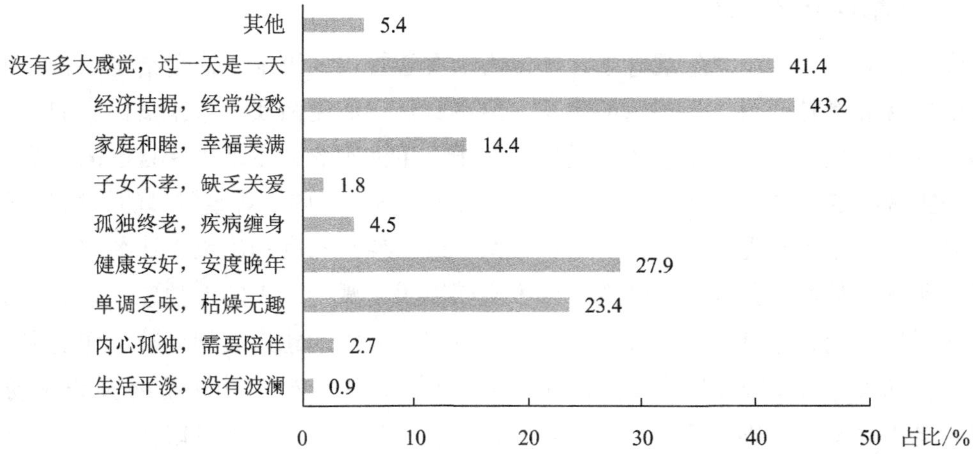

图 11　老年生活感受情况

五、进一步提高留守老人生活质量的对策建议

提高农村留守老人生活质量是改革开放以来，我国政府始终贯彻的发展目标，随着经济的发展和改革开放的深入，提高农村留守老人生活质量的问题愈加不可忽视。特别是在坚持以中国特色社会主义思想为指导，坚持以人民为中心的发展思想下，提高农村留守老人生活质量，应以“构建和谐、公平、幸福的社会，提高农村留守老人生活质量”为核心，建设“安全、平等、文明、共享、富裕、快乐”的生活，提高农村留守老人生活质量。

（一）物质经济方面

随着我国对农村、农民、农业政策的不断倾斜，农村物质生活质量在不断改善。但在物质生活需求方面，高坡乡留守老人对个人收入、家庭收入、经济支持仍表现出强烈的诉求，政府应重视留守老人的真正诉求，在一个统一标准下逐步提高农村留守老人在国民经济中的收入分配比重，可以通过平衡收支、税收、募捐等多种途径，把所得的税收通过财政杠杆转给留守老人这类的低收入群体，从而抑制不合理的收入悬殊以此提高农村留守老人的收入水平，为农村留守老人注入经济活力。

当然，农村留守老人作为一种典型的社会弱势群体，更需要子女发挥家庭经济供养功能，减轻老人支出负重。人的一生就生活在一种相互依靠的家庭关系之中，家庭具有育幼和养老的功能。未成年的儿女由父母的劳动成果养育成人，而养育儿女对于父母来说是自己为养老进行储备，即“养儿防老”。而赡养父母对于子女来说是自己对父母养育之恩存储的延期支付。家庭养老因其浓厚的亲情、低廉的养老成本在农村发挥着积极的作用，因此家庭养老有着其他社会保障不可替代的作用。

（二）精神情感方面

农村留守老人传统思想观念下，导致为子女着想惯性思维。这会给老人自身带来过度的担忧和牵挂会形成思想上的负担，给本身自己的生活质量带来负面影响。随着生活方式的改变，老人要学会积极适应后代子女生活观念，主动享受自己的生活。子女应当重视与老人之间的心理交流，站在老人的视角发自内心尊重父母的想法和需求，特别是在一些重大意见决策之前，尽量让留守老人参与家庭的决策，让留守老人觉得自己被重视，从而给留守老人营造一种家庭归属感，减少老人的孤独感。政府也要提高对农村留守老人精神生活领域的建设，把留守老人生活建设放到老龄工作的突出位置上来，加大农村基础设施建设，为留守老人提供集中、交流、锻炼的娱乐设施场所，让留守老人之间的精神生活及情感得到有效的互动和交流。重视对留守老人的心理疏导，多鼓励留守老人间的娱乐交流、情感交流，鼓励留守老人多参与娱乐活动，如过节老年聚会、唱歌、书法、绘画。各级政府部门要充分挖掘更加丰富的、文化含量高、意义价值大的休闲消费产品和设施，使农村留守老人能够享受得起文化娱乐。

（三）生活照料方面

农村留守老人的养老事业作为一项强大的工程，提升老人的自我照顾能力意义重大。因此，在解决农村留守老人照料需求被忽视，照顾不充分问题时，要倡导农村留守老人自养，充分发挥老年人的自身智慧，提升自己照顾自己的能力。基于这个理念，一方面是通过村委会定向训练、培训留守老人解决日常生活中所遇到的隐患类、危急类相关安全问题的能力；另一方面是基层组织老年协会，动员低龄老年人照顾高龄老年人，并按照就近原则、个人意愿等因素，对这些老年人进行互助配对，以此来提升老年人与老年人之间的照顾能力。除此之外，要强化年轻人的家庭观念，引导年轻人坚持“尊老”“敬老”“爱老”“养老”的价值取向，自觉发扬中华民族的传统美德，鼓励年青一代在赡养老人上主动作为、有所作为。

六、结论与讨论

留守老人是我国发展进程中产生的一类特殊群体，其物质、经济、情感需求正是留守老人所追求的幸福观，而公平正义是社会主义新时代背景下，每个个体具有同等享受幸福生活的权利，而留守老人是我们更值得关注的群体。留守老人生活质量的各个方面都离不开经济和社会保障体系的支撑，长期以来我国留守老人生活收入水平不高、社会保障体系下的福利制度还不够完善，这些都制约着留守老人生活质量的提高。

而留守老人生活质量的提升是健康生活、物质生活、精神生活、家庭生活、生活环境等协调的理想状态结果。本研究通过研究发现高坡乡农村留守老人存在着以下几方面困境：物质经济困境、精神困境、生活照料困境。物质经济困境包括：留守老人经济贫困导致日常生活拮据，经济收入来源单一导致收不抵支，子女经济支持供养上缺乏主动性导致老人经济支出负重。精神困境包括：留守老人传统思想上的过度为子女操心，从而忽视了自己的生活质量；情感上缺乏倾诉的慰藉对象导致留守老人的情绪得不到很好的宣泄，在精神生活上匮乏导致内心没有期盼。生活照料困境包括：留守老人的生活照料需求被忽视，导致得到的照顾不充分，而家庭结构的退化导致子女与老人生活方式的改变。

在问题的基础之上，本研究提出了提高留守老人生活质量的对策建议。但留守老人生活质量问题研究本就是一个十分广泛且复杂的研究体系，需要研究的内容多，可以用到的研究方法也很多，故本研究存在着一定的局限性，从研究内容和结果来看，存在着以下不足之处：一是对理论的运用深度还存在欠缺；二是受调研年份、调查内容、调查指标等相关因素的差异性，本研究居于贵州省范围内的可借鉴参考数据较少，所以得出的结果缺少横向方面的对比，这是本研究最大的难点和不足之处。

● 过饮黄汤：锦屏文书所见清代饮酒习俗及纠纷处理*

张继渊　王宗勋

（贵州省锦屏县锦屏文书研究中心　贵州　锦屏　556799）

摘　要：历史上，贵州各民族绝大多数喜爱饮酒，可是鲜少留下关于自己民族酒史的文字记录，但笔者在卷帙浩繁的锦屏文书中发现了不少涉酒文书，这对开展苗、侗等少数民族酒史的实证研究提供了可能，文书中不仅记述了苗侗民族日常宴饮、人生礼俗、木材采运和接待官差等日常生活饮酒习俗，还对酒后产生的纠纷及其解决方式作清晰描述，可以窥见清代以降"酒"这一特殊饮品融入社会生活中的诸多细节，并对当代民族酒文化传承和涉酒纠纷处理有启迪意义。

关键词：锦屏文书；清水江地区；酒；酒文化；少数民族；纠纷处理

一、引言

我国是世界上最早酿酒的国家之一，以酒为载体的酒文化源远流长，随着社会的发展，酒逐渐渗透到了人们的政治、经济、社会、文化生活的各个领域，从一种纯粹的物质文化转变成为内容丰富的精神文化，在社会生活中发挥着增进情感、礼物交换、调解纠纷等积极功用，也产生了饮酒误事、酒后滋事、酗酒行凶等负面影响。中国的少数民族酒文化更是绚烂多彩，内容丰富，形式多样。西南山地民族囿于自然生存环境限制、社会历史背景差异及日常饮食习惯影响，酒在山地民族的生产生活中有着极为重要的地位，不但爱酒、好酒，甚至"嗜酒如命"，达到"宁可无饭，不可无酒"的地步。贵州作为享誉世界的名酒之乡，在青山绿水间处处美酒飘香，民间酒文化不仅历史悠久，而且底蕴厚重并流传至今。作为贵州少数民族最具有代表性的苗侗民族酒

---

* 基金项目：2016 年国家社科基金重大招标项目"西南少数民族传统生态文化的文献采辑、研究与利用"（项目编号：16ZDA156）的阶段性成果之一。

作者简介：张继渊（1990—），男，苗族，贵州锦屏人，贵州锦屏经济开发区人力资源和社会保障局副局长、锦屏县文化发展研究中心办公室副主任、锦屏县锦屏文书"申遗"办公室副主任、锦屏文书研究中心专职研究人员。研究方向为民间历史文献学。王宗勋（1964—），男，侗族，贵州锦屏人，贵州省锦屏县档案馆馆长、贵州锦屏文书研究中心办公室主任、贵州原生态民族文化研究中心专职研究员。研究方向为锦屏文书、历史人类学。

文化，更是在当下旅游产业快速发展中逐步为世人所知，不少游客纷至沓来，走进黔东南地区的苗乡侗寨体验一番现代改良与传统遗存交融的饮酒习俗。诚然，酒虽然深入苗侗民族日常生活的社会肌理，与民族习惯形成不可分割的一个整体，事实上，爱酒嗜酒的苗侗民族因为没有自己的文字，鲜少留下关于自己民族酒史的记载，只是在客籍文人的诗词歌赋及地方志中有些零星描述[1]。近年来，有学者在黔东南地区通过田野调查对苗侗民族的酒文化作了不少富有创见的探讨[2]，但是反映贵州东南部近古特别是清代苗侗等少数民族饮酒相关的研究成果尚不多见[3]。在卷帙浩繁的锦屏文书中发现了不少的涉酒文书，这对开展苗侗等少数民族酒史的实证研究提供了可能，文书中不仅记载了苗侗民族日常生活中的饮酒习俗，还对酒后产生的纠纷作清晰描述，可以窥见清代以来“酒”这一特殊饮品融入日常社会生活中的诸多细节。

二、无酒不成席：苗侗民族的饮酒习俗

长久以来，苗侗等山地民族受到特定生存环境、复杂历史背景和心理文化积淀的影响，不仅孕育了一套独具特色的酿酒工艺和娴熟的“牛角”酒具制作技艺，还在日常餐食，或是重要节庆，他们的餐桌上都少不了酒，酒已经成为他们生活当中不可或缺的必需品，热情好客的苗侗人民形成了“歌不离酒，酒不离俗”“有酒有话，无酒无话”的风俗。清水江地区作为苗侗民族的核心聚居区，主要种植的粮食作物以糯禾和籼稻为主，并以二者酿造出日常饮用最多的香甜醇美的米酒，而其他杂粮也可以酿酒，如玉米“可做饭”又可以酿制出“其糜能酿饴饧，比米制更佳”的苞谷酒，番薯“可造酒”即是红薯酒[4]。

值得注意的是，汉族经典的“乡饮酒礼”酒文化习俗在民族地区也有存在。明清帝国在清水江流域这个边圉之地的经营与开发，不断把王朝国家的礼仪、制度输送至此，渐次变“化外之地”为“王化之乡”，其中“乡饮酒礼”作为传统儒家礼制也随之进入，并被地方志不厌其烦地详细记录其过程，由于礼节烦琐且花费过大而少有举行。

---

[1] 吴玲玲．从竹枝词看贵州清代酒文化（一）［J］．牡丹江大学学报，2020（1）．

[2] 具体参见，翁泽红．试论苗族传统消费习俗对贵州苗族聚居区义务教育普及的影响——从苗族表现在酒上的消费习俗来看［J］．贵州文史丛刊，2004（3）；徐晓光．从苗族“罚 3 个 100”等看习惯法在村寨社会的功能［J］．贵州民族研究，2005（1）；秦秀强．侗族酒文化趣谈［M］// 本书编委会．天柱县非物质文化遗产宝库．贵阳：贵州大学出版社，2009：96-102；粟丹．酒与乡土纠纷的解决：贵州省苗侗地区的法文化考察［J］．甘肃政法学院学报，2010（5）；陈再松．黔东南剑河县洞脚村侗族酒文化的传承与发展［D］．武汉：华中师范大学，2017；宋尧平．侗族酒文化［M］．北京：中国书籍出版社，2018。

[3] 有关研究成果可参见，何鸿的《曾经的文明礼仪——探视贵州清代苗族“漆饰牛角酒觥”》主要研究清代苗族牛角酒器及相关图案并初步探讨苗族酒文化，载郑巨欣主编:《历史与现实：文化遗产保护及发展国际学术会议论文集》，山东画报出版社 2013 年版，第 369-377 页；吴玲玲利用清代竹枝词研究清代贵州酒文化，部分涉及黔东南苗侗民族，见氏著:《浅谈清代贵州竹枝词与生活习俗的关系》，《北方文学》2019 年第 29 期；以及《从竹枝词看贵州清代酒文化（一）》，《牡丹江大学学报》2020 年第 1 期。

[4] 俞渭修，陈瑜纂:《黎平府志》卷三《食货志》，清光绪十七年刻本，详见黎平县志编纂委员会办公室校注．黎平府志（下）．北京：方志出版社，2014：1365，1371.

以黎平府为例，规定每年举行两次“乡饮酒礼”，自明至清乾隆时期，累计仅举行了17 次，也只有 27 名“乡饮大宾”出席宴乐活动，诚如《黎平府志》载“黎郡中，昔固有行之者，虽事多湮没……乃迄今百十年，何以久旷大典也”[1]，从另一个侧面说明清水江地区酒文化仍应以苗、侗族的日常饮酒习俗为主体。

（一）苗族的饮酒习俗

苗族历史悠久，风情浓郁，在苗族人民的生活中随处可以找到酒的踪影。一方面，酒在苗族的日常餐饮、农事节庆、婚丧嫁娶、生期满日、信仰祭祀、奉迎宾客中都扮演着重要的角色，形成了包括传统的酿酒技艺、品种繁多的酒类、精美的各种酒具、独特的酒礼酒歌、繁杂的饮酒称谓等多姿多彩的酒文化习俗；另一方面，通过酒俗活动可以窥探苗族的历史文化、人生礼仪、禁忌信仰和风土民情，在清水江中下游地区的苗族村寨酒礼酒俗种类就有迎客酒、进门酒、交杯酒、敬客酒、姐妹酒、送客酒、婚礼酒、认亲酒、生娃娃酒、取名酒、建房酒、立门酒、踩铜鼓酒、打口嘴酒、祭保爷酒、祭祖先酒、栽花竹酒、砍板凳酒、保家坛酒、祭桥酒、扫寨酒、断气酒、赎魂酒、祭牛角酒、敬耕牛酒 25 种之多[2]，还有“苗妇多好饮，或置酒召之……群以酒奉召者”的记载[3]，更有客籍文人着墨较多的“砸酒”“盟誓吃血酒”等习俗，诚然酒已经渗透到苗族同胞社会生活的方方面面。

苗族人之所以喜酒、爱酒，与其居住在高山密林且较差的地理环境有关，作为生产资料的山林田地较为分散、贫瘠，需要在日出日落之间翻山越岭前去进行强度较大的劳作才可以维持基本生活，这时可以借助酒来“舒筋活血、缓解疲劳、壮神御寒、消愁遣兴”，以满足艰苦劳作之后的精神需求，逐渐养成了嗜酒的习惯。淳朴好客的苗族人还特色重视礼节，宾朋来到之时，无论贫穷富有，均以美酒当作待客的最高礼节，并以酒歌助兴，确保一醉方休，甚至在无法解决温饱的情况下，仍把家庭收入多消费在酒及酒宴之上，有“吃在酒上”的消费习俗之说[4]，作为社交往来活动中表达情感和联络感情的“酒”已经融入苗族人的社会生活之中，成为他们生命中必不可少的重要组成部分。

（二）侗族的饮酒习俗

侗族的饮酒习俗也非常有特色，在酿酒工艺、酒礼酒规、酒谚酒歌、酒类酒具等诸多酒文化现象上更是种类繁多、绚丽多姿。在辛勤劳作之后痛饮几杯，已达到“消疲解乏、强身健体”的目的，在时令节庆和人情交往中，常常“畅饮高歌、通宵达

---

❶ 刘宇昌等修、唐本洪等纂:《黎平府志》卷二十一《典礼志》，清道光二十五年刻本，详见黎平县志编纂委员会办公室校注．黎平府志（上）．北京：方志出版社，2014：598-599.

❷ 龚申炎，吴正光．苗族酒俗拾零［J］．贵州文史丛刊，1991（2）.

❸ 徐家干著，吴一文校注．苗疆闻见录［M］．贵阳：贵州人民出版社，1997：170.

❹ 翁泽红．试论苗族传统消费习俗对贵州苗族聚居区义务教育普及的影响——从苗族表现在酒上的消费习俗来看［J］．贵州文史丛刊，2004（3）：86.

旦”，借此来加强交往、增进情谊。侗族人饮酒时非常讲究酒礼酒规，其酒文化已经深深嵌入人生礼仪、生产劳作、宗教信仰及社会生活的各个方面，按照人生礼仪各个阶段，可分为“婚嫁酒”“三朝酒”“葬礼酒”等；按照日常生产生活划分，则有“老庚酒”“迁居酒”“赔礼酒”等；按照传统民族节庆，如“侗年”“萨玛节”“摆古节”等也各有酒风酒俗，按照以上这三个类别来区分，有学者研究统计侗族酒俗有70项之多[1]，达到侗族人的生命史和日常社会生活无所不包的地步。

侗族同胞虽然喜欢喝酒，重视酒礼，但也能充分认识到醉酒的危害。在侗族民谚中就有“渴时一滴如甘露，醉后添杯不如无”“酒在坛中人弄酒，酒在肚中酒弄人”“劝人喝酒是恶意，借钱赌博是坑人”“怒多恶语，酒多狂言”的说法，旨在告诫人们控制酒量，不要酒后失态、酗酒闹事。清代侗族民间歌师吴文彩《酒色财气歌》中的“酒歌”更是全面劝人正确对待饮酒，译文如下：“喝到好酒莫贪杯，从来酒醉惹人嫌。会坐桌子就要会起身，莫要没完没了贪杯在后边。饿饭十天人要死，饿酒十日照样活得鲜。喝酒总得有个量，莫要贪杯卖光老秧田”[2]。还就酒歌《劝君莫饮过量酒》写道：“人间酒歌满农家，老老少少喜爱它；劝君莫饮过量酒，青茶当酒长生法……歌解忧愁真良方；劝君莫饮过量酒，醉酒癫狂失礼约。”[3]侗族酒文化中的劝酒文化在当下依然有很强的现实意义。

三、酒席笑散：契约社会生活中的“酒”

（一）锦屏文书所见民众日常生活中的“酒”

酒在当下依然贯穿于苗侗民族的整个生命史当中，与其日常社会生活息息相关，密不可分。但囿于资料限制，此前几乎难以窥视民国以前清水江中下游地区苗侗民族的饮酒实态，海量锦屏文书的发现为苗侗族民众日常生活中的各种“酒事”提供了强力支撑，无论是在日常宴饮，还是各种人生礼俗活动，或者在经营山林开展木材贸易的过程当中，乃至接待下乡公差的饮食中都能发现酒的影子，可以说酒在他们的饮食文化和日常生活中无处不在，甚至出现了世代制作酒曲之家[4]，以及多处遗存“吃酒坪”的相关地名[5]，酒文化影响之深可见一斑。

---

[1] 宋尧平．侗族酒文化［M］．北京：中国书籍出版社，2018．

[2] 傅安辉．侗族口传经典［M］．北京：民族出版社，2012：42．

[3] 宋尧平．侗族酒文化［M］．北京：中国书籍出版社，2018：119．

[4] 在锦屏文书特藏馆馆藏民间文献《迪光录》（复印件），即清同治三年《龙氏族谱》卷二《地灵第三·土产》之“货之属”中载有“族起理世业此，远近传名，其所居号曲子湾”，详见（清）龙文和，龙绍讷编著，龙泽江点校．苗族土司家谱龙氏家乘迪光录［M］．贵阳：贵州大学出版社，2018：353．

[5] 在一份同治六年锦屏铜鼓龙彦文卖与堂兄龙垦辉一块茶山的文书中，其交易所涉地名为“地崩吃酒平（坪）”，无独有偶，民国二十六年平略杨春相与河口林场辉涉及的一宗田产买卖契约中，其交易田产地名为“吃酒坪田壹连四坵”，这两文书现藏贵州省锦屏县锦屏文书特藏馆，征集分别来源于铜鼓镇小塘村龙立海户、平略镇八洋村林顺先户，馆藏编号分别为：jpws-jp-0266-0002、jpws-jp-0027-0034。

1. 日常宴饮

苗侗民族地区在日常餐叙和接待宾客中都离不开酒，民间俗语中讲“中午喝酒不要醉，免得干活打瞌睡”“晚上喝酒不要多，免得婆娘讲啰唆”。苗侗同胞几乎顿顿少不了酒，不管是中餐还是晚餐，不仅有独饮，更多的是集体宴饮，或男女老少划拳打码，或亲朋好友对饮高歌。在锦屏文书的族谱文献中描述了许多喝酒的具体情况：有反映酒量好易醒酒者，如龙三极“公性能饮，亦尽主客欢，每饮，寒冬亦出汗，未见有沉醉时”[1]；有反映男女对饮母子聚餐者，如龙文瑶“公亦善承颜色，得母欢心，每具酒肴，母子劝饮相笑也”[2]；有反映高龄海量猜拳技强者，如龙诏“性爱客，客至必留餐饮，量甚豪，年八十余犹自言引满，大胜少年时，酒阑，喜拇战，觞政极严，在座者浮白无数，公独惺然，未尝失礼，起送客如故”[3]；也有反映酒量不行饮酒伤身者，如清代苗族举人龙绍讷的长兄龙绍轲“生平嗜酒，无三日醒，作事多愦愦，然识大体，殆所谓小事糊涂，大事不糊涂者与……五旬后，益肆力于酒，量不胜饮，饮少则醉，醉则□□如八九十岁人，以此知其寿之不永也。越数岁，果卒”[4]。无独有偶，相关账单中还记录了清代请人饮酒、买酒价格、饮酒酒量等有关情形。比如下面这两份文书。

其一，锦屏县文斗苗寨清末姜氏家族的日常饮酒情况[5]：

光绪二十五年十月十六日晚，请中上寨开贤、际春、下寨贤清、永和……十月十七日早，又请中……又付买酒六件，去钱九十文。二十七日晚，又请中上寨开贤、际春、下寨交名、贤清、□□、保长永文……来酒五件，扣钱八十文。十一月初六日晚，又请中交明、际春、贤清、永和……付买酒五件，去钱八十文。

其二，清末黎平府东北路九寨总理刘开厚的日常饮酒情况[6]：

七月十六日，在城岭钱二千文。早饭用去钱一百二十文，买草鞋、皮丝共去钱一百四十四文。八州，午饭去钱一百三十文。鳌鱼嘴，买肉去钱三十六文，买酒二件去钱六十文，火食饭去钱五百六十文，零用八文。十七日早，买肉去钱三十六文，午

[1] 参见清道光二十二年《龙氏家乘》卷二《人杰第四·传》，45页。引自（清）龙文和，龙绍讷编著，龙泽江点校．苗族土司家谱龙氏家乘迪光录［M］．贵阳：贵州大学出版社，2018：154.

[2] 参见清道光二十二年《龙氏家乘》卷二《人杰第四·传》，52页。引自（清）龙文和，龙绍讷编著，龙泽江点校．苗族土司家谱龙氏家乘迪光录［M］．贵阳：贵州大学出版社，2018：160.

[3] 参见清道光二十二年《龙氏家乘》卷二《人杰第四·传》，63页。引自（清）龙文和，龙绍讷编著，龙泽江点校．苗族土司家谱龙氏家乘迪光录［M］．贵阳：贵州大学出版社，2018：172.

[4] 参见清道光二十二年《龙氏家乘》卷二《人杰第四·传》，67页。引自（清）龙文和，龙绍讷编著，龙泽江点校．苗族土司家谱龙氏家乘迪光录［M］．贵阳：贵州大学出版社，2018：176-177.

[5] 陈金全，杜万华．贵州文斗寨苗族契约法律文书汇编——姜元泽家藏契约文书［M］．北京：人民出版社，2008：570.

[6] 该文书名为“购物清单（时间不详）”，由凯里学院清水江文书研究学术团队于2012年从锦屏县平秋镇石引村刘光彬家扫描收集而来，收录在其特色资源库“清水江文书数据库”中，对凯里学院开放数据库供方便研究共享文献资料表示诚挚感谢。通过对文书的识读，题名为“购物清单”并不妥当，实际为日常生活开支账单，从记载内容上看，在黎平府城领钱开展公务活动的账单涉事人应该是黎平府东北路九寨总理、太和团首领刘开厚（生于1936年1月25日，卒于1915年4月1日，享年80岁），从文书中使用的钱银货币计量及其身体状况和地域局势还能够正常履职的情况上看，该件文件记述的事情应发生在清末光绪、宣统年间。

饭去钱一百四十文。二十日早，买肉去钱四十四文，买酒二件去钱六十四文，火食去钱二百八十文。格□，午饭去钱一百六十文。反好，晚，买肉去钱四十四文，买酒二件六十四文，买草鞋四对去钱五十六文，火食去钱二百八十文。二十一日，董敖，早饭共去钱二百四十文。晚，清江，买肉去钱四十四文，买酒六十四文，买豆腐去钱十二文，零用去钱十四文。二十二日，早，买肉去钱四十四文，买酒去钱六十四文，买豆腐十六文，买皮丝烟去钱四文，买丝烟二两去钱三十二文。晚，买肉去钱四十文，买酒去钱六十四文，买豆腐去钱十六文，零用去钱八文。二十三日早，买鱼去钱七十二文，买酒去钱六十四文，买茶二两去钱十六文。晚，买肉去钱四十四文，买酒去钱六十四文，买豆腐去钱十六文，零用去钱十六文。二十四日早，买酒去钱六十四文，买肉去四十四文……

清水江地区日常交易十分频仍，常常会请见证交易的中人吃饭喝酒，第一份账单在短短 20 天之内就因为请中人作为山林田土交易的凭证，连续请人喝酒 4 次，从中可以看到文斗下寨姜氏家族“三老家”的世字辈主人买酒 3 次，每件酒 15~16 文钱，通过田野调查当时的 1 件酒约有 0.7 斤，以最后一次请中人吃酒计算，共计买酒 3.5 市斤，加上主人 1~2 人，平均每人饮酒 0.6~0.7 斤。第二份文书是九寨地区保甲团练首领刘开厚的日常饮食账单，其人虽说是清末黎平府东北路的权威人士，但其家庭经济状况在当地只算得上中等偏下水平，平时开展公务也只有 1 名随从人员[1]。文书中记述刘开厚在 9 天内地跨当今黎平、锦屏、剑河三地范围开展公务活动的日常开销，饮食中顿顿离不开酒肉，不管中餐晚餐必饮二件酒，酒的价格有 30 文和 32 文之别，如加上随行人员也是每人每餐 0.7 斤的酒量。同样在三穗县八弓镇杨秀文、杨秀武兄弟赡养叔叔杨胜锦时所需“每月水酒二十斤”[2]，作为没有子女的老年人杨胜锦每天也需要喝上 0.6~0.7 斤酒。日常生日中，这样饮酒的酒量恰如其分，一般的人也不会醉，若是白天喝酒还能从事劳力强度较大的农活，夜晚喝上这样的酒量正好起到舒筋活血、缓解疲劳的养生解乏作用。

2. 人生礼俗

清水江苗侗民族在人生礼仪的各个阶段都有酒的身影，出生有“三朝酒”，满月有“满月酒”，结婚有“结婚酒”，去世有“白事酒”，酒还当作礼物交换成为在人生礼俗各种酒事的必备物资。兹举“婚姻以酒为聘”的婚姻习俗例证，锦屏县平江村康熙二十九年“恩德”碑载：“求聘定亲……革除酒席会亲，娶亲过门……不许多苛酒礼”[3]，锦屏县文斗寨嘉庆十一年“千秋不朽”碑载：“定亲酒礼，小则一两五钱，大

---

[1] 龙泽江，傅安辉，陈洪波 . 九寨侗族保甲团练档案［M］. 贵阳：贵州大学出版社，2016：364，373.

[2] 这是一份民国十九年三穗县八弓镇的一份名为“存天良字”的文书，反映了杨秀文、杨秀武兄弟赡养叔叔杨胜锦时所需“每月水酒二十斤”有关情况。详见贵州省档案局 . 贵州清水江文书 · 三穗卷（第一辑）第 5 册［M］. 贵阳：贵州人民出版社，2018：71.

[3] 锦屏县政协文史资料委员会，锦屏县志编纂委员会办公室编，姚炽昌选辑点校：《锦屏碑文选辑》，内部印刷本，1997 年，第 66 页。

则四两”[1]，锦屏县边沙村“因时制宜”碑载：“行亲之家……舅父只收酒肉，水礼彩礼不妄受分毫。送亲礼物，只许糍粑一槽，其酒肉多寡听其自便。送培亲婆礼，只许酒肉”[2]，黎平县坝寨乡寨母村“约条碑记”碑载：“若改嫁别人，经过彩礼花费酒水照加四两，以补酒水礼费”[3]。此外，在丧葬酒礼习俗中，清水江地区的侗族人还对奢靡的送丧礼制进行改革，上文“约条碑记”碑中有言：“嗣后丧事……至房兄弟帮送酒礼，只许款酒一次，即止更有馈送，提箩小礼，□糜丧家酒食”[4]，可以看出丧事宴饮中也有酒在场。

不仅如此，在编撰族谱、祠堂祭祀、订立遗嘱、迁移祖茔等宗族活动及与人生命史相关的重要事件中都有酒参与其中。编撰族谱是一项系统工程，需要族众费时耗资合力编修，在编撰过程中也会常常聚饮，锦屏县亮寨司龙氏族人在《龙氏家乘》编撰刊刻的经费中也特意列支了“起工犒工圆工酒三席”[5]费用。在清水江地区“内地化”进程中掀起了大量修建宗祠的宗族化运动，并将中原地区祠堂祭祀的传统仪式拓移至该处，如上述《龙氏家乘》中《旧典第五·仪注》之《春秋祭仪注》详细记录了春秋两季祭祀仪式的具体面貌，作为重要祭品——酒出现在礼俗的各个重要环节当中，还对族人“饮福酒”做了明确规定[6]。锦屏文书中存在大量的过继立嗣、析产分关文书，其中有不少是在承继当事人即将逝世时订立的遗属，如一份名为《陆仁远分关遗嘱》实乃异姓承继，为确保家产不起纷争，拟通过“设置酒席”来进行调处，遗嘱中声明：“倘后弟男子侄永不欲异言混争罩占福保家业，当凭陆亲三面是议和里，设置酒席，邀请族邻在内，上平青天侍奉祖宗，将家资尽付与陆福保照理，其家业兄弟永远不得混争”[7]。上述种种无不体现酒这一特殊饮品在清水江地区苗侗民众的人生礼俗活动中如影随形的情形。

3. 木材采运

清水江地区是宜林山国，中下游地区的民众除了春耕夏耘秋收冬藏四季往复的农田日常劳作维持生计，其社会经济生活方式最重要的便是以“木材采运”为核心的人工营林和木材贸易。在林木的种植、管护、交易、采运等较长生产经营周期的各个阶段需要大量劳力投入和群体运作，同时作为信仰祭祀、交易证实、消解疲劳、犒赏礼

[1] 锦屏县政协文史资料委员会，锦屏县志编纂委员会办公室编，姚炽昌选辑点校：《锦屏碑文选辑》，内部印刷本，1997 年，第 70 页。

[2] 同上，第 71 页。

[3] 吴才茂 . 清代苗族妇女的婚姻与权利——以清水江文书为中心［M］. 贵阳：贵州民族出版社，2017：200.

[4] 同上。

[5] 龙文和，龙绍讷编著，龙泽江点校 . 苗族土司家谱龙氏家乘迪光录［M］. 贵阳：贵州大学出版社，2018：417.

[6] 每年的春秋两祭，“饮福酒者，每人出分金钱五十六文”，或者是七十岁以上“力能入祠祭祀拜跪，准饮福酒，不取分金”，而八十岁以上“即不与祭，亦饮福酒”。详见龙文和，龙绍讷编著，龙泽江点校 . 苗族土司家谱龙氏家乘迪光录 . 贵阳：贵州大学出版社，2018：385.

[7] 高聪，谭洪沛 . 贵州清水江流域明清土司契约文书·九南篇［M］. 北京：民族出版社，2013：253.

物、联络感情的酒也贯穿于清水江流域木材流动的各个环节当中。锦屏地区流传至今的俗语“脚踩排木，买酒买肉”便是当年“木材采运”的生活场景的真实写照，不少放排工人排运木材到湖南洪江后买酒饮酒趣闻故事仍被传颂。

在人工营林业的生产周期中包含了杉木的采种、育苗、栽种、管护、采伐等阶段，苗侗族同胞在炼山造林和入山伐木时即耗体力又耗时过长还兼具危险性，在开工做活之前有很多的禁忌，除带上造林伐木相关工具外，还需带酒提肉备足大米油盐作为日常生活开支，作为伐木工人的首领——棚长还需带上香纸、酒肉、茶叶、豆腐等物品，在山脚焚香烧纸，祭祀山神，以求其护佑平安，❶在文书中有不少“山林合食单”“山林各食单”，其中就记载了木材采伐过程的开支细节❷，如在这份清道光年间的文书便是很好的例证：

众往去酒米单：世学、兆祖去酒十呼，又酒八件，七发手。成宗仔去酒十件，又酒十四件，沛清手，去米十件，又十件，又送米五件，去米五件，共一次。世元去酒四件，手。❸

4. 接待官差

苗族侗族一直以来都是淳朴大方、热情好客的民族性格，有朋自远方来都是好酒好肉招待客人，生怕怠慢客人使自己颜面难存，有的甚至会以超出自己家庭经济承受能力的付出来接人待客。明清帝国长达数百年对苗疆武力征服与怀柔笼络并用，将“化外”变为“王化”，在“内地化”进程中逐渐形成了一种“畏官”心理。人们不仅要面对州县官员不时过境和下乡巡查的各种夫马征派和酒食接待，还得时常与披着“皇恩”“官府”的外衣差役推杯换盏，主动巴结讨好，不敢轻言怠慢。特别清水江下游地区因木材贸易繁荣，日常交易频仍，大量外来人口增多，各种社会问题多发，州县衙门“三班六房”的差役肩负着捕盗缉凶、维护治安、田赋催征、差徭征派等事务职责，常常借助因公下乡之机，想方设法扰害乡民，恣意讹索金钱酒肉。锦屏县大同

❶ 笔者于2013年10月4日在锦屏县文斗苗寨作田野调查时，由原村主任易遵发先生告知山林种植采运的诸多技术规范，谨致谢枕，随行的还有广西师范大学硕士研究生何育美等人。

❷ 在锦屏县锦屏文书特藏馆中有不少这样账单，具体如下：《光绪二十二年六月初三日因乌为山接中用费及合食用费单》：“作梅来米一件，来酒五件……作梅来米七件，又来酒七件”（馆藏编号：jpws-jp-0213-0072）；《光绪二十二年六月二十二日卖污重溪皆党黄花各食清单》“猪肉五斤半，牛肉四斤四两，米三十件，酒十二件，盐半斤，青油四两，丝烟二两”（馆藏编号：jpws-jp-0124-1370）；《光绪二十六年二月卖冉格山分单》：“宣耿来米八件，酒六件，兑账来米七件，酒四件……盛玉来猪肉七斤，盐四两，烟一两。酒二件，银三分半……”（馆藏编号：jpws-jp-0126-0136）；另外，很多伙食账单没有交代具体时间的，从钱银货币计量上看应该为清代后期，如《各食单》：“（姜恩）瑞米十二件，酒三十件，盐……算账米四件，酒六件，盐二两，共该六百〇三文”（馆藏编号：jpws-jp-0009-0225）；《迫亥山场清单》“吃各食晏鱼六斤，酒去钱百十六文，盐二两，米九件，对账酒肉十二□。酒六件，米八件，盐钱六十四文”（馆藏编号：jpws-jp-0870-0076）；《污之□山费用合食单》“猪肉四斤，盐三两，酒四件，米五件”（馆藏编号：jpws-jp-0870-0076）等。

❸ 张应强，王宗勋．清水江文书（第一辑）第1册［M］．桂林：广西师范大学出版社，2009：420. 该文书没有明确的订立时间，按照归户性原则查阅《清水江文书》（第一辑），姜世学、姜世元等人山林经营活动轨迹主要是清道光年间。

村光绪二年“申明条约”中，贵东道道员易佩绅申明道：“本道巡行一切夫马、饭食，皆系自备……即酒席必不受，各地方毋得馈送”[1]。剑河县南哨乡翁座村光绪二十年“例定千秋”碑载：“差役奉票下乡……如多带娇兜、白役，需索鸡鸭、酒肉……准其禀官究治。”[2]往往这样的酒席是花费较大的。

（二）“酒”在契约社会生活中的作用

酒不仅是人们日常生活中极为常见的饮品，同时作为一种交流媒介还蕴含着重要的社会功能。在交易双方书立契约时，常以“酒席画字”来见证交易；在处理纠纷两造矛盾时，常以“酒席笑散”来调解纠纷；在有人出现过失错误时，以“愿罚酒食”来惩戒教育。

1. 见证交易

在清水江地区促成当事双方产权交易的中人功劳不可没，不仅能起到介绍交易的中介作用，还是双方关系缔结的见证人，当事双方之间可能发生矛盾时还承担着调解纠纷的职责。除了产权交易当事双方，签订契约文书时往往会邀请凭中、证人、代笔见证交易并签字画押，作为产权交易的见证人附署于契约内以见证契约的成立，保证了产权交易的确定性。在交易达成后，为了酬谢见证人，常常有“吃中”的习惯，或者给予“中人钱”“笔银”[3]作为报酬，或者“谢中”宴饮达成契约订立公示公信的程序[4]。田野调查中得知[5]，多数情况不给钱而只是交易的一方出面宴请当事双方的亲族、中人、代笔等见证交易的人群吃一顿酒饭，通过“请中吃酒”来进一步认可产权交易，而酒则是见证并庆祝双方达成交易的重要媒介，锦屏文书中也有不少契约反映这一习俗的存在。兹举一例进行说明，录文如下：

立断卖山坡约人龙梳连。今为石香保、石笼保私卖山坡，请凭乡导白陆贵还理讲，陆处面善，无奈乡导排解，只得衣从，备价银七两五钱虫买，山坡坐落土名陈吾冲头九白，又下头长冲，又下头笼金仔。水清米白，无人包占寸土。其银一手交足，连酒席画字一并在内。任从陆处开垦田丘。若有来理不明，在如卖主向前理落，不与买主相干。自卖之后，永不得番悔。如有那人先行番悔，发生金一两，龙角对，酒十扛，入众共用。众人执字赴官，自当领罪。衣旧成交。山坡一卖一了，父卖子休，如花落

[1] 锦屏县政协文史资料委员会，锦屏县志编纂委员会办公室编，姚炽昌选辑点校：《锦屏碑文选辑》，内部刊印，1997 年，第 113 页。

[2] 安成祥．石上历史［M］．贵阳：贵州民族出版社，2015：17.

[3] 瞿见．清代文斗寨中人制度［J］．民间法，2013（1）；瞿见．清代村寨代笔中的“笔银”——基于黔东南文斗寨的研究［J］．原生态民族文化学刊，2019（1）.

[4] 梁聪．清代清水江下游村寨社会的契约规范与秩序——以文斗苗寨契约文书为中心的研究［M］．北京：人民出版社，2008：116.

[5] 笔者 2014 年 7 月 31 日随王宗勋师赴锦屏县加池苗寨进行田野时，访谈姜绍烈老人后获知。姜绍烈老人作为加池四合院文书持有人，其在民国后期亲自参与多次契约文书的订立，对契约文书书写和运用十分熟悉。同行者还有中山大学博士生吴声军、王君等人。

地，永不归枝，水流东海，永不回头。恐后凭，立此断约山坡一纸，陆处子孙永远存照。

凭中证乡导　龙玉所、吴桥保、谢梁桥、王两晚、陆富学五人吃艮一两

代笔　王贵楚　艮一钱

康熙五十八年八月二十六日卖主龙梳连

永远发达[1]

从这份锦屏县岑梧寨买卖契约来看，不仅在交易过程中有酒席画字相关的支出说明，还重新给见证人以中人钱和代笔钱作为酬谢，还言明了违约的责任条款中有“酒十扛，入众共用”，说明酒不仅是交易的见证，还作为违约处罚的重要物品，在这组与“入住权”取得关系紧密的契约文书中还有三份契内标明“酒席画字一并在内”。[2]此外，文书中写明酒席的还有不少，如岑巩县一份“乾隆十六年十月十六日周琳等立收酒席画字”文书中堂兄周瓒等人因周琳周琯兄弟三人“居住穹远，未经饮酒画字”便将老屋场阴地卖给李祖泌弟兄，后双方发生纠纷，李祖泌弟兄“出银壹两陆钱以作琯弟兄三人酒席画字之资”而得以合息[3]。又如天柱县凸洞地区《乾隆六十年三月二十一日龙生坛弟兄二人卖田契》写到“吃有酒席”[4]，再如锦屏九南《嘉庆四年三月初五日吴息开兄弟原粮租约清白字》中载“酒席、画字银一钱”[5]。上述种种均表明不少文书在订立契约时，特别注明了请买卖双方当事人、中人、代笔人参加的“谢中”宴饮事项，表明在整个产权转移过程中有“酒”的在场。

2. 调解纠纷

清水江流域苗侗民族地区一旦发生矛盾纠纷，除了“有大狱讼者，皆决于流官”，往往一般较小的纠纷碍于“熟人社会”严密的人情关系网，不少是通过地方精英、宗族领袖、团甲首人出面调解，从而在宗族或村落内部得以妥善解决的[6]，在解决过程中纠纷两造一般都会在村内公所、家族祠堂或任何一方当事人家中置备酒席一桌，邀请上述地方权威等第三方人士赴宴解纷，有消除旧恨重新结好的“和面酒”和调解纠纷

---

[1] 该文书王宗勋师于2003年2月10日在锦屏县平略镇岑梧村征集文书时所发现，原件现存锦屏县锦屏文书特藏馆，其后对这一组共计16份反映“入住权”的文书进行整理点校，下文所引用岑梧寨文书均来自此，相关研究成果详见王宗勋．从清水江文书看清代清水江中下游外来移民“入住权”的取得——岑梧“镇寨”文书解读［J］．贵州大学学报（社会科学版），2016（2）．

[2] 详见《康熙五十八年正月十六日杨香保、杨弄保卖岑吾山坡与陆贵还的契》《康熙五十八年二月初九日杨香保、杨龙保卖琴无长冲荒坪与陆贵还的契》《康康熙五十八年二月初九日杨香保、杨笼保卖琴无荒坪与陆贵还的契》，原见藏锦屏县锦屏文书特藏馆。

[3] 该文书现藏岑巩县档案馆李泽江柜内，凯里学院图书馆2014年扫描并收录在其特色资源库“清水江文书数据库”中。

[4] 张新民．天柱文书（第一辑）第10册［M］．南京：江苏人民出版社，2014：17.

[5] 高聪，谭洪沛．贵州清水江流域明清土司契约文书·九南篇［M］．北京：民族出版社，2013：248.

[6] 张继渊，孟学华，王孟懿．族群边缘地带的清水江文书调查与研究——以锦屏县苗埂村落为考察对象［J］．原生态民族文化学刊，2013（1）．

辨明是非的“调解酒”[1]，时至今日仍然将喝酒作为纠纷解决过程中的一项重要内容。如下引用这份和息了局文书：

立和息了局字人姜世昌、永旺、永隆、永祥、姜学广、姜必荣等。为因争论圆古坡四方山，二比来城意欲控告，□□黄辅廷等从中排解，劝令两造均系同宗，不便呈控。所有姜世昌执管契约当中焚烧，此山以后仍归姜学广父子管业。两造均不得听人唆翻，免伤骨肉。兹凭中置酒席笑散，日后仍敦族谊，理合同立和息字据为据。

和息二纸 （半书）

凭中 黄辅廷、陈木庵、陈玉田

代笔 马辅乡

宣统三年四月初一日立[2]

文书中文斗寨姜氏家族内部因山林权属发生纠纷，已到黎平府城准备上官府控告，有三位中人从中排解，当众烧毁引起纠纷的契约并明确产权所有后，纠纷两造的同族叔侄兄弟邀请中人设置酒席进一步调解妥善，得到了满意的结果后大家把酒言欢，欢笑散场。类似的“以酒劝和”情况还有，同治九年黎平府岑湖寨石芝桂等人因“祖有绝户”田产发生纠纷，后“经官中等劝息”，“承担酒水了局”并书立“合息字二纸各执一纸永远存照”而使得纠纷得到有效解决[3]。又如，在咸同兵燹中，天柱县地方势力江东寨杨松龄与新舟寨杨起鹏“不分良莠”相互仇杀，致使新舟寨清军军官杨灵祥“母亲无辜被戮”，杨灵祥在南京战事结束后返乡，设计将杨起鹏捉住，在杨灵祥妻子多次恳求之下“鹏阳与祥和好酒食”，[4]可见杀母之不共戴天之仇也可以通过“劝解酒”得以化解。

3. 惩戒教育

酒在贵州东南部民族地区具有重要的地位和作用，在纠纷解决过程中发挥了确认、惩罚、警戒、教育、宣泄、娱乐等功能，前几年有学者通过对黔东南雷山县和镇远县的田野调查[5]，针对一些严重违反习惯规范的行为施以“罚 3 个 100（即肉 100 斤、米 100 斤、酒 100 斤）”的惩罚习惯依然存在，在村干和寨老主持下开展集体聚餐，并对“违法”的当事人进行教育并让其巡回喊寨，以这样的重处方式来提高村民的“守法”意识，其中的“酒”是集体聚餐这种惩戒教育仪式的必需品，在锦屏文书中也有通过

---

[1] 宋尧平．侗族酒文化［M］．北京：中国书籍出版社，2018：76.

[2] 张应强，王宗勋．清水江文书（第二辑）第 3 册［M］．桂林：广西师范大学出版社，2009：244.

[3] 李斌．贵州清水江文书·黎平文书（第一辑）第 9 册［M］．贵阳：贵州民族出版社，2016：180. 同样在黎平岑湖，一份《悔过了息字（光绪三十二年十一月初二日）》中，因雇工偷盗主家财物被抓现行，也请团首劝解“情愿错悔酒水赔礼了局”，详见凯里学院图书馆特色资源库“清水江文书数据库”，2016 年从黎平县档案馆石帮明柜扫描而来。

[4] 参见（清）林佩纶，杨树琪，吴见举等纂的《续修天柱县志》（附《兵燹纪略》），载天柱县地方志编纂委员会办公室编:《天柱县旧志汇编》，天柱县民族中学印刷厂（内部印刷本），1988 年第 362 页。

[5] 徐晓光．从苗族“罚 3 个 100”等看习惯法在村寨社会的功能［J］．贵州民族研究，2005（1）；粟丹．酒与乡土纠纷的解决：贵州省苗侗地区的法文化考察［J］．甘肃政法学院学报，2010（5）.

“甘愿罚酒”[1]的方式来赔礼道歉的现象，例如：

立错与□后字人本寨姜朝英自砍木一单，姑与姜生笼、光委、应生、世齐、开相、世运、开贤、开庆众等乡人，由古至今各有老洪路，无姑拉过姜开明之山，将山内之木植打坏，并开新洪路。古人云：新路不开，旧路不灭。无姑开些新路，情理难容，故请房族理论。他众等自愿错过错放。欲想将酒水赔理，我等念在村寨之人，岂有不知各有老洪路，我本系良善，一不要培还木植，二不要他们酒水，现有房族可证，今姜朝英众等木放坏我之木并开新路，恐日后我又放坏他众等之木并开新路，依照旧变不要培理培还。现凭房族立此错字并包字永远存照。

凭中房族　姜朝弼、姜世培

父请开相笔

道光十四年三月十三日　立[2]

这份涉及洪道问题的认错文书中林权所有者请房族理论，侵权一方也承认自己是“错过错放”，并表示要“酒水赔礼”，因顾及为加池寨姜氏家族内部矛盾，以后自己也可能出现此类问题，所以既不要赔还木材也不需赔偿酒水，而是书立认错文书作为日后发生类似纠纷的保证而结束，这个案例中其“酒”虽然隐藏不见，但作为惩戒教育的处罚实物则是不争的事实。下面这份光绪十九年二月二十七日《放火烧山赔银记录》说明的情况就更加清晰。

先年本寨显智、显邦放火烧我等公私山，请中理论，赔我等酒水并收他来钱十千文。光绪十九年二月二十七日本房天贵放火烧我等莲花山之木共、私山，请中理论赔我等酒水，并收他来钱六千四百文。[3]

“失火烧山”在人工林区较为多发，如果扑救不及时会造成很大经济损坏，对于世代“靠山吃山”的苗侗族民族的生计影响很大，处理“火秧头”的方式也很极端，文书中通过赔偿酒水和银钱的方式来处置失火之人，意在惩戒当事人的过失与附带责任，同时也通过这样的赔付方式来教育和警醒人们以后要更加注意用火安全。

四、余论

酒有利与弊的两面性，“一半是天使，一半是魔鬼”。在“劝酒戒酒”与“嗜酒成性”矛盾并存的清水江地区，通过锦屏文书的记述发现“酒”与苗侗等民族的日常生活关系极为密切，或在日常宴饮当中，或在人生礼仪和各类民俗节庆之时，或在木材采运的生计大事里，抑或是接待公差等重要事件中都有“酒”在场，几乎达到无所不包、无所不容的地步。用“酒”来见证日常频发的各种交易，还作为惩戒教育犯错之

---

❶《魁胆村志》中收入一则民国因触犯祠规而“甘愿罚酒食一餐”的文书。王宗勋．魁胆村志［M］．北京：方志出版社，2017：55.

❷ 张应强，王宗勋．清水江文书（第一辑）第1册［M］．桂林：广西师范大学出版社，2007：351.

❸ 张应强，王宗勋．清水江文书（第一辑）第3册［M］．桂林：广西师范大学出版社，2007：391.

人进行处罚的必要物资，还有调解纠纷且适用范围极为广泛的社会功能，甚至涉酒纠纷的最后和解方式还是以一餐酒席来结束，所谓“以酒解酒纠”。诚然，在饮酒纠纷解决过程中没有民族习惯法异常发达无所不能的情形，也没有体现事无巨细动辄兴讼的场面，解纠的方式更多的是国家法与少数民族习惯法互动的结果，实证了清水江地区渐次“王化”的时空转换中多元诉讼并存的真实状态。

● 糯稻与都柳江流域苗、侗民族生产生活的关系

——以《黎平府志》的记述为例

敖　靖　苏梓睿

（贵州大学　历史与民族文化学院　贵州　贵阳　550025）

摘　要：贵州种植糯稻的历史源远流长，除作为主食外，糯稻无论在日常生产生活、重大节庆仪式，还是在播种至收获过程中，无不体现着都柳江流域苗、侗民族的生态智慧与价值理念。糯稻种植与其自然禀赋和生计方式息息相关，为维护国家稳定和促进经济繁荣提供基础，同时亦反映该流域民族的社会文化生活与价值理念。通过《黎平府志》中糯稻种植内容的梳理与分析，汲取与运用传统种植经验中的农业智慧与生态理念，于做好贵州生态农业发展大有裨益。

关键词：糯稻；黔东南苗族侗族自治州；黎平府志

地方志是在封建时期的社会经济发展到一定阶段产生的。研究中国的经济、政治、文化和科学技术的发展，地方志材料是不可或缺的材料，也是汲取传统智慧运用于现代化建设的重要途径。自明以来，中央王朝逐渐加强对西南少数民族地区的政治控制和经济影响，逐步推行各类措施使当时的边民“以归王化”。西南地区尤其是贵州地貌复杂、气候多变、少数民族交错聚居、星罗棋布，民族起义频繁，因此，地方志提供的信息成为国家政策制定推行，地方政府决策治理的依据，“审如是志，实治之谱也；府有志，治府之谱也”。中国古代王朝历来重视对史的记录与运用，清代俞渭编修，陈瑜主撰的《黎平府志》以清代黎平府为行政单位，对所辖境内的历史沿革、地域范围、地势地貌、自然资源、古迹建筑、农业情况、文化风俗、社会名人等进行详细的记录，综合反映了黎平府当时的政治、经济、文化、军事、科技发展情况，为地方治理和行政活动提供了现实依据。

贵州是自明朝以后中央政府在西南的主要经营对象，随着明清王朝“王化”与“教化”的不断推进，儒家文化对黔地不断渗入，对当地少数民族生产生活及价值理念

作者简介：敖靖（1995—），男，汉族，贵州盘州人，贵州大学历史与民族文化学院 2018 级硕士研究生，研究方向为中国少数民族经济；苏梓睿（1994—）男，贵州贵阳人，贵州大学历史与民族文化学院 2019 级民族学硕士研究生，研究方向为中国少数民族经济。

产生了深远影响。农业作为古代国家存在的经济基础，对国家制政权稳定、社会和谐、文化繁荣至关重要，而贵州少数民族地区种植糯稻的历史源远流长，糯稻在其日常生产生活、节日仪式中扮演了重要角色，少数民族通过纳粮附籍方式承认国家统治、维护地方稳定和谐，同时贯穿在糯稻种植中的生态智慧与传统理念，对今天中国农业的生态可持续发展具有借鉴意义。

一、糯稻溯源与影响因素

糯稻虽在中国历史上早已种植，但糯稻名称的出现及确定，却经历了一段过程。从名称变化上讲，最早记录关于糯稻的文字是在《诗经·颂·周颂·丰年》中："丰年多黍，多稌"，宋·丁度《集韵》谓："稌稌，同都切，音徒，稉稻也"。《礼记·月令》上有"秫稻必齐"之句。《尔雅》："粟，秫也"，孙炎注："秫，粘粟也"。晋·崔豹《古今注》："稻之黏者为秫，禾之黏者为黍"。由此可以看出，秫字的原意是指黏性的谷子，这里借用秫字，以表示糯稻的黏性。东汉许慎《说文解字》："沛国谓曰稻稉"，而糯字的出现，首见于西晋（265—316 年），吕枕《字林》："糯，黏谷也"。从此，作为糯稻的专用字沿用至今。清·刘宝楠的《释谷》："稻之黏者亦名秫，吾乡称为红稻即此"。从以上文献中可以看出，糯稻名称大致的演变过程。从分类上讲，粘、稉、籼、粳，都属于稻类，性质有粘性的和不粘的，粘的稻谷叫作稉，俗作糯。不粘的稻谷称为粳，和庚同音，粳也就是籼，籼和仙同音，俗称为籼米，是南方人的日常主食。籼稻的种类数十，如有不择田而栽者曰大陇籼，曰银粳籼，曰西阳籼，曰粳半，其及三旬必肥田。可栽者曰贵阳籼，曰六十籼，曰百日籼，曰白粳籼，曰洗耙早。所收较少的籼稻名为香稻，俗名叫籼禾，味极香美；有需要肥田才能种植的薄壳籼，有必须在四旬栽种的红衣籼，又有叫作麻壳籼的晚种的稻种。

糯稻是稻种中的一大类别，也是都柳江流域苗、侗民族作物中极具代表性的稻种，其种类亦数十。糯稻在黎平府的广泛种植，离不开境内糯稻品种的多样性。《黎平府志》卷三食货志第三（下）中记载："大穗、红广、白广、金钗、早黄、黄丝、黑芒，糯谷也。糯谷，其秧及三旬，不择田而栽者曰大穗糯，曰红广糯，曰白广糯，曰金钗糯；其及三旬必肥田可栽者曰早黄糯、曰黄丝糯、曰黑芒糯，曰三可寸，曰四可寸。两种粒米极长，可作茶食。曰秃头糯，曰鸡爪糯，与籼稻相似，二穗，结穗无芒。其及四旬，虽瘠田可栽者曰冷水糯，曰红米糯，曰迟黄糯，种亦薄收。又有旱糯，可栽陆地，皆谷雨前后种，寒露前后收。以上糯谷之种数十[1]。"由此可见，黎平府境内的糯稻品种多样各具特色而质量优良，稻种多样。其生物基因库丰富，易在此基础上产生更具综合优势的糯稻品种，质地优良对糯稻的贩卖与加工有利。可种植期间长，能有效缓和因气候条件变化种植时间推迟减产带来的不利影响。不同品种适应

[1] 黎平县县志编纂委员会办公室．黎平府志［M］．点校本．北京：方志出版社，2014：1363.

不同肥力土地的特性能增加糯稻的种植面积，可在陆地上种植的抗旱稻在世界稻种中也属少见，这类稻种不占良田沃土，生命力极强，可在原有稻种种植上增加面积与总产量。

糯稻种植与当地独特的地理条件与自然气候有关，并非流域内所有州府都适宜广泛种植糯稻。黎平府在清朝时辖区包括黎平府、开泰县、永从县（今贵州省黎平县永从乡）、古州厅（今贵州省榕江县）和下江厅（今贵州从江县下江镇）。黎平府境东接楚壤，南连粤城，西北界于黔疆。虽然地处边隅，林木茂密，山多而荫翳，但由于光线充足，日照时间长，境内没有瘴雨蛮烟，在避免毒虫鸟兽侵害的同时，为作物的生长提供了有利条件，境内东北地势较平坦，气候也较为温和，冬无大寒夏无酷暑。开泰县西北靠近清水江，山溪深阻，地势高耸险要，起伏落差大，山地垂直气候差异明显，植被类型丰富多样，但由于山高林深，遮蔽日月之光，容易导致一日之内乍寒乍暖，百里之中彼热彼凉，对农作物生长不利。地势起伏大，开垦与种植的难度增加，所能垦殖之地一般为山坡旷土，杂种一些作物，例如豆类、小麦、荞麦和小米。古州厅与清江、台拱、八寨、丹江、都江同时建置，合称为“新疆六厅”，厅内所辖区域内河流众多，厅城枕山面江，河流两岸皆是山岭，河沙细腻松软，河流所经之处迤逦潆洄，榕树参天。境内气候寒少热多，所以三冬时节冰雪较少，三夏之际比府城炎热，充足的热量和境内众多河流为糯稻生长提供了有利条件，古州其他农作物的耕耘收获以及瓜果、蔬菜成熟的时节，比黎平府内其他地方要早。永从县东北与湖南接壤，山势高，林木茂密，肤云便能致雨，所以永从县境内多雨少晴，雨则寒，晴则暖。下江因地处都江、榕江下游而得名，气候与永从有所不同，冬天寒冷异常，夏天则酷暑难当，特别在春夏之交微雨过后易起瘴气，容易对人畜造成危害。因此，都柳江流域内的糯稻种植主要集中在黎平府和古州两地。

除地理条件与气候外，优良的糯稻对种植土质及土壤肥力有较高要求。《周官》一书中以土壤肥力对五谷作物生长的作用，将土壤分为上中下三等，还未开垦时已有大壮、泥油、沙土、崖粪等，且泥性暖耐旱，土块结实，大而均的是上地；杂崖土、细石土、大沾泥、鸭屎泥，性平不耐旱，粪力耗尽作物收割以后土壤结实、大块而均匀的是中地；黄瘦泥、白膏泥、饿沙泥、灰浆泥，按正常耕作为土壤施肥却只薄收是下地。土壤的好坏是高产的基本条件之一，好的土壤肥力充足、微生物活动频繁、提高糯稻根系呼吸、增强代谢，在为糯稻生长提供大量养分的同时，也能减少农人的工作量，事半功倍。就全境而言，黎平府地只有靠近溪河的地方带有沙土，其余的地方都是沾泥或土中夹有细石，古州多油沙土地，地势宽且平，所种的农作物与其他地方不一样，但收获时节同黎平府其他辖区内相比较早。总体而言，黔地窳而土瘠、气而候愆、山地众多、植被茂密、河流众多，黎平府全境内降水充足、热量充沛，对糯稻的种植尤其是生长期大有裨益。

地势高低对糯稻生长情况作用明显。不同的海拔高度，在山体的向阳处还是背阴处，是否靠近山林，地势高低导致的水温变化等，对糯稻的生长情况与质量有很大关系。贵州山体气候垂直差异对农作物的影响明显，例如清代沈毓荪《古州杂诗》言："……中稻十之五，平畴禾黍稀。问农何以故，农云地宜利。良田不耐旱，甘霖无定期。……田高不雨枯，田低岂如斯。万亩半濒江，桔槔渠未知。……"若夏季雨水稍多则高处得利，但低洼处稻谷难免浸损；如果久晴不雨，稍高处的稻谷水分不足长势不佳，稍低处的稻谷则生长有利。若单纯依赖降雨，那高阜山田之地的稻米灌溉就不足，更别说像麦、粟以及其他全赖土地气候生长的作物。且黎平境内大多数地方山高水冷，气候寒暄，虽然当时在此的苗人耕凿勤勉，但限于地力，有时年岁不佳之时收成很薄。因此，在糯稻种植之时，需要寻找日照合适之地，使稻谷白日有充足热量生长发育，夜晚又能不因田水温度过低冻坏根部。除地势与日照外，若稻田所倚山体森木葱茏，林中植被茂密，涵养水源良好，利于满足稻谷生长时所需水分，且山水清洌甘甜，有助于土壤中的微生物群落活动，利于病虫害防治。反之，若所倚之处无深密山林，缺少完善的小区域生态循环，灌溉水源需费人工，且田水更换周期长稻谷易致病虫害。

二、糯稻种植中的生态智慧与价值理念

糯稻是都柳江流域苗、侗民族种植业的特色之一，黔东南位于中国西南云贵高原贵州省东南部，属亚热带季风季候，夏季高温多雨，冬季温和少雨，冬夏干湿差别不大，云雨较多。沟壑纵横，山川连绵不绝，植被丰茂，相当大的范围是未被开发的原始森林。境内大多是山地民族，其生计方式受制于生存环境，与中原、江南水乡优渥的农业自然条件相比，生计难度更为严苛、面临条件更加复杂，在不断适应自然的过程中，展现出都柳江流域苗、侗民族尊重自然、因地制宜、合理利用生态资源的生态智慧与勤劳、朴实、感恩的价值理念。

人是自然界的一部分，是参与自然能量循环中的一环，不同于动植物的是人类可以更加充分发挥自己的主观能动性，正视自己在自然界中的位置，找出最适宜生存和发展的形式。每一个族群要生存发展，就必须凭借其自成体系的文化，向所处环境索取维持自身生存的物质资源，并在此基础上延续积累和传承其精神文化。任何一个民族在自己历史的创造中，都在有效地利用其所处的生存环境，并模塑出自己特有的生计方式。都柳江流域苗、侗民族正是在千百年的生产生活中，在高山低谷、山环水绕、丛林密布的环境下，一步步摸索出适合本民族发展的生计方式，归根结底是他们尊重自然的结果，表现在两个方面，一是尊重自然条件，二是尊重自然规律，按自然规律办事。贵州的地理条件独特和严苛，限制了中国北方大平原那种大规模农业生产模式与江南水乡的劳作方式，也不同于北方草原、山地草原的畜牧方式，在土地的开垦、利用上难度大，需投入的时间、人力、成本高，而收获在同等条件却较少。同时，贵州东南部高山叠嶂、水流湍急，原始森林密布，能够被开垦种植的范围和区域有限。

在这种情况下，苗、侗少数民族尊重自然条件，将主要种植区域集中在以河流沿岸、低山丘陵和山腰地势较平坦的地方作为农作物生长之地。在作物品种的选择上，根据当地气候、物候和土壤特性等，以生命力顽强、产量丰硕、抗旱抗寒为特色的品种为主，例如马铃薯、玉米、稻米、辣椒以及豆类等，尤其在不断种植与收获豆类过程中，豆类的圆锥根吸收土壤深层养料和水分的能力优于谷类作物，通过与豆类作物共生的根瘤菌固定空气中的游离氮，种植豆类作物或用以同禾谷类作物轮作、间作的方式，逐渐改良和培养土壤肥力。

自然规律是存在于自然界的本身发展变化的规律，尊重自然规律，按自然规律办事则是根据气候时节变化，在糯稻种植上从选种、育苗、培秧到插禾、纳稼、收藏，顺应节气时令，每月做好应做的农事，尊重自然对人生产活动的干扰，又能在不破坏生态环境的前提下，通过人类活动有限度地改造自然以适应当前的生产技术和生产力水平情况。例如，在糯稻种植中，在用种植经验对糯稻进行精心照料的同时，又能根据当前人口数量、劳动力水平和生产工具等情况，不盲目扩大和缩减糯稻种植面积，在做到不大规模砍伐森林开荒拓田的要求下，有节制、有规律地增加糯稻产量，使种植业与自然生态和谐共生，避免出现破坏生态的现象。尊重自然是都柳江流域苗、侗民族在千百年种植历史积累的农业智慧，也是山地民族赖以生存、与山林为伍的基本信念。不认识、不尊重自然与自然规律必然背离人与自然的和谐，而认识并尊重自然与自然规律，则是实现人与自然和谐的前提。

因地制宜是根据地势高低和土地类型，选择合适的作物与耕作方式来进行农业生产。天生百谷以养人，是因为能因地制宜，随时制宜。黎郡倚山而居，溪水常流，水田占十之七八，但高冈大阜、旱田也有十之二三。若用旱田种稻，必须雨水优渥才可栽植。一遇旱魃之年降水不足，无法犁耙，稻田只能干涸沦为石田，原本的丰草良田荒芜实在可惜。根据时节也可因时制宜更换作物品种使年有所种，不浪费良田美地，如稻谷种植时节已过，可种晚小谷（俗作粟）、晚高粱、冬荞麦一类的，即使在夏至以后这些作物仍可播种，况且夏雨少则秋雨必多，农事上合理变通最终会使田不荒芜而歉岁，仍旧可以转为丰岁。虽然有些土地肥力不足但仍有微薄收获，所种的作物种类不一，必须和土壤类型相适宜，例如以干枯树叶作肥料的，一定要与土性寒暖相适；大粪较凉，黄土红沙地温度高燥热的地方，适合用猪粪和马粪作肥；地势低平的冷沙地一类适合种植菜油；只有灰浆土、大眼土适合用牛粪，无须选择地点用柴草灰掺和水搅拌作肥，可种植各种作物百无不宜，尤其适合种植高粱和各种豆类。合理运用自然之肥给今人以启示：大规模的化肥运用从长远上来讲对土地的危害是根本性的，会破坏土壤结构，有可能诱发新的作物病变，最后恶性循环对食品安全产生威胁。应合理运用动植物肥力以及通过作物特性，自然改善土质，达到土地的健康、良性循环，以自然之肥种安全之实。因地制宜是都柳江流域苗、侗民族面对复杂的地理条件、严峻的生存环境和多变的气候积攒的生态智慧，是在逐渐尊重自然、适应自然、利用自然获取生存食物与能量，发展出各民族特色经济、文化的基础。

糯稻灌溉也需结合地势条件因地制宜。灌溉之利以拦河为上，溪流随地势由高到低筑堰而不断被分流，能满足地势高低不同的田地灌溉需要。又在田边稍高一点的地方掘出小沟，将堰中的水引入沟中轮日泄闭，使所有田地灌溉均匀，所以一溪如果能流百里之地，那么这百里内溪边周围的都是上等田。灌溉水源较差一点的是泉水，如果有较长的泉水可以灌溉十里田地，但是泉水有冷热之分，泉水温度高些谷子长势好，若泉水冷则谷子成熟时间会推迟，推迟容易因秋风受病。比泉水更差的是用水车汲水灌溉，且受诸多限制。比如溪大岸高不便设置水车，只能在横堤的近岸砌一个狭窄的小港，水流至此时水轮开始转动能开始舀水来灌溉，在干旱时也不用担心灌溉问题。如不是这三种自然水源只能开堰，开堰在地势不同的高山平坝地区需选择合适的点。当很多田在山上时，堰设置在山体中部或更低一些的地方，根据山下雨后涨水的多少决定所修之堰大小。修堰治堰的方法，是将事先选好地点的土掘出，堰底及堰四周仔细修筑以防所蓄之水渗出。如若想使堰堤厚实，则在堰内外砌石并用土充实。可以在一闸中蓄水并放入蒲鱼，周边种植柳树，根据山势高低疏通小沟使之与稻田连通，等雨后天干时就可将堰中所蓄的水通过沟渠注入稻田中。这样即使是地势比较高的田，遇到大旱也不会出现颗粒无收的情况。又因为堰边种树夏日阴凉，牛可以在此乘凉喝水洗澡降温，所放鱼蟹到时也能捕捞食用，筑堰是一种暂劳而永利的行为。

在糯稻和其他作物悠久的种植历史中，培养出都柳江流域苗、侗民族勤劳质朴，与自然和谐共生，感恩土地、反哺故土的价值观与理念。勤劳是从事农业生产的根本要求。即使土壤肥力不一，转变全在人功。良农能使瘠者肥，惰农则使美者恶[1]。少数民族质朴的感情状态是小农经济的真实写照，中国古代自给自足的小农经济下，人民生活日出而作，日落而息，人与周围环境紧密交融不可分割。民劳则心善，民知其善就不会触犯律法，于是男耕女织，各得其所，欣欣相告，生生不穷。有《旧志》记载："五方杂处，人性朴茂，尚义重信，不乐纷嚣。"又有《通志》载："地称沃壤，民习勤俭。士敦弦诵，俗少嚣凌。"唐志书云："汉夷杂处，各勤其业，各安其居。男不为僧，女不为尼。俗美风清，绝鲜娼犹之辈。"说明黎平府境内汉族与其他少数民族关系融洽，民风淳朴，气象和美，人心向善。在对土地勤耕不辍的同时，也注重道德礼仪的培养，如民间屋内堂中设天地君亲师位，放置木制或纸质的祖先牌位，周围放孔子、文昌、关帝、灶神和观音的纸牌或塑像，或供奉本地特有的神祇，当时在黎平境内已是普遍现象。此说明当地崇尚自然、顺服天意，感念天地化育万物，感谢自然孕育、造化生命的观念已是普遍。同时，秩序与礼维持着社会间人与人的关系，人们在社会上的身份角色固定，各司其职，敬畏主君，服从权威，减少了社会动乱。另外，

[1] 黎平县县志编纂委员会办公室. 黎平府志［M］. 点校本. 北京：方志出版社，2014：1330.

要求对亲友尽孝悌仁义，要孝顺长辈团结亲朋，宽容朋友慈爱晚辈，夫妻礼遇相敬如宾。师傅是人的精神导师，使心灵健全，培育学生的人生观价值观，是文化传承文明创造的重要途径；又结合孔孟之道、关公之义和其他朴素的自然崇拜等，表达民众敬天法地、孝亲顺长、忠君爱国、尊师重教的价值取向，共同构成了社会繁荣、国家稳定、民族昌盛的基石。

饮水思源，感恩自然，回馈社会是人们重要的价值理念。人与自然的相处过程从蒙昧之时畏惧自然，到对自然有逐步认识后顺应、崇拜自然，随着技术进步有一定生产力后试图改造自然、征服自然，又随时代进步、环境破坏给人类带来灾难后客观认识自然，尊重自然，与自然和谐共处，追求人类的可持续发展。人类不断探索自然客观规律的过程表明，只有懂得感恩自然，将人类客观视作生态链上普通的一环，打造人与自然和谐共处的状态，才能获得长足发展。都柳江流域苗、侗民族有许多公山、古井、神山、神树等，村头村尾常见土地庙，许多官府禁令和民间款约、乡规民约、寨规都以法律和习惯法形式保护自然不受人为破坏，对违规者一般处以严惩，逢节日以重大仪式进行祭祀，在民众间形成感恩自然、保护环境的共识。除此之外，当地重注耕读传家，取得功名、经商发达或具有社会地位后，大多感恩故土，反哺相亲，支持宗族与地方建设。志书对人物事迹的记录表现地方社会所需提倡教化的内容，通过表彰地方社会的任务，可引领社会风气。

三、结语

通过对《黎平府志》中糯稻文献的梳理可以看出，作为一种有悠久种植历史的特色稻种，糯稻以其生长特性和品种优势，适应了贵州独特的地理条件与自然气候，是都柳江流域苗、侗民族顺应自然、尊重自然规律进行选择的结果。以糯稻为特色的种植农业体现出都柳江流域苗、侗民族因时制宜、因地制宜、与自然和谐共处，共同发展的生态智慧与勤劳、朴实、感恩自然、回报社会的价值理念。同时，糯稻种植中所反映的上层建筑如国家机器、当地政府、乡民社会对农业的关注，渗透到经济、政治和社会文化层面，将自然与人类社会有序联系起来，实现自然与人文的和谐统一。

在糯稻种植的整个过程和影响因素中我们可知，合理、可持续地利用资源以及注重生态的多样性保护，用绿色、有机的发展理念指导生产，在合理利用现代生产技术的同时，又做到人地和谐，守住粮食安全底线，并将农业智慧精髓融入社会文化和个人品德塑造与价值观养成中去，最终实现贵州生态农业的稳步发展。

【参考文献】

［1］朱士嘉．中国地方志的起源、特征及其史料价值［J］．史学史资料，1979（2）：1.
［2］李增高．我国历史上的糯稻［J］．农业考古，2008（1）：41.

[3] 游修龄. 糯稻文化区 [J]. 中国稻米，1995（1）：27.
[4] 黄美新. 文化人类学视野下的左江流域壮族五色糯米饭 [J]. 广西民族师范学院学报，2017，34（4）：28.
[5] 王宇丰. 中国近代有关糯米的禁令 [J]. 古今农业，2018（4）：78–84.
[6] 杨军昌. 侗族传统生计的当代变迁与目标走向 [J]. 中央民族大学学报（哲学社会科学版），2013，40（5）：93.
[7] 伍光和. 尊重自然与自然规律是实现人与自然和谐的前提 [J]. 云南师范大学学报（哲学社会科学版），2008（3）：22.
[8] 孙九霞，刘相军. 生计方式变迁对民族旅游村寨自然环境的影响——以雨崩村为例 [J]. 广西民族大学学报（哲学社会科学版），2015，37（3）：78.
[9] 冯玉荣. 明末清初社会变动与地方志的编纂——以《松江府志》为例 [J]. 中国地方志，2008（7）：45.

● 论少数民族传统节日与乡村治理的耦合

——基于侗寨彦洞的田野调查

王　斌

（贵州大学　历史与民族文化学院　贵州　贵阳　550025）

摘　要：少数民族传统节日是地方重要的时序节令，它是当地人祖辈生活智慧的具体体现，节日传统的形成与人们的生产生活节奏息息相关，在这过程中，地方社会组织扮演着重要的角色。随着少数民族经济、社会、文化的不断变化发展，节日传统的内容、结构、组织形式等也相应地发生了变化，少数民族地区的传统节日历经封闭时期的感恩自然、祭祀先祖，到民族文化资本化时期的"文化搭台，经济唱戏"，再到"乡村振兴战略"下的节日文化再造……可以说，节日传统的内涵意义与时代发展的背景密不可分，而利用传统节日的平台达成村级治理的有效融合，则是基层政府一直在努力的方向。近年来，许多学者相继提出，在国家资源自上而下转移的背景下，出现的问题诸如：国家资源倾斜越多，村民越向"刁民"转变，各种惠民没有起到预期的效用，反而使地方民众与政府间的关系越加紧张；同时，在资源分配的过程中，很容易就出现内卷化。面对这些问题，我们不禁发问，提高村民的自治能力还要走多远的路？无公德的个人与村庄结构性力量会形成"只讲个人利益，不讲公德"的局面吗？据此，少数民族传统节日的运作模式或许能够给乡村社会治理提供一定的借鉴与启示。

关键词：民族传统节日；乡村社会治理；耦合；彦洞

一、侗寨彦洞的节日

彦洞地处北侗九寨地区腹地，民族风情十分浓厚，民族传统文化丰富多彩，村寨坐落于上下两片田坝之间，是九寨地区自然环境保持较好的一个寨子，周围青山环抱，古树成荫，原生态旅游资源底蕴深厚。时至今日，彦洞村仍然保持着最为纯朴古老的北侗民俗，其斗牛娱乐以宗孟获之风，行歌坐月传递男女之情，用苡仁酒、香油茶以待宾客。"七·二〇"、侗年是其最隆重的节日。此外，还有以吊脚楼干栏式民居、后

作者简介：王斌（1993—），男，穿青人，贵州大学历史与民族文化学院2017级民族学硕士研究生，研究方向为少数民族经济。

龙坡歌楼、寨上斗牛场及寨中青石板路为代表的建筑文化；以“七·二〇”民族歌节、侗年、鞍瓦、尝新节等为代表的时令文化；以侗族服饰、银饰、草鞋、草帽等为代表的服饰文化；以腊肉、腌菜、腌鱼、侗家油茶为代表的饮食文化；以现存墓碑碑刻、古碑刻、契约文书等文字记载为代表的文书文化；以刀具（彦洞打铁技艺从前远近闻名，现在已经失传，仅存昔日打铁用的道具）、竹编农具、神香为代表的纯手工艺品文化闻名于世。

彦洞文化底蕴十分深厚，是北侗民族文化的发祥地之一，其民俗、节庆活动等具有多样化特征。彦洞“七·二〇”民族歌节是北侗民族文化的传承命脉，又是少数民族民俗文化的集聚及象征盛会。从其历史与现在的状况来看，具有人文考古性、姓氏传承性、民俗多元性、文化多样性等显著特征。歌节的内容涉及当地侗族世代传承的生活习惯、人文历史、宗教信仰、先辈遗志等。如斗牛比武、山（情）歌对唱、篮球比赛（彦洞男女老少都热爱篮球这项运动）、民族服饰展示、斗鸟（鸡）、民族歌舞表演以及杂技表演等。每到节日期间，在外同乡纷纷回乡，外地宾客也纷至沓来，新街上、歌楼边、牛塘边无不人群攒动，热闹非凡。

村内现存古石碑 16 块，已列入贵州省物质文化遗产名录，是民族乡民社会生产生活、历史文化、心理情感和地方治理等综合反映的“活化石”。其中著名的有清时期刊立记述咸同年间九寨民众抗击张秀眉等军队的《记述碑》《婚俗改革碑》、禁止破坏道路、庄稼的《环境保护碑》等。彦洞村旅游资源丰富奇特，清乾隆三十五年（1770年）修筑的石拱桥至今仍坚不可摧；东、南、西、北四条大路在嘉庆十三至十五年间各姓出资各铺 2 里长青石板路；南北二岳、西岳庙址掩映林间；还有“牛脚印”“马脚印”“狮子岩”“伞盖岭”等奇妙景点。值春涨水季节，寨脚瀑布直泻“龙潭”，水雾弥漫，偌是艳阳高照的晴天，可见瀑布中挂起一道彩虹，村人叫“祥龙饮水”，蔚为壮观。

彦洞村风水古树、文物古迹及民居服饰保存完好，各种保护细则均在村规民约上得以体现。随着贵州乡村旅游业的兴盛，彦洞村成立文史协会对少数民族特色文化加以挖掘、传承及保护，并以“七·二〇”民族歌节为平台，努力打造北侗独树一帜的民族文化品牌。

侗族是一个没有自己的文字的民族，传统的侗族习惯法都是不成文的，通过集体制定的习惯法被称为“款约”，以口头的形式相传。在清朝改土归流以后，大量汉族人来到贵州生活，于是在汉族与侗族交往的过程中，部分“寨老”逐渐掌握汉字的用法，于是便将“款约”刻在石碑上。“款”，是侗族社会在历史上以地理位置和亲属关系为纽带的，在寨子内部、村寨与村寨之间通过联合盟誓与约法的方式建立起来的，带有区域内行政与军事防御性质的联盟，是侗族最为古老的社会组织和社会制度，寨老则是“款”实施的重要载体。彦洞“七·二〇”歌节最初是当地人自发组织起来的一个活动，不成规模，后面经过寨老们共同商议，将农历七月二十日这天定为“七·二〇”

歌节，还规定了歌节从开始到结束的一系列流程按照一定的规则进行，如：迎接客人时，邻村的兄弟姐妹们会身着盛装前来，迎客的彦洞村村民们就在路的两边排好，拿着村里各姓氏的大旗小旗以及村旗等，等着邻村的亲朋好友的到来，待到人来时长号手就吹响手中的长号，几个负责拦客的姑娘站在摆好酒和肉的桌子前，对方来到桌前时将其拦下，由这几位女子代表唱歌，向对方表示欢迎，待对方做出回应，对唱完后主人方会向对方用牛角敬酒喂肉和粑粑，吃完便可进村。同时如果远方有尊贵客人来也是如此，只是不用唱歌；之后的开幕式，传统意义上必须先由“寨老”讲话，内容主要涉及开寨传说、歌节由来等，随着“国家话语”在传统乡村基层组织结构中慢慢地占据了主导地位，如今的无论是开幕式或是文艺会演致辞都先由乡或村领导讲话，之后才到寨老。对应的歌节活动中也增添了新的内容，很多外出务工回乡创业的、村里学历较高的、在村里或外地有不错的工作的“精英群体”，他们在歌节中扮演着重要的角色，一般充当政府与民众之间沟通的桥梁。

二、传统组织、政府主导、乡村精英——多维关系中的节日

彦洞占人口总数最多的十一个大姓，并非源自同一个祖先，每个姓都有关于自己宗族的族源解释，甚至连族属都不尽相同。在这样一个小型社区中，需要一种制度性的力量来维持各姓宗族和平共处和平衡发展的局面，我们或许可以将彦洞侗族的群体政治概括为“平权”，“平权”之意，在于所有“家”“鼓社”“村寨”等都是平等的，通过民主协商和民主决策以及民主程序保障各“家”的平等权。群体内部秩序的建立，取决于这个共同体内部各姓之间相处的方式，在彦洞关于建寨的争论一直持续至今，主要是杨龙两姓之间的争论。据寨内老人阐述以及现存碑刻上的记载来看，彦洞在开寨之前，此地基本上是烂田坝，开寨的人只能住在山上，最先来这里的是龙姓始祖，接着是罗姓，后面陆陆续续才有了其他姓氏的人来此地。龙家的祖祠在湖南，杨家始祖（杨华、杨聪隆父子）是朝廷的官员，今彦洞后龙坡上还存有一块杨聪隆的墓碑，据说后龙坡上立碑处就是杨聪隆生前的府邸，史书中记载，杨盛贤（老人们口述中杨聪隆即为杨盛贤的父亲）是明朝洪武五年由朝廷委派的中林彦洞长官司长官。由于没有确切的文字记载，杨龙两姓谁家开寨也成为彦洞村争论不休的问题。下附一则龙家开寨传说：

很久以前，龙家补老经过艰古跋涉到此地。那时四周便是深山野林，只闻禽兽号啕，不见人踪。尤其处处是青冈树，遍地绕着葛藤。老人见林深草茂，只敢在四围边上觅处歇人。不久后他们就决定在此留了下来。虽留了下来，但地广人稀，老人们深感忧伤，怕小孩难以抚育成人。看着一家老小，老人只盼他们能在此生根传行后人，不再受迁徙之苦就心满意足了。于是老人就下了一个咒语：生也不显，死也不灭。说也怪，此后龙家便开始家旺人清。也是此验洞始有人迹生焉。

（资料来源：据彦洞杨罗两姓老人的口述整理）

清水江流域的少数民族，多有关于“开寨始祖”的崇拜，开寨始祖崇拜其实是一种土地资源占有的优先权，先占者获得土地经营的权利，后来者必须与先来者签订契约，加入先来者集团，或签订盟约以遵守先来者的规定，才能获得定居权和土地使用权。“开寨”之姓氏在社会生产和日常活动中拥有一定的优先权，如先到者，耕作的天地是最好的地段；节庆活动中，“开寨”之姓拥有优先的入场权，随着现代社会国家话语的深入影响，传统的村级治理结构也随之发生了嬗变。侗族的“侗年”，是一项传统的节日活动，彦洞地区，侗年也十分的热闹，2017 年我们有幸参与了救民举办“侗年”的整个过程，下附一则相关“侗年”由来的传说：

咸同年间兵荒马乱，彦洞作为黎平府东北路第要隘，是兵家用武必争之地。每当兵乱起，彦洞人民就得遭受兵乱之苦。话说咸丰四五年，田里庄稼刚入仓，便传有苗反，一时人心惶惶。至农历十一月，其他地方逃难的人越来越多，寨中百姓也各家各打自己主意，一派大难来时各自飞之势。而眼看新年就要到，农民一年到头辛辛苦苦，就盼过个太平年。可现在苗反兵乱谁又还能安心过年？新年一天比一天迫近，但苗兵攻打彦洞的消息也一天比一天紧急。一旦苗兵攻破彦洞大卡，一年辛苦种的粮食，喂的猪全落人家嘴里。罗家人想，留给人家吃，不如自己先吃。再则杀了猪，打了年粑，真的有苗进寨逃进深山老林也不至于挨饿。于是罗家人一合计，大家在农历十一月二十七日便杀猪、打年粑，并邀请亲戚左邻右舍饱食一餐，然后携妻挈女往岑顿等深山老林躲兵避难。寨中其他姓氏见状，也赶紧杀猪、打年粑提前过年，然后避难去了。等兵祸过，寨人为了不忘兵祸逃难之苦，在每年新年到来前一个月过一次小年，待到春节，再过次大年。此后相沿成习，并称为侗年（也称小年）。也因此故，在过侗年时，罗家过农历二十七，其他家晚过四五天即初一之所由。

（资料来源：据彦洞村罗姓老人口述整理）

据当地的老人说，彦洞地区的“侗年”，最先是彦洞的罗家开始过，之后周围的人们才效仿直至如今的规模，在国家精准扶贫及乡村振兴战略相继实施以来，彦洞乡政府一直在尝试，试图走一条“精准扶贫 + 旅游 + 民族文化 +N”的路径，给彦洞乡的每一个村规划了“一村一节”的项目，这才将彦洞的侗年搬到了救民，彦洞的节日就以“七·二〇”歌节为主打。这些传统节日得以继续举办且发展出新的生机活力，离不开当地青年中坚力量的推波助澜，如 2017 年救民举办的侗年，从初期宣传、融资拉赞助等过程，来自乡政府的龙某某、来自村里的大学生以及外出打工返乡创业的中青一代人，都为节日得以成功举办付出了巨大努力。在传统的以寨老为核心的组织力量式微的情形下，这些青年不管是为了推动村落共同体的发展或是其他的目的，他们都逐渐与政府一道发力。随着国家—社会—个人的联系不断加强，少数民族也过起了汉族传统的节日，并且这些节日越来越趋于主导。少数民族传统节日在乡村社会组织中占有重要的地位，也是这个共同体原初的记忆，否则村民们也不至于在该节日逐渐走向衰微的时候，通过民间智慧创新其传统节日，将民族节俗加入现代元素，使之更加符合政府的规划，从而实现其传统节俗的延续及发展。

三、节日传统的内涵嬗变与乡村社会治理的运作效能

彦洞的传统节庆活动发展至今，参与主体都有着多元的目的或诉求，总体来看，彦洞的传统节日无论在内涵或表现形式上，其参与的人众、社会功能等都发生了嬗变，多种力量的参与都为了促进彦洞的良性发展这一共同目标。我们可以看到，现在许多年轻人有意识或无意识的与地方传统文化产生了割裂，而乡村精英更多的是在各种活动中以谋求资本或权利为主要目的，且随着现代性的观念体系深入人们的心中，传统的信仰体系能够发挥的作用愈加微弱，它丧失了令人敬畏的力量，已起不到阻止或惩戒不当行为的规范性作用。正是在这些复杂多变的关系中，传统节日依旧保持其活力，并发挥着更大的价值。其中一个重要的原因在于传统节日文化能够在旧有的框架下对现代性做出一定的调适和反应，村落的自治传统与节日传统之间形成了一种耦合关系。

在贵州少数民族地区经济社会发展过程中，民族节日具有浓厚的文化特色，它已成为少数民族文化集中展示的重要平台，同时也在民族区域社会经济的发展过程中起到了不可替代的促进作用。随着贵州省“十三五”规划中促进文化产业发展一系列措施的实施，以少数民族传统节日为基础进行的相关节庆活动也成了少数民族地区文化产业发展领域的一项重要内容。在这一发展过程中，彦洞传统的节日如“七·二〇”歌节成为当地政府用以提升当地经济发展水平、扩展对外文化交流的重要手段，在节日的开发和组织中，需要大量的精力并投入大量的财力和物力。彦洞“七·二〇”歌节在经济社会发展的新背景中获得了进一步巩固和提升，不仅宣扬了其文化内涵，而且提升了其经济附加功能，成为节日开发的成功案例。“七·二〇”歌节作为彦洞人们建立、分享和传承的传统节日，是其历史记忆的结晶，而当历史记忆随着现代性浪潮的冲击而发生改变时，作为不同身份的彦洞人做出的反应也不尽相同。

四、结语

在民族文化的发展中，在社会和时代变迁下，很多民族文化在现代社会的功能已经弱化，甚至一些传统文化正在逐渐走向边缘和濒危。因此侗族文化精英，就用他们的文化热情，加之政府的推动，将传统节日和现代社会的环境和背景进行有机的融合，不断去粗取精、革故鼎新，在保留了原有文化的传承特质的同时，更多地赋予传统文化现代性的包装和构建，并打上时代的烙印，从而起到让传统文化得以留存和传承的目的。

【参考文献】

[1] 傅安辉，余达忠．九寨民俗——一个侗族社区的文化变迁［M］．贵阳：贵州人民出版社，1997：

8，16，20，21，89.
[2] 杨军昌，严进进.《清水江文书·天柱古碑刻考释》述评——兼论民族碑刻文献的当代价值及其启示[J].西南边疆民族研究，2019（1）.
[3] 严进进.乡村振兴视域下贵州民族传统村寨发展问题研究——以侗寨彦洞为对象[D].贵阳：贵州大学，2019.
[4] 曹端波."平权"社会的差序——清水江流域苗族群体的政治体系[J].中央民族大学学报（哲学社会科学版），2014（5）.
[5] 王莹.云南少数民族节日开发研究[D].昆明：云南大学，2011.
[6] 谭同学.桥村有道——转型乡村的道德、权力与社会结构[M].北京：生活·读书·新知三联书店，2010：96，377-379，419.

● 论环境人类学视角下的镇宁布依族文化

颜全己

（贵州大学　历史与民族文化学院　贵州　贵阳　550025）

摘　要：人类文明的产生与生态环境具有千丝万缕的联系，社会文化的构成也与人类所处的生态系统联系密切。环境人类学为人们观照自然生态与社会文化之间的关系开拓了新的视野，安顺市镇宁布依族苗族自治县作为布依族分布较为密集的区域，其独具特色、底蕴深厚的布依族文化，正是得益于镇宁布依族传统村落的生态环境与社会文化之间的相互作用之力。于此，本研究以镇宁布依族具有代表性的文化为切入点，分析了布依族文化与生态环境之间的互动作用，从而诠释环境—文化—人类相互间彼此影响的关系。

关键词：镇宁；生态环境；布依族；稻作文化；建筑文化；自然崇拜与习惯法

从人类已存在的文明现象看，无一不是为适应和改造生态环境而逐渐发展并相互依存的。关于人类的文明现象与社会文化的形成，韩国人类学家全京秀在《环境人类学》一书中认为："文化或者社会有时为了保持其永续性会根据生产方式、社会对物质的需要以及社会已有的标准去加工环境，使形成的特定外部环境与其达成稳定的关系。"当然，著者这里所说的"加工"是有前提条件的，"达成稳定的关系"是根本的目的。这一观点说明，人类的社会文化及文明现象的发生与发展，都与生态环境有着千丝万缕的内在联系，为了文化或社会的永续发展，人类为了能与自己生存的外部环境相和谐，就需要根据自然环境的实际情况进行适宜的改造，其过程既要满足人类的生存需要，又不能使自然环境受到破坏，这样才能使生态系统与社会文化两者之间达成稳定与统一。

布依族是我国56个民族大家庭中的一员，主要分布于西南的云、贵两省，人口以贵州最多，占了布依族总人口的九成以上。作为一个古老的民族，布依族形成的根源，可以追溯到我国新石器晚期的夷人，在其民族衍化的历史长河中，形成了独具特色的社会文化，代表性的主要有稻作文化、建筑文化、民俗信仰等诸多方面，并且这些文化的形成发展都与布依族所处的生态环境息息相关。安顺市镇宁布依族苗族自治县位

作者简介：颜全己（1996—），男，布依族，贵州大学历史与民族文化学院硕士研究生，研究方向为民族文化、民族经济。

于贵州中丘原西南部，闻名天下的黄果树大瀑布便坐落于此，是我国布依族人口分布比较密集的地区之一，布依族占了当地人口比的 40% 以上，仅次于当地的汉族人口，因此与其他地区相比镇宁布依族村寨数量相对较多，整个镇宁布依族苗族自治县区域便有石头寨、高荡村、滑石哨村等 17 个较著名的布依族传统村落。“文化与文化开发的环境之间所形成的关系体现这种文化的历史趋势。”长期以来，镇宁布依族人民用自己的劳作和智慧根据本民族所处的生态环境特点，经过不断适应与改造，去创造和发展与本民族生存环境稳定和谐的民族文化。

一、镇宁布依族村寨所处的自然生态环境

“在整个生态系统中，人类种群只不过是其中的一个因素而已。对人类创建与捍卫的文化应当理解为人类与其他生物种群之间的有机联系，以及人类与气候、土壤、水等无生物因素的相互影响全部纳入生态系统的关系网络。”从环境人类学生态系统看，镇宁布依族苗族自治县具有独特的喀斯特地貌，气候宜人，水资源丰富，这种得天独厚的自然环境是布依族社会文化形成发展的一大重要条件，镇宁布依族传统民族村寨的社会文化形成发展的历程，正体现出自然环境、社会环境、文化环境之间的内在关系和人类为适应环境而对环境进行改造的外在动因。

（一）地形地貌环境

镇宁布依族苗族自治县是典型的喀斯特地貌地区，多山地，60% 以上都是丘陵与山川，地形崎岖。由于水系水脉分布较密集，经过水流日积月累的侵蚀与冲刷，这些山川丘陵逐渐形成了河谷平坝。如今，镇宁布依族苗族自治县总体地貌集山川山谷、平坝、洼地于一体，总体地势呈现北高南低，坡度变化极不规则，当地的布依族便是根据等高线的分布，将村落平行于等高线而建造房屋，最大化适应地形环境。位于镇宁布依族苗族自治县西北部的黄果树风景区，在整个镇宁布依族苗族自治县中属于海拔较高地区，该区域沉淀着厚重的石灰岩与泻湖相白云岩，岩溶地貌分布密集，河流落差较大，瀑布群、溶洞群、峰林数量众多。现今由于气候的改变，这些喀斯特峰林有许多已变成了残存峰林，出现很多奇峰和怪石。如此千姿百态的地形地貌，成就了镇宁布依族文化迥异的人文风采和独具禀赋民族气韵。

（二）气候水文环境

镇宁布依族苗族自治县以亚热带气候为主，属于亚热带温润季风气候区，夏季总体温度较高，冬天温度降到零度以下的时候极少，大多数月份并不寒冷。年降水量较为丰沛，在 1000~1200 毫米，属于雨热同季地区。当地日照率稳定在 20%~30%，总体日照较好。这种气候条件适宜于种植早熟蔬菜和各种亚热带经济作物。境内拥有丰富的地表水与地下水资源，共有河流 31 条，属于珠江流域北盘江水系。由于当地降水量

充沛，这些河流多为雨源性河流。因地形复杂，每个地区的水资源分布情况也有所差异，而在黄果树地区的布依族村寨，位于全县西北部，距离著名的黄果树大瀑布较近，具有较为密集的岩溶地貌，因此除了充盈的地表水资源，其地下水资源也十分充足，并且没有受到污染，能直接应用到日常生活需要之中。镇宁布依族村落的人们可以直接利用河水，也可打造水井获取地下水来使用，水资源获取便利。

（三）植被土壤环境

镇宁布依族苗族自治县位于亚热带常绿阔叶林带，植物类型较多，根据海拔的不同情况，其植物类型也有所变化，海拔 900 米往下主要为常绿阔叶林，往上则是常绿阔叶混交林，海拔 1100 米之上是落叶阔叶林，超过 1400 米之后就只有草丛与灌木丛。当地属于喀斯特地貌，石漠化比较严重，森林资源相对匮乏。由于受地形与岩石层的影响，主要有红、黄壤及石灰土壤，其中以黄壤最多。镇宁布依族苗族自治县的土壤土层较薄，深层耕地土壤少，石漠化严重，难利用的土地较多，水土流失现象严重。

特有的自然环境特征，既给镇宁布依族苗族自治县的布依族提供了气候宜人、降水量大、水资源丰富等有利条件，同时由于森林覆盖率低、石漠化严重、土壤资源质量较差等不利因素，又让当地的布依族不得不去“加工环境”，使之能与人们的生存“达成稳定关系”，得以和谐发展，因而其生态环境依然十分适合人类长久居住。“文化是对环境的适应系统”，布依族人民的社会文化正是在这样特殊的自然环境下，经过当地布依族人民对所处生存环境的适应与改造、开发与利用，从而落地生根，色彩纷呈，令人耳目一新，成为自然—文化—人类之间的有机统一，可以视为生态系统与社会文化和谐发展的范例。

二、生态环境对布依族稻作文化的影响

“人类和环境紧密相连，无法分割。”人类文明史反映，随着人们对自然规律的深入认识，根据不同的自然环境条件，经过广泛地种植各种农作物，从而使人类由狩猎时代进入了农耕社会，“人们凭借对自然循环规律的深入认识，完成了农业革命。”布依族是我国较早进入农耕社会的民族之一，很早就已经能进行水稻种植。在我国多姿多彩的民族传统文化之中，布依族的稻作文化历史悠久，享有盛誉。布依族稻作文化的起源、发展、形成并非轻而易举，而是本民族在自然生态中进行生产实践的必然结果。镇宁布依族的稻作文化也不例外。水稻种植是稻作文化起源的标志，但如果没有谷种就无法进行种植。布依族的神话《茫耶寻谷种》中就描绘了布依族祖先茫耶为了寻找谷种的传奇故事。相传在很早以前茫耶翻山越岭，历尽艰辛，坚持不懈，最终感动了神仙，在仙人的指引下找到了谷种。虽然这仅仅是一个神话传说，但却体现出布依族先民寻找谷种的艰难历程，展现出布依族人民吃苦耐劳、敢于坚持、勇于付出、执着探求、刚毅坚韧的品性。在与严苛的自然环境斗争中，布依族祖先最终战胜困难，

获得谷种。定居于镇宁布依族苗族自治县的布依族所处的生态环境，虽然土层薄、土质较差，但气候温和、雨水适宜，拥有较好的自然生态条件，有利于稻谷的种植，加上当地布依族人民的勤劳与智慧，善于利用和改造自然环境，稻作文化因之得以兴起繁荣。

（一）合理利用气候水文条件

镇宁布依族苗族自治县处于亚热带湿润季风气候区域，降水量充沛，温度适中，极少遭遇旱灾，对于水稻这类水生作物的生长极为有利。镇宁布依族苗族自治县又具有许多条分布密集的河流，地表水与地下水丰富，在谷种撒播之后，当地的布依族人民可以直接利用河水来进行灌溉，即使遭遇旱灾，也能利用所打造的水井来取水浇灌。镇宁布依族人民还建造了水车与水渠，用来保障稻谷种植。让他们担忧的是，有时雨水过量会发生洪涝灾害。镇宁布依族的稻作文化，正是在有利的气候与水文条件下滋育成长起来的。

（二）适应改造自然地貌生态

虽然镇宁布依族苗族自治县的气候与水文条件适宜稻谷种植，但由于镇宁布依族苗族自治县属于喀斯特地貌，山川丘陵占据了大多数地表，加上土壤岩石层较多，坡度分布不均匀，水土流失较严重，使得当地布依族的可用耕地面积较少。面对如此的生态环境，当地的布依族人民的智慧得到了极大的发挥，尽管镇宁布依族苗族自治县的地形整体起伏较大，不可能像在平原上种植农作物那样大面积种植水稻，但当地的布依族人民巧妙地利用地形环境，在山坡上沿着等高线一层一层地修建了许多梯田，以此来解决平坝少，可耕地缺乏的实际问题。同时将坡地用石块围砌梯田有利于水资源层层积累，解决了坡地容易水土流失的问题。层层分布的梯田，从远处展望，造型十分壮观，给人一种改造山河的气势。现今，镇宁布依族的梯田已然成了当地优美的田园景观。

（三）防治害虫杂草的生态智慧

镇宁布依族自古就对稻谷种植中的害虫、杂草防治有所研究，所采取的措施都考虑到不产生对生态环境的伤害。一是有效利用动物之间相生相克的关系。稻谷在生长的过程中，蝗虫、白翅叶蝉等昆虫会吞食庄稼的茎叶，使作物受到损害，严重的话很有可能直接造成产量锐减。为了应对这一威胁，当地的布依族人民在水田中养蛙、蛤蟆、鸭、鱼等以昆虫为食的动物，用以控制害虫的数量，进而达到保证稻谷正常发育的目的。二是利用植物相互化感的作用。“化感作用”的原理在于：由植物本身散发到生态环境中的化学物质去对别的植物或生物产生相互促进或排斥的效果。一方面，当地的布依族在稻田边栽种竹子，竹子所产生的化感物质可以有效防止杂草滋生。另一方面，当地的布依族又在稻田根下面放置大蒜，利用大蒜化感物质强烈的刺激性气味来驱虫。三是冬季灌水泡田。当地的布依族人民入冬后会将农田灌满水，用来消灭在田土中过冬的害虫与虫卵，同时使杂草的种子腐坏。这些防虫治草的方法，为来年农作物的顺利生长起到了预防的作用，展示出布依族有效利用自然物保护庄稼正常生长的生态智慧。

（四）稻作文化中的布依族民俗

在镇宁布依族人民利用生态条件种植和发展稻作文化的过程中，逐渐形成与之相关的民俗文化，现今布依族的稻作文化仍然承载着许多布依族民俗，同时这些民俗也体现出不少受生态系统影响的情况。如每年间，镇宁布依族苗族自治县的布依族要多次祭拜与缅怀先祖，不断地供奉山川河流、树木土地等自然物，看上去举行祭拜活动的时间很杂乱，但实际上存在着规律性。这些祭祀活动举办的时间主要是根据不同季节的生产特征与气候状况，并结合稻谷种植成长的不同阶段来进行，这些祭祀活动表面看来似是在祭奠先祖与展示对自然物的崇敬，实际每个时期的祭祀都有特定的意义和作用，反映布依族人民不同阶段对稻谷生长的企盼和当时人们的心愿与祈求。

总之，善于利用生态环境，顺应和改造自然条件，使之适宜于当地布依族人民的需要，在镇宁布依族人民的稻作文化中已然体现着生态与文化间的和谐关系。在防治病虫害和杂草方面，布依族人民能利用自然界万物相生相克的道理，反映出布依族人民对当地生态系统具有较深的认知。稻作文化中包孕的民俗现象，正是镇宁布依族人民由来已久的日常社会生活实践的体现。

三、适应生态环境的布依族建筑文化

在韩国人类学家全京秀的《环境人类学》之前，人类学倡导的是人类中心主义，过于强调人类的主导作用，而忽视环境的影响，与后来生态环境直接决定人类生活的观点相比，全京秀主张的生态环境与人类生活的物理条件互相作用的观点更为准确，更能反映当今人类与生态环境之间的关系："人类的目的应该与环境的目的相一致，生活的品质应该与环境的品质相整合。"布依族世居于云贵高原，村寨坐落的海拔较高，多居于山谷与平坝。镇宁布依族苗族自治县的 17 个布依族传统村寨，除滑石哨村与募龙村以外，海拔均在 1000 米之上，有 10 个村寨位于半山，有 2 个村寨高于半山，而其余 3 个村寨则在平地之上。这些布依族村寨虽然在选址的地形有所差异，但都遵循了背靠山川，面朝田地的建筑方式，而依据选址的不同各村寨也有自身的优势。选址为平地的村落，交通便利，靠近河流，水源利用方便；选址于半山和半山以上的村落，旧时利于防御入侵的外敌。

（一）就地取材的干栏式石板房

尽管镇宁布依族的村寨选址已经充分考虑到了当地的地形地貌，但自然环境的制约并不止于此，布依族最为古老的传统建筑是竹木制干栏式房屋，但当地森林资源较为匮乏，不能用大量的木材来建造房屋。在古代，用纯木材建造的房屋是当地名门望族特有的居所。因此，为了克服这一困境，当地的布依族人民充分发挥主观能动性，利用身边的材料建造房屋。“由于住宅的具体形态要适应于不同地区的生态环境，结构就不得不有所改变。”虽然由于喀斯特地貌的特性，当地的木材少，但正因如此石材资源反而极为丰富，石材一直是当地建筑的主要材料之一，采取石材与木材混搭有效地利用了当地的石料资源，还解决了木材匮乏的问题。所以现今镇宁布依族村寨的房屋多为干栏式石板房，且很多器具和设施都由石料制成，这一建筑文化现象在黄果树瀑布附近的布依族传统村寨——石头寨就是用石料为主要建筑材料而修建的村寨。

镇宁布依族的房屋为木石结构，屋架是用木材打造，四面用石料筑成石墙，墙体利用天然石块，或用打磨平滑的石材，或用石砂成浆砌成。虽然这些石料，形状不一，有的呈现规则的多边形，有的则是不规则形态，但用这些材料打造而成的墙面线条看上去不仅没有杂乱的感觉，反而让人感到错落有致，层次分明，这样绝妙的建造工艺，使房屋墙面整体显得朴素而又不失美观。屋顶采用较为轻薄的石板搭建而成，用小型石片作瓦，并用小石料来填补空隙，有的还打造石柱来支撑屋顶。大门也用石块建造，门前修筑石阶。这就是颇具地方特色的镇宁布依族民居。这种具有民族特色的民居，正是多山多石的地理环境的写照。当然这与古代镇宁以白石为墙白石板为盖的人文环境相关，“城皆甃以白石，晶洁如银，故俗有‘银镇宁’之目”。不仅镇宁如此，安顺府城亦然，清初的许瓒曾在《滇行纪程》中也描述说：（安顺府）“城围九里，环市宫室皆壮丽宏敞，人家以白石为墙壁，石片为瓦”。石器在当地使用极为广泛，当地布依族村寨的用具，如水缸与磨也是由石材打造而成的，就连桌椅等家具都用石材制成，反映出布依族人民合理利用当地资源的生态理念。

（二）建筑方式中的生态意识

镇宁布依族的这种木石混搭修建房屋的方式，对于当地气候状况也具有很好的适应性。镇宁布依族苗族自治县夏季气温比较高，并且由于当地海拔较高，日照也比较猛烈。在这样的环境下，石制房屋的优势就体现出来了，浅色调的房屋表面易于反射太阳光，从而使得墙壁难以快速传热，并且石头本身就具有不错的散热能力，因此在炎热的夏季，当地的布依族人民能够住在凉爽的居舍中，并且还能利用强烈的阳光，将谷物放在房屋的干栏上进行晾晒。在冬季，偶遇严寒之时，石材筑的墙厚实，密不透风，也能起到抗击低温侵袭的作用。这些都体现出当地布依族善于利用自然资源的生存之道和生态意识。当地的布依族为了使建筑内景外观看上去更为华丽，不仅拘泥于传统造型，还结合所处的生态环境和当时的经济状况及社会发展变化，在石墙上雕刻飞禽走兽或是野草花卉，将自然物融入于建筑文化之中。

此外，由于当地夏季降水量大，环境较为潮湿，因此当地房屋的顶盖具有很大的斜度，雨水会随着斜面倾泻而下，不会聚积于房顶之上而渗透入屋内，因而具有防潮湿的效果。布依族先祖为适应自然生态环境而修建的房屋，是在不断对生态环境进行利用与改造之后，渐渐得以完善的。

“住宅与人类的生活模式紧密相连，住宅是一种文化产物”，虽然时光流逝，但这种民族特色鲜明的屋舍在镇宁布依族传统村寨中得以保留下来，成为历史的印记，形成了独特的布依族建筑文化。至今，布依族建筑文化因时代的变迁也产生了一定的变化，这在镇宁布依族传统村落中已有所体现。由于现代化的加快，人们对都市生活的追求以及受城市生活的影响，在镇宁布依族传统村落中也出现了用现代建造材料修建的房屋。这种情况实际上也反映了当地人民对当今社会环境的适应性追求，相对来说现代钢筋混凝土建成的房屋，无论是坚固性还是安全性都高于传统的木石结构民居；而且人们已不再固守传统生活方式，当地的一些传统民居也被改建成了现代流行的结构样式。虽然这样的文化变迁是农村社会经济发展的结果，但对镇宁布依族传统村落建筑文化无疑是一个冲击，能否有效保护这些传统民居和传统村落，已成为人们必须思考的问题。在社会经济文化向全球化趋进、信息交流越来越迅速、文化旅游繁荣的时代，镇宁布依族传统村寨具有文化旅游开发的先天优势，应为国家推行的新农村建设与脱贫攻坚战略担当起重要的角色，充分利用和保护好这些具有文旅价值的传统民居，维护好传统村落的格局。

四、源于生态环境的自然崇拜与习惯法

“与环境相适应的过程中，建构起来的人类文化对于人类的生活非常重要”，经历岁月的风风雨雨，人类已经意识到人与自然之间是共生共存的关系，而并非征服与被征服的存在。事实上，很早以前布依族先民就已经萌生保护生态的意识，他们自主地维护生态平衡和爱护自然环境的行为就由来已久，如镇宁布依族的自然崇拜与环境保护习惯法，在古时候就已经出现，是他们在生产生活中逐渐认知维护生态环境重要性的产物。

镇宁布依族的环境保护习惯法实际上是基于自然崇拜的民俗上产生出来的。镇宁布依族处于云贵高原的喀斯特地理环境区域中，由于人类初期生存能力和生活条件的先天不足，布依族先民囿于当时的知识水平，对各种事物的认知还处于萌芽阶段，这使得布依族先民无法去理解复杂而又险象环生的自然现象。随着布依族先民生存能力的增强，认知事物的水平不断提高，加上对大自然的逐渐适应，布依先民开始对奇妙的自然现象进行幻拟，假设出了许多自然神灵，如人与动物死后会还存在灵魂，在高山之巅住则着山神与石神，森林里面有树神，并且神明掌控着人们生存的环境。这些萌生于布依族先民脑海中的想象物直接促成布依族诸多传统仪式的形成。从这些自然崇拜行为的目的性来看，主要是为了通过祭拜神灵而祈祷对自身给予护佑，正由于对自然神的敬畏，因而促成了镇宁布依族环境保护习惯法的形成，客观上对当地的生态

环境起到了保护的作用。

（一）对动物的崇拜与保护

在布依族的传统文化中，龙被视作人类的守护者。在流传于镇宁布依族苗族自治县的布依族传说中，就描写了远古时期龙与布依族一起生活的神话。虽然龙不是存在于现实中的生物，但由于在布依族人民的心中，龙与蛇的形态类似，所以布依族把蛇当作一种精灵而对其加以崇拜，认为见到蛇的人都会发财。由此，布依族禁止捕杀与攻击蛇，这一项习惯法直到今天也还是当地布依族人民遵守的规则。布依族还认为猴是自己的祖先，认为人类是由猴子进化而来，并非由神明创造，因此在动物保护习惯法中，猴子也是不可伤害的。此外，布依族还认为牛能保佑家庭成员的安全，能让子孙后代变得幸福，鹰与鱼也在布依族图腾文化中占有一席之地，这些动物同样也是不能随意捕杀的。布依族的动物保护习惯法虽然是源于自然崇拜，主观性较强，但当地人不捕猎这些动物，对于维护生物多样性具有明显的作用。

（二）对植物的崇拜与保护

早在原始社会时期，布依族先民就已极为崇拜树木，他们心中坚信树神掌管着风雨雷电，能调节风雨，对于以稻作为主要农业生产方式的布依族来说，树木在他们的心中具有非凡的地位。镇宁布依族传统村寨中，最大的树被称为神树，当地人认为供奉神树能让全寨兴隆。因此，当地的布依族认为乱砍滥伐树木会破坏村寨风水，古往今来，未经许可，布依族始终禁止砍伐古树。直到今天，当地的布依族传统村寨还保留着这一项习惯法，并与现代法律相融，随意砍伐与盗卖树木的人都要受到处罚。镇宁布依族对于树木的这种悉心保护，具有极为重要的现实意义。喀斯特地区水土流失现象较为严重，土质流失所导致的石漠化灾害一直都没有间断过。在这一生态环境中，镇宁布依族减少对树木的砍伐，保护树木就等同于保护土壤，可以减少石漠化发生，利于防止水土流失。

（三）对山、水的崇拜与保护

镇宁布依族除对动植物的崇拜外，对于山、水也具有很高的敬意。这是因为镇宁布依族的村落多依山傍水，对于山和水有很大的依赖性。当地的布依族认为山上的石头与树木不可乱动，人经过河流边时不可说话，更不可在这些地方吐痰，否则会让神明不高兴，造成农业减产，甚至给村寨招来灾祸。基于这些认知，镇宁布依族规定不可以在山上放火，不可以直接在水井边或河流边清洗蔬菜与衣服，违反的要遭受处罚。镇宁布依族的这一习惯法，目的主要是保护水源与山林，但客观上对维护水生物生存的生态环境产生了良好的效果，具有维护生态平衡作用。

社会是动态的，时代在不断地发展着，布依族的习惯法亦将会随社会的不断进步与发展，而最终会被国家法律所替代，但在当地民族群体中仍不会消失，而会合理地融入其中。镇宁布依族的这些对生态环境起保护作用的习惯法，自然也不会被时光掩埋。从现今镇宁布依族传统村落的生态状况看，古老的习惯法对维护当地的生态系统，无疑起到了积极而有效的作用。镇宁布依族苗族自治县黄果树风景区优美壮丽的自然环境，离不开布依族人民的有效保护。在现今文化旅游开发和生态文明建设中，通过对这些习惯法的探寻研究，吸纳其中所蕴含的民族生态智慧，借鉴的意义依然十分重要。

五、结语

通过分析镇宁布依族代表性文化与生态环境的关系，可以看到这些文化与生态环境存在着互相依存的关系。“生态环境与人类生活的物理条件相互作用，从而决定了人类以多元化的方式反馈生态环境。”布依族之所以种植水稻，是源于当地水文与气候条件的适宜性，而布依族人民对梯田的加工运用是基于当地地形地貌所进行的适应性选择。在防范农作物遭受自然灾害方面，镇宁布依族人民巧妙利用自然生物的习性，使之相生相克，让农作物得以正常生长。依托于水稻种植而产生的民俗仪式是构成稻作文化不可分割的有机部分，这些民俗现象不可能游离于自然生态系统之外而单独存在。同样，在镇宁布依族的建筑文化中，建造石屋所需的材料取之于天然的石料，石墙上的图形纹样来源于自然物，石屋的居住设计也出于对气候环境的适应性需要，这些都与当地的生态系统相关联。镇宁布依族人民有关生态环境的习惯法，本身就来源于布依族先民对自然物的崇拜，是适应生态系统的产物。显然人类作为“生态系统的一个部分，仅起到连接物质循环过程的作用；文化则是该生态系统内的适应形势。”由此可见，自然生态、文化现象、人类社会之间是互相包容相互作用的，布依族社会文化的形成与生态系统之间的联系，正反映了这种相互依存的关系。所以韩国人类学家全京秀的《环境人类学》就突出表现了这种关系，不再像以往的人类学家那样强调人类的主导性，人类虽然根据需要可以“加工环境”，但需要保持社会文化与生态环境之间的相互稳定性。事实上，世界上任何一种文化的形成都不可能与生态系统毫无关联，镇宁布依族的民族文化正是其民族传村落的生态环境的写照。因此，由于人类无法脱离复杂的生态系统去创造文化，世界上的各种文化才会异彩纷呈。

【参考文献】

[1] 全京秀.环境人类学[M].崔海洋，译.北京：科学出版社，2015.

[2] 马启忠，王德龙.布依族文化研究[M].贵阳：贵州民族出版社，1998：1.

[3] 杜佳.贵州喀斯特山区民族传统乡村聚落形态研究[D].杭州：浙江大学，2017.

[4] 罗荣彬，冯开禹，李松.黄果树风景区生态环境质量评价[J].产业与科技论坛，2018，17（6）：130–131.

［5］陈鑫．基于 RS_GIS 的喀斯特地区农用地适宜性评价［D］．贵阳：贵州师范大学，2009.
［6］谷因．布依族稻作文化及其起源［J］．贵州民族大学学报（哲学社会科学版），2004（1）：89–92.
［7］吴宇凡．贵州镇宁县布依族传统村落景观空间形态研究［D］．广州：华南农业大学，2016.
［8］杜佳，王佳蕾．生存与适应视角下的布依族聚落营建——以贵州安顺镇宁高荡村为例［J］．建筑与文化，2017（11）：93–95.
［9］常恩．安顺府志（卷十九）［M］．颜建华，点校．贵阳：贵州人民出版社，2007：448.
［10］许瓒曾．滇行纪程［M］．北京：商务印书馆，1939：13.
［11］杨三山．布依族传统民居建筑文化变迁初探［D］．贵阳：贵州民族学院，2010.
［12］林永政．人与自然关系的演变与可持续发展［D］．镇江：江苏大学，2007.
［13］伍文义．简论布依族的祭龙仪式与龙崇拜观念［J］．贵州民族研究，2000（3）：126–129.
［14］古开弼．民间规约在历代自然生态与资源保护活动中的文化传承［J］．北京林业大学学报（社会科学版），2004（3）.

● 基于霍恩—米特模型的贵州省高校毕业生就业政策执行困境及其破解路径试论

曾　颜

（贵州大学　公共管理学院，贵州　贵阳　550000）

摘　要： 本研究选取霍恩—米特政策执行系统模型，在解读模型精髓的基础上，以贵州省为例，剖析在新冠肺炎疫情的深刻影响下，高校毕业生就业形势为何复杂严峻，并从模型的 6 个变量出发，对影响高校毕业生就业政策有效执行的因素进行深入分析和探讨，并提出相关对策。

关键词： 就业；疫情；霍恩 – 米特模型；政策执行；影响因素

一、近年来贵州省高校毕业生的情况

2020 年，贵州省高校毕业生总人数达 201 768 人，较 2019 年增加了 22 578 人，同比增长 12.6%。受经济衰退与疫情扩散的双重影响，就业岗位减少、网络招聘效果不佳、签约率下降等问题突出，高校毕业生就业形势复杂严峻。据官方统计，2021 年贵州省高校毕业生 221 908 人，较 2020 年增加 20 140 人，毕业生总数达到了近年来的峰值。随着全球疫情的持续发酵，全省留学返乡求职的人数不断增加，就业形势更为复杂严峻。

根据贵州省教育厅直属就业办公室提供的官方数据可知，贵州省 2020 届高校毕业生总体就业率为 81.2%（数据截止到 2020 年 8 月 31 日），其中硕士毕业生、本科毕业生以及专科毕业生的就业率分别为 79.8%、79.05%、82.92%（见图 1）。具体构成如下：

协议合同就业人数 94 782 人，协议合同就业率为 46.98%；

自主创业人数 1245 人，创业率为 0.62%；

灵活就业人数 50 470 人，灵活就业率为 25.01%；

升学人数 17 334 人，升学率为 8.59%；

暂不就业人数 1596 人，暂不就业率为 0.79%；

待就业人数 36 341 人，待就业率为 18.01%。

作者简介：曾颜（1992—），女，贵州省黔西人，贵州大学公共管理学院公共管理硕士。研究方向为公共行政与区域发展。

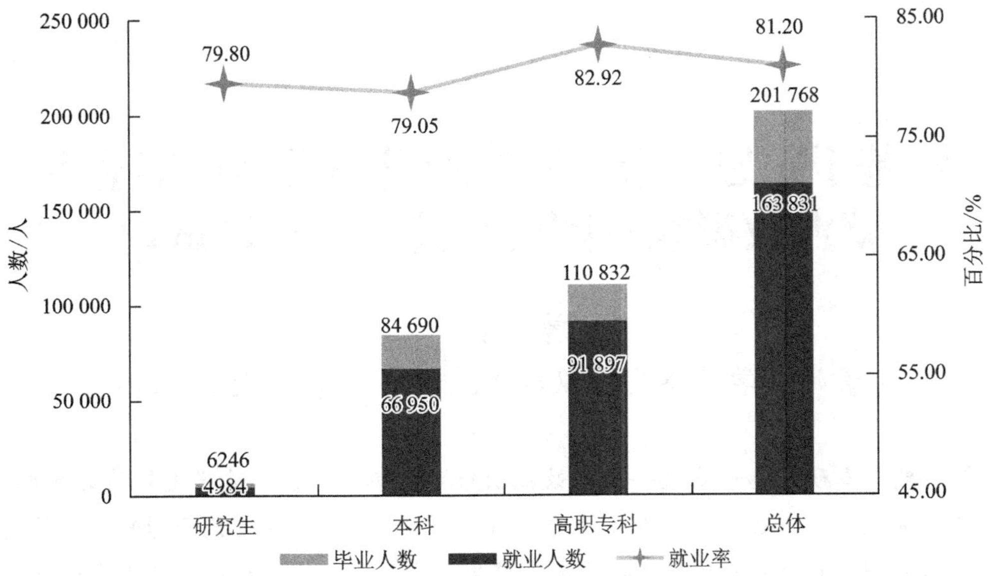

图 1　贵州省 2020 届高校毕业生规模及就业率

二、霍恩－米特政策执行系统模型理论解读

美国学者 C. 霍恩（C. E. Van Horn）和 D. 米特（D. s. Meter）于 1975 年在其论文《政策执行过程：概念性框架》中指出，众多变量对政策决定与政策效果转变过程具有影响，这些变量既包括系统本身因素，也包括系统环境因素。霍恩—米特政策执行系统模型假设了 6 个被认为决定着政策制定和政策绩效之间联系的变量，包括政策目标与标准、政策资源、组织的沟通和执行活动、执行机构的特性、社会经济和政治环境、执行者的价值取向。其中，前三项对执行效果产生间接的影响，而后三项对公共政策的执行效果产生最为直接的影响（见图 2）。

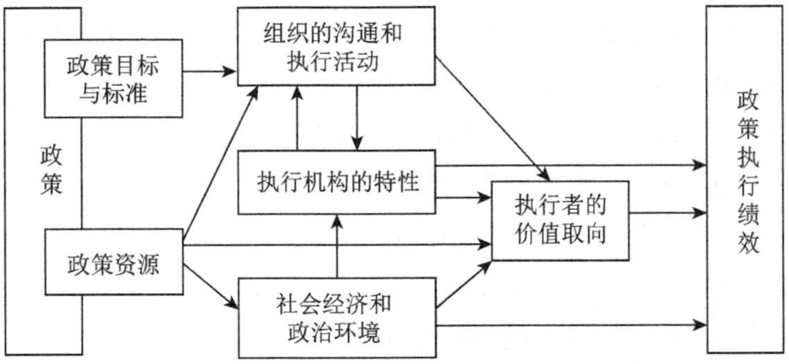

图 2　霍恩—米特政策执行系统模型

三、霍恩—米特政策执行系统模型框架下贵州省高校毕业生就业政策执行的影响因素分析

（一）政策目标与标准

就业形势的改变促使就业政策的改变。为进一步稳定和促进就业，国务院办公厅发布了相关政策文件，在政策性岗位的增加以及就业市场与就业渠道的拓宽等方面制定系列措施。根据上级文件精神，结合地方实际，贵州省人民政府印发《贵州省进一步稳定和促进就业若干政策措施》，贵州省委教育工委、省教育厅印发《促进 2020 年高校毕业生就业创业十条措施》等一系列政策文件，全面支持 2020 届高校毕业生就业创业。除了在原有就业政策基础上进行调整修正，措施针对高校毕业生扩大基层就业、招生入伍以及机关企事业单位招录（招聘）规模，并提高补贴标准，提高就业便利。但在公招方面，贵州省就业政策明确提出了扩大机关企事业单位招录（招聘）规模，从上文近 6 年贵州省公务员考试招录人数及职位数来看，2020 年招录人数虽有所增长，但 2021 年招录人数却不增反降。当然，仅从省考招录规模还无法做出全面的判断，事业单位联考及单独招考的人数是否较疫情前有所增长，这些数据暂时还无法统计。

为了解相关政策的知晓率，国家统计局贵州调查总队在贵州省 9 个市（州）选取贵州大学、贵州师范大学等 24 所高校，对《促进 2020 年高校毕业生就业创业十条措施》的政策知晓率做了专题调研，在访问的 4202 名应届毕业生中，了解该政策的毕业生不足 50%，完全了解的仅占 3.9%，基本了解的占 45.2%，不了解的占 39.1%，可以看出该政策的知晓率并不高。同时，“三支一扶”计划、“选调生”“先上岗、再考证”等针对应届毕业生的优惠政策虽然在一定程度上缓解了就业压力，但该省教育厅对高校毕业生择业期却没有做出明确的界定，是否为应届毕业生由招考单位认定，间接可能导致应届毕业生机会错失，“优势”不复存在。此外，地方相关部门制订的方案措施等缺乏全面的调研了解，没有很好地结合地方实际，基本照搬省的政策措施，导致政策实施效果不佳。

（二）政策资源

在经费和物质资源方面，贵州省全面开发设置公益性岗位，加大财政投入支持高校毕业生就业创业。具体措施有：提高 2020 届高校毕业生求职创业补贴标准，创业补贴发放范围增加该省省籍孤儿高校毕业生和湖北籍高校毕业生；对参与到农村产业革命等领域创业给予创业补贴；提高对部分特殊困难的高校毕业生的求职创业补贴。然而，在这些加大财政投入的相关就业政策中，只能看到“由各级地方财政保障”的模糊指标，而政策实施所需要的财政配套资源却没有提供。政策执行所需经费大部分由地方财政承担，由于利益关系，各地方政府必然选择最有利或成本最低的方式实施。

在信息资源方面，当前就业市场仍存在许多问题，如信息资源严重不足、供需沟通渠道不畅、社会用人制度相对落后等，带来的直接后果就是“用人单位不何处觅人才，毕业生不知哪里找工作”。要在就业市场上实现高校毕业生与招聘单位双向选择以及自主创业，还有很长的路要走。受疫情的持续影响，新的难题也不断涌现，很多小微企业只能停产停工，招聘需求骤降，就业市场还未做好迎接这些“大批量”毕业生的准备。在信息沟通上，该省不妨借助大数据资源，深入分析了解人才市场的就业形势和用人单位的就业需求，从而引导高校有针对性地对广大毕业生进行个性化就业指导。

（三）组织间的沟通与强化行动

高校毕业生就业政策需要政府职能部门、高校、用人单位、毕业生共同积极参与才能有效施行，任何主体的缺位都会使之受到影响。

高校毕业生就业政策决策主要集中于教育部门，在疫情防控期间，主要表现为加强校园管控、开展线上就业服务、丰富毕业生就业路径选择等。其他公益性的就业服务主要由人力资源和社会保障部门来保障，主要包括职业介绍及指导、就业技能培训、社区服务岗位就业等。高校毕业生的就业工作是由教育部门与人社部门、社会保障部门、科技部门、财政部门等组织协同开展，而相关职能部门之间的有效联动机制尚不完备。此外，这些部门从政策的制定印发、宣传引导、执行推动等方面只是单一地贯彻落实上级部门的方针政策，容易忽略外界的声音，如高校的意见反馈、企业的招聘需求和毕业生的民主化意见等，由此可能陷入闭门造车的困境，导致政策无法有效落地。

毕业生就业指导的质量，关系到人力资源是否实现优化配置。从供给端来看，作为人才输送链的末端，高校相关部门为毕业生提供就业指导、服务、管理等工作，在高校毕业生就业工作中高校的角色尤为重要。急剧性的扩招和突发性的疫情影响更是让高校就业指导和服务难度加大，高校职业化的就业培训体系和就业指导团队的匮乏以及对政策敏感度的缺乏等问题凸显，难以保证人才供给质量。而教育改革滞后使高校专业设置难以满足市场经济对人才的发展要求，直接导致了人才与市场错位。从人才需求端来看，招聘季的推迟、招聘岗位的减少、求职人数的增多以及网络应聘的限制给用人单位招聘工作的开展带来了诸多困难。这些不确定性因素同样困扰着毕业生，原就业计划被打乱使毕业生的焦虑情绪增加，在择业过程中盲目跟从大众主流。同时，考研复试的推迟使考生只能不断观望和等待，对是否考上研究生以及落榜后再就业的规划增加了不确定性。

四者之间沟通渠道的缺乏很大程度上影响着就业政策的执行，可见，建立长期有效的联动机制是非常有必要的。

（四）执行机构的特性

高校毕业生就业促进政策涉及的组织机构具有涵盖多个部门和多个领域的特征。同大部分省份一样，贵州省高校毕业生的就业问题由省委宏观调控，省政府微观执行，分别制定措施下发至各职能部门和地方政府。教育部门统筹协调，并会同地方高校对高校毕业生就业创业给予积极帮助和正确引导。相关政策的出发点和落脚点都是促进贵州省高校毕业生高质量就业创业。

然而，受不同主体的利益影响，各执行机构对高校毕业生就业政策的执行存在着偏差。如为取得良好的绩效，地方政府没有正视与东部发达地区在吸引人才方面的差距，对高端人才的稀缺性和流动性考虑欠缺，盲目高标准制定人才引进办法，造成人力资源的浪费和大量财政资金的损失。

就业统计对及时掌握毕业生就业情况、做好科学就业决策具有重要意义，是高校毕业生就业工作中不可忽视的重要环节。自 2020 年教育部启动开展高校毕业生的就业数据核查工作以来，该省各高校也在相关工作方案里面提出规范就业统计，但就业数据的核查及就业统计的规范工作具体如何开展，以及相关落实情况如何，这些都未向社会公开。正是毕业生求职择业时期，就业工作又面临着经济衰退和新冠肺炎疫情的双重影响，面对“居高不下”的就业指标，高校就业数据的核查及规范工作是否只能以文件落实文件，无法预知。

四、促进贵州省高校毕业生就业政策有效执行的优化路径

科学制定政策，完善系列配套措施。科学合理的就业政策不仅要好就业，更要就好业。如何实现毕业生高质量就业需要重新审视大学生就业的各个环节，除了持续增加基层项目、社区治理、科研助理等政策性岗位数量，如何充分利用人力资源、合理配置人力资源才是值得深思的事情。因此，要系统设计政府多部门合作的就业扶持的政策体系，全面开展就业政策知晓率、毕业生就业满意度、用人单位岗位匹配度等专题调研，完善应届生就业促进措施、招聘流程行为规范等相关配套措施，保障政府决策和政策执行的高度成效。同时，拓宽和丰富政策宣传渠道，让高校毕业生及时了解政策风向，及时抓住政策红利，更全面、更高质量地推动全省高校毕业生就业创业。

加强沟通联动，建立有效联动机制。只有政策执行人员和目标群体能够及时获取充分的信息资源，才能保证政策的有效施行。政府部门主动统筹协调，密切关注疫情动态，加强高校毕业生就业工作的协调和信息的沟通，面对新出现的问题迅速做出反应；引导高校与社会招聘网站合作，搭建高校毕业生综合智能就业信息共享平台，实现招聘与求职双方信息的准确匹配和双向推送；鼓励企业积极配合高校开展网络招聘，并在招工方面向应届毕业生倾斜，有效增加高校毕业生就业岗位供给。

优化专业设置，增强教育社会适用性。作为首个国家级大数据综合试验区，贵州

省在新一代信息技术上更有优势，应借助第三方机构的专业技术与数据资源进行综合分析研判。了解贵州经济发展对人才需求的变化，了解用人单位对人才结构和标准的要求，及时对人才市场的发展状况和大学生分析就业的趋势做出分析和预测。把加强教学内容的应用性和前沿性放在首位，将高校专业设置和贵州经济发展同步规划，为全省经济发展培养自主学习能力强和职业适应能力强的优秀毕业生。同时，引导毕业生树立全新的择业观，破除对薪酬、“铁饭碗”、省会城市的执念，关注国家和地区的政策方针和就业市场招聘风向，及时调整个人就业预期，充分做好应对风险挑战的准备。

强化职业技能培训，提升人才培养质量。一是围绕“互联网 +”医药、养老、托育、家政等互联网与传统行业进行深度融合的相关领域，有针对性地对毕业生开展规范化技能培训，建立多元评价体系，激发自主创业的新活力，开辟新的就业渠道。二是加强全省就业一线指导教师和全体毕业班辅导员就业指导培训，及时掌握毕业生的求职心态和就业进展，帮助其解决就业过程中面临的困难。同时，关心关爱教师队伍，及时疏解工作压力，营造全社会共同关心和支持毕业生就业创业工作的良好氛围。三是充分利用各类国家、省和高校教育资源，为毕业生提供职业测评与规划、择业心理辅导、企业背景介绍等就业服务，梳理未就业学生信息及思想动态，把疫情对毕业生就业的影响降到最小。

全面加强考核，建立监督反馈机制。破除“唯就业率论”的考评体系，将毕业生就业率、就业满意度、岗位匹配度等共同作为评估依据，细化考核指标，量化考核标准，做到有据可依、有据可查，坚决杜绝虚假就业和“被就业”现象。把国有企业吸纳高校毕业生就业纳入国有企业相关考核内容，开展实时调度、督查，推动高校毕业生就业工作得到有效落实。针对就业过程中存在的乱象，地方高校应建立严格的信息审查机制，在转发用人单位招聘需求时，对招聘单位、岗位信息进行严格审查，确保信息真实准确。同时，对毕业生的就业推荐材料进行严格审查，搞好毕业生就业过程中的诚信教育，对外展示出良好的学校形象和学生综合素质。

【参考文献】

［1］贵州省普通高等学校毕业生就业工作办公室．贵州省 2020 届高校毕业生就业质量年度报告［EB/OL］．（2021–01–21）［2021–04–10］．http：//www.gzsjyzx.com/client/article/1431.

［2］贵州省普通高等学校毕业生就业工作办公室．省教育厅召开全省 2021 年高校毕业生就业创业工作调度会［EB/OL］．（2021–05–14）［2021–05–16］．http：//www.gzsjyzx.com/client/article/1535.

［3］Meter D S V，Horn C E V.The Policy Implementation Process：A ConceptualFramework［J］．Administration and Society，1975，12（6）：445–488.

［4］杨成伟，唐炎，张赫，张鸿．青少年体质健康政策的有效执行路径研究——基于米特—霍恩政策

执行系统模型的视角［J］. 体育科学，2014，34（08）：56–63.

［5］秦丽芳，陈艳. 云南省姚安县左门乡精准扶贫政策有效执行研究——基于米特—霍恩政策执行系统模型的视角［J］. 文山学院学报，2020，33（06）：41–46.

［6］贵州省人民政府. 省人民政府关于印发贵州省进一步稳定和促进就业若干政策措施的通知（黔府发〔2020〕9号）［EB/OL］.（2020–07–20）［2021–04–10］. http：//www.guizhou.gov.cn/zwgk/zcfg/szfwj_8191/qff_8193/202007/t20200720_61663255.html.

［7］杨成伟，唐炎. 学校体育设施服务社会政策的执行困境与路径优化［J］. 体育学刊，2013，20（6）：55–59.

［8］杨德广，刘岚. 关于大学生就业问题的理性思考［J］. 中国高教研究，2003（8）：54–56.

［9］贵州省宏观经济数据库. 地区生产总值（季报）［EB/OL］.［2021–04–10］. http：//hgk.guizhou.gov.cn/index.vhtml#/.

［10］蔡宏波. 疫情对当前我国就业形势的影响估测［J］. 人民论坛，2020（9）：92–94.

［11］付永昌. 影响大学生就业的因素分析及对策研究［J］. 黑龙江高教研究，2005（8）：129–132.

● 高职院校扩招的多源流理论阐释

姚溢桐

（贵州大学　公共管理学院　贵州　贵阳　550025）

摘　要：多源流理论为分析政策形成提供了分析模型，可以透过“现象”看到“本质”。基于多源流理论分析框架对我国高职院校扩招进行分析，研究发现：高职院校招生困难、专业人才技术水平有待提高是高职扩招的问题源流；利益相关者在积极行动，国家对于高职教育的重视程度越发增长是高职扩招的政策源流；政府的领导、培育方式的改变是高职扩招的政治源流。最终在全国人民代表大会上三源流耦合，打开了高职院校扩招百万的“政策之窗”。

关键词：高职；扩招百万；多源流理论

一、多源流理论的适用性

（一）多源流理论的内容

公共政策学家金登建立了多源流理论，金登于1984年出版在《议程、备选方案与公共政策》，金登认为：“一个项目被提上议程是由于在特定时刻汇合在一起的多种因素共同作用的结果，而并非它们中的一种或另一种因素单独作用的结果。”这种共同作用也就是多源流理论所讲的问题源流、政策源流和政治源流三者的连接与交汇。其中问题源流是指：有社会问题所构成的一条问题溪流。

问题源流是弄清楚问题是如何引起相关关注的。政策源流是指创建，讨论，重新设计政策并从政策建议中获得关注的过程，其中大部分是由专家完成的。政治源流指的内容包括国家情感，舆论，执政党更迭，政党隶属关系，意识形态等。当三者耦合时，“政策之窗”会短暂的开启，之后该项目才能进入议程。

（二）在我国的适用性

在中国，多源流理论被学者们在各个方面运用，比如政策分析、政策预测等。但是

作者简介：姚溢桐（1994—），男，贵州仁怀市人，贵州大学公共管理（MPA）2020级在读硕士，研究方向为公共事业管理。

结合我国的国情，应该注意金登所提出的三个源流是相互独立的，在我国不一定都能成立，有时候可能是前呼后应。同时，政治源流有其特殊性，特别是在我国，执政党的理念会对政策有决定性的影响。所以，不能用多源流理论来一概而论的分析我国政策，需要加以辨别从而选择适合的政策。高校扩招政策从提案、出台以及实施都符合金登所提出的三个源流相互独立的特性，故而选择用多源流理论来分析高校扩招政策。

二、基于多源流理论的分析

（一）问题源流

问题源流强调问题识别与界定对于一项政策议程的建立至关重要，决定哪些问题将成为政策问题甚至比决定哪些问题的解决方案更重要一旦问题被决定层所重视，就大大提高了其进入政策议程的概率。目前我国正处于高速发展的形势中，而对于人才的需求量也是前所未有的巨大。在国家方针政策下可以看出目前所需要的是高精尖人才，也就是说需要大量专业技术性人才。高职院校正是担负着培育专业技术性人才的场所，在高职院校招生出现困难的情况下，高职院校的招生困难和国内迫切需要提高专业技术性人才的形势共同组成了高职院校扩招的问题源流。

我国的高职院校和德国等发达国家还有差距，经济结构和社会观念的不同导致高职院校并不像西方国家那样能够和本科院校“平起平坐”，甚至能够“独树一帜”。在我国，高职院校在传统观念中始终处于“低人一等”的状态，高职院校在大众眼中依旧被打上“成绩差学生去的地方”“学习风气不好，混日子的地方”等标签，许多家长宁愿孩子多辛苦复读一年也不愿让他们的孩子去读高职院校。高职院校的学生毕业后工作起点低也是其中一个影响因素，有研究表明：依然有一大部分家长认为本科生毕业后可以坐办公室，而高职生则要到条件艰苦的“一线”工作，他们认为考上本科那么毕业后的起点就一定比高职毕业的学生高，本科的毕业生是“管理”高职毕业生的，导致在社会上普遍认为高职院校的学生社会地位低于本科生。有学者研究发现，高职院校的新生报到率不足 70%，来自中职的新生比例更少。许多院校不得不降低分数线来增加招生，对于冷门的专业只能采取调剂来弥补生源空缺以保留该专业，甚至有些学校冷门专业的师生比达到了惊人的 3∶1，这显然不能对师资力量“物尽其用”。虽然国家提出要努力培养“大国工匠”即高端技术人才，人们也深知有一技之长犹如拥有“铁饭碗”，可是对于“工匠精神”的重视程度远远没有达到普遍性的认可，人人都想成为“人上人”的时代，工匠人这条路在很多人看来并不好走。反之，人们更加崇尚管理岗位，即便是三线城市的高职院校应届毕业生月薪就可达到 6000 元左右，而三线城市本科生仅有 3000~4000 元依然会被理解为先有高起点的学历，再努力提升到管理岗位是为最好的出路。对于考不上本科院校的学生往往会因为就读于高职院校而在亲戚朋友面前“抬不起头”，更有甚者，在有着“升学酒”传统的地方，如果孩子是被高职院校录取家里人都不为其办“升学酒”，会被人“瞧不起”。传统观念在人们心中的地位不是一个政策、一个地区、一个学校的努力就可以改变。这需要高职院校、教育部门、政策决策者一同发力，需要改变现有的文化意识以及当前的就业形势，同时还涉及整个国家的经济体制改革。在这期间，市场大浪淘沙留下最优的企业，社会也将层层选拔留下最适合社会发展的员工。新的局面将面临新的挑战，需要新鲜的血液注入我国经济体制改革的洪流中来。种种变革让高职院校必须站到风口浪尖上，充当“中流砥柱”的角色，为我国的发展培育出符合新时代要求的建设者。

高职院校教育口碑“参差不齐”。有学者对来自 31 个省区市的 21 845 名学生进行高职教育满意度调查后得出部分学生对高职院校的学习资源与环境不满意，不能够达到他们的预期。教育类和体育类学生高职教育的满意度远远低于入学前期望，一方面可能是因为学生对这些专业抱有的教育期望过高；另一方面也可能是因为所学专业的培养方案和教育成效无法满足学生个体学习和发展的需求。高职院校中来自本省的学生占比较大，而学校的培养不尽如人意也会被口口相传，当身边有了活生生的例子后，学生家长必定会“绕道而行”。笔者曾在遵义大学城内一所高职院校任职 3 年，在这期间发现一个现象：本科院校的学生去到大学城派出所多是因为被诈骗，其中手段多为盗取 QQ 号和微信号伪装成受害者认识的人来“求助”以骗取财物。而高职院校的学生去到大学城派出所基本上都是因为打架斗殴。在其中职或高中时期养成的不良恶习固然是因素之一，但是对于高职院校多方面的不满意或是高职院校管理不到位导致出现打架斗殴、被劝退、开除的现象也是影响高职院校口碑的重要因素，毕竟“好事不出门，坏事传千里”。正处于青春期的学生思维活跃、抵触心理较强如果其正当诉求不能及时被学校了解并解决，学校的管理不能人性化实施势必会导致学生与学校矛盾激化，学校的教育理念以及规章制度很难下地落实更会引起学生的不良反应。譬如：在同一个大学城中，本科院校采取开放式管理，学生可以在规定时间内（一般为早上 6 点半至晚上 10 点半）自由进出校门、宿舍大门，而高职院校为了保证其白天上课的到堂率以及避免学生出校门和其他学校学生发生不必要的冲突，采取封闭式管理，即周一到周五学生不得出入校门，周五中午下课后才可以外出周日晚上 7 点半必须按时返校进行晚自习的规定，学生心中必定怀有不公平的想法，同样的年龄，同样的地区，本科生和高职生区别待遇必定会引起高职院校学生的愤愤不平。同时随着新媒体时代的来临，越来越多学校“丑闻”在社交媒体上被曝光，不仅严重影响学校的招生以及学校形象也会对高职院校的口碑大打折扣。

高职院校招生方式仍需改变。虽然目前高职院校已经努力改变避免与本科院校同台“竞争”生源，推出了一系列的办法，如：分类招生，又称自主招生，这是国家批准的高职院校单独考试录取的新方式，但是也要求其必须于高考前完成录取工作。参加分类入学考试，如果被正式录取，则无须参加高考。如果没有被录取，则可以继续参加高考。入学后，学生将获得与统招生相同的待遇。

但是在高职院校新生入学比例中仍然不容乐观，更多的还是高考中与本科擦肩而过的高中毕业生。对于中职学生以及具有相同学力考生的考试应该着重考查其实操能力。这部分学生普遍存在文化基础薄弱，但是动手能力强。中等职业学校的课程是以培养职业技能为主，传统笔试可能使技能优秀的中职学生与大学失之交臂。目前，国家示范性高职院校的自主招生主要有“文化基础测试＋综合素质评价/技能测试”“校长推荐＋综合素质测试”以及“免试入学”三种模式，而各省市也在积极探索诸如“分组联考”“高会统招”“推荐入学”“三位一体”“考后自主招生”“注册入学”“技能高考”“多次录取”等高职自主招生的创新模式。《国家中长期教育改革和发展规划纲要（2010—2020年）》更是明确规定要“探索高等职业学校自主考试或根据学业水平考试成绩注册入学；探索自主录取、推荐录取、定向录取、破格录取的具体方式”。有学者对1999—2019年高职招生数增量与增长率进行分析，2006年我国政府明确“有必要适当控制招生增长幅度，相对稳定招生规模”的政策导向后，2007年（减少9.15万人）、2010年（减少2.89万人）、2012年（减少10.08万人）和2016年（减少5.22万人）均出现负增长。现在看来，目前高职院校的招生方式也在与时俱进，越来越多的高职院校响应国家政策。在自主录取、定向录取等方法上不断创新，推出了更加灵活、更加人性化的招生模式。让学生提前在高考前参加高职院校的单独考试，完善了招生的多元化。

随着我国经济增长方式的改变，不断深化供给侧结构性改革。由于生产和自动化技术的进步，传统的工作形式及对工作的准备过程发生变化，纯粹体力劳动技能的岗位正在减少甚至消失，并向体力劳动技能与脑力劳动技能并存、以脑力劳动技能为主的中等收入工作转变，这对于劳动者的素质和技能提出了新的挑战，经济增长对高素质劳动力特别是技术技能人才的需求增加，迫切要求改变以往单纯依靠体力劳动技能的状况。生产方式和对生产力的要求也在变化，体力劳动岗位在逐步减少，原本的岗位或被取代或被取消，导致失业率增加。其中农民工和下岗工人数量庞大，他们或多或少能掌握一些基础的技能却又技艺不精，无法适应新时达的技术变革。2018年7月31日，国务院新闻办公室举行退役军人事务部工作进展及相关政策发布会，每年有40多万自主择业军转干部和自主就业退役士兵需要通过优惠政策支持其就业创业。这也就是政府工作报告中所提及扩招面向的4类群体：退役军人、下岗工人、农民工和应届高中毕业生（以下简称“四类人员”）。高职院校的扩招可以有效地对“四类人员”这个庞大群体进行再次“培训”，使“四类人员”的专业技能和学历得到提升，能够更好地适应社会改革需求。在“培训”时，针对不同的岗位需求来制订人才培养方案，高职院校应做好市场调研，毕业后的学生能更好地契合岗位需求，避免结构性失业。

（二）政策源流

政策源流是指与此问题利益相关者的行为所构成的。这个过程为整个高职院校扩招的政策制定提供方案。其中包括政府官员、高职院校以及专家学者等。

从 2002 年至今，不断地有关于高职教育的政策出台，2019 年 2 月，国务院印发《国家职业教育改革实施方案》。国家对于高职教育的重视程度不曾减退。不仅在规模上做出了明确的要求，还要求在高等教育中，高等职业教育招生规模应占一半以上。同时也在制度上给予空间，“自主招生”“分类招考”等一系列招生方式打破了传统依附于高考的招生方式。有学者认为依附于统一高考的招生方式会导致：（1）录取的生源质量差，考试招生制度的设计导致“职教低于普教”的社会错误认识进一步增强；（2）一考定终身，不适应素质教育的要求，不能适应考生的多样化选择；（3）高职院校难以科学选拔技术技能人才。灵活的招生模式更适合高职院校，但是教育模式也要相应的进步才能与人才多元化的发展目标匹配。

（三）政治源流

政治源流指的是反映政治形式、政治背景和社会舆论等方面的状况。其中包括国民情绪、公众舆论、利益集团等因素。在高职院校扩招政策中，政府的引领和教育功能的改变是政治源流的主要内容。

政府的引领主要表现在：中国共产党以民生为重，以人为本的执政理念是引领政策走向的坚实基础。习近平总书记指出：“要加大对农村地区、民族地区、贫困地区职业教育支持力度，努力让每个人都有人生出彩的机会。”未来职业教育的走向显然是“人人出彩”为基调，让所有公民都可以接受“因材施教”的教育，有权利去选择他们适合的教育，同时也是适应社会发展的教育。教育的多元化和公平化让农村地区、贫困地区和民族地区的青年有更好的机会用所学的一技之长来改变生活，反哺社会；让“四类人员”能够“回炉再造”，“镀金”后提升其现有的生活品质；让社会前进的步伐充满坚定，大步向前。

教育功能的改变让高职院校的使命不再单单是以往的教书育人。在国家目前经济形势和就业压力的趋势下，高职院校承担起国家“稳就业”之重任。一直以来高职院校的教育目的是为社会培育技能人才，适用于制造业、养殖业、建造业等中的低端技术岗位。现在发展高职教育要实现从制造大国向制造强国的转型，建设高素质产业工人队伍、打造更多“大国工匠”，大力发展职业教育已是当务之急。如此一来，培养高素质的技术性人才成为高职教育的新方向。有学者认为当前我国最主要的矛盾是结构性就业矛盾，人才不匹配市场需求、产业升级造成失业、智能制造引发低端技术岗位被替代等问题急需通过职业教育的教育结构优化和质量提升来解决。

三、结语

本研究基于多源流理论，从多方面展现了我国高职扩招的政策议程设置的内在逻辑：问题源流、政策源流、政治源流的耦合，从而开启了“政策之窗”。研究价值在于验证了多源流理论在中国国情下的适用性。

高职院校扩招政策是顺应时代发展的产物，通过“扩招百万”政策来迫使高职院校改变现有的办学模式。近现代教育家黄炎培先生把职业教育的目的概括为“使无业者有业，使有业者乐业”。即既强调个人谋生，也重视服务社会；既强调职业技能训练，也重视职业道德教育；既强调一技之长，也重视发展。此次扩招也对高职院校的适应性提出了要求，社会人员的文化水平、时间、技能水平都参差不齐。高职院校需要“对症下药”，灵活且合理地安排上课方式、时间、地点；努力提高教学水平、加强专业群建设；完善现有的实验实训设备。充分利用好产教融合、校企合作机制中优秀的一线工作者来授课，不仅解决了教学资源实训基地短缺的问题，也让“四类人员”能够掌握有用的技能，用得上的技能。学以致用，确保教育水平不因扩招而受影响，要做到“保质又保量”。李克强总理作政府工作报告时说：“让更多青年凭借一技之长实现人生价值，让三百六十行人才荟萃、繁星璀璨”。职业教育要向着办“合适的教育”的要求改革。有学者认为此次扩招会带来很多问题，有些问题很难解决，如何让教育资源跟上扩招的步伐？如何确保高职院校的制度改革适用于“四类人员”？决策者需要解决好这些问题才能确保政策实施，高职院校才能抓住此次机遇，获得更好更快的发展。

【参考文献】

[1]《2019年政府工作报告》.

[2] 董刚，等. 对高职院校百万扩招的思考（笔谈）[J]. 中国高教研究，2019（4）：1–5.

[3] 约翰·W. 金登. 议程、备选方案与公共政策 [M]. 二版. 丁煌，等译. 北京：中国人民大学出版社，2017：90，192.

[4] 王纾. 全国高等职业教育满意度调查报告 [J]. 大学：研究，2017（10）：55–65.

[5] 郑若玲，朱贺玲. 我国高职招生变迁与未来发展方向 [J]. 河北师范大学学报（教育科学版），2013，15（3）：41–46.

[6] 付雪凌. 变革与创新：扩招背景下高等职业教育的应对 [J]. 华东师范大学学报（教育科学版），2020，38（1）：23–32.

[7] 卫建国，秦一帆，崔园园. 高职扩招政策的多源流理论阐释 [J]. 黑龙江高教研究，2020（12）：95–99.

[8] 袁潇，高松. 改革开放40年来高等职业教育考试招生制度改革探析 [J]. 复旦教育论坛，2019，17（1）：76–82.

[9] 周建松，陈正江. 高职百万扩招的战略意义与实现路径——基于全纳教育视角的分析 [J]. 江苏高教，2020（2）：113–119.

● 贵州大学历史与民族文化学院服务社会的调查分析

雷方俊　杨军昌

（贵州大学　历史与民族文化学院　贵州　贵阳　550025）

摘　要：高校更好地服务经济社会发展，既是使命所在，也是自身发展的源头活水。贵州大学历史与民族文化学院今年来在服务社会上开展了文化传承、决策咨询、精准扶贫、乡村调查、讲座与教育培训等工作，呈现出了多途多效的社会服务工作格局。同时也还存在着问题意识不突出、应时而需的服务力度薄弱、服务领域不够宽泛、必要的动力机制建设存在短板等亟待解决的问题。新的阶段，学院应更加坚定服务社会意识，勇于肩负起服务社会的时代使命，采取积极有效措施，扎实工作，砥砺前行，力争新成绩、新贡献。

关键词：高等学校；服务社会；调查分析；贵州大学

地方性高校服务区域社会，是新时期实现自身职能的必然途径；是实现自身跨越式发展的内在要求；是当地经济发展和社会进步的迫切需要。因此地方性高校要多方调研、综合区位因素，因地、因时、因校制宜，以自身人才、知识和技术的资源优势，通过知识传播、知识运用、知识创新（技术创新）等主要方式，积极参与地方经济社会建设。于此，我们结合“不忘初心，牢记使命”主题教育活动的有关安排，2019 年下半年以来，就历史与民族文化学院 2016 年以来所开展的服务社会工作进行了调查。兹将调查结果分析汇陈于下，望予指正！

一、多途多效：服务社会的状况特征

1. 文化传承

文化是人类在社会发展过程中，所创造的物质财富和精神财富的总称，文化传承就是指这两种财富一代一代之间的传递和承接过程。文化传承问题不是一件机械性的事务，也不是建几个传统文化基地就可以解决的，它需要多途并举，人人得行动自觉。

作者简介：雷方俊（1971—），男，贵州毕节市人，贵州大学历史与民族文化学院党委副书记，研究方向为党建与思想政治教育；杨军昌（1963—），男，贵州石阡人，贵州大学历史与民族文化学院教授。

历史与民族文化学院在文化传承上一直做着一系列卓有成效的工作，如杨军昌教授领军的《贵州省非物质文化遗产田野调查丛书》团队，调查、撰写的《贵州省非物质文化遗产田野调查丛书》（九卷），200余万字，由知识产权出版社出版发行；张新民教授领题的国家社科重大招标项目“清水江文书整理与研究”团队在2013年出版阶段性成果《清水江文书·天柱文书卷》22册后，又经过多年的艰辛努力，目前已完成《清水江文书·天柱文书考释》44册400余万字，即将由孔学堂书局出版发行。

2. 精准扶贫

2013年11月习近平同志到湖南湘西考察时首次做出了“实事求是、因地制宜、分类指导、精准扶贫”的重要指示。2015年6月，习近平同志在贵州，强调要科学谋划好“十三五”时期扶贫开发工作，确保贫困人口到2020年如期脱贫，并提出扶贫开发“贵在精准，重在精准，成败之举在于精准”的要求。自此，贵州开展了轰轰烈烈的、全社会力量参与的“精准扶贫”战役。在贵州大学的统一部署下，历史与民族文化学院积极投入了这一世纪伟业之中。2016—2017年，派出了王继红老师任“精准扶贫”第一村支书驻贞丰岩鱼村。2019年历史与民族文化学院对口帮扶贞丰白层镇，并实施学校“一院一品”工程。历史与民族文化学院党委书记杨军昌、副书记雷方俊，党政副主任陈宏、教师党员王继红等先后到扶贫点根据要求开展了、产业升级、村落文化调查等系列工作，并做到了月月有报告。目前，正在帮助该镇进行省级非物质文化遗产“布依鸟年”调查、整理与申报工作，同时进行《白层镇情与发展规划》撰写的前期准备工作。

3. 乡村调查

历史与民族文化学院鉴于学科特点与社会、文化建设需要，历来注重乡村调查。这类调查，大致有三种类型：一是研究生的平常调查和学位论文调查。这类调查，民族学硕士学位论文的比例较大，如在2016级、2017级中，乡村调查的选题均在80%以上。二是教师的课题研究多以村落为调查研究对象，如杨军昌教授的成果就有《侗寨占里长期实行计划生育的绩效与启示》《侗寨竹坪“教育现象”述论》《生态保护与资源绿色利用的民间规约及其形成机制分析——以清水江流域文斗苗寨契约文书为例》《少数民族传统营林地方性知识对生态环境维护的价值试论——以清水江流域加池苗寨为对象》等。三是2019年历史与民族文化学院组织的，至今仍在黔东南苗族侗族自治州进行的《贵州省民族传统村落与乡村振兴丛书》10余个村寨调查，基于此次调查而撰写的《贵州省民族传统村落记忆丛书》目的是在“志存”“展示”“探析”“思考”基础上，传承和抢救乡土历史文化，突出村寨特色和鲜明个性，留存乡愁，并借以激发爱国爱乡情怀，为传统村落保护发展、实现乡村振兴提供历史智慧和现实借鉴，目前该项工作已接近尾声。

4. 讲座与教育培训

发挥人才与学科优势，开展相关的教育与培训工作，是历史与民族文化学院服务社会的使命之一。学院老师于此方面做了大量工作。如栾成斌副教授 2019 年 5 月 9 日在修文中国阳明文化园龙冈书院为贵州西南鱼峰水泥有限公司管理层讲授《王阳明廉政思想与企业管理》专题，2019 年 8 月 21 日为贵州省石阡县、沿河土家族自治县税务局干部讲授了“传统文化与人生智慧”，11 月 3 日为贵州大学书法协会、历史文化协会、汉风府、国学社等学生社团骨干主讲了《中华优秀传统文化的基本内涵与现代价值》专题等。黄诚教授 2019 年 4 月应黔中书院之请在贵阳为学者、市民与学生讲授《〈大学〉经典与黔中文化——兼谈“为学”与“为道”》，2019 年 7 月应地方政府之邀请在铜仁碧江区“新时代大讲堂”为市民讲授《〈道德经〉与中国文化》专题，此外，还在 2019 年 6 月至 8 月，分别三次在贵阳还受邀请为来黔学习的河北省检察院系统和河南省法院系统的检察员法官上中国文化课程，均为公益性讲座。

此外，学院还开展了系列“三下乡”活动，于此不再赘述。

二、理性反思：服务社会存在的问题

通过这次调查，就学院而言，在服务社会上主要存在如下问题。

1. 认识不正确、不到位

通过调查得知，学院有部分老师，对于服务社会这一重要工作，不是存在认识上的偏差，就是工作存在不到位问题。前者，认为社会服务是分外之事，不是本职工作，搞社会服务不如做些利于考评或评职称的研究工作，因而态度消极或干脆不予支持，甚而是不予报酬就免谈，就拜拜。后者是态度应允，但由于“能力不足”或准备不到位，服务效果不尽满意。

2. 问题意识不突出，应时而需的服务力度薄弱

服务社会与科学研究都必须具有问题意识，只有对应、回应社会问题，应解决社会问题而需，服务社会才有方向，也才有力度。由于工作环境的因素，一些教师对地方经济社会发展问题缺乏关注，即使受邀或参与相关的社会服务，其发挥的作用也十分有限，与地方期待的服务力度、服务效果存在较大距离。

3. 服务领域不够宽泛

高校服务社会有着宽广的领域，如智力执教、传承文化、科研兴农、培训人才、成果转化、产品促销、规划制定、助残帮困、法律咨询、地情编写、宣传推荐以及项目联合等。目前历史与民族文化学院在服务社会这方面，不仅走出去的人不多，而且服务的领域也多局限在地方文化整理研究、人才培训、地情编写等方面，尚有较大的拓展空间。

4. 服务队伍的能力建设较为薄弱

多年来，历史与民族文化学院存在服务社会的一个关键问题，就是服务队伍的能力建设问题较为薄弱，其中有表现为：一是学院长期缺乏服务社会的制度性保障，重点依然在学科建设、科学研究与人才培养上，服务社会多被忽视；二是长期没有形成

浓烈的宣传氛围。由于宣传不到位，一些活动如“三五”学雷锋月、大学生志愿服务西部计划和国际志愿者日的社会服务等都是听命而动，主要的方式为“敲章”认证法，参与者都可以顺利地得到印章，活动之初，轰轰烈烈，活动结束，销声匿迹。三是必要的特定服务知识与能力培训缺如或不到位。这里的特定服务知识与能力指的是特定服务过程中所要求掌握诸如文明礼仪知识、中国文化知识、各国文化知识、奥运相关知识、外语知识技能、助残常识、医疗知识、管理知识等，缺乏这些内容培训的社会服务，服务能力显然会“先天不足”，服务效果必然会大打折扣。

5. 必要的动力机制建设未跟上

如对于服务社会的优秀工作者没有评优评先表彰机制；服务社会活动没有与工作业绩挂钩的量化考核机制；同等条件下在职称晋升、学习交流、项目研究等方面的缺乏优先机制；在工作投入上，缺乏必要的如交通、联络、宣传资料等经费的支持机制，可能会因自身经济条件的限制就会很少参与服务社会的活动。

三、砥砺前行：服务社会的时代使命与对策管见

“教育是民族振兴、社会进步的重要基石。”习近平总书记在全国高校思想政治工作会议上强调：“我国高等教育发展方向要同我国发展的现实目标和未来方向紧密联系在一起，为人民服务，为中国共产党治国理政服务，为巩固和发展中国特色社会主义制度服务，为改革开放和社会主义现代化建设服务。”“四个服务”的论断和我国高校人才培养、科学研究、社会服务、文化传承与创新“四大职能”，彰显了我国大学的人民立场和政治属性，揭示了我国大学的办学目标和初心使命，为坚持社会主义办学方向，办好中国特色社会主义大学提供了根本遵循。历史与民族文化学院作为贵州大学的二级实体办学单位，应始终坚持习近平同志“四个服务”论断，除了高质量培养建设社会、服务社会的高质量人才，搞好科学研究与学科建设，应在服务社会上，再立新功，多做贡献。

一是要始终坚持正确的政治方向，不忘初心，牢记使命，肩负起高等教育“四个服务”的时代使命。要始终结合主题教育“守初心，担使命，找差距，抓落实”的总要求，深入学习习近平总书记关于教育的重要论述，围绕党的十九大提出的新使命、新要求和重大部署，结合国家发展战略、“一带一路”建设、国家主体功能区定位、区域经济社会发展和产业发展规划，教育部《高等学校乡村振兴科技创新行动计划（2018—2022年）》，以及贵州大学的建设目标，明方向，聚力量，找差距，搭平台，调结构，补短板，创载体，建机制，增强学院服务社会的内生动力，全面提升学院服务区域经济社会文化发展能力，发挥学院人才优势，在新时期服务社会中更新观念，增强意识，拓宽视野，提高质量，取得新业绩。

二是深化教育教学改革，把社会主义核心价值观教育和创新创业教育融入人才培养全过程、各环节。坚持德育为先、德学兼修、能力为重、全面发展的人才培养基本

要求，切实推行好本科成长导师制和研究生培养导师制，建立健全人才培养的各种激励与监督机制，大力培养各行各业创新创业高素质应用型人才，为区域经济社会发展提供强有力的人才支撑。

三是积极构建协同创新体系，拓宽服务领域。要创新院地、院企、院研、院院等合作机制，大力拓宽合作领域，全面融入区域经济社会发展，不断提升合作层次与水平，努力实现双赢、多赢。同时，要积极推动历史与民族文化学院西南文献中心、土司研究中心、民族文化与区域绿色发展研究中心、人口·社会·法制研究中心、民族理论与民族政策等研究平台向社会开放，加快创新资源开放共享，增强历史与民族文化学院服务区域经济社会发展的能力，拓宽服务领域，展示服务风采。

四是发挥人才资源优势，发挥历史与民族文化学院服务社会的智库作用，凸显历史与民族文化学院服务社会的咨政功能。要在已有工作基础上，增强问题意识，围绕区域经济社会发展中的热点、难点和重点问题，积极调研，认真思考，主动作为，其中，要强化应用对策研究，为政府部门科学决策、行业产业发展提供咨政咨询服务，为区域经济社会和行业产业发展提供强有力的智力支撑。使历史与民族文化学院成为所在区域创新驱动发展的重要力量和引智借智的基础平台。

五是建立“大内涵”的发展格局，为服务社会培养高质量人才。教育上的“大内涵”发展观，是相对以“专业知识教育”为主要内容的狭义内涵发展观而言的，是一种以立德树人为思想引领的发展观。它包括思想政治教育、专业知识教育、人文素质教育，是立足人的全面发展的教育教学体系。目的是充分发挥大学人才培养、科学研究、社会服务、文化传承与创新等四大职能，形成协同育人的教育教学大格局。为此，学院应采取积极措施，于“大内涵”发展格局建立上，一是在课程上实现多样化，最大限度地满足学生选修的需要，满足学生全面发展的需要；二是建立长效机制，把讲坛、论坛、学术报告、社会实践等人文素质教育活动规范化、系统化，改变“零打碎敲”的现状，形成相对稳定的人文素质教育体系；三是遵循规律，创新载体，挖掘资源，形成教书育人、科研育人、实践育人、管理育人、服务育人、文化育人的合力，提高育人工作水平。

四、结语

高校更好地服务经济社会发展，既是使命所在，也是自身发展的基础。高校利用自身的学科、专业、科技、人才、信息和文化优势，服务经济社会发展，是高校发展的一个显著特征。实践证明，高校只有真正与经济社会发展建立良性互动机制，贴紧靠实经济社会发展需要，才有自身存在的价值，才能获得日益丰富的发展资源。高校与经济发展是互为支撑、相互促进的，这是经济发展的规律决定的，经济发展了就有更大的财力支持高校发展，高校发展了就有更强的实力支撑经济发展。经济社会发展对高校不断提出新要求，高校在服务经济社会的过程中不断优化办学环境、改善办学条件、汇聚人才队伍、做强特色优势学科、增强科研创新能力、持续提高人才培养质量、办学综合实力和竞争力，这样高校服务经济社会发展的能力也得以显著增强。

总之，高校要深入贯彻党的十九大精神，着力增强内生动力，着力激发创新活力，全面深化综合改革，全面提高人才培养质量，全面提升服务经济社会发展能力，为全面建设富强民主文明和谐美丽的社会主义现代化国家、实现中华民族伟大复兴的中国梦做出新的更大贡献。“江南千条水，云贵万重山，五百年后看，云贵胜江南”。在贵州省正走在跨域式内涵发展、“逐绿”奋进的大道上，历史与民族文化学院作为贵州大学的实体二级单位，在服务社会这一重要工作中，任务重大，使命光荣，应牢记使命，砥砺前行，力创佳绩。

【参考文献】

[1] 刘紫凌，周楠，张玉洁．在习近平新时代中国特色社会主义思想指引下——新时代新作为新篇章·总书记关切脱贫事[N]．新华社，2019-12-05.

[2] 中共中央党史与文献研究院．习近平扶贫论述摘编[M]．北京：中央文献出版社，2018：58.

[3] 李旭锋，张卫国．不忘办学初心，践行“四个服务”的时代使命[N]．光明日报，2019-07-05.

● 服务学习理念视野下社会工作硕士实习的反思

——以助残服务实习项目为例

魏福海　吴承超

（广安职业技术学院　医学院　四川　广安　638000；

贵州大学　公共管理学院　贵州　贵阳　550025）

摘　要：本研究以社会工作硕士（MASTER OF SOCLAL WORK，MSW）实习过程为研究内容，采用参与式观察和深度访谈的研究方法，以服务学习理念为研究视角，分析社会工作硕士助残服务实习过程中取得的成效和存在的不足之处。

关键词：服务学习理念；社会工作硕士；实习项目

一、问题提出

2011年11月，中共中央组织部、民政部等18个部门和组织联合发布《关于加强社会工作专业人才队伍建设的意见》对社会工作的发展提出了详细的意见，成为我国社会工作专业人才队伍建设的指导性纲领[1]。而我国社会工作的发展趋势下必然离不开社会工作专业教育，社会工作专业教育能够促进我国社会工作职业化，只有通过专业教育才能培养出足够优秀的专业人才，社会工作才能得到长远的发展。社会工作是以助人自助为宗旨的应用型专业，它要求实习生熟练掌握社会工作的基本理论与方法，树立社会工作的专业价值观，具备运用社会调查研究方法分析问题，运用社会工作方法进行社会事务管理和解决社会问题，运用专业知识进行社会行政能力提升，具有较强的实务能力。于社会工作专业硕士来说，实务能力显得尤为重要。毫无疑问，社会工作教育中，社会工作实习在社会工作专业教育中占有重要地位，尤其是作为培养优秀专业人才的社会工作专业硕士教育更为重要。然而，社会工作硕士专业实习过程又与近年来兴起的服务学习理念不谋而合。服务学习兴起于20世纪60年代的美国，其核心理念在于强调从“服务”中获得“学习”的效果，是一种把社会服务与课堂学习

作者简介：魏福海（1994—），男，重庆潼南人，广安职业技术学院医学院专职教师，社会工作硕士，研究方向为老年服务与管理。吴承超（1994—），男，贵州铜仁人，贵州大学公共管理学院在读社会学硕士研究生，研究方向为应用社会学。

❶ 人民网：http：//politics.people.com.cn/GB/1026/16178357.html.

融合起来的教学理念[1]。通过学校和社区的合作，将提供给社会服务与课程联系起来，使学生参与到有组织的服务行动中以满足社会需求并培养社会责任感，同时在其中学习以获得知识和技能，提高与同伴和其他社会成员合作分析、评价及解决问题的能力，有助于促进社会工作专业的发展。所以，研究社会工作专业硕士在服务学习理念下实习的反思，无论是对社会工作专业硕士本人的个人发展，还是社会工作硕士教育与专业实习的完善都起着重要的作用。

然而，以往的研究很少关注社会工作硕士在实习过程中的专业反思，本研究是以助残服务实习项目为例，与服务学习理念相结合，研究整个实习过程，有助于拓宽社会工作实习领域的研究、探索符合本土化实习模式、触动实习生在实习中的成长、保障服务对象享受高质量服务、促进社工机构专业化成长与推动社会工作专业发展有着重要的意义。

二、文献回顾与研究设计

（一）文献回顾

服务学习是经验教育，反思与互惠是服务学习的核心要素，通过有计划的社区服务与结构化的反思，满足服务对象的目标需求，提升实习生的知识和能力[2]。服务学习是重视服务与学习的教学模式，它将课程学习与社区服务相结合，通过有计划地组织社区活动以及反思过程，促进师生共同参与学习，满足社区需求，培养实习生的社会责任感提升综合能力[3]。把服务学习具体化为在学习中服务、在服务中学习、在社区中参与和在行动中反思四个要素，同时将服务学习的基本原则界定为志愿服务与大学课程的结合，大学教育与社区建设整合，学习、服务与自我发展的整合[4]，服务学习四个阶段即经验阶段、新概念阶段、新概念运用阶段、反思阶段[5]。

向荣、董欣梅对服务学习在不同国家和地区的发展现状进行了介绍，而对服务学习的模式分类、实施过程、参与者角色和功能进行了详细分析[6]。周玲、王沁媛对服务学习教学模式在社会工作专业中进行了探讨，提出了服务学习对社会工作教学的契合性，重视服务学习在社会工作教育中的作用，加强与社会建立关系[7]。常雅慧认为服务学习教学模式，有利于社会工作专业学生深刻地理解专业理论、理念、方法和技巧，从而实现新的教学目标。结合了西北大学社会工作专业的教学案例，阐述了该模式的

[1] 王颖．服务学习初探［J］．社会工作，2006（11）：51-53.
[2] 孙莹．服务学习——发展自我、回馈社区的青年志愿服务策略［J］．社会工作，2006（11）：5-9.
[3] 向荣．董欣梅．服务——学习手册［M］．北京：中国社会出版社，2011.
[4] 彭华民．服务学习之核心要素、行动模式与角色结构［J］．探索与争鸣，2012（10）：49-52.
[5] 彭华民，等．服务学习：青年志愿服务与大学教育整合模式研究［J］．中国青年研究，2009（4）：81-91.
[6] 向荣，董欣梅．服务——学习手册［M］．北京：中国社会出版社，2011.
[7] 周玲，王沁媛．服务学习型教学模式在社会工作专业中的应用［J］．社会工作（学术版），2011（7）：4-22.

特点以及实施过程，提出调动学生、老师、社区机构的积极性，开展结构性反思，重点突出学生在该教学模式中的地位❶。

此外，美国学者 Kolbr 归纳出服务学习在社会工作领域中的实施阶段概括为“PARE”，即准备（Pre Paration）、行动（Action）、反思（Reflection）和评估（Evaluation）。Priscilla 和 Catherine 将服务学习和社会工作教育结合起来进行论述，认为服务学习是一种社会工作实践，可以帮助学生在服务实践中澄清和反思专业的道德、理念和行为❷。

（二）研究设计

1. 研究样本

本研究采用深入访谈法对在助残实习项目中的相关人员包括：4 名社会工作硕士实习生（MSW1~MSW4）、2 名助残实习项目负责人（WL1~WL2）以及 2 名督导（JD1~JD2）进行了详细访谈，收集了第一手资料（见表 1）。

表 1　受访者基本资料

编号	性别	本科专业	工作领域	访谈时间	访谈地点	访谈方式
MSW1	男	公共事业管理	残疾人	2 个小时	学校	面谈
MSW2	女	社会工作	残疾人	1 个小时	学校	面谈
MSW3	男	社会工作	残疾人	2 个小时	学校	面谈
MSW4	女	汉语言文学	残疾人	1 个小时	学校	面谈
WL1	女	心理学	残疾人	1 小时	机构	面谈
WL2	女	社会工作	残疾人	1 小时	—	电话访谈
JD1	女	社会工作	禁毒	1 小时	—	电话访谈
JD2	女	社会工作	社区	2 小时	机构	面谈

2. 研究方法

本研究采用深入访谈法和参与式观察法，对访谈收取到的录音资料、周志、项目开展资料以及手写材料进行梳理归类。笔者参与了整个实习过程，包括了前期的走访，活动的设计、开展和评估，既是参与者，又是观察者。参与观察实习生的实习表现、服务对象参加活动的反应和助残服务实习项目督导的效果等情况，主要目的是为服务学习的成效研究提供依据，通过观察以获取更多的有效资料。

❶ 常雅慧 . 服务学习——社会工作专业教学的新方向［J］. 辽宁行政学院报，2013（8）：91-97

❷ CATHERINE M L，PRISCILLA D A. Service learning in social work education：the state of knowledge，pedagogical practicalities，and practice conundrums［J］.Journal of Social Work Education，2007（2）：309-326.

三、服务学习理念视野下 MSW 实习效果分析

（一）W 机构助残服务实习项目简介

根据《中共中央 国务院关于加强和完善城乡社区治理的意见》中关于推进社区、社会组织、社会工作三社联动的部署，按照省民政厅办公室《关于组织实施贵州省社会工作服务“社工黔行”系列项目的通知》和《关于加强社会工作专业人才队伍建设的实施意见》的要求，逐步建立完善以社区居民需求为导向、以社会工作服务项目为纽带、以购买社会组织服务为主要形式的三社联动机制，开展残障社会工作项目名称——“三社联动”助力社区助残服务。助残服务实习项目是由专业的 W 社工机构里的 1 名专业社工、1 名机构督导、4 名实习生以及多位志愿者组成的团队进行执行为期一年的服务，服务全 X 社区内的残障人士及其家庭，运用社会工作的专业方法进行助残服务。

（二）实习积极成效

1. 优化了学习模式

在服务学习理念下，实习生改变以往的学习习惯，从被动灌输学习转变到主动学习。一方面学习残疾人领域的专业理论。学习学校未开设专业的残疾人领域课程，实习生对残疾人的了解也只停留在日常的认知上，无法深入地了解服务对象，就不能为服务对象提供更好的服务，于是实习生分工协作，主动学习残疾人知识，在图书馆查阅书籍，学习书中讲述的理论方法；汲取他人在残疾人领域做过服务的经验，考虑能否借鉴这次实习中所学到的知识。另一方面学习残疾人服务活动技巧。实习生在实习过程中，没有实习经验，未开展过服务活动，主动向机构社工请教，交流实务经验，听取意见，完善活动策划，提升服务质量。

2. 提高了反思意识

实习生在助残实习项目中，需要不断地总结经验，改善服务计划，提高服务质量，促进项目的实施，从而提高反思意识。一方面是周志的反思。刚开始写周志时，只是为了完成任务，做流水账记录，而未真的反思实习内容。到后来意识到周志的重要性，能够通过周志记录这次实习中所遇到的困难，反思自己在这实习中存在不足，思考如何改正避免下次再出现同样的问题。另一方面服务活动后反思。实习生在参与助残服务实习中，每次活动后都是有意识的反思，寻找这次活动的优点，提出活动存在的问题，与社工一起探讨寻找解决方案。这样的反思意识会陪伴实习生终生，受益无穷。

3. 增强了服务手法专业性

实习生开始之前从未真正接触到社会工作，所学知识只是停留在书本上，从未进行过实践。实习生在助残服务实习项目中对社会工作方法进行了运用，为服务对象提

供了相应的服务，使其熟悉了三种方法的实施流程，对其进行了进一步理解。首先是社区工作。实习生在助残服务实习项目中前后经历过五次社区活动，运用社区工作的理论知识，按照其操作流程进行设计社区活动，邀请服务对象参与，从而达到社区融入，服务对象开心快乐的情景。其次是小组工作。实习生在助残服务实习项目实施过程中，对小组工作进行了实践。实习生在助残服务实习项目中按指标设计了 6 节、10 节的小组计划书，详细写出了每一节小组活动内容和活动开展流程，是一份非常完美的小组工作计划书，并进行了实施。最后是个案工作。实习生在服务中一共进行了 12 个个案，在这些服务对象当中大部分需要政策咨询、康复医疗、精神慰藉等需求，小部分服务对象需求经济救助、物资救济等，实习生针对服务对象的需求制订了服务方案，帮助其解决困难，满足需求。

（三）实习成效不足

1. 实习双向沟通不足

实习生在实习过程中存在沟通不畅，难以及时处理实习过程中遇到的问题，导致实习生服务效果不佳。一方面是实习生与机构沟通失灵。机构认为实习生足以承担起整个项目的运转，进而放心交给实习生去做，而实习生又无法独立支撑整个项目。另一方面是实习生与项目领导沟通不畅。实习生与项目领导在服务过程中，存在信息滞后，无法做到信息共享，造成项目团队成员出现不信任，消极执行项目的态度。

2. 实习受益有限

实习生在是过程中虽然对社会工作三大方法进行了实践，但实践效果并不理想。社会工作三大手法并不是每一位实习都进行了全部实践。首先是社区活动，实习生在整个实习过程中，策划过两场社区活动，参与过三场。每场社区活动的效果并不理想，而未达到指标要求。其次是小组活动。实习生每人安排了一个小组，但实习生 4 人中有 1 人开展了整个小组活动；1 人开展了 2 节小组活动，另外 2 人根本就没有开展小组活动。最后是个案活动，实习生开案的 12 个个案都未能在实习结束时进行结案。实习生在实施这三大手法时，经常时遇到不按计划实施，许多文字资料是活动后补上，更没有服务协议的签订的环节，导致实习生在整个实习中受益有限。

3. 实习程序不完善

实习生在实习过程中，经常出现断续状况，不利于实习生有效的实习，阻碍了实习生在助残服务实习项目中的完整性。第一，实习前期。实习生对社区里的服务对象进行走访收集资料，对遇到的问题进行反馈而未得到解决方案，造成实习生负面情绪增多，而暂停了实习。第二，寒假来临。实习生也是在校学生，放寒假也要回家过年，而暂停了实习。第三，实习中期。项目负责人辞职，新项目负责人接替，需要花时间对项目进行了解，重新制订项目计划，暂停了实习生实习。第四，实习后期。项目负责人和督导的辞职，实习生无能力继续执行项目，实习生就暂停了实习，等待机构安排新的项目负责人和督导再一次带领实习生继续实习，但机构人员紧张，未能及时安排社工进行带领实习生继续实习，于是实习生就结束了实习。

四、服务学习理念视野下 MSW 实习成效不足的原因分析

（一）服务学习理念的缺失

1. 专业服务前期准备不充分

服务学习开展需要做好准备，强调服务学习是多方共同参与，与不同主体之间相互协调，建立共同服务目标。在服务学习理念下，准备阶段需要确定好服务项目，选择服务社区以及实习机构。一方面是实习生不了解实习机构，对机构服务的领域不清楚，实习团队成员随机选择，无经验丰富的同学担任组长，造成实习生自身准备不充分。另一方面是项目前期准备不充分，实习生缺乏项目需求技能的培训，使实习生在实习中不熟悉服务对象，不了解项目开展流程，导致实习生实习难以继续下去。

2. 专业技能培训机制不健全

在实习过程中，前期服务准备不充分，中期实习计划不完整，培训环节缺失。机构在项目实施过程中信任项目团队能够将项目做好，从而放松了对助残服务实习项目的监督和提供必要的支持。机构未能提供项目执行团队的服务培训，造成了项目执行团队失去依靠，孤军奋战。项目负责人未能在项目开展中学习到专业的技能以及相应的培训，根据以往服务经验进行服务，造成在服务中消耗过大而出现辞职。实习生在服务中，缺少了培训，无法做到完整的策划服务活动，出现了严重的心理落差，引发了负面情绪。

3. 服务内容与方式更新缓慢

在实习过程中，由于每个阶段反思不够，并未对助残服务实习项目计划进行彻底的调整，造成实习生团队最终的离开。前期实习，没有项目领带实习生进行走访，造成实习生遇到走访困境，未能及时处理。通过反思为项目安排了项目负责人和机构督导，项目计划做了调整，但不够彻底，没能及时安排培训和提供相关问题咨询，不能及时向服务对象及时反馈问题，造成联系中断。实习中期，通过开展活动，服务对象参与度不够时，实习生出现了负面情绪，心理产生了落差。而机构督导的督导能力有限并没有及时处理实习的情绪，造成了实习生带有情绪的服务。实习中后期，更换了一位专业的督导来领项目团队，项目执行情况有所好转，但反思不够彻底，机构未能在助残服务实习项目中提供最大支持，造成整个团队孤立无援而开展服务，最终造成了督导和负责人双双辞职，实习生团队也无力执行项目而撤离了。

（二）助残服务实习项目本身存在缺陷

1. 实习项目服务内容与服务对象实际需求不符

实习生在对社区里的服务对象进行走访发现，项目指标中，大部分指标不符合残疾人群体的需求，造成实习生难以完成项目指标。一方面，社区面积太大，服务对象居住分散，难以召集开展 12 场社区活动；小组设置了手工书画小组、安全教育小组、康复支持小组等，并不是残疾人的需求，残疾人普遍年纪大，文化水平低，识字较少，对开展的小组并不感兴趣；个案设置了 26 个，而实习人人数只有 4 人，要求每人至少开展 6 个个案，很难找到这么多的服务对象进行持续性跟进帮助其解决问题。另一方面，项目指标设置存在认识不清，各指标存在交叉内容，实习生对指标定义不清，导致服务内容不清晰，影响了项目执行进度。

MSW1：我之前是负责的康复支持小组，可是对这个小组的定义应该是医疗康复、身体康复、心理康复，当在小组做计划的时候发现与义诊小组高度重合，不知道该怎么开展，也不好区分这两个小组。

2. 助残服务实习项目跨区实施缺乏资源基础

实习生所开展的项目不是在机构经常服务的社区里开展的服务项目，而在邻近的社区开展。在开展此项目之前从来没有给该社区服务过，接触较少，人脉资源稀少，造成了前期在与社区工作人员、服务对象的关系很难建立，导致了在服务对象关系建立上花了很长时间。在社区里，社会工作宣传和普及不到位，让所有的服务对象以及社区工作人员潜意识的认为是志愿者活动，导致实习生无法充分利用该社区的资源为服务对象提供更好的服务。

3. 服务对象参与的主体性较低

社区里，机构基础薄弱，服务对象及其家庭对社工的认识不足，警惕性强。未能及时消除社区里的服务对象心理的警惕性，让更多的服务对象参与到活动中来，造成每场活动服务对象参与人数不多，无法满足项目指标规定的服务人数。一方面是服务对象自身参与意识薄弱，从未参与过类似的活动，自身的缺陷认为自己无法完成活动任务而产生的自卑感。另一方面是服务对象残疾类型众多，大部分服务对象不便于参与活动，自己无法行走，开展项目也没有人去接送，无法参与活动。

（三）机构综合能力薄弱

1. 项目领导频繁更换

机构一线专业社工的辞职，人才的流失，对机构的损失以及影响都是非常大的。在一个项目中，项目负责人是最重要的角色，是直接把控全局、指挥执行的重要角色。但实习生在实习过程中，多次更换项目负责人以及机构督导，直接影响着实习生的情绪以及项目的进程，导致项目难以执行。

2. 资源利用率较低

机构的资源有两种：一种是机构外的资源包括其他社会组织，社区关系、政府关系等，另一种是机构内部的资源，包括机构一线社工、机构财务、机构具体物资等。在助残服务实习项目中，机构的外在资源没有合理运用，助残服务实习项目在执行造成的重要原因之一，也能够说明机构对项目外在资源的使用以及支持是不够的。而机构内部资源丰富，但机构社工已形成了自己只管自己负责的项目，不支援其他社工的项目，造成社工孤军奋战，严重浪费资源。

3. 专业实习生缺乏有效培训

在实习服务过程中，机构对实习生、机构社工未开展过任何的实务技能培训，导致实习生在服务中无法发挥专业特长。在实习生当中有一部分学生是没有系统学习过个案工作、小组工作、社区工作，缺乏深入认识以及相应的实践锻炼，更缺少残疾人领域的相关知识和实践基础。因此，实习生在服务过程中，基本上是边服务边探索。在实习中遇到问题，通过督导对服务中遇到的问题进行指导和协助，但没有全程跟进项目，无法提出针对性的服务意见，服务水平也难以保证。

（四）实习团队专业能力不足

1. 专业种子同学的缺失

在实习团队中，2 名本科是社会工作专业，但在本科阶段没有进行过专业的实习，没有任何实务经验，在这社会工作实习中还属于新人；另外两人本科是非社会工作专业的学生，对于社会工作领域感觉就是非常神圣，就想去一探究竟。在之前的专业也没有参与过任何的实习，没有任何的实践经验。因此在实习团队中无人能够担任种子同学的角色。

2. 实习生情绪管理能力薄弱

实习生在实习过程中会受到各方面的情绪感染，主要表现在两个方面，一方面，角色超载引发实习生情绪不稳，在实习期间扮演组织活动者、资源链接者等不同的角色。在短时间内迅速地赋予个人多重角色，最终导致角色超载。实习生没有办法协调解决这些角色之间的问题，从而引发了负面情绪。另一方面，实习生受服务对象的负面情绪影响。实习生接触到服务对象，了解他们的过往，感受到他们的心酸，而实习生自身又不能提供直接的帮助，而引发负面情绪。而这些负面情绪不能得到发泄，就会带入实习，影响整个实习过程。

五、服务学习理念下 MSW 实习完善的对策建议

（一）提升机构实务水平

1. 开展服务项目培训

开展服务培训，是完成项目指标的有力保障。开展技能培训，是每个社会工作项目的指标、服务群体有所不同，所用的专业技能以及专业知识是不同的。项目负责人自身能够得到机构为这个项目所提供的培训，增强理论学习，结合项目实际进行专业指导，使其自身能够符合项目的需求，能够为项目带来专业的服务，也能够为项目执行团队进行专业培训，提升他们的专业能力，从而达到团队的专业成长。

2. 建立实习生管理制度

实习生是机构重要的人力资源，能够推动机构专业化成长，有可能还是机构未来的专业社工。因此，建立实习生管理制度十分重要。一方面，机构建立专人管理实习生。通过有效的管理，根据实习生意愿将实习生安排在不同的服务项目中，让专业社工进行带领学习，将所学的专业知识应用到服务中去，解决服务对象的问题，获得成就感。另一方面，完善实习生补贴管理。实习生是在校学生，没有足够的费用提供实习，且在实习过程中也要消费。机构根据自身情况，为实习生提供一定的生活补助，让实习生在实习期间能够顺利度过。

3. 完善机构内部互动机制

一个成熟的机构内部必然是有一条成熟的辅导渠道，而良好的互动能够促进机构的发展，使每一个机构成员都能够感受到机构的魅力，从而会更加努力地为机构服务。一方面，完善机构管理体制。在一个社工机构里只有机构主任、财务人员以及一线社工。缺乏项目经理为机构所接到的项目进行合理分工，导致团队内部容易出现沟通不畅形成小团体。完善机构管理体制，增加相应的岗位，让一线社工在机构能够得到上升空间，看到自己的职业前景。另一方面，增加互动方式。可以考虑采用茶话会、机构专业培训等各种方式进行沟通，通过不断改变讨论主体和培训环境，增进每个人之间的沟通，将工作上的所遇到的困难暴露出来，一起想办法渡过难关。

（二）完善服务项目管理

1. 项目服务固定场所

每一家社工机构的成立都会依托社区而开展项目服务。首先，群众基础扎实。其次，社工普及较好。通过机构以往在社区所开展的服务项目，让社区居民体验过了社工所做的工作，一定程度上宣传了社会工作。通过在社区组织志愿者，开展各种社会工作活动，让更多的社区居民参与进来，感受到社区和谐的发展。最后，整合社区资源。通过机构在社区的发展，与社区建立了良好的合作，能够使用到社区里面的办公

资源、场地资源、人力资源、医疗卫生资源、社区基础设施等，还能够动用社工自己发展的资源队伍。

2. 项目方案符合实际需求

社工机构在申请项目之前，要确定项目的服务对象以及项目开展的社区，及时对社区里的服务对象进行有效的调研，挖掘服务对象的需求。社区活动、小组活动、个案活动的设置是要根据服务对象的需求，具有针对性地设置，才能更好地开展服务，让服务对象获得高质量的服务。项目指标数量要设置合理，才能在有限的时间里完成项目指标，促进社工的实务能力提升。

3. 增加项目团队沟通

在一个项目中，项目团队是最重要的执行人员，项目的执行效果如何就得看项目执行团队的合作能力，而合作能力的需要有良好的沟通能力。一方面，建立项目团队契约。项目执行团队就像小组工作一样，需求团队成员共同建立条约，共同遵守和监督，培养团队意识。通过团队条约，构建团队互动平台，平等、互助、公平的原则上，进行有效沟通。另一方面，建立团建制度。把团队建设做得有意义，是真正能够促进团队成员同心协力去完成项目的事情。感受到团队的归属感和认同感，甘愿跟随团队成员一起去完成这个项目，同甘共苦一起拼搏奋斗。

（三）实习生实务能力提升

1. 培养种子同学

在服务学习理念下，社会工作实习中，除老师、实习生、社区、机构督导外还有一个特殊的角色存在，那就是社会工作专业种子同学。种子同学在实习中发挥着重要的作用。培养种子同学能过有效地提升团队实务能力。一方面是为同学服务的意愿和精神；另一方面是熟练的专业实务。种子同学的角色和任务决定了自身必须具有良好的素质，如人际交往能力、沟通能力、处理问题的能力等，无论是在机构、社区还是在跟同学交往时，种子同学都必须懂得良好的沟通技巧，才能够在实习过程中处理可能发生的问题，为实习项目的顺利执行奠定基础。

2. 建立与机构的良好沟通

实习生加入机构实习就是机构的一员。能够与机构进行平等的沟通，从而解决实习生在实习过程中所遇到的困境，满足实习生的需要，增强实习生的动力。建立良好沟通机制。实习生是一个团队，团队里明确分工，让其中一名实习生与机构对接，代表实习生与机构进行协商在实习中所遇到的问题，实习生与机构进行良好的沟通，能够促进项目开展，能够保证实习生在机构实习的动力。

3. 提升实务技能

对于刚进入实习的实习生进行实务技能培养是非常有必要的，能够增强实习生在服务过程中的信心，积累实务经验，促进专业成长。首先，实习前的实务技能培训。

实务老师需要在开展实务前对实习生进行相关培训，开展模拟训练，支出训练中的不足，以及做好实习生的心里建设，预防实际开展过程中的遇到的突发情况，降低实习生的心理期望，避免在实习中出现心理落差。其次，在服务项目前的培训。每个项目的服务群体不同，所需要的实务技能和专业理论也有所差异。实习生并没有接触过真正的专业实习，对项目所需要的实务能力和方法技巧掌握不足，那么服务项目前的培训就显得至关重要了。最后，项目过程中的实务技能培训。通过项目的执行，发现项目执行成员中，实务技能不足，需要进行有效的培训，提升团队的实务能力，增强团队成员开展服务的信心。让实习生直观感受到自己有了明显的成长，获得了丰富的实务经验，提升了专业的认同感。

法 制

● 绿色发展观视野下《矿产资源法》的完善

——结合《矿产资源法（修订草案）》征求意见稿*

方　印　张翔宇

（贵州大学　法学院　贵州　贵阳　550025；贵州大学

人口·社会·法制研究中心　贵州　贵阳　550025）

摘　要：在当前经济发展进入新常态的社会背景下，绿色发展理念的提出对矿业传统发展路径提出了一系列挑战。现行《中华人民共和国矿产资源法》❶的立法理念、实质内容等均已无法满足当前矿业市场发展。《中华人民共和国矿产资源法（修订草案）》（征求意见稿）❷的发布，从立法思想到体例内容均以中国矿产资源领域面临的实际问题为出发点，着力解决现行法的不足与疏漏，具有进步意义与实践意义。然而，征求意见稿将现行法中部分可用内容删除后，新增条款并未及时补充相关规定，且部分条款规定粗浅，并未进一步细化与明确。基于绿色发展观视野，为全面推动与实现矿产资源治理体系与治理能力现代化奠定科学理性制度之基，征求意见稿应从以下五个方面入手进行修缮，以期对绿色矿山建设提供进路：①完善立法结构，细化章节内容；②加强矿业市场管理，完善权利主体资质审查制度；③扩充矿区生态修复章节内容，增加生态补偿具体规定；④人权保障内容法律化，关注公民权利保护；⑤构建关联监管制度体系，进一步明确法律责任。

关键词：矿产资源法；法律结构；矿业权；生态修复；人权保障

一、引言

矿产资源作为中国经济发展长久以来的支撑力量与基础保障，对全面实现小康社会、提升国家经济竞争力至关重要。面对新形势下国家经济政策对矿业的期许，一部

---

* 基金项目：贵州大学人文社科学术创新团队建设项目“我国生态环境法制及防震减灾法若干问题研究”（课题编号：GDT2017003）的阶段性成果。

作者简介：方印（1969—），男，汉族，贵州瓮安县人，贵州大学法学院教授，人口·社会·法制研究中心研究员，博士生导师，研究方向为民法、环境与资源法、防灾减灾法；张翔宇（1991—），女，汉族，河北武安市人，贵州大学法学院法律硕士研究生，研究方向为环境与资源法。

❶ 以下简称《矿产资源法》。

❷ 以下简称《征求意见稿》。

适应社会发展、贴合人民需求的《矿产资源法》，成为规范矿业市场的关键要素。随着党的十九大的召开，绿色发展理念正式成为中国经济发展的指导性理念，一系列生态环境保护思想的提出，不仅为矿业市场发展指明了方向，同时对现行法的修改与完善工作提供了新思路。2019 年 12 月 17 日，自然资源部发布《中华人民共和国矿产资源法（修订草案）》（征求意见稿），基于此，现行法的修改与完善工作再次迎来了新的契机。

在《征求意见稿》发布以前，学术界已针对现行《矿产资源法》的修改完善问题从法律法规体系建设、产权问题、资源保护、矿业权法律规制等方面进行了大量的研究。其中，较为有代表性的观点有：康伟等提出对法律法规进行结构性调整，形成一托八的法律体系，避免现如今"脚重头轻"的法律体系结构带来的执法上的不便；廖欣强调矿产资源保护的重要性，建议对相关法律进行重构与完善，以期保护各类矿业主体的合法权益，提高中国矿业资源的风险保障能力；李杰强调对优势矿产资源的保护应当区别于普通矿产资源，并在立法上对此予以明确；付英提出下一步的修订方向应增设"矿产资源保护"一章，并调整矿业权相关内容；张平等以"价值"作为核心分析要素，针对稀有矿产资源对其战略储备立法问题进行论述；李显冬等强调从公法规制与私法调整的角度出发，进一步完善矿业权市场配置制度，多方式解决矿业用地问题；刘志成等从矿产资源有偿使用制度在中国应用的实际情况出发提出优化路径；胡中华则提出整合原有规范、革新监管模式、强化民众监督和培养公务员的公共精神等有效手段，来保障良法之治。《征求意见稿》发布后，或多或少对现行法存在问题进行了回应，但仍然存在可商榷之处。对此，有学者围绕行为责任与状态责任因应矿区生态环境损害时的不同机制，提出《征求意见稿》应以修复的及时有效为指导确认责任承担主体并合理分配损害成本；有学者根据《关于推进矿产资源管理改革若干事项的意见（试行）》（自然资规〔2019〕7 号）的规定，结合《征求意见稿》及其他规范性文件回应，针对矿业权出让分级管理、出让方式进行了分析；有学者以矿产资源核算为切入点，分析征求意见稿修订内容对核算要素的影响并针对此提出立法完善建议。此外，青海省自然资源厅针对《中华人民共和国矿产资源法（修订草案）》（送审稿）中[1]第十四条第三款关于压覆矿业权争议的处理机构及第四十一条的监督检查措施、方式提出修改意见。

这些研究成果或从宏观体例，或就某一重点方面对现行法的修改与完善提出了具体建议，但并未系统地揭示现行法修改与完善的现实意义及价值目标，且最为关键的是，上述大多数观点提出时《征求意见稿》尚未公布，故其中部分内容并未及时更新。

[1] 自然资源部在总结近年来矿产资源管理实践经验和广泛征求意见的基础上，起草了《中华人民共和国矿产资源法（修订草案）》（送审稿），并按照立法工作程序于 2020 年 2 月报送国务院。2020 年 3 月 1 日，《中华人民共和国矿产资源法（修订草案）》（送审稿）专家研讨会暨中国法学会 2020 年第 6 期（总第 178 期）立法专家咨询会以书面征求意见的方式在北京召开。

而《征求意见稿》公布后，针对《征求意见稿》内容进行综合分析的成果寥寥，仅有的学术成果亦是就某一单独内容展开，缺少从整体层面对《征求意见稿》内容进行分析与评述。基于此，笔者认为在分析现行法运行现状的基础上，应当对《征求意见稿》的亮点及问题进行解构，最终结合国家绿色发展理念从法律结构、主体资质、环境保护、人权保障及法律责任方面提出修缮建议。

二、征求意见稿文本变化内容

（一）现行法发展历史与结构体系

《中华人民共和国矿产资源法》自1986年10月1日起施行，此后，在1996年进行了修订，《矿产资源法》即指1996年修正后的法律规范（2009年只对部分词条作了表述性修改），共包括七章五十三条。《矿产资源法》颁行后，中国矿产资源法律体系随着社会发展不断细化和系统化，已形成了自上而下的，包括法律、行政法规、部门规章、地方性法律法规在内的层级丰富、内容规范、体系相对完备的法律体系（见图1）。此外，除相关法律法规外，还包括数量众多的规范性文件，共同构成了规制我国矿产资源开发与利用的法律系统。

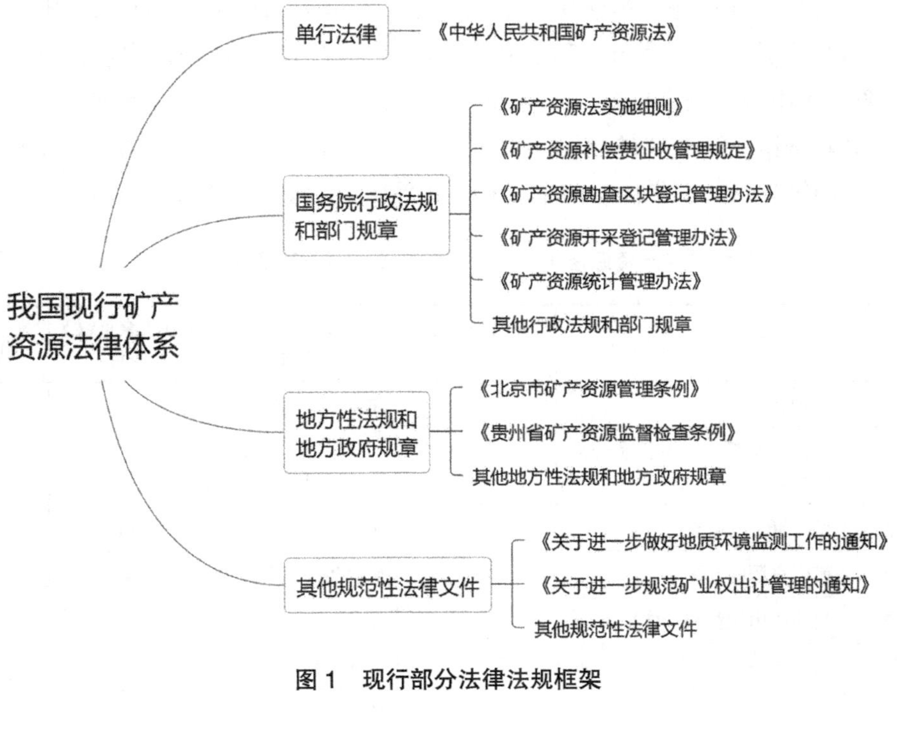

图1　现行部分法律法规框架

《矿产资源法》在我国当时的经济与社会状况下适应了市场经济及国家发展的需求，有效回应了在市场经济改革的社会背景下对矿产资源开发、利用及保护提出的要求，为我国矿产资源的开发与利用提供了法律依据。但随着国家经济发展进入新常态，一系列经济政策、社会政策、环保政策乃至国际关系政策的提出，对矿产资源高效有序、绿色可持续开发提出了更高要求，《矿产资源法》已无法适应新时代的发展。对该法的修改与完善既是绿色发展观视野下经济发展的必然要求，也是依法治国、完善社会主义法治体系的应有之义，更是规范矿业市场的应然趋势。2003 年，全国人大常委会提出加快对《矿产资源法》进行修订。2011 年，《矿产资源法》修改工作再次被列入立法规划，但该草案依然因为各种原因搁浅。2019 年 5 月，自然资源部办公厅印发《自然资源部 2019 年立法工作计划》，将《矿产资源法》修改工作提上日程。2019 年 12 月 17 日，《中华人民共和国矿产资源法（修订草案）》（征求意见稿）发布。2020 年 2 月，《矿产资源法（修订草案）》（送审稿）报送国务院。2020 年 3 月 1 日，《矿产资源法（修订草案）》（送审稿）专家研讨会通过书面征求意见的方式召开。

（二）相较于《矿产资源法》，《征求意见稿》的主要变化

1. 法律文本结构的变化

本次《征求意见稿》积极迎合国家发展需要和社会主义市场经济体制的实际运行状况，在充分调查、严谨论证、广泛征求意见的基础上，对章节框架做了较大修改。由表 1 可以看出，此次修订虽然保留了现行法基本框架和总条目，但除总则、法律责任与附则以外，其他四章章节名称都做了修改。文本结构具体修订内容包括：①删除《矿产资源法》中登记与审批条目，将勘查与开采合并在第二章，并增加了“保护”这一词条。②新增第三章节“矿业权”。③新增第四章节“矿区生态修复”。④删除《矿产资源法》中第五章节“集体矿山企业和个体采矿”，修改为“监督管理”。

表 1 《矿产资源法》与《征求意见稿》章节法律结构对比❶

章节	《矿产资源法》名称	《矿产资源法》条目	《征求意见稿》名称	《征求意见稿》条目	增减变化
第一章	总则	11	总则	8	−3
第二章	矿产资源勘查的登记和开采的审批	11	矿产资源的保护、勘查和开采	11	0
第三章	矿产资源的勘查	6	矿业权	13	+7
第四章	矿产资源的开采	6	矿区生态修复	4	−2
第五章	集体矿山企业和个体采矿	4	监督管理	6	+2
第六章	法律责任	11	法律责任	9	−2
第七章	附则	4	附则	2	−2
总计		53		53	0

❶ 表 1 至表 6 中表格内容皆来源于《矿产资源法》与《征求意见稿》。

2. 法律文本条款与内容的变化

（1）本次修订在新增章节后总条目不变的情况下，对条文内容做了大幅度修改与删除，并对新增三个章节的内容做出补充。从表 2 可以看出，整篇法律文本，除附则外几乎都做了修改、删减与新增。其中，“集体矿山企业和个体采矿”章节（原第五章）主要是做了删减，修改内容则集中在《征求意见稿》的第二章节，而《征求意见稿》的第三章、第四章、第五章主要是在《矿产资源法》基础上进一步补充完善了新增章节的内容。

表 2 《矿产资源法》与《征求意见稿》整体删减修增项目

单位：项

章节	修改	删除	未变	新增
第一章	15	3	1	4
第二章	11	3	—	3
第三章	2	4	—	8
第四章	5	3	—	1
第五章	—	4	—	4
第六章	5	8	—	6
第七章	—	—	2	—
合计	38	25	3	26

（2）严格来说，整部《征求意见稿》对《矿产资源法》未做更改的内容仅有三项，如表 3 所示，其余项目均做了大大小小的删减改动。可以说，本次《征求意见稿》的修改幅度非常大，体现了国家对矿产资源合理利用及矿业领域综合治理的决心与重视。

表 3 《征求意见稿》未更改内容

序号	《矿产资源法》章节	《矿产资源法》条目	《矿产资源法》内容
1	第一章　总则	第十条	民族自治地方利益保护
2	第七章　附则	第五十条	外商投资
3		第五十三条	实施日期

（3）本次《征求意见稿》增减删改内容多达 92 项，其中，单单修改的条文多达 38 项，如表 4 所示，可以说涵盖了矿业活动的各个环节。《矿产资源法》经历了实践的检验，虽然有其缺漏与不足之处，但其中一些原则制度依然具有其实践价值与可适用性。为了正确处理好新法与旧法之间的继承与完善关系，本次《征求意见稿》的主要任务是在《矿产资源法》基础上加以修改完善，既不完全否定现行法的价值，也不从零开始另立一部新法。这样一方面可以在吸收《矿产资源法》优势的基础上进一步完善其不足之处，更好地顺应时代发展，另一方面也有利于保持社会发展的稳定性，实现旧法新法之间的平稳过渡。

表 4 《征求意见稿》具体修改内容

序号	《矿产资源法》章节	《矿产资源法》条目	《矿产资源法》款目	《矿产资源法》内容	修订草案章节	修订草案条目	修改内容
1	第一章　总则	第一条		立法目的	第一章　总则	第一条	将“保护”位置提前，立法保护范围扩大
2		第二条		适用范围	第一章　总则	第二条	增加“保护”“矿区生态修复”“监督管理”词条
3		第三条	第一款	矿产资源所有权	第一章　总则	第四条	强调国家所有权，明确国务院自然资源主管部门职责
4			第二款	矿产资源保护	第二章　矿产资源的保护、勘查与开采	第九条	明确进行矿产资源保护工作的行政机关为县级以上人民政府，强调矿产资源利用率
5			第三款	矿业权取得	第三章　矿业权	第二十条、二十三条、二十五条	规定在矿业权章节当中，分类细化，表述详细，增加出让方式、出让合同、产权登记簿、产权证书的规定，明确矿业权物权属性
6			第四款	资质条件	第五章　监督管理	第三十九条	详细化
7		第四条	第一款	合法权益	第一章　总则	第四条	将合法权益改为矿业权
8		第五条	第一款	有偿取得	第三章　矿业权	第二十四条	删除了费用减免制度
9		第六条	第一款	矿业权转让	第三章　矿业权	第二十七条、二十九条	第二十七条降低了两权流转及保留条件；第二十九条扩大了转让形式
10		第七条		矿产资源规划	第二章　矿产资源的保护、勘查与开采	第十二条	更加详细规定了规划的具体编制单位
11		第八条		鼓励政策	第一章　总则	第六条、第十八条	第六条增加矿产资源保护、生态修复词条，第十八条明确了具体奖励项目
12		第九条		奖励政策			
13		第十一条	第一款	监管工作	第一章　总则	第八条	条款中增加“保护”“矿区生态修复”词条，更改部门名称
14			第二款	监管工作	第一章　总则	第八条	条款中增加“保护”“矿区生态修复”词条，将监督管理权限由省一级下放到县一级
15	第二章　矿产资源勘查的登记和开采的审批	第十二条		区块登记制度	第三章　矿业权	第二十条、二十五条	更改部门名称，明确物权登记制度
16		第十三条		勘探报告审批制度	第五章　监督管理	第三十七条	将勘查、开采方案合并规定，由县级以上相关部门进行监督管理，删除审批机构及流程
17		第十四条		档案资料管理	第二章　矿产资源的保护、勘查与开采	第十六条	改为地质资料
18		第十六条	第一款	特殊矿产资源	第二章　矿产资源的保护、勘查与开采	第十条	删除细节性条文，做概括规定
19			第二款	特定矿种	第三章　矿业权	第三十二条	明确油气探采合一制度，未提及放射性矿种
20			第三款至第六款	分层管理	第二章　矿产资源的保护、勘查与开采	第二十二条	删除细节性条文，做概括规定

续表

序号	《矿产资源法》章节	《矿产资源法》条目	《矿产资源法》款目	《矿产资源法》内容	修订草案章节	修订草案条目	修改内容
21	第二章　矿产资源勘查的登记和开采的审批	第十七条		特定矿种	第二章　矿产资源的保护、勘查与开采	第十条	删除细节性条文，做概括规定
22		第十八条	第二款	矿区范围变更	第三章　矿业权	第二十五条	未规定矿区范围变更，统称为矿业权变更
23		第十九条	第一款	秩序保护	第一章　总则	第五条	将地方各人民政府明确为县级以上人民政府
24		第二十条		禁采区	第二章　矿产资源的保护、勘查与开采	第十一条	删除旧条文禁采区条文，规定建立地质调查制度
25		第二十一条		矿山关闭	第四章　矿区生态修复	第三十六条	改审查批准为验收制度
26		第二十二条		遗迹保护	第二章　矿产资源的保护、勘查与开采	第十九条	改变词条名称
27	第三章　矿产资源的勘查	第二十三条		区域地质调查	第二章　矿产资源的保护、勘查与开采	第十一条	规定由县级以上相关部门开展调查工作
28		第二十四条		地质条件及工业远景评价	第二章　矿产资源的保护、勘查与开采	第十一条	规定省级以上相关部门的调查工作
29	第四章　矿产资源的开采	第三十一条		安全生产	第四章　矿区生态修复	第三十八条	词条变化
30		第三十二条	第一款	环保规定	第四章　矿区生态修复	第三十八条	词条变化
31			第二款	节约用地		第三十三条	由节约用地扩大到其他生态系统
32			第三款	补救措施		第三十四条	规定生态修复义务及历史遗留问题的处理
33		第三十三条		压覆制度	第二章　矿产资源的保护、勘查与开采	第十四条	增设了压覆矿床造成的矿业权损害补偿制度及行政救济制度
34	第六章　法律责任	第三十九条		无权开采	第六章　法律责任	合并规定于第四十四条	规定加重情节，删除刑事责任
35		第四十条		越界开采			
36		第四十一条		侵犯矿业权人合法权益		第四十九条	更改部分词条，更改治安处罚与刑事处罚顺序
37		第四十四条		破坏性开采		第四十四条	作为加重情节出现，删除刑事责任
38		第四十七条		行政主体责任		第五十条	条文简化，未规定行政人员违规发放的矿业权证书如何处理

（4）由于市场条件与经济状况的巨大变化，现行法当中的很多条文已远远落后于时代发展，无修改与存在的必要。此外，由于立法的完善与体系化，部分条文已详细规定在其他法律文本当中，为了避免立法的重复性也进行了删除，具体删除内容如表 5 所示。同时，对于现行法缺漏内容进行了新增，新增内容达 26 条，具体内容如表 6 所示。

表 5 《征求意见稿》删除内容

序号	《矿产资源法》章节	《矿产资源法》条目	《矿产资源法》款目	《矿产资源法》内容	删除内容
1	第一章　总则	第四条	第二款	开采主体	
2		第五条	第二款	资源费用	删除了资源补偿费
3		第六条	第二款	禁止倒卖	
4	第二章　矿产资源勘查的登记和开采的审批	第十五条		资质审查	删除矿山企业成立的资质条件
5		第十八条	第一款	矿区范围公告制度	删除矿区范围公告制度
6		第十九条	第二款	矿山企业采矿区域保护	
7	第三章　矿产资源的勘查	第二十五条		勘探报告综合评价	
8		第二十六条		特定矿产相关制度	
9		第二十七条		勘查资料保存	
10		第二十八条		相关资料有偿使用	
11	第四章　矿产资源的开采	第二十九条		开采要求	
12		第三十条		对非主要矿产的合理利用	
13		第三十四条		统一收购	
14	第五章　集体矿山企业和个体采矿	第三十五条		国家帮扶政策	除自用条款在修订草案第三十五条规定外，删除其他集体矿山和个体采矿相关规定
15		第三十六条		补偿政策	
16		第三十七条		采矿规定	
17		第三十八条		政府指导义务	
18	第六章　法律责任	第四十二条		转让倒卖条款	
19		第四十三条		指定对象买卖条款	
20		第四十五条		行政处罚	
21		第四十六条		行政救济	
22		第四十八条		妨害公务	
23		第四十九条		企业间争议	
24		第五十一条		前期问题	
25		第五十二条		实施细则	

表 6 《征求意见稿》新增内容

序号	《征求意见稿》章节	《征求意见稿》条目	《征求意见稿》内容
1	第一章　总则	第二条	定义性规定
2		第三条	矿业活动开展需要遵循的原则
3		第四条	增加了矿业权概念
4		第五条	增加矿业权人的社会责任履行义务及对矿区生活秩序的维护
5	第二章　矿产资源的保护、勘查和开采	第十三条	增加储量管理制度的规定
6		第十五条	储备制度
7		第十七条	统计制度
8	第三章　矿业权	第二十条	增加矿区内新发现矿产资源的权利归属处理规定
9		第二十一条	规定矿业权出让前期工作，包括规划、市场监测、安全生产等
10		第二十三条	增加出让方式
11		第二十四条	增加出让金和占用费制度
12		第二十六条	存续问题
13		第二十八条	收回及补偿
14		第二十九条	增加了权利流转情形
15		第三十条	矿业用地用海
16	第四章　矿区生态修复	第三十五条	生态修复金制度
17	第五章　监督管理	第三十八条	增加县级以上有关行政部门对环境、安全等的监管职责
18		第四十条	信息公示制度
19		第四十一条	增加县级以上有关行政部门可采取的监管措施
20		第四十二条	信用惩戒
21	第六章　法律责任	第四十三条	无权、越界勘查
22		第四十五条	不履行生态保护修复义务
23		第四十六条	不报告储量重大变化
24		第四十七条	违反地质资料汇交义务
25		第四十八条	不履行相关义务
26		第五十一条	罚则衔接制度

通过分析可知，本次修订的主要目的是根据国家发展实际状况与时代需求，实现矿产资源合理、有序、绿色、可持续发展。在此基础上，对《矿产资源法》规范中有利于促进矿产资源活动开展的条文予以保留，对于不适用的条文进行删改，并对不足之处进行完善，以期实现矿业领域的协调发展与有序运行。

三、《征求意见稿》规范亮点与内容缺陷

（一）相较于《矿产资源法》，《征求意见稿》规范亮点

1. 删除落后与重复性条文，保证法律文本的时代性与系统性

首先，《矿产资源法》的制定时间为 20 世纪 80 年代，鉴于现实情况的巨大变化，很多条文已完全没有适用的条件，《征求意见稿》中将其删减一方面使法律文本更为简洁，另一方面也保障了文本内容的实用性。这一方面内容主要表现在：①删除《矿产资源法》第十六条、第十七条中对重要矿产资源的分门别类，改为概括性规定（《征求意见稿》第二十二条），改变了原法条规定分散且模糊不清的状况。②删除对转让矿产资源、倒卖矿业权牟利进行处罚的条款（《矿产资源法》第四十二条），原因在于《征求意见稿》中规定了矿业权的流转手段与程序，保障了该种行为的合法性。③删除违反指定矿产品统一收购条款（《矿产资源法》第四十三条）及规定集体矿山企业和个体采矿的条款（《矿产资源法》第五章除自用内容以外的条款），原因在于不符合主体平等保护，落后时代发展。④删除处理《矿产资源法》实施以前问题的规定（《矿产资源法》第五十一条），为临时性问题处理条款，无适用意义。

其次，删除规定于其他法律之中的重复性条文，实现立法目的的纯粹性与规范的针对性。如今我国法治系统已逐渐完善，很多内容已规定于专门的部门法之中。而在《矿产资源法》制定之初，法律制度尚不健全，因此有部分行政方面、民事方面的内容也一并规定在该法之中。这方面内容主要表现在：①删除禁止单位和个人进入企业矿区采矿的规定（《矿产资源法》第十九条第二款），此条文本身就是说明性规定，用益物权本身即具有排他性；②删除关于优化开采工艺、综合利用伴生矿产及尾矿的规定（《矿产资源法》第二十九条、第三十条），该项内容已体现在《征求意见稿》第九条与第十八条的鼓励政策与保护政策当中，且开采工艺等属于具体的制度性规定，不适合规定于该法中；③删除关于行政处罚与行政救济条款（《矿产资源法》第四十五条）、矿山企业间争议解决办法条款（《矿产资源法》第四十九条）、暴力妨害公务条款（《矿产资源法》第四十八条），以上条款分属行政规定、民事规定及刑事规定，应避免重复立法。

2. 明确矿产资源各项活动开展应当遵循的原则，健全法律责任

首先，《征求意见稿》第三条规定了矿产资源保护、勘查、开采及矿区生态修复所应遵循的原则，全面系统体现了在开展资源规划、生态保护、市场配置、资源节约利用等活动时需要遵循的价值观念。原则性条款的规定为矿产资源全过程、全方面开展经济活动提供了指导方向，同时有利于保障具体生产活动与行政行为的开展。

其次，对部分生产行为取消了刑事责任的规定，其原因在于行为本身具有民事行为与行政行为的双重属性，对其动辄进行刑事处罚，违背了刑法的保障性原则，且不利于生产活动的开展。①对无权、越界开采行为取消刑事处罚（《征求意见稿》第四十四

条）、侵犯矿业权人合法权益的行为由现行法刑事处罚在前改为治安处罚在前（《征求意见稿》第四十九条）等。②对无权、越界开采行为规定了从重处罚的情形（《征求意见稿》第四十四条），对重要矿产资源进行更为严密的保护，践行绿色发展观原则。③规定了罚款制度（《征求意见稿》第四十三条至四十八条），更能实现罚责统一。

最后，在法律责任章节增加了无权、越界勘查、不履行生态保护修复义务、不报告储量重大变化、违反地质资料汇交义务、不履行相关义务等责任后果。同时规定了罚则衔接制度，对此类内容法律责任的承担做出进一步说明并以法律的形式进行规定，对矿产资源管理领域相关责任的追究提供依据。

3. 内容体现了绿色原则和生态文明建设，强调对矿产资源的保护及规划

首先，条款增加矿区生态修复、保护与监督管理等词条，注重规范表达。比如在科技创新（《征求意见稿》第六条）、管理部门（《征求意见稿》第八条）、勘查方案和开采方案（《征求意见稿》第三十七条）及总则的立法目的、适用范围、原则等条款将矿区生态修复、矿产资源保护及监督管理纳入条文，实现立法的严谨性与统一性。

其次，增加矿区生态修复章节。在新发展常态下，我国社会主要矛盾已发生变化。公众对美好生活的追求日渐强烈，同时国家层面更加关注代际效益的实现及大国责任的承担，这就要求矿产资源的开发利用不能仅仅着眼于经济利益，更要关注生态保护与修复问题。①《征求意见稿》中将矿区生态修复内容作为独立章节，体现了立法理念的进步性与时代性。对矿区生态修复要求进行明确规定并将历史遗留废弃矿山的修复纳入治理体系中来（《征求意见稿》第三十四条），同时规定矿山闭坑的验收制度（《征求意见稿》第三十六条）。②针对矿业活动开展过程中导致的生态损害及效益减损问题，除必要的预防措施以外，生态修复是唯一的事后补救手段。生态修复金制度（《征求意见稿》第三十五条）的提出完善了矿产资源生态修复机制的救济手段，更有利于实现环境修复目标。

最后，关注矿产资源本身的高质量发展与高效利用，在保证对有限的资源集约、节约化使用的基础上，进一步保障矿业市场的稳定运行。①《征求意见稿》第一条将“保护”的位置提前到“勘查、开采”活动之前，并增加国家资源安全与生态文明建设为立法保护目的。第二条增加了对矿产资源的解释，在总则第五条中增加对生活秩序的维护，改变原来只维护生产秩序的片面行为。由此可见，立法关注点已经转向对当地民众生活环境的重视，同时增加矿业权人的社会责任履行义务，进一步强调了民本思维。②对矿产资源相关活动科技研究与应用成绩显著及有重大地质勘查成果的予以奖励（《征求意见稿》第六条、第八条），在原条文上扩展矿产资源的保护与矿区生态修复和对低品位矿产资源开采及采选废弃物再利用，充分展示了对矿产资源本身的保护与对可持续发展的重视，同时强调了矿产资源的节约利用（《征求意见稿》第九条），体现了绿色发展、资源节约型路线的方针政策；③在《矿产资源法》第七条的口号式条款上强调了矿产资源规划的重要性及与生态修复的关系，同时更加详细规定了规划方案的具体编制单位（《征求意见稿》第十二条）。

4. 增加矿业权专门章节，强化矿业权物权属性，优化矿业权取得费用体系

首先，在法律中明确矿业权及矿业权人这一概念，有利于保障矿业权的合理行使及矿业权人的权益。①将对国家所有权和矿业权人合法权益的保护作为立法目的之一（《征求意见稿》第一条），明确所有权主体（《征求意见稿》第四条）。同时规定了地质调查制度（《征求意见稿》第十一条），矿产资源储量管理制度（《征求意见稿》第十三条），矿产资源储备制度（《征求意见稿》第十五条），矿产资源统计制度（《征求意见稿》第十七条），地质资料的统一管理制度（《征求意见稿》第十六条），有利于矿产资源的规划与长远发展。②规定了矿业权收回及补偿制度（《征求意见稿》第二十八条），矿业用地用海制度（《征求意见稿》第三十条），明确了矿业权人使用勘查、开采所需土地的路径与方法，完善了压覆矿床造成的矿业权损害补偿制度及行政救济制度（《征求意见稿》第十四条），丰富了矿业权人权益。③增加油气探采合一的特别规定（《征求意见稿》第三十二条），有助于对特定资源的特定管理。

其次，强调矿业权的权利属性，弱化行政介入，充分发挥市场作用。①矿产资源勘查登记、开采审批及具体的勘查、开采条目这几项内容本身属于同一性质的规定且在实践上具有紧密联系性，将其统一规定于总则后的第二章节中，既体现了该项内容调整的优先性，同时改变了分散规定状态带来的立法碎片化与内容重复性问题。②增加了对矿区内新发现矿产资源的矿业权有偿取得制度（《征求意见稿》第二十条），填补了现行法对矿业权重叠规定的空白。明确规定矿业权出让分级管理内容（《征求意见稿》第二十二条），规定出让方式由原先的审批、批准方式改变为竞争性方式及特殊协议方式，同时明确了出让合同的签订、竞争性方式出让矿业权公告制度（《征求意见稿》第二十三条），为矿产资源管理权限法定化提供空间。③规定了矿业权登记簿及矿业权证书等物权制度，将《矿产资源法》第十二条所规定的探矿权区块登记制度修改为物权登记制度，减少行政干预（《征求意见稿》第二十五条），开放矿产品市场，扩大了市场准入主体，充分激发市场活力。④规定了矿业权期限及续期（《征求意见稿》第二十六条）和探矿权转采矿权的条件及探矿权保留制度（《征求意见稿》第二十七条），删除了权利主体必须完成最低勘查投入的条件，进一步降低流转门槛。同时增加了矿业权的出租、抵押、股权转让情形，扩大了矿业权流转形式（《征求意见稿》第二十九条），将《矿产资源法》第十八条第二款规定的矿区范围变更批准制度纳入矿业权变更制度中。

最后，优化矿业权取得费用制度，此项规定的完善有利于解决目前行业收费混乱无序、各地标准不一的现象。①在财政部 2016 年发布的《关于全面推进资源税改革的通知》（财税〔2016〕53 号）中将资源补偿费费率降为零，《征求意见稿》删除了资源补偿费，避免了不同法律规定之间的冲突。②增加了权利出让金和占用费制度（《征求意见稿》第二十四条），保障国家的所有权权益及对自然资源的有偿消耗和国民收入的增加。

5. 进一步细化行政权力，将具体权力下放至县一级行政单位

首先，更新部门名称及职责范围。① 2018 年 3 月 17 日，中华人民共和国第十三届全国人民代表大会第一次会议通过关于组建“自然资源部”的决定，《征求意见稿》对《矿产资源法》中的行政主体名称进行了修改，是对这一决定的积极回应。②《征求意见稿》第四条规定了具体履行所有者职责的部门，即国务院，在强调国家所有权的基础上，进一步明确了权力部门，使管理更加合规有序。

其次，细化行政权力，加强监管。①详细规定了矿产资源规划编写的行政主体（《征求意见稿》第十二条）。②明确规定矿业权出让前期工作（《征求意见稿》第二十一条），包括规划、市场监测、安全生产等，将监督管理义务交于行政管理部门，加强行政管理的主动性与先介性。③信息公示制度及信用惩戒制度进一步加强了对矿业权人的监管（《征求意见稿》第四十条、第四十二条规定）。

最后，将监督管理权下放至县一级行政单位，进一步强化县一级政府的职能。县一级行政部门作为行使监督管理权的基层单位，对区域内的矿业活动开展情况最为了解，强化该级政府职责有利于矿产资源相关政策与法规的真正落地，同时监督工作可以得到更好地开展。①规定了县级以上人民政府的秩序维护职责（《征求意见稿》第五条），将各区域监督管理权由省一级政府部门下放至县一级政府部门（《征求意见稿》第八条），确认了行使保护职责的主体在县级以上人民政府（《征求意见稿》第九条），规定了县级以上政府有关部门编制本行政区域内的资源规划工作（《征求意见稿》第十二条），明确具体的行政主体，落实权责一致。②增加县级以上行政主体对环境、安全等的监管职责（《征求意见稿》第三十八条），明确县级以上行政主体可采取的具体监管措施（《征求意见稿》第四十一条）。

（二）《征求意见稿》存在的主要问题

本次《征求意见稿》的修订工作围绕新发展理念展开，针对《矿产资源法》在生态文明建设与矿业权规定缺失、行政主体不明确、行政监管不到位、法律责任不明确等方面做出了修改与完善，充分体现绿色发展观与可持续发展的要求，符合社会主义市场经济发展规律，具有巨大的进步性与实践性，真正起到调解行业秩序、促进资源合理开发利用与健康有序发展的作用。但由于矿产资源本身属性的复杂性、民事法律责任缺失及立法传统中对行政权力的过度依赖等方面的原因，其在体系与内容方面依然存在亟须完善的地方。

1. 法律文本结构不完善，部分内容删减更改后未做进一步回应

首先，从宏观层面来说，《征求意见稿》秉承现行法的立法风格，规范内容多偏向指引性陈述，不够具体。核心问题的抽象化导致下位法立法处于无序状态，难以形成统一互补的体系。以现行法运行状态为例，当前真正对推进矿业市场运转发挥重要作用的，是 1998 年由国务院发布实施的相关性行政法规，由此可见《矿产资源法》对矿产资源发展所起的实质性作用微乎其微，原因之一即是因为现行法规范的抽象性，无法发挥实践指导意义。上位法内容的笼统极易导致法律实践中法条冲突、职责交叉的现象，《征求意见稿》采用相同的立法格局无法真正解决这一类问题。

其次，第三十二条虽然对油气探采做出了详细规定，但未规定放射性矿种的管理办法，导致立法的不完善。伴生放射性矿包含天然放射性核素浓度较高的非铀矿，放射性为其相伴随特点。不同于普通矿产，放射性矿种由于其本身具有危险性与辐射性，对其规制要求更高。虽然我国出台了一系列法律法规来规制放射性矿种的开采，比如《放污法》《民用核安全设备监督管理条例》《矿产资源开发利用辐射环境监督管理名录（第一批）》（环办〔2013〕12 号）以及 2018 年生态环境部发布《伴生放射性矿产资源开发利用企业环境辐射监测及信息公开管理办法（试行）》（国环规辐射〔2018〕1 号）等，但由于立法的分散且监管标准不明确，实践中依然存在开发主体对此认识不足，实际污染依然严重的情形，对于放射性矿产资源开发利用造成不利影响。

再次，条文对于矿产资源规划的内容未以独立章节的形式进行规定。矿产资源规划是决定矿产合理利用的核心要素，盲目开采、粗放型生产必然会造成资源的极大浪费及市场的混乱无序，2015 年铁矿石行业所遭遇的寒冬敲响了规划先行的警钟。《征求意见稿》第十二条虽然解决了现行法中全国性矿产资源规划内容的缺失问题，但并未围绕规划的制定实施对具体要求及责任范围做出详细规定，未能体现规划先行的基础地位和重要性。

最后，《征求意见稿》删除《矿产资源法》中第二十条规定的禁采区制度，而笼统规定地质调查制度，虽具有一定的进步意义，但未同时规定地质调查具体内容、实施方式以及对特殊地质、重点区域的保护制度，不利于国家的整体规划与合理开发。

2. 权利主体资质审查制度缺失

首先，《征求意见稿》删除《矿产资源法》第十五条对矿山企业设置资质的规定，却并未对矿业权人资质进行规定。同时，就矿业权的取得来说，其行政申请与审批制度已经删除，并在《征求意见稿》第二十条、第二十五条规定了物权登记制度，但是矿业权人如何取得该项物权并未规定。考虑到矿产资源不同于一般用益物权的属性，行政前置程序是否应当存在以及如何开展都需要法律进一步完善。

其次，需要注意的是，对《矿产资源法》中第四十七条关于违法颁发的权利许可证的撤销规定进行删除，却未对违法颁发的矿业权证如何处理进行规定，导致权力主体准入与退出资质的漏洞。此外，虽然《征求意见稿》第十六条、第四十七条规定了地质资料汇交义务及违反后果，但矿产资源储量报告是否属于该条所规定的地质资料并未明确规定，对此项报告审核管理的缺失，影响对采矿权人资质的认定。

3. 矿区生态修复章节内容过于笼统，缺失生态补偿内容

首先，对环境保护相关制度未做详细规定，无法对矿产资源勘查开采过程中所涉及环境问题的复杂性与多方性进行指导。在《矿产资源法》修订过程中，自然资源部表示要将矿山生态环境保护纳入修订内容，并重点关注三大领域：生态修复、环境治理恢复基金及规划环评。但《征求意见稿》中，仅对生态修复相关内容、矿业权人信息公示制度、恢复基金进行了回应，而对于规划环评未做出明确规定。针对生态修复责任主体问题，《征求意见稿》中第三十四条明确修复义务不因矿业权灭失而消灭，这就造成一个问题，即假如矿业权人与实际损害行为人并非同一主体，应当由谁来承担责任？在部分地方性文件中规定修复义务随矿业权转移，[1] 由此带来司法实践的无所适从。此外，第三十六条虽然规定了矿山闭坑验收制度，但未制定验收不合格后果及处罚制度，使得验收制度成为一句口号而不利于真正落地。

其次，矿产资源生态补偿机制设计过于笼统且不符合中国经济发展状况。矿产资源生态补偿是由矿业权人在矿产资源开发利用及交易过程中出于对国家所有权权益的损失所进行的补偿行为，其最直接的手段就是矿产资源税费制度。《矿产资源法》对相关税费制度规定不够明确，导致相关主体在进行行政管理时无法可依，更造成下位法规范没有统一标准，出现不同地域收费标准不一致的情形。此外资源税的征收并未考虑不同地域、不同品位的矿产资源实际情况，不能体现平等公正。

4. 人权保障内容过于宽泛，缺乏专门性规定

此处人权保障内容主要包括居民环境权与矿工人身权和环境权。针对前者，《征求意见稿》中仅仅规定了矿业权人的合法权益，但对矿区居民的环境权未做规定，尤其是环境信息监督权与救济权。公众环境信息监督权是指公众所享有的获取基本环境信息，并通过信息规制方式参与相关环保工作并进行监督的公共性权利。环境救济权则与《侵权责任法》中环境污染致人损害一脉相承，该内容的缺失严重影响了矿区生态修复目标的最终实现。《征求意见稿》第二十五条将《矿产资源法》第十八条规定的矿区范围公告制度删除，侵害了当地居民的环境知情权，亦不利于公众对环境问题进行监督。针对矿工人身权和环境权，相关法律关系虽然在劳动法、安全生产法进行了部分规定，但考虑到矿产资源这一特殊性质及其开发过程的危险性与复杂性，应当将矿工的生命健康权保障内容作为矿业权取得及后期监管的重要考量部分。

5. 监管制度与责任划分不够完善

首先，偏重行政管理，忽视民事权利保护及民事责任救济。《征求意见稿》中虽然提到了刑事责任的承担，但总体来说，其内容侧重于体现国家公权力对矿产资源的管理以及矿业权人行政责任的承担。在计划经济时代这点是无可厚非的，然而随着改革开放不断深入，单纯依靠行政管理已无法激发矿业市场活力，无法使有限的矿产资源发挥出无限的生命力。尤其矿业权作为用益物权，其如何有效行使是需要在法律中进行完善的重要内容。法律责任层面强调行政处罚，对民事责任救济的规定不够系统，导致民事责任

[1] 《江西省矿山生态修复基金管理办法》第十一条规定："矿山企业依法转让采矿权的，原采矿权人的矿山生态修复基金及矿山生态修复责任一并转让给受让人，受让人应当继续按照本办法计提基金。"

的缺失。另外，虽然《征求意见稿》在第六章规定了生态损害赔偿诉讼，但其主体仅限定于行政部门，在矿产资源开发过程中对公民造成的环境侵权损害如何救济未做规定。

其次，《征求意见稿》第三十七条将《矿产资源法》第十三条中关于勘探报告审批制度作为矿山建设依据的前置程序删除，改为勘查、开采方案由相关部门进行监管，未提及方案审批机构及不合规后果，对该方案的可行性审核制度的缺失，导致矿山安全风险的增加。《征求意见稿》第二十七条对于探矿权转为采矿权的规定要求探矿权人如实编制矿产资源储量报告并对其真实性负责，但并未规定相应的行政审核制度及违反后果。

四、《征求意见稿》完善路径探析

矿产资源本身的稀缺性决定其在中国经济发展过程中长期来看必然处于一种短缺状态，相较于经济发展对资源的巨量消耗与需求，如何对有限资源进行科学合理利用对国家的长治久安至关重要。无论是从矿产资源的属性出发，还是从国家发展和社会治理的需要出发，一部完善的、可实施的，能够对矿产资源的开发利用起到全局性、统领性作用的法律规范的出台势所必然。鉴于此，对《征求意见稿》进行合理的完善也是应有之义。

（一）完善立法结构，细化章节内容

首先，可对《矿产资源法》进行法典化编纂。考虑到 20 世纪 90 年代中国社会发展所处历史时期的特殊情况，法律授权国务院制定相关具体规定是必要且有积极效果的，但也造成了多头立法的混乱场面。从理论层面来看，针对环境法领域，基本法—单行法整合模式并未能成功进行体系整合。从实际操作层面来说，矿产资源领域的立法完全有条件效仿民法典，将各行政法规与规范性条文去重整合，形成一部完善的矿产资源法典。《矿产资源法》处于类似《民法总则》的地位，对法典起到统筹作用，而其他各项行政法规和专门性规范则按其调整对象性质与内容的不同作为法典的不同篇目，构成以《矿产资源法》为核心，以规划篇，开发利用篇，矿业权篇，环境保护与生态修复篇，监督管理篇，法律责任篇等具体规定为支撑的系统化、完整化、标准化的矿产资源法典。形成矿产资源领域的统一规范既是矿业领域的实际需求也是法治建设的必然趋势，在这一点上，笔者认为其实施已具备两个条件：一是中国成熟的立法环境与立法理念，完全具备编纂法典的能力与条件；二是当前矿产资源相关立法名目各异且文件众多，相互之间时有冲突，无法协调统一地规范矿业市场。

其次，增加对特定矿种如放射性矿种的管理办法，连同油气探采的内容统一规定于第二章节之中。①《征求意见稿》中对油气特别规定的条文放在矿业权章节，破坏了章节的统一性与连贯性。根据其内容性质，应当规定于第二章节的矿产资源的保护、勘查和开采章节。②特定矿种如放射性矿种的开发利用具有特殊性，应当在法律文本

中进行专门规定。

再次，在《征求意见稿》中增加矿产资源规划专门章节。习近平同志在党的十九大报告中明确要求推进结构调整，减少无效与低端供给，这就要求资源规划必须合理科学，具有前瞻性与适应性。虽然有《矿产资源规划编制实施办法》《自然资源部关于全面开展矿产资源规划（2021—2025年）编制工作的通知》（自然资发〔2020〕43号）等相关规范对此问题进行规制，但《矿产资源法》作为该领域的基础性法律，应在规范中加强对矿产资源规划的重视，坚持以新发展观念为统领，对矿产资源进行分类分级管理，并以此为依据，明确资源消耗约束指标，进一步加强规划本身的统筹引领作用和强管控能力，完善以储量管理制度、地质调查制度与重点区域保护制度为核心的规划体系建设。具体设计方案可参照国家年度发展计划，采用四层级（国家级、省级、地市级、县区级）编纂方式，层层核准审批。并且采用动态监控方式，结合实际经济运行过程及国家方针政策的更新进行合理调整，以实现矿产资源高效合理、绿色可持续的开发利用目标。

最后，细化矿产资源地质调查制度，对矿产资源领域开展地质调查工作提供法律回应。需要注意的是，有学者主张地质工作立法有其自身规制主体与客体，应当对此进行单独立法而非仅将其放置在《矿产资源法》之下。本研究认为，地质调查工作内容并不仅仅局限于矿产资源领域，将地质调查条例作为矿产资源法配套法规不具备必要性基础，且地质调查制度与矿产资源开发管理制度是交叉关系而非包含关系，因而将前者规定于后者之中亦缺乏理论根基。但是矿产资源地质调查作为矿产资源开发管理的重要组成部分，是勘探开采的必经环节，对该部分进行规制是应有之义，《征求意见稿》应围绕此内容构建调查指标、权力归属、运行路径、监督评价四位一体的体系机制。

（二）加强矿业市场管理，规范权力主体资质审查制度

首先，在《征求意见稿》第三章“矿业权”部分增加条款，对矿业权人资质进行明确规定。矿业领域的危险性及高技术性决定了矿山企业的设立与一般公司不同，即对矿山企业资质的规定与审查必不可少，否则极易造成矿业权人的乱入及安全事故的发生。在保障经济活动平等开展的基础上，保障矿业市场准入资格的确定性与法定性，并对矿业权资质审查进行细化，增加审查主体、审查年限、审查内容、审查责任的具体操作办法。同时，考虑到矿业权的特殊权属性质，在取消行政前置程序的基础上，应对主体条件、主体资格、申请程序进行明确。此外，矿业权人享有何种权利，该种权利在何种情形下丧失，负担何种义务，怠于履行应承担何种后果，都应当是《矿产资源法》涉及的关键内容，应当在《征求意见稿》中进行完善。

其次，基于权利主体准入与退出机制的连贯性，对关联行为的法律责任进行明确。对第十三条“储量管理”内容进行修改，明确矿产资源储量报告的地质资料属性，并在矿业权部分增加矿业权资质的取得应当将此报告的合理性审查包含在内。同时，第

二十九条“矿业权转让”内容之后增加“矿业权注销”作为补充，对违法颁发的矿业权证进行规制，并同时限制违法取得矿业权证的权利主体的申请期限和申请范围，避免矿业权人从行政主体的失职与违法犯罪行为中获利。

（三）扩充矿区生态修复章节内容，增加生态补偿具体规定

首先，加入环境保护相关制度。2016 年《“十三五”生态环境保护规划》将绿色发展作为经济建设的一项重要任务，从此绿色发展理念成为中国经济建设的核心理念。绿色发展目标的实现不能仅仅依靠事后修复，更需要事前保护与监管，事前防预可有效降低修复成本，尤其可以避免某些未尽注意义务所造成的永久性损坏。因此，将对矿产资源进行开发利用前需要采取的必要生态保护措施及指标规定在矿区生态修复章节是必要且极具现实意义的。①在第三十四条中明确矿区生态环境修复责任主体。生态环境修复制度之立法目的在于保护受损生态环境及时得到矫正，避免环境破坏带来的不利后果，以此为考量，责任主体的确定应当以快捷方便恢复矿区生态环境为目标。具体可以借鉴《中华人民共和国水污染防治法》第八十五条[1]等相关法律规定，由违法者承担终局责任，但出于修复效率等考虑，可先由矿业权人承担修复责任嗣后采用追偿方式进行追责，实现罚责统一。简言之，矿业权人承担首要责任，继受人承担修复责任，最终由政府部门承担公法意义上的补充责任。②在第四章“矿区生态修复”增加规划环评相关内容，明确规定环保投资占比。矿产资源从勘查、开采到生产均对生态环境具有破坏性，因而在立法中引入环评制度必不可少，具体条文内容应围绕其与“三同时”制度的有效结合，建立战略环境影响评价制度以及健全环评法律责任展开。③完善对于闭坑验收制度的规定，加强事后干预。此项规定涉及矿区生态修复的最终完成效果，因而有严格的硬性指标要求，不仅仅只对事后验收事宜进行规定，同样应规定将闭坑计划报告作为矿业权取得的重要前置条件。同时应当规定验收不合格的处罚机制，避免矿业权人出于侥幸心理在验收条件未成就时提交验收报告。④将绿色矿山建设工作作为新增内容进行补充。无论是从国家层面还是从地方层面，对于绿色矿山的建设如火如荼，截至 2020 年 1 月，已有 953 家矿山企业纳入全国绿色矿山名录，绿色矿山建设工作已成为当前矿山企业建设重点工作，应在立法体系中对相关标准及确认资格进行深化。

其次，增加矿产资源开发利用过程中的生态环境防护与修复相关制度，加强事中防预。矿产资源开发利用过程中难以避免对土地资源、水资源、大气资源等造成一定程度的损毁，拿土地资源来说，这种损毁不仅指开采活动造成的耕地减少，更包括矿业活动过程带来的土地下沉风险、原有土地用途改变及其他环境问题。针对该类问题，事前预防有时难以发挥作用，而仅仅依靠事后修复，并不能避免某些永久性损毁的后果，由

[1] 《中华人民共和国水污染防治法》第八十五条规定：“有下列行为之一的，由县级以上地方人民政府环境保护主管部门责令停止违法行为，限期采取治理措施，消除污染，处以罚款；逾期不采取治理措施的，环境保护主管部门可以指定有治理能力的单位代为治理，所需费用由违法者承担……”

此，边生产边修复就显得尤为必要。应当在《征求意见稿》中完善对此类问题的规定，重点关注对当前行政主导的管控制度的改变，强调平等主体在此类问题中的作用及行为私权属性，同时引入第三方治理模式。相关制度的补充应结合《自然资源部关于探索利用市场化方式推进矿山生态修复的意见》（自然资规〔2019〕6号）、《矿山地质环境保护规定》《土地复垦条例实施办法》等新修订规范，形成统一标准的制度体系。

最后，在此基础上，在法律文本中增加生态补偿相关制度。生态补偿作为环境生态治理的手段之一，其效用发挥不容忽视，近几年无论从理论还是实践均取得长足发展。不同于生态修复，生态补偿机制作用的发挥更多在于预防，即在相关行为未造成严重后果的前提下由受益方向利益损失方进行补偿，以实现公平正义。考虑到矿业开发的大面积占用耕地等特性，生态补偿作为调整机制必不可少。在法律文本中，应借鉴第四章“矿区生态修复”的体例格式增加“矿区生态补偿”章节。内容应当包括：①制定科学补偿标准，该标准应当满足矿区生态环境损失及环境补偿最低要求，为各地制定本区域的补偿标准提供参考价值。②进一步明确资源补偿税在矿产资源领域的具体应用。结合2020年9月1日起施行的《中华人民共和国资源税法》，对《征求意见稿》第二十四条“费用”部分进行完善，实现法律的内在联系与统一。③建立矿区生态补偿法律责任机制。明确矿产资源生态补偿过程中利益主体的权利、责任与义务，对不同的补偿内容，确定主体之间的法律关系及法律责任，明确矿区生态环境损失责任终身追究。此外，应当增加公众参与制度的相关规定及矿业权主体对相关信息的公开义务，以保障生态补偿制度的落地与监管。

（四）人权保障内容法律化，关注公民权利保护

首先，重视居民环境权在现行法当中的体现，增加对居民居住权、地役权的保护与替代性补救措施的规定，形成明确、标准的补偿制度。此外，在实践中，由私体提起环境公益诉讼无论是从诉讼主体双方力量的对比还是从执行力度来说，都处于比较软弱的地位。因而应当在《征求意见稿》中建立矿区周边居民环境权损害救助措施及反馈渠道，对居民环境权进行超前保护及实际保护。

其次，补充矿区范围公告制度，并根据实际情况进行具体规定的细化与完善，切实保障当地居民的知情权与公众的监督权。矿区范围大小直接决定了矿产资源开发利用活动对当地居民和生态环境的影响，《征求意见稿》中对该公告制度进行删除，使公众对于该项内容的知情权无法获取。对矿区范围进行公告既有利于加强公众监管，更有利于加强对生态影响的评估及补偿措施的制定。

最后，将安全生产法当中的一些抽象制度具体化，增加矿工人身安全保障制度，并将其作为对矿业权人进行资质审查、监督管理、信息公示和信用惩戒的重要考察要素。同时，加强对矿工环境权的关注，完善矿工在生产过程中的环境权保障制度。传统理论认为居民环境权中的居民为狭义居民，即受环境侵权直接影响的污染点附近的

居民，比如上文提到的矿区周边居民。直接参与矿山企业运行的职工则是直面生产活动带来的环境问题的主体，应当在《征求意见稿》中规定此类主体的环境权利益及保护救济机制，补充完善传统环境权理论的侵权对象范围。

（五）构建关联监管制度体系，进一步明确法律责任

首先，《矿产资源法》修订的最大目标是实现矿产资源国家治理体系和治理能力现代化，而实现这一目标的关键在于治理过程中政府职能的转变。无论是从宏观层面还是从具体制度的设计与落实，政府机构所发挥的职能作用不容忽视。针对矿产资源开发的全过程管理，包括但不限于规划、勘查、开采、环保、评价、监督等内容，政府各职能部门不可缺位。在《征求意见稿》中，更应将责任单位进行明确化、具体化。针对矿山生态环境问题，完善源头管控制度和过程性管控措施，进一步明确监管单位责任范围，采取责任制方式明确责任后果。进一步细化行政主体监管机制，增加对常规性监督内容、程序的规定，制定监督内容、检查频次的统一标准，在实际的生产过程中形成全方位、科学合理的有效监督模式。矿产资源开发的监督管理机构必须改变目前多机构共治的局面，将矿产资源开发区域作为完整的生态系统看待，由一个监督管理机构对该生态系统实行统一的监督管理，提高行政效率。另外，法律文本应完善对矿业权人矿产资源储量报告真实性、对矿业权人勘查和开采方案合理性的审查制度，明确规定审查主体及违规处罚机制，形成矿产资源开发统一监管格局。

其次，在条文中增加对相关民事权利的保护规定及对侵权责任损害赔偿的救济制度。如何正确处理矿业勘查开采过程中对环境造成的侵害以及对当地居民所造成的损失，平衡当地生态环境与公共关系，是关乎矿业绿色平稳、可持续发展的关键一环。仅依靠行政管理与刑事处罚并不能有效补偿公民的实际损失，应当在法律文本中增加与环境侵权行为相对应的民事责任制度并明确权利主体。诉讼程序是民事救济重要的手段之一，具体到环境侵权的情形中，主要包括环境公益诉讼以及索赔权人之诉。《征求意见稿》中只规定了行政主体作为诉讼主体提起生态损害赔偿诉讼，下一步应将受到环境污染侵害的公民纳入索赔权人的范围中来，保障公民的环境侵权救济途径。针对上述问题，可以矿产资源所有权为立足点区分不同的侵权行为，包括所有权归属侵权、派生权利侵权、不享有矿业权侵权及对矿产资源侵权等，针对不同侵权行为设计法律规范内容。同时，应当增加聚焦损害赔偿的时限、方式、执行问题的规定，加强执行力度，真正形成包含行政责任、刑事责任、民事责任以及环境保护责任在内的四位一体的责任体系。最终实现依靠经济导引、诚信评价机制和依法行政实现矿业权人自觉自动自发合理开发、有效保护矿产资源的良好局面。

五、结语

目前，中国围绕矿产资源进行规范的法律法规数量众多且体系完善，可以说，大

体满足了中国经济增长高速期矿业发展的需求。从历史层面来说,《矿产资源法》是一部极具指导意义的，可以有效规制矿产资源勘查开采全过程的法律。随着社会环境的变化，党中央在保证经济平稳发展的基础上提出了更高的目标，即绿色发展、可持续发展、健康有序发展，虽然《征求意见稿》在积极响应时代要求、转变发展理念的思路指引下对现行法作了完善与修订，但其仍存在一定的缺失与问题。矿产资源行业作为传统的以消耗为代价、生产工艺繁复、生产过程二次污染的重工业，其有效规制最根本在于有一套完备、先进、实际操作性强的法律体系作为保障,《征求意见稿》作为该行业未来可能的指导性法律，其内容的完善程度与执行力，对矿业发展起到关键引导作用。由此,《征求意见稿》的进一步修改与完善一方面可以促进矿产资源开发工作实现绿色可持续发展，保障资源的充分有效利用及持续供应，另一方面则可推进中国法治化建设进程，最终提升国家对矿产资源的管控力度，保证矿产资源领域的永续发展。

【参考文献】

[1] 康伟，袭燕燕．浅议我国矿产资源法律法规体系建设［J］．中国国土资源经济，2017（5）.

[2] 廖欣．中国矿产资源保护法律制度完善路径分析［J］．学术论坛，2018（4）.

[3] 李杰．我国优势矿产资源立法保护之完善［J］．山西省政法管理干部学院学报，2017（1）.

[4] 付英．关于加快推进矿产资源法修订工作的若干思考［J］．中国国土资源经济，2015（1）.

[5] 张平，黎永红，韩艳芳．稀有矿产资源战略储备立法的价值研究［J］．华东理工大学学报（社会科学版），2015（4）.

[6] 李显冬，杨城．关于《矿产资源法》修改的若干问题［J］．中国国土资源经济，2013（4）：4-9.

[7] 刘志成，王娟．制度框架、困境摆脱与矿产资源有偿使用的可能取向［J］．改革，2015（3）.

[8] 胡中华．强化《矿产资源法》的执行力:《矿产资源法》修改的重中之重［J］．理论月刊，2011（11）.

[9] 杨昌彪．矿区生态修复的行为责任与状态责任之辩以《矿产资源法》第三次修订为契机［J］．西南石油大学学报（社会科学版），2020（4）.

[10] 吴永高．矿业权出让分级管理再出发［N］．中国矿业报，2020-04-20（4）.

[11] 吴永高．矿业权出让方式的变迁［N］．中国矿业报，2020-04-27（4）.

[12] 何利，沈镭，陶建格．矿产资源立法对矿产资源资产核算的影响研究［J］. 中国矿业，2020(9).

[13] 青海省自然资源厅．青海省自然资源厅关于对《中华人民共和国矿产资源法（修订草案）》（送审稿）修改建议的函青自然资函〔2020〕50 号［EB/OL］（2020-03-23）［2020-11-02］. http: //zrzyt.qinghai.gov.cn/text-?vid=34693.

[14]《自然资源部 2019 年立法工作计划》印发［J］．城市规划通讯，2019（12）.

[15] 习近平．决胜全面建成小康社会夺取新时代中国特色社会主义伟大胜利——在中国共产党第十九次全国代表大会上的报告（2017 年 10 月 18 日）［M］．北京：人民出版社，2017：8.

［16］甘藏春．在《矿产资源法》修改协调小组会议上的讲话［J］．国土资源通讯，2012（2）．
［17］潘自强．电离辐射环境监测与评价［M］．北京：原子能出版社，2007：681-682.
［18］矿山环保将列为《矿产资源法》修订内容［J］．有色冶金节能，2019（6）．
［19］张维宸．矿产资源生态补偿政策法律回顾［J］．国土资源情报，2018（2）．
［20］方印，张海荣．大数据视野下公众环境信息监督权的规范构造［J］．贵州大学学报（社会科学版），2019（3）．
［21］陈德敏，杜辉．从结构到制度：论《矿产资源法》不完备性及修改路径［J］．中国社会科学院研究生院学报，2012（3）．
［22］梁冬梅，周博敏，王晓彤，等．《物权法》视野下《矿产资源法》的局限性——兼论其法典化立法模式确立的可行性［J］．黄金，2011（4）．
［23］徐以祥．论我国环境法律的体系化［J］．现代法学，2019（3）．
［24］董延涛．孙映祥．强化矿产资源规划法律地位的思考与建议［J］．国土资源情报，2018（9）．
［25］王宏峰．修改现行法势所必然访国土资源部法律中心实验室副主任郑美珍［J］．华北国土资源，2013（6）：4-5.
［26］施俊法，朱丽丽．关于地质调查立法研究［J］．地球科学进展，2013（7）．
［27］杨昌彪．矿区生态修复的行为责任与状态责任之辩以《矿产资源法》第三次修订为契机［J］．西南石油大学学报（社会科学版），2020（4）．
［28］廖欣．我国矿产资源保护立法创新研究［M］．北京：法律出版社，2018：241-244.
［29］张维宸．《矿产资源法》生态价值承载研究［J］．国土资源情报，2014（11）．
［30］中华人民共和国自然资源部．中国矿产资源报告［M］．北京：地质出版社，2020：19.
［31］刘超．矿产资源开发中土地损毁法律治理模式探究［J］．暨南学报（哲学社会科学版），2018（8）．
［32］李晓燕．矿产资源法律制度的物权法构建［M］．北京：中国社会科学出版社，2014：196.
［33］张锋．生态补偿法律保障机制研究［M］．北京：中国环境科学出版社，2010：140-142.
［34］傅剑清．论环境公益损害救济：从“公地悲剧”到“公地救济”［M］．北京：中国社会科学出版社，2017：112.
［35］王峰，余星涤，冯聪，等．《矿产资源法》修订中关键问题的分析与建议［J］．国土资源情报，2019（8）．
［36］白中科，杨侨，白甲林．论绿色矿山建设的源头管控与过程监管［J］．中国矿业，2018（8）．
［37］王莉．我国矿区生态安全法治建设［M］．北京：中国政法大学出版社，2017：75-76.
［38］廖欣．我国矿产资源保护立法创新研究［M］．北京：法律出版社，2018：251-253.
［39］王岚．论生态环境损害救济机制［J］．社会科学，2018（6）．
［40］鹿爱莉．保护矿产资源所有权的法律制度研究［J］．中国国土资源经济，2019（12）．
［41］刘欣．以改革求实精神指导推进《矿产资源法》修订工作［J］．国土资源情报，2019（11）．

● 生态环境损害赔偿诉讼的性质认定及制度构建*

郭　武　余　帅

（甘肃政法大学　环境法学院　兰州　730070）

摘　要：生态环境损害赔偿诉讼作为一种新型环境诉讼，是弥补生态环境损害救缺失的重要制度设计。生态环境损害的内涵决定了生态环境损害赔偿责任有别于传统的民事责任，是一种环境法律责任。行政机关提起诉讼的理论基础来源于国家的环境保护义务；其诉讼性质有别于普通的环境民事公益诉讼，是一种特殊的环境民事公益诉讼；在其适用过程中，应当明确界定与相关诉讼的区别。就其制度完善而言，应当建立健全生态环境损害赔偿诉讼相关立法、优化行政管制与索赔诉讼的关系、优化生态环境损害赔偿诉讼与既有环境公益诉讼的关系、完善生态环境损害赔偿制度的配套制度。

关键词：生态环境损害赔偿诉讼；性质认定；制度构建

为进一步推进生态文明建设，完善生态文明制度体系，党的十八届三中全会明确提出对造成生态环境损害的责任者实行损害赔偿制度。而后中共中央办公厅、国务院办公厅发布了一系列政策性文件来保障生态文明体制的建设，分别于2015年印发《生态环境损害赔偿制度改革试点方案》（以下简称《试点方案》），2017年印发《生态环境赔偿制度改革方案》（以下简称《改革方案》），从政策层面规定了生态环境损害赔偿制度的发展要求。最高人民法院于2019年发布了《最高人民法院关于审理生态环境损害赔偿案件的若干规定（试行）》（以下简称《若干规定》），对实践中生态环境损害赔偿案件的适用做出了规定。即将于2021年1月1日实行的《中华人民共和国民法典》也以专章的形式规定了环境污染和生态破坏责任，其中第1234条、第1235条从法律层面明确规定了生态环境损害赔偿制度。生态环境损害赔偿制度的建立，可以有效地解决当前我国生态环境领域出现的"企业污染、政府买单"的困境。

---

* 基金项目：本研究是2019年中宣部宣传思想文化青年英才自主选题项目《中国生态环境司法制度完善研究》和2018年陇原青年创新创业人才项目《环境审判"甘肃模式"对中国环境司法专门化的贡献》的阶段性研究成果。

作者简介：郭武（1980—），男，甘肃通渭人，法学博士，博士后，甘肃政法大学环境法学院教授，中国政法大学兼职博士生导师，研究方向为环境法学基础理论；余帅（1994—），男，河南平舆人，甘肃政法大学环境法学院硕士研究生，研究方向为环境与资源保护法学。

一、生态环境损害赔偿责任的性质

（一）生态环境损害的内涵

1. 生态环境损害的定义

适用生态环境损害赔偿制度的前提，首先要明确的是生态环境损害的内涵，即生态环境损害赔偿制度的适用范围有哪些。《改革方案》中对生态环境损害的内涵做了明确的说明，采用概括列举加排除的模式，明确了生态环境损害赔偿制度的适用范围。“本方案所称生态环境损害，是指因污染环境、破坏生态造成大气、地表水、地下水、土壤、森林等环境要素和植物、动物、微生物等生物要素的不利改变，以及上述要素构成的生态系统功能退化。”[1] 从《改革方案》中可以看出，生态环境损害其主要是指“环境要素和生物要素的不利改变”及“生态系统功能的退化”，排除了生态环境作为媒介所造成的人身、财产等侵权损害和海洋生态环境损害。

2. 与自然资源损害的关系

根据《中共中央关于全面深化改革若干重大问题的决定》，自然资源是指天然存在、有使用价值、可提高人类当前和未来福利的自然环境因素的总和，如土地资源、矿藏资源、森林资源、草原资源等。所谓的自然资源损害，是指由于环境利用行为所造成自然资源本身的重大不利变化，包括自然环境的改变、恶化、部分或全部的被毁坏、功能的丧失等，这种功能的丧失不仅包括经济意义上的，而且包括生态、社会等价值意义上功能的丧失。如水资源损害，不仅包括水质恶化，还包括水量减少等。从其概念及对象可以看出，生态环境损害所针对的有环境要素、生物要素以及其所构成的生态系统的损害，而自然资源损害仅针对的是自然资源要素所造成的损害。另外，针对损害所采取的救济方式也是不同的，生态环境损害的救济方式主要是当下的生态环境损害赔偿制度，而自然资源损害主要是从民事权利方面进行救济。[2] 显然，两者间有交叉之处，也存在差别，生态环境范围更为广泛。

（二）生态环境损害赔偿责任的性质认定

1. 生态环境损害赔偿责任的性质

生态环境损害赔偿责任是因实施了生态环境损害行为所应当承担的法律不利后果，属于法律责任。关于其责任性质，当前理论界存在着不同的认知，有学者认为生态环境损害赔偿责任是以私法手段解决公法问题，以损害赔偿为内容，目的在于预防和填补损害，本质上是私法问题，属于环境侵权责任。[3] 有学者从生态环境损害赔偿责任

---

[1] 《生态环境损害赔偿制度改革方案》，2017 年。

[2] 张璐．自然资源损害的法学内涵解读——以损害与权利的逻辑关联为视角［J］．华东理工大学学报（社会科学版），2012（2）．

[3] 吕志祥．生态环境损害赔偿法律责任的法理分析［J］．中国环境管理干部学院学报，2019（2）．

的价值理念及其适用情形角度，将生态环境损害赔偿责任与传统的民事责任进行衡量，认为其属于一种与民事责任相衔接的独立的环境法律责任。[1]

欲明确生态环境损害赔偿责任的法律性质，首先，需要了解环境法的目的即生态环境损害赔偿制度设立的目的。从前文分析可以看出，生态环境损害赔偿制度是为了对生态环境损害进行救济，解决环境污染、生态破坏所造成的生态环境损害问题，本质上是维护环境公共利益。环境公共利益作为一种公共利益，其本质上是有别于私法上的私人利益的，其体现为利益的共有性与非排他性。其次，生态环境损害赔偿制度是有别于传统的环境侵权责任制度的，传统的环境侵权责任制度作为私法救济手段，并不能救济公共利益，其所设立的目的主要是维护私人利益，对侵犯私人利益的行为进行法律上的否定性评价。生态环境损害赔偿制度所维护的是环境公共利益，通过磋商或者诉讼的方式来对其进行救济，对损害环境公共利益的行为所采取制裁或惩罚。基于以上分析，笔者认为生态环境损害赔偿责任属于环境法律责任，而非传统的民事责任。

2. 生态环境损害赔偿责任与生态环境修复责任的关系

《若干规定》第十一条规定："被告违反法律法规污染环境、破坏生态的，人民法院应当根据原告的诉讼请求以及具体案情，合理判决被告承担修复生态环境、赔偿损失、停止侵害、排除妨碍、消除危险、赔礼道歉等民事责任。"通过对该条文的分析看出，对于生态环境损害所承担的民事责任做出了明确列举，学理上可以将其分为四类，一是恢复性责任承担方式，即修复生态环境；二是赔偿性责任承担方式，即赔偿损失；三是预防性责任承担方式，包括停止侵害、排除妨碍、消除危险；四是人格补偿性责任承担方式，即赔礼道歉。[2]生态环境修复责任是以救济生态环境损害为目的的特别环境民事责任，包括对生态环境公共利益损害的救济。[3]同时第十二条、第十三条规定了责任承担方式的顺位，其中修复生态环境是生态环境损害赔偿责任首选的责任承担方式，只有在被损害的生态环境无法修复的情况下才会采取赔偿损失的责任承担方式，以用于替代修复。

二、生态环境损害赔偿诉讼的性质

（一）生态环境损害赔偿诉讼的诉权来源

根据《改革方案》及《若干规定》的规定，省级、市地级人民政府及其指定的相关部门、机构，或者受国务院委托行使全民所有自然资源资产所有权的部门作为诉讼权利人，可以对造成生态环境损害的行为人提起生态环境损害赔偿诉讼。行政机关作

[1] 史玉成．生态环境损害赔偿制度的学理反思与法律建构［J］．中州学刊，2019（10）．

[2] 王旭光．论生态环境损害赔偿诉讼的若干基本关系［J］．法律适用，2019（21）．

[3] 李挚萍．生态环境修复司法的实践创新及其反思［J］．华南师范大学学报（社会科学版），2018（2）．

为生态环境损害赔偿诉讼的权利人是否合适，其诉权理论基础为何，目前学界尚未形成统一的观点，主要有两种观点。

1. 基于自然资源国家所有权

有学者从生态环境损害赔偿制度及相关的法律文本出发，根据对文本的考察及诉权性质的分析，认为国家对自然资源享有所有权，是提起生态环境损害赔偿诉讼的权利来源。如王树义教授认为，依据《中华人民共和国宪法》《中华人民共和国民法典》的规定，自然资源属于国家所有，由国务院代表国家行使所有权。当这些自然资源受到损害后，国务院授权的省级人民政府为赔偿权利人，对受损的自然资源予以修复和赔偿。据此可知，地方政府提起生态环境损害赔偿诉讼的权利来源为自然资源国家所有权。[1]此种观点将其诉讼基础归于司法上的国家所有权，不可否认的是，切合当前政策、法律文件中所持的基本立场，具有一定的合理性。然而不可否认的是，此种观点存在明显弊端，并不能完全合理的解释其诉权基础，且在实践过程中不切合实际需求。

第一，自然资源国家所有权作为一种私权，将物权化的自然资源国家所有权作为行政机提起生态环境损害赔偿诉讼的诉权来源，将会导致生态环境损害赔偿诉讼性质不明。生态环境损害赔偿诉讼救济的是环境公共利益，若将私权作为其诉讼基础，可知基于私权所提起的生态环境损害赔偿诉讼是为了维护自然资源国家所有权，将明显有违生态环境损害赔偿诉讼的诉讼目的，这显然是与生态环境损害赔偿制度的目的相违背的。

第二，若将自然资源国家所有权作为其诉讼基础，将导致生态环境损害赔偿救济的不全面。首先，根据《中华人民共和国宪法》《中华人民共和国民法典》的规定，除矿藏、水流资源完全属于国家所有外，其他诸如土地资源、森林资源等可以归集体资源所有。作为集体所有的自然资源，不能成为行政机关提起生态环境损害赔偿诉讼的救济对象，换言之，行政机关无权提起对集体所有的自然资源损害的生态环境损害赔偿诉讼。其次，生态环境损害是环境要素、生物要素的不利改变及生态系统功能的退化，并非仅指自然资源要素。如大气作为一种环境要素，其大气污染所引起空气质量下降属于生态环境损害的范畴，然而大气作为一种公共物品，具有非物权性质，非自然资源，若以物权化的自然资源国家所有权作为诉讼基础，很难实现对此类环境要素的救济。[2]

2. 基于国家环境保护义务

另外有一部分学者则对基于自然资源国家所有权提起生态环境损害赔偿诉讼的诉权理论提出质疑，认为其以自然资源所有权人身份作为政府行使索赔请求权基础存在理论局限性，不能合理解释生态环境损害赔偿诉讼的诉权基础。如史玉成教授从国家环境保护职责的角度出发，来对政府提起生态环境损害赔偿诉讼进行合理解释，认为

---

[1] 王树义，李华琪．论我国生态环境损害赔偿诉讼［J］．学习与实践，2018（11）．

[2] 彭中遥．行政机关提起生态环境损害赔偿诉讼的理论争点及其合理解脱［J］．环境保护，2019（5）．

行政机关是以履行环境保护职责为正当性基础行使生态环境损害索赔权。[1]

笔者赞同上述观点。首先，《中华人民共和国宪法》第二十六条规定，“国家保护和改善生活环境和生态环境，防治污染和其他公害”，第八十九条规定，“国务院行使生态文明建设职权”，从宪法解释学的立场出发，国家负有环境保护的职责。从生态环境损害赔偿诉讼制度设计的初衷来看，行政机关基于国家环境保护职责提起生态环境损害赔偿诉讼既非为了特定群体的利益，也非为了国家利益，是为了维护环境公共利益。其次，大气、水等环境要素及生物要素具有公共性、共享性的特点，不宜作为私人所有，是全体公民的公有财产。依据环境公共信托理论来看，公众将环境、资源等公有财产委托政府进行管理，政府作为受托人上述公有财产进行管理，负有保护义务。政府对于生态环境损害行为提起生态环境损害赔偿诉讼，是为了有效保护上述公有财产。总而言之，将国家的环境保护职责或者义务作为行政机关提起生态环境损害赔偿诉讼的理论基础，更加切合其制度设计的目的。

（二）生态环境损害赔偿诉讼性质的重新识别

1. 理论界关于生态环境损害赔偿诉讼性质的各中学说

在明确了生态环境损害赔偿诉讼的理论基础之后，需要解决的另外一个问题就是，当前我国的生态环境损害赔偿诉讼其性质如何。目前理论界并未形成统一的共识，主要分为国益诉讼说、民事私益诉讼说、特殊的民事私益诉讼说、环境公益诉讼说、特殊的环境公益诉讼说、混合诉讼说 6 种。

持国益诉讼说的学者认为，政府基于自然资源国家所有权提起的生态环境损害赔偿之诉既非社会组织及检察机关提起的环境公益诉讼，也非普通的民事私益诉讼，而是属于一种特殊类型的诉讼，即由行政机关提起的、以维护国家利益为目的的国益诉讼。[2]如前文所述，以自然资源国家所有权提起诉讼，忽视了自然资源与生态环境及其损害的区别，且忽视了自然资源所有权主体的不同，将属于社会公有的生态环境狭义地限缩为自然资源，违背生态环境损害赔偿制度的目的。

持民事私益诉讼说的学者认为，自然资源国家所有权本质上是全民所有制在法律上的体现，具体表现为国家以民事主体身份对其依法所有物享有所有权，国家作为私法意义上的民事主体，其所有权应当受到民事法律的规制，因此该诉讼属于普通民事诉讼。[3]无论是《改革方案》还是《若干规定》均将涉及人身、财产损失的环境利益排除在生态环境损害赔偿制度的适用范围之外，由其他方式救济上述利益。若将生态环境损害赔偿

[1] 史玉成. 生态环境损害赔偿制度的学理反思与法律建构［J］. 中州学刊，2019（10）.

[2] 参见吕忠梅 2018 年 3 月 24 日在“2018 年度中国环境资源法治高端论坛会议”上的发言，其发言题目为“生态环境损害赔偿诉讼中的问题与对策”。

[3] 郭海蓝，陈德敏. 省级政府提起生态环境损害赔偿诉讼的制度困境与规范路径［J］. 中国人口·资源与环境，2018（3）.

诉讼认为属于民事诉讼，则应当由民事法律予以调整，其维护的是作为私权的自然资源国家所有权，显然是和生态环境损害赔偿诉讼维护环境公共利益的目的不符。

特殊的民事私益诉讼说认为，国家提起生态环境损害赔偿诉讼的理论基础是宪法层面的国家环境保护义务，其诉讼目的是填补生态环境损害、维护环境公共利益，进而将其认定为特殊的环境民事诉讼。[1] 该学说从维护环境公共利益这一诉讼目的来定性生态环境损害赔偿诉讼的性质，却未进一步地解释其与环境公益诉讼的关系。

环境公益诉讼说认为，在判断生态环境损害赔偿诉讼性质时，要从其诉讼目的考量。生态环境损害赔偿诉讼本质上是要维护生态环境的质量，而不是对自然资源的所有者的经济利益的救济，生态环境本身所具有公共性特征，关乎人类命运与代际利益，其公益性是不言自明的，因此生态环境损害赔偿诉讼是环境公益诉讼。[2] 从《若干规定》可以看出，生态环境损害赔偿诉讼与《中华人民共和国民事诉讼法》规定的环境公益诉讼，在前置程序、诉讼主体、适用范围等方面均存在区别，因此不能简单地将其归为环境公益诉讼。

特殊的环境公益诉讼说认为，海洋环境监督管理部门代表国家对责任者提起的海洋生态环境损害赔偿诉讼，已经被立法机关和司法解释明确为环境民事公益诉讼，当下我国施行的生态环境损害赔偿诉讼与海洋生态环境损害赔偿诉讼相仿，因此生态环境损害赔偿诉讼可以界定为一种特殊形式的环境民事公益诉讼。[3] 此种观点从实践层面来考量生态环境损害赔偿诉讼的性质，较为符合我国当下生态环境损害赔偿诉讼的司法实践现状，亦为笔者所赞同。

混合诉讼说综合了环境公益诉讼和私益诉讼两种学说，其认为，政府基于自然资源国家所有权提起诉讼具有私益诉讼的性质，但其诉讼目的是维护公共利益，具有公益诉讼的性质，故生态环境损害赔偿诉讼属于一种公私交错的混合诉讼。[4] 混合诉讼说意图使用双重标准来解释生态环境损害赔偿诉讼的性质，其实际上不仅不能解决生态环境损害赔偿诉讼的性质认定，而且将生态环境损害的范围囿于国家所有的自然资源损害。

2. 生态环境损害赔偿诉讼的性质识别

生态环境损害赔偿诉讼的法律性质为何，需要从学理层面和法律层面对其进行考量，方能准确地把握其法律性质。

第一，根据《改革方案》和《若干规定》的规定，生态环境损害赔偿诉讼作为公益诉讼，一方面，因为其诉讼双方当事人地位平等，切合民事诉讼的特征；另一方面，生态环境损害赔偿诉讼是为了救济生态环境损害，改善生态环境损害领域无法救济的

---

[1] 彭中遥．生态环境损害赔偿诉讼的性质认定与制度完善［J］．内蒙古社会科学，2019（1）．

[2] 李艳芳．生态环境损害赔偿诉讼的目的、比较优势与立法需求［J］．法律适用，2020（4）．

[3] 王旭光．论生态环境损害赔偿诉讼的若干基本关系［J］．法律适用，2019（21）．

[4] 宋丽容．生态环境损害赔偿与社会组织公益诉讼之衔接［J］．国家环境干部管理学院学报，2018（5）．

局面，其诉讼目的是维护环境公共利益，具有公益性，切合公益诉讼的特征。

第二，尽管生态环境损害赔偿诉讼与海洋生态环境损害赔偿诉讼相似，且与环境公益诉讼在诉讼目的、诉讼缘由、诉讼请求等方面有相同之处，但是不可否认的是生态环境损害赔偿诉讼与环境公益诉讼二者在前置程序、诉讼主体、适用范围等方面均存在区别，其虽属于环境公益诉讼的范畴，但并非普通的环境民事公益诉讼。

第三，我国《民事诉讼法》第五十五条规定，“对于污染环境等损害公共利益的行为，法律规定的机关可以向人民法院提起诉讼”。对于《中华人民共和国海洋环境保护法》规定的海洋生态环境损害赔偿诉讼，立法机关和司法解释已将其归于环境民事公益诉讼的范畴，将行使海洋环境监督管理权的部门认定为法律规定的机关。从学理上来说，将生态环境损害赔偿诉讼的提起主体——行政机关理解为法律规定的机关并不存在任何障碍，虽然缺乏法律层面的依据，但可以在后期的立法中予以完善。[1]

综上所述，将生态环境损害赔偿诉讼作为一种特殊的环境民事公益诉讼，无论是在学理层面还是法律层面均是可行的，且对于当前我国的生态环境损害赔偿诉讼实践来说，可以有效地解决其与相关诉讼的冲突问题。换言之，我国当前的环境公益诉讼包括四类，即符合条件的社会组织提起的环境公益诉讼、检察机关提起的环境公益诉讼、海洋环境管理部门提起的海洋生态环境损害赔偿诉讼和省、市级人民政府等行政机关提起的生态环境损害赔偿诉讼。

（三）生态环境损害赔偿诉讼与相关诉讼的关系

1. 生态环境损害赔偿诉讼与环境民事公益诉讼

正是由于生态环境损害赔偿诉讼性质认定方面存在的问题，导致其在适用过程中出现与环境公益诉讼的冲突。如前文所述，生态环境损害赔偿诉讼作为特殊的环境民事公益诉讼，其与环境民事公益诉讼既有区别，又有相同之处。

其相同之处主要体现在以下几个方面。第一，生态环境损害赔偿诉讼是对环境要素、生物要素及其所构成的生态系统的损害进行救济，目的是维护环境公共利益，民事公益诉讼是对环境污染等破坏环境公共利益的不利后果的救济，二者均是为了维护环境公共利益。第二，二者在责任承担方式方面也是一致的，其唯一的不同之处是生态环境损害赔偿诉讼的修复生态环境责任、环境民事公益诉讼的恢复原状民事责任，表述的不同并不妨碍其本质属性即对受损的环境公共利益的救济。

二者的不同之处主要体现在前置程序、诉讼主体、适用范围等方面。第一，根据《改革方案》的规定，生态环境损害赔偿诉讼的前置程序是生态环境损害赔偿磋商，而环境民事公益诉讼并无此方面的规定。第二，生态环境损害赔偿诉讼的主体是省、市

---

[1] 林莉红，邓嘉咏．论生态环境损害赔偿诉讼与环境民事公益诉讼之关系定位［J］．南京工业大学学报（社会科学版），2020（1）．

级人民政府等行政机关，而环境民事公益诉讼的提起主体是符合条件的社会组织和人民检察机关。第三，生态环境损害赔偿诉讼主要是适用于已经确定的生态环境损害后果，且有明确其适用的三种具体情形，而环境民事公益诉讼不仅适用于确定的环境损害后果，还包括这种损害后果出现的风险，后者的适用范围明显大于前者。[1]

2. 生态环境损害赔偿诉讼与海洋生态环境损害赔偿诉讼

根据《改革方案》和《若干规定》的规定，"因海洋生态环境损害要求赔偿的，适用海洋环境保护法等法律及相关规定"，生态环境损害赔偿制度排除了海洋领域环境损害赔偿的适用。在其他方面，二者具有高度的一致性。

在诉讼目的上，均是为了维护环境公共利益；在适用范围上，二者均适用于生态环境损害案件；在诉讼主体上，二者的诉讼主体非普通的环境公益诉讼的提起主体——社会组织和检察机关，均属于行政机关；在诉讼管辖方面，二者均由中级人民法院（海事法院作为专门人民法院，在法院级别上属于中级人民法院）管辖；在责任承担方面，二者具有高度一致性。更为重要的是，二者均属于环境民事公益诉讼，是一种特殊的环境民事公益诉讼。

3. 生态环境损害赔偿诉讼与自然资源损害赔偿诉讼

自然资源作为社会经济发展的物质基础，除作为资产的经济价值外，其本身也属于生态系统的组成部分，具有生态价值。对于自然资源的损害，除了会造成其本身经济价值的损害，还会造成其生态价值的减损，同时产生自然资源损害赔偿责任和生态环境损害赔偿责任两种属性不同的责任。对于不同的责任救济则应当采取不同的诉讼方式。

《改革方案》及《若干规定》排除了因污染环境、破坏生态造成的财产损失的赔偿。生态环境损害赔偿制度解决的是生态环境修复和赔偿问题，所保护的是自然资源本身所蕴含的生态价值，而非其经济价值。对于自然资源而言，无论是属于集体所有还是国家所有，其因自然资源损害造成的经济价值的减损，应当依据《中华人民共和国民法典》的规定，提起侵权责任之诉即自然资源损害赔偿诉讼。对于自然资源损害造成的生态价值的减损，则应当提起生态环境损害赔偿诉讼。[2]

三、生态环境损害赔偿诉讼的制度构建

（一）建立健全生态环境损害赔偿诉讼相关立法

当前我国生态环境损害赔偿案件在各地的司法适用不仅缺乏法律层面的指引，而且在与相关诉讼的衔接上缺乏规范，导致生态环境损害赔偿诉讼适用出现诸如程序规

[1] 傅贤国．我国生态环境损害赔偿诉讼之性质再界定［J］．贵州大学学报（社会科学版），2020（5）．
[2] 王旭光．论生态环境损害赔偿诉讼的若干基本关系［J］．法律适用，2019（21）．

则缺失、诉讼顺位不一等问题。

首先，《中华人民共和国立法法》第八条规定，诉讼制度只能由法律予以规定。当前我国生态环境损害赔偿诉讼的依据仅仅是《改革方案》和《若干规定》，缺乏法律层面的支撑，为此应当制定生态环境损害赔偿诉讼的相关立法。从法律效力层面来看，《若干规定》作为司法解释，法律位阶较低，在处理与法律规定的其他相关环境诉讼的关系上，很难做到有效衔接。从内容层面来看，《若干规定》仅仅 23 条，面对越来越多的生态环境损害赔偿案件，其过于原则化的规定很难有效处理纷繁复杂的案件，更多的是作为一种对《改革方案》的政策性落实，难以高效推进生态环境损害赔偿制度。

其次，在生态环境保护领域，其所涉及的诉讼制度繁多，诸如环境民事公益诉讼、环境行政公益诉讼、海洋生态环境损害赔偿诉讼、环境刑事附带民事诉讼、环境行政附带民事诉讼等分散于《中华人民共和国民事诉讼法》《中华人民共和国行政诉讼法》《中华人民共和国刑事诉讼法》《中华人民共和国海洋保护法》等法律规范中，其司法适用所涉及的相关司法解释也是零散分布，难以有效地处理各类诉讼的衔接问题。当前我国的环境保护诉讼司法实践证明，在处理环境民事公益诉讼与生态环境损害赔偿诉讼、环境行政公益诉讼与生态环境损害赔偿诉讼的顺位上，各地做法不一，为环境保护诉讼的有序展开带来诸多不便。

最后，鉴于当前生态环境损害赔偿立法缺失以及环境保护诉讼零散分布于各法律的情况，尤其是在各类环境保护诉讼的顺位衔接上，应当在总结实践经验的基础上，尽快完善相关法律规定，从法律层面明确生态环境损害赔偿诉讼的法律依据、适用规则及各类诉讼衔接问题。同时，应当尽快出台相关司法解释，对于环境保护诉讼的司法适用做出具体规定。

（二）优化行政管制与索赔诉讼的关系

1. 环境保护行政手段优先

对于生态环境损害赔偿制度而言，其磋商和诉讼是其中的两种重要制度设计。行政机关作为环境保护的责任主体，负有对污染防治、生态保护的管理职责。行政手段的强制性特征，以及作为接触生态环境损害案件的直接主体，其所拥有的人员、技术条件也是司法程序所不能替代的，行政机关在处理环境污染、生态破坏行为时，具有无可比拟的优越性。

在穷尽一切手段仍不能有效地对利益予以救济的情况下，司法程序作为救济权利的最后一道程序才能出现。生态环境损害赔偿诉讼的提出是为了解决一些难以通过行政手段予以解决的生态环境损害问题，是突破行政管制困局的一种有效手段。[1] 对于其职权范围内的能够予以解决的生态环境损害问题，直接运用行政手段予以修复受损的

[1] 张春莉．生态环境损害赔偿诉讼的检视与完善［J］．南京社会科学，2019（12）．

生态环境即可，而不必舍近求远的运用诉讼手段来解决。倘若对于生态环境损害行为直接提起生态环境损害赔偿诉讼，一方面会导致行政机关在处理此类案件时不能有效地履行职责，导致懒政、怠政行为，将环境治理的任务转移至法院，加大法院的司法负担；另一方面对于生态环境损害行为，政府抛弃行政手段转而提起诉讼，会导致行政资源与司法资源的浪费，且对于生态损害后果不能及时、有效地治理，造成的损害后果的进一步扩大化。[1]

是故，在处理生态环境损害案件时，必须将行政机关放在处理生态环境损害治理的第一顺位，即由于行政执法职能的优先性和第一性，只有在尽到环境保护职责仍不能有效保护环境公共利益时，方可提起生态环境损害赔偿诉讼。

2. 生态环境损害赔偿磋商优先

根据《改革方案》和《若干规定》的规定，提起生态环境损害赔偿诉讼的前置程序是进行生态环境损害赔偿磋商，磋商的成效决定着诉讼成效，同时磋商能否达成以及磋商达成所签署的协议都需要后续的诉讼程序予以保障。磋商前置程序，由赔偿权利人与赔偿义务人先行就损害赔偿事宜进行磋商并达成赔偿协议，人民法院对达成的磋商协议予以司法确认，是我国生态环境损害赔偿制度的重要设计。[2]

采用磋商前置程序是基于行政机关拥有行政管理职责和义务，且有相当的技术条件，可以有效地避免司法机关缺乏相关专业技术支撑的弊端，同时行政机关的强制性手段，可以促使赔偿义务人积极履行生态环境修复义务。《改革方案》规定，赔偿权利人根据生态环境损害鉴定评估报告，就损害事实和程度、修复启动时间和期限、赔偿的责任承担方式和期限等具体问题与赔偿义务人进行磋商，统筹考虑修复方案技术可行性、成本效益最优化、赔偿义务人赔偿能力、第三方治理可行性等情况，达成赔偿协议。行政机关作为赔偿权利人拥有无可比拟的优势，其在行政执法过程中所掌握的情况是直接、真实、有效的，据此与赔偿义务人先行进行磋商，可以有效地避免直接进行诉讼所带来的鉴定技术不规范、诉讼周期长等弊端。同时，《若干规定》规定，只有在无法达成磋商协议的情况下，方可进行磋商，为磋商前置程序提供了制度依据。

（三）优化生态环境损害赔偿诉讼与既有环境公益诉讼的关系

1. 生态环境损害赔偿诉讼与环境民事公益诉讼

生态环境损害赔偿诉讼与环境民事公益诉讼在制度功能及诉讼请求方面具有高度的一致性，司法实践中亦出现将其合并审理的情况。在现有的制度框架下，生态环境损害赔偿诉讼以自然资源国家所有权作为请求权的基础，环境民事公益诉讼以环境公

---

❶ 李晖，杨雷．生态环境损害赔偿制度研究——兼论其与环境公益诉讼的衔接［J］．西部法学评论，2018（3）．

❷ 王旭光．论生态环境损害赔偿诉讼的若干基本关系［J］．法律适用，2019（21）．

共利益作为请求权的基础。实际上，从当下我国的生态环境损害赔偿诉讼实践来看，其诉讼请求权的基础则成为以维护环境公共利益为目的的国家环境保护义务职责的延伸。[1]此种情况下，二者的诉讼请求权基础一致，需要讨论仅仅是行政机关、社会组织、检察机关三种起诉主体的顺位问题。

行政机关提起的生态环境损害赔偿诉讼若以维护自然资源国家所有权为目的，那么应当将其归于自然资源损害赔偿诉讼的范畴，即归于民事私益诉讼的范畴，对此，社会组织和检察机关不能提起诉讼，也就无顺位衔接问题。

倘若行政机关提起的生态环境损害赔偿诉讼以维护环境公共利益为目的，则其作为环境民事公益诉讼的子类型，与社会组织、检察机关提起的环境民事公益诉讼具有同一性。检察机关作为法律监督机关，首先要做的就是监督行政机关的环境保护职责；检察机关作为公益诉讼人，在社会组织提起环境民事公益诉讼时可支持起诉，只有在行政机关未提起生态环境损害赔偿诉讼和社会组织未提起环境民事公益诉讼时，检察机关作为第三顺位，方可提起环境民事公益诉讼。[2]此种情况下，需讨论的就是行政机关和社会组织的起诉顺位问题。行政机关提起生态环境损害赔偿的缘由是穷尽行政手段仍不能有效解决生态环境损害问题，社会组织作为环境公共利益的代表提起环境民事公益诉讼，是为了解决环境保护行政失灵问题，此时在赋予行政机关以诉讼优先权，无疑是对行政失灵行为的背书，不利于环境公共利益的有效维护。从环境公共信托理论来看，社会公众才是环境资源的所有者、环境公共利益的享有者，行政机关只是接受社会公众的委托代为管理环境公共利益、履行环境保护职责。当环境行政管理失灵时，社会公众可暂时解除委托，由环境公共利益的代表——社会组织通过诉讼的方式维护其自身利益。

是故，社会组织提起的生态环境损害赔偿诉讼应当作为第一顺位，其可以有效地解决行政失灵问题，更好地维护环境公共利益。行政机关提起的生态环境损害赔偿诉讼作为第二顺位，以救济其行政职权无法有效涵盖的环境公共利益。检察机关提起的环境民事公益诉讼作为第三顺位，当前两种诉讼未提起时，作为维护环境公共利益的兜底诉讼。

2. 生态环境损害赔偿诉讼与环境行政公益诉讼

在处理生态环境损害赔偿诉讼与环境行政公益诉讼的顺位时，首先任务就是厘清各自的功能设计及制度目的。生态环境损害的发生、环境公共利益受损是两类诉讼提起的原因行为，且二者的最终目的都是保护生态环境、维护环境公共利益，但二者之间也存在着一些差别。如前文所述，生态环境损害赔偿诉讼是行政机关在穷尽行政手段仍无法有效地维护环境公共利益，即在环境保护方面出现行政失灵问题时，其作为

[1] 史玉成．生态环境损害赔偿制度的学理反思与法律建构［J］．中州学刊，2019（10）．

[2] 王世进，张维娅．论生态环境损害赔偿诉讼与环境民事公益诉讼的衔接［J］．时代法学，2020（2）．

诉讼主体所提起的，其目的是修复生态环境和维护环境公共利益。《中华人民共和国行政诉讼法》规定，检察机关作为环境行政公益诉讼的起诉主体，其目的是纠正行政机关在环境执法过程中的违法作为或者不作为对公共环境利益的损害现象，进而维护环境公共利益。环境行政公益诉讼的适用前提是行政机关违法作为或者不作为导致的生态环境损害事实，其首要目的是纠正行政机关的行政行为、督促其履行环境保护职责，最终目的才是维护环境公共利益。

首先，行政机关作为环境保护的法定机关，负有纠正环境违法行为，防止生态环境损害发生的法定职责，检察机关作为法律监督机关，对于行政机关的环境执法行为负有监督权，其提起环境行政公益诉讼要求行政机关履行法定职责，通过司法手段来促使行政机关履行环境保护职责，更好地维护环境公共利益。其次，检察机关作为公益诉讼人提起诉讼，可以通过诉前检察建议的形式来促使行政机关纠正其懒政、怠政行为。行政机关在检察建议的推动下，可以有效地发挥环境行政执法效果，通过行政手段纠正生态环境损害行为，减损生态环境损害后果，达到维护环境公共利益的目的，后期也就无须再行提起环境民事公益诉讼程序了，符合环境法治的效益原则。

将环境行政公益诉讼置于生态环境损害赔偿诉讼之前，不仅是对行政机关环境执法行为的监督，督促其环境保护职责，而且有利于减少环境诉讼案件的发生，减轻司法诉累。

（四）完善生态环境损害赔偿制度的配套制度

1. 建立生态环境责任保险制度

生态环境损害是环境要素、生物要素的不利改变及其上述要素所构成的生态系统的退化，这种损害后果的发生往往具有长期性、潜伏性、复杂性的特点。在赔偿义务人无力承担、赔偿义务人不明甚至赔偿义务人消亡的情况下，面对如此高额的生态环境修复成本，生态环境修复问题很难有效地解决，其不利后果便转移给社会，由社会来承担，出现“企业污染、社会负责”的尴尬局面。因此有必要建立生态环境责任保险制度，利用保险制度风险分担的特性，将生态环境损害赔偿责任分担给投保人，不仅可以促使投保人履行其环境保护义务，减轻其生态环境损害赔偿责任，而且可以有效地解决生态环境修复问题，降低社会成本。[1]

2. 明确生态环境修复的监督主体

生态环境损害赔偿诉讼程序结束以后，所要解决的便是生态环境损害赔偿责任的执行与监督问题。《改革方案》和《若干规定》规定，其执行人是行政机关，在赔偿义务人不切实履行损害赔偿责任时，可向法院申请强制执行。在执行过程中，为保证行政机关依法行政，落实生态环境修复责任，需要明确生态环境修复的监督主体。然而

[1] 史玉成．生态环境损害赔偿制度的学理反思与法律建构［J］．中州学刊，2019（10）．

我国现行的生态环境损害赔偿制度对于监督机关尚未做出明确的规定。检察机关作为我国的法律监督机关，对于行政机关落实生态环境损害赔偿责任当然负有监督职权，因此应当通过立法明确规定检察机关对于生态环境损害赔偿责任的执行情况监督的权力。

3. 完善公众参与制度

我国《宪法》《环境保护法》都规定了环境保护的公众参与，社会公众享有获取环境信息、参与和监督环境保护的权利。在生态环境损害赔偿诉讼案件中，行为人损害的是环境公共利益，社会公众作为其利益享有者，当然有权利参与到生态环境损害赔偿案件中。生态损害赔偿制度应当建立信息公开制度，公开与案件审理相关的涉及环境公共利益的事宜，以落实公众的环境信息获取权。同时规定社会公众参与的条款，明确社会公众参与的渠道和条件，以便更好地发挥社会公众的监督作用。完善的公众参与制度，有利于社会公众维护自身的环境权益，对政府的行为进行监督，促进我国环境法治的民主化进程。

● 交易平台自我规制的风险与问责研究

程 晨

（贵州大学 法学院 贵州 贵阳 550025）

摘 要：互联网时代，人工智能和大数据技术的发展不断促进着市场经济的成长。数据驱动下的智慧社会中，交易平台日渐呈现增量化、规模化、多样化等特性，如何在现有社会制度背景下引导交易平台可持续发展是我们面临的挑战。本研究以交易平台的自我规制为研究对象，在介绍交易平台自我规制形成基础条件上，从交易平台的法律定位、公共属性、权力来源、治理边界这四个方面切入，定位交易平台的自我规制工作内容，对其中的风险问题进行分析。同时，从其当前发展条件着手，对降低控制风险内容的有效途径进行分析，通过强调民营地位、补充合营状态、强化监督作用、引导自我规制的内容研讨，产生应用型研究结论，保证整体交易平台自我规制的问责有效性，为相关领域研究提供参考。

关键词：自我规制；风险管理；问责机制

当前社会环境下，经济高速发展，使交易平台得到了良好的成长环境。而在交易平台不断提升自身影响力的过程中，以平台业务内容为支撑，也逐渐形成了完整的平台网络化内容，并由此产生了平台的自我规制内容。在发展条件中，这种自我规制表现出了明显的市场化特性，因此也存在着明显的风险性条件。在对此类内容进行综合性管理的过程中，需要从基本的自我规制产生条件入手，分析其基本理念的同时，形成完整的指导条件，保证自我规制的引导性发展状态。

一、交易平台自我规制基础

（一）法律定位

在对平台交易平台进行分析的过程中，首先要厘清“平台”与“平台供应商”这两个存在差异的概念间的关系。从法律角度出发，所谓平台是提供相关领域信息服务的通信渠道，而在当前的社会环境中，交易平台主要以网络化平台的形式展现出来。而平台供应商，是在工商部门完成登记的企业组织与自然人。由此可见，交易平台为

作者简介：程晨（1997—），女，安徽合肥人，法律硕士，研究方向为法理学、诉讼法学。

交易信息内容的系统化汇总，而交易供应商则代表了组织维护平台运行的相关企业和单位。在研究交易平台自我规制内容的过程中，提到的交易平台，主要指运行交易平台的供应商。另外在交易平台的定位上，表现出了明显的“第三方”特征，是通过自身的平台化效应，将参与交易双方的信息整合起来，构成交易信息平台的主要结构。

（二）公共属性

交易平台由于自身信息化内容的主体地位，在主要特征条件上，形成了开放化的空间环境。在进行信息整合与管理的同时，也逐渐在组织交易活动的过程中，逐渐形成了自身的公共属性。交易平台运行中，形成了行业环境内的完整规则，这种规则是平台权力特征的表现形式，也是平台运行义务的具体内容。在信息系统的整合中，通过这种平台化的运行模式，使交易活动的参与者，都能集中在平台的“内设规则条件”下，因此也就形成了管理上的统一秩序，并在形成平台公共属性的同时，保证了整体平台在运行中的稳定性[1]。注意，这种平台内部展现出来的公共属性，需要将法律作为基础，在承担基础法律责任的同时，形成完整的社会责任，以此保证中整体公共属性的有效性，使交易平台可与社会整体环境保持同步状态。

（三）权力来源

平台运行过程中，其中的权力条件，来源于其对于交易双方的影响力，也是交易平台建立起新型社会关系的具体体现。尤其在契约层面出发，这种社会组织形式内部的契约，是帮助交易平台形成自身权力条件的基础，在对参与平台用户进行管理时，可以将其中的交易内容进行规范，并在这种统一遵守的说明条件下，形成针对纠纷内容的裁决能力，由此体现出自身的权力地位。同时，这种平台条件下的权力内容，也是法定义务的一种延展。在整体社会环境背景下，以社会组织形式为基础，在参照具体行业运转情况的基础上，形成了一种法律覆盖范围内的管理内容，以此保证了自身权力技术的稳定性。

（四）治理边界

交易平台中的自我规制内容，虽有较为典型的独立性，但在影响条件上，仍然受到基本权利、法制环境、自制契约等多项内容的综合管理，并在形成治理边界的同时，使其在一定范围内的自制内容，可以进行更加精确的定位，并在带有明确指导性的内容中，形成更加直接明确的约束效力。也正是在这种限制条件下，才能使其作为国家行政法制管理的补充，在具体行业的交易平台设立下，配合公共权力，执行相应的政

---

❶ 张宝生，梁贵霖．基于网络层次分析法的共享住宿领域风险评价研究［J］．科技与经济，2019，32（3）：106-110.

务任务，保证自身社会价值的充分发挥。

二、交易平台自我规制中的风险内容

交易平台运行过程中，其中的自我规制内容，是保证自身运行状态稳定性的关键，也是推进落实自身信息规整特征的必要途径。同时，这种自我规制内容，如果没有形成有效的控制，也会在应用过程中，产生相应的风险条件，并在整体的风险管理工作中，造成典型的负面影响。

（一）与交易平台有关的自我管理性组织数量较少

交易平台在建设自我规制的同时，需要保证对于自身整体体系的优化管理状态。尤其在引导平台建设的过程中，应将其基础性的自我规制组织数量进行控制，在增加技术数据个数的同时，为其整体发展与优化提供过基础性的基础参数，以此为后自我组织规制的优化升级创造条件[1]。

我国现阶段的社会发展进程中，以《社会团体登记管理条例》为基础内容，对社会性组织与社团的成立，有着明显的控制与管理条件。而具体应用到各个行业的建设中时，这种严格的限制条件，也影响了行业协会的成长发展状态，在已经形成的行业协会中，也无法有效地发挥出行业代表性。尤其在交易平台中，针对商业性平台的协会组织，更是寥寥无几，无法发挥出对于整体领域范围的引导与管理。在这一条件下，需要首先对于交易平台相关的社会组织进行政策性调整，在积极引导策略的推行下，保证各种功能组织的发展状态，并在总体数量成长的基础上，使其对于交易平台的发展起到刺激作用。尤其是在发挥主动性，制定自我规制的内容上，需要形成有力的支撑条件，以缓解当前组织数量不足的问题。

（二）与交易平台有关的管理型组织缺失整体性

自我规制的内容，是对整体行业运行状态的总结，也是对具体交易内容的明确与落实。在进行自我规制发展的过程中，必须保证其内容与整体行业发展的适应性，在对行业中各种现象与行为进行描述的同时，保证整体规制的指导价值。

自我规制活动带有明显的溢出特征，需在整体产业类型的开放化环境中，对其表现形式进行高精度的凝练与总结[2]。在对其内容做出判断与分析的同时，也要判断其中的公益性决策。而这一条件下，需要有较高的代表性内容作为基础的指导条件，为整体自我规制的内容提供保证。在实际社会环境中，我国的商业协会发展中，除了一些

[1] 徐则林，王贵．共享经济中消费者权益保护——以共享单车为例［J］．西安财经学院学报，2019，32（3）：92-100.

[2] 袁彬．人工智能的刑法主体地位反思——自我意思决定、平等主义与刑法技术措施［J］．上海政法学院学报（法治论丛），2019，34（3）：103-113.

标志性的地方商会，以及一些网络公司所主导的商业平台，没有带有较高信誉的自我规制组织，这也就造成了自我规制内容，在部分类型条件下的缺失，影响了整体自我规制包容性的形成与发展。在面对这一问题时，需要从全面性、多样性、开放性的角度出发，在扶持代表性组织的同时，使各种类型的组织可以得到均衡发展，以此展示交易平台自我规制的代表性特征。

（三）交易平台运转过程中民主化思想不成熟

自我规制的内容中，需要保证其中的民主化基础条件。在网络化社会环境与商业化内容的深入发展条件下，这种传统的组织运行模式，逐渐从激烈的环境中退出，并在更加民主化、高效率的运行组织特征带动下，形成了新型的发展模式。由此，也要在交易平台的自我规制内容中，将新兴的民主化思想引导进来，使其发挥出更加积极主动的影响条件，保证自我规划的有效性，真正将这种自我规划，作为代表交易双方核心诉求的高效率说明内容，加快自我规制组织的有效性与发展条件[1]。

三、现阶段完善交易平台自我规制的相关路径分析

（一）补充交易平台自我规制的问责体系

1. 尊重民营化基础发展地位

民营化是自我规制的基础，在对交易平台自我规制进行“问责管理”之前，需要尊重其基本的民营化发展条件，在确认民营化的发展状态的同时，保证规制内容与法制内容的差异化水平，形成两者之间的功能互补与形式对应。

20 世纪 80 年代开始，市场化成了全球范围内的热点问题，多数国家与地区，都投入了“规制缓和”的转化发展浪潮中，由此构成了全球范围内容的民营化发展。在这一时代背景的驱动下，将传统政府部门的职能进行转化，将其具体工作固定到了对于市场环境的监督与控制中，而在具体市场运作的过程中，针对制度性的内容，则直接转移到了市场化高度发达的社会性组织结构上。此类组织，大多由特定行业领域中的核心企业组织形成，并在合作建立商会的社会形势下，对整个行业的发展动向，产生了深刻影响。

从交易平台的角度出发，这种商会组织形式，也是其发展过程中的重要组成部分，虽然带有明显的社会性与非公有性特征，但也在行业范围中，为维护行业运行状态与交易合理性，起到了积极的影响作用。

尤其在组织民营化的初始条件下，由于交易总量与影响力水平的影响，使其展现出了更加典型的发展特征。在适应社会交易形式的同时，能够在第一时间，将市场化

[1] 苏宇 . 区块链治理之现状与思考——探索多维价值的复杂平衡［J］. 中国法律评论，2018（6）：186-195.

的信息条件整合起来，并用在法治化的环境中，为政府职能部门的监管工作提供基础性的保障条件。在私有化条件下，即便发生运行中的失误与失责，也不会对整体社会环境造成影响，为国有经济与产业环境增添负担，可以在国家法治化的管理条件下，进行补充与约束。

2. 补充公私协力特征性内容

“公私协力”是一种集合化的概念内容，在理论形成条件上，有国家公有部门与市场化的私有部门，共同针对某一社会问题展开工作。在此种类型的工作管理中，会将私有部门作为适应市场条件的基础，通过制定具体的行业制度与执行管理方案，保证市场化的发展状态与运行水平。同时，在公有权力部门的功能作用中，会从社会性角度出发，对具体市场规则合理性、市场运行状态、市场主体行为等内容进行分析。由此，在整个市场化交易环境中，保证市场活动发挥自身经济促进作用的同时，也为其固有的社会属性提供必要的支撑条件。形态上，“公私协力”的内容，大致可以分为行政委托、合资经营、公共建设参与、公私合作管理这四种具体类型。

在交易平台中，这种“公私协力”主要表现在公私合作管制的内容中。实务工作中，交易平台凭借自身的自我规制内容，形成对行业行为的控制，并在一定公共约束力的条件下，控制市场交易行为的参与者。由此，在最小政府干预程度的基础上，保证市场化发展的有效性，拉动交易平台的最大价值。而在这一合作体系中，政府部门不仅要为交易平台提供基础性的管理纲领，并在具体交易行为上作为规范性的描述，同时也要对交易平台制定的管理条件进行监督，在确定其合法性的基础条件上，对其平衡化状态进行适当的干预，由此保证合作执行的有效性，体现出“公私协力”的执行优势作用[1]。

3. 强化合作治理的监督作用

权力是交易平台自我规制的核心内容，需要在权力共享与责任共担的内容中，优化整体规制的执行内容。同时，这一权力平衡策略，也同样适用于国家监管与行业规制的合作内容，并以此“权力平衡条件”为基础，形成合作治理的综合模型，更好地推进整体行业领域的自我规制条件。

例如，在交易平台背景环境下，形成的自我规制，需要社会性、法制性的监督控制，但这种控制，并不意味着对原有自我规制内容的全面否定。反而，需要肯定自我规制内容中合理且有效的部分，并从法治化、社会性的宏观层面，对其自我规制的内容进行监督与分析，进而在“相关问责机制”的指导下，补充其中的合理性条件。注意，在执行此项自我规制优化内容的过程中，需要保证市场组织与公共部门之间的独立性，将具体事件与管理内容作为核心，不断修正管理与规制内容，以期实现对于市场行为的最优化调整，真正实现公私合作治理的管理发展目标。

[1] 邢会强．新三板市场的合格投资者制度及相关制度改革［J］．环球法律评论，2018，40（6）：60-78.

4. 引导自我规制平台的成长状态

自我规制制定的过程中，表现出明显的私有性、社会性特征，是对相应群体经济利益与社会价值的最大限度展现。因此，虽然在市场化的环境中，会有利于经济条件的发展，但也会在一定的条件下，将目光局限在一定时期内，从而影响到整体社会环境的发展状态。而在相关政府部门中，其工作重心为社会发展的稳定，对于社会各阶层的平衡管理，是其工作的主要目标。尤其在宏观层面上，相关政府管理部门，由于自身的政策性与发展性特征，固有地带有一定的宏观性特点，可以从更加长远的角度，对行业乃至市场做出客观分析，并在多种类型数据的支撑下，保证对于未来发展的指导作用。在这一条件下形成的合作治理，无疑可以达到平衡当前市场运行状态与危害市场发展方向的目标。

通过这一内容的协调，政府部门可以在牺牲一定权力范围的条件下，鼓励交易平台自我规制的发展自有程度。同时，这种交易平台自主的自我规制，也必须无条件地遵照国家有关部门，在制度法令范围内的监督与管理。由此，才能达到平衡经济发展条件与宏观体制调整的目标，保证自我规制内容在问题体系下的健康成长状态。

（二）吸收借鉴自我规制组织国际化模式

自我规制组织，并不是在某一社会环境中形成的特有概念，而是在社会发展中的趋势性内容与标志性产物。在当前的社会环境下，适应整体社会发展的自我规制组织，在国际领域有着更为广泛的应用与研究，这一条件，需要得到我国的重视与关注，并在对国内自由规制组织进行工作分析的过程中，判断在交易平台条件下的自我规制组织发展差异。通过对国际先进经验的总结与学习，加快并提高国内自我规制组织的成长状态，使其更好地服务于社会发展需要，并帮助交易平台获得更好的发展条件。

四、结语

交易平台背景下产生的自我规制，在价值条件上，是市场化发展的复杂化表现，也是市场自由度的集中体现。在对此类自我规制内进行分析的同时，需要认识到当前阶段此类规制内容的发展问题与局限性。在未来的发展过程中，需通过外部的问责机制与引导策略，对其成长状态做出管理，并在规范化条件下，呈现出自身市场适应的应用优势，将管理部门的监督条件，与自身的发展动力相结合，为平台的综合化发展奠定坚实基础。

● 浅谈第三人撤销之诉的适格原告认定

谷金磊

（贵州大学　法学院　贵州　贵阳　550025）

摘　要： 2012 年修订后的《中华人民共和国民事诉讼法》（以下简称《民事诉讼法》）增加了对第三人撤销之诉的规定，以解决近年来逐渐增多的虚假诉讼和第三人权益受损的问题。但是第三人撤销之诉中原告资格的认定一直以来是一个困扰理论和实践的问题，法律规定的不完善和实践中认定标准的不一致，这些都对第三人撤销之诉的应用与实践产生不利影响。

关键词： 第三人撤销之诉；适格原告认定；利害关系

第三人撤销之诉是《民事诉讼法》中极为特殊的一项制度，目的在于保护第三人的合法利益，使其避免受到恶意诉讼和虚假诉讼的损害。但近年来的司法实践当中，该项制度在适用中出现的问题有待解决，而适格原告的认定则是其中出现较多的一个。本研究首先从司法实践和理论两个方面对第三人撤销之诉原告认定的困境进行分析。最后针对前述问题提出对原告认定问题的三项完善意见。本研究主要运用文献整理分析的方法，以及与其他国家或地区法律比较的方法进行论证，分析总结得出对此项制度的完善建议，希望有助于我国第三人撤销之诉制度的发展。

一、第三人撤销之诉原告认定的困境

第三人撤销之诉是 2012 年《民事诉讼法》全面修订后增加的制度，其内容出现在“当事人”部分，2015 年最高人民法院关于适用《中华人民共和国民事诉讼法》的解释（简称《民诉解释》）以专章的形式对该项制度进行了补充。前述法条重点规定了第三人撤销之诉的适用条件，具体概括为：第一，有权提起撤销之诉的主体必须是有独立请求权的第三人和无独立请求权的第三人。第二，前述规定的第三人未参加诉讼，并且不能归因于本人。第三，前述规定的第三人的民事权益因发生法律效力的裁判文书（包括判决书、裁定书、调解书）的部分或者全部内容受到损害，并且有证据予以证明。第四，第三人提起撤销之诉必须在知道或者应当知道民事权益受到损害之日起

作者简介：谷金磊（1993—），男，山西临汾人，贵州大学法学院法律硕士（法学），研究方向为法理学、诉讼法学。

六个月内。第五，撤销之诉必须向做出裁判文书的人民法院提起。可见，对于适格原告的认定是提起诉讼的第一步。[1]

（一）司法实践中的原告认定困境

诉讼主体的资格认定是判断一个诉讼能否成立的首要前提，因此目前的司法实务中“第三人资格”是审理第三人撤销之诉案件的一个重要因素。第三人撤销之诉的立法目的在于遏制恶意诉讼以及恶意利用调解损害案外第三人的合法权益，但是目前的司法现状显然与立法本意大相径庭，一味地通过否定原告资格而驳回第三人撤销之诉必然无助于恶意诉讼或虚假诉讼频发问题的解决。对于第三人撤销之诉这一保护第三人利益的诉讼，如果对于原告是否具备资格拿捏不准，造成的影响必定是全局性的。正是由于原告资格认定在第三人撤销之诉中这样重要的影响作用，并且在司法实务中遇到大量的类似问题，因此有必要对适格原告认定的规则或者制度进行完善。

（二）理论层面上的原告认定困境

基于前文所述，现行《民事诉讼法》以及最新的《民诉解释》将第三人撤销之诉的主体限定在两类第三人，而这两类第三人的区别在于是否具有独立的请求权。在两类第三人当中，有独立请求权的第三人由于对案件诉讼标的具有独立请求权，可以通过诉讼的方式维护自身的合法权益，因此对于这类原告的认定比较容易。并且有独立请求权的第三人与案件实体内容联系紧密，因此可以通过案外人执行异议或者案外人提起再审等方式挽回自己的利益，《民事诉讼法》对于有独立请求权的第三人的保护是较为完善的。

相较于有独立请求权的第三人，无独立请求权的第三人在司法实践中占比更大，他们的利益却更难以得到维护。第三人撤销之诉无疑是维护无独立请求权的第三人利益非常好的措施，但是法条规定较为严苛，无独立请求权的第三人的维权之路充满着荆棘坎坷。针对无独立请求权的第三人，认定此类第三人是否具有原告资格，关键在于判断之前诉讼的处理结果与该第三人是否具有“法律上的利害关系”，再引申一步就是判断前一个诉讼和第三人提起的诉讼主张的法律关系是否具有牵连性，前一个诉讼是否会导致第三人承担义务或者责任。法院对于是否具有“法律上的利害关系”的解释决定着原告是否适格，目前大多数案件法官都对利害关系进行缩小解释，如果不能证明存在着直接的利害关系，就进而否认原告“无独立请求权的第三人”的法律地位。这种将“利害关系”限缩在直接利害关系的做法无疑限制了无独立请求权的第三人的范围，这阻碍了司法实践对于第三人撤销之诉的适用。法律的生命在于实践，一项制度或者法律的设立目的在于通过实践来解决现实中存在的问题，如果通过解释压缩或

[1] 吴泽勇．第三人撤销之诉的原告适格［J］．法学研究，2014（3）．

者限制法律的适用，这种做法一定程度违背了它的立法本意。这种压缩解释和限制适用导致了理论层面困境的产生，有待于日后的完善和改进。

二、第三人撤销之诉原告认定的完善路径

（一）适当扩大原有适格主体的范围

目前我国第三人撤销之诉的适格主体认定主要是来自《民事诉讼法》和《民诉解释》的规定，主体范围限定在两类第三人。我国的立法规定在内容方面不同于我国台湾地区和法国的相关规定，虽然具有新颖独特的特点，但是在一方面其并没有明确诉讼第三人和案外第三人的区别，这样就会造成大量利益受到损害的案外第三人不在范围之内，实际上这是缩小了第三人撤销之诉的原告范围。笔者认为，对于起诉主体的认定可以借鉴法国和我国台湾地区的经验，我们可以调整起诉主体的条文规定，通过将第三人撤销之诉独立为一个条文，改变原有的起诉主体的概念，将其界定为“任何利益受原裁判损害的案外第三人”。这样可以突破有独立请求权的第三人和无独立请求权的第三人的限制，进而扩大适格原告的范围，使原来不在主体范围内的案外第三人获得有效的司法救济。

（二）明确普通债权人提起诉讼的资格

我国第三人撤销之诉的司法实践中，对于普通债权人提起的维护自己债权的第三人撤销之诉，大多是以原告并非《民事诉讼法》或者《民诉解释》规定的两类第三人而驳回诉讼。法院之所以这样做，一方面来自法条的规定，认为普通债权人并非前面条文规定的适格主体。而另一方面则是体现判决的稳定性，维护生效裁判的既判力。虽然采取这种实践方式有效地防止了第三人撤销之诉的增多，甚至有效地杜绝了“诉讼爆炸”的发生，但是这样做却不能维护大多数普通债权人的正当利益。如果虚假诉讼或者恶意诉讼发生，普通债权人的正当权益会因为司法实践对于主体的严格认定而无法得到保护，第三人撤销之诉的立法目的并不能很好地实现。正是这种情况，笔者认为目前社会经济条件日渐复杂，对普通债权人的保护相对缺乏，将该类案外人排除显然不利于第三人撤销之诉的运用和发展。

为了防止普通债权人这种适格原告资格被剥夺，最好的解决方式应该是明确第三人撤销之诉中普通债权人的起诉条件。第一，普通债权人在提起第三人撤销之诉之前需要证明其与债务人即原判决当事人之间存在合法的债权债务关系，并且这种债务的清偿期已经届满。第二，普通债权人需要对债务人和第三人提起的诉讼是虚假诉讼或者恶意诉讼承担举证责任，这种举证的证据应当初步证明普通债权人的主张即可，无须对其主张进行具体地证明。这种方式既合理地明确了普通债权人的举证责任，并没有加重其在诉讼中的负担，又避免了诉讼数量的过度激增，可以说这种方式是判断虚

假诉讼或者恶意诉讼的最为合适的方式。第三，普通债权人的正当利益因为他人的虚假诉讼或恶意诉讼受到损害。普通债权人对其受到的损害，同样应该承担相应的证明责任。法院不能过分要求原告承担过重的举证责任，或者对原告提出的存在虚假诉讼的请求进行过分严苛地判断，这样才能合法且合理地认定第三人撤销之诉的原告，将第三人撤销之诉这项制度更好地运用于司法实践，以维护社会的和谐稳定与良性发展。

（三）明确对适格主体具有的“利害关系”的认定

第三人撤销之诉的司法实践中，困扰法院最多的就是“利害关系”的认定，也就是判断案外人与裁判结果是否具有关联，这直接决定案外人是否能够以无独立请求权的第三人提起诉讼。[1]法院驳回起诉人的第三人撤销之诉起诉请求大多以不具有法律上的利害关系作为理由，但是对于利害关系的判断并没有统一的认定标准，这是造成法院裁量标准不一的缘由。目前对于这一问题的学理解释认为，第三人参与的法律关系须与当事人之间争议的法律关系存在牵连。司法实践认为此种牵连关系存在若干情形，比如第三人在原诉讼中有可能被直接判令承担民事责任。又如原诉讼的裁判结果与第三人参加的后诉之间具有先决关系，第三人参加的后诉要以原诉讼的裁判结果作为基础和依据。笔者认为，针对利害关系的认定，原案件的判决结果必须会对第三人的权利义务产生影响，两个案件必须存在牵连关系。对于此种牵连关系，我们可以借鉴日本学者新堂幸司关于“争点效”的观点。[2]他认为，如果前一个诉存在一个主要争点，而法院对这个争议焦点进行审判，后一个诉讼的争议焦点需以前一个诉的争点判断作为先决条件，则前一个诉的争点的判断具有一种称为“争点效”的通用力。我们可以将此观点运用到利害关系的判断，如果两个诉讼的争议焦点存在着因果关系，那么两个诉就具有牵连，可以推定具有因果关系。笔者相信，通过将这种利害关系更为精细的界定，对于利害关系的认定会更加的科学和合理，这样可以减少社会对第三人撤销之诉的争议，有利于这项制度在我国更好地发展壮大。

三、结语

第三人撤销之诉的设立在我国民事司法制度改革中具有里程碑式的意义，它的设立符合我国司法发展现状，对于遏制虚假诉讼和恶意诉讼的增多起到了明显的效果。但是凡是新生的制度必有其需要改进和变革的东西，对于第三人撤销之诉原告的认定就是其中之一。

本研究首先分析我国第三人撤销之诉原告认定的困境，从司法困境和理论困境两个方面进行阐述，从中可以看到我国第三人撤销之诉因主体范围较窄难以广泛地适用。

[1] 孙其琛．我国第三人撤销之诉原告适格问题浅探［J］．德州学院学报，2016（3）.

[2] 秦中瑜．我国第三人撤销之诉的制度完善研究［D］．西安：西北大学，2018.

接下来通过论述我国台湾地区和法国关于第三人撤销之诉主体的规定，与我国的制度进行对比，提出我国主体范围应该扩大化的改进意见。最后从适格主体、普通债权人和利害关系三个方面提出了完善意见。本研究希望通过借鉴其他国家和地区的立法和理论经验，适当扩充我国第三人撤销之诉的主体范围，通过改革使这种制度得到完善和发展，真正为我国民事司法的进步做出贡献。

【参考文献】

[1] 张卫平.第三人撤销判决制度的分析与评估［J］.比较法研究，2012（5）.

[2] 崔玲玲.民事诉讼中第三人利益保护之法理探析［J］.西北大学学报（哲学社会科学版），2016（4）.

[3] 潘剑锋，韩静茹.第三人撤销之诉的性质定位与关系探究［J］.山东社会科学，2015（7）.

[4] 张兴美.第三人撤销之诉原告适格问题研究［J］.法学杂志，2016（6）.

[5] 张卫平.中国第三人撤销之诉的制度构成与适用［J］.中外法学，2013（1）.

[6] 曾一珉，李卫国.关于第三人撤销之诉的立法背景及适用条件研究［J］.开封教育学院学报，2017（3）.

[7] 江伟，肖建国.民事诉讼法［M］.北京：中国人民大学出版社，2013.

[8] 巢志雄.法国第三人撤销之诉研究——兼与我国新《民事诉讼法》第 56 条第 3 款比较［J］.现代法学，2013（3）.

[9] 姚慧，汪汉斌.第三人撤销之诉制度的完善——基于第三人撤销之诉与本诉关系的探讨［J］.天津法学，2015（2）.

[10] 李卫国，林致仰.我国第三人撤销之诉的制度构成与立法完善［J］.贵州大学学报（社会科学版），2018（6）.

[11] 张卫平.民事诉讼法［M］.北京：法律出版社，2016.

[12] 王合静.论第三人权益之程序救济——兼论第三人撤销之诉制度的完善［J］.河南财经政法大学学报，2014（6）.

[13] 阚道祥.案外人救济机制竞合问题研究——以我国新《民事诉讼法》施行为背景［J］.太原大学学报，2013，14（3）.

● 论混合所有制改革中国有资产流失状况、原因及法律治理

罗国红

（贵州黔坤律师事务所　贵州　贵阳　550081）

摘要：《中共中央关于全面深化改革若干重大问题的决定》通过后，助推了国有企业混合所有制改革并使之成为新一轮改革的重要突破口。我国企业所有制结构及股权结构开始逐渐更多地由市场来决定，国有企业改革的节奏明显加快，现代企业制度得到了进一步完善，公司治理结构也开始逐渐趋于规范，大多数试点企业已从计划经济体制附属的传统国有企业，转变为市场经济体制下的独立自主经营市场主体，改革取得了明显成效。然不容忽视的是我国混合所有制改革的探索总体上效果不佳，其重要的因素是在改革进程中存在较严重的国有资产流失，对我国的经济发展有着各种不利的影响，既严重损侵害了人民的利益，又大力阻碍国有企业混合所有制改革。改革新阶段，不仅要加快混合所有制改革进程和及时总结改革经验，而且要探索以新的法治手段来解决国有资产流失问题。

关键词：国有资产流失；流失原因；防范对策

2013年11月12日，中国共产党第十八届中央委员会第三次全体会议通过《中共中央关于全面深化改革若干重大问题的决定》。国有企业混合所有制改革成了新一轮改革的重要突破口，我国企业所有制结构及股权结构开始逐渐更多地由市场来决定。在2016年年末的中央经济工作会议中，作为国企改革重要突破口的提出，更是使得我国国有企业改革的节奏明显加快。目前，在多方共同努力之下，我国现代企业制度得到了进一步完善，公司治理结构也开始逐渐趋于规范，大多数试点企业已从计划经济体制附属的传统国有企业，转变为市场经济体制下的独立自主经营市场主体，无疑多次的改革取得了明显成效。但是不容忽视的是我国混合所有制改革的探索总体上来说效果不佳，其中一个重要的问题就是在改革进行的过程中存在着较为严重的国有资产流失。在我国的市场经济中，国有资产有着重要的地位，国有资产的流失对我国的经济发展有着各种不利的影响，既阻碍社会发展又损害了人民的利益，在目前的混合所有

作者简介：罗国红（1981—），男，汉族，贵州遵义人，贵州黔坤律师事务所律师，研究方向为民商法。

制改革中存在的国有资产流失的风险严重影响了国有企业混合所有制改革的成效。在进入改革新阶段的当下，除了加快改革进程更应该对以往和当前的改革进行经验教训的总结，以新的法律形式进行分析和研究，为妥善处理和解决混合所有制改革中的国有资产流失问题，本研究就此提出了一些粗浅建议，以期学界匡正。

一、研究背景及意义

（一）背景

自改革开放以来，民营企业发展势头良好遍地开花，伴随而来的市场竞争也日趋激烈，国有企业为了提升竞争能力和活力，更好地适应当前社会主义市场经济的发展进程，国家对国有企业的改革进行探索和完善也在持续进行。在党的十八届三中全会上提出了深化国有企业改革的要求，新一轮国企改革的重要突破口便是混合所有制改革。国有企业改革的目的是实现国有资产的增值保值，然而在实践过程中由于法律制度不健全，现代企业制度在国有企业的运用中不完善，在进行混合所有制改革的过程中存在许多争议和问题，使得国有企业效益降低，还伴随着大量的国有资产流失方面的风险。因此，在对国有企业进行混合所有制改革的进程中，国有资产的流失问题更应该引起我们的重视，对防止国有资产的流失的研究也有待深入。在新一轮混合所有制改革的特定背景下，本研究分析在国有企业混合所有制改革过程中存在国有资产流失的原因，并且通过对国外混合所有制改革理论成果的研究，根据目前混合所有制改革现状对混合所有制改革中的国有资产流失问题予以防范对策。

（二）意义

国有企业承担着更多的社会职能，混合所有制改革对市场经济的良性发展影响不言而喻，在我国经济结构中国有资产也具有重要的作用，党的十八届三中全会上，通过规范性文件的形式部署了国有资产“全面深化改革”的战略，并提出了“完善国有资产监管体制”的要求，其重要性可见一斑，对混合所有制改革过程中的国有资产流失问题进行研究具有以下理论和现实意义。

1. 理论意义

目前我国对于国有资产的流失所进行的研究比较丰富，但是多数为报纸、杂志等类文章，出版书目寥寥无几，缺乏系统性的研究，结合国有企业混合所有制改革这一特定背景进行研究的文献较少。本研究结合经济学等相关理论对混合所有制的内涵和模式进行探究，分析国有资产流失的原因，对混合所有制改革及国有资产流失问题的理论研究进行了丰富的同时，为相关政策和法律法规的出台提供理论依据。

2. 现实意义

在改革过程中的国有资产流失一方面危害国民利益，另一方面阻碍了国有企业的发展，对国有资产流失的防范迫在眉睫。对混合所有制改革模式进行分析，寻找存在问题的环节才能提出有效的现实防范措施，结合改革背景对国有资产流失的法律问题进行分析，同时也能促进我国相关立法的完善及国有资产监管体系完善，为政府在制定国有企业改革决策时提供依据。

二、国有企业混合所有制改革概述

（一）混合所有制的内涵

混合所有制经济是指通过制度设定，实现统筹不同经济所有制的生产或经营❶。其内涵具体可以分为广义和狭义两种，在广义上是从所有制构成上来看，既有公有经济也有非公有制经济以及集体成分的合资、合作经济所构成的所有制结构；在狭义上是指不同所有制性质的投资主体共同出资组成的企业。❷本研究中混合所有制改革中的混合所有制即为狭义上的国企混合所有制改革。

（二）混合所有制改革的历程

首先，萌芽阶段。时间为1984—1992年，在这段时期内我国开始重新定位国家和国有企业之家的权责和利益关系，在增加国有企业自主权上采取了扩权让利的方式，1984年开始推行的国有中小企业股份制试点是混合所有制的萌芽，虽然没有改变国有企业所有权，但股份制试点方面的举措也产生了广泛的影响。这一时期开始慢慢出现私营、个体、外资、合作、合资等不同种类的非公有经济组成部分。❸1992年在党的十四大上还对不同经济成分之间的联合经营形式进行了肯定。

其次，探索阶段。时间为1993—2001年，在这段时期内国有企业由于不适应市场大环境，出现了机制不适应、结构不合理等各种问题，用“抓大放小”的原则属性政策性关闭破产并积极贯彻改革方针，1997年在党的十五大上第一次准确地提出了混合所有制的概念❹，依靠中央的推动和在全国范围的实践，在没有经验借鉴的这段时期完成了在混合所有制改革上的积极探索。

最后，发展壮大阶段。时间为2002年至今，2002年在党的十六大上提出要健全现代产权制度❺，明确了国有企业混合所有制改革的目标，2007年党的十七大报告提出要发展混合所有制经济。混合所有制上升到全新地位高度是在2013年党的十八届三中全会上，国有企业改革进入了新一轮改革阶段，混合所有制改革成为国企改革的重心。❻

---

❶ 程志强．国有企业改革和混合所有制经济发展［M］．北京：人民日报出版社，2016：1.

❷ 余菁．“混合所有制”的学术论争及其路径找寻［J］．改革，2014（11）．

❸ 大成企业研究院课题组．深化国有企业改革发展混合所有制经济［J］．经济研究参考，2015（25）．

❹ 中共中央文献研究室．十五大以来重要文献选编（上）［M］．北京：中央文献出版社，2011：18.

❺《中共中央关于完善社会主义市场经济体制若干问题的决定》第2条。

❻《中共中央关于全面深化改革若干重大问题的决定》第2条。

近期国务院国资委等多个部门又联合下发的《关于深化混合所有制改革试点若干政策的意见》，也对央企在混合所有制改革时行之有效的改革路径进行了积极探寻，目前“双百行动”也在积极地进行之中，由国务院选取的 404 家试点企业在混合所有制改革中都已经初见成效。

三、混合所有制改革中国有资产流失的现状

（一）国有资产的含义

国有资产从字面意思上看即为国家所有的财产，但是目前我国在法律上并没有对其含义进行界定，因此学界对国有资产概念有着不同的理解。广义上来说是以国家为单位，一切可以通过投资收益、授予馈赠或通过行使国家权力取得的财产及相关权利的总和，包括资源资产、经营资产和公益资产。狭义上国家所拥有的以营利为目的的那部分经营性资产，包括企业、行政事业单位和投入生产经营的各类国家资产。[1]在本研究中所提到的国有资产指的是狭义上的经营性资本和权益。

（二）国有资产流失的内涵

从法学角度上说，国有资产流失是指涉及国有资产的出资、管理和经营的人员，由于主观上的故意或过失，违反国家有关国有资产的法律法规，造成国有资产的损失或处于流失的危险状态中。[2]法学意义上的国有资产流失是由非法行为所导致的，对混合所有制改革过程中的国有资产流失进行界定时，一般普遍认为需要具备两个要素，一个是特定的流向，另一个是资产及其权益的被侵占性。[3]如果是国产主体之间的流转则不属于流失，国有资产转让到非国有主体时存在合理补偿也不属于流失，此类正常市场价值的变动或经营活动以及意外导致的国有资产贬损也不属于资产流失。综上所述，国有资产的流失具备以下几点特征：一是行使主体为出资人主管机关、经营者和管理人员；二是国有主体资本流向非国有主体；三是最终造成了国有资产的损失或处于流失的危险状态。在发展混合所有制经济的背景下，应该对由于缺乏监督和改革不彻底造成的国有资产流失进行防范。[4]

（三）混合所有制改革中国有资产流失的形式

综合来说，我国目前混合所有制改革中的资产流失的形式可以被分为两种，一种

[1] 陈少晖，廖添土．国有资产管理——制度变迁与改革模式［M］．北京：社会科学文献出版社，2010：36-40.

[2] 顾功耘．国有资产法论［M］．北京：北京大学出版社，2010：343.

[3] 丁天舒．我国国有资产流失的经济学分析及治理［D］．长春：吉林大学，2008：7-9.

[4] 2015 年国务院公布的《关于国有企业发展混合所有制经济的意见》。

是发生在产权交易环节中的资产流失，诸如资产评估不当和缺乏定价机制等；另一种是在非交易环节的体制性流失，诸如决策机制、股权结构与等制度上存在问题所导致的流失。

1. 交易性流失

我国在混合所有制改革中的常用模式是民营企业参股或国有企业参与到民营企业中，如转让与国有资产和收购非国有资产，在这些过程中存在着大量的资产交易活动，而国有资产的流失往往就发生在交易环节，具体有以下两种情形。

（1）低估国有资产价值。

我国《企业国有资产法》规定国有企业发生形式上的重大变更或重大财产转让交易时应对相应的资产进行评估❶，但是事实上在混合所有制改革的过程中，采取引进民营资本、并购重组等资产交易活动中，由于资产定价机制不完善，加上很多企业都在改革中过于心急导致对定价评估这一块存在忽视，为了赶进度、图便利甚至未经评估或串通评估机构就对国有资产进行低价贱卖，其中最容易被低估价值的就是土地、国有股和无形资产等。

（2）高估非国有资产价值。

在引进非国有资本进行股权多元化改革中也存在着资产流失的风险，除了在评估技术上的不足还存在着两种风险。一种是民营企业的诚信问题，在引用民营企业资本时会出现虚报、隐瞒资产的情况，有时国有企业还会收购到民营企业已经严重亏损的资产。另一种是在利益输送方面的风险，在引进非国有资本的实践中往往会出现为了谋取私利，存在和资产评估机构串通抬高民营资本的价值的现象，使得国有资产大量流失。

上述国有资产的价值低估和非国有资产的价值高估都会造成国有资产的流失，但是如前文所述对国有资产流失的界定是由非法行为所导致的，受到市场供求关系的影响或是为了实现特定的社会经济目标等一些正常的市场价值变动，虽然在表面上看起来是国有资产被低价收购或非国有资产被高价收购，但并不属于国有资产的流失。❷

2. 体制性流失

除了交易环节的国有资产流失，在非交易环节也存在着基于决策机制、股权结构和表决机制所造成的体制性国有资产流失。

（1）基于决策机制的流失。

企业管理人员在做出决策或批准企业重大事项时，如果没有经过民主决策和相应

❶《中华人民共和国企业国有资产法》第四十七条：国有企业在进行合并、分立、改制、转让重大财产，以非货币财产对外投资，清算或者有法律、行政法规以及企业章程规定应当进行资产评估的其他情形的，应当按照规定对有关资产进行评估。

❷ 白永秀，严汉平. 走出国有企业退出中国有资产流失的误区［J］. 福建论坛（人文社会科学版），2015（2）.

的批报程序，出现决策失误就会造成国有资产的流失。而这种情形的流失则主要是两个相对的原因造成的，一个是为了促进完成改革任务，管理人员未进行有效的考察就盲目地开始进行项目投资，在不了解民营企业的经营状况和信誉就进行资本收购，加上也没有严格审查进行资产评估的评估机构，从而造成了国有资产的流失；另一个是在改革过程中犹豫不决，管理人员或是拖延或是放不开手推进改革，因而使得国有资产被闲置错过增值保值机会，这种不彻底的改革也会造成国有资产的流失。

（2）基于股权结构和表决机制的流失。

国有企业根据国有资本的占股比例可以分为国有独资企业和国有独资公司、国有资本控股公司、国有资本参股公司。[1] 由于国有出资占比和企业经营目的不同，国有控股和国有参股在国有资产流失方面的风险也不同。对于国有控股企业来说，更多的是用企业收益来承担社会责任，在经营上不仅有经济效益目的，更需要兼顾社会效益。国有资本占 50% 以上的为国有绝对控股企业，低于 50% 则为国有相对控股企业。[2] 在国有资本拥有绝对表决权的企业，如果在经营和决策时没有有效的监管，受股东一致影响的表决结果一旦出现失误就会导致极大的损失；而在其他经济成分占比相加大于国有资本的相对控股企业中，存在着其他经济成分股东的联合限制导致最终决策对国有资产的侵犯，国有资本占比越低就越容易存在其他经济股东利用国有资本谋利的风险。对于国有参股企业来说，其经营目的以经济效益为主，更追求实现国有资产的增值保值，由于民营资本的占比高因此享有绝对表决权，在出现利益取舍时为了追求最大化的利益所做出的表决往往都会牺牲国有资本。

四、混合所有制改革中国有资产流失的法律原因

（一）资产评估管理制度缺乏可行性

2016 年我国正式实施了《中华人民共和国资产评估法》，但是其中对土地资产、无形资产和评估机构的规定并不完善。[3] 混合所有制改革中土地资产常因为产权界定制度不完善而导致漏评或无法评估，并且由于产权不明晰对其的评估结果也无法保证准确和客观，土地资产产权存在争议则导致民营企业不愿投资或者容易被企业领导人转移和侵吞。在无形资产方面，虽然《中华人民共和国公司法》中规定无形资产也可以作为出资方式，但是在混合所有制改革中由于缺乏对无形资产的评估标准，对于无形资产的转让都少有涉及，价值无形资产评估有着很高的专业和技术要求，因此在改革中的价值最容易被忽视。最后关于资产评估中介机构也缺乏细化的制度，由于缺乏对

[1] 《中华人民共和国企业国有资产法》第五条：本法所称国家出资企业，是指国家出资的国有独资企业、国有独资公司，以及国有资本控股公司、国有资本参股公司。

[2] 国家统计局《关于对国有公司企业认定意见的函》（国统函〔2003〕44 号）。

[3] 顾功耘. 国有资产法论［M］. 北京：北京大学出版社，2010：58.

资产评估监督以及对评估中的违法行为进行制裁的法律依据，在实践中存在着许多管理人和评估机构串通造成国有资产流失的情况。

（二）国有企业法人治理结构存在问题

在企业法人结构中，股东会、董事会、监事会和经理层作为四个互相独立存在的机构，应该通过分工协作和分权制衡来保障企业的健康运行，但是在混合所有制改革中很多企业法人结构却是处于失衡状态的。在股权高度集中的国有绝对控股企业中，会使得一股独大的决策缺乏监督；反之在其他经济成分资产占比总和高的国有相对控股和国有参股企业，又会出现损害国有资产的决策。目前国有企业的领导人多由上级任命，监事会更是没有发挥有效的监督职能，为了实现建立现代企业制度的目标，必须建立更完善的法人治理结构

（三）缺乏规范员工持股的法律制度

员工持股主要是为了统一所有者和雇员的角色，使得员工与企业共进退、更关心企业效益，但是多年前员工持股导致的国有资产流失的案例也不得不重视。党的十五届四中全会后大量的员工持股带来了不规范的管理层收购，对于资本市场秩序产生了消极影响。员工持股经过几番波折如今作为企业完善激励机制的手段重新回归，但是仍然存在着造成国有资产流失的风险。我国目前在原则上是鼓励员工持股，但是却没有在法律上确立员工持股制度，对持股员工的资质、可持有股份数量和平台管理都没有统一的法律规范，在推行员工持股中出现企业内部股权结构的不合理。事件中存在着低价转让或无偿赠予股权给员工以及以员工持股为名违规回购的现象，造成了国有资产的严重流失。对于员工持股亟待一个科学的制度和法律的规范来进行保障。

五、解决混合所有制改革中防范国有资产流失的法律对策

混合所有制改革的过程中为了更好地防范国有资产流失，必须做到对相关法律制度进行全面梳理，让改革的每个环节有法可依。习近平总书记提出改革的关键在于“细则”和“公开透明”[1]，细则是指针对改革需要有更具体的措施和规则来为改革提供法律保障，公开透明是指要保障各个主体对细则的制定以及改革的过程有知情权和参与权。结合上文中所提到的国有资产流失的法律问题，应该从国有资产评估管理、员工持股以及国有资产监管等几个方面进行完善。

（一）完善国有资产评估管理法律体系

首先，完善土地资产评估制度。为了避免权属争议进行有效评估，必须确定土地

[1] 央广网．习近平：发展混合所有制经济关键在细则［EB/OL］．（2014-03-10）［2014-03-10］．http：//finance.cnr.cn/txcj/201403/t20140310_515036256.shtml.

资产的产权所有和国企对其享有的权利，在实践中国有企业对于土地资产缺乏保护意识，很多土地资产由于企业账目的记载缺失被管理者和评估机构串通侵吞，为了防止由于权属争议造成的国有企业土地资产由权力不明或企业享有权利不明而造成的土地资产流失。首先要对土地资产进行产权界定，进而制定土地资产登记制度来对土地资产进行及时的评估并计入相应账目；其次在对土地资产的评估方面，我国常用的方法是委托土地评估机构来进行，但是评估机构容易受到领导人的干预并不是完全独立进行。因此在评估结果上与市场实际价格相差较大的情况时有出现，应该对评估活动进行有效的监管来保障评估结果的客观性。

其次，完善无形资产管理制度。目前我国已颁布的法律在一般意义上对国有资产进行了规范，但是并没有对无形资产进行规定的条文，这主要是因为目前改革中对于无形资产的管理还处在探索阶段，立法是一个涉及面广并且要求极高的过程，目前关于无形资产管理相关立法的条件尚不成熟，但是在混合所有制改革中还是需要确立国有无形资产的内涵以及评估要求，在当前可以通过有关部门出台管理办法的方式来确立统一标准，同时也应该对《中华人民共和国商标法》等涉及无形资产的相关法律进行完善，来减少国有无形资产流失风险。

最后，完善资产评估中介机构的管理制度。目前我国对于评估机构的规范较为混乱，存在着多头监管的情况，在混合所有制改革涉及资产评估环节时由于评估机构的问题就容易造成国有资产的流失。一是在国有企业资产评估的管理办法中除了明确评估机构主体，还应该对评估行为和程序进行规范，以防止与评估机构之间串通转移国有资产的现象；二是在评估机构的自理要求上国有资产的评估应该有更高的标准，《中华人民共和国国有资产法》颁布后我国采取了公开选聘的方式，但是在各地制定的办法中应该对评估机构的资格、招标程序等资料的公开进一步完善，以保障评估机构的评估结果能够客观地反映真实资产价值及其未来收益；三是对于资产评估中介机构以及从业人员的职业要求也应该在法律上进行完善，明确评估机构的权责并对违法操作的机构进行追责和取消评估资格。

（二）完善员工持股法律制度

员工持股是为了提高员工的积极性以促进企业效益提高的方式，但是在混合所有制改革中对于员工持股缺乏对其进行保障和约束的法律法规，虽然目前出台员工持股法的条件尚不成熟，但是可以先由国务院出台暂行条例来进行统一规定，防止在混合所有制改革中由于员工持股占比过高而造成的国有资产流失。在相关法律法规中应当根据企业的不同性质来制定相应的持股比例，在激励员工优化股权的同时，也要对购买企业股份的员工资格以及购买价格进行规定，防止国有股份的低价转让。2016 年国资委、财政部和证监会联合下发的《关于国有控股混合所有制企业开展员工持股试点的意见》对员工持股的条件、管理等进行了合理的规定，但是综合来说仅适用于国有控股企业，并且在部分内容上也需要细化，对于持股员工资格、比例、总量以及出资、持股方式以及平台的监管都应该有更完备的规范。

（三）完善国有资产监管法律制度

首先，完善信息公开制度。在完善现代企业制度中将企业经营信息进行公开是一种重要的措施，可以保障社会公众的知情权更好的实现外部监督。❶在混合所有制改革中及时的额进行信息公开能更好地实现对民营资本的引进提高改革的效率。目前我国缺乏对国有企业信息公开的相关规范，如果出现故意隐瞒企业信息的行为就容易造成国有资产的流失。首先应该根据行业性质对应该进行公开的内容进行规定，对公开信息和保密信息进行区分。此外对于故意隐瞒企业信息的行为要有严格的问责机制，通过加大违法成本来对企业信息公开进行督促。

其次，完善外部监督。根据规定国有企业的经营活动要接受政府及相关部门以及社会公众的监督。目前国资委是从事国有资产监管的专门机构，但是国资委目前资产、人与事三位一体的监管存在着一定的隐患，应该将出资权和监管权相分离。对于国资委应监管的事项应该进行科学的规划和调整，要从行政化管理转变为公司化章程的监管。其次是社会公众的监督应该加强，既是为了保障社会公众的知情权，更是为了通过调动其积极性建立一个有序的监督体系。

最后，完善国有资产流失的民事诉讼机制。要激励监察机关和股东为保护国有资产积极行使诉讼权；另外为了防止诉权滥用也要对责任主体进行明确，对诉讼权利的使用进行规范。具体来说可以将由于造成资产流失而承担的赔偿款用来补贴股东的诉讼费用，也可以通过追究怠于行使诉讼权进行救济的主体的法律责任，以此来督促国资委及时地对国有资产流失案件行使诉讼权。❷在防止诉权滥用方面，国有资产流失的民事诉讼可以由检察机关也可以由股东代表诉讼，因此应该对股东代表诉讼的前置程序进行完善，更要对恶意诉讼的主体追究法律责任。

六、结语

混合所有制改革作为系统性很强的工作，在推进的过程中必然会遭遇到较多的障碍，作为当下的热点问题无论从经济学、管理学等角度进行研究都具有一定的理论意义，本研究从法律角度对混合所有制改革中的关于国有资产流失的相关问题进行了探

---

❶ 郭媛媛．公开与透明——国有大企业信息披露制度研究［M］．北京：经济管理出版社，2012：128.

❷ 最高人民检察院《关于检察公益诉讼案件适用法律若干问题的解释》第二十一条：人民检察院在履行职责中发现生态环境和资源保护、食品药品安全、国有财产保护、国有土地使用权出让等领域负有监督管理职责的行政机关违法行使职权或者不作为，致使国家利益或者社会公共利益受到侵害的，应当向行政机关提出检察建议，督促其依法履行职责。行政机关应当在收到检察建议书之日起两个月内依法履行职责，并书面回复人民检察院。出现国家利益或者社会公共利益损害继续扩大等紧急情形的，行政机关应当在十五日内书面回复。行政机关不依法履行职责的，人民检察院依法向人民法院提起诉讼。

究。在党的十九大上就提到完善国有资产监管的法律制度，近年来国有资产的流失现象也频频出现。对于正处于经济增长放缓和社会结构转型的关键时期，为了保持经济发展活力，避免国有资产流失对我国经济带来的不良影响，必须在法律层面上对国有资产流失相关问题进行防范。本研究从明确混合所有制改革和国有资产流失的内涵的界定，来分析改革过程中国有资产流失的特殊性。根据国有资产流失的形式来探究造成流失的法律原因，结合此前混合所有制改革中的制度和监管体系进行分析，从法律和监管体系层面对如何防止混合所有制改革过程中的国有资产流失提出相应的建议。在研究过程中具体的改革方案相关资料难以收集，对国有企业实际运营以及内部管理了解有限。笔者的学术水平有限，希望日后随着改革的进一步深入以及理论知识的丰富能够突破当下的研究局限，在今后的学习中将继续保持对国有资产相关法律制度的关注。

人口·社会·法制研究

RENKOU SHEHUI FAZHI
YANJIU

2019—2020年（下）

主　编◎杨军昌
副主编◎郑姝霞　申　鹏　廖　艳　方　印

知识产权出版社
全国百佳图书出版单位
—北京—

图书在版编目（CIP）数据

人口·社会·法制研究. 2019-2020年. 下 / 杨军昌主编. —北京：知识产权出版社，2022.3

ISBN 978-7-5130-7909-9

Ⅰ. ①人… Ⅱ. ①杨… Ⅲ. ①社会科学—文集 Ⅳ. ① C53

中国版本图书馆 CIP 数据核字 (2021) 第 242645 号

内容提要

本书为贵州省高校人文社会科学研究基地——贵州大学人口·社会·法制研究中心连续性学术集刊《人口·社会·法制研究》2019—2020年（上、下），所载论文涉及人口、社会、法制、民族、文化等多个方面，既有宏观研究，也有微观分析，既有理论探讨，也有实证剖析，均主题鲜明，中心突出，资料翔实，论从据出，具有一定的学术与实践参考价值。

本书适合人口学、社会学、法学、民族学等专业及相关领域研究人员阅读。

责任编辑：王　辉　　　　**责任印制：**孙婷婷

人口·社会·法制研究 2019—2020年（下）

杨军昌　主　编

郑姝霞　申　鹏　廖　艳　方　印　副主编

出版发行：	知识产权出版社有限责任公司	**网　　址：**	http: //www. ipph. cn
电　　话：	010-82004826		http: //www.laichushu.com
社　　址：	北京市海淀区气象路50号院	**邮　　编：**	100081
责编电话：	010-82000860转8381	**责编邮箱：**	laichushu@cnipr.com
发行电话：	010-82000860转8101	**发行传真：**	010-82000893
印　　刷：	北京中献拓方科技发展有限公司	**经　　销：**	新华书店及相关销售网点
开　　本：	720 mm × 1000 mm　1/16	**总 印 张：**	31.875
版　　次：	2022年3月第1版	**印　　次：**	2022年3月第1次印刷
总 字 数：	680千字	**定　　价：**	168.00元（全两册）

ISBN 978-7-5130-7909-9

目 录

民族文化

民族经济

史志及其他

民族文化

● 生产性保护视域下的国家级非遗苗族芦笙舞的传承与创新发展问题研究

——以“东方探戈”苗族“长衫龙”为研究对象

王泽良

（中共贵定县委党校）

摘　要：贵定长衫龙，2006年第一批国家级非物质文化遗产（属第四类41项民间舞蹈之一）之一，是苗族所独有的一种芦笙舞蹈，主要流传区域为贵州苗岭主峰北峰阳宝山东面的皇龙山麓一带，流传至今已有1000多年的历史。其粗犷、豪放的力量之美和节奏之美，向世界展现苗族歌舞的博大精深和无穷魅力、悠久的历史文化底蕴，民族风味颇为浓郁，彰显了中国民族舞蹈的无穷魅力，被国内外艺术界专家誉为“东方探戈”。

独具特色的长衫龙舞蹈是贵定历史的积淀、民族的足迹，是贵定历史文化的“根”和“魂”，是民族之间经济和文化交流的重要通道，是增进民族团结和推动文化繁荣不可多得的优势资源。

关键词：“长衫龙”；优势资源；当代价值

贵定县位于云贵高原东部、贵州省中部，隶属黔南布依族苗族自治州，总面积1631平方千米，总人口30万人，布依族、苗族等少数民族占53.57%。近年来，在国家政策扶持下，贵定交通条件得到有力改善，至今已具有“六铁四高一航空”［六铁即湘黔、株六、黔桂、贵广、沪昆、贵南（在建）铁路，“四高”即贵新高等级公路、厦蓉高速公路、都香高速公路（在建）、贵黄高速公路（在建），一航空即龙洞堡机场］的便捷交通网络，是黔中经济区的重要节点城市，是西南地区重要的交通枢纽，更是连接南昆经济带、成渝经济带、“泛长三角”“泛珠三角”的经济合作区、中国—东盟自由贸易区的重要交通枢纽，素有“黔中重镇”和“贵阳门户”之称。这里冬无严寒，夏无酷暑，森林覆盖率64.8%，是贵州省首批“全国森林旅游示范县”；境内水资源丰富，气候宜人，民族风情浓郁，多彩贵定独具魅力。

作者简介：王泽良（1970—），男，汉族，贵州贵定人，就职于贵州省黔南布依族苗族自治州贵定县委党校。研究方向为地方党史。

位于贵州省贵定县德新镇新铺四寨村大谷撒寨的“鼓龙鼓虎－长衫龙”芦笙舞蹈，于2006年被国务院确定为我国首批非物质文化遗产名录之一，成为贵定历史的见证和中华文化的重要载体，蕴含着中华民族特有的精神价值、思维方式、想象力和文化意识，体现着中华民族的生命力和创造力。保护和利用好这一非物质文化遗产，挖掘其当代价值，对于继承和发扬民族优秀文化传统、增进民族团结、增强民族自信心和凝聚力、促进精神文明建设、弘扬社会主义核心价值观都具有重要而深远的意义。

一、“鼓龙鼓虎－长衫龙”的历史渊源

苗族是一个历史悠久、文化灿烂的古老民族，为缔造伟大的中华文明做出了杰出的贡献。苗族是中国百万以上人口的少数民族之一，其人口数量在我国56个民族中位居第五，主要分布在贵州、云南、湖南、湖北、广西、四川、海南等地，而半数以上的苗族都聚居贵州。鼓龙鼓虎长衫龙诞生的摇篮，就在贵州省贵定县德新镇一个苗族村寨——大谷撒寨。

（一）“长衫龙”在宋代为纪念苗族英雄而舞

长衫龙舞蹈历史悠久，传承至今已有千年以上。在《贵阳府志·贵定县志稿》中记载，在隋朝时期，贵定新铺长衫龙始作为建县庆典舞蹈。明末清初时人熊大木著《大宋中兴通俗史话》中附有记载：贵州苗民首领蛮龙，因“面如锅底而有光芒”世称“黑蛮龙”。他曾跟随民族英雄岳飞抗击金兵而累立战功，被封为“龙虎将军”。后来岳飞被奸臣诬害下狱，黑蛮龙愤然弃官回到贵州［当时属黔中郡。后分属湖广、四川、云南，还没建省，至明永乐十一年（1413）建立贵州省］，后得知岳飞父子在风波亭死讯，悲伤过度绝食而亡；苗族同胞为了纪念黑蛮龙，便于北宋徽宗宣和年间修建黑神庙祭祀他，称为黑神，并以芦笙舞为祭祀之舞，因黑蛮龙曾受封为龙虎将军，此舞便被称为“鼓龙鼓虎－长衫龙”。到清朝顺治年间，文学家钱彩编著古典小说《说岳全传》时亦将黑蛮龙之事写入书中（又称《精忠岳传》《精忠报国传》等名）。

黑蛮龙作为贵州苗族领袖之一，不仅是苗族同胞的骄傲（苗族称黑蛮龙为先辈老祖公），更是贵州人的骄傲。在今贵定县古城旧治尚有黑神庙一座，德新镇新铺的黑神庙早已被毁，只有黑龙宫和黑神田地名。“跳起长衫龙，纪念黑蛮龙。保佑人兴旺，六畜五谷丰”这一民谚歌至今仍在贵定县德新镇四寨村大谷撒寨流传。

（二）“长衫龙”在元代为苗蒙联盟而舞

在明代人宋濂编修的《元史》中记载：元朝“至元中，大平伐长官司酉长的娘（读为笛亮）率苗民万余来降，贡方物”。元泰定二年二月（1325）平伐蛮酉的娘（笛亮）率其民十万来降，士官三百六十人皆“请朝”，建立“顺元路平民安抚司”，特别值得一提的是这次“请朝”首开中国历史上苗蒙两族的先例，在中华民族历史上具有

重要意义。“鼓龙鼓虎－长衫龙”作为这次“请朝”庆典舞蹈，在苗、蒙两族联盟中的表演发挥了重要作用。

随着历史朝代的更替，政治军事的演变，尘世沧桑，“长衫龙”在其他地方“进化”融合，舞步演变为不同形式，只有贵定县德新镇大谷撒寨的“长衫龙”由于在较偏远地区，受外界影响不大，因而能够得以“原汁原味”地保留着“原始、古朴、粗犷、神秘”的舞蹈表演形式。由于“长衫龙”苗族芦笙舞从原始的舞蹈形式演化为专门纪念苗家英雄人物黑蛮龙而扩大为祭祀苗家祖先的舞蹈，在贵定县（包括临近县毗邻村寨）有的已变为鬼巫之师“跳神”舞步的一部分，可见其影响之深远。

（三）美好的传说故事在人间

围绕“鼓龙鼓虎－长衫龙”而流传的故事很多，其具代表性而又符合情理的传奇故事简述如下。

1. 黑龙修炼成人参加抗击金兵的传说

据说黑龙本是天上的苍龙星宿，他下到凡间修炼兵法要帮助那天宫金翅大鹏鸟修炼成人的岳飞打退金兵的侵略。黑龙修炼的地方有几处，有一处在大谷撒寨西北二里处，后来被称为“黑龙宫”的洞中。民谣有“穿过青山地，进入黑龙宫，黑龙修炼成英雄，保得江山立大功”。传说黑龙就是黑蛮龙。

黑蛮龙是民族英雄岳飞部将，作战英勇，累立功勋，被封为“龙虎将军”。“鼓龙鼓虎－长衫龙”的名称就从“龙虎将军”的封号而来。

大谷撒寨西北二里处的“黑龙宫”是苗族祖先黑蛮龙的修炼之地，是神圣的地方，是苗族同胞最敬畏之地。这里有一口神圣的水井，旱季不干，雨季不加，水清凉甘甜，老百姓都叫“神水”，因为他们认为是祖先黑蛮龙赐予苗族子孙的“神水”。历来，这里的苗族同胞都一直喝这口井里的水，有歌谣传唱：黑龙宫里龙井水，苗家祖先来赐予，喝下身体得健康，一切顺心事如意，吃水不忘祖先恩，子子孙孙永牢记。里面有条河，深不见底，一直往里延伸。对面就是黑蛮龙的修炼台，是黑蛮龙的修炼禁地，苗族同胞在这里，只能肃穆观望，想象黑蛮龙跳上跳下修炼时的场景，却没人会随意在这里跑上跑下，跳上跳下。不破坏这里的一切是苗民对祖先黑蛮龙的尊敬。

2. “长衫龙”苗族服饰美丽的传说

“长衫龙”苗族芦笙舞以男子群舞为主，舞者身穿黑色长衫或蓝色长衫，头插两根野鸡翎，口带髯须，腰系红色腰带。现在的说法是舞者扮成龙的模样跳龙舞。两根野鸡翎代表“龙角”，髯口代表龙胡。两根野鸡翎还有一种说法，就是流传于新铺乡谷撒寨的一个民间传说故事。据说，以前的谷撒寨在阴历二月初一封寨，杀牛祭龙神（指纪念苗族英雄黑蛮龙），不准外面的人进寨，从大年初二开始，四面八方的苗族同胞便纷纷赶来谷撒寨跳圆，于是谷撒寨的苗民非常热情好客，便用牛肉和猪肉招待远方的客人。有一天跳圆（跳圆也称跳月，指苗族男子在前面手执芦笙边吹边跳，苗族姑娘则穿着精心刺绣的节日盛装跟在男子的后面围成圈，边跳边展示自己的美。跳圆最早是苗族男女谈情说爱的前奏，跳圆时男女双方各自找到自己倾慕的人，双方相约谈心）时，忽然飞来一只美丽的野鸡，在慌乱中，掉下两根长长的尾羽，一位漂亮的姑娘则捡起插在自己所倾慕的男子头上，后来两人成了夫妻，生儿育女。日子过得开开心心，白头到老。后人为了纪念二人，跳芦笙舞时，舞者便先将两根野鸡翎插在头上。

3.“长衫龙”舞蹈源于龙神赐恩的传说

花苗自古崇拜龙，龙能呼风唤雨，能使人间风调雨顺、五谷丰登，能为苗族消灾解难，是他们崇拜的神。据传花苗老祖公之所以能找到谷撒这块宝地，繁衍几十代子子孙孙，兴旺发达，全得力于龙神的帮助和保佑。花苗原籍江西朱市巷，后被流放贵州，经开阳县江边迁徙至贵定县萝卜寨，在一次农事活动中，老祖公听一片秧鸡叫声，估摸有水源，逐循声探寻，发现有一天然龙形水井穴，他们认为是龙神相助指路，便迁寨开荒于此，建成了谷撒寨（村）。为感谢龙神的恩赐，老祖公定下寨规：每年阴历二月初一，封寨（不准陌生人和外族人进寨）杀牛祭龙神，他们把自己模拟打扮成“龙”，学着龙的模样跳起舞来祈求龙福佑。人们的虔诚感动了神灵，神灵便教会他们制作芦笙，并传授了龙舞与芦笙舞相结合的长衫龙芦笙舞，舞蹈从此就在花苗同胞中流传开来。这是关于鼓龙鼓虎－长衫龙来源的众多传说中的一个。

（四）“鼓龙鼓虎－长衫龙”历史传承歌谣

“长衫龙”苗族芦笙舞蹈历史悠久，由于苗族没有文字记载，为了使这些古老的民间奇葩得以延续和传承下去，“长衫龙”的先辈传承人便把“长衫龙”传承史编成山歌形式传唱至今，经整理有下面几首：

（1）天上仙宫有苍龙，苍龙下凡进龙宫；黑龙宫里黑龙在，修炼成了大英雄。

（2）大英雄是黑蛮龙，武艺高强当先锋。帮助岳飞抗金兵，打退金兵立大功。

（3）龙虎将军皇帝封，朝中出了害人虫；奸臣害死岳飞后，气死祖公黑蛮龙。

（4）黑龙归天显神通，黑神有庙万家供；黑神田产收租粮，有粮有钱好跳龙。

（5）纪念祖公黑蛮龙，大家跳起长衫龙；保得人兴六畜旺，保得庄稼五谷丰。

（6）跳起长衫龙，纪念黑蛮龙；保得村寨人兴旺，保得收成满囤笼。

二、“鼓龙鼓虎－长衫龙”的历史沿革概述

由于社会环境改变、外来文化等多方面因素对苗寨的影响和冲击，早年只有德新镇四寨村大谷撒寨 30 多人会“鼓龙鼓虎－长衫龙”苗族芦笙舞蹈，后来受打工潮的影响，寨中年轻人纷纷外出，这一古老的民间艺术形式的传承已处于严重濒危状态，亟待保护。这一现象引起了贵定县委、县人民政府的高度重视。从 1982 年起，贵定县文化部门人员深入村寨挖掘整理，当时只有第 31 代传人兰成芳及第 34 代传人兰廷华二

人会跳“长衫龙”舞，通过县委县政府及文化、民宗等部门的多方努力，二人开始传承授徒，逐步培训“长衫龙”表演人员参加各种大小庆典活动的演出。

经多次参加演出的磨炼，2000 年以后表演队伍逐步得到发展，直到 2003 年 10 月，“长衫龙”舞蹈被邀参加“中国北京第六届国际旅游文化节”演出，由第 35 代传人兰衡亲手指导，组织排练，演出队伍 60 人，其中女演员 20 人。此次进京演出，展现了长衫龙舞蹈粗犷、豪放的力量之美和节奏之美，以其古朴而神秘的魅力和精湛演技扬名海内外。近几年，由于各级部门领导热切关注，长衫龙舞蹈已进入当地中小学校课堂，进行系统的教学。由此，“长衫龙”舞蹈的传承开始有了希望并逐步得以发展。

（一）“长衫龙”发祥地德新镇四寨村大谷撒寨

“长衫龙”发祥地德新镇四寨村大谷撒寨，距德新镇原新铺乡政府所在地 15 千米，北面与福泉市仙桥乡月塘村小谷撒接壤，东面与福泉市岔河乡瓮赏村相连。是个聚居着 200 多户有 1000 余人的纯苗族（苗族支系花苗）村寨。这里是边远的高寒山区，民族文化浓郁，民风淳朴，住房古朴别致，属于一个新文化落后，与外界文化交流少，但却保留着原始、古朴的民族文化苗家山寨。

根植于大谷撒寨的长衫龙舞蹈，初为家族传承式，只能在本寨里传授，外面村寨和外族人绝不允许传授。传承方式为老一辈的芦笙手在下一辈中选择两个跳得最好且聪明好学的青年手把手传教。此舞传承至近代以来，有兰士洪、兰柏林、兰有才、兰成芳、兰朝斌等先辈舞蹈传承人，按 25 年一代计算，其有记录的流传历史最低不少于 125 年。

2003 年，“长衫龙”苗族芦笙舞蹈发祥地四寨村大谷撒寨被中共贵州省委、贵州省人民政府评为苗族团结先进集体；同年被黔南州精神文明委员会评为文明村寨；被中共贵定县委、贵定县人民政府评为文明村寨。大谷撒寨有一棵硕大的千年石楠树。寨民们每年农历二月初一，要祭神树，民谣有：“古树有灵，保寨护民，树高人旺，万古长青”，这是其一的含义；其二，苗族同胞把千年石楠树看成苗族祖先黑蛮龙，因为这棵石楠树是黑蛮龙在世时，亲手栽种，唯一留给子孙的证物，苗民为了纪念祖先黑蛮龙，祭树思人，所以才有了每年农历二月初一的苗族重大祭祖仪式活动。此外，这里还有隆重的正月跳月“相亲节”，六月六“晒龙袍节”，六月二十四“会亲节”，七月半的“米花节”“七姊妹节”等大型宗教祭祀活动。大谷撒寨冬天严寒，夏无酷暑，气候温和，凉爽宜人，苗民热情好客，民族风情浓郁。

（二）长衫龙——苗族文化延续的根脉

苗族文学艺术丰富独特。由于千百年来苗族没有通用文字，丰富的民间文学均以口头形式传承，包括诗歌、神话、传说、童话、故事、寓言、谜语、笑话等，其中诗歌使用场合和范围极广。在苗族社会生活中，“以歌代言”、迎来送往、谈情说爱、做媒说亲、调解纠纷等事务往往以唱诗歌来表达。苗族诗歌就内容而言尤以古歌、祭祀歌、理歌、情歌、酒歌、巫歌、反歌、丧歌等享有盛名，就歌唱形式而言，飞歌曲调高亢，婉转动听，广为世人所知。明代以后苗族文学逐渐兴起，近代的龙凤翔、石启贵等苗族文学家以诗闻名，当代中国著名作家沈从文在他的文学作品中有许多对于苗族风情的描述。

苗族是一个能歌善舞的民族，长衫龙舞蹈是苗族文化的典型代表。苗族常用乐器包括芦笙、木鼓、铜鼓、唢呐、芒筒、琴、箫、笛、锣、口弦等为舞配乐，舞蹈包括铜鼓舞、芦笙舞、板凳舞、木鼓舞等。其中以木鼓舞、芦笙舞著称。台江木鼓舞被誉为“东方迪斯科”。位于贵定县德新镇四寨村大谷撒寨的“鼓龙鼓虎－长衫龙”芦笙舞蹈，已流传了上千年，有着“东方探戈”的美誉，是当地小花苗人在传统民族节目与盛大庆典仪式中进行的祈福、驱邪、图腾崇拜的艺术表现形式。长衫龙舞蹈传承至今，已发展成贵定历史的积淀、民族的足迹，是民族文化的“根”和“魂”，是贵定历史文化资源的重要组成部分，是彰显苗族文化底蕴和人文内涵的有力支撑。

（三）长衫龙舞蹈的独特魅力及其社会影响

传说，最初的长衫龙是苗族男女青年谈情说爱时跳的舞：男子吹着芦笙，在姑娘面前模仿龙舞蹈，以赢得芳心。后来逐渐演变为祭祀仪式，每逢重大节日集会、婚嫁、立房、跳月等传统民族活动，村民都要盛装出席。

民族传统文化“鼓龙鼓虎－长衫龙”舞蹈，是贵州苗岭山麓花苗聚居区贵定德新镇四寨村大谷撒寨所独有的一种苗族芦笙舞蹈，苗语音为“打容打阻－阿冗”（即汉译语“鼓龙鼓虎－长衫龙”）。长衫龙过去仅在丧葬和祭寨神仪式中表演，如今则每逢重大节日集会、婚嫁、立房、跳月等传统民族活动都要表演。用于丧葬时，位于出殡队伍最前列表演；用于立房时，在踩屋基时进行；用于跳月时，则多在正月初一至三十“跳月场”活动中表演。

“鼓龙鼓虎－长衫龙”舞蹈分单人舞蹈、双人舞蹈、四人舞蹈和群舞，四个舞蹈皆持续进行。单人舞蹈，步伐沉醉，犹似醉龙出山，展示了“鼓龙鼓虎－长衫龙”的基本舞步舞姿；双人舞蹈，以“双龙出洞”“龙戏水气”龙抬头，“龙亮角”“龙播柱”“虎跳龙门”等遒劲刚柔姿态，展示龙神虎神受人尊敬，并与人和谐相处的情景；四人舞蹈以“龙治水人·虎行风”“行云播雨”等矫健刚柔舞姿为主，展示了苗俗民风，同时表现人们对龙与虎的“图腾崇拜”。人们对自然界寄予风调雨顺、五谷丰登的渴望之情尽显其中。鼓龙鼓虎－长衫龙历史悠久，舞蹈形式独特，具有人类学、社会学、民族学、民俗学研究价值。

长衫龙伴奏乐器芦笙管子粗长，声音低沉浑厚，音乐节奏鲜明，舞动动作与音乐紧密结合。其舞蹈彪悍有力，古朴而优雅，令人赏心悦目。表演时，舞者身穿黑色或蓝色大襟长衫，头插野鸡翎，顶龙面牛角图腾，下巴戴一截约半尺长的髯须，拴红色银饰腰带，腰插数十根锦鸡尾羽，手执芦笙吹奏乐曲，穿梭跳跃，模仿龙舞蹈。芦笙一般是两人对演，数十队芦笙同时起舞，他们舞着“龙斗角”“龙吐水”“龙出洞”“龙飞膀子”“莲花”“拜见”等动作。以大幅度前进、后退、蹉步、拧身急转体拱进，或跺脚、踢脚、蹉步，突然转身俯，或垫步前进、昂身向上的舞姿，形成忽高忽低、辗转腾挪、游离起伏、栩栩如生的龙腾形状。表演时舞者配合默契，左右摇摆似悠闲地散步，时而抬头作龙吐水状，时而拧转左右回旋似摇头摆尾状，时而龙抱柱舞似“龙”闹海。舞随情动，激烈时舞者长衫不时向外旋开，舞衫歌扇，犹如腾飞入空的“乌龙”。

长衫龙具有较强的区域性和民族性，其舞蹈特点古朴、粗犷、神秘，是少数民族芦笙舞蹈中的一朵奇葩，对于研究花苗民族源流以及宗教信仰、节日文化等具有重要价值。

（四）长衫龙舞蹈的传承与发展

“鼓龙鼓虎－长衫龙”舞蹈的传承已出现严重变异，如有的地方只用鼓龙，有的只用鼓虎的“简化”现象。而且用于庆典和祭祀活动的区别已不再被人们所重视。随着社会的发展，年轻人对该舞蹈已是兴趣不在，纷纷外出打工，使这项“不外传”的独特舞蹈面临失传的危险。

长衫龙舞蹈获批国家级非物质文化遗产以来，县委县政府高度重视。2009 年，贵定县成立了非物质文化遗产保护中心，安排专人负责“长衫龙”的收集、整理和建档等工作，2012 年又配合摄制专题片《长衫龙》。政府还投入资金，为当地中小学校增添配备芦笙、服饰，将长衫龙舞蹈植入中小学校系统教学中，在四寨村大谷撒寨修建“长衫龙”培训场地。

如今，当地 36 岁的本土教师兰衡是长衫龙苗族芦笙舞的第 35 代传人，他在新铺中学已带了 4 届毕业生，约有 160 人学会了跳长衫龙苗族芦笙舞，长衫龙舞蹈得到长足发展。

原汁原味的“鼓龙鼓虎－长衫龙”舞蹈分为三节：第一节表示群龙出现；第二节表示龙腾虎跃；第三节表示群龙抢宝。表演时，不受场地和人数的限制，少则两人舞，多则上百人组合，在走、跳、跨、旋的动作中，力求的是一种粗犷、豪放的力量之美。高潮时，百十把芦笙同奏一曲，群山共鸣，舞步刚健，震天动地，其场面极为壮观，极富感染力。

苗族长衫龙芦笙舞，其表演内涵是对中华民族图腾吉祥物——“龙”的崇拜，“龙”的歌颂，“龙”的赞美。不管表演规模有多大，其整个表演过程力求芦笙吹奏和舞步移动中的有机和谐统一，在展示“龙斗角”“龙吐水”“龙出海”“龙腾云”“龙飞腾”形象动作时，虽其夸张而不变形，充分展示出了神话中“龙”的形象，“龙”的动态，“龙”的力量。

近年来，长衫龙苗族芦笙舞多次亮相国内舞台，精彩的表演向海内外展示了苗族古老民族文化的博大精深和无穷魅力，还在多彩贵州等活动中多次获奖。如今，长衫龙苗族芦笙舞已成为贵定县乃至黔南州各种重大文化活动必不可少的民族表演舞蹈。2011 年被选定为全国第九届传统民族运动会传统体育表演项目后，为展示贵定县多姿多彩的民族文化，提升贵定知名度，县委县政府专门从苗族长衫龙舞故乡地德新镇大谷撒寨抽调 22 名演技精湛的长衫龙舞蹈表演者进行集中排练，还指派县文工队专业老师对排练进行指导，力争每一个动作都做到精益求精，以最优美的舞姿将这一“东方探戈”展现给全国观众。

“鼓龙鼓虎－长衫龙”舞蹈，正在以其古老神秘的魅力吸引更多专家学者及海内外游客寻访贵定新铺苗寨，被广泛视为贵州高原上耀眼的一朵民族奇葩。

三、长衫龙舞蹈的当代价值

作为贵州最具风格的民间艺术，“长衫龙”已流传千余年，并在漫长的岁月中逐渐演变成了影响巨大的祭祀仪式。其舞蹈充分表现出了龙的神韵和风采，展现着神秘、原始、古朴和庄严的浓烈氛围。“东方探戈”的苗族“长衫龙”芦笙舞蹈以其粗犷、豪放的力量之美和节奏之美，向世界展现苗族歌舞的博大精深和无穷魅力、悠久的历史文化底蕴，民族风味浓郁，蕴含着我国民族舞蹈内在的价值趋向。

（一）长衫龙的社会价值

千百年来，少数民族在表现自己本民族的婚丧、嫁娶、春耕、秋收、社戏等民俗风情的众多民族舞蹈中，都渗透着与之不可分解的民族文化。苗族“长衫龙”芦笙舞蹈根植于苗族文化之中，有着强大的生命力，其在思想内涵的深刻性、民族特征的典型性、艺术水准的世界性方面，都有着一定深度和广度，在现代社会中，高调展现着它特有的、不可替代的存在价值和审美价值。

随着经济和社会的发展，人们越来越注重文化在一个国家中的地位和作用。现在提倡的“软实力”，就包括以文化为主导的“软实力”。民族舞蹈作为文化“软实力”之一，以其特有的地位与价值促进少数民族文化间的交流，成为国家之间、民族之间经济和文化交流的重要通道，为文化的交流和传播发挥了独特作用。“鼓龙鼓虎－长衫龙”苗族芦笙舞蹈，早在元代就为苗蒙联盟、民族融合发展做出了重要贡献，在中国历史文化艺术交流中凸显出其独特的地位和作用。长衫龙舞蹈传承至今，苗族人民一直沿袭这一传统形式，用人体动作表达他们民族的性格气质和情感生活，在促进民族交往交流交融，以及增进民族团结、民族和谐和社会发展的道路上，起到了不可代替的作用，充分体现出长衫龙舞蹈在社会建设方面所承载的意义。

（二）长衫龙的文学价值

“鼓龙鼓虎－长衫龙”是古老的民间舞蹈，历史悠久，古代主要是祭祀活动的重要环节，随着时代的发展，长衫龙的表演成了当地民俗活动的主要体现。每逢重大节日集会、婚嫁、立房、跳月等活动都要表演此舞，成为具有“生产性”“娱乐性”“祭祀性”“竞技性”的生活习俗舞蹈。长衫龙在相沿持久的特定民俗活动中用身体语言不断地传承与发展，成为谷撒小花苗连接过去与现在文化的纽带，创造了独具匠心的花苗舞蹈文化，成了可视的、活态的，发展的、珍贵的非物质文化遗产。

透视小花苗的图腾信仰，我们不难发现长衫龙舞蹈形象指向对“龙”的塑造。因此，苗族同胞以“龙”外观形象特征作为舞蹈形象造型。舞者身穿黑色或蓝色长衫，黑色与蓝色象征龙的颜色，长衫象征龙身，头插的野鸡翎取自野鸡的尾巴上两根最美的鸡毛，象征龙角，口戴髯口，象征龙须，腰插数十根锦鸡尾羽，扮相生动形象。把龙的翻滚、蜿蜒游动表现得淋漓尽致，情感真挚，反映了当地苗族人民热情质朴、雄浑刚劲的民族性格和朴实无华的气质，传递着对“龙”的认知，折射出小花苗人民祭祀祈福、告慰先人的信仰文化，以及追求民族团结、拼搏进取、创造美好生活的理想和希望。

（三）长衫龙的历史人文价值

贵定新铺小花苗没有文字，歌舞是这个民族文化传承的主要载体。我们从长衫龙舞蹈中能看到农耕民族的遗风。长衫龙舞蹈节奏沉稳，表演时身体呈向下趋势，可以体会到花苗对大地的眷恋之情，凝结苗民对农耕生活的热爱。因而它是民俗文化与地域文化融合的典型体现与“形态化”写照，具有鲜明的民间舞蹈特色和民族风格，蕴含深层次的民族根源，为研究苗族的文化发展提供了丰富的史料依据。从艺术表现内容上看，表演形式展现了花苗的图腾信仰，古朴的歌舞中蕴含着传统哲学思想和道德伦理观念等深层次内涵，保留着苗族最为原始的精神，这种精神支撑着几千年民族历史的发展与传承，具有较高的历史文化价值。

长衫龙舞蹈保留着古朴、粗犷、形象、传神的独特风貌，是苗族自身发展历程和文化积淀的真实写照，也是苗族世俗风尚、道德伦理、社会生活等方面人文精神因素的凝聚，回应着苗族同胞感受自然、释放情感的心灵呼唤。这种文化的展示可以促进各民族对苗族文化的了解，增进人与人心灵的沟通、深化民族间的思想交流，对研究人类文化和思想发展具有积极作用。其价值体现丰富了人类文化的宝库，是造就文化多样性的成果之一。

（四）长衫龙的经济价值

“产业化”的民族舞蹈不单是为了创造商业利益，在民族舞蹈商业化的过程中，民族舞蹈的创新在不失民族之根，不削弱民族之风格、民族之魂的基础上，它作为一种独特的民族文化语言，在文化产业发展方面对民族舞蹈艺术传承与延续会起到一定的积极良好作用。

贵定长衫龙舞蹈，2003 年 12 月作为全国少数民族原生态舞蹈展演代表队之一参加“第六届中国北京国际旅游节”展演，轰动京城，被国内外艺术界专家誉为“东方探戈”。

2006 年国务院“国发〔2006〕18 号通知”公布为第一批国家级非物质文化遗产，是全国列为第一批国家级非物质文化遗产的 41 项民间舞蹈之一。

2012 年以来，贵州强力推进旅游产业化，各地充分利用民族文化资源发展文化旅游，打响了“走遍大地神州，醉美多彩贵州”的文化旅游品牌。2016 年，生态文明贵阳国际论坛媒体见面会在京举行，论坛倡导“国际范”与“中国风”相结合，体现了贵州“天人合一·知行合一”的人文精神，彰显了贵州民族文化和旅游业融合发展的独特优势。

贵定县委、县政府响应省委号召积极决策，于 2016 年邀请贵州省文化厅非遗中心专家到贵定县德新镇，对国家级非物质文化遗产保护名录“鼓龙鼓虎－长衫龙”进行数字化资源采集、录入，从而使长衫龙这一非物质文化遗产得到了有效的传承与保护。

随着城镇化进程的不断推进和贵定知名度的逐步提升，“长衫龙”也一改过往“传男不传女、传内不传外”的祖传规矩，广泛传承长衫龙舞蹈。在“民族文化进校园”的浓厚氛围中，新铺中学教师长衫龙传承人兰衡专职开设教授课程，开启“鼓龙鼓虎－长衫龙”传承新篇章，助推“长衫龙”苗族芦笙舞乡土文化走进中小学校园，走出大山，走向世界。在挖掘长衫龙人文底蕴的同时打造国际性文化品牌，不仅大大提升了贵定知名度，从现实需要上还推动了苗族历史文化与旅游业的融合发展，用浓浓的民族味为文化旅游增添更多风采，在阳宝山、金海雪山、四季花谷、民俗大观园等各大景区，依托长衫龙舞蹈人文底蕴展现的神秘、原始、古朴和庄严氛围，吸引更多游人到访贵定从而创造丰厚的经济价值，达到一箭双雕的目的，其现实意义不言而喻。

“长衫龙”以独特的艺术表现形式确立了它的当代社会、历史、人文、经济等价值，以摄人心魄的震撼力表述了纯粹的生命力量，展现了苗族历史与沧桑，以古朴生动的舞蹈动作表达了苗族的虔诚信仰。长衫龙舞蹈在当今社会，依然闪烁着难以言说的艺术魅力，彰显着它存在的价值取向。

总之，“长衫龙”苗族芦笙舞是贵定县广大劳动人民智慧与文明的结晶，是社会主义先进文化的重要组成部分，是建设有贵定地域特色文化的基础和源流。保护和利用好这一非物质文化遗产，对于创造贵定和谐的文化生态环境、全面建成小康社会，实现经济社会全面、协调、可持续发展具有十分重要的意义。

● 民国贵州《兴义县志》中的生态文献及其价值论述

黄启香

（贵州大学　历史与民族文化学院　贵州　贵阳　550025）

摘　要：随着时代的进步、生活水平的提高，人民更加追求精神需求，但人们的压力也日益剧增，已经影响到人们的正常生活，为缓解压力，人们选择了旅游，因此旅游业得到了快速发展。而地方志一直都是各界学者研究每一个地方的重要文献，民国《兴义县志》中对兴义的生态环境做了详尽的记述，这些记述有着极为重要的文献价值，是研究兴义历史和生态的重要文献，蕴含着丰富的旅游资源信息，对保护当地生态环境及兴义旅游开发与发展有一定的启示作用。

关键词：生态；旅游业；旅游资源；价值

一、引言

随着时代的进步、科技的发展，人类不仅增加对物质方面的需求，也增加对精神方面的需求。人们在有空闲时间、足够金钱的情况下，会选择旅游来缓解压力，抒发情感。旅游是近代兴起的一种产业，人们在生活和工作等方面的压力，都促使人们想离开产生压力的地方，走向不同的地方，欣赏不同的风景，体验不同的地域文化，释放心中的压力等都促进了旅游业的发展。旅游业的开发与发展，离不开当地的生态环境，生态一直都是旅游业开发与发展非常重视的一个方面，因此重视关于生态方面的书籍也是必不可少的。民国《兴义县志》是记载兴义各个方面的一本地方志，书中记载了生态方面的信息，对旅游业的发展有重要意义。“地方志是记录一个地方行政区域的历史文献，一般而言，是历史与地理的结合，全面记录地方某一个时期的地理、文化、政治、社会等方面的情况。地方志大体包括舆地、职业、官师、营建、礼俗等内容，内容丰富而翔实，具有很高史料价值，是历史研究过程中重要的资料。”[1]“民国

作者简介：黄启香（1995—），女，布依族，贵州省册亨县人，贵州大学历史与民族文化学院2018级在读硕士研究生。研究方向为民族学。

❶ 张兴，田敏，浅论地方志在地方史研究中的价值与不足——以民国《宜汉县志》为例［J］. 汉字文化，2018（21）.

《兴义县志》是贵州省出版的第一部社会主义新县志，也是列入国家‘六五’时期应完成的首批重点县志之一。”[1]

兴义位于贵州省省城西南七百二十里，兴义的疆域经历了几次划分，每个时期的疆域范围都有一定程度的变化。从《兴义府志可》得知，兴义作为县之后的范围，即“兴义县疆域，东西广一百七十里，南北袤二百五十里”[2]。兴义地处黔、滇、桂三省的交界处，如今又是贵州省黔西南布依族苗族自治州的首府。而民国《兴义县志》共十四章，分别记述了兴义县的历史、地理、大事、人民、营造、政治、经济、教育、兵佣、交通、社会、人物、艺文和拾遗这十四个方面，比较完整地记载了兴义的方方面面。民国《兴义县志》的成稿在兴义改县之前，恰好在兴义县的历史上画上了一个句号。因此，对民国《兴义县志》进行详细的阅读与解读是相当有意义的。人类在地球上生存，不可避免地会与生态产生或多或少的关系，在民国《兴义县志》中关于生态文献部分的记载，诸如地形、地质、气候等能够向人们展现兴义的生态环境，以及人类是如何在这样一个生态下繁衍生息、和谐共存、共同发展的，因此对民国《兴义县志》的生态文献方面进行解读与分析，寻找其中丰富的旅游资源，对兴义的旅游开发具有极其重要的价值。

二、生态来源与概念

本研究主要是根据民国《兴义县志》中记载的生态文献进行理解，并分析其对旅游业发展的价值，因此进行分析侧重点主要放在关于生态文献这一部分，准确地把握生态一词极为关键。生态与人类的生活息息相关，因此关于生态的研究一直以来都受到各界学者的关注。

“生态一词最早来源于希腊语‘Oikos’，即住所或环境，与英文语境中的词根‘eco’同义。”[3]而在《普通生态学》中李博提到“我国生态学家马世俊先生认为生态学是研究包括人类在内的生物系统与环境系统之间物质循环和能量转化规律的科学”。[4]从以上可以看出，生态包括生物和环境这两个方面，因此分析民国《兴义县志》中的生态文献，笔者将从生物和环境这两个方面进行详尽的记述并分析其对旅游业发展的各种价值。

三、旅游资源的基础素材

随着时代的快速发展，人类生活的节奏加快，人类为了缓解压力，倾向于去外地旅游，感受不同地方的异域风情，抒发自己内心的情感。而旅游业的发展日益成为旅

---

1. 熊宗仁，肖先治．粗评《兴义县志》[J]．贵州文史丛刊，1990（1）．
2. 张瑛修．（咸丰）兴义府志［M］．据刻本．贵阳：贵阳文通书局，1914（民国三年）．
3. 郭晓虹．“生态”与“环境”的概念与性质［J］．社会科学家，2019（2）．
4. 李博．普通生态学［M］．北京：高等教育出版社，1993.

游地的经济增长点，为旅游地增加收入，改善旅游地的生活水平，因此旅游地为了能够吸引游客，不断发掘当地特有的生态、地理、环境等资源。众所周知，旅游业是一种相对较新的产业，在现代很多地方都致力于发展旅游业，而发展旅游业必须要发掘当地特有的独特风情、地理风貌。民国《兴义县志》中记载了兴义县的各种生态、地理以及环境等，因此兴义要发展旅游业，民国《兴义县志》是旅游业发展不可缺少的参考书籍。

旅游资源是指一切还可以利用于旅游业开发与发展的自然资源和古今人文资源的总称。具体来说，自然资源一般包括气候、地形、动植物、海滩、自然风景等，而人文资源则包括当地的民族、风土人情、历史古迹、博物馆、衣食住行、音乐、舞蹈等。旅游资源的类型繁多，但每个地方具有的可以发展为旅游业的资源都不一样。因此，在开发与发展旅游业时，必须要了解当地具有的旅游资源类型，才能够准确定位当地旅游发展的方向，顺利发展。基于此分析民国《兴义县志》中的生态文献，从中了解兴义的地形、气候、动植物、自然风景等情况，是兴义发展旅游业必不可缺的一部分。本研究主要是根据民国《兴义县志》中的生态文献来分析兴义现有的旅游资源可以发展何种类型的旅游，分析其中的生态文献对兴义发展旅游业的价值。

（一）水域风光

水是人类生存必不可少的资源，无水世界上任何生物都无法生存。因此水也是旅游业发展的一种重要资源，发展旅游不应该避过水资源。在旅游业中，只要能够吸引旅游者进行观赏、参与体验等活动的各种水资源都可以归纳为水域风光的旅游资源，所以兴义县发展旅游业还可以开发水域风光，不管是开发观赏型，还是体验型的水域风光，兴义县都有丰富的水体资源可供开发。民国《兴义县志》中记载了兴义具有众多的河流、井、温泉等。

民国《兴义县志》第二章中亦记载了兴义县的许多河流，如南盘江、马别河、深溪河、阿溪河等，反映了兴义的水资源状况。如民国《兴义县志》中记载“兴义府志云即古牂牁江也，今又名曰洪水江，在郡南故曰南盘江，源出云南府曲靖府，经澄江府广西府至罗平州，东流入兴义县之西南界，快泽河南流入之，江之南为广西，之西隆州境。又引通监辑，略注云牂牁江，即今贵州之南盘江，夜郎即今南笼诸府地。古牂牁江即今南盘江也，南盘江之源出曲靖府”。民国《兴义县志》中记载马别河“上源曰深溪河，源出普安县青山东南流入兴义县，瓦戛寨左纳泥溪河，右纳一水出平彝纳列田，东流入深溪至母喇纳”。民国《兴义县志》中记载深溪河“源出普安县之青山西南，流自兴义之马别桥变名马别河，南流入于南盘江（兴义府志）”。民国《兴义县志》中记载阿溪河“阿溪河有二源，北源出普安县之楼下营，又名楼下河；南源出狗场之发多寨，又名猪场河。南流志兴义县之上瓦戛与北源河流，又名泥溪，又名木狼河，南注于深溪（兴义府志）”。

民国《兴义县志》第二章中亦记载了兴义县的许多井，如核桃井、穆家井、冒沙井等。民国《兴义县志》中记载核桃井“兴义府志云在南门外，牛鼻桥边，泉極甘美”。民国《兴义县志》中记载穆家井“兴义府志云在小西门内泉清而味冽（按此井距离母猪井数十步，两山夹时系彼溢出者）”。民国《兴义县志》中记载冒沙井“在新城（即黄草壩土城）东半里许，石窟中源泉混混，不分涸溢，异常清冽，石底积沙无数不啻天然滤水池，供居民饮料，可称黎峨第一泉（报册）”。

民国《兴义县志》第二章中亦记载了兴义的许多温泉。民国《兴义县志》中记载温泉“在品甸乡车榔（原属盘县，民国三年拨插花改隶兴义县），位于车榔河岸边，距车榔寨二里，分南北二泉。北岸一泉，热度最强，出水面较高，井周亦阔。南岸一泉，热度较低，出水与河平行，井周较窄，宜沐浴。两泉皆由两岸石隙而出……”。

从民国《兴义县志》的生态文献记载中可知，兴义境内河流纵横交错，水体资源极其丰富，类型众多，可以为兴义发展提供多种水体旅游。如南盘江、马别河、深溪河、阿溪河、变桥河等可以发展观光型旅游，南盘江水域宽广，游客可坐船游赏江边风景、游览水上风光；另外在水流比较缓慢的河流，可以开发漂流，这样既能够满足游客的体验需要，又能够保障游客的人身安全；而核桃井、穆家井、冒沙井等可以发展一种体验型旅游，由于核桃井、穆家井、冒沙井等水质良好，水温较低，因此可以发展一种夏季旅游，可建设游泳池、水上乐园等，供游客们夏季前来避暑；温泉可以发展一种温泉文化，提倡泡温泉并宣传泡温泉的益处，吸引游客前来体验。

（二）生物景观

生物景观一般包括植物、动物和微生物三大类，而作为风景旅游资源的生物一般指的是植被，例如覆盖山体的森林、树木、花草以及栖息于树中的动物和微生物。生物景观是自然界中最活跃、最有生机的因素，它以其绚丽多彩的“衣裳”和变幻不定的姿态在春夏秋冬四季更替中，装扮着大千世界，使自然界生成许许多多的良辰美景和极其动人的美妙景致。生物景观也是旅游资源类型的一种，因此兴义开发和发展旅游理应重视生物景观方面的旅游资源。民国《兴义县志》中记载了兴义的生物情况，为旅游资源开发提供了参考素材。

1. 森林景观

森林亦是旅游资源之一，发展旅游业不应忽视植物这一方面。植物一直以来都比较受到人们的青睐，因为有的植物可以用作药材、食物等，也具有一定的造景功能，可以供人们观赏，而最为关键的因素是因为植物能够创造有利于人类健身、延年益寿的物质环境。

民国《兴义县志》中记载跛浪亭“城南筑城花水至此，分流中成一涛渚附近，昭忠祠左侧，清光绪庚子靖邉营物处，驻祠内邑绅刘如渊就涛渚，筑隄沿邉砌花砖，墙中建亭名曰跛浪，阖取杜诗鲸鱼跋，开沧溟之意，花水潆洄，林木蓊郁，回廊掩映，遨目骋懷洵可乐也，婺川名宿聂尊吾为题，聊云小拓数弓具……”。民国《兴义县志》中记载水晶观“兴义府志名兴义县境之山仅二十有一，而城北隅水晶观阙焉不名尽名，无可名或名不胜其名也，民国三十三年于山巅玉皇阁，左侧字塚，下偶掘得古碑……则城市幽静林木，蓊蔚石径迂回，仰登半里许为灵官殿，次为大士殿，再次为雷祖殿，最上玉皇阁踞焉，溯自同治壬戌回双城陷，寺庙均被毁光，光绪十八年，邑绅刘统之提倡培修，仍复旧观特志，其原委俾登晚者，发思古之幽情焉”。

从民国《兴义县志》中可以了解到兴义的植被情况，兴义古树众多，林木郁郁葱葱，因此兴义可以根据植被来开发与发展旅游业，例如可以开发观赏型植物，植物繁多，可以净化空气，游人行走于其间可以呼吸新鲜空气，同时观赏绿树植被，缓解眼睛疲劳；或者开发和发展健身型植物旅游，因为兴义境内地势起伏大，海拔高，因此可以开发爬山、探险、疗养等健身型旅游，吸引擅长运动的游客前来健身。

2. 动物型旅游

动物是地球生物中不可或缺的生物，动物与人类是共生共存的，人类对于世界上的动物都保有好奇心，而动物在形态、生态、习性、繁殖、迁移、活动等方面的奇异表现，正好可以满足人们的好奇。人们可以观察动物的叫声、形态、动作等，从而获得听觉、视觉的多种美学效果。因此，从民国《兴义县志》记载的生态文献中寻找有关动物方面的信息，可以作为发展动物型旅游的素材。

民国《兴义县志》记载动物类“特产种类野兽中如豹土、狐水、獭豹等皮，可输出为山货之类，木材类除松杉柏梓桐杨供造用外，杂木则供柴炭用，果树类不下数十种就中以海子梨为特产，质松而细，色如白雪，为甘可口，与天津雪梨相伯仲。药材类输出邻省者有五倍，子桔梗、积实、陈皮、黄芩等，唯金石斛一项在药物中解暑生津尤为名贵，质坚色黄，形如钗，生于悬崖峭壁间……此外，甘蔗、橘子亦属特产，每岁除自给尚可销售邻村，其他如烟叶、香蕉、黄柑等产量无多不能一一备载，近地方有提倡种美烟，有少数产量亟待扩充”。

从民国《兴义县志》的记载中可知兴义境内有豹土、狐水、獭豹等动物，都是比较稀有的动物，因此兴义发展旅游业可以建设动物园，供游客欣赏，投喂动物，以此加深游客的旅游体验，增强游客旅游的幸福感。

从民国《兴义县志》生态文献的记载中可知兴义具有发展生物景观的资源，兴义在发展旅游的过程中，应该充分利用现有的生物资源，发展森林型旅游，使游客接触大自然，呼吸新鲜空气，缓解压力；同时也应重视具有的动物资源，开发和建设动物园，使游客观赏稀有动物，了解动物，增强动物知识。

（三）地文景观

“地文景观是指地球内、外营力作用下形成的独特的地质体和地表形态。”[1] 内营力一般包括地壳运动、岩浆活动、变质作用和地震等；外营力一般包括风化作用、侵蚀作用、搬运作用、沉积作用和固结成岩作用等。兴义处于云贵高原上，山势起伏，山峰连绵不断，岩洞众多，具有丰富的地文景观资源，因此在兴义发展旅游业可以发展地文景观类型。

岩石洞与岩穴是指位于基岩内和岩石表面的天然洞穴，一般包括溶洞、落水洞、穿洞、火山洞等。岩石洞与岩穴皆是地质景观的一种类型，因此发展地质景观，岩石洞与岩穴都是不可忽视的重要资源。

民国《兴义县志》中记载地质“兴义县地质及其地层，大抵古者为上部古生代之石灰岩，新者为中生代之三叠纪侏罗纪间之煤系，古生代石灰岩侵蚀”。民国《兴义县志》第二章中亦记载了兴义的许多洞石，如凌元洞、红岩洞、神仙洞、碧雲洞、阳明洞、桃花洞、绵羊洞、假洞等。民国《兴义县志》第二章中亦记载凌元洞“在县南江边明丁玑、周瑛皆有诗（兴义府志），野日春正瞑，山雲午犹湿……江水绿于菩，日日斜阳裹行人自往来”。民国《兴义县志》第二章中亦记载红岩洞“在城南五里，宽数丈，峭壁中有金光佛像，相传大士飞升，里人建寺，祈祷辄应（兴义府志）”。民国《兴义县志》第二章中亦记载神仙洞“在城东二十里之瓦戛，高数丈，阔二丈，外狭内广，回环而下，中有浅水，水底有圆石，相传妇女求子者，水中覔（觅）石，懷（怀）归辄有孕（兴义府志）”。民国《兴义县志》第二章中亦记载碧雲洞“在捧鲊城北一里，外狭内宽，石壁穹隆，夏日纳凉，其中極幽静，岩下滴成一泉，水清而甘，不涸不流，巡检雲澍，建阁亭于洞中（兴义府志）”。民国《兴义县志》第二章中亦记载绵羊洞“在县西北甸鄉之滥潭村，原属普安县地，民国三年贵搬插花，始隶兴义县，其洞天景色得之”。民国《兴义县志》第二章中亦记载假洞“车榔村二里，两岸岩石天然结构，河水由石洞通过，故名天生桥，上侧面假洞在焉，内宽阔，下通水库，清咸同回乱车榔，居民数十户住此避难，卒告无恙，洞之上成一横”。

从民国《兴义县志》的记载中可以看到兴义境内具有众多岩洞与岩穴，形状各异，开发与发展旅游能够开阔人们的视野。在科学规划，建设好基础措施，做好安全保障措施的基础上，进行旅游开发，可以修路使游客用脚步来衡量洞的长度与宽度；或者在有河流的洞中，使游客坐船进入洞中观赏洞内的奇景。无论是哪一种方式进入洞中，都可以使游客近距离与岩石洞和岩穴接触，使游客身临其境，增强游客旅游体验。

在地质景观方面，根据民国《兴义县志》记载可得知，无论是石林和峰林，还是岩石洞和岩穴都有许多的记载。因而在地质景观发展方面，兴义境内可以说具有很好的前景，因为这里具有众多天然的石林、峰林、岩石洞和岩穴，在此发展地质景观旅

[1] 曹培培．中国旅游地理［M］．北京：清华大学出版社，2014.

游可以满足游客对大自然的好奇与敬畏。

（四）气候景观

气候景观是旅游资源类型中的一种，气候是指某一地区多年天气特征的综合。气候是形成一个地区自然景观的主要因素，也是形成人文景观差异的重要因素。云、雾、雨都是空气中的水汽遇冷凝结形成的，是温暖湿润地区或温暖湿润季常出现的气象景观。云、雾、雨使身边的景物若隐若现、若即若离，恍如仙境。兴义属于亚热带湿润温和型气候，天气变化多端，有许多可发展气候景观的资源。

民国《兴义县志》中记载气候“本县气候因地势高低之不同，具有寒、温、热三带之特点，西部高地如七舍、捧鲊为最冷，东南低地如巴结、仓更、㑇赖、乌舍为最热，中部及东北较温和，与贵州一般气候相较特殊，纯是大陆性”。民国《兴义县志》中记载风向“阴历正二月多暴风，平时晴天。吹东南风，风来自南海广东。阴雨天吹西北风，来自内陆。久晴忽冷而大风多雨雹”。民国《兴义县志》中记载雾“山多林深，沿南海而来之气，冷热相交，称为浓雾”。霜期“阳历十一、十二月及元二、三月为霜降时期。”

从民国《兴义县志》中对气候的记载可知，兴义部分地区由于地势高，海拔高，森林资源丰富，树木众多，气温低，而又由于南海吹来的风是热风，从而冷热交替，形成浓雾。所以在兴义开发与发展旅游业可以考虑下观赏浓雾景象旅游，建设专门的观景台，供游客观赏与摄影，同时做好宣传工作。除此之外，兴义从阳历十一月到次年三月都为霜降期，海拔高的地方有树木结冰，因此亦可以开发和发展观赏冰树，并且在无霜期也可以观赏日出与日落。因此无论是雨天、雾天、降霜天还是晴天都可以迎接游客，不浪费基础设施，不浪费经费。气候景观也是兴义旅游业发展不容忽视的方面，一年四季，在兴义都可以观赏不同的景色。

（五）地方旅游产品

随着人们消费能力的增强、文化水平的提高、价值观念的变化，游客已经不仅仅满足于观赏风景、体验式旅游等，在旅游过程中也会购买一些比较有特色的地方产品作为纪念。自从旅游业发展以来，各种地方旅游产品得到了充分的开发和销售，为旅游业创造了巨大的财富，相应地也带动了与旅游相关行业的发展。地方旅游产品的开发无论是对旅游者还是东道主都具有重大的意义，对旅游者来说是接受异地文化的一种表现与体验，对东道主来说是向旅游者发扬和宣传自己文化的一种途径，因此创造地方旅游产品是至关重要的。每个地方由于地理、地质、生态、环境等各种因素，则会生长出各种的特色产品。每个游客到任何地方旅游，都可能想要购买一个属于当地的特色产品，因此旅游业在开发与发展的过程中，可以根据由当地地理、地质、生态、环境等因素而生长的东西，制作地方旅游产品，如饮食、工艺品等，让游客品尝当地美食，参与制作工艺品，作为到当地旅游的纪念品。

从民国《兴义县志》的记载中可知，兴义境内种植水稻、玉米、荞麦、马铃薯、小麦、竹子、棉花等作物，产煤铁等矿物。因此可以根据当地村民种植的农作物制作当地美食和工艺品。根据当地特定生态环境下生产的物质，进行加工与创造，做成当地的特色产品，满足游客的体验与审美需求，了解异文化，增加自己的知识。

四、总结

“地方志是记录一个地方行政区域的历史文献，一般而言，是历史与地理的结合，全面记录地方某一个时期的地理、文化、政治、社会等方面的情况。地方志大体包括舆地、职业、官师、营建、礼俗等内容，内容丰富而翔实，具有很高史料价值，是历史研究过程中重要的资料。”[1] 从地方志中发现与挖掘生态方面的信息，有利于旅游业了解兴义存在的旅游资源，可以更好地进行开发与发展，能够更加合理地进行规划与建设。把地方志与旅游相结合，了解地方志关于当地的生态记载，后进行实地考察，可以做到事半功倍。民国《兴义县志》中记载了许多的生态文献，例如水资源、地质地貌、气候等方面，都是旅游业发展的丰富资源，因此发展旅游业不可以忽视的参考书籍之一，民国《兴义县志》可以算是必不可少的。

从民国《兴义县志》记载的生态文献中可以了解到兴义境内的生态资源极其丰富，类型多样。水资源、生物资源、地质资源、气候资源和具有地方特色的旅游产品，都可以作为兴义旅游业发展的素材，因此更应该重视环境保护。因此笔者针对作为生态旅游的兴义旅游业的发展提出一些建议，希望能够对兴义旅游业的发展有一定的帮助。

第一，作为兴义旅游业发展的水资源，可以说是占了兴义旅游业的很大比重。因此在开发江边观景、漂流、水上乐园、坐船游赏江上风景等。规定每天船的开放量，不应无限制地接待游客，漂流、水上乐园则做好宣传环保意识，配备工作人员，做好保洁工作。

第二，作为兴义旅游业发展的生物资源，必须注重保护森林资源和动物资源。禁止砍伐树木，滥杀动物；禁止携带火种进入森林，防止引火烧山，带来不可估量的灾害。

第三，作为兴义旅游业发展的地质资源，其以奇形怪状而吸引游客的目光。因此在开发过程中，应该注重地质资源的原型，不要过度创造，保持其原真性，使游客能够真正体验大自然的壮丽。

第四，作为兴义旅游业发展的气候资源，是兴义旅游业发展中不可缺少的方面。气候会受各种因素的影响而发生变化，为了保证兴义气候稳定，因此也同时应该重视

---

[1] 张兴，田敏．浅论地方志在地方史研究中的价值与不足——以民国《宣汉县志》为例［J］．汉字文化，2018（21）．

对气候的保护，在日常生活中提倡低碳出行，减少二氧化碳的排放量，以此保证气候稳定，不会发生太大变化，从而对旅游资源做到保护，使气候景观能够持续发展。

第五，作为兴义旅游业发展的地方旅游产品，根据当地生态环境特产的东西，当地的民族特色，创造地方旅游产品，更应该保持当地特色，在与时俱进进行创造的同时，更加保持当地特色，才能够长久地得到顾客的认可。

在兴义旅游业发展的过程中，借鉴以上建议，或许不会有多大的进步，但至少能够保证兴义旅游资源的可持续发展，这对于当地人来讲是极其重要的。人的生存与发展，离不开生态环境，人与生态环境紧密相连，因此无论是为了能够使旅游业长期发展，还是为了人类的生存，人类都应该要保护环境，爱护环境。

本研究主要是根据民国《兴义县志》中记载的生态文献来探讨可供兴义发展旅游业发展的生态资源，并探讨其价值。从民国《兴义县志》记载的生态文献中可了解到兴义的生态情况，因此兴义发展旅游也可以根据生态情况制定具体措施，科学规划，进行旅游资源分配，使旅游业的发展更加合理；另外，民国《兴义县志》中记载的生态文献也为人们记述了民国时期的生态环境，可以使人们把现在的生态环境和民国时期的生态环境进行比较，看如今的生态环境与过去的生态环境，哪个更好，可以进行学习并对生态环境进行保护。因此，民国《兴义县志》中记载的生态文献具有重大价值，对旅游业的开发与发展也有不可忽视的作用，是旅游业发展旅游的基础素材。

【参考文献】

[1] 刘汉忠.《广西地方志》的文献价值取向［J］.广西地方志，2016（6）：61-62.

[2] 林衍经.地方志旅游资料的价值及其利用［J］.中国地方志，2006（1）：29-31.

[3] 秦兆祥.地方志在内蒙古民族旅游开发中的价值展现［J］.内蒙古师范大学学报（哲学社会科学版），2014（11）.

[4] 张晓萍，光映炯，郑向春.旅游人类学［M］.北京：中国人民大学出版社，2017.

● 乡村振兴视角下《兴义府志》的生态价值

张鑫慧

（贵州大学　历史与民族文化学院　贵州　贵阳　550025）

摘　要： 实施乡村振兴战略既是乡村旅游发展的重大历史机遇，又是必须响应的新要求，是关乎我国实现“两个一百年”伟大奋斗目标的重要内容，也是我国全面建成小康社会的重大战略。《兴义府志》是关于兴义地区的百科全书，具有重大的现实意义。兴义府在贵州省西南部，清时辖贞丰州、兴义县、安南县、普安县。对《兴义府志》的生态价值进行解读，对实施乡村振兴战略给予相关的启示。

关键词： 乡村振兴；兴义府志；传统文化

地方志，简称为方志，它极具地方特性并涉及甚广，所包含内容之多。方志的种类很多，大体有两种体例：一种是“统志”体，如《大元一统志》《大明一统志》《大清一统志》之类，另一种是“地方史志”体，如省志（常称“通志”）、府志、厅志、一类，有些私人著书，例如《黔书》《续黔书》之类，虽非官修志书，也不完全具备方志的体例，但就其内容而言，也应归入方志一类。若是按照等级来对地方志进行分类，大致可分为通志、府志、州志、县志、厅志、乡土志、图志等。地方志撰写的内容包括地理、官制、人物、经制、大事等，包含着地区的经济、文化、政治制度，同时方志的编修也是一代人的重要心血，是作为文化研究的重要历史文献。可以说，地方志就是一个地方的百科全书。对于地方志的挖掘，是对历史文化的重要回顾，具有深刻的学术文献资料研究价值。

贵州深处于偏远的贫困山区，贵州方志的编写极具地方特色。贵州方志的编纂最早可以追溯到宋朝，而对于最早的贵州方志，学术界许多历史文献研究者颇有争议，史继忠在《贵州方志考略》中认为最早的贵州方志当推为晋人常璩的《华阳国志：南中志》。而傅伦俊认为最早的贵州方志为永乐十五年成书的《思南府旧志》。《宋史・艺文志》载有《思州图经》1 卷，《珍州图经》3 卷。《大明一统志》引有《遵义军图经》，《舆地纪胜》卷 178 引有《黔州图经》。这些地方志都是贵州方志最早编写的见证。到了明代的时候，贵州方志已经有了重要的发展。明代是贵州最早编修省志的时期，除

作者简介：张鑫慧（1996—），女，苗族，贵州台江人，贵州大学历史与民族文化学院 2018 级在读硕士研究生。研究方向为中国少数民族经济。

了一些官方所编修的省志，还出现了私人编修方志，有王士性所编修的《黔志》一卷。清代为中国历史发展的重要时期与重大转折点。同时也是贵州方志编写的鼎盛时期，最为有名的贵州四大府志则是出自清代。目前贵州现存的方志大都以清代编修的方志为主。而贵州方志中最为有名的为道光《遵义府志》所记录十分详细，并广为流传，并且被誉为“天下第一府志之首”。贵州方志的发展可以概括为起始于宋代，元明基本定型，清代达到顶峰，民国开始衰败。

《兴义府志》是知府张锳耗费十三年主修而成。同时还有众多乡贤的不懈努力。协修的邹汉勋、朱逢甲也付出巨大努力。分辑有 20 人，其中两名知州，八名知县。采访 41 人，均为兴义府、普安县、贞丰州人。进行校对的有 7 人，均为直隶南皮人，为知府张锳的亲属，其中就包括他的儿子晚清名臣张之洞。缮写为 7 人，均为兴义府人。耗费了如此多的人力才最终完成。

同时，是众多乡贤心系家乡的表现，是众多官员心系百姓的体现。他们一方面勤政爱民、清正廉洁。张锳一生为官三十余载，在兴义知府任上，重视教育事业，每到午夜交更时分，他都会派两个差役挑着桐油篓巡城。如果见哪户人家有人在挑灯夜读，便去帮他添一勺灯油，并且送上鼓励，这就是“加油”的由来。也留下了张锳加油的典故。府志中提到：“书院之设，所以裁成文士，为国储材也”；“余守兴郡多英才，乃登玉堂而黼黻太平者，虽有而不多，何欤？意者乡先生未能遍为裁成欤！于是修书院，拓学舍、裕经费，聘主讲，并为筹小拭、乡、会试猝费，维忘之切，故为缪之周也，多士当必体余苦心，而自爱自奋。”在他上任之后，便将修志作为己任，最终历时 13 年写成。

贵州地方志的编纂者会收集许多诗歌，而他们在收录诗歌时，是有十分明确的目的与标准的。目的就在于以诗志史，把诗歌作为记录历史的工具。以诗志史，对于咸丰《兴义府志》中的竹枝词来说，最明显的莫过于直接描写兴义府的制度沿革与历史事件了。例如，曾大伦《贞丰竹枝词》：“斯州循吏忆齐名，三李同官馥政声。更有惠人王刺史，亭分丁赋缮山城。”“曾大伦，字醒斋，自号若谷子，贞丰州人，嘉庆优贡生，淡于俗学，究心经济，试秋闱不遇，乃援例，官布政经历，摄郫县邛州篆，皆有政声，后引年归卒，大伦工诗，著有《贞丰竹枝词》百首。”其中不只是对于竹枝词的描写，也是对于贵州风情风貌的描写。

同时府志中会有一些关于贵州独有的风俗习惯的描写。如张国华《普安县竹枝词》：西龙南虎石环生，遥望松岭画不成。郭远尘嚣无旅迹，书声起处杂机声。农务桑麻士气和……纵然名以绅衿重，婚嫁家中莫辨他。谭世录所写《贞丰竹枝词》：“王母河头势转斜，蟠桃旧地有人家。联机布染分颜色，此处还多格子花。……生地年年破草皮，山夷种就木棉枝。黄梅雨过花间后，紫布囊归月上时。”这些竹枝词不仅描绘了悠闲的田园生活，同时描绘了一些关于农民农桑活动等。所以这些收录的诗词就非常具有文学价值。

目前，关于《兴义府志》的研究大多是从文献保护，或是府志发展等方向对其研究。而府志，作为一个地区的百科全书，内涵丰富的文化知识，有重要的研究价值，是众多学科的第一手资料，值得我们进一步挖掘。2017 年党的十九大报告中第一次提出乡村振兴战略。党的十九大报告指出，农业农村农民问题是关系国计民生的根本性问题，必须始终把解决好“三农”问题，作为全党工作的重中之重，实施乡村振兴战略。兴义市以习近平新时代中国特色社会主义思想和党的十九大精神为指引，多举措助推乡村振兴，加快脱贫攻坚，助力全面小康。党建引领，助推乡村振兴。“旅游+”助推乡村振兴。警民融合，助推乡村振兴。而目前的兴义市是少数民族聚集地，同时是一个生态极为脆弱的地方，多年来深受石漠化、山体滑坡等影响。这里由于多年以来的文化积累，形成自己独特的文化，但是又遭遇了文化与环境之间的冲突，最终发展遇见瓶颈。我们要准确地把握乡村振兴的“二十字”方针：“产业兴旺、生态宜居、乡风文明、治理有效、生活富裕。”[1]基于乡村振兴的背景下，正处于脱贫攻坚的重要阶段，我们再来重新解读《兴义府志》中所包含的生态保护、资源利用、环境治理等，利用珍贵的历史文献资料来与乡村振兴相结合，再进一步地探讨该如何发展。将重点解读《兴义府志》中关于水资源利用等情况来进行探讨。

一、《兴义府志》的生态观

兴义是个水资源极其丰富的地方，有众多山川和河流，《兴义府志》中花费了大量的篇幅来进行描述。可以大致分为以下几类：水资源分布、水道情况、桥梁等。

（一）水资源分布的生态观

《兴义府志》中的地理志、河渠志，都有许多描述水资源状况的部分。通过三种方式进行叙述：第一种是地理志的疆域部分，会在本疆域划分中明确河流分布，如“阿姑屯为忠顺里地。考忠顺里之杨泗屯则近正南，忠顺里之阿姑屯则近西南，忠顺里之南境与兴义县之兔场、方家营为界；忠顺里之北境与兴义县之罗渭屯，普安厅这岔米、水桥、下溪、李所、顾所阿网交界。”明确地指出来各个疆域，还有河流之间的交界状况。第二种是地理志中的地势情况部分“全郡地势，万山峭立，四面水环，南有南盘江之险，守石门关、坡脚、者香诸要口，据山俄山，足以制粤。普安县形势，河据鲁沟之险，山拥磨盘之高，地属冲途，屹然岩邑”。通过对地势的叙述，我们可以了解到其中的水资源分布的状况，还描述河流流向的发展与变化。第三种是河渠志中的桥梁。在描写桥梁之时会首先对水资源的分布进行描述。“全郡之桥梁凡五十，而以安南之铁索桥为大，悬恒横江，凌空飞渡，不第奇观，百世利之。夫深不可厉，浅不可揭，

[1] 习近平．决胜全面建成小康社会夺取新时代中国特色社会主义伟大胜利——在中国共产党第十九次全国代表大会上的报告［N］．人民日报，2017-10-28.

苇不可航，游不可泳……”我们都知道森林储水，只有森林茂密处或是资源保护得好才会有好的水资源。府志中的河流流向变化、森林的储水功能、依照水资源分布的不同建设桥梁都是对水资源状况的描述。水是生命之源、生产之要、生态之基，事关人类生存、经济发展和社会进步。受水资源自然禀赋和经济社会发展规模与阶段的影响，中国面临着突出的水资源问题，水资源与能源、环境并列为影响经济社会可持续发展的三大制约性因子。近年来，中国城市化进程加快，伴随人口的大量迁移和集中，局部地区高强度需水与水资源天然分布不匹配的矛盾日益加剧，严重制约了区域社会经济建设与可持续发展如何统筹解决人口布局、经济社会发展与水资源供需的矛盾，实现水资源与社会、经济和生态环境的协调发展，是当前学界和政界普遍关注的重点议题之一。所以对于水资源分布状况的研究是不可少的。方志中内含的一种整体的生态观，水资源的分布，并不只是水资源，也是一个整体观念。

（二）水道情况中的生态观

在卷首的图说中就有考正兴义府水道图，详细描述河流流向以及出向。“全郡水之最大者曰南盘江、北盘江。考南盘江，源出云南曲靖府东南二十余里之石堡山，经橙江府，广西府至罗平州，入郡之兴义县境，块泽河、马别河注之又东流入府亲辖境，八卧溪注之。”

水道描述中，有溪、河、湖、瀑布、泉、江。如“八卧溪，在册享城南之八卧，源出府治南，东南流经册享入南盘江”。不仅对每个水道进行详细的描述，同时蕴含着许多生态文化知识。“碧水洞中有寒泉一泓，四时不竭，龙翔山泉，四时不固，祷雨有险。”还有一些关于河流的神话传说。“相传寨民捕鱼，得其巨者，食之而厌，是夜地沉为海”。而神话是否就能成为历史呢？神话历史化这一现象被大多数学者所认可。但是，并不是所有的神话都被历史化，事实证明，也有很多历史上真实存在的事件被后世神话化了。王青先生在《中国神话形成的主要途径——历史神话化》一文中说道：“由于文明的演进，原始时期的某些思想观念及行为方式长期湮没无闻，久而久之不为人们所理解，被原始人们视为真实的历史记载在后人看来虚假荒诞，因此被当作神话视之。”这一句话并不一定准确，从贵州地方志中所记载的英雄神话来看，真实的历史记载在后人看来并不一定是虚假荒诞的，也有可能是神圣不可侵犯的。贵州地方志中的历史神话化现象从某种角度来说，体现了明清时期人们对神话与历史关系的认识，在贵州人眼中，神话和历史有时是重合的，历史人物甚至并未到过贵州都能在他们的解读中转变为神话人物，这不仅让我们对中国的历史神话化进程有了进一步了解，更加说明明清时期的贵州地方志的编纂者具有强烈的神话意识。对于神话传说是有一些依据的。

（三）桥梁中的生态观

首先，《兴义方志》中关于桥梁的描写，通常都是结合地势来写的。如“盘江居中云贵交界，两山夹持，一水中绝，湍激讯悍……铁链贯入两岸岩石间，东西建谍以护楼，司起闭，凡铁著雨必锈”。其次，对于桥梁的描写，会加入一些历史史实。如沈翘楚的《铁桥碑记》“安贼之乱，朱公率千兵通滇道，四面贼兵遮逼数万骑，公夜渡仓卒”。文中讲述了铁索桥的来源，并在最后写道：“且病定之后如病现前，使人无病，我心犹憾。是念也，岂止利涉一方，所以治乱持危，洪济天下者，皆如此桥也。”“道光二十八年，邑人时秀捐金三百有奇修桥，功垂成，又以。咸丰三年，知县胡零蓬重建，改名曰普济桥”。在《兴义方志》里，桥梁不只是桥梁，还是一个有生命、有故事、有历史的个体。在人类学的研究中，关于桥有许多研究，如侗族的风雨桥。人类在达到完满的社会状态之前所面对的现实总是不尽如人意，或是天灾，或是人祸。但人类又是不屈服于现实的，总是带着希望与憧憬朝向理想迈进。侗民族也是一个充满理想的民族，除了在实践中改造现实，也在想象与象征中追求理想。而现实与理想之间总是横亘着一条鸿沟，中间需有中介，而风雨桥就因其物象的跨越性而成为侗民族从现实走向理想的象征或符号。在农业文明的背景下侗民族的理想往往就是风调雨顺，五谷丰登，人丁兴旺，六畜平安等，而风雨桥就是侗民族心中通向理想的桥梁。侗民族在风雨桥的建造上与围绕桥的许多活动中体现人与神的关系，折射出人对神的态度与情感。❶风雨桥是多种审美潜能的文本，依生形态的风雨桥展示的是人对桥依生的一面，竞生形态表现的是人对桥竞生的一面，共生形态展示的是人与桥共生的方面。在社会历史的进程中，审美、文化、生态观念不断发展，生态关系也发生了变化。如今，现代文明的条件下形成的共生的审美仪式，不再是过去敬畏、盲从自然的表现，而是人对自然的敬重，人和自然的沟通，人追求与自然的和谐。在仪式过程中，人和自然互为主体，其生态位是平等的。❷

二、《兴义府志》的当代乡村振兴价值

（一）乡村振兴战略研究的历史资料

方志是特殊的文献历史资料，我国地大物博，人口众多，民族复杂，各地历史发展极不平衡，而前人作史，又往往偏重中原，而忽略边疆，故治中国史，分地研究，十分重要。贵州地处西南，古人视为边陲，全国史籍中，有关贵州的记载实在不多，所以研究贵州史，更非读方志不可。收集整理当地的地方志，以期挖掘与保护文化遗产，成为各地各级部门的工作重点。方志的保存使其不至于散失，不仅保存了地方文

❶ 唐虹．侗族风雨桥的艺术人类学解读［J］．广西师范学院学报（哲学社会科学版），2011，32（3）：19-22.
❷ 许莹莹．侗族风雨桥的生态审美意蕴研究［D］．南宁：广西民族大学，2010：98-99.

化，也有利于学术研究。而前期的乡村振兴战略中要做好前期的研究工作，方志研究不失为一种好方法。方志的编纂和运用属于文化事业，所有的方志研究都属于方志文化研究，这是广义的方志文化研究。广义的方志文化研究始于20世纪80年代，是伴随着方志工作的启动而开始的。40多年来方志文化研究不仅推出了数量可观的论文和专著，而且初步构建了方志文化的理论体系，统一了方志文化的理论认识，为将方志文化理论运用到方志工作中打下了良好的基础。将方志研究深入文化建设中。是发挥方志功能作用的最佳用武之地。方志文化理念的提出，方志文化理论的研究，经历了由萌芽兴起到兴盛繁荣的40多年历程，方志文化的理论也逐步运用到方志工作的管理层面和研究领域，落实到修志用志实践中。多年的方志文化研究解决了一系列理论认识问题，提升了思想认识，同时从文化角度谋划方志工作全局，提出了具体措施，对推动方志工作的开展有着重要的意义。[1]

（二）维护生态的代表之作

乡村振兴的二十字方针中，生态宜居是乡村振兴的关键环节。良好生态环境是农村的最大优势和宝贵财富。建设生态宜居的美丽乡村不是单纯搞好乡村环境，而是要在乡村经济发展基础上建设和谐宜居的美丽乡村，实现经济发展与环境保护相互促进，打造人与自然和谐共生发展新格局，只有这样，才能满足农民群众日益增长的美好生活需要，逐步实现乡村振兴。[2]

《兴义府志》中大量的篇幅去讲述维护生态的问题。如政绩篇中《何世基传》："何世，新城人，进士，雍正三年官贵州巡抚。五年三月疏言：以红水江为界，南属粤之西隆州，接，西隆州隶广西城府。北属验之普安州，即今兴文县蚱地，旧为普安州地。而有士余寨插入江北，粤依勾引浩匿，劫争多事。欲杜争端，莫若先正疆界，划江而理，沿江设汛，永社粤依往来，则引匿焚携之患可息。从之。""生态"首先指的是自然生态，即自然环境。但完全处于自然状态的生态环境是无法"宜居"的，因此，这里的"生态"应该既包括自然生态环境，又包括人文生态环境，是二者的有机统一。对于目前的兴义而言，正是大力发展乡村旅游的时期。然而乡村宜居建设从规划设计到建设施工绝不能照搬城市标准，要充分体现乡村风貌和特色，形成以产业支撑美丽乡村发展的理念，注重可持续发展，充分考虑各地地形地貌和风土人情，因地制宜地打造生态宜居村庄，避免在建设过程中出现"千村一面"的雷同现象[3]。这是才对兴义市目前发展的最好建议。美丽宜居乡村建设，要颜值更要气质。生态环境是乡村的"底"，只有打好底色，才能绘制出美丽乡村的画卷。要把农村的自然环境优势转化为经济社会发展需要的生态文明优势。乡村是我国现代化发展的巨大优势和宝贵财富，

---

[1] 江万丰，高新伟．方志文化研究的兴起与意义［J］．中国地方志，2017（12）：19-28，63.

[2] 木东．乡村振兴生态宜居是关键［N］．长治日报，2019-08-04（2）.

[3] 孔祥智．生态宜居是实现乡村振兴的关键［J］．中国国情国力，2018（11）：6-9.

农村生活和发展环境的提高必须在尊重自然、顺应自然、保护自然的基础之上进行，以绿色点缀乡村底色，让生态宜居引领美丽乡村建设，润饰乡村振兴。

（三）旅游的重要资源

兴义市为了实施乡村振兴战略，目前正在大力发展旅游。如万峰林景区距离兴义市约 45 千米，是典型的喀斯特盆谷峰林地貌，分为东、西峰林，景观各异。东峰林以巍峨的喀斯特峰丛为特征，西峰林是高原喀斯特景观。惊心动魄的峡谷地缝马岭河漂流，正逐渐成为贵州旅游的一个热点。马岭河峡谷在黔西南州首府兴义市东北，是 7000 万年前地壳运动中拉开的裂缝，并在水流长期侵蚀下形成的一条奇险幽深的狭窄地缝，深达 200 ~ 400 米，人称“地球上美丽的伤疤”。峡谷雄、奇、险、秀，千峰对峙，峭壁和峰顶上，集中了古庙、古桥、古寨、古营盘、古战场、古驿道、古石碑、古人类遗址等人文景观和瀑布群、溶洞群、钙华壁画等自然奇观，充满古朴和野趣，在全球极为罕见，因而有“天下第一缝”之称。笔山书院，以书院所面对的兴义城南笔架山而得名，是今黔西南民族师范高等专科学校的前身，始建至今已近 200 年，历经清朝、民国时期、中华人民共和国三个历史时期。1905 年，笔山书院转办高等小学堂，附设师范讲习所，后改为兴义简易师范学校（隶属于省立兴义中学）、兴义乡村师范学校。1926 年改为兴义初级中学，1941 年更名为贵州省省立兴义中学。中华人民共和国成立后，省政府决定将原省立盘县师范学校迁往兴义笔山书院院址内，与简易师范合并，正式定名为贵州兴义地区师范学校。顶效镇位于兴义市东北 17.6 千米，离镇不远，有猫猫山；因山顶有两个隆起的山包，一个低而微垂如猫头，另一个高而扁长似猫身拱起而得名。远远望去，它像一只山猫匍匐在地，正准备纵身而起，捕获猎物。猫头上，有一个高 3 米，宽 4 米左右的岩洞，酷似山猫圆睁的大眼，当地人称之为猫猫洞。1974 年冬，考古工作者由于一个偶然的机会，在洞里找到了有古代人工打击痕迹的石片。

以《兴义府志》为蓝本，有许多历史资源可以开发。兴义地势险要，景观奇特，就是很好的旅游资源。并且兴义府志中也记录了许多名人，可以通过名人来进行兴义的推广。从“地、人、景”的方式来进行旅游资源的整合，这就是待开发的旅游资源，只要通过好的方式开发就能取得好的成效。历史名人资源的旅游开发，实际上就是一种文化创新，即通过适当的方式将资源所蕴含的无形的文化内涵用具体的物质产品外显出来，这种由资源到产品的开发过程就是资源文化内涵的外化过程。由于历史名人资源不同于一般的文化资源，所以在对其的旅游开发中既要遵循一般的文化资源的开发原则，又要考虑其自身的特点和开发规律，只有这样才能建立起科学合理的开发思路。所以，从《兴义府志》中我们都能找到这些去做进一步开发。

三、启示

无论是乡村振兴还是方志研究，都不是一个短期工作，都要进一步地努力，从《兴义府志》的形成和问世，和其中所内含的生态都是重要的启示。

（一）冰冻三尺非一日之寒

《兴义府志》历经13年才问世，是张锳、邹汉勋、朱甲春等，以及众多百姓、官员协同努力完成的。而乡村振兴是一项庞大的工程。要不断地做好资源整合，全面实施“乡村振兴战略”。实现乡村振兴人才是关键，物资是基础。乡村有大量的可利用物资，各级政府和社会各界有很多可供给的物资。如果将这些物资充分合理分配后加以利用，就能实现经济上的帕累托最优，就可以盘活乡村振兴战略实施的有效物力。然而在共同缔造乡村振兴中，物资分配和合理利用还存在一些问题：一是乡村自有物资的闲置浪费。乡村有丰富的自有资源，如田园、林地等都是乡村振兴所需的必要的“物”，也是全体乡村的共同资产，在这些资源当中绝大多数仍旧保持在帮助农民解决温饱的利用程度上，极大荒废了这些资源的应有价值。二是社会物资转化为乡村振兴资本的问题。自党的十九大提出乡村振兴战略以来，各类社会资本开始汇聚到乡村发展[1]。但从实践来看，有些社会资本的供给初衷不是为了振兴乡村经济、改善乡村环境、提高乡村人民生活质量，而是为了从乡村建设中获取暴利，最后是肥了社会投资者，瘦了村民自己。三是政府对乡村振兴的物资投入转化问题。单靠农民自身或社会资本投入几乎无法实现乡村振兴，许多建设项目需要由政府出资牵头建设，这极易滋生腐败问题。如一些干部在乡村振兴的项目中吃拿卡要，导致引进的项目质量不过关，这样既伤了企业的心，又伤了百姓的心，最后还毁了政府的声誉。乡村振兴就是要通过政府、农民、社会才能真正地实施。乡村振兴并不是简单的哪一方的责任。

（二）扎实的田野工作

田野工作或实地调查目前已经成为人类学标志性的研究方法之一。甚至一些教科书提出，区别一项研究是否是人类学的关键标准就是田野工作。古塔和弗格森提到，“田野”使人类学研究有别于诸如历史学、社会学、政治科学、文学和文学批评、宗教研究，尤其是文化研究等与人类学相关的学科。长久以来，出于一种自然主义的理想，“田野”一词带有强烈的地域性色彩，即人类学的田野工作应当像其他田野科学一样，其研究对象是在“自然环境”中，而研究者则是在这个环境中进行直接观察。而这也就在客观上使人类学的研究具有了某种离开自己所在的地方或“家乡”的内在必要性，似乎只有远赴异邦他乡才能算是进入“田野”，才能体验到文化的差异性，才能进行参与观察式的田野工作。

---

[1] 代正光．强化共同缔造　推动乡村振兴［J］．重庆行政，2019，20（4）：21-23.

而方志的研究中，涉及许多综合性的知识。所以方志的编写需要的是扎实的田野工作。而乡村振兴，许多田野点都是在乡村。在这个时代里，那种小农生活的田园景观已经离我们非常遥远，人们甚至觉得那是落后的象征。在城市中心主义的驱动之下，乡村面临的主要困境，是跟城市相比之后的自愧不如。每个国家、每个民族、每个群体，都拥有各自共同的历史文化传统，都不会忘记那些体现其集体价值观的往事。因此，集体记忆是保存社会文化的载体，也是连接个人与社会的纽带。事实上，每个地区都是有历史记忆的，对一个民族来说更是这样。如果忘却了历史，丧失了记忆，我们的民族就没有希望了。在乡村的田野工作要带给我们的到底是什么？我们怎么来认识田野工作的价值？赶赴乡村让我们认识到那些传统的生态景观蕴藏着祖祖辈辈的生存智慧，我们也可以在搜集家谱、地契，搜集老百姓头脑中记忆的过程中，去熟知和传承地域文化。但于我而言，最想讲的是，田野工作能够培育我们创造生活的情感和能力。因为人是活在情感里、活在能力建设中的。作为一个乡村的行动者，我们不仅可以唤醒别人的生命意识，也能唤醒自己；我们不仅可以用情感去传递一种力量，也能在不同的时间里温暖自己的心灵。田野工作本身是情感的学问与实践。所以说要做好田野，田野同时是一种体现，是一种见证。田野是记忆的一种方式。

（三）传统文化的传承与保护

所谓乡村振兴，就是通过大力发展，使乡村逐步兴盛和繁荣起来。在人民日益向往美好生活的新时代，我们所需要的乡村振兴不单纯是某一领域、某一方面的振兴，而是既包括经济、社会和文化振兴，也包括治理体系创新和生态文明进步在内的全面振兴。因此，乡村振兴是一个综合的概念，其内涵十分丰富。当前，中央提出的乡村振兴战略是新时期、新农村建设的升级版。党的十六届五中全会提出了建设社会主义新农村的总体要求，即“生产发展、生活宽裕、乡风文明、村容整洁、管理民主”的20字方针。这次中央提出的乡村振兴战略，又根据发展阶段的变化和面临的新形势，确立了新的总要求，即“产业兴旺、生态宜居、乡风文明、治理有效、生活富裕”的新20字方针。这一总要求内涵更加丰富，领域更为广泛，充分体现了中国特色社会主义的新时代特征和全面建成小康社会的基本要求。传统文化是一个民族发展和前进的重要支撑，在经济全球化的今天，只有不断加强对传统文化和传统技艺的保护，才能够提升认同感和凝聚力，促进经济的进一步发展。

非物质文化的传承和发展在当前社会环境之下，必然会面临各种各样的困境和干扰。现代工业与制造业对非物质文化造成了严重的冲击，很多文化无法适应市场经济的发展要求而逐渐消失殆尽。文化遗产是优秀传统文化的重要历史见证及标志，包括物质和非物质文化遗产。无论是物质文化遗产还是非物质文化遗产，都是被认定为具有一定价值和意义的传统文化的载体，这些载体以各种方式连接着历史与当代人之间的情感，是一个民族存在的文化基础和基因，承载着一个民族的认同感和自豪感。传统文化就是中国人民宝贵的物质和精神财富，集中体现了中国共产党对中华优秀传统文化的继承和发展，优秀的传统文化任何时候都不会过时，也不会随着社会的发展失去其对当前文化的塑造力，更不会因为我国在未来发展的不可预测而放弃对传统文化的继承和发扬。一个民族真正的强大，不仅仅是经济、军事、科技力量的强大，最重要的核心所在是民族精神力量的强大，是精神家园的强大。民族精神强大源于民族精神的独立，只有民族精神独立了，这个基础抓牢了，民族才能屹立于世界民族之林，而后才谈得上民族精神的强大。那么，一个民族的精神独立性体现在哪里？答案是文化。党的十九大报告指出，中国发展进入新的历史时代，意味着我们要从站起来、富起来到强起来。强起来的“强”，不仅体现在硬实力上，更要体现在软实力上。软实力的“强”，对外表现为中华优秀传统文化要有吸引力与辐射力。中国已经崛起，这种崛起和世界上其他大国不一样，我们走的是一条文明崛起的道路，打破和超越了此前历史上“国强必霸”的旧式逻辑，是全新的人类文明发展模式，这种模式对人类文明的发展具有世界意义。那么，如何将我们的文明崛起之路传播到世界各个角落，最有效的方式就是传播我们国家的文化，文化是一个国家、一个民族的灵魂，最能展现民族精神。

【参考文献】

[1] 史继忠 . 贵州方志考略 [J]. 贵州民族研究，1979（1）：95–101.

[2] 严奇岩 . 贵州历代方志收集、整理的现状、回顾与展望——评《贵州历代方志集成》[J]. 中国地方志，2017（11）：58–62，64.

[3] 谭德兴 . 论咸丰《兴义府志》中的竹枝词 [J]. 贵州大学学报（社会科学版），2011，29（1）：120–125.

[4] 王浩，王建华 . 中国水资源与可持续发展 [J]. 中国科学学刊，2012，27（3）：352–358.

[5] 曹蕊 . 贵州方志中的神话研究 [D]. 贵阳：贵州大学，2017：95–96.

[6] 唐虹 . 侗族风雨桥的艺术人类学解读 [J]. 广西师范学院学报（哲学社会科学版），2011，32(3)：19–22.

[7] 郭晓鸣，张克俊，虞洪，等 . 实施乡村振兴战略的系统认识与道路选择 [J]. 农村经济，2018（1）：11–20.

[8] 梁滨久 . 深入开展方志性质学术研究的必要性 [J]. 广西地方志，2017（2）：5–10.

[9] 江万丰，高新伟 . 方志文化研究的兴起与意义 [J]. 中国地方志，2017（12）：19–28，63.

[10] 孔祥智 . 生态宜居是实现乡村振兴的关键 [J]. 中国国情国力，2018（11）：6–9.

[11] 刘静雅 . 以生态之底色润饰乡村振兴 [J]. 乡村科技，2018（24）：1.

[12] 万俊人 . “和谐社会”及其道德基础 [J]. 马克思主义与现实，2005（1）：6–8.

[13] 秋石 . 正确认识我国社会现阶段道德状况 [J]. 求是，2012（1）：18–21.

［14］田勇．旅游非道德行为与旅游道德的塑造［J］．桂林旅游高等专科学校学报，1999（2）：15-16，28.
［15］冯小叶．山东省历史名人资源的旅游开发研究［D］．济南：山东大学，2005：97-98.
［16］范建华．乡村振兴战略的理论与实践［J］．思想战线，2018，44（3）：149-163.
［17］代正光．强化共同缔造　推动乡村振兴［J］．重庆行政，2019，20（4）：21-23.
［18］黄剑波．何处是田野？——人类学田野工作的若干反思［J］．广西民族研究，2007（3）：66-71.
［19］张卫红．非物质文化遗产视角下传统技艺的传承与保护［J］．中小企业管理与科技（下旬刊），2019（3）：101-103.

● 贵州民族传统生态文化与精准脱贫、乡村振兴的关系与作用机理

——以贵州省黔东南苗族侗族自治州丹寨县为例

潘皇权

（中共丹寨县委党校　贵州　丹寨　557500）

摘　要：贵州省黔东南苗族侗族自治州（简称“黔东南州”）丹寨县民族传统生态文化在贵州省极为丰富，独具特色，拥有 7 项国家级、17 项省级、34 项州级非物质文化遗产，特别是锦鸡舞成了贵州省最具有代表性的文化品牌之一，在国内外具有一定的影响力。民族传统生态文化引领、激活、繁荣了丹寨民族文化市场，拉动了民族手工业的发展，形成了“文化促产业、产业促发展、发展促振兴、振兴促文化”的良性发展模式，有力地推动旅游业的发展，以民族传统生态文化为切入点，推进少数民族地区的精准脱贫、乡村振兴，实现生态文明推动乡村振兴，对当前贵州“守住两条底线、用好两个宝贝”推进实施精准脱贫和乡村振兴战略，具有较好的借鉴价值。

关键词：贵州；民族传统生态文化；精准脱贫；乡村振兴；关系与作用

一、丹寨县的基本概况

丹寨县位于贵州省东南部、黔东南州西部，国土面积 940 平方千米，辖 4 镇 2 乡、1 个省级经济开发区和 1 个省级农业园区，总人口 17.8 万人，少数民族占 87.71%，是一个以苗族为主，侗、水、汉等多民族聚居的县。丹寨气候独特宜人，海拔 600~1700 米，森林覆盖率达 70.77%，年均气温 14.5℃，夏季平均气温 22.8℃，冬无严寒，夏无酷暑，空气质量优良天数保持在 100%，是理想的旅游、避暑、休闲胜地和天然氧吧。丹寨文化神秘多姿，民族风情浓郁，有 7 项国家级、17 项省级、34 项州级非物质文化遗产，锦鸡舞、古法造纸、蜡染、鸟笼等文化都走出了国门。丹寨故事美丽精彩，苗族祭尤节、锦鸡西南飞、龙泉山建寺、汞矿辉煌史等故事传说增添了神秘色彩，一年建成开发区、万达小镇和万达职院一年建成投运等丹寨速度展现了精彩面貌。丹寨景

作者简介：潘皇权（1974—），男，水族，贵州丹寨人，中共丹寨县委党校教师。研究方向为民族文化、乡村振兴。

区声名远播，万达小镇旅游持续井喷，龙泉山万亩杜鹃、石桥千年古纸、高要五彩梯田、黔东第一瀑布排廷瀑布等每年吸引不少国内外游客前来观光。丹寨区位优势凸显，面向珠三角、背靠大西南，厦蓉高速和贵广高铁穿境而过，凯羊高速和 G321 国道穿城而过，是贵阳、重庆等地南下出海的重要通道。

丹寨县拥有丰富的非物质文化遗产，众多民族文化和自然景观在全州、全省乃至全国都具有唯一性，有“全国最具民族风情县”“未来五年中国最佳休闲度假县”“2010 年贵州十大魅力旅游景区”等称号。

二、丹寨县民族传统生态文化的概况及特点

丹寨县党委政府重视民族传统生态文化的保护和发展，投入人力、财力和物力，对锦鸡文化进行挖掘、梳理、保护、传承和发展，将民族传统生态文化申报为非物质文化遗产。目前，丹寨县已有 7 项国家级［芦笙音乐（苗族芒筒芦笙）、苗年、苗族服饰、苗族贾理、苗族蜡染技艺、苗族芦笙舞（锦鸡舞）、皮纸制作技艺］、17 项省级（苗族百鸟衣艺术、苗族翻鼓节、苗族给哈舞、苗族祭尤节、苗族历法、苗族刺绣、苗族婚姻习俗、苗族四滴水芦笙制作技艺、苗族银饰锻造技艺、鸟笼制作技艺等）和 34 项州级非物质文化遗产。当中，锦鸡舞、蜡染、古法造纸、鸟笼等文化都走出了国门，同时将非物质文化视为精准脱贫、乡村振兴的重要扶贫产业。

（一）国家级非物质文化遗产——锦鸡舞

麻鸟村是锦鸡舞的发祥地，被誉为芦笙锦鸡舞之乡，也是远近闻名的“芦笙村”。麻鸟，即苗语锦鸡，有的地方翻译时也叫麻略。麻鸟村以苗族为聚居的山区传统村落，位于丹寨县排调镇东南部，距州府 125 千米，距县城 75 千米，距镇政府驻地 32 千米。麻鸟村海拔 1180 米，森林覆盖率 70%，年平均气温 13.7℃，年降水量 1388.8 毫米。全村辖 7 个村民小组 3 个自然寨，182 户 765 人，劳动力 485 人，其中建档立卡贫困户 92 户 351 人。

麻鸟苗族的祖先一边开田，一边打猎充饥度日，是锦鸡帮助他们获得了小米种，帮助他们度过饥荒。所以，居住在当地的苗族同胞在每年的重大节日里举行隆重的吹笙跳月活动，敲响铜鼓，跳起“锦鸡舞”，以纪念先祖和怀念美丽锦鸡给他们带来的自由、祥和与欢乐。苗族人民对锦鸡的情感融入锦鸡舞蹈里，把锦鸡舞特有的朴实的行、神、情、景与苗家的文化融合在一起，这就构成了一幅原生态的锦鸡舞蹈意境美。

1985 年 11 月创作了《锦鸡舞》节目，由黔东南州歌舞团搬上艺术舞台表演之后，产生了意想不到的艺术效果，之后县、州作为长期演出的保留节目，随着《锦鸡舞》节目在县、州、省长期表演。20 世纪 80 年代，黔东南州歌舞团不断艺术加工锦鸡舞，国家民族民间艺术团带领县民族文工团和黔东南州歌舞团出访法国、荷兰、意大利等国家和地区表演锦鸡舞，受到国外观众的高度赞扬。因此，锦鸡舞也驰名海外。

1995年，黔东南苗族侗族自治州人民政府为锦鸡舞颁发了创作一等奖；2006年，苗族芦笙舞（锦鸡舞）被国务院列为国家级非物质文化遗产保护名录；2007年，贵州省人民政府公布38个艺术之乡，锦鸡舞的发祥地——麻鸟村为“锦鸡舞艺术之乡”；2008年，丹寨苗族锦鸡舞参加“多彩贵州”舞蹈大赛，夺得原生态舞蹈大赛最高奖“金黔奖”；2009年，苗族锦鸡舞荣获全国传统舞蹈展演金奖。锦鸡舞成了丹寨县、黔东南州乃至贵州省响亮的民族文化品牌，黔东南州歌舞团、丹寨县民族艺术团在国内外一直在表演锦鸡舞，现在黔东南苗族地区的许多旅游景点、宾馆、酒楼等也表演锦鸡舞。

2018年7月，由多彩贵州文化艺术股份有限公司与万达集团合作推出《锦秀丹寨》，以丹寨县国家级非物质文化遗产——锦鸡舞为主要元素，将单纯的爱情升华为带有族群印记的世间大爱，传达苗族人“以美丽回敬苦难、以付出回报生命”的精神，讲述了上古的涿鹿原野，蚩尤大败于黄帝，苗族先人不得不离开已经稻花飘香、安宁和谐的家园，开始了苗族史上最苦难、最刻骨铭心的大迁徙的故事。丹寨万达小镇表演《锦秀丹寨》向世人亮相，让游客沉浸地体验原汁原味的锦鸡文化元素，并深受游客青睐。

（二）国家级非物质文化遗产——古法造纸

石桥村历史渊源久远，据当地的村民蔡大斌口传史记载，其祖籍原为都匀墨冲，后迁到石桥居住，并将古法造纸技艺带到这里传承发展。造纸作坊即在天然石桥50米对面大岩脚石壁下。石壁宽约百米，高约80米。石壁前倾，能遮蔽风雨，是一座极好的天然厂房；内有一清澈的泉水，是造纸最好的水力资源。

据专家考证，石桥白皮纸制作工艺具有唐代造纸艺术风格，石桥苗族先民借鉴汉民族的造纸技术，它利用当地丰富构皮、杉根制作白皮纸。石桥村造纸人家，每年择吉日举行盛大活动，祭祀蔡伦。

石桥古法造纸工艺流程，与明代宋应星所著《天工开物》记载的图解基本一致。《后汉书·蔡伦传》载：“用树肤、麻头、敝布、鱼网以为纸。”明代李时珍所著《本草纲目》载：“蜀人以麻、闽人以嫩竹、海人以苔、吴人以茧、楚人以楮为纸。”苗族历史上曾长期居住在楚地。楮树当地叫构皮麻。至今仍是石桥造纸的主要原料。“构皮麻”通过水沤、浆灰、煮料、河沤、地灰蒸、漂洗、选料、袋洗、打槽、抄纸、压纸、晒纸、揭纸、包装等十几道工序，生产出白皮纸。

石桥纸制品有白皮纸和彩色纸，其中彩色纸可分为云龙纸、皱褶纸、凹凸纸、压平纸、花草纸、麻丝纸六大系列。由于石桥白皮纸靠原始手工操作，工艺细腻，纸质优良，具有柔韧性、光泽度好，吸水性强等特点，深受国内外顾客青睐。

“石桥皮纸制作技艺”被列为国家级非物质文化遗产保护项目，石桥古法手工造纸是石桥特有的民族传统工艺，从唐朝中期开始沿传至今已有1500多年的历史，工艺保持传承完好，被称为我国现存的“活化石”，故石桥村还被称为“中国国纸之乡”，目前主要有四大类：一是迎春构皮苗纸系列；二是书纸画系列；三是特种手工纸系列；

四是传统白皮纸。其迎春纸系列作为国家图书馆、博物馆指定用纸，白皮纸供应贵州茅台酒厂包装用纸。该村现有古法造纸专业合作社（公司）4 个，带动农户 71 户，纸坊 36 间，平均年产纸 100 万张，年纯收入 300 万元。

（三）国家级非物质文化遗产——苗族蜡染

苗族蜡染是我国古老的民间传统印花工艺。古称“蜡缬”。亦是苗族“丹都支系”世代相传的民间手工技艺，苗语称“木图”。该支系自称嘎弄，他族称为“白领苗”。

丹寨蜡染的历史可追溯到唐代:《新唐书·南蛮传》上记载：应州（今黔南、黔东南一带，丹寨也在其内）少数民族首领谢元琛曾带领一个身穿蜡染刺绣（卉服鸟章）服装的乐队去朝见唐太宗。

丹寨苗族蜡染的分布区域位于县东南面的扬武乡、排调镇一带，以扬武乡的排莫村、排倒村、排调镇的远景村为中心，整个蜡染区域 50 多平方千米，21 个自然村寨，1.45 万人。

丹寨苗族蜡染工艺有点蜡和画蜡两种。点蜡是以圆点排列为虚线，再由虚线组织成图案；画蜡则以线和块面来描绘图案。苗族蜡染可分为“几何纹”样和“自然纹”样两大类。几何纹比较抽象概括，最具代表性的有“涡妥”纹，是一种水涡旋纹，传说是祖宗迁徙途中渡过的河流中的漩涡，固定在女性盛装上的肩背、衣袖处，不能更改；而丹寨苗族蜡染的作者更喜欢使用自然纹样，自然纹样多以自然界中的花鸟鱼虫作图案的素材，随心所欲地创作，活泼流畅，造型生动，富于夸张。特别是鸟的变化最为丰富，想象力异常大胆，简练传神，乡土气浓，富有童话般的梦幻色彩。

丹寨蜡染由于地域的封闭，较好地保存了民族文化传统，经过苗族妇女世代传承和创新，形成了独特的艺术风格，具有历史学、民族学、民俗学和美学、心理学、宗教学研究价值。它又是苗族地区人与自然和谐相处的写照。

（四）省级非物质文化遗产——卡拉鸟笼

养鸟在我国已有很长的历史。据史料记载，唐朝就有了笼子养鸟的方式。鸟笼成了一种文玩，成为一种文化。其中作为非物质文化遗产的鸟笼制作技艺与传承，目前，云南昆明的回龙村和贵州丹寨县的卡拉村是两个著名的鸟笼制作专业村，其鸟笼制作有很长的历史，很高的水平并且有不少著名的传承人。

丹寨县“卡拉鸟笼”历史悠久，源远流长，制作工艺精湛，是国内外久负盛名的精美的艺术品。苗族养鸟、玩鸟历史悠久，鸟笼制作传统技艺也历史悠久。在丹寨县境内会制作鸟笼这门技艺的只有卡拉村，卡拉鸟笼制作技艺至少有 120 年的历史。

“卡拉鸟笼”制作是一项历史久远的技艺，其工艺流程有砍竹、破竹、除湿、定型、编织、上色等。产品造型结构有方、圆、尖、扁以及上小下大的罗汉肚，腰鼓形等，具有艺术性、实用性、传统性、地域性等基本特征。同时，篾编工艺品作为用具，还具有便捷、卫生环保作用以及使用性、艺术欣赏性、收藏性等重要价值。

卡拉鸟笼使用质地坚硬的大南竹和阳轩竹，经过选竹、砍竹、破竹、除湿、定型、编织、上色等工序精制而成。在卡拉鸟笼制作的工艺流程中，最重要的流程是除湿，除湿时温度过高会使竹丝发脆，容易折断，过低达不到除湿和防蛀的目的。

丹寨“卡拉鸟笼”历史悠久，源远流长，制作工艺精湛，是国内外久负盛名的精美的艺术品，具有极高的艺术欣赏价值，因为它具有欣赏性和实用性，为此，它为当地和周边的群众创造了一定的价值。卡拉鸟笼制作技艺编织的鸟笼品相精美，深受国内外养鸟爱好者的喜爱。

为了保护和传承这门民族民间技艺，传承人玉和已向周边的乡镇村寨传授这门技艺，现已覆盖周边的排倒、基加、乌湾、牛棚等村，参与人数300多人。2009年鸟笼制作技艺被贵州省人民政府公布为非物质文化遗产名录。

2012年，卡拉村鸟笼协会成立，卡拉村鸟笼生产实行新的发展模式：“支部+合作社+农户”“互联网+销路”的发展模式，村支“两委”和协会带领全村建家园、壮产业、谋发展、促增收。2014年人均纯收入稳步提升达7333元，在全县率先实现了小康。根据新时期扶贫产业发展的要求，2016年卡拉村注册“建勇远”产业合作社，其中包括卡拉鸟笼产业合作社。这一时期，卡拉村主导产业是鸟笼加工与销售并带动农家乐接待；成立了卡拉鸟笼传习所；在村里最高峰的山上建成巨型卡拉鸟笼雕塑并成为丹寨县的标志；在丹寨万达旅游小镇设立卡拉鸟笼文化体验园和展示销售窗口。

三、丹寨县发展民族传统生态文化推动精准脱贫和乡村振兴的发展成效

在各级党委政府的大力支持和正确领导下，通过广大村民的共同努力，特别是大力发展民族传统生态文化，整合发展生态建设、基础设施、产业发展、公共服务设施建设等，丹寨县村寨按照“美丽乡村、生态环保、和谐宜居”的目标进行建设，实施以六项行动计划为抓手，开展以“路、水、房、电、讯、寨、产业、管理、乐、贷”“十大小康工程”建设，全村已实现“五化八工程”（庭院硬化、集中式饮用水源地保护、污水治理、垃圾分类收集处理、公共厕所、文体活动场所及设施、照明设施等八个方面的项目建设，实现村寨“道路硬化、卫生净化、环境美化、村寨亮化、生活乐化”，简称“五化八工程”）目标。2016年，丹寨县农村已从一个中华人民共和国成立前农民食不果腹，大集体生产靠救济生活的贫困落后状态蜕变成“产业兴旺、生态宜居、乡风文明、治理有效、生活富裕”的社会主义新农村面貌。笔者主要选取卡拉村、麻鸟村、石桥村等村寨、鸟笼产业、锦鸡文化发展、古法造纸产业以及群众的变化透视丹寨县民族传统生态文化推动精准脱贫和乡村振兴的发展成效。

（一）实现了“产业兴旺”

“产业兴旺”是乡村振兴的核心。唯有产业兴旺，才能从根本上解决农村的社会问

题，走上可持续发展的道路。

丹寨县龙泉镇卡拉村重点依托鸟笼产品及其制作技术并以严密的组织和管理创新，提高标准化、制度化和组织化水平，推动产品加工转型升级。一方面，适度经营规模；另一方面，推进农村一、二、三产业融合，促进农业产业链延伸，为农户创造更多就业和增收机会。依托鸟笼制作，卡拉村 171 户人家就有 122 户专业制作鸟笼。除了普通鸟笼外，卡拉村还有集编制、雕刻、蜡染、刺绣、书法、绘画等艺术于一体的精品鸟笼，深受人们喜爱，远销新加坡、日本以及欧美等地。卡拉鸟笼出名了，到卡拉旅游的游客也逐步增多，很多村民办起了农家乐，第三产业蓬勃兴起。2016 年，卡拉村农家乐发展到 28 家，收入近 500 万元。2018 年旅游人次达 120 余万人次。全村农民人均纯收入除了传统的种养殖业，来自鸟笼制作的收入达 4500 元以上；来自农家乐经营的收入达到 5000 元以上。年旅游总收入达 960 万元以上。先富带后富，到 2017 年年底，卡拉鸟笼产业带动贫困户 32 户 114 人脱贫，农家乐产业带动了 9 户 43 人脱贫致富。目前，卡拉村主导产业有鸟笼、农家乐以及依托鸟笼和农家乐发展起来的旅游业。2006 年，贵州省命名卡拉村为“鸟笼编织艺术之乡”，2009 年卡拉村鸟笼制作工艺被列为省级国家非物质文化遗产。

丹寨县南皋乡石桥村依靠民族生态文化的古法造纸技艺做成旅游和扶贫产业，吸引了越来越多的国内外游客前来观光游览，广大群众主要依靠古法造纸文化旅游产业来脱贫致富。石桥旅游扶贫实行“公司 + 合作社 + 农户 + 旅游”的产业模式，主要做好“旅游 + 文化”“旅游 + 服务业”和“旅游 + 扶贫”的文章。目前丹寨县石桥泉山古法造纸专业合作社共有 22 户农户参与合作社，其中贫困户为 8 户。合作社实行多劳多得、少劳少得、不劳不得的制度。据核实，该合作社去年完成 260 万元的销售额，实现利润收益 100 余万元，确保各参与生产劳动农户月均收入 3500 元 / 人，实现户均年收入 3 万元以上，有效带领群众脱贫致富。

丹寨县借助万达集团帮助和凭借锦鸡舞为首的文化品牌，在丹寨万达小镇专门建设了“锦鸡广场”，白天在“锦鸡广场”表演锦鸡舞，晚间在剧场表演《锦秀丹寨》，不断拉动丹寨县旅游发展。仅 2017 年接待游客总人数达 310 万人次，同比增长 243%，实现旅游综合收入 25 亿元，同比增长 356%，实现了井喷式增长。锦鸡文化推进旅游发展，旅游发展实现产业兴旺，有效拉动了芦笙、银饰、蜡染、刺绣等非遗品牌。

（二）实现了“生态宜居”

实现乡村“生态宜居”，是生态建设的重点，也是农村农民的梦想。

卡拉村拥有得天独厚的自然条件和地形地势，已成为丹寨县和丹寨万达旅游小镇旁边绿水青山，遍地多彩野花，服务设施齐全，村民安居乐业的理想之地。卡拉村通过鸟笼产业的引领，全村山水园田合理规划，生活用水集中供给，生活污水和垃圾集中处理，行道树、绿化草地统一规划建设，村内主干道路实行全天候保洁。该村分别拥有一个容纳500人的民族文化芦笙堂和容纳5000人的广场和游客集散地。有标准篮球场两个。有百亩"云上花谷"休闲公园一座。拥有一处百年古树环绕、小桥流水四季清澈的地下溶洞山塘，村内道路全部硬化，道路两旁是以鸟笼图案为造型的路灯。如今在旅游季节走进卡拉苗寨，整洁的村容村貌，良好的人居环境，多姿多彩的民族文化，给人留下深刻印象。都说靠山吃山，靠水吃水。在卡拉村，靠的就是传统手工艺。别具特色的原生态鸟笼文化为卡拉苗寨搭建了平台，吸引了不少国内外游客慕名而来。每当游客来临，村里的鸟笼高手都要进行技艺表演，多角度、全方位地为远方的客人展现苗族鸟笼这一原生态民族文化和制作技艺。在村口，身着苗族盛装的姑娘们笑意盈盈地邀请游客喝米酒，男女老少自发地跳起欢快的苗族芦笙舞蹈。寨子里一栋栋苗家吊脚楼掩映在树林间，充满诗情画意。农家一楼的厅堂、院子里堆放着已编制好的鸟笼，呈现出家家编制鸟笼、户户都有鸟笼、处处都是宜人的场景。

同样，丹寨县排调镇麻鸟村凭借锦鸡舞的品牌影响力，2012年，麻鸟村列入贵州省500个特色民族文化村寨和黔东南州100个民族文化村寨之一，2013年入选第二批"中国传统村落"名录。麻鸟借助成为中国传统村落的契机，充分利用传统村落的政策和资金，不断加强村落保护和治理，村寨环境、村容、面貌、生态等得到了极大的改善，有效实现生态宜居。麻鸟村落建筑物都是干栏式吊脚木楼，既坚固美观，又滤水干燥，生态及房屋非常适宜。麻鸟原生态环境保护较好，山上生长有野生李子、桃子、杨梅等果类和蕨菜、徽菜、八月笋、蘑菇等众多菜类及杜仲、勾藤、血藤等野生中草药材，寨中有国家一、二级保护植物红豆杉、古柏、三尖杉等古树。麻鸟梯田380余亩，层层叠叠、规模宏大，气势磅礴、线条优美，在漫漫云海的覆盖下，构成了神奇壮丽的景观，居于梯田间的山村、小寨与梯田交相辉映，并与大自然融为一体，无不体现出人类与大自然的和谐之美，给人一种"世外桃源"的感觉，吸引国内外摄影爱好者前来观光摄影。

（三）基本实现"乡风文明"

乡风文明是乡村振兴的核心和灵魂，抓住乡风文明建设，就抓住了乡村振兴的关键。美丽乡愁离不开生态美景、文化风貌、文化空间。

丹寨县的锦鸡舞过去主要为祭祖，在苗族十二年一次的祭祖活动中担当重要角色，通过不断保护、传承和发展，锦鸡舞除为祭祖和节日活动娱乐表演之外，还成了迎宾、商业、旅游、国内外文化交流的重点表演节目。锦鸡舞保护、传承和发展的进程，造就了麻鸟人余富文成为苗族芦笙、芒筒改良家和演奏家，成为中国音乐家协会、中国少数民族音乐学会、中国民族管弦乐学会、中国笙学研究会会员。先后参加了国家级和国际重要演出，将锦鸡舞展示全国，舞出国门，其音乐代表作有舞剧《麦收时节》、舞蹈《苗家姑娘放排忙》、歌曲《改革开放好》、器乐曲《沸腾的苗岭》、电视剧《苗族议榔》等，其发表了20多篇学术论文，创作的《芦笙组曲》获得贵州省首届"苗岭音乐节"

一等奖等。通过锦鸡文化助推文明建设，麻鸟村荣获了全国少数民族特色村寨（苗族）、贵州省少数民族特色村寨、村级文明单位等荣誉称号，有效实现乡风文明。

同样，丹寨县龙泉镇卡拉村拥有一所村级幼儿园和一所村卫生室，儿童就近入园，群众小病不出村。大力弘扬社会主义核心价值观，传承遵规守约、尊老爱幼、邻里互助、诚实守信等乡村良好风俗。完善了村规民约，建设了家风教育示范村。有省级鸟笼制作工艺传承人 2 人，州级 5 人。2000 年以来，卡拉村分别获得省级以上表彰或命名 12 次，州级 16 次，县级 33 次。

四、丹寨县大力发展民族传统生态文化，推动精准脱贫和乡村振兴的发展模式

近年来，丹寨县依托民族传统生态文化及品牌，探索创新了能力增强到户、产业增效到户、资源增多到户、政策增进到户的“四增到户”扶贫新模式，既有效保护、传承、发展民族传统生态文化，又逐步化解精准脱贫及乡村振兴的难题，通过层层压实帮扶责任、激发贫困群众内生动力、有力推进民族生态文化变成产业扶贫工程，逐步形成村村有项目、户户有增收的扶贫新格局，闯出了一条具有丹寨特色的脱贫攻坚新路子，并取得明显成效。

（一）能力增强到户，引导广大群众传承发展民族传统生态文化，激发贫困群众脱贫志

把“励志”与“扶智”作为脱贫攻坚的重要抓手，以开展懒转勤、勤转能、能转富的“三转”行动为载体，深入推进“能力增强到户”，积极引导广大群众传承发展民族传统生态文化，激发贫困群众脱贫攻坚的内生动力。

丹寨县积极开展民族传统生态文化技能培训进村寨活动，邀请专家、学者、非遗传承人为广大群众开展保护、传承、发展民族传统生态文化的知识和技能培训，同时大力实施非遗文化进校园、进教材、进课堂项目，组织编写民族文化校本教材，为少数民族学生搭建了多元化的成长平台，在中小学成立非遗文化兴趣班，为学生学习“苗族锦鸡舞”“苗族蜡染”“苗族刺绣”和“苗族民歌”等传统非遗文化，感受多姿多彩的民族文化。

同时，组织相关干部、群众到县外的民族文化产业示范基地进行参观学习，使其开阔视野、自找差距、自增压力、取长补短、提升能力，不断增强大力发展民族传统生态文化产业的意识和决心，有效激发脱贫斗志和内生动力。

立足全县拥有 7 项国家级、17 项省级、34 项州级非物质文化遗产和社会需求，几年来完成民族文化技能培训近万人次，让农户掌握鸟笼、刺绣、造纸、蜡染等就业技艺，不断促进农民增收致富。

（二）产业增效到户，大力将民族传统生态文化转变成扶贫产业，不断促进“造血”模式强产业

探索创新“品牌带产业、企业带基地、合作社带贫困户、‘支部+’”的民族传统生态文化产业扶贫为载体，实现“产业增效到户”。

品牌带产业，实现价值倍增。借助丹寨万达小镇，围绕蜡染、银饰、刺绣、鸟笼等非遗品牌，推动“指尖技艺”向“指尖经济”转化。仅丹寨县国春银饰有限责任公司2017年销售额达2630余万元，带动18户55人就业，实现人均年收入2.5万元。卡拉村依托“鸟笼文化艺术之乡”品牌，强力推进品牌带特色产业发展。先后组建丹寨县卡拉村工艺鸟笼厂、鸟笼协会、鸟笼产业合作社等，有力推动了卡拉村的鸟笼产业发展，使鸟笼制作由传统手工艺变成价值可观的商品和村级主导产业，同时引爆了民族文化旅游业。在这一过程中，不仅让民族传统手工艺得到发扬光大，而且带来了就业，增加了收入，带动了脱贫，打造并提升了卡拉村的特色旅游和观光景点。

企业带基地，实现收益共享。万达集体通过在丹寨万达小镇建有蜡染体验馆、古法造纸体验馆、银饰设计创新创业实践基地等，同时修建了尤公广场、苗年广场、鼓楼广场、锦鸡广场的四大民族文化主题广场、引入7个国家级非物质文化遗产项目和17个省级非物质文化遗产项目“落户小镇”，很好地传承丹寨的民族文化风情，形成一座集“吃、住、行、游、购、娱、教”于一体的休闲、度假、历史、养身文旅小镇。2018年7月，由多彩贵州文化艺术股份有限公司与万达集团合作推出《锦秀丹寨》，以丹寨县国家级非物质文化遗产——锦鸡舞为主要元素，将单纯的爱情升华为带有族群印记的世间大爱，传达苗族人“以美丽回敬苦难、以付出回报生命”的精神，讲述了上古的涿鹿原野，蚩尤大败于黄帝，苗族先人不得不离开已经稻花飘香、安宁和谐的家园，开始了苗族史上最苦难、最刻骨铭心的大迁徙的故事。丹寨万达小镇表演《锦秀丹寨》向世人亮相，让游客沉浸体验原汁原味的锦鸡文化元素，并深受游客青睐，有力促进了丹寨县的旅游发展，直接提供近3000人稳定就业，将带动相关产业发展和众多贫困户脱贫，覆盖丹寨3万多贫困人口。

合作社带贫困户。全县具有民族文化特色的村寨，通过成立蜡染、刺绣、银饰、服饰、鸟笼等民族传统生态文化专业合作社，解决单个农户发展能力不强、抵御风险能力低等问题，实行抱团发展。如龙泉镇卡拉村成立了鸟笼产业和农家乐两家合作社，让所有制作鸟笼的农户和举办农家乐的农户分别加入村合作社，统一制作标准，分散加工、统一收购、统一销售，因地制宜发展产业。同时，借鉴“三变”模式，鼓励农户利用房屋、技术、资金、劳务等要素入股合作社发展。这种抱团发展的做法，充分发挥了集团优势，增强了市场竞争力和话语权，保证了村集体和农户双方利益联结机制，确保收益有保障。所得收益按照村集体经济占两成，合作社占两成，农户占六成的“226”分配方式，壮大了集体经济，增加了农户收入。

"支部+"模式。如卡拉村，紧紧抓住党支部建设这个"牛鼻子"不放松，建强组织核心。支部多次被镇、县、州评为"红旗"村党支部、"五好"基层党组织和先进基层党组织。以支部为基础，加强其他各方面建设，形成了强有力的"支部+"模式。村支部始终把加强班子建设，特别是村级各个组织的"一把手"培养选拔作为提高战斗力的首要工作来抓，以村"两委"换届为契机，把政治素质好，带领群众致富能力强的"领头雁"推选为村"两委"班子和村级其他组织的负责人。卡拉村支部积极开展"双培双带"和"三育工程"活动，注重将党员培养成发展能手、致富能人、技术人才，培养成带领群众发展增收的"金种子"。把致富能人培养成党员，培养成村干部等。2012 年以来有 25 名党员被培养成致富能人，16 名致富能人被培养为党员，5 名党员致富能人培养成村干部，党员队伍带富能力得到增强。党支部还让党员立足岗位作承诺、办实事、做奉献，带头参与鸟笼制作产业发展，带头开拓鸟笼产业市场，带头帮助群众发展致富。2014 年，支部开展"手挽手、一帮一"活动，全村党员共与 39 户贫困户结对，1 名党员与 1 名贫困群众结对，着力在生活上帮、产业上助、困难上解，帮助群众共同发展致富，通过开展帮扶，贫困群众实现年户均增收 2 万元以上。

（三）资源增多到户，充分发挥各种社会资源带动民族传统生态文化的健康发展，用足资源强后劲

充分利用人力、财力、物力和外力等"四力"资源，开展"资源增多到户"行动，把"四力"资源精准配置到户，解决群众发展民族传统生态文化资源不足的问题，增强发展后劲和支撑。

对民族传统生态文化的微型企业进行"财政补助、担保贷款、税收奖励"的模式给予大力扶持，为微型企业发展输入资金"血液"。微型企业得到松绑解压，增强了发展活力，卡拉鸟笼加工、农家乐、石桥古法造纸、蜡染民族手工艺品加工、苗族银饰加工等微型企业示范点异军突起。同时，丹寨县作为全国首个推行财政专项资金全面统筹整合改革试点县，打破"打酱油的钱不能买醋"的体制弊端，形成了"多个渠道引水、一个龙头放水"的扶贫投入新格局，有力推动民族传统生态文化事业发展。

（四）政策增进到户，促进广大群众用好政策发展民族传统生态文化产业，群众享有获得感

立足用好、用足、用活上级政策，健全完善配套政策，采取进退管理促精准、易地搬迁促治本、惠民政策促保障、压实责任促到位的"四促"举措，实现"政策增进到户"，着力推动政策形成叠加效应，让广大群众最大受益。

通过贫困户通过贷款"特惠贷"、党员通过"党贷富"、青年通过"青扶贷"获得发展民族传统生态文化产业资金，解决广大群众发展文化产业资金难的问题，有力促进全县民族传统生态文化的发展繁荣。

坚持以产定搬、以岗定搬推进易地扶贫搬迁政策落实到户，解决搬迁贫困户就业发展问题，在移民社区建立有银饰、刺绣、蜡染、鸟笼等企业及专业合作社等，保障搬迁群众原有土地流转有收入、劳动力就业有安排、孩子就读有学上、享受政策有保障，实现搬迁群众“搬得出、稳得住、能致富”。

推行党风廉政建设“森林管护区”制度和创新“五定五抓”巡察机制，切实发挥好巡察的“利剑”作用，组建3个巡察组，强化对脱贫攻坚任务落实和资金项目审批、管理、使用、实施情况的巡查，切实保障民族传统生态文化发展和脱贫攻坚有效推进。

五、丹寨县民族传统生态文化发展经验及相关启示

丹寨县民族传统生态文化得到保护、传承、发展和繁荣，特别是丹寨县的锦鸡舞、蜡染、银饰、鸟笼等民族传统生态文化产品从非物质文化遗产到走向全国迈出国门，成为贵州省具有代表性的文化品牌之一，在国内外具有一定的影响力，促进一个个贫困落后山村变成宜业宜居的社会主义新农村，对于西部欠发达的喀斯特地区精准脱贫、乡村振兴具有很好的借鉴意义，其成功经验和启示值得认真总结。

（一）民族传统生态文化发展经验

1. 民族传统生态文化得到及时挖掘、保护、传承和发展，有力促进农民收入

丹寨县党委政府重视锦鸡文化的挖掘、保护、传承和发展，以创新的思维，把民族传统生态文化基因在传承的同时变成制作技艺并把技艺变成商品。在商品规模化之后，形成自己特有的文化产业从而壮大经济。丹寨县的现实发展路径走的是文化发展振兴村级经济推动乡村振兴之路。如丹寨县的锦鸡舞，1985年11月，由黔东南歌舞团的创作人余富文（麻鸟村人）编曲，吴廷杰、王文荣编舞，运用丹寨县排调镇麻鸟村和羊先村一带短裙苗族支系的民间芦竹音乐和舞蹈素材为基础创作了《锦鸡舞》，通过20多年舞蹈艺术魅力提升，锦鸡舞影响越来越大，2005年丹寨县将锦鸡舞申报非物质文化遗产，经州、省专家评审，省文化厅上报，国务院批准列入第一批国家级非物质文化遗产保护名录。之后，丹寨县锦鸡舞夺得了“多彩贵州”原生态舞蹈大赛最高奖“金黔奖”及“最佳人气奖”、全国传统舞蹈展演金奖等大奖，《锦鸡舞》成了丹寨县乃至黔东南州、贵州省最响亮的民族文化品牌。丹寨县不断发展和壮大锦鸡文化，建立了县级1个民族文工团、镇级一个锦鸡舞演艺队、麻鸟村12个锦鸡舞表演队，以县、镇、村三级演艺团队通过祭祀、节日、商业、旅游、州内乃至国内外进行文化交流，不断保护、传承、发展和壮大锦鸡文化。

2. 民族传统生态文化带动民族手工业发展，既能促进民族手工产品商业化，又不断增加农民收入

借助锦鸡舞、蜡染、银饰、鸟笼等民族传统生态文化品牌影响力，有力拉动丹寨旅游业发展，不断带动蜡染、银饰、造纸、织锦、芦笙制作、竹藤编工艺等50余种

民族手工业。通过“企业＋合作社＋作坊＋农户”发展模式带动民族手工业，先后引进了宁航蜡染有限公司、贵州晟世锦绣文化投资有限公司，并扶持本地国春银饰公司、彩云间民族文化传播有限公司等民族手工企业发展。选取具有独特技艺传承的村寨和具有一定号召力、管理能力的民族手工技艺传承人，指导成立民族手工专业合作社，并帮助合作社联系产品外销、接收订单、开展培训等。鼓励民族手工个人建立家庭作坊，让村民在家里就能生产，全县已有1500余人足不出户就能参与民族手工生产。自 2017 年 7 月 3 日万达小镇开业以来，全县共有 17 个民族手工合作社、66 家手工业店铺入驻万达小镇，涉及 7 项国家级非遗和 17 项省级非遗，使万达小镇成为“非遗文化主题小镇”。2017 年下半年，民族手工店铺共实现销售收入 877 万元，直接带动了 2286 名贫困人口增收 1320 元，全年人均增收 2645 元。

3. 民族传统生态文化借助外力，积极拓展产业外延

丹寨县在发展、壮大民族传统生态文化的进程中，借助万达集团等知名企业力量，既提质打造文化品牌，又将民族传统生态文化产业外延。如卡拉村的鸟笼产业，卡拉村干部群众主动走出家门，开阔眼界，积极寻找外力支持和发展商机，以诚信合作和坚持不懈的精神换来源源不断的订单，形成商品流和客流，成功获得大量外来商品鸟笼订单，对卡拉村鸟笼开发投资壮大并带动农家乐和民族文化旅游产业的发展起到了很大的推动作用。

4. 民族传统生态文化走出国门，既能有力促进与世界各国文化交流，又能不断提升文化品牌

民族的就是世界的。只有让民族传统生态文化在国内外进行文化交流，才能不断提升其知名度和影响力，更加有利于民族传统生态文化品牌创建。如，丹寨县的锦鸡舞代表贵州和中国民族文化品牌，走访了美国、西班牙、印度尼西亚、日本、俄罗斯、新加坡等国家和地区，将少数民族文化锦鸡舞传播到世界各地。1988 年 8 月，意大利戈里齐亚市举行的国际民间艺术节，共有 94 个国家民间艺术团参加表演，而黔东南歌舞团表演的《锦鸡舞》得到了意大利民间艺术节秘书长法格尔先生的高度评价，他说：“锦鸡舞音乐优美、服饰绚丽、银饰精湛、表演动人，具有浓郁的中国少数民族的民间艺术特色和突出的地方情调。”一位加拿大的艺术家也激动地说：“锦鸡舞是一流的民族舞蹈艺术。”同样，在克拉根胡国际艺术节上，奥地利报纸写道：“锦鸡舞演员美、舞蹈美、音乐美、服装美，是东方艺术之美。”

（二）民族传统生态文化发展启示

1. 党委政府高度重视民族传统生态文化发展，方能得以发展壮大

丹寨县的民族传统生态文化之所以能得到很好地保护、传承、发展和壮大，并成为贵州文化品牌，从文化品牌变成了产业，助推乡村振兴，其根本原因是党委政府重视挖掘、保护、发展和壮大民族文化，将其融入生活和产业，让其充分展示民族文化的艺术和魅力，得到人们的喜欢和认可。只有将民族文化做成产业，才能得到发展壮大和持续发扬光大。随着农村现代化的推进，急需组织人才队伍及时抢救、挖掘、保护和发展具有价值的民族文化，并将转化为产业，将对农村、农民今后的发展带来极大的变化，不断推进精准脱贫和乡村振兴。

2. 民族传统生态文化需要抱团发展，方能形成合力发展和壮大

近两年来，丹寨县民族传统生态文化之所以能得到发展和壮大，主要得益于将锦鸡舞、蜡染、银饰、鸟笼等 7 项国家级非遗和 17 项省级非遗集于丹寨万达小镇，通过非遗文化抱团发展促进民族传统生态文化的发展、繁荣和壮大，形成了文化品牌带动旅游发展，旅游发展可拉动民族手工业的发展，不断促进农民增收和推进乡村振兴。

3. 民族传统生态文化需要打造包装，方能更好植入现代旅游发展

从多彩贵州文化艺术股份有限公司与万达集团合作推出的大型苗族歌舞情景体验剧《锦秀丹寨》经验得出，民族传统生态文化品牌需要企业的打造和包装，将民族传统生态文化元素植入现代旅游产品，让民族传统生态文化极大地发出光芒，才能让民族传统生态文化成为产业，以产业带动旅游发展，从而达到民族传统生态文化不断繁荣，有力促进农民增收脱贫，不断推进乡村振兴。

六、丹寨县民族传统生态文化发展建议及相应对策

（一）增强民族传统生态文化，促进精准脱贫和乡村振兴战略意识，不断解放干群思想，形成合力推进民族文化繁荣发展

党的十九大报告对乡村振兴战略提出了“产业兴旺、生态宜居、乡风文明、治理有效、生活富裕”的总要求，即“五位一体”。乡村振兴，文化引领，非遗先行。科学思想武装头脑。通过大力宣传学习领会党的十九大精神以及中央有关决策部署，深入了解乡村振兴战略，充分理解民族传统生态文化在乡村振兴战略实施中的重要地位，不断增强理解乡村振兴战略意识，不断解放思想，让民族传统生态文化特别是非遗文化促进乡村振兴深入人心、家喻户晓，达成共识、形成合力，不断推动民族文化繁荣发展。

（二）强化民族传统生态文化建设，做好发展规划，促进民族文化有序有效、健康发展

借鉴丹寨县的模式和经验，通过顶层设计，制定国家级、省级、州级、县（市）级、镇级、村级的民族传统生态文化保护、传承和发展的建设规划。一是大力建立村、镇、县三级民族传统生态文化展览馆（室）。通过建立展览馆（室），让更多人更加方便了解民族传统生态文化，让更多专家学者、各界人士、村民参与保护、传承、发展民族传统生态文化。二是规划基础设施建设。按照建设规划加大对特色民族村寨的村

貌整治、公路扩宽、餐馆食宿、人才培训、旅游开发等投入，让传统村落成为独具特色的民族传统生态文化旅游村落，让游客不断向往，不断促进旅游发展，有力推进乡村振兴。三是建设民族传统生态文化传承基地，要有机构、有人才、有场所、有内容、有经费，抓好民族传统生态文化传承人群，或者非遗保护志愿者群体。四是引导村民参与保护、传承、发展民族传统生态文化，鼓励参与民族舞蹈表演、手工制作、餐饮食宿的旅游发展，让民族传统生态文化成为乡村脱贫致富奔小康、新时期经济增长点，让村民感受到幸福感、获得感。

（三）注重知名文化企业的引领带动，促进创建文化品牌，通过国际文化交流提升民族文化影响力

从丹寨县大型苗族歌舞情景体验剧《锦秀丹寨》推出的经验，建议借助知名文化企业的创新思维对民族传统生态文化进行打造和包装，让民族文化元素植入现代文化产品，既保护了民族传统生态文化的传承发展，又提升了民族传统生态文化的品牌。同时将民族传统生态文化品牌置于世界舞台进行世界文化交流，让其展示魅力，不断开阔视野和磨炼提升，有效提升了民族传统生态文化的地位和品牌，更加有利于推进民族传统生态文化的繁荣发展。

（四）有效运用政策资金，加大保护传承传统村落，有效促进旅游发展和乡村振兴

建议县级党委政府抓住保护传统村落的机遇，配套出台保护传统村落的政策和资金，持续保护、传承、发展独具“人无我有，人有我特，人特我好，人好我更好”的传统村落，有效促进旅游发展和乡村振兴。一是要保住村的形态，留住村的味道，让村落看得见山、望得见水，听得到民歌、跳得了民族舞，记得住乡愁。二是延续民风民俗，引导村民将技术工艺、节日庆典、婚丧习俗融入日常生活，开展民族赛事，讲好民族故事，还原民族味道。三是不断改善人居环境，抓好旅游发展，做强支撑产业，让村民有收入、能致富。四是落实传统村落保护发展条例，解决谁来管、谁来批、履行什么程序、承担什么责任的问题，通过法律的刚性约束，进一步明确无论是谁只要破坏传统村落都要受到法律追究，更加有利于保护、传承、发展和繁荣民族传统生态文化。

● 贵州民族传统生态文化与乡风文明的时代建设

文学湘

（贵州省麻江县中等职业技术学院　贵州　麻江 557600）

摘　要：从中外学者的众多研究成果来看，生态文化古已有之，而概念的提出则是现代的。它是与工业文化、人征服自然的文化相对立的一种新文化。即以崇尚自然、保护环境、促进资源永续利用为基本特征，能使人与自然协调发展、和谐共进，促进实现可持续发展的文化。生态文化的形成，意味着人类统治自然的价值观念的根本转变，这种转变标志着人类中心主义价值取向到人与自然和谐发展价值取向的过渡。它起源于人类图腾时代，行至现代生态文明，历经了漫长的岁月。内容包括树立生态文明观、推行绿色行政、倡导绿色消费、弘扬传统历史文化等。其表现形式既是物质的又是非物质的，是民族的又是世界的，是传统的又是先进的，是个性的又是融合的，是民间的又是主流的……对现实中乡风文明的形成和发展起着潜移默化的作用。本文以“贵州民族传统生态文化与乡风文明的时代建设”为关注点，重在检索和分析贵州民族传统生态文化与乡风文明之间的关系及教化功能，并站在“时代”的高度探索“建设”路径，旨在为贵州乡村振兴战略的实施提供理论支撑和实践借鉴。

关键词：生态文化；乡风文明；乡村振兴

一、贵州民族传统生态文化

（一）贵州民族源流浅考

贵州是一个多民族的省份，少数民族数量仅次于云南，居全国第二位。其中世居少数民族有土家族、苗族、布依族、侗族、彝族、仡佬族、水族、回族、白族、瑶族、壮族、毛南族、蒙古族、仫佬族、羌族、满族、畲族17个。少数民族人口占贵州省总人口的37.9%。关于贵州民族源流的研究，已经很丰富很深入，学界在很多领域已经形成共识。资料显示，贵州是古人类发祥地之一，早在24万年前就有人类栖息繁衍。其中，黔西县的观音洞，是长江以南地区旧石器时代早期文化的典型代表。濮人被公认为贵州土著族群，越人、苗、汉等被公认为外来民族。由此可见，贵州民族传统生态

作者简介：文学湘（1970—），苗族，贵州麻江人，高级讲师。研究方向为民族文化。

文化具有本土和外来文化融合、生成又不断创新发展的特征，呈现出“你中有我、我中有你”的包容共生现状，并共同组成中华民族优秀传统文化的重要部分，展示出举足轻重的时代价值。

（二）贵州民族传统生态文化

贵州是一个多元民族多元文化的省份，是西南古代百越族系、氐羌族系、百濮族系和苗瑶族系等族系分布的连接点、交汇处。各民族在贵州大山里创造出各具特点的民族生态环境，呈现出多元民族多元文化并存的特点。贵州又是中国乃至亚洲喀斯特地貌集中连片分布的中心区域，专家认为，喀斯特地貌的山地生态环境极其脆弱，一旦遭到破坏，就极易造成石漠化，但是贵州各民族在这一非常脆弱的喀斯特山区环境中，保留了青山绿水。这是贵州各民族利用生态智慧维护生态环境的结果，是贵州各民族传统生态文化发挥积极效应的集中体现。

1. 稻作文化

荔波县茂兰镇的水族至今仍然保存着传统的稻作文化，保留了 40 多种传统糯稻品种。他们对这些传统糯稻品种的习性了如指掌，进而充分利用其进行生态维护。这些糯稻品种最鲜明的特点是：生长期差异大、秆高、耐阴等。凭借这些特点，当地水族为龙江下游制造了一块“超级生态湿地公园”，为龙江流域在枯水季节提供源源不断的水源，又为龙江流域在雨水季节避免或降低洪涝灾害的风险。他们在长期的生产劳动中掌握了一套民间天文知识，这一天文知识可以帮助他们在什么样的年头选择什么样的品种来种植。其判断的方法是：每年立春后，第一次打雷的雷声来自东方，那么这一年就是风调雨顺年，因此可以选择成熟时间相对短的糯稻来种植；如果雷声来自西方或其他方向就是干旱年，那么就要选择那些生长期较长的糯稻来种植。通过人为选种，交错消解了雨水季节与枯水季节各自存在的风险，最大限度地降低了看似无法抗拒的自然灾害。

2. 树崇拜文化

北盘江一带的彝族、白族、汉族等民族的“树文化”对保护森林的作用比任何其他手段都要管用。盘州妥乐村寨内现有千年古银杏树一千余株。在妥乐村民的认知模式中，千年古银杏树是他们对长寿和家族人丁兴旺的美好愿望，古银杏树的茁壮成长象征当地村民的生命旺盛。他们认为，植物与人的生命一样具有男女之分，古银杏树也就有母树和公树之分。这些男女古银杏树以“夫妻”的关系通过“交配”不断地繁衍新的生命，构成一个庞大的古银杏树家族。在他们看来，这些古银杏树中，母树较公树少，因此存在“婚姻挤压”的现象，已经严重影响了树木之间的和谐关系。而这些银杏树的不和谐，象征着整个村寨邻里关系破裂。为了解决古银杏树的“婚姻挤压”问题，维护整个村寨人与人之间的和睦相处，村民把新生长的银杏树视为他们的儿子，而儿子长大了要给予包办婚姻，因此就在寨子周围不断地扩大银杏树的种植面积，拓展银杏树的生存空间，以满足新生银杏树的择偶需要。当地村民对待古银杏树就像对待自己的生命一样。为了表示对古银杏树的尊重，逢年过节要杀猪宰羊，举行隆重的祭树活动，形成了“树中有我，我中有树，人树合一”的“树崇拜”文化。

3. 轮耕文化

威宁自治县苏丫卡村至今还保存着传统的轮种与轮荒的耕作文化，这种文化对其周边的生态系统具有很好的调适作用。苏丫卡村主要以种植荞麦、小麦、马铃薯、玉米等农作物为主。他们将耕地划分为无数个生态圈，然后轮流在不同的生态圈里种植不同的农作物，且要保证每个生态圈轮荒 4 年左右的时间。以某个生态圈为例，其传统的耕作模式可以表示为：第一年栽种玉米，第二年栽种荞麦，第三年栽种马铃薯，第四年栽种小麦，第五年撂荒，第六年撂荒，第七年撂荒，第八年撂荒，第九年栽种玉米……当地苗族认为，不同的农作物对土壤养分的需求有所不同，采取轮种不同的农作物，可以使土壤里的不同养分被不同的农作物所吸收，提高了土壤养分的利用率。采取轮荒却起到了增加土壤肥力的作用，被轮荒的生态圈没有种植农作物，而是向其放牧。牲口在这些被轮荒的耕地里吃草后，通过排便，有效增加了土壤的肥力，实现了能量转换。这种轮耕文化的生态价值体现在，防止了土地石漠化又蓄积土地肥力保护了生态环境。

4. 铜鼓文化

专家认为，公元前 7 世纪前后，生活在中国珠江流域的濮人从炊具铜釜中创造了打击乐器铜鼓。此后铜鼓向北传入四川邛都，向东传入贵州和广西、广东，向南传入越南北部，向西传入缅甸、泰国，至今铜鼓已流传两千多年。贵州铜鼓以遵义型铜鼓和麻江型铜鼓为代表。铜鼓文化流传地区以贵阳、遵义和黔东南较为集中。雷山县郎德苗寨的铜鼓文化，既是青铜文化的组成部分，又是苗族文化的主要内容，将苗族文化中的“鱼文化”“鼓文化”“笙文化”等丰富多彩的文化内涵融为一体。铜鼓作为贵州古夜郎民族的祭器、乐器，至今仍为贵州苗、布依、彝、侗、仡佬、水、瑶及土家等民族所运用，并且保留着由铜鼓文化所养育而成的团队精神，沿袭着铜鼓文化所体现的制度文化特征，存在着族内及社区大事“公议乃决”的原始民主遗风及其相关程序，从而维护了村社秩序的稳定，也推进了民族和社会的进一步发展。

5. 芦笙文化

芦笙在苗族的祖先神告且和告当的远古时代就出现了。相传那时，告且和告当造出日月后，又从天公那里盗来谷种撒到地里，可惜播种的谷子收成很差，为了解忧，一次告且和告当从山上砍了六根白苦竹扎成一束，放在口中一吹发出了奇特的乐声。奇怪的是，地里的稻谷在竹管吹出的乐声中，长得十分茂盛，当年获得了大丰收。从此以后，苗家每逢喜庆的日子就吹芦笙。芦笙在苗族民间，大多出现于群体活动，作为凝聚力和号召力将苗族的心连在一起。据文献记载，早在唐代西南地区就广泛流行吹芦笙了，芦笙节具有悠久的历史。节日期间，男子吹芦笙，姑娘伴随着芦笙的乐曲翩翩起舞，表达细腻的内心感情和对于新生活的无限热爱。清《广舆胜览》中载有苗族芦笙舞图，图上一苗族青年男子边吹芦笙，边起步舞蹈，一女子梳高髻，穿花衣裙，左手执巾，右手摇铃而舞。图上注明：苗族“每岁孟春，择平地为月场，男吹芦笙女摇铃，盘旋歌舞，谓之跳月”。直到今天，芦笙舞仍在苗族聚居区广为流行，只是吹笙的男子不是一人，而是多人；女子舞时也不拿巾和铃，通常是徒手而舞。芦笙舞有快舞和慢舞之分，在节日和比赛场合里多跳快舞，舞姿健康粗犷、情绪欢快开朗；而在村寨的院坝上多跳慢舞，动作优美、情绪舒缓安详。被誉为“东方迪斯科”。

6. 节庆文化

据不完全统计，贵州省少数民族的传统节日有1000多个，集会地点1000多个。著名的有苗族的“姊妹节”“四月八”“龙舟节”“芦笙节”；布依族的“查白歌节”；侗族的“歌酒节”；彝族的“赛马节”“火把节”；土家族和仡佬族的“吃新节”；水族的“端节”“卯节”；麻江县瑶族的“隔冬节”等。贵州的节日内容从来源到方式，都起自自然规律，因而确定节气和节日时间对应了自然时序和社会人文时序的协调要素。它在几千年的形成发展过程中承载着最为丰厚的文明价值内涵，在包括精神信仰、审美情趣、感恩寄托、伦理亲缘、商品交换、生活习俗，乃至于在卫生防疫、医疗养生、荒政救灾、扶贫济困等社会发展的所有方面。节日被世世代代时有创新地加以遵循恪守，造就了贵州各民族丰富的精神家园，让幸福感、欢乐感、升华感油然而生。

7. 祭祀文化

祭祀，是一种信仰活动，源于天地和谐共生的信仰理念。研究成果表明，人类最原始的两种信仰：一是天地信仰，二是祖先信仰。天地信仰和祖先信仰产生于人类初期对自然界以及祖先的崇拜，由此产生了各种崇拜祭祀活动。拜天地、祭神明，祈求神明和祖先保佑风调雨顺，祈祷降福免灾。民族的不同，构成各具风格的祭祀文化。中国历代各民族的祭祀是一门历史文化，祭祀对象分为三类：天神、地祇、人神。天神称祀，地祇称祭，宗庙称享。古代中国“神不歆非类，民不祀非族”，祭祀有严格等级。天神地祇由君主祭，诸侯大夫祭山川，士庶祭祖先和灶神。贵州民族传统祭祀多为敬神、求神和祭拜祖先。春节、端午节、清明节、重阳节是由原始信仰形成祭祀天地神灵、祖先的节日。“天地君亲师”是祭祀文化的最集中的体现，其祭祀意义经过千百年的演变和升华，已经远远超越了原初的文化空间，具有适应时代发展的先进特征。

8. 宗祠文化

宗祠，俗称家庙、祠堂。它是儒家礼制的产物，是崇孝敬祖的场所，是民间建筑的瑰宝。宗祠文化作为贵州民族传统文化重要组成部分，是中国古代农耕社会人们敬畏自然、尊崇祖先的反映，也是服从和服务于“孝道治国”的大政方略。宗祠多建于家族聚居地的中心位置，大多建筑宏丽、工艺精美，集建筑、雕刻、绘画、书法、文学于一体，承载了深厚的历史积淀和悠远的传统风俗。宗祠的主要功能是祭祖敬祖，宗亲联谊。具有血缘认同、和宗睦族，缅怀祖德、传承文明，弘扬正气、激励子孙，奖优助学、排忧解难等作用，是继往开来的一处“心灵圣地”。它以血缘文化形式记录着中华民族形成与发展的历程，并以不断的连续性、强大的凝聚力，对民族融合、国家统一发挥着特殊作用。它以姓氏为徽记承载了以“和谐”为核心的人文精神。每个宗祠都有族训家规家风等，其中有敬长老、孝父母、尊师长、崇俭朴、戒奢侈、禁赌博等伦理规范，有利于群众增强对本土文化的认同感和归属感，有利于群众的思想道德建设，有利于社会和谐稳定。

9. 乡约文化

乡约即乡规民约，起源于周代，成文于北宋的《吕氏乡约》，其后是南宋的《增损吕氏乡约》。到了明代，乡约文化得到朝廷的大力提倡和推广。乡约产生于最基层，与老百姓的生活息息相关，成为法律之外规范千家万户的道德准则。由于它是人们亲身体验利弊得失后自发订立的，所以其认同感发自内心，得到了多数人的自觉遵守。党的十八届四中全会通过的《关于全面推进依法治国若干重大问题的决定》中提出，要“发挥市民公约、乡规民约、行业规章、团体章程等社会规范在社会治理中的积极作用”。近年来，在全国各地基层诞生的乡规民约家训，既有传统文化基因的传承，又充分展现了新时代所需要的全新道德规范。“复垦复耕，土地扩增；基本农田，永不占用；依法用地，集约利用……”这是麻江县乐埠村的乡规民约；“打工一年一万三，回家吃酒荷包干。”这是普定县和平村流传的一句顺口溜。2015年起，该村出台乡规民约，积极开展移风易俗活动，有效遏制了巧立名目办席、收礼的风气。在当代贵州的乡规民约里，禁赌是一项极为普遍的条款，而且每个地方都依据当地赌博特色增添禁赌内容，对症下药，显示出乡规民约与社会问题紧密相连的正能量态势。

10. 议榔文化

《福泉县志》(1983)、《中国巫傩史》(林河著)载：议榔属夜郎古国语言和夜郎国就有的民间组织。议榔，即凡事经群众讨论叫“议”，做出决定叫“榔”。议榔由德高望重的多名男女组成，对出现的社会问题(案子)进行调查研究，属实后，依照“议榔”条款处理。重者如人命案，则用竹篓将案犯装上，加上石头，沉河处死。抑或服毒当众自死。叫“以命抵命”。次者用竹篓装上，挂到寨中、路旁、街中示众，让人羞辱，警示众人不得这样做。轻者则赔礼道歉做出赔偿，或买酒煮肉招待大伙，以示悔过自新。议榔的功能不仅是断案，还是传统美德、社会公德、爱国主义等得以普及的群众性组织。在议榔的倡导下，农忙季节互相帮助、逢年过节为无劳力人家和孤寡老人打扫卫生、救济钱米肉食、救灾赈灾、赡(抚)养鳏寡孤独，婚丧嫁娶、保境安民等得到有序有效实施。议榔属村民自治范畴的产物，在法律尚未健全、国家治理相对薄弱的年代，发挥了村民自治和乡风淳化的积极作用。

贵州民族传统生态文化丰富多彩，有物质和非物质之分。以上所述10类，仅仅是其中的凤毛麟角。如屯堡文化、土司文化等均未在所述之列。大部分是先辈在劳动、生活中产生的对忧乐、生死、婚配、祖先、自然、天地的敬畏与态度的表达，是满足人的自然需求、社会需求和精神需求的活态文化，是先辈通过日常生活的运用而留存到现代的文化财富，是民族个性、民族审美习惯的“活”的显现。

二、贵州民族传统生态文化的价值表征

从历史角度来看，贵州民族传统生态文化发展的过程，是自身发展和外来融合的过程，并通过长期的磨合、共生和创新发展，共同展现出中华文明的价值表征。具体概括为以下六个方面。

（一）“天地君亲师”的感恩价值

天地君亲师，为中国儒家祭祀的对象。在当代贵州的普通家庭，体现为设一天地君亲师牌位供奉于中堂，俗称“神龛”或“香火”。为古代沿袭至今祭天地、祭祖、祭圣贤等民间祭祀的综合，也是传统敬天法祖、孝亲顺长、忠君爱国、尊师重教的价值观念取向。天地君亲师思想发端于《国语》，形成于《荀子》，在西汉流行于思想界和学术界，明朝后期以来，崇奉天地君亲师在民间广为流行。祭天地源于自然崇拜，中国古代以天为至高神，主宰一切，以地配天，化育万物；祭天地有顺服天意、感谢造化之意。祭祀君王源于君权神授观念。由于在封建社会君王是国家的象征，故祭祀君王也有祈求国泰民安之意。祭亲也就是祭祖，由原始的祖先崇拜发展而来。天地君亲师是传统社会中感恩价值的合法性和合理性依据，由于深入人心，对民众的物质生活和精神生活各方面都产生巨大影响。

（二）“士农工商学”的职业价值

《国语·齐语》载：“公曰：‘处士农工商若何？’管子对曰：‘昔圣王之处士也，使就闲燕，处工就官府；处商就市井；处农就田野。’”意思是，齐桓公问：“怎么管理军士、农民、工匠、商人呢？”管仲回答：“过去圣明的君王管理军士，让他居住在清净的地方；管理工匠，让他居住在官府；管理商人，让他居住在闹市；管理农民，让他居住在田野。”这是中国历史上第一次把社会各阶层按职业划分来管理，这种专业化商品经济管理模式，自两汉以来被尊奉为基本形态和指导原则，其细致的职业化分工及世代相传的制度安排，是中国早期文明领先于世界的重要原因之一。到毛泽东时代，“士农工商”被扩展为“工农商学兵”。“兵”即“士”，“学”即“知识分子”。可见职业分工更为细化。在历代民族融合和文化融合的过程中，这一“基本形态和指导原则”必然为贵州各少数民族所接受并形成较为先进的生产力而被世代传承发展，体现出贵州民族传统生态文化中“士农工商学”的职业价值。

（三）“仁义礼智信”的伦理价值

“仁义礼智信”为儒家“五常”，即常人平时需要守住的最基本的五种要求。具体意思是恻隐之心为仁，羞恶之心为义，辞让之心为礼，是非之心为智，诚实无欺为信。扩展开来，“仁”，就是做人要有爱心、仁厚之心、仁慈之心，做到“老吾老以及人之老，幼吾幼以及人之幼”的大爱境界。“义”，就是应该、恰当做的事，做到公而忘私、国而忘家、无私奉献。“礼”，就是礼貌、礼节、礼仪，上下、尊卑、老幼的秩序，做到敬人一尺、让人一步、和平待人。“智”，就是参悟事物、明辨是非，做到理智处事、清贫寡欲不放纵。“信”，就是说令人信服、让人感觉有信用的话，做到一诺千金、一言九鼎、公平合理、不自私。综观贵州民族传统生态文化，无不体现“仁义礼智信”的伦理价值。

（四）“忠孝节烈恕”的社会价值

“忠”，即忠诚、忠良、忠贞。赤诚无私、尽心竭力为忠；“天下兴亡、匹夫有责”“精忠报国、舍生取义”为忠；对社会、国家、事业不存懈怠，不玩忽职守，鞠躬尽瘁为忠。“孝”，即孝敬父母、尊敬兄长。“孝乃德之本”“百善孝为先”。《论语·学而》:“其为人也孝悌，而好犯上者鲜矣。不好犯上，而好作乱者，未之有也。”“节”，即气节和节操，又称“贞节”，指一个人在政治上、道德上的坚定信仰。有“节”者，无论前行的道路上有多大险阻、多大困难，都不会半途而废或改旗易帜，“节”是一往无前、无坚不摧的强大动力。“烈”，指为人刚直、严正，为正义而死者。为人“烈”者，必以国家民族大业为重，在国家和民族遭到外敌侵犯时，能挺身而出，乃至献出个人生命。“恕”，即宽恕、推己及人，指自己不想做的事，不强加给别人。宽恕者，必能做到“己欲立而立人，己欲达而达人。”“己所不欲，勿施于人。”“忠孝节烈恕”的社会价值，在贵州“宗祠文化”“土司文化”“屯堡文化”“祭祀文化”“铜鼓文化”等民族传统生态文化中均有体现。

（五）“道德廉耻勇”的行为价值

“道”，即自然规律，就是万事万物的运行轨道或轨迹，也可以说是事物变化运动的场所。“德”，即顺应自然、社会和人类客观需要去做事，不违背自然规律发展去发展社会、提升自己。“廉”，即廉洁、廉正、廉明，为人“廉”者，品行必正直、刚直、方正，不贪小恩小惠，不占别人便宜。“耻”，即羞愧，因羞愧由心生，故从心；人因闻过而耳赤面热，故从耳声；知耻之心是人之天良，也就是“致良知”；“知耻近乎勇”，不知耻则坏事可为。“勇”，即勇敢、坚强、刚毅、勇猛，引申为敢想、敢干、敢说、敢为并开拓、创新、承担、坚持等；有勇者，必自强不息、英勇顽强而百折不挠；“勇”必须符合“仁、义、礼、智”的规范，否则就会犯上作乱。“道德廉耻勇”的行为价值，可从贵州民族传统生态文化中一一找到。

（六）“温良恭俭让”的礼仪价值

“温”，即温和、敦厚、和气。为人温者，容易获得别人的好感，让人放心，也更能亲近人，与人为善。“良”，即善良、美好，为人良者，常怀爱人情怀，助人、达人，以真诚和善良得到人们的真正认可，从而真正得到知己。“恭”，即恭敬庄重，为人恭者，对人恭敬、自身庄重，心怀恭敬之情，行之以恭敬之礼；为人恭者必多友，“君子敬而无失，与人恭而有礼，四海之内，皆兄弟也”。“俭”，即勤劳节俭。民生在于勤劳，勤劳物资就不会匮乏。节俭，物资就不会消耗殆尽。勤俭是老祖宗创造并身体力行的美德，也是当今社会富有建设性的道德。“让”，即友好谦让，学会让，友情会更稳固，家庭会更和睦，邻里会更融洽，工作会更轻松；纠纷因让化解，社会因让和谐。“温良恭俭让”的礼仪价值，早已成为贵州民族生态文化的精髓。

三、贵州民族传统生态文化与乡风文明的关系

从众多研究成果来看，乡风文明是两个概念：一是乡村风气的基本存在状态；二是乡村风气的文明程度。乡风文明与民族传统生态文化的关系是一种包含关系，即乡风文明包含于民族传统生态文化。乡村风气的文明程度取决于民族传统生态文化的文明程度。由此可见，贵州乡村风气的基本存在状态就是贵州民族传统生态文化的基本存在状态；贵州乡村风气的文明程度就是贵州民族传统生态文化的文明程度。

（一）乡风文明的提出

“乡风文明”的提出，最早见于 2007 年 1 月 1 日中国农业大学出版社出版的图书《新农村——乡风文明》（朱启臻著）。该书内容共分十讲：社会主义新农村乡风文明概述、乡风文明建设的主体——新型农民、新时期农民教育及发展战略、农民思想道德建设、农村科技发展、继承和创新农村民俗文化、农村法治建设、农村文化设施建设、农村文化体制建设、社会主义新农村乡风文明建设战略。党的十九大提出，“要坚持农业农村优先发展，按照产业兴旺、生态宜居、乡风文明、治理有效、生活富裕的总要求，建立健全城乡融合发展体制机制和政策体系，加快推进农业农村现代化”。2018 年中央 1 号文件指出，“乡村振兴，乡风文明是保障。必须坚持物质文明和精神文明一起抓，提升农民精神风貌，培育文明乡风、良好家风、淳朴民风，不断提高乡村社会文明程度”。因此，乡风文明既是乡村振兴的一个重要目标，又是乡村振兴的灵魂和保障，在乡村振兴战略中具有重要地位。

（二）乡风文明的内涵

学界普遍认为，乡风文明的内涵是指在农村形成崇尚科学、健康、进步的精神文

明风气，推动各项公共事业不断适应农村物质生活水平提高的进程，是农村精神文明建设的理论延伸。欧阳厅、罗纬在《国外乡村建设经验对新农村乡风文明建设的启示》中指出：“‘乡风文明’的基本概念是新农村进步的、不断发展的精神文明，包括使村民文明、健康、科学的生活与消费方式、交往方式，形成符合时代特色的家庭伦理关系、邻里关系、党群关系，树立进步的思想意识与道德观念。”王承宗在《乡风文明建设的路径培植问题研究》中认为，乡风文明是指农民群众在思想、文化、道德水平上不断得到提高，在农村形成崇尚文明、崇尚科学的社会良好风气。而乡风文明建设是培育综合素质较高的新型农民群体，通过营造良好社会风气以优化乡村文化的环境，以达到农村各项公共事业全面提升的效果。刘子滕《农村乡风文明建设的重要举措探析》认为，乡风文明建设的核心在于推动和引导广大农民树立一种能够适应于农村社会发展和新农村建设的思想境界、理念和意识，养成科学、合理、文明和健康的生活方式，不断地改变生活面貌，提高自身素质，培养有文化、懂技术、会经营的新农民，营造强劲生产力，酿造优质的社会环境。

社会普遍认为，乡风是指村民的信仰、操守、爱好、风俗、观念、习惯、传统、礼节和行为方式的总和，是由乡村居民长期生产、生活中积淀而形成的生活习惯、心理特征和文化习性，反映了当地农民居民的精神风貌。文明，是人类社会发展到一定历史阶段的进步状态，其中一个表现为教育、科学、文化知识的发达和人们思想、政治、道德水平的提高。因此，乡风文明，简单地说就是好的乡村风气。乡风文明是指在完善的乡村基础设施上，一群有高素质、高文化的新型农民群体，建构起乡村崇尚传统文化、崇尚科学文明的社会风气，形成符合时代特色的家庭伦理关系、邻里关系、党群关系，树立进步的思想意识与道德观念，继承和发扬创新传统文化产业。乡风文明建设事业，实际上是我国社会主义精神文明建设事业在乡村地区的集中体现，其内容涵盖多个方面，包括文化、风俗、法制和社会治安等，核心在于推动和引导广大农民树立一种能够适应于乡村发展的思想境界、理念和意识，养成科学、合理、文明和健康的生活方式，提高自身的素质、文化和技术，营造强劲的生产力，酿造优质的社会环境。

四、贵州民族传统生态文化与乡风文明的时代建设

综上所述，乡风文明建设就是乡村精神文明建设，其核心是乡村文化建设。乡村文化的根基是民族传统文化。民族传统文化在漫长的演化、传承和发展中，存在着先进的一面，也存在着糟粕的一面。先进的一面被称为传统生态文化，与时代精神一脉相承、本质趋同，具有重要的时代建设意义。糟粕的一面被称为封建文化，与时代精神背道而驰、本质各异，是被摒弃和消除的部分。需要强调的是，在贵州，少数民族人口只占全省总人口的37.9%，而62.1%是汉族和其他民族。也就是说，贵州民族传统生态文化跟汉文化和其他民族文化经过长期融合共生已经大致趋同。换句话说，贵州民族传统生态文化除了体现自身民族特征部分外，基本就是中华民族传统优秀文化。

其时代建设意义具有鲜明的代表性。具体可从以下六个方面加以建设。

（一）加强农村思想道德建设

一是弘扬社会主义核心价值观。“以社会主义核心价值观为引领，坚持教育引导、实践养成、制度保障三管齐下，采取符合农村特点的有效方式，深化中国特色社会主义和中国梦宣传教育，大力弘扬民族精神和时代精神。”切实提升农民的爱国主义、集体主义、社会主义、民族团结进步意识。二是开展“听党话、感党恩、跟党走”教育活动。“宣传党的路线方针和强农惠农富农政策，引导农民听党话、感党恩、跟党走”，切实增强“四个意识”、坚定“四个自信”、做到“两个维护”。三是深入实施公民道德建设工程。“挖掘农村传统道德教育资源，推进社会公德、职业道德、家庭美德、个人品德建设。”切实提升农民的道德水平。四是扎实推进诚信建设。“强化农民的社会责任意识、规则意识、集体意识、主人翁意识。”引导农民诚信做人、诚信做事。五是加强农村思想文化阵地建设，建立农村思想道德建设平台。

典型案例：麻江县开展“感恩教育、政策宣传、文明创建”三项行动常态化。2018 年 12 月，为了全面打赢脱贫攻坚战、迎接国家第三方评估验收并实现整县脱贫摘帽，麻江县政府先后出台文件，以提高群众对脱贫攻坚工作的认可度为目的，扎实开展“感恩教育、政策宣传、文明创建”三项行动。行动将每个自然寨分成不同网格，由帮扶干部任网格员，以网格为单位开展院坝会、座谈会、“爱我家园”环境卫生整治活动、“三个一”（一次政策宣讲、一次问题研判、一次家庭卫生）等活动。通过身边人讲身边事，老同志讲历史故事，让农民深切感知社会主义建设的伟大成就，自觉听党话、跟党走；通过政策宣讲，引导农民认识发展目标和未来社会形态、个人行为准则，盘点自己享受过的惠民政策，激发强烈的感恩意识和参与意识；通过“爱我家园”环境卫生整治（每月）、一次家庭卫生（每周），引导农民形成良好卫生习惯，激发爱国、爱家情怀；通过“一次问题研判”，切实解决农民眼前存在的生产生活问题，让农民充分认识到社会主义的优越性；通过“文明创建”，表彰“致富能手、尊老爱幼、和睦家庭”等先进典型，让社会公德、职业道德、家庭美德、个人品德得到彰显。同时，在行动中，麻江县根据出现的新形势、新情况，及时出台了《关于进一步依法打击扶贫领域违法行为的通告》，并对“违法行为”进行严厉打击，营造了风清气正、海清河晏的脱贫氛围。在保障措施上，实行每周一调度，调度“三项行动”的进度和质量；每月一推荐，向县委宣传部推荐 1 名成绩出众、作风优良、群众认可、干部认同的优秀干部（包括驻村干部、下沉干部、帮扶干部、村干部），突出榜样带动效应；每天一转发，在“田园麻江”微信公众号开设“脱贫攻坚群英榜”“脱贫攻坚曝光台”“脱贫攻坚那些事”专栏，建立“村寨微信群”，将先进典型和警示教育案例通过网络媒体，扩大宣传成效；每月一督查，对先进进行奖励，对后进进行惩戒。麻江县通过开展“感恩教育、政策宣传、文明创建”三项行动常态化，不仅打赢了脱贫攻坚战、实现了贫困县精彩出列，还加强了农村思想道德建设，形成了良好的乡村风气。

（二）传承发展提升农村优秀传统文化

一是汲取城市文明及外来文化优秀成果，在保护传承的基础上，创造性转化、创新性发展，不断赋予时代内涵、丰富表现形式。二是切实保护好优秀农耕文化遗产，推动优秀农耕文化遗产合理适度利用。深入挖掘农耕文化蕴含的优秀思想观念、人文精神、道德规范，充分发挥其在凝聚人心、教化群众、淳化民风中的重要作用。三是保护好物质和非物质文化遗产。划定乡村建设的历史文化保护线，保护好文物古迹、传统村落、民族村寨、传统建筑、农业遗迹、灌溉工程遗产。积极申报非遗保护，对农村地区优秀戏曲曲艺、少数民族文化、民间文化等进行有效传承发展和提升。

典型案例：贵定县定东乡竹坪村在实施脱贫攻坚住房保障和危旧房屋整治工程中，对古村落进行了维护和改造。第一，延续了自然村落的肌理，从布局形态、功能构成、建筑风格、景观系统、街巷系统和自然系统等方面，都进行了延续，展示了人与自然、建筑与风貌之间的和谐。第二，尊重老建筑原有特色，“修旧如旧”，不搞大拆大建。对于新建筑，则讲究与老建筑在色彩、材质等方面相协调；同时保留宅前屋后原有的乡村生活设施、隔墙、栅栏、菜园、池塘、绿化树等，从而保持了乡村的传统风貌。对闲置而又历史悠久的住宅，通过保护和修复，建成“农耕文化博物馆”。走进竹坪，驻足观望，墙壁上的毛主席语录光彩夺目，百年前的建筑景观震撼登场，农耕时代的生活场景若隐若现；置身其间，古代私塾的教学情境仿佛展现在眼前，锅碗瓢盆穿越了时空，犁耙、蓑衣、背篓把人带进了远古。竹坪村，让现代人在记住乡愁的同时增强了文化自信。第三，改进了道路、饮水、电力和通信等基础设施，村民健康可持续的卫生习惯得到了养成，建立了卫生检查考评机制，保持了人居环境的干净、整洁和清新。城市文明及外来文化优秀成果，在这里得到了创造性转化和创新性发展。竹坪村延续着一种古老的风俗——土斋，就是老人过世后，子女为老人举行分土的仪式，让老人在阴间实现“有土耕种、吃穿不愁”。土斋是布依族一项宝贵的非物质文化遗产，体现了布依族人敬奉祖先、人与自然和谐共生和自力更生的乡土情怀，这种乡土情怀对安居乐业、社会和谐、国家稳定具有重要的时代意义。目前，土斋正在申报非物质文化遗产名录。

（三）加强农村公共文化建设

一是健全乡村公共文化服务体系。推进基层综合性文化服务中心建设，实现乡村两级公共文化服务全覆盖，提升服务效能。深入推进文化惠民，公共文化资源要重点向乡村倾斜，提供更多更好的农村公共文化产品和服务。二是支持建设文化礼堂、文化广场等设施，培育特色文化村镇、村寨。

典型案例：松桃苗族自治县按照“十个一”标准，抓好乡村文化服务活动中心覆盖工程。“十个一”，即一个文化活动广场、一个文化活动室、一个简易戏台、一个宣传（栏）文化长廊、一套文化器材、一套广播器材、一套体育健身器材、一个道德讲堂、一支文艺队伍、一个积德榜。中心覆盖工程完工后发挥了积极作用。2018 年，松桃苗族自治县利用“百姓舞台”和“文化广场”，深入蓼皋、迓驾、牛郎等乡镇、村，开展送政策、送文化、送电影下乡 2000 余场次，乡村群众幸福指数倍增。文化服务活动中心成为乡村文化的地标，乡村文化队伍纷纷涌现，乡土技艺得到传承和创新，村民通过自唱自演，不但丰富了乡村业余文化生活、提升了乡村文化内涵，更提升了文明乡风。随之而来的是乡村文化品牌百花齐放——寨英镇寨英村，滚龙文化艺术气势磅礴；大路镇后硐村，茶灯文化穿越千年时空；长兴堡镇九龙社区，“苗族六月六情人节”情怀浪漫……一批又一批特色乡土文化延续乡村文脉，唤起浓浓乡愁，成为乡村文化建设新高地，引领农民智慧新生活。麻江县高枧村依托夏同龢状元文化产业园提升乡风文明。一是积极弘扬夏同龢家风家训。用夏同龢家谱、故居、祠堂、牌坊等历史遗存中蕴藏的丰富家风家训资源，以及夏氏 13 世祖夏之雨之妻王太夫人教子读书、夏同龢读书考中状元等家风家训故事，熏陶村民。同时将夏同龢家风家训及成长故事编写成乡土教材进入小学课堂，教会学生谈家训、讲故事、话成长。让好家风好家训蔚然成风、世代传承。二是利用状元文化产业园区文化设施，如同龢书画院、同龢书院、状元文化街道、文化长廊、文化小径、文化广场等文化阵地，以及所配套的图书、电脑、音箱、喇叭等设备，引导群众文明娱乐。三是积极开展“园区是我家，建设园区靠大家”教育宣传活动，培养了村民的主人公意识，树立了村民的主人公形象，村民在游客面前展现出热情、友好、乐观的精神风貌。

（四）开展移风易俗行动

一是引导和鼓励农村基层群众性自治组织采取约束性强的措施，对婚丧陋习、天价彩礼、孝道式微、老无所养等不良社会风气进行治理。遏制大操大办、厚葬薄养、人情攀比等陈规陋习。二是加强无神论宣传教育，丰富农民群众精神文化生活，抵制封建迷信活动。三是深化农村殡葬改革，倡导厚养薄葬。

典型案例：福泉市针对滥办酒席开展移风易俗行动。一是出台规范酒席文件，将酒席限制在婚丧两件上，其余类型不得操办酒席。同时，对婚事酒席的桌数有严格规定，不能超过 30 桌。婚丧酒席采取申报制度，乡镇村及上级相关部门是管理责任人，负责辖区内酒席规范工作，对违规操办酒席和违规赴宴者实施教育和惩戒，特别是国家工作人员的惩戒较重。同时将操办酒席的规范写进村规民约，以村民自治的形式加以推行，有效遏制了大操大办、人情攀比等陈规陋习。二是对民间新建立的庙宇和以此开展的相关宗教活动进行管控，对新树立的神像进行强行拆除，以遏制封建迷信的滋生蔓延。三是强力推进殡葬改革。出台《福泉市殡葬管理暂行办法》，推行集中治丧、遗体火化和集中安葬，实现“殡葬改革有序化、殡葬管理规范化、骨灰处理生态化、殡葬习俗文明化、殡葬设施现代化、殡葬服务优质化”。对违规土葬者进行教育和惩戒。通过殡葬改革，节约了土地资源，保护了生态环境，形成了文明节俭办丧事的社会文明新风尚。四是利用脱贫攻坚法制扶贫手段，充分发挥村规民约和民间议榔组织的民族自治作用，对不履行赡养、抚养义务的农村相关人员进行教育和惩戒，有效扭转了孝道式微、老无所养等不良社会风气。

（五）大力开展专业技能培训

乡村振兴的主体是农民，最终目的是农民素质的提高、乡村物质财富的增加和社区的整体进步。而形成良好的乡风，能帮助农民树立发展信心，改变落后思想观念，主动摒弃陈规陋习，正确处理富脑袋与富口袋的关系；能帮助农民提高思想道德水准和科学文化等各方面素质，凝聚人心、振奋精神、生发激情，为乡村振兴提供智力支持和精神动力。为此，贵州民族传统生态文化中的“工匠精神”在今天就显得尤为珍贵。2019年，中央《政府工作报告》提出，实施职业技能提升行动，从失业保险金结余中拿出1000亿元，用于1500万人次以上的职工技能提升和转岗转业培训。国务院办公厅印发《职业技能提升行动方案2019—2021年》，从数量和质量上都提出了目标：三年共开展各类补贴性职业技能培训5000万人次以上，其中，2019年培训1500万人次以上，到2021年年底技能劳动者占就业人员总量的比例达到25%以上，高技能人才占技能劳动者的比例达到30%以上。贵州全省上下，应该趁势而上、顺势而为，有计划、有目标、严要求积极开展各种职业技能培训，有效提升农村人口素质，迎头赶上时代潮流。

典型案例：纳雍县职业技能培训培出新花样。近年来，纳雍县潜心研究市场需求和经济社会发展走向，创新“工学一体化”“职业培训包”“互联网+”等培训方式，针对贫困劳动力、贫困家庭子女、新生代农民工、就业困难人员（含残疾人）、下岗失业人员、退役军人、城乡未继续升学初高中毕业生（两后生）、企业职工等积极开展有偿性职业技能培训，养老托幼、家政、汽修、电工等市场急需紧缺技能培训，经营管理、品牌建设等创业指导培训，循环农业、智能建筑等新产业培训，人工智能、云计算、大数据等新职业新技能培训，职业道德、职业规范、工匠精神、质量意识、法律意识和相关法律法规等通用职业素质和求职能力培训，得到如火如荼地稳步实施。学员不仅培训免费，每天还有40元生活补贴，学习积极性高涨。仅2018年，培训就达上万人次，城乡居民特别是广大农民科学文化水平和职业技能得到大幅提升，实现就业2500余人、创业80余人、农民工返乡从事农业产业发展3000余人，新产业、新职业、乡村振兴呈现良好发展态势。纳雍县职业技能培训培出新花样，很快成为周边县市纷纷效仿的标杆。

（六）因地制宜发展乡村旅游

乡村旅游是指以乡村为依托，以农民为主体，以乡村独特的自然环境、田园风光、生产经营形态、民俗风情、农耕文化、乡村聚落等为主要吸引物，满足旅游消费的旅游方式。乡村旅游基础在农村、根基是农业、主体是农民。发展乡村旅游，可以让农民口袋“鼓起来”、脑袋“富起来”，可以让乡村环境“美起来”；同时，可以让民族传统生态文化如稻作文化、树崇拜文化、轮耕文化等得到有效保护传承和开发，可以让农民素质得到快速提升。2018 年，《中共中央、国务院关于实施乡村振兴战略的意见》《中共中央、国务院关于打赢脱贫攻坚战三年行动的指导意见》提出，夯实旅游扶贫作为产业扶贫生力军的地位，将乡村旅游建设成美丽乡村的重要载体，实现到 2020 年通过发展乡村旅游带动全国 17%（约 1200 万人）贫困人口脱贫。由此可见，发展乡村旅游已经成为全面打赢脱贫攻坚战、实现乡村振兴的重要抓手，已经成为贵州民族传统生态文化和乡风文明时代建设的有效途径。

典型案例：黔东南州乡村旅游“三共三带”模式推动乡村振兴。近年来，黔东南州立足自身旅游资源丰富的优势，大力发展乡村旅游，成功创建“三共三带”模式，乡村旅游呈现出“我村我素”“我村我品”“我村我业”“我村我家”“我村我根”“我村我管”六大亮点，成为增加农民收入最现实、最直接、来得最快、增收最多、持续性最强的支柱产业。其中，“三共”指共建，即农民利用景点景区原有的资源（民族传统文化、土地、森林、手工艺等）与政府或企业共同建设；共管，即旅游景点景区建成后，由政府或企业及景点景区所在地的村民共同管理、共同经营；共享，即景区景点带动就业和产业发展，农民直接入股分红。“三带”指合作社带户、景区带村、企业带片，实现乡村旅游整体井喷式发展。自 2015 年以来，已实现带动贫困劳动人口 4.99 万人就业，拉动 11.6 万人脱贫。乡村旅游增强了农民的管理意识和内生动力，乡风文明得到了快速进步。

贵州民族传统生态文化和乡风文明的时代建设，作为一个崭新的课题，需要处理好人与自然、整体与局部、保护与开发、主体责任与全员参与的关系，是一个从物质表层向形式浅层、体制中层、观念深层不断发展的认知过程和实践过程。为此，本课题研究必然挂一漏万，唯望起到抛砖引玉之功效。

【参考文献】

［1］搭平台丰富文化内涵、文明乡风劲吹乡野［N］. 贵州日报，2018-11-09.

［2］朱启臻 . 新农村——乡风文明［M］. 北京：中国农业大学出版社，2007.

［3］蒙祥忠 . 论贵州民族传统生态文化［J］. 贵州师范学院学报，2014（7）.

［4］李甲亮 . 大学生绿色教育导论［M］. 北京：中国矿业大学出版社，2015.

［5］高志强，郭丽君 . 学校生态学引论［M］. 北京：经济管理出版社，2015.

［6］谢朝娟 . 黔东南州旅游扶贫路径探讨［N］. 黔东南日报，2019-02-16.

● 铜鼓纹饰等元素及其现代延伸运用发展

陈昭一飞

（贵州大学　历史与民族文化学院　贵州　贵阳　550025）

摘　要： 铜鼓虽然在我国古代通常具有浓厚的宗教色彩，但如今已是我国重要的传统文化遗产。每一个铜鼓都有其纹饰，每一个纹饰也自然有其背后的文化意义。本文通过对相关资料的整理和研究分析，以布依族铜鼓为例对铜鼓所具有的纹饰元素背后的文化背景进行说明，并由此展开对铜鼓纹饰等元素在现代社会延伸运用发展中存在的问题进行思考。铜鼓在当今社会如何更好地走下“神坛”，并不能只靠从铜鼓本体表面上的角度去延伸，应当更加多元化、内涵化、合理化，使铜鼓这一古老元素能更好地成为当今社会喜闻乐见的传统艺术文化。

关键词： 铜鼓；纹饰；运用；延伸

铜鼓作为亚洲古代的一种乐器和祭祀用品，在我国以及东南亚都曾有不少铜鼓出土。这些铜鼓在当时的功能都与战争、祭祀相关联。铜鼓是包含民族历史渊源、文化艺术、宗教信仰、思想观念、生活习俗等领域的活化石，相关研究也从未停止。我国出土的铜鼓主要分万家坝型、石寨山型、冷水冲型、遵义型、麻江型、北流型、灵山型、西盟型。在我国西南，铜鼓主要分布在川滇黔桂几省，其中就包括壮族、布依族、傣族、侗族、水族，苗族、瑶族、佤族、傣族、彝族、仡佬族等少数民族地区，他们在生产生活中也保留了不少铜鼓相关的习俗。

一、铜鼓文化及其纹饰含义——以布依族铜鼓为例

布依族文化中最典型的便是铜鼓文化。布依族铜鼓区分公母：公母铜鼓各有自己的纹样、音色和功能。铜鼓公母的划分有许多种说法，常与纹饰、音韵相关。通常情况下认为公母铜鼓的样式与布依族服饰相对应，公铜鼓纹样朴素，母铜鼓纹饰繁复；中心太阳纹的线长的为公铜鼓，中心太阳光芒线短为母铜鼓；公铜鼓声音低沉，母铜鼓声音清脆。公铜鼓的传说中通常都有逃跑的情节。在镇宁，传说公铜鼓经常逃跑去跟龙打斗，村里人生怕他一去不复返，就用小锤在鼓上敲出小洞，让他不再外逃。在

作者简介：陈昭一飞（1997—），女，贵州贵阳人，贵州大学历史与民族文化学院民族学研究生。研究方向为民族文化与经济。

贵阳，传说龙井中的犀牛常到寨子上袭击村民，突然有一天犀牛不再骚扰，人们发现公铜鼓变得伤痕累累，原来是公铜鼓将犀牛制服。但经过战斗后公铜鼓有了灵性，会在夜晚私会母铜鼓，人们只好砍下他的一只“脚”。母铜鼓通常不会像公铜鼓一样缺边，但在镇宁，人们会将母铜鼓一侧的两耳上长年系着一大段红布，用以系住它的“鼻子”，防其逃跑。公铜鼓常用于送往“命不好”（结婚多年不生子）的人家，母铜鼓常用于送往建新房的家庭。公铜鼓的功能倾向于报平安，而母铜鼓则是赐吉祥。布依族铜鼓区分年代：不同年代的铜鼓具有不同的材质。如青铜制成的铜鼓制成于公元前2000 年至公元前 1000 年，即夏商周时代，青铜铜鼓从内到外具有繁复的多重圆形。黄铜制成的铜鼓制成于唐宋时期，相比青铜铜鼓会少几圈圆，侧耳造型也略有不同。而混合铜造成的铜鼓制成于晚清至近代，纹饰清晰、圆润，音色高亢。铜鼓分音阶：敲击铜鼓不同圈线时铜鼓会发出不同的音调，甚至能发出半音。也正是因为铜鼓具有音阶，使得布依族先民认为铜鼓的声音能传到天界。铜鼓分部落（即姓氏）：贵州布依族直到明清时期才使用汉姓，而在明清以前区分各自的部族便是用各寨的铜鼓进行区分，现今同一姓氏的布依族铜鼓纹饰形制基本相似。

除了送往家中，布依族铜鼓的另一个用途是殡葬中的重要神器。布依族摩经最具民族特色。布依族祭司“布摩”在超度亡灵仪式上所吟诵的《古谢经》中对铜鼓的使用也有不少记载。《古谢经·转场歌》中“檐下燕子绕窝转，我看见它转，铜鼓绕鼓棒棒转，天上云绕太阳转”，《古谢经·祭灵经》中“不知这铜鼓声，听那边正在醒亡灵，铜鼓声送父灵早上天，鼓声此起彼伏，铜鼓送老人去新天地”，都详细描述了布依族先民在殡葬仪式中如何使用铜鼓，他们认为铜鼓声能将死者的灵魂送往“新天地”，铜鼓是生者和死者间联系的神器，具有鲜明的神圣意义和宗教意义。

铜鼓也具有权利和财产的象征。布依族传说中认为，后来凡间有了穷人和富人。富人心狠，又铸了最大最大的铜鼓，他们把大铜鼓一敲，声音传去老远老远，声音传到哪里，他们就说那里的田地山川树木通通都属于他们所有，就霸占了那些地方。所以，哪家的铜鼓越大，就越显示他有钱财和权势。

铜鼓的纹样大多是一个中心对称图形，但不管铜鼓有多少种纹样，最中间的基本都是太阳纹，布依族也是如此。布依族铜鼓纹饰通常有太阳纹、“酉”纹、水涡纹、乳钉纹、游旗纹、“回”字纹、“M”字纹等。

铜鼓在过去一直作为神圣器物存在于布依族的心中，是神圣领域的象征物。每一层纹饰都具有各自的自然象征意义，因此人们认为在祭祀中敲击铜鼓，报知各路天神人间的气候情况，自己的家庭境况，以求得到天神的帮助。这种祈祷方式的本质与《金枝》中的交感巫术相同，是以相似律为基础的顺势巫术或模仿巫术。鼓声原本也是对自然界响声的模仿，尤其是雷声。这种在铜鼓上对自然事物进行抽象化、符号化的艺术加工，转为铜鼓纹饰后便认为铜鼓的声响就能够影响自然界是典型的交感巫术思想。对风调雨顺的祈求也来源于因为雷声后会伴随降雨，人们相信雨水受雷神所控，而鼓声就能模仿雷鸣。雷声本自天上来，随后逐渐演变为铜鼓能够将声音传至天界也不难理解。

二、铜鼓的现代延伸运用发展

随着近几十年来的社会发展和文化变迁，城市化、现代化的进程加快，移风易俗的思想得到传播，过去的乡土生活也逐渐被城市生活替代，铜鼓也因此从神圣领域走向世俗世界，铜鼓的功能逐渐由宗教神器转为民俗符号。这些转变与发展也为铜鼓本体与其所代表的民风民俗、宗教仪式、文化背景得到良好的传承。近年来，云南、广西、贵州等地区都逐渐开始对铜鼓进行符号化、图案化、形象化、概念化运用。

对于铜鼓本身，不少地区建起铜鼓广场，使来到广场的居民和游客都能直接感受到铜鼓的辉煌历史，并在铜鼓广场举行各式文化活动。例如，广西河池的铜鼓广场，广西河池享有“铜鼓之乡”“刘三姐故乡”之美誉。占地面积4506平方米，是河池市的标志性建筑，是具有纪念观赏性的小型绿地广场。同时河池市每年都会举办一次河池铜鼓山歌艺术节大型文艺晚会，对河池的民族文化、民族团结以及河池的经贸进行宣传。开幕式已经制作成了独特且富有民族性特色的大型文艺晚会。每台晚会以河池各民族民间歌舞为主，将传统节目与现代包装需求相结合，使晚会兼具民族风情与地方特色。当地政府在铜鼓山歌艺术节期间还会举办专业文艺比赛、山歌比赛、广西歌王擂台赛、民族民间歌手比赛、民族民间传统文化体育项目表演、群众业余文艺演出、美术书法摄影作品展览等文化活动。同时也会进行经贸贸易洽谈、商品展销和旅游推介等商贸活动，在以铜鼓文化为出发点的基础上宣传当地特色文化。

铜鼓丰富的纹饰元素具有强烈的装饰性，被广泛运用于绘画和平面、家具和室内等设计领域中，为民族风艺术及设计添砖加瓦，使铜鼓纹饰通过其他领域得到新生。

铜鼓的音乐作为音乐元素编入民族音乐的教程中学习，在编曲与即兴伴奏中都得到了新的发展，为民族音乐的传承与发展带来新的方向。通过对传统铜鼓音乐音色、音乐差以及多声部组合的各部分进行分析和思考后，对铜鼓的音乐节奏和特点元素进行提取和运用，对铜鼓音乐各声部特点进行编排整理，最终由简至难，使铜鼓音乐教学按部就班地被学生所掌握，使铜鼓音乐元素也成为有规律可循的特色传统音乐元素之一。

铜鼓祭祀时的舞蹈也作为一种舞蹈元素和民俗活动得到推广和传承。例如，水族的铜鼓舞，铜鼓舞原本是一种古老的水族巫师舞蹈，是在祭祀和超度亡灵的时候巫师作法所跳的舞蹈，在水书中也绘制有铜鼓舞的舞蹈动作以传承，整套舞蹈从准备到结束有严格的步骤和要求。如今，随着时代的发展后传统文化和科学技术之间的不断交融，铜鼓从水族人心中驱邪的圣物转变为祖先留下的遗产，铜鼓舞变得不再神秘，而是作为一种民俗活动舞蹈在水族地区得到良好的传承和保护，参与舞蹈的人群逐渐增加，铜鼓舞的神秘巫术色彩转变成浓郁的现代娱乐色彩，成为水族地区老少皆宜的健身娱乐活动舞蹈。

在日渐兴盛的数字博物馆发展中，铜鼓也自然得到了大量的关注，广西民族博物馆App收录了不少馆藏铜鼓，包括素纹铜鼓（万家坝型）、罗泊湾10号鼓（石寨山型）、古竹乡鼓（冷水冲型）、蛙趾纹变形羽人纹铜鼓（遵义型）、乐彩鼓（灵山型）、响水鼓（西盟型），其中又将牛塑饰“四出”钱纹铜鼓、钱纹席纹铜鼓、明代“天元孔明”铭坎卦铜鼓、牛拉撬饰变形羽人纹铜鼓等广西出土的铜鼓也被广西民族博物馆App收录，附带详细的介绍和音视频，并做成了三维立体影像，可供用户欣赏铜鼓的每一个细节。

铜鼓“走下神坛”，揭开几千年来神秘的面纱，使更多人了解铜鼓本身和它背后传承千年的文化。这都离不开不少现代社会各行各业人群对铜鼓元素的挖掘和利用，对铜鼓传统文化的开发与支持，对传承铜鼓精神文化的责任与担当。

三、铜鼓在进行延伸发展中存在的问题

虽然铜鼓已经在其本身、美术、音乐、舞蹈这几方面都有了一定的发展，各地也都对铜鼓文化的传承和保护进行详细的计划安排，但是铜鼓在进行现代延伸发展中仍然存在部分问题。

（1）浮于表面：对于铜鼓的元素运用仍然仅存于铜鼓本身的元素，如纹饰、音乐、舞蹈，仅仅是将铜鼓作为一种可运用的传统元素之一进行衍生发展，因此也仅限于将铜鼓元素用于艺术创作。“现阶段，铜鼓大多是在地方性博物馆与文化馆里展示，或者收藏在村屯文化站，只有人们身临其境才能领略到铜鼓的文化精神及精美绝伦的纹饰，在村民举办喜庆礼、祈福礼、祭祀礼时，才能感受铜鼓的魅力。”铜鼓文化的本身所具有的深厚历史是具有一套完整的仪式活动行为，铜鼓文化的本质是具有强烈的互动仪式链，每个人都参与其中，在铜鼓的神圣世界中进行交互，才能体会到传统文化的独特魅力，仅仅是去欣赏铜鼓美丽特色的纹饰、精雕细琢的工艺、神圣庄严的音乐和风姿多彩的舞蹈并不能深刻体会到铜鼓背后所隐藏的先民在对万物一视同仁的自然界中努力生存，寻求部族平安的精神追求。

（2）特立独行：铜鼓并不是某个单一民族的文化元素，光是国内就有西南不少民族都有铜鼓习俗，在越南、老挝、泰国等地也都有铜鼓文化的流传。但是各地铜鼓文化都过于强调地方化、特色化、独特化，忽视了铜鼓文化具有普遍性、共通性、包容性。仅仅是各地的铜鼓各自进行活动，虽然在当地声名鹊起然而却“出门”无人问津。如果能通过多个有铜鼓地区联合举办活动，那么通过对各地铜鼓文化的交流和传承研究，铜鼓各地之间的人群往来沟通，都能获得更全面、丰富、立体的铜鼓文化认识。

（3）缺乏创新：将纹饰运用于设计，将音乐运用于编曲，将舞蹈运用于编舞……各领域内部的铜鼓虽占有一席之地，但是各领域之间对铜鼓文化的延伸运用也基本到此为止。铜鼓本身是一种复合型的文化，蕴含历史与艺术意义，并不是互相割裂，各

自为营。如果能将各领域之间对铜鼓元素延伸进行资源整合，进行全方位的延伸运用，定能使铜鼓元素成为符合当今社会流行元素中对感官冲击的需求，对“国潮”风格的向往，对传统革新的需要，使铜鼓成为出色的传统文化创新活动。

而针对以上问题，可提出相应的对策和政策。

（1）铜鼓元素的应用可以不仅限于本身的元素，也可以打破时间和空间的界限。只能在地方性博物馆、文化馆和村屯文化站欣赏对于当今互联网时代下的社会已经是非常封闭的传播方式。可以先对现有铜鼓信息进行数字化线上展示，不光是铜鼓本身的信息，包含铜鼓文化相关的庆礼、祭祀等相关活动均可进行对应该铜鼓的线上数字化展示。例如，上传铜鼓信息至网站时，在一旁对应本体的详细信息与相关节日仪式的图案、音乐和视频，使用户能对该铜鼓有全面、立体和清晰的了解；在过节使用铜鼓祭祀时，也可以使用抖音、快手等当下流行的娱乐短视频软件进行直播和解说，使全国各地观看直播的用户也能仿佛身临其境，了解铜鼓文化本身的一整套历史蕴意。

（2）加强各地铜鼓之间的密切交流与合作。当前国内各地铜鼓保存地往往强调个性忽视共性，如果能将各地铜鼓进行充分的交流与整合，联合举办铜鼓活动，既可以丰富活动参加者对铜鼓的全面认知，又可以加强各地铜鼓文化的交流合作。例如，广西的铜鼓与贵州的铜鼓可以各自整合后进行交流合作，而省内各地的铜鼓也可以进行联合铜鼓文化展示活动。在联合的同时，分享对铜鼓的保护经验，对铜鼓元素的现代延伸运用发展经验，各地铜鼓文化的异同整理分析，加强铜鼓的学术交流意义和现代发展路径讨论。

（3）将铜鼓元素的复合型文化带入更能丰富体验度的新领域。当今社会追求体验的多样化、新鲜度和冲击力，其中流行元素对感官冲击带来的宣传与经济效益不可忽视，而流行元素最大的特点就是感官体验的多样化，在听觉、视觉、嗅觉、触觉上都能带来全面的体验。

铜鼓本身只是一块被人铸造的铜矿石，而它的所有意义都是被人所赋予的。虽然在大多数地区的传统文化中都认为铜鼓是进行巫术活动的神圣器物，但在不同的文化背景下也会对铜鼓进行不同的符号化解构，绘制不同的纹饰，赋予不同的含义与功能。随着科技的发展，社会的变革，铜鼓相比过去，未来还会有无数衍生存在，终有一天将会不再流于表面，而是更贴近铜鼓背后的文化深意。它会有何种发展，它还会演变成何种模样，这都是我们拭目以待的。

【参考文献】

[1] 王莉．“铜鼓”意象与贵州少数民族诗歌［J］．散文百家，2019（4）：95–96，216.

[2] 杨明霞．新媒体传播视域下广西铜鼓纹饰发展研究［J］．贺州学院学报，2020，36（3）：127–130.

[3] 贵阳市布依学会．中国·贵阳布依族文化（下）［M］．贵阳：贵州民族出版社，2017：740–748.

［4］贵州省安顺地区民族事务委员会，镇宁布依族苗族自治县民族事务委员会．古谢经［M］．贵阳：贵州民族出版社，1992：14，85，136，154，259，324，365–366，406.
［5］唐甜．广西少数民族艺术元素在文创产品中的应用研究［J］．文化创新比较研究，2020，4（22）：118–120.
［6］吴启旭．贵州省三都县水族铜鼓与铜鼓舞时代传承与价值研究［J］．艺术评鉴，2020（14）：176–179.
［7］邓熙．大数据背景下铜鼓音乐元素融入节奏即兴创编教学的新途径［J］．戏剧之家，2020（21）：59–60.

民族经济

● 北盘江流域传统村落的特色文化遗产资源与乡村旅游产业发展

——基于花江村的考察与思考*

杨军昌[1, 2]　王学蜜[1]　刘姣姣[1]

（1. 贵州大学　历史与民族文化学院　贵州　贵阳　550025

2. 贵州大学　人口·社会·法制研究中心　贵州　贵阳　550025）

摘　要：传统村落是传统文化的主要生产地和传承地，是中国传统文化之根。传统村落有古朴的建筑风貌、悠久的历史文化和传统的民俗风情，是中国重要的文化遗产资源。深厚的历史底蕴和文化内涵是传统村落有别于一般村落的重要基础，也是传统村落产业发展的资源禀赋，决定着传统村落的产业发展的方向与特色。花江村是北盘江流域上的一个国家级传统村落、少数民族特色村寨，其除传统的布依族文化、农耕文化外，尚有其独特的江河石刻文化、古驿道（茶马古道）文化、红色文化、生态文化，而由这些文化组成的特色资源体系，不仅使花江村在所处的北盘江流域布依族地区久负盛名，而且也是花江村发展旅游产业、实践乡村振兴战略的极为宝贵的资源，是花江村实现产业实现特色、绿色发展的重要基础和引领。

关键词：传统村落；民族特色村寨；特色资源；产业发展；小花江

花江，即北盘江贞丰马家坪至马马岩段，因古时两岸繁花似锦、四季常有落花随江水漂流而下而得名。花江村位于北盘江畔，隶属贞丰县平街乡，由原小花江村、廖家屯村合并而成，村委会驻地为李家屯组，距乡政府驻地 5 千米，与关岭布依族苗族自治县板贵乡隔江相望，主要居住有汉、布依等民族，辖 9 个村民小组，全村共 680 户，总人口 3259 人，劳动力资源为 2152 人。花江村平均海拔 900 米，年平均气温 21℃，年均降水量 1400 毫米，是典型的喀斯特岩溶山地地貌，气候温和。全村面积 13

---

*　基金项目：贵州省民族宗教科学研究基金项目《贵州省南北盘江流域民族传统生态文化与区域绿色发展问题研究》（黔民宗 2018-03 号）。

作者简介：杨军昌（1963—），男，侗族，贵州石阡人，教授，博士，博士生导师；研究方向为民族社会与经济、民族人口与发展和民族文化与区域发展等领域。王学蜜（1995—），女，民族学专业在读硕士研究生。刘姣姣（1994—），女，民族学专业在读硕士研究生。

平方千米，现有耕地面积1701亩。主导产业有红托竹荪、李子等，主要农作物有玉米、水稻、小麦、花生、油菜、花椒、砂仁等。原小花江村濒临北盘江南岸、鲲鹏山壁下的山间缓坡带，距贞丰县城53千米，海拔高度600米，全寨102户村民全是布依族，总人口417人。原小花江村，依山傍水，景色优美，气候宜人，曾为滇黔交通之一，是从贵阳、安顺逾关索岭（今关岭）南行，经兴义走云南的重要交通要道，历史文化底蕴厚重、民族风情浓郁、地理区位优越，堪称北盘江大峡谷的一颗璀璨明珠。今花江村而为国家级少数民族特色村寨，主要素材取自于此。

一、花江村村寨史略

如前所述，今花江村原小花江村、廖家屯村合并而成，与平街乡冗染村、云盘村相邻。在1991年“建、并、撤”前，两村的管辖范围基本未变，即小花江村即经花江南岸鲲鹏山壁下的布依族村寨，廖家屯村主要由廖家屯、吴家屯、李家屯、左家屯、杨家坡等自然村寨组成。从民族分布来看，原小花江村全为布依族，廖家屯村主为明代“调东征西”“调北天南”时在贵州实行卫所屯田制度时，从中原各省西迁的屯兵屯民聚族而居、繁衍分支的多姓村寨，主为汉族。从田野资料可知，廖家屯、李家屯、吴家屯一带，属山间坝子地段，最早居民为布依族，随着汉族的进入和朝廷屯田制度的推行，布依族式微，被迫退居周边山地。今花江村村委会旁、李家屯休闲广场路边的一棵520年的贞丰县挂牌保护的“古树名木”重阳木被认为这一代历史变迁的无声“见证人”。相传，这一代坝子原为布依族所耕种，休闲广场处原为田块，田块突出的缓坡处建有当地布依族的“粮厅”[1]。这棵重阳木即被视为“粮厅”的守护者，因而得以壮大和保护。在清代后期，“粮厅”朽毁无存，但居住在附近的布依族村民会依然在“三月三”“六月六”等传统节日来此祭祀祖先、祭祀山神，祈求无病无灾、五谷丰登、六畜兴旺。这棵在屯中坝子饱经风霜、孤独挺拔的古树，至今枝繁叶茂，不仅赐予当地民众赏景纳凉，而且引发人们发思古之幽情，感岁月之沧桑，吟时代之巨变。而从少数民族特色村寨的视角而言，这里有必要对原小花江村的村史做必要的概说。

原小花江村为传统的布依族村寨，村民均为梁姓，开寨于清嘉庆初年，初名“狼更沟”（意为河岸上），又名“水二盘”（意为水土富饶、稻米喷香诱人），再因所临的北盘江两岸繁花似锦、四季常有落花随江水漂流而下，得名小花江。原小花江村临近村寨有李家屯、廖家屯、麻凼、杭洞、吴家屯、下长猫、张家坡、靛坑、长田、七寨、马蹄冲、长猫村等。据2002年梁祖昌主编的《花江梁氏家谱》记载，“梁氏商音，安定郡。起籍于江西省、吉安府入林具卖书巷”。小花江梁氏祖先是在明朝时期朱元璋推行“调北征南”“调北填南”推行屯田制的时候从江西迁入贵州的。梁氏始祖入黔弟兄7人，落脚贞丰后，辗转各地，各奔四方自谋其生，形成梁姓7房。其中四房历经波

[1] 粮厅，布依族“至上神”居住之所，是布依村民祭祀祖先、供奉祖先灵位的“圣地”。

折，住过贞丰果木、长猫、七寨等地，而后在机缘巧合之下才于小花江定居至今。

《花江梁氏家谱》载曰：梁氏“先祖住长猫时，是当地黄姓大业主家的佃农”“住七寨时，有先辈祭祀凉（粮）厅遗址”。而定居于小花江的所谓机缘，《家谱》认为是小花江梁氏先辈6人“大概是去今花江岩背后的槽子里伐樵或打猎，天气酷热，口渴干燥，遂到岩头上乘风歇凉，俯瞰岩下之惊人！‘远眺峰峦，虎啸惊天地；俯瞰深渊，尤腾震山河’。岩下深处有潺潺之流水声……定然有水，去者相互议论，想法到岩下水源处找水解渴，那时之花江，是一片古老的原始森林，林木茂密遮天，藤萝蔓绕，鸟语花香。树之大要十来人方能合抱，可见之壮观……就顺势藤蔓爬下岩脚。松口气，舒展心思，再行至水源处找到水解渴，欣喜若狂，再歇息片刻，各自洞察囚野，祝其土壤肥沃，水源充沛，又是灵山秀水好风光，是个富饶之地，有开采价值。永远定居，前途无限。去者不约而同，若有所思。返回来后，齐家议论云集，反复酝酿，遂向业主述说：祈求资助开垦。经主人默认，应诺所求。亦是再踩路线，带着生活之所需及简陋的工具，开辟了这片原始处女地。”这里的主人“默认”“应诺”，是梁家兄弟必须向土地黄姓业主“报亩生科缴纳粮租”为前提。《家谱》载黄家“每年秋收后亲临收租。来之时，全寨的男女老少由把总率领到寨边（今巴磨）跪着迎接”，被训诫此时小花江佃农要谨守不准任何人看望业主、不准男人衔烟杆吸烟、不准妇女在家织布三条戒律，以示主佃之等级关系。这三条戒律，至今以布依语在小花江流传，即“补书骂；补腮哈密龙嘎巴；买扪哈密梭嘎耸”[1]。

而梁姓摆脱与黄姓的主佃关系、真正成为小花江这片土地的主人是在清嘉庆六年。田野调查时，小花江村原老支书梁绍宇拿出家中珍藏的一份地契内容即可看出其中的端倪。该契曰：

立卖契□□□下长毛（猫）半亭黄思仁同孙正保为用度需逼迫，日时难度，将花江全壮一所卖契与老佃，东抵者这令邑岗为界，南抵阿七寨地三块为界，西抵顶赖寨为界北祇河为界。其有山林树木、园圃屋基一并在内，脚踏手指四至分明。徐（除）阿七寨地三块、这令地三块不如买数。出卖与花江寨把事梁卜西、梁卜以、梁卜良、梁卜整、梁卜观、梁爆□□六人永为业。价共玖逞（层）银四百六十六两整，即日三面议定，黄姓公孙亲手领明交清归家应用，并物（无）私亲货物准折，一无少欠分厘。其有花江丁银五两二钱二分、秋米八斗□米二斗、花江五股之一、十股之二，若有大小公差，照利□派，黄姓公孙房族人等有力不能赎起，无力不能找补，二比不得异言，□论无有押逼等情。水流东海永不回头，恐口无凭，立出卖契一纸为据。

凭本族：黄风明　黄风理　黄思贤　黄思文（均画押“十”）

凭中人：梁卜西　梁卜良　黄阿□　黄阿理　廖□基　李占敖　廖□舞（画押）

[1] 布依语。补书：指业主。补腮：指男子汉。龙，指烟杆。戛巴：嘴衔烟。买扪：指妇女。梭：织布机织的布。其含义为：业主来，跪着迎接的时候，男子汉不准衔烟杆吸烟，妇女不准在家织布。否则就是对业主不尊重、不礼貌的行为。

黄风歧笔　押

嘉庆六年正月二十一日黄思仁同孙正保（画押“十”）立卖

外批：原件存贞丰县档案馆（印章）

该契约文书系当年梁氏祖先从长毛，即今长猫寨黄氏购买现小花江村土地的凭证。其表明的信息有：契约签订前，黄氏与梁氏为主佃关系，契约订立时双方为买卖关系；黄氏买地的原因是因家道中落而“用度需逼迫，日时难度”；土地买卖范围清晰，“四抵”分明；交易银两“三面议定”，“黄姓公孙亲手领明”，梁氏“一无少欠分厘”；从“黄思仁同孙正保”“黄姓公孙房族人等有力不能赎起，无力不能找补”等字看，该契为断卖契，亦即卖断买断“水流东海永不回头”；从卖方黄氏“本族”多人、“凭中人”有当地梁、黄、廖、李等大姓头人参与，祖孙共同“立卖”并均画押的情形看，该契的订立有着明显的“无有押逼”的充分协商、公议的性质。自此而后，梁姓一族便在今小花江筚路蓝缕而建寨，开土造田而农耕，启馆延师而重教，树规立制而生息，逐渐发展成了北盘江流域具较高知名度的布依名寨。目前全寨共 102 户 417 人，全为布依族。

二、花江村的特色文化遗产资源

花江村于 2016 年 11 月经评选入列第四批中国传统村落名录，2019 年 12 月获全国第三批少数民族特色村寨命名，拥有许多珍贵的自然资源与文化资源，涉及范围较广，形成了一方具有鲜明历史底蕴、地域特征和民族特色的文化遗产体系。这一体系极具代表性者当属铁索桥、摩崖石刻群、茶马古道、红军激战遗迹、传统村落与民族文化、历史名人李晓焱故居等。

1. 省级文保单位：“飞虹锁天”铁索桥

小花江村铁索桥横跨于安顺市关岭布依族苗族自治县与黔西南布依族苗族自治州贞丰县之间的北盘江花江段上，曾为贵阳、安顺逾关索岭（今关岭）南行，经兴义通往云南的重要交通水上要道。民国《贵州通志·舆地志》记载：“此桥清季新建，在永宁州东南四十里募役司南，为贵阳、安顺逾关索岭南行经兴义出滇之道，左右皆重岩垒山献，行者危栗”。所谓“清季新建”，系指清光绪二十一年（1895），系曾任安义镇总兵、时任贵州提督蒋宗汉会同济公盐号等募捐、筹款而建成。历时四载，三建两毁，几易其地，方于光绪二十六年（1900）落成。修桥过程，当年刻于桥头石壁上的《修桥碑记》可知其详。

但“清季新建”前有无铁索桥，《贞丰县志·大事记》予以了肯定的回答，其载曰：同治十年（1871），“官兵总兵何世华奉命驻防盘江。到防后，率所部力遏盘江，扫荡那旦、鲁容、林槐、王母一带义军营垒，义军退守花江铁索桥。十月十三日，何世华等齐抵铁索桥，隔岸开炮轰击南岸义军”。同年，“盘江大水，铁索桥半断。”光绪十三年（1887），“水溢盘江，铁桥全断。”[1]至于铁桥创修的时间、何人主事、桥的规模、桥址位置等无从稽考，但“清季新建”却是表达准确。

整座桥全系铁链铸成，全长71米，宽约2.9米，距水面高度35米。其中桥面由14根铁链组成，每根262环，环与环之间紧紧相扣；每根铁链都牢牢拴扣在两岸人工凿出的石孔内部。铁链上铺木枋数百块作桥面；扶栏由28根铁链分别在两边一字排开，每边横向链14根。桥因风吹雨打，锈迹斑斑，渐成危桥。民国三十五年（1946）夏，牧羊人赶羊群集中过桥，因产生共振致使桥断裂，只是羊葬江中，牧羊者也死亡3人。时任贵州省主席杨森下令时关岭县政府组织复修，并于桥北立《重修铁索桥碑记》详记此事。中华人民共和国成立后的1952年羊群又压断过半，1954年贵州省交通厅加固两岸桥墩，更换部分铁链进行维修，亦刻碑载事。1985年省财政拨款再次维修。2012年，由于下游董箐水电站建成造成铁索桥处被淹没，便在其上约300米择址另建铁索桥，“设计为现代工艺索桥结构，镀锌钢丝绳，原桥承载铁链作为文物置于桥面两侧，每册各四根，桥长116米，桥面宽2.4米”，与原铁索桥原址相望所及，是为当今所见的小花江铁索桥。1982年2月，贵州省人民政府公布该桥为省级重点文物保护单位。

2. 国家级文保单位：花江摩崖石刻群

小花江摩崖石刻群集中形成于蒋炳堂主持修建铁索桥及其之后一段时间，为记载建桥历程、铁索桥景观及其纪念蒋氏善举而刻题，此外，尚有中华人民共和国成立后维修、重修铁索桥的石刻碑记。几乎都分布在南岸古道旁，内容基本上以反映花江铁索桥的前世今生为主，数量有20处左右。在修建铁索桥过程中，匠师们即在桥南古驿道旁天然崖壁上摩崖雕琢“普陀真境”和“炳堂蒋军门行乐图”等大型摩崖石刻、岩壁画。桥修成后，过往文人墨客在沿岸崖壁上留下的“飞虹锁天”“彩虹双映”“功成不朽”“履道坦坦”“万缘桥”“七马图”等题刻。其中“炳堂蒋军门行乐图”造像地处西侧崖壁最高处，龛高1.75米、宽1.10米。蒋炳堂造像高、宽均1米许，身着清代服饰，端坐龛内，右手持有团扇，左手置于胸前。崖壁内还保存有建桥匠人在岸边一石壁所凿塑的“普陀真境”居中、“龙王宫”“山神祠”分列左右的石龛，该石龛由天然造型与人为加工并购而成，一字排列，各自独立又浑然一体，分别供奉着龙王、观音和山神三尊造像。所刻的光绪年间的《炳堂蒋公军门大人新建花江桥落成纪石》《重修铁索桥功德碑序》《补修花江路序》，以及刻于1954年1月《贵州省交通厅发建》、1980年《省级文物保护单位铁索桥碑群》、1986年《维修花江铁索桥记》等石刻，较为详细地记录了自清光绪年间以来，花江铁索桥的修建始末、资金筹措、名人题刻、相关历史人物等丰富的信息。由于花江摩崖石刻景观，书法精美，雕刻手法娴熟、技艺精湛，具有珍贵的艺术价值。花江摩崖石刻群2013年3月5日经国务院批准为全国第七批重点文物保护单位。

---

[1] 贞丰县史志征集编纂委员会．贞丰县志［M］．贵阳：贵州人民出版社，1994：14-15.

镌刻于岩体表面，岩体所处环境受自然风化、人为活动等因素影响，多数现存石刻字迹清晰、保存完整，但仍有碑刻风化、人为破坏的痕迹。亟待加强管理与保护。

3. 历史印迹："山峦起舞"的茶马古道

发源于云南省沾益区马雄山北麓北盘江，自西北部而东南向流经贵州，全长 449 千米，总落差 1985 米，流域面积 26 557 平方千米。贵州省部分河段长 327 千米，流域面积为 21 288 平方千米，盘州、普安、晴隆、兴仁、安龙、贞丰、册亨、望谟、紫云、镇宁、关岭、等县为其流域的核心部分。流域内大小峡谷众多，江水湍急，石多浪高，舟楫不通；而流经之地，谷深险峻，坡高路陡，缺水少地，沿途深达 200~1000 米的峡谷鳞次栉比，流域内的山路险峻难行，漫长时期里，中原通往西南的道路，被北盘江峡谷和它的众多支流造就的层层天堑牢牢扼住。但北盘江流域自战国而始，经历了庄硚扩滇、秦修五尺道取滇、汉修夜郎道平南越、诸葛亮南征、吴三桂入滇和抗战时期的滇缅运输线等建设，是贵州省重大历史事件的发生地。但由川、湘、桂入黔的几条古道，抵达北盘江右岸的安顺市后就都停顿下来了。在这一地区，自战国到明代的 1000 多年间，只有庄硚开辟的一条通道（当地称为"庄硚古道"）从花江经船渡跨越北盘江，该路的连接点正是今小花江布依古寨。

"庄硚古道"是古代连接滇黔在北盘江上的交通咽喉，也是古代官方的重要"驿路"。《贞丰县志》载曰"贞丰之花江驿路：原为贞丰通往贵阳的'官马大道'，从贞丰县城到花江河边约 50 千米，经鹅田、纳格、林用、坡熬、者相、浪厂坡、牛场、这结、坡冒、卡房、营盘、箐门口，过花江河入关县城。清代置站铺五个，初在城铺外，还有林用站、者相站、这结站、花江站。原为石面路，现已大部改为公路，唯营盘至花江河边，城北塔山经林用至者相和浪厂坡段，仍为古代所见驿路。这条驿路，在公路尚未修通以前，是贞丰县的交通要道，商旅往来不绝，骡马托运不断"[1]。

小花江一带的驿路，当地又叫"茶马古道"。其以铁索桥建成为界限，有一个改道的过程。建桥前，来往行人在今小花江村寨前的两岸渡口渡船后或北向北盘江北岸蜿蜒东越干尔盘山头往关岭，或南上小花江寨、经寨后"鹅翅膀"下的"之"字形盘山大道翻"鹅翅膀"后而往营盘、再往贞丰。道路均为石板（块）砌成，宽在 1.5 米左右，弯弯曲曲，迂回婉转，拾级而上。该段路程，清季诗人黄晸明的"之字盘旋缓缓行，冲烟冒险说轻生。岂知绝壁千程外，便是鹏飞九万程"的"花江岩"为赞。两岸山间对望，昔日的古道线路至今仍一目了然。其中，翻越"鹅翅膀"一带的古道均在山巅石缝中凿开，其最后"大道"的整修完毕，是在清嘉庆年间。对于该路修建的历程，在"鹅翅膀"处，有两通碑刻可窥其端：一块是"鹅翅膀"转角处里边横躺的"德泽普被"碑[2]，刻碑时间为"嘉庆十六年"，可认定该年为该段古道（最难最险段）

[1] 贞丰县史志征集编纂委员会 . 贞丰县志［M］. 贵阳：贵州人民出版社，1994：318.

[2] 该碑不知何时被人平放于"鹅翅膀"道路里侧，作行人歇脚的座板，加上常年的风侵雨蚀，背面字迹大多模糊不清，难以释读。但碑体保存十分完整。

的整修完毕时间；另一块距“德泽普被”碑约20米，直接刻于路边的石壁上，为“光绪十有九年岁在癸巳孟秋月兴义合郡公立”，主要内容为纪念“钦命镇守贵州安义总镇炳堂军门大人德政”。从碑刻内容可知，建成于嘉庆年间的该处茶马古道因年久失修、水毁坍塌等因而行走艰难，“贵州安义总镇炳堂军门大人”即蒋炳堂在主持修建铁索桥前即以主持并捐资补修、拓展了花江上“鹅翅膀”而达营盘一线的“茶马古道”，并被“兴义合郡”所敬仰。

而在铁索桥建成后，关岭方向的驿道则在干尔盘山头的肖家垭口改为直下（蜿蜒）至北岸桥头。而南岸则由小花江古码头沿江岸而下至桥的南岸，其间在今“七块碑”下起建1.5米左右的石砌大道蜿蜒而上在近营盘与“鹅翅膀”古道相交。现通常所讲的小花江16千米的茶马古道即指原铁索桥南段北盘江沿岸而上，经“七块碑”至营盘而达贞丰的路段。古道也均是用石块顺山而砌。路阶被马蹄踩成一个接一个圆圆的马蹄窝，记录着马帮时代的繁盛；路阶的石板被赶马人的草鞋打磨得光亮，记载着古人的跋涉艰辛。至今该路段仍保持完整。

“七块碑”位处由江而上50米左右、茶马古道旁的一天然向外微倾的石壁下，分别为“营界”“永垂不朽”“福缘”“万代流芳”“功德”等碑刻，主要内容是修建铁索桥、茶马古道的捐资功德碑及管护驿道及治安的营铺治区。捐资者有地方官员、营铺官兵、厘金局职员及个人。

4. 教育基地：小花江承载的红色文化

1934年4月16日至24日，张爱萍将军率领红三军团先遣队第二、三营，曾在小花江布依寨至铁索桥一带阻击来自关岭方向的国民党追敌，在完成阻敌、掩护红军主力和中央纵队从百层渡口渡过北盘江后撤离归队。

在“七块碑”处，除各类功德碑外，尚有今人所立的“红军战斗遗址”碑，载述红军在该处茶马古道坡面以及小花江一带的战斗事迹。碑云：

1935年4月9日，中央红军一、三、五军团趁敌人慌乱之机，从贵阳、龙里之间，越过湘黔公路南下西进，在连克惠水、长顺、紫云等县城后，于4月16日进入贞丰县境，大致分三路大军向前推进。右路大军：北路，指的是红三军团和红一军团一师三团。在1935年4月13日担任先遣任务的红三军第十一团在团长邓国清、政委张爱萍、参谋长蓝国清和政治部主任王平等同志的率领下镇宁县的江龙，接到三军团军团长彭德怀和政委杨尚昆的电令：“于明日（4月16日）中午十二时到达北盘江，控制渡河点，并架起浮桥，掩护主力部队过江。同时占领百层渡口。”接到彭杨电令后，十一团从江龙出发，经六马、良田，夜以继日，行程180多里山路，赶到北盘江畔的坝草。4月16日清晨，红军为及时控制渡口，抢占制高点。16日夜晚，十一团指挥部签到坝草对岸的坡扪待命，17日拂晓，接到军团长彭德怀命令，“十一团主力（缺第一营）立即出发，沿西岸进占大平街（今平街），逼近小花江铁索桥，牵制关岭、慕役（今关岭花江镇）、安顺一线之敌”。并对师团干部说：“单独行动，任务艰巨，要特别提高警惕，可能被敌人切断与主力的联系，更要谨慎小心，在独立活动中，要灵活用游击战术，依靠群众，注意随时与军团的电台联系。”17 日破晓，十一团之二营、三营，在团政委张爱萍和政治部主任王平的率领下，从坡扪出发，翻山越岭，日夜兼程，于 18 日中午到达平街。在平街与国民党吴剑平师六六零团二营遭遇，激战半小时，敌军溃逃花江铁索桥。为了侦察和从正面防御、抗击敌人，次日拂晓，二营（缺一个连）及侦察排由平街向铁索桥方向挺近。在距平街约 30 里处（小花江至营盘的茶马古道坡面），同关岭方向的来敌接火，红军依山伏击，敌军退回北盘江北岸与滇军先遣部队会合。十一团控制了铁索桥，完成了掩护主力全部渡北盘江任务后撤离，尾随军委纵队行进。

碑刻内容再现了红军在小花江一带阻击敌军的战斗过程。十一团控制了铁索桥后，即在南岸桥头一带修筑工事，在桥头至后山碉堡（时黔军犹国才部为防堵红军修建）一带布置火力，在“之”字形的古道上，间距百米分别插上一面红旗，风起旗舞，敌见胆寒，由于敌军摸不清底细，不敢夺桥过江，只能在对岸射击壮胆。在此期间，小花江村阿蛮等几个布依年轻小伙儿，每天都用葫芦在村寨的蚂蟥井取水送给阻击的红军战士。

小花江阻击战掩护了红军主力分别从坝草、白层、者坪三个渡口渡过北盘江，粉碎了国民党蒋介石试图借助北盘江天险对红军“聚而歼之”的企图，为威逼昆明、抢渡金沙江赢得了有利战机，实现战略转移的目的。红军长征过贞丰时，与国民党武装进行了坡扪战斗、平街战斗、白岩关战斗、坡艾战斗、坡袁战斗、洛艾九老山战斗等。关于红军在贞丰的战斗和抢渡北盘江西进，张爱萍、赵镕两位将军曾题词以志。其中张爱萍的《急军令·抢渡北盘江》词曰：“北盘水吼山河震，敌岸陡峭插入云。大军东去夺要津，出奇兵，雷击电闪占白层。连克贞丰下兴仁，风扫落叶马不停。挥戈者相守关岭，断后阵，机关算尽未得逞。”时任红军供给部长赵镕的《浪淘沙·过北盘江》词曰：“江中乱石多，屹立巍峨。水深流急卷汹涡，崇山峡谷隘经绝，寇奈予何？高唱纪律歌，众群皆和，红军哪能畏蹉跎。巧遇仙翁将桥架，跃渡滂沱。”现该处成了贞丰县著名的“红色教育基地”。

5. 文化名村：村落格致与民俗风情

花江布依古寨是一个布依文化底蕴深厚和布依风情古朴浓郁的布依族大寨，这里布依文化保存完整，民族风情浓郁，“布依古调”“小八音古调”“铜鼓舞”“古法织布”“布依嫁娶”等民族特色文化资源得到了较好的保护和传承，“三月三”“六月六”和“春节”等节日古朴隆重，服饰、饮食、生计和布依族语言等。这里仅对其中的村落形制、“三月三”与古树崇拜、“粮厅”祭祀与奉先思孝、扫寨以及葬俗等作简要的展示。

（1）村落形制。

小花江背山面水。寨后矗立着巍峨万仞的悬崖陡壁，似若刀切，岩壁雪白夹黑花纹嵌镶其间。山崖名鲲鹏山，俗称“鹅翅膀”，犹如一只天鹅宽厚的翅膀护佑小花江。因鲲鹏山两侧山势均向花江凸展，整个地形又好像一把“椅子”，村寨即位于“椅子”的正中部位。寨前江河如玉带缠腰，湍急的北盘江在这里变得安静平缓，江水清澈、浩浩荡荡穿峡谷而去。村寨正处于江、崖之间的缓坡地段，并沿东西向展开，呈现出“鲲鹏山崖—林坡—耕地—村落—道路—耕地—林坡—古道—花江”平行排列，和南北纵向的茶马古道—大沟—村道，以及学校、神树、“粮厅”处于寨中的总体形制。村寨上方有长年不断、水量可资村寨人畜饮水、农事灌溉的水井两口，即“交珀井”“弄将井”，村寨前的小山头为石砌的城隍庙，似乎赖之以藏风纳气、驱灾纳祥。村寨民居，依山就势，多为“干栏”式“吊脚楼”建筑，除内部檀、椽、构架以及外部装饰用木材外，屋面、墙体及隔墙均就地取材，由石块及石板构成。一般是正堂搭配厢房，正堂是摆放祖宗牌位的地方，类似于家庭小祠堂，正房左侧住老人，子女住右侧两侧厢房楼上供人居住，楼下多养家畜。中华人民共和国成立前，小花江一直是茶马古道上的重要村落，在村寨正下方“老渡口”至今还残留着“丹然寨”（布依语意为“官家屋基”），其中一定四间的平房，为官府管理渡船者的办公场所。由于古道经小花江村寨而上，南来北往的马帮、商人多留宿村寨人家所开的“马店”。马店既供食宿，又帮助备马草马料、钉马掌、换马鞍等。小花江村因之盛极一时。由于地理位置特殊，地形险要，小花江一直未官府和兵家重视，村寨及周边，昔时的战场遗址和防御工事仍历历在目，引人感岁月沧桑，发思古幽情。

（2）祭山神。

小花江寨中挺拔的七八人才能合抱的古榕树，树龄已达千年以上，其饱经沧桑，却又浓荫密布，苍翠挺拔，见证着花江一带滚滚流逝而又开新迎来的人、事、物的变迁，在当地布依人看来，其既是神树，也是山神的象征。古榕根系发达，凸于地面而又深植泥土，呈现着让人肃然起敬的旺盛生命力。树的背面左方大“筋”上方约3米处，挂有“千年古榕，重点保护”字样。树前底部，中央凹、左右凸，形成一个天然的“树龛”，树龛内村民立有一石质的“山神庙”。“山神庙”前两侧突兀的树根下端，是一约30平方米的坝子，树的两侧砌有石梯而达树的上部（背面），高差在3米以上。每年的农历三月初三和六月初六，村民在寨老的带领下到古榕下祭祀，祈求来日风调雨顺、五谷丰登。

（3）扫寨。

“扫寨”，它以浓烈、古朴、神秘的方式表达布依人驱邪祈福、渴望平安、崇尚美好的心愿。相传。相传很早的时候，布依人的祖先遭受灾害的侵袭，全寨的青年男女就拿起武器，驱邪除魔，使山寨得到平安，使村民们安居乐业。从此，为纪念祖先的英勇行动，春节伊始，在小花江村，寨老便会请布摩择良辰吉日扫寨。扫寨的作用有三：一是扫去寨中“火星”，提高村民防火意识，一年四季不遭受火灾；二是去“虫害”，使一年里的庄稼健康生长；三是把每个农户家的魔鬼妖邪扫出家里，把牛鬼蛇神扫出寨子，保村寨平安。在小花江，扫寨，绝不过三月三。只有把寨子扫“干净”后，村里才可以庆祝其他节日。

（4）粮厅祭祀。

粮厅在布依族人民心中有着重要的地位，乃布依族“至上神”居住之所，是布依村民祭祀祖先、供奉祖先灵位的“圣地”。小花江的粮厅是当地人供奉祖先神位、祭祀祖先的地方。坐落于村里半山中间，周围古树参天、郁郁葱葱，是当地绝佳的风水宝地。其外部修砌的砖墙保护着布依族的祖先，铁门常年紧锁，唯有重要事宜，或者布依族重大节日，才予打开，请示祖先。该区域对于进出者有着严格的限制，特别是孕妇（当地人称作“四只眼睛的人”）禁止进去，否则会流产。正中间搭建凉亭为祖先遮风避雨，祖先神位主要用砖石垒起，神位右斜方设置灶台，供村民每次祭祀完祖先之后，用柴火煮饭，共享美食。

（5）小花江梁氏布依族治丧习俗。

小花江梁氏布依族有着奉先思孝、重老敬老的传统，在老人去世后，晚辈均要举办庄重肃穆的治丧仪式以寄托哀思。据《小花江梁氏家谱》载，其大致包括入殓、停丧、择吉、报丧、封官、起经、开堂祭奠、祭奠、赶鬼场、“送稿”、出殡、脱孝等过程。其中入殓，布依语称“素匪”。入殓后，孝子挨户跪拜噩耗信息，当夜众族来丧灵吊孝。停丧，入殓后的丧灵……停丧期间，孝子守灵，吃睡在灵堂内；丧事完毕前，均素食忌荤。择吉，即丧家找人请摩师择吉，即选定起经、立幡“当稿”，开堂祭奠，“砍戛”出殡等吉期。报丧，是在治丧期择定后，丧家派人分头派人向亲戚报丧。其中，老外家，要来做“鬼王”“故丧”；大女婿或最小的女婿，要来“捡家当”即“砍戛”。封棺，摩师到的第一晚上把棺盖揭开，让众孝默哀静观死者遗容，然后由摩师盖棺，接着出魂。

6. 李晓炎故居

李晓炎（1889—1930）原名正源，学名乐，贵州贞丰县平街乡李家屯人。祖籍湖南邵阳。系民国贵州军阀混战中崛起的一位战将，早年入贵州陆军小学，毕业后投黔军袁祖铭部，历任排长、连长、营长、团长、师长。1926 年北伐战争开始后，被委任为国民革命军第七军军长。后所部被改编为第十六军，后又改为第四十三军，李晓炎仍任军长。1929 年曾任贵州省临时政府主席。其墓位于李家屯坝子公路的山脚。

李晓炎故居在贞丰县城北约 40 千米的平街乡李家屯，建于民国十五年（1926），是李晓炎为自己的父母建造的祖屋。由正房、左右厢房组成一楼一底的四合大院，坐西向东，木结构悬山式。石拱门，门框两边阴刻楷书楹联：“青莲学问高唐代；大树勋名溯汉家”，题额：“贰家喜庆得春和”。笔势流畅，苍劲有力。正房五间，面阔 20 米，进深 10 米，高 9.33 米。左、右厢房各三间，面阔 10.1 米，进深 8 米，高 7 米，天井内有照壁、花坛，门窗饰有雕刻花纹，照壁上绘有大幅山水画，花坛内种有各色花草。天井坝子全部是由整块整块天然的石板拼接而成。主屋二楼是李晓炎母亲曾居住的房间，倚窗凭栏景色尽收眼底。房屋四周均有用作防御的窗口，城墙厚30厘米有余，并建有供人行走的矮墙。矮墙上方置有瞭望口。在墙和正门前1米有余的外出廊道里墙、外墙砖面上分别模有“华居志喜”“民国十五年丙寅吉日晓炎、文波、曙炎建造”字样，是为建造日期以及建造祖宅的三兄弟的名字。整座建筑占地约1000平方米。

三、花江村产业发展的方向及其环境条件

（一）发展方向及其规划

1. 发展方向

“乡村振兴”战略的重要内涵是实现优化产业结构，实现“产业兴旺”。从花江村的资源禀赋及其发展前景来看，我们认为其产业发展的方向选择是全面实施依托自然与特色旅游资源，以小花江村为中心，以乡村旅游业为龙头，以生态与文化保护、绿色农业产业发展为两翼，融经济、社会、文化、生态为一体，实现协调、可持续发展的旅游产业兴旺之路。

走产业融合发展道路，一来适应新型产业发展模式，二来符合花江村旅游发展道路。产业融合是指不同产业或同一产业不同行业之间相互渗透、相互交叉，最终融合成为一体，逐步形成新产业的动态发展过程。产业融合可以分为产业渗透、产业交叉和产业重组三种类型。[1] 虽然在精准脱贫期间，花江村食用菌、养殖业以及经果林等产业发展成效斐然，如通过招商引资建设而成的400亩红托竹荪种植基地2020年实现产值达3000余万元，建成的“平街乡富之源生态养殖家庭农场”是全乡知名的牛、猪养殖基地，这些产业对于花江村民贫困“摘帽”作用突出。但由于市场竞争的激烈、资源体系的先天不足、产业模式上的同质化路径等影响，其发展的过程本身就与重重困境相伴随，难以在乡村振兴中保持和发挥可持续的龙头、品牌产业带动作用，因而对花江村乡村振兴视域下的产业发展选择、发展路径思考就成了必然。笔者认为，以旅游发展产业为主，融合布依族民族文化、传统农耕文化、历史文化、红色文化与江河文化，实现产业之间的高度融合、绿色可持续发展，既是花江村产业发展的主导方向，也是发展的主要路径。

2. 发展规划

传统村落是一种兼具物质与非物质属性的文化遗产类型，是乡村振兴的核心载体。小花江因得天独厚的地理条件、特殊的地理位置、浓郁的布依族文化，有形成以文化与自然资源融为一体的特色旅游产基础。自梁姓始祖移居于此，世世代代居住着布依族人民，因此形成了较为传统的布依族文化；又因为独特的地理位置，邻近北盘江流域，两岸连山，地势险峻，成为历史上兵家必争之地，留下了后来的红色文化遗迹。

[1] 刘楚楚.山西省文化产业与旅游产业融合发展研究［D］.太原：山西财经大学，2018：14.

布依族文化与红色文化在此崇山峻岭之间相遇，碰撞出两种文化共生火花。千百年来，两种文化在此汇聚，不仅不存在冲突现象，而且各自发挥着自身的作用，在相互融合中形成一方文化沃土，深深根植于当地人民的心中，可谓红色文化厚植这片土地，布依族文化滋养花江人民。对于精准脱贫后花江村的发展，经与平街乡政府有关领导及其村支“两委”交流中可知其大概，即旨在以政府为导向，通过吸引外资为主，积极引导各方力量（资源）投资小花江旅游产业，打造出以“走进小花江，观峡谷风光，品布依文化，赏古寨美景，怀红色文化，忆名人先烈”为主题的乡村旅游特色产业品牌，在“十四五”时期使小花江成为贵州省知名的乡村旅游示范村，乡村旅游成为小花江村可持续的、带动乡村振兴的特色支柱产业。具体内涵如下：

第一，依托当地资源，合理规划布局。即依托小花江自然风光、历史文化、红色文化以及文化：①在小花江开展餐饮、卫生、特产品销售、住宿、歌舞表演、古道体验、战场凭吊以及特产品加工制作体验等乡村旅游项目；②通过设立农家旅馆、农家乐，能够使游客留得住；③以现代农业的理念，按照规划的布局，种植相应的果园或种草药材，形成特殊图案可四季观光，在开花时节作为花海，在果实成熟季节为游客提供采食、采摘等活动；④利用闲置土地，发展庭院经济，不仅对村寨进行了美化绿化，同时也给群众带来了经济收益；⑤在小花江建立乡村干部革命传统教育培训基地，全力打造“学”“旅”结合新模式，增加群众致富新门路，促进新农村发展。

第二，依靠政府项目，争取社会参与，加大基础设施建设。通过各种项目申报，争取国家项目资金的投入，加大村庄整治、民居改造、村寨给水、排水、电力及其安全防灾等，加大道路建设，提高道路等级。目前，小花江村所在的地方政府正在积极申请省发改委、省国土资源厅、省水利厅、省林业厅、省交通运输厅、省科技厅、省旅游厅等部门的支持，打造小花江旅游村寨建设、需解决资金 1.2 亿元的帮扶项目。同时积极争取社会力量在旅游产品、餐饮住宿、村民培训、景点修复培植以及文化“活化”等方面的投入。

第三，企业带动，促进旅游营销和管理。小花江拥有丰厚旅游资源的民族特色村寨和传统村落，但也存在着旅游开发上的不少刚性制约，其中没有足够的资金和技术进行开发就首当其冲，同时，也存在大力投资开发后，由于缺乏专业化的管理与策划，很难盘活景区的隐忧。近年来，在上级部门的关心支持下，基础设施得到了较大的改善，投资环境也优化于从前。加大招商引资力度，引进在旅游与农业投资方面有足够资金的实力企业，利用先进的开发技术、专业化的人员及高效的项目管理，将小花江村打造成集北盘江峡谷自然风光、小花江布依古寨民族风情、红色文化、历史文化于一体的特色旅游村寨和北盘江峡谷旅游的后花园，成为平街甚至贞丰的一张亮丽名片，是一个当前面临的紧要而又迫切的工作。

（二）环境条件

在政策环境上，精准脱贫为产业调整提供了前提。精准脱贫政策的落实和乡村振兴战略的实施，为花江村产业发展提供政策支撑，使其能够通过国家政策引领、省级统筹规划、县市统一实施至村落，实现一体化发展。李克强总理在2019年国务院政府工作报告中要求贫困地区要打好精准脱贫攻坚战，并做好脱贫攻坚与乡村振兴战略的衔接。脱贫攻坚战役在花江村已实现了预期的目标，正在按照乡村振兴战略之“产业兴旺、生态宜居、乡风文明、治理有效、生活富裕”要求推进实施。其中，产业兴旺是基础工程，实现小花江村产业发展，汇聚花江旅游产业资源，将乡村旅游业发展作为乡村振兴的重要抓手，已成了该村上下的共识和重要目标。

外部环境上，一是北盘江流域全域旅游格局的联动已逐渐形成。北盘江流域全长449千米，贞丰县境内的约94千米，两岸崇山峻岭，树木葱翠。该流域流经范围大，流域面积广，旅游资源极其丰富，因特殊的地势特点，在河的两岸形成了一条峡谷旅游地带，当人们游览北盘江大峡谷时，乘船而上，途经小花江地区，便可欣赏山水险峻、奇峰异石、重峦叠嶂的山峦，两岸的风光旖旎，蔚然壮观，最著名的当属铁索桥、北盘江大桥等壮丽的人文景观。二是“六安”高速建设及其通车后的效应带动。交通便利不仅能带动一个地方的经济发展，还能推动此相关产业发展，其中旅游的发展离不开交通，交通的便利为旅游发展输送人群。此前，花江村一直处在较为封闭的地区，交通欠发达，在2019年，“六安”高速被列入施工计划，全程共计153千米，起始地区为六盘水六枝特区，途经关岭、贞丰等县城，终点至黔西南州安龙县，这对贞丰县旅游发展将是一个很大的机遇。“六安”高速的修建，将带动贞丰县全域旅游发展，并辐射花江地区。形成一个闭合的环节。贞丰县内旅游资源丰富，分布较为扩散，其中较为出名的主要包括贞丰古城、者相三岔河和双乳峰等，待小花江旅游资源全部开发出来，合理规划成一体，使得游客在贞丰县内的旅游有一条导向性的旅游路线。政府计划在六安高速旁边修一个世界桥梁博物馆。在世界桥梁博物馆旁边修一个酒店，站在上面可以一览众山小，可以看到北盘江的风光，还可以看到世界第一高桥。三是所在的平街旅游及其城镇化一盘棋的拉动。小花江村级油路的投入使用，使得小花江被纳入平街旅游的重点项目，该油路起北盘江镇的纳哈田至平街乡小花江村，全长25千米，宽6.5米，其中包括小花江村的民居改造、民族广场、村容村貌建设等工程，共投入1800余万元。目前，该工程已全面完工并投入使用，直接受益人口达13 000多人。平街乡政府倡导小城镇建设，因为该乡目前只有一条街道，产业模式较为单一，急需推进小城镇建设。推进小城镇的建设离不开旅游产业的发展，该乡统筹规划该村几个著名景点，以全国少数民族文化传统村落小花江为品牌，打造该乡主要旅游景点，通过这个景区，延伸至整个平街乡，游客在此地，除了领略李晓炎故居、李晓炎墓、茶马古道、铁索桥、摩崖石刻等旅游景点，还可以体验当地经济林产业，在鼎南种植有

8000 多亩[1]李子，游客游览完景点之后便可进行这种体验式旅游。

内部环境上，其一，村容村貌特色化、亮丽化正逐渐凸显。自 2008 年以来，贞丰县以该村红色、人文、民族、生态旅游资源为依托，以布依八音、布依古歌等浓郁的民族文化同民居环境改造、村容美化、村寨亮化等同保护好民族民间文化遗产相结合，以建设“花园式”新农村为目标，努力夯实以公路、村容村貌等为基础的旅游设施建设。在此背景下，小花江村作为社会主义新农村示范点，被纳入建设的重点村寨，围绕着把小花江打造成为壮峡千里——北盘江大峡谷一道亮丽的风景线的构想，已先后共计投入 1800 余万元，对小花江村的通村公路、布依民居、民族广场、寨中公路硬化、排洪沟、村寨环境、太阳能节能路灯等修补进行了新修、改造、美化、优化。同时，为坚定小花江村群众发展旅游业的信心，平街乡还组织小花江村“两委”班子及党员代表及村民代表共 60 人到省内的黄平县旧州镇、施秉县、镇远县、雷山县西江镇、乌当区新添办事处等地参观学习新农村建设、乡村民族旅游开发及农业产业发展等经验。其二，基础设施配套化目标化。在新农村建设与精准扶贫进程中，贞丰县城直达花江村的公路得到了修缮，花江油路已经全线通车，村寨道路已得到了全面硬化。村内设有旅游接待住宿 1 处，休闲广场 1 处，古榕树旁也被作为布依八音坐唱公共活动区域。其民俗节日三月三、六月六也有固定的活动举行场所。其三，产业发展规模化绿色化。近年来，在政府大力倡导下，花江村大力在种植产业，积极投入李子、花椒等产业发展，在畜牧业方面出台相关政策支持当地人养殖黑山羊、猪等。在旅游产业方面，在小花江也积极建设旅游产业，修建小花江民宿一处。小花江盛产热带水果，在保证绿化的基础上，政府计划在花江村发展杧果种植业，修建枇杷、葡萄等采摘园，通过一年四季的变换，让花江村春、夏、秋、冬呈现出不同的颜色，以此促进产业规模化绿色化发展。其四，村民生活幸福化小康化。改革开放之前，村民们还在进行单一的农业生产活动，改革开放给人们带来了多样的生计方式，人们不再受制于土地，而开始转型升级，谋求多样的生计方式，使得当地村民生活多姿多彩，许多村民家中新建楼房，古老的石头建筑在村内已经为数不多。村民们越来越多地走上了出门务工致富道路，小花江村出外务工人数占据 3/4，随着收入的增多，提高了村民们生活水平，正在幸福化、小康化的道路上前进着。其五，旅游资源厚重化、文化化。如前所述，小花江旅游资源文化绚丽多彩，异彩纷呈。浓郁的布依风情与红色遗迹镶嵌在旖旎的自然风光之上，具有历史性、民族性等特色，其厚重性主要体现在铁索桥、茶马古道的历史之上，多少文人骚客曾游览此地，留下诸多文人墨宝，曾经响彻国内的市场交易，西南地区的茶马互市，也在这里留下浓墨重彩一笔。如今，虽然历史已经过去，但留下的这些遗迹仍然被当代所利用、保存。独具特色的旅游资源，为如今的旅游开发提供资源保障。

[1] 1 亩 ≈ 666.667 平方米。

四、花江村产业发展的路径思考

乡村振兴，产业兴旺是基础，“产业兴旺是解决农村一切问题的前提，要推动乡村产业振兴，紧紧围绕发展现代农业，围绕农村一、二、三产业融合发展，构建乡村产业体系”。[1]花江村与许多少数民族村寨一样，地处偏远的山区，因受到地理环境的影响，限制了村庄经济的发展。但也因花江村得天独厚的地理条件、特殊的地理位置、浓郁的布依族文化，形成了集布依族文化、红色文化、自然资源于一体的特色旅游产业，只是尚未形成成熟的产业链，其旅游资源丰富，隐藏着巨大的潜力，等待着人们去挖掘依托自然的特色旅游资源。发展花江村产业应以小花江村为中心，以乡村旅游业为龙头，以生态与文化保护、绿色农业产业发展为两翼，融经济、社会、文化、生态为一体，实现协调、可持续发展的旅游产业兴旺之路为方向，探索花江村产业发展的有效路径。

（一）坚持政府的主导作用

根据我国政府的性质和地位，政府的作用主要是指以国家行政机关为主体的相关部门在维护社会稳定前提之下履行社会公共事务管理和职责过程中发挥的作用，其于乡村产业的发展至关重要。随着互联网时代的到来，和很多农村地区一样，花江村也受到了来自外面世界的经济、文化的吸引，人们无法认识到本民族文化所具有的重要性和独特性。加之花江村处于喀斯特地区，石漠化严重，可利用耕地少，传统的生计方式无法为家庭带来足够的经济收入，居民因自身能力不足，无法充分、合理地利用当地独特的自然资源和文化资源，人们无奈只好背井离乡到经济发达地区打工，这就导致了村里的劳动力减少，耕地等资源得不到合理的开发和利用，出现了很多的空巢老人和留守儿童，村庄的治理和经济发展越来越困难，这时就需要充分发挥政府的职能和作用。

1. 加强政府对农民的引导

地方政府是国家政策的执行者，是接收国家政策最快的地方，是对地方社会进行有效管理的机构。像中国广大农村地区一样，花江村村民文化程度普遍不高，受经济条件与地理环境的限制，缺乏对外界的认识，对国家政策和法律相关知识认知薄弱，无法将国家的相关政策、法律法规与自身的利益结合起来，认识不到如何利用国家政策来维护自身利益，并带动当地经济的发展，甚至有的人思想陈旧，无法理解和接受国家为农村地区经济发展制定的相关政策和措施，产生了逆反、阻碍政策实施的想法或行为，导致当地经济停滞不前。这就需要政府充分发挥自身对农民的引导作用，结合花江村的实际情况，积极宣传国家相关政策措施，把文件上的条条框框的知识变成当地百姓能理解、能接受的话语，引导当地村民把当地的自然资源与文化资源转变为

[1] 国务院关于乡村产业发展情况的报告［J］. 农经，2019（5）.

经济收入，带领当地百姓脱贫致富。

2. 加大产业发展资金扶持

当前花江村的产业发展依然处于探索阶段，虽然现在有主导产业红托竹荪和李子，并依靠小花江村独特的自然资源与文化资源开始开发旅游业，但是还没有形成规模的产业和打造出具有花江村特色的品牌。最主要的原因是当地产业基础薄弱、自我发展能力不足、严重缺乏产业发展的资金。因为村里的经济发展不景气，很大一部分花江村民选择外出打工，也有一部分选择在家乡自主创业，如种植红托竹荪、李子、花椒等，但因为没有相关技术人员的指导、资金不到位，导致产业无法形成规模，生产出的产品找不到销路，产品积压浪费，农民损失惨重。虽然现在政府在花江村产业发展方面进行了一些扶持，如修路、住房改造、旅游设施建设等，但自主创业的村民大多处于亏损的状态，看不到自主创业的前景，很多人只能放弃自主创业而重新谋求出路，导致村里有远见、有知识的人才流失。对此地方政府应该进行充分的考察，把当地的自我创业者纳入政府发展的规划之内，在资金上对他们进行帮扶，技术上给予支持，利用政府相关职能，为创业者寻找销售出路，将创业者的产业做大做强，并以此为基础，打造当地的特色产业，带动当地农民就业，增加农民的收入，拉动当地经济的发展。

3. 建设基础设施、提升发展能力

农村的发展离不开基础设施的建设，基础设施主要分为生产性基础设施和非生产性基础设施。其中生产性基础设施包括农村的道路、公共运输工具、大中型农用机械和设备、水利基础设施等。非生产性基础设施包括医疗、通信、教育、卫生等。基础设施的建设与农民的生产、生活息息相关，是农民日常生产、生活的保障，也是农民最迫切需要改善的方面。花江村的产业想要发展，基础设施必须完备。现阶段，花江村产业发展主要以小花江村为中心，以乡村旅游业为龙头，以生态与文化保护、绿色农业产业发展为两翼，融经济、社会、文化、生态为一体，实现协调、可持续发展的旅游产业兴旺之路。所以除了生产性基础设施的建设之外，应加强非生产性基础设施的建设，如医疗卫生、教育等，为花江村旅游业的发展打下坚实的基础。

4. 完善相关法律法规、保障居民合法权益

乡村产业的发展，离不开相关法律法规，法律法规的完善可保障旅游者、旅游经营者和投资者的合法权益，规范旅游市场秩序，保护和合理利用旅游资源，促进当地旅游业持续健康发展。如强化和完善《中华人民共和国文物法》《中华人民共和国土地管理法》《中华人民共和国旅游法》《中华人民共和国消费者权益保护法》《中华人民共和国环境保护法》等。相关法律法规得到了完善，人们有法可依，心中有了底气，有助于乡村产业的发展。因此，政府的相关部门应强化相关法律法规，保障居民的合法权益。

（二）优化投资环境

农村产业想要发展起来，除了创业者本身的资金投入、政府的资金扶持之外，还需要吸引其他的投资者对产业的发展进行投资，比如居民生产性投资和外部企业的投资。花江村相关产业想要吸引外部投资，就需要从加大产业宣传力度；推进产销衔接；整治农村人居环境；加强农村社会治安、保护投资者的合法权益等方面进行投资环境的优化。

1. 加大宣传力度

农村产业想要吸引到投资者的资金投入，优化投资环境，政府或者创业者需要加大对相关产业的宣传力度。花江村主要以当地特色资源发展旅游业为主，全方位地发展特色旅游业，需要当地居民的参与，鼓励乡村居民积极主动地增加生产性投资，营造产业发展的环境，就需要对国家政策、对发展乡村旅游业的益处进行有力的宣传，让农民知晓参与投资带来的好处，消除他们的后顾之忧。同时，相关部门要加强花江村特色旅游资源的宣传，如邀请网红到花江村进行打卡、直播、宣传，让外界看到花江村发展旅游业所具有的独特资源，知晓本地要发展的产业，了解产业发展的前景及投资可行性，吸引到更多的投资者。

2. 推进产销衔接

发展乡村产业，如果没有把生产与销售衔接起来，不仅会造成产品滞销、创业者损失惨重，而且无法吸引到相关的投资者对产业进行投资。花江村主要发展旅游业，如果相关的旅游设施已经建成，但是没有游客，产品无法销售出去，资金无法回收，这些旅游设施就会变成摆设，无法为当地居民带来经济收入，投资者看不到产业的效益，就不会进行投资。推进产销衔接，让投资者看到产业发展的前景，才能吸引到投资者的资金投入。

3. 整治农村人居环境

党的十八大将生态文明建设提升到新的高度，作为一项基本国策。建设生态文明是关系人民福祉、民族未来大计，是实现中华民族伟大复兴中国梦的重要内容，农村人居环境的政治意义重大，是建设美丽乡村、提升居民幸福感的重要渠道。现在很多农村地区的人居环境可以用脏乱来形容，村庄道路上基本都是各种生活垃圾与动物的粪便，家禽与家畜到处跑，村庄卫生得不到整治。在这样的环境中发展旅游业是很难吸引到游客前来观光的，没有了游客，投资者也就不会把资金投入进来。农村人居环境的整治，对于促进产业经济发展、改善农村生活环境具有十分重大的现实意义。

4. 加强农村社会治安

近几年来，地方政府加强了农村社会治安工作，大部分农村的社会风气有所好转，但因地处偏僻、经济落后等原因导致农村地区存在的问题还比较突出，巧取豪夺、坑蒙拐骗、信用缺失的现象时有发生，特别是遇到外来人员时这些现象更为突出。在很多农村地区，由于投资者的合法权益无法得到有效的保护，有资金、有投资意向的人都不愿意把钱投到农村地区。基于此，地方政府应该综合运用经济、行政、法律等手段去加强农村地区的社会治安工作，对农村地区的社会治安环境进行有效的整治，为投资者营造良好的社会环境。

（三）激发内生动力

1. 初始驱动力——村庄领导者内生动力洞察

精英治理模式在中国传统社会中一直存在，上到一个国家，下到一个只有几百人的村庄都离不开精英治理模式，在农业社会中精英或者能人带动效应极为普遍。像我国农村地区的村委会选举制度，常常使农村中大家公认的有能力的人成为村庄的实际领导者。以农村“能人”为主体的村干部队伍，其文化素质、管理能力、市场意识及集体精神等都高于村里的大部分居民，加之选举出来的村干部长期在当地生活，对当地的社会情况都很了解、有乡村生活的经验，对乡村产业发展有更多的热情。他们更容易发现村里潜在的发展潜力，更了解当地的特色资源。

在花江村调查的过程中，老支书梁绍宇就称得上为花江村的精英。在介绍梁绍宇老支书对花江村贡献的时候，贞丰县委组织部的黄科祥同志写道：“梁绍宇作为花江村的党支部书记，除了解决了村里水、电、路等发展基础，还根据花江村的基本情况首先提出了‘提升种养业，发展旅游业’的工作思路，并切实加以实施。为发展旅游业，梁绍宇提出并组织村民实施了‘依托大峡谷，充分利用丰富的人文景观与自然资源，构建集革命传统教育基地、民族风情旅游为一体’的旅游业发展框架。为走好发展旅游业的第一步战略，梁绍宇提出了抓生态保护建设，发展旅游业，推介花江的工作思路。”[1]

2. 基础保障——提高农村集体产业规模化水平

提高农村集体产业规模化水平，弥补了联产承包责任制下导致的农村土地不集中、机械化作业开展困难、相关产业生产效率低下、农村闲余资金分散化等问题。提高农村集体产业的规模化水平，有利于产业的集中管理，为乡村居民提供就业的岗位，吸收居民自身对产业进行投资，有利于引进相关技术人才，提高产业的生产效率，吸引相关投资者，增加农民的经济收入。

3. 核心推动力——技术人才开发

激发农村地区产业发展的内生动力，核心是技术进步，而技术人才在技术进步中处于核心地位。培养出一批专业的技术人才，是激发农村产业内生动力的关键。随着科教兴国战略的提出，国家加强了对科技和教育的资金投入。农村地区开始重视科技

---

[1] 黄科祥．铁索桥上的新农村建设者——记贞丰县平街乡花江村党支部书记梁绍宇［J］．当代贵州，2006（19）．

和教育。但因农村地区基础设施不完善，工资待遇低，条件艰苦等原因，人们更趋向于往大城市去发展，文化素养高的技术人才很难留在农村，造成了农村技术人才流失的现实。基于此，相关部门应出台相应的政策，吸纳相关的技术人才前往农村地区进行技术指导，充分地利用好村庄内自有的乡土人才。

（四）“活化”旅游资源

旅游资源“活化”，是传统村落规划建设的有效方式，是发展农村旅游业的重要路径。不同于一般的旅游资源，乡村旅游具有原生性、质朴性和浓厚的民族风情。小花江村作为布依古寨，是贞丰县传统村落之一，村里有着铁索桥、摩崖石刻群、茶马古道、红军激战遗迹、传统村落、布依族民族文化等独具特色的旅游资源，对小花江旅游资源的活化，有利于传统文化的传承与保护，提升居民的文化自信，突出当地旅游特色，推动传统村落的可持续发展。在不影响传统村落的保护与传承的前提下，通过把居民留在土地上，利用现代科技、创新、演艺等手段对花江村旅游资源进行活化。

1. 留住村庄的主人

居民是村庄的主心骨，村庄里面没有了人，就失去了活力与生气。因村庄内部经济不景气和村落发展共识的缺失，小花江村原有居民 417 人，外出打工 200 多人，加上外出求学的学生与照顾学生的老人，村里常住人口少，房子闲置。村庄里的居民原本就是旅游资源，他们的饮食、服饰、语言、行为等都会吸引来考察者与游客。基于此，地方政府应制定出相关的政策，在资金与技术上对村民进行扶持，鼓励和支持外出打工的居民回乡创业，合理利用村庄中的闲置农房，让当地村民成为村落保护的主要参与者和旅游开发的直接受益人。把居民留在生养他们的土地上。

2. 旅游资源 + 科技

科学技术是第一生产力，传统村落旅游业的保护、开发与可持续发展需要运用现代的科学技术，运用发达的互联网与科学技术，将旅游资源图片化、影像化，通过 VR、AR 等技术复活村寨历史，如将当年红军激战、修建铁索桥等的过程拍摄为纪录片、电影，运用微信导览功能，让游客使用手机扫一扫就可获得花江村历史文化信息，实现虚拟与现实的融合，带给游客不一样的体验感。

3. 旅游资源 + 创新

传统村落旅游产业的可持续发展，需要不断为村落旅游资源添加新的元素，保持村庄传统文化的活力。利用村庄中的闲置农房，打造特色民宿、特色手工艺品店、特色餐馆等，带给游客全新的体验，感受到花江村独具特色的民族文化风情。把花江村独特的文化资源加入手工艺品的制作中，打造具有当地特色的文化产品，让游客在旅游观光之后，除了照片还能带走具有纪念意义的产品，创新游客消费体验模式，激发当地居民创业的热情，提高居民的收入。

五、结语

习近平总书记在党的十九大报告就实施乡村振兴战略指出："农业农村农民问题是关系国计民生的根本性问题，必须始终把解决好'三农'问题作为全党工作的重中之重。"[1] 解决农村问题，必须把农村产业的发展放在首位，根据村庄的基本情况，因地制宜发展产业。深刻剖析花江村在产业发展中存在着思想观念陈旧、内生动力不足、缺乏科技人才与资金投入等问题，进而提出坚持政府的主导作用，优化投资环境，激发内生动力、"活化"旅游资源等解决问题的措施与产业发展路径，实现花江村产业持续、有效发展。

[1] 习近平．决胜全面建成小康社会　夺取新时代中国特色社会主义伟大胜利——在中国共产党第十九次全国代表大会上的报告［R］. 2017 年 10 月 18 日，新华社北京 2017 年 10 月 27 日电。

● 发展民族节庆旅游　助推民族地区高质量发展

——以黔东南苗族侗族自治州为例

陆桂林

（中共黔东南州委党校　贵州　凯里　556000）

摘　要：作为“多彩贵州”重镇、民族文化“富矿区”“森林之州”的黔东南苗族侗族自治州（简称“黔东南州”），是民族民间传统节日最丰富、最绚丽的自治州。在实施乡村振兴战略的新当下，在以消费拉动促进增长、以产业转型升级推动高质量发展的新时代，以“后工业化社会”“后物质时代”眼光来审视“前工业化社会”“前物质时代”的民族地区，深入贯彻新发展理念，坚定文化自信，依托“小节天天有，大节三六九”的节庆资源禀赋优势，来一场深刻的产业革命，并以节庆旅游作为统揽全州经济社会发展的引爆点，走出一条有别于其他市（州）的发展新路，培育独特的经济链条和竞争力，在全国30个民族自治州中率先一并破解“民族文化保护”等世界性难题，把黔东南打造成“物质、精神、灵魂、生态”完美结合的“必到此游”和“到此必游”的人间乐园，打造成“国内外知名民族文化旅游目的地”。

关键词：民族节庆；旅游；脱贫攻坚；高质量发展；黔东南

习近平总书记说：“人民对美好生活的向往，就是我们的奋斗目标。”在实施乡村振兴战略、推动高质量发展的今天，让民族节庆文化通过节庆旅游实现活态传承，让旅游业成为经济发展和脱贫攻坚的重要工具，持续释放黔东南丰富多彩的民族文化的魅力，在文明多样并存的格局下“各美其美”“美美与共”，进一步做实、做强、做优旅游经济，并向纵深方向推进，借此助推黔东南乡村振兴和产业结构转型升级。

一、民族节庆旅游，可作为统揽黔东南高质量发展的重要抓手

（一）黔东南是民族节庆资源的“富矿区”

黔东南州是中国苗族和侗族最大的聚居区，而民族节日文化是黔东南州功能最强、

作者简介：陆桂林（1976—），男，水族，黔东南州委党校副教授。研究方向为党的建设、文化旅游、生态文明等。

特色最浓郁、特点最鲜明、文化积淀最深、文化底蕴最厚的文化现象之一。由于历史、地理、社会等原因，至今黔东南州还有 300 多个民族文化传统节日（主要节日有 146 个），从正月初一到腊月三十，全州各地几乎每一天都有民族传统节日，都有少数民族同胞在过节，被誉为“百节之乡”，“大节三六九，小节天天有”成为黔东南州民族传统节日的真实写照。根据其特点，可划分为农事性、纪年性、祭祀性、纪念性、社交娱乐性等类型。农事性节日如种棉节、讨树秧节、水鼓舞节、捕鱼节、蚂螂节、采桑节、围鱼等，祭祀性节日如吃鼓藏、独木龙舟节、二月二敬桥节、吃新节、六月六等，纪年性节日如苗年、侗年、端节、赶年、冬至节等，纪念性节日如林王节、萨玛节等，社交娱乐性节日如姊妹节、爬坡节、舟溪芦笙节、凯里香炉山爬坡节、三月三讨葱节等。

（二）坚定民族文化自信的黔东南州前景无限

美国学者迈克尔·波特曾经说过:“基于文化的优势是最根本的、最难替代和模仿的、最持久的和最核心的竞争优势。”已故新加坡前总理李光耀指出，“文化是中国最大的发展力量”“中国现在最大的发展力就是文化力”。我国著名学者梁漱溟先生认为，西方文化较注重物质，中国文化较注重精神，比较强调心灵的情感满足。他预测，人类在物质生活得到满足后，会进化到第二个阶段，也就是说，解决人跟人的关系，寻求内在的满足、内在的快乐、内在的生活，中国文化、中国人的态度是可以解决的。只有中国文化能拯救世界，中国文化是世界文化的未来。习近平总书记更是强调“文化自信，是更基础、更广泛、更深厚的自信。”

（三）文化旅游是黔东南州综合性战略性产业

随着时代的发展变迁，民族传统节庆已从单纯的“消费”活动到促进经济发展的有效抓手，已由“娱神型”向“娱人型”“消费型”向“发展型”转变，已从自娱自乐到谋求生存发展转变。旅游业关联度很大、关联部门很多，和旅游业相关联的行业部门有 110 个，其中关联密切的有 29 个；旅游业带动效应很强，据有关方面的统计和测算，旅游业每增加 1 个直接就业，就能带动社会就业 7~8 人；旅游业收入每增加 1 元，就能带动相关产业增加收入 4~5 元，可以起到“一业兴、百业旺”的牵引辐射作用。据国家统计局相关统计数据显示，2020 年中国最终消费对经济增长的贡献率达到 54.3%，中国已成为世界最大的客源地，中国未来的发展也最主要取决于本国消费者的崛起，这是我们坚定文化自信的重要原因。近几年来，在全国经济不断下行的情势下，黔东南州正徘徊于“发展战略十字路口”，需要从“输入型增长”向“自主型发展”转型，方能在全国新一轮竞争格局中占据有利地位，方能为脱贫攻坚成果巩固、经济结构调整、民族文化保护传承等长期性根本性问题提供解决方案。

二、敢于直面问题，政府包揽模式在市场经济条件下难以为继

（一）淡化，社会变迁与过多的商业炒作

节庆产生人口集聚。人口兴则节兴，人口衰则节衰。文化是民族的灵魂，人民是文化的主人。黔东南州的民族传统节庆大多属于农耕经济的产物，存留在黔东南州的广大乡村，民族性、农耕性、乡村性是其固有特征。随着工业化、城镇化步伐加快，乡村人口大量向城镇转移，乡村人口与乡村经济渐显空心化，民族传统节庆逐渐淡化。同时，在一些传统节庆活动中加入过多的商业炒作成分，节事活动中的演唱会等与主题相关性不大的活动，如某些地方舍本逐末花重金请名人大腕造势，追求轰动效应虽然热闹吸引人，但缺乏深厚的文化内涵，缺乏广泛的受众、群众基础，经不起市场和时间的考验，并不能获得大众的广泛支持和认同，短期内可能增加亮点，但长远来看会有损节庆活动的主题，失去发展的动力和生命的源泉，让人民群众无感，难以“见物见人见未来”，影响其持续发展。

（二）包揽，行政主体与市场主体的错位

过去一段时期，节庆的举办一般由当地政府大包大揽，易造成依赖政府财政的产业空心化。如部分的苗年、侗年，原生态民族文化节，凯里国际芦笙节、榕江萨玛节、从江侗族大歌节、黎平鼓楼节等，办节过程由政府全包，这在发展初期政府须加以扶持，但这不应成为常态，地方政府管得过多、财政投入偏大，没有企业参与，运作往往无法维持。在举办节庆过程中，急于做出政绩，注重“文化搭台、经贸唱戏”，开个会议，发个文件，拿个牌子，出些政绩后就此结束，有时显得有些急功近利，对少数民族优秀传统文化可持续保护和利用还有待进一步加强。

（三）粗放，观光思维与乡土专家的缺席

在当下的民族节庆活动中，有些看起来异彩纷呈，但多是表演者表演、围观者观看。这种方式只有观赏性，参与体验性不足甚至没有，除满足小众的持“长枪短炮”的摄影爱好者外，其他人只获得短暂的“视角满足”且印象不深。节庆有些是内心深处的栖息，有些则是一次全民性的狂欢，而这里的“狂欢”既是当地人的狂欢，也包括外地游客的狂欢，是一次现场所有人的狂欢和同乐。附着旅游从“观光观看”到“深入体验”的转型升级，节庆旅游的“体验设计”甚是迫切。同时，在节庆旅游开发过程中，本土专家往往参与性相对不足，其作用往往没有得到相应发挥，往往是“远香近臭”，一些地方政府更喜欢从高薪外面专家，来去匆匆、走马观花，几天内来了解、把脉和确定民族文化旅游发展方向，很少甚至没有征求过广大当地乡土人才及本民族文化的当地人的意见建议，本土专家和当地民众甚至毫无知晓而只知道被动安排

如何去配合。

三、强化顶层设计，突出民族节庆文化的精神灵魂和绚丽多姿

（一）升级办节理念

根据特定受众、群体的心理和行为，寻找自己的细分市场定位，在消费升级的趋势下，发力个性化的市场，着力发展有特色的旅游产品——民族文化旅游的小众化之路，并由众多少众旅游汇聚成大众旅游。

1. 将节庆旅游商业利益隐藏在文化保护战略的背后

黔东南州探索一些民族传统节日开发模式，但大多数影响力不大，难以形成气候，还难以成功，原因是人们更多地以“务实”的视角关注节庆的经济效益，举办了太多的“旅游搭台，经贸唱戏”之类的节庆活动。与我们的“政府搭台、经贸唱戏”做法不同的是，如日本的樱花节、德国的慕尼黑啤酒节、西班牙的斗牛节等，之所以成为国际节庆品牌，其开发模式是为文化存在而举办，它们将商业利益隐藏在文化保护战略之后，无论哪一种，其都是以文化为内核的活动，节庆活动往往能够集中表现民俗文化，能紧紧抓住文化内涵、精髓、内核、品质，释放地方的风俗民情，形成源源不断的吸引力，而不搞急功近利的短期行为，在实现社会效益的基础上实现经济利益水到渠成。

2. 在减轻节庆负担、回归节庆本源中求唯一不求第一

当前部分政府现举办的节庆被赋予的任务太多，有宣传地方、扩大影响的任务，招商引资的任务，吸引游客的任务，推介产品的任务，甚至出现有错误导向的创政绩的任务等。因此，减轻节庆负担的目的是回归节庆的本源，还人民以欢乐和特有的文化体验，让节庆文化服务人民，共建和谐与文明。与此同时，大多数节庆注定不会成为全球知名的节庆品牌，不少节庆品牌目标受众本就该是国内游客，乃至某一域内或偏好的受众，主办方切忌追求包罗万象、妇孺皆知，没必要“全面开花”“求全求大”。地方举办节庆时需坚持因地制宜原则，避免简单复制和同质化竞争，不求第一，只求唯一，有些小而精的项目同样可以做大做强。

3. 发挥好“有为政府”和“有效市场”两方面优势

新时代条件下通过转变政府职能，政府“有所为，有所不为”，最大限度减少政府对市场资源的直接配置，最大限度减少政府对市场活动的直接干预，把政府部门集中力量“办大事、办好事”的组织优势与社会资本科学、高效、灵活的优势相结合。政府要把工作重点始终放在规范市场秩序、协调各方利益，引导、宣传、促销等方面，更好发挥政府在规划引导、市场监管、公共服务、内容把关等方面的职能，营造公平有序的发展环境。创造条件让市场在资源配置中起决定性作用，强化各类旅游演艺经

营主体地位，充分调动社会各方面积极性，提高资源配置效率和公平性，让社会资本“敢投”“愿投”“能投”，激发市场主体活力和发展潜力。

（二）突出核心重点

建议摒弃“县域行政区划平衡”思维，以“抓大带小”的方式，全州、全省统筹谋划，以便形成“三大庆典、两大节庆、两大赛事、一爱情节、其他节日”的“3221多”总体构架。即是说，“三大庆典”即苗族的蚩尤节、南部侗族地区的萨玛节、北部侗族的圣婆节；“两大节庆”即苗年、侗年；“两大赛事”即凯里国际芦笙节、国际斗牛节（包括苗族斗牛、侗族斗牛）；“一爱情节”即苗族姊妹节。其他节日即除上述8个节日外的节日。着力将“三大庆典、两大节庆、两大赛事、一爱情节”培育成全国乃至国际性品牌节日，其他节日作为补充和烘托。

1.“三大庆典”：培育中国乃至世界苗族、侗族同胞的“灵魂故里”和“精神家园”

多少年来我们对外一直强调黔东南州民族文化资源的丰富性，但是丰富可以淡化，唯有灵魂核心才满永久不变；多少年来，我们一直在寻找黔东南的“第一”，其实黔东南有全省全国乃至全球应有的“唯一性”，更确切地说，世界苗族、侗族同胞的真正的“灵魂故里”“精神家园”就在黔东南州，在确保政治安全、铸牢中华民族共同体意识的前提下，可以发展以宗教朝觐为主要动机的苗族、侗族宗教旅游活动。

（1）雷公山深处剑河县太拥镇九连村及周边地区是苗族文化的“根”和“魂”。

苗族是中国最古老的土著居民之一，其族源当可追寻到“九黎”和“三苗”的人们共同体或部分先民，苗族族称最早出现在甲骨文之中。经多方考证，我们认为，黔东南州苗族人口占全州总人口的41%，约占全国苗族的1/5，是苗族文化的核心地，而这一“核心地”最主要体现在现剑河县太拥镇九连村“九股苗分迁遗址”及周边地区。蚩尤，不仅是苗族的始祖、炎黄时代“九黎部落”首领，同时与黄帝、炎帝并列，被奉为中华民族三大人文始祖。在鹿鏖战之后的五千年中，苗族先民由北到南，由东到西，从国内到海外，经历5次规模较大、范围广的历史大迁徙，第二次大迁徙于尧舜禹时期，迁徙到包括黔东南的中国西南广大地区即云、贵、川、陕一带，现在的黔东南州境内成为苗族先民迁徙人数最多的地方，同时也是苗族先民贵族迁徙之地，唐末宋初，苗族的贵族抵达现在的黔东南雷公山深处的“党故”“松计”，即剑河县太拥镇九连村及周边地区。时至今日，这一带依旧保留着“九股苗分迁遗址”等诸多遗迹，依旧保留有很多神奇的故事，在此限于篇幅就不赘述，而被誉为苗族史书的《苗族古歌》记载：“……先回到党故、松计，再回到东方的老家……”（即是说，苗族同胞离世后，巫师呼唤他们的灵魂先回到现在的剑河县太拥镇九连村党故、松计这个地方集中，再统一回东方的“老家”……）如果经过深入挖掘，雷公山深处现剑河县太拥镇九连村、昂英村等，榕江小丹江村，雷山茅坪村、四格村，台江交宫、交密等村雷公山腹地一带，将有望成为天下苗族同胞心灵深处的“精神家园”。为此，我们建议，借鉴沙特阿拉伯王国首都麦加“圣城”经验，吸引全世界苗族同胞参加一年一度的“祭尤大典”，打造世界苗族文化旅游“圣地”。

（2）从江和黎平交界“弄塘概”、三穗县“圣德山”是侗族文化的“根”和“魂”。

侗族南部方言区的“萨玛节”。“客家庙大，侗家萨大”，侗族同胞认为“萨”是侗族所供奉的女性祖先神，是侗族古代女英雄“杏妮”的化身。侗族故事传说神女杏妮带兵与敌人展开过多次斗争，最后，她和两个女儿（有的说还有两个外孙女）一同战死在现在的黎平县龙额乡上地坪山区、从江县洛香镇平乐村、从江县庆镇某村的“弄塘概”（又称“萨山”），变成了岩石，被奉为本地区本民族的战神。在农耕时代的传统社会，黔东南州黎平、从江、榕江侗族地区，以及广西、湖南、湖北的侗族同胞要建新的侗寨或过侗节，先到“弄塘概”这个地方祭萨，并从此地带回一块作为萨的灵魂的泥土回到本寨，意思为“接萨”，已引萨到此护佑了，从此人丁兴旺、六畜平安……黔东南州的“弄灵概”及其周边地区，事实上是侗族文化的“灵魂”所在地，“萨山”成为广大侗族同胞心中永远的“圣山”，常年有人从各地来拜谒。现在，榕江、从江、黎平部分侗寨每年都过“萨玛节”，而榕江县车江乡一带的“萨玛节”因由政府举办，在外有一定名声，外界可能认为榕江县车江乡是“萨玛节”的核心地和“灵魂故里”，其实不然，侗族南部方言区“萨”的真正的“灵魂故里”和广大侗族同胞的真正的“精神家园”在平县龙额乡上地坪山区、从江县洛香镇平乐村、从江县庆镇某村的“弄塘概”。

侗族北部方言区的“圣婆节”。因地方性语音不同，特别是侗族北部方言区受汉族文化影响较深较广，对侗族同胞最大的神“萨”的称谓不同——南侗称“萨”（或“萨玛”），北侗称“圣”（或“圣婆”）。相传，流传于贵州省三穗县、天柱县和湖南省新晃侗族自治县相交的两省三县交界地带的圣婆，为侗北地区侗族儿女的创世女神，教会子孙祛除病痛、种植谷物、驯养畜禽。在民间的口头传承中，圣德山是与梵净山、雷公山齐名的贵州东部三大名山之一，圣德山是侗族的一座圣山、神山。长久以来，圣德山成为北部侗族区域两省三地七县（湖南、贵州两省，怀化、铜仁、黔东南三地，三穗、天柱、锦屏、新晃、玉屏、剑河、镇远七县）侗族同胞的神往圣地，有“侗族神山”之称，每年农历七月十五各地侗族同胞不约而同上山聚会、朝拜，人数均在 1 万人以上，一般为初一请进寨十五送圣婆。此传说在侗北地区均有流传，尤以圣德山地区为盛。

2.“两大节庆”：培育具有全国乃至全球影响力的展现丰收节庆“苗年”“侗年”

经对黔东南节庆时间轴线进行整体梳理，1 年中，全州规模在 1 万人以上的节庆有 114 个、283 个活动点。分布在各月的活动点为：一月 55 个，二月 15 个，三月 30 个，四月 13 个，五月 26 个，六月 38 个，七月 26 个，八月 14 个，九月 24 个，十月 16 个，十一月 16 个，十二月 10 个。这些节庆除“春节”外，受众最多、影响最广的是“苗年”。为此，建议确保一年 12 个月中每个月、每个县都有节庆，并串联起来，并着力将苗年、侗年培育成为黔东南旅游活动的一大亮点，成为具有全国乃至世界影响力的节庆。

（1）苗年。苗年主要集中在每年农历十月上旬，也就是在收谷子进仓以后，即分别为农历的九月、十月或十一月的辰（龙）日或卯（兔）日或丑（牛）日举行。前后活动，历时9天左右才能结束。这是苗族民间最隆重的节日。苗乡的男婚女嫁，一般都选在过苗年的时间。由当地政府及民间共同举办的黔东南雷山县苗年节最为隆重、最为成熟，也是迄今黔东南举办得最为成功的节庆，现在的雷山苗年已逐渐成为贵州乃至全国的一张节庆名片。

（2）侗年。侗族人民认为在五谷丰登、六畜兴旺、一切农耕事务完毕的秋后，便是劳作的一年已经过去，新的一年到来的时候。因此，有些地方把农历十月作为岁终、农历十一月当作新春的岁首，将于农历十月底至十一月初举行欢度新年的庆祝活动，从十一月初一到初五，举行大规模的踩塘跳芦笙和斗牛活动，有的青年人则趁此佳期举办婚庆礼仪，宴请亲友。政府相关部门曾于2014年支持带动榕江七十二寨一带举办较大规模的侗年，但至今仍未形成影响力。

3. 两大赛事：充分展示民族歌舞、服饰并具有国际影响力的“芦笙节”和“斗牛节”

（1）凯里国际芦笙节。

黔东南州各族同胞都喜爱芦笙，芦笙节是苗族地区最普遍、最盛大的传统节日，是以芦笙踩堂、赛芦笙为主要活动的节日。芦笙节一般以坡会的名称命名的多（如十三坡、古龙坡）。各地芦笙节的时间不尽相同，原因是有的来源于古理古规的吉日，有的来源于庆丰收，有的来源于神话传说。为熔各民族芦笙于一炉，黔东南州曾于21世纪初创办“凯里国际芦笙节”，让不同民族不同地方的芦笙得以竞技，让不同民族服饰得以展演，让不同银饰得以展示，吹笙跳舞，持续四五天，气氛十分热烈，是一种融歌、舞、乐为一体的群众性的文艺活动。

（2）黔东南州国际斗牛节。

一是苗族斗牛节。苗族始祖蚩尤头像长着一双牛角，斗牛是对祖先的崇拜、对力量的象征等。苗族同胞爱斗牛，以水牛相斗，并不是戏牛取乐，而是以斗牛的方式，展示苗家敬牛爱牛拜牛的特性。苗家在对壮硕、威武、雄悍的斗牛的喜爱中，体验优胜的美感，而且在这种情感作用下，苗家崇拜的牛在不断的饲养中，得以实现优选斗牛的优养进化。基本上每个集会节日都有斗牛活动，每年秋收后，还有特有的斗牛节。建议在凯里或雷山建立定时定点的斗牛活动。近年来，雷山、凯里白伍的斗牛活动渐成气候，有省外、东盟的赛牛参赛，并逐渐形成一定的影响力。我们认为，通过挖掘苗族文化，在斗牛活动中赋予苗族文化内涵，将会形成具有国际影响力的苗族斗牛盛事。

二是侗族斗牛节。侗族人喜欢斗牛为乐，多在春秋之季进行。侗族斗牛节是侗族同胞的传统节日。侗家喜欢斗牛，村村寨寨都饲养着善斗的“水牛王”。“斗牛节”是在每年农历的二月或八月里逢“亥”的日子里举行。侗族斗牛节以从江、榕江和黎平尤为盛行，时间为每年九月至腊月亥日，活动期间还会举办斗牛和唱大歌等活动。

4. 苗族姊妹节：清水江流域特有的、以苗族男女青年为主的集体婚恋社交节日集会

“姊妹节”又称“姐妹节”，是清水江中游沿岸，是以两个通婚集团（村寨或氏族，历史上是氏族，现代是村寨）的男女青年为主的婚恋社交的活动。有的村寨在农历的二月十五过，有的村寨在农历三月十五过，以台江施洞地区最有特色。每年春天，那里的苗族妇女要过一次“姊妹节”，吃上一餐“姊妹饭”。

四、大胆探索创新，将黔东南打造成世人追寻诗与远方目的地

（一）模式创新

1.“民间节日民间办”与“政府支持、行家指导”相结合

民族传统节庆源于民间、本于民间，建议民间节庆民间办，还节于民，保持民族文化的原汁原味。民间性是黔东南民族节庆最大的特点，民族传统节庆有群众和受众基础，这是其成功的原因之一。节庆活动无论采用什么样的开发模式，都无法忽视社会文化发展中的民众角色，他们是文化的载体，因而，对节庆活动开发的主题定位——要本于民间。只有节庆活动首先满足当地居民的需要，才可能使节庆活动在举办中得到持续的发展，节庆活动才可能散发出真正的吸引游客的魅力。提高居民参与热情的关键在于，发掘社区居民的文化认同。

第一，找准政府角色定位是关键。成熟的节庆旅游主导权应归企业和社团，政府“有所为、有所不为”，没必要“事必躬亲”，该放手学会放手，且要大胆将民族传统节庆让当地根据民间传统和习俗，自行组织举办节庆，包括雷山苗年，黎平、从江、榕江的萨玛节，侗族南部方言区四十八寨地区的侗年，榕江、从江、黎平、丹寨、雷山水族的端节等，让当地民间自行组织。

第二，政府的资金和政策的支持。州级政府及域内的县乡（镇）政府，根据该类型节庆常参加规模人数情况，予以相应的“节庆经费”支持，并根据前一年的节庆效益，动态给予相关经费支持。当然，政府也可以采用“比赛”方式，由群众、地方政府，以及黔东南州苗学会、黔东南州侗学会、黔东南州水家学会等民间组织组建专家组，形成“第三评估方”，在节庆期间巡查，以及通过网络投票等，分别占不同的分值，根据总分值进行公示、奖励。

第三，本土专家和寨老不能缺席。当地民族专家、寨老最懂当地的民族传统节庆，所以，对民族传统节庆的策划、挖掘首先离不开当地专家、本土专家，重视本土专家（包括寨老、民间艺人、乡贤等），在规划上、策划上、挖掘上以及评估上，重视他们，重用他们，而不能“远香近臭”或邀请外人用“外在思维”而导致的“走过场”，旅游节庆的规划方能落地。民间节庆民间办，保持民族文化的原汁原味，才能吸引更多的

游客。

第四，邀多方面的行家积极参与。这里的行家，既包括文化人，也包括产业领域的实业家。文化是文化人说的话和做的事情，但是文化不能只为文化人服务。任何离开人民群众和人间烟火的所谓文化，终会陷入小圈子的自我欣赏和相互吹捧，而失去发展的动力和生命的源泉。所以，我们还需要邀请相关产业领域的领军人士参与规划，建言献策。

2. “创办节日企业办”与“有效市场、有为政府”相结合

对于地方政府整合各民族文化，打造多彩节庆，自己创办的节庆，如凯里国际芦笙节、从江侗族大歌节、黎平鼓楼节等，建议政府“有所为，有所不为”（责任类，政府来做；动力类，市场来做）用市场化手段取代行政手段，鼓励各地通过政府购买服务等方式，把“有效市场”“有为政府”两方面优势都发挥好，从政府手中交给市场主体企业（1 家或多家企业），市场化的产业由市场来经营，以便提供效率效益。

一是对节庆日期和主要内容进行规范。传统节庆本来固定的举办日期，但时下举办的不少节庆活动在时间和内容上大都缺乏固定性，很多节庆活动仍处于一种无序状态，使人们对该节庆活动感觉模糊，无论是居民，还是游客，都无法形成明确的节庆意识。建议对不同的节庆尤其是 5 万人及以上的重大节庆，邀请州内相关专家进行规划，规划须经州人大常委会立法，规避“因领导人改变而改变或因领导人的看法而改变”造成的无序和混乱。规范性是节庆成功的秘诀之一，节庆召开的时间始终如一，百年不变，不能因应国庆、五一假期而改变，而且每年节庆的活动内容、时空安排等计划都早早通过各类媒体公之于众。严谨周密的管理和确定性方能促成节庆成功。

二是成立专门公司实现“以节养节”。从节庆设计策划、票务会务、展览博览、产业化、股份化改造的基础上成立专业化的节庆旅游经营公司，获得节庆文化活动经营的资质，使其拥有高度的社会责任感和知识产权意识，成为具有法律意义的独立法人，在国家法律允许的范围内，遵循市场经济规律，实行自主经营、自负盈亏，参与市场竞争，在资源优化配置、优胜劣汰中，推进民俗旅游节庆市场的规范化、制度化运作，形成“以节养节”的良性循环发展模式。

（二）深度挖掘

在节庆旅游开发过程中，深度挖掘传统节日的文化内涵，把传统节日蕴含的意义、故事与当下人们精神物质文化需求和生活方式契合，要拥有文化底蕴、环环相扣或言之有物的活动内容，使其成为可多样选择、广泛参与、深度体验、拉动消费的新载体和新空间，张扬地域文化和民族风情的个性和特色，对民族传统节庆文化进行创造性转化和创新性发展，让传统节日旅游大放光彩，演绎“不一样的节日，不一样的精彩”。

1. 分辨，区分精华与糟粕，取其精华、弃其糟粕

一是梳理取舍是否举办。相关部门根据《黔东南州民族节庆旅游发展规划纲要》，对所有节庆进行再梳理、再评估，要有整体规划和评估体系，对于长期空耗地方财政、社会和经济效益不佳的节庆旅游项目，要重新设计创意，乃至叫停。不是所有节日都要办，而要进行梳理、取舍、规划，如民族传统节日一定要办，让节日回归传统、回归文化；如政府创办的节日，没有文化内涵，没有群众基础就不办。找准政府角色定位是关键，严控财政投入，鼓励企业参与，把成熟的项目交由企业投资、运营。有群众基础、有传统文化内涵的就要办，这样才可持续，同时要放弃没有文化内涵、毫无意义的节日。对群众自觉自愿办的传统节庆大力支持。

二是摒弃节庆中的负面因素。如传统的斗牛活动曾承载着怀念先祖、消灾祈福、弘扬勇武精神以及社交联谊等多种功能，但在金钱的驱使下，以上文化功能逐渐都沦为利益的陪衬，一些求胜心切的牛主为了使自己的斗牛获胜开始给牛削尖牛角、在牛角上装上锋利的金属，或者给牛灌进大量烈酒、打兴奋剂，甚至给牛身容易受伤的部位涂上麻药，对牛的伤亡带来严重威胁，而且，近年来，不少地区的斗牛赛事已逐渐被赌博所侵蚀，斗牛活动在很大程度上已成为赌博的工具，这些务必高度重视并加以解决。

2. 激活，对传统文化做出与时代相适应的新的诠释

“变则通，通则久”，根本不存在一个现成的文化传统，文化只有活在当下、活在现实、活在人们日用而不知的常行中才是真正地“活”着。在民族节庆旅游中，不再简单地选择参与民族节庆活动，而是希望通过参与活动了解这些民族节庆活动的历史、当下、未来以及背后的文化价值，而提升民族节庆旅游产品开发的知识性和文化性才能满足民族节庆游客这一独特的旅游价值观。

吃：以特色餐馆为餐饮产品开发首选，严格规定“吃”方面只能是当地食材、当地工艺，让游客了解历史脉络，也可参与体验不涉密的食品制作过程。

住：以特色民宿为住宿产品开发首选，建材、风格全为当地特色，外观可以呈现古朴典雅，但内部陈设要干净、整洁和考究。

行：以绿色、环保又能彰显民族特色的交通工具为交通产品开发首选，除部分徒步外，还要有当地独特的交通方式，如骑马、骑牛，以及侗族地区的“抬官人”等；对现代交通工具，如在公交车外形上涂画当地文化符号等。

游：每个民间节庆都有一个或许多故事，在节庆开发中，可根据故事内容线索开发特色文化路线，让游客在旅游路线上感受相关民族的历史的脉搏。

购：民族节庆旅游商品的开发要彰显民族知识性、地域知识性，让游客了解民族旅游商品的来龙去脉，让游客参加简单的制作过程。

娱：在节庆的相关环节特别是唱歌、跳舞等环节，如在侗歌比赛、芦笙比赛过程中，设计让游客与当地人、不同年龄不同性别都能参与的环节，而不仅仅是让游客短暂观看，让游客身临其境、与当地人共享美好时刻。

3. 创新，接续节庆文化优秀基因、推进民族文化繁荣

节庆要走向市场就要开放办节而不是关起门来自娱自乐。民族节庆要走向世界，一定要有开放的胸怀和全新元素的注入。

（1）旧瓶新酒、创新求新。在民族传统节庆固定的活动内容之外，把服饰表演、美食品尝、游艺竞技、民间工艺制作等活动融入其间，平时的如茶会、流行、乡土文艺晚会、吟诗大赛、摄影大赛等；特殊的如马拉松等，以便吸人眼球。

（2）瓶同酒异、差异求异。在节庆活动中设计合理的、新的“兴奋点”，不仅注重其“好看”“好玩”，更花大力气在游客“看”和“玩”的过程中，通过“消费点”的巧妙设计，激活其消费潜能，在游客游览过程中最大限度激活其消费潜能，使产品增值，利润增大，最终提高旅游产品的整体盈利能力。

4. 延伸，着力发展“夜间旅游”和“夜间消费”

作为城市或地方功能转换的新兴时空场域，发展夜间经济能满足和激发游客和市民的多样化、多层次、全时段夜间消费诉求，并增加就业机会、凸显地方文化丰富度、提升地方软实力，它的繁荣程度成为一座城市或一个地区（地方）经济开放度、活跃度的重要标志。为此，抓好白天旅游促进白天消费，同时注重抓好“夜间旅游”和“夜间消费”，打造一批夜生活集聚区，激活城市夜间经济，让夜间经济“亮起来”，做大夜间经济，推动夜间经济的繁荣发展，为游客留下美好一天的下半场，打造民族地区“夜间经济”的升级版。

（1）成立夜间经济活动委员会。在各县（市）成立夜间经济活动委员会，特意预留出相关的工作岗位，负责为居民打造更为安全的夜生活；政府部门还积极和当地行业协会开展深度合作，为夜间经济的发展出谋划策；委员会与科研机构共同研究探讨如何保护和发展夜间经济，并致力于解决城市空间布局、治安管理、噪声控制、垃圾处理等一系列问题；鼓励资源集成投资运营主体和商家联合发起成立“夜间经济”发展基金会，根据市场需求变化，进行业态调控和自我管理。

（2）不断提升夜间配套服务水平。对于县城（或市内）夜市区的几条关键线路实行24小时运营，改善城市交通运输系统；支持公共交通、网约车、停车泊位、酒店民宿、共享办公等各类平台创新夜间业务，为消费者提供便利、高效和安全的特色服务；增加夜间球赛、健身跑、极限赛等活动和充满人情味烟火气的社区“深夜食堂”，培育以夜市、集市、酒吧、音乐厅、运动场馆等为代表的夜间商业业态；利用大数据管理协同平台和行业自律平台，做好夜生活集聚区和重大夜间活动的人流风险监测和调控，完善夜间重大风险防范机制。

（3）发挥民间歌舞营造深厚氛围。黔东南有丰富的歌舞文化，具有浓郁的农耕烙印，民族民间歌舞因农事繁忙而主要展现于夜间，“歌的世界，舞的海洋”名声早已在外，但在的夜间已经被现代的“广场舞”所淹没。为此建议，通过州县级政府相关部门的规划引导、资金支持、安全维护等，由宣传、文化与旅游部门具体负责，由州县两级苗族文化学会、侗族文化学会、水家学会等民间组织具体操作，组织专业人士，在各县（市）中心广场每天带头唱民歌、跳芦笙等，带着群众唱歌跳舞，并逐渐拓展，形成在各县（市）、各乡镇政府所在地、重点村寨，以民歌民舞来取代广场舞，形成深厚氛围。

五、强化政府责任，形成助推民族传统节庆旅游发展强大合力

（一）成立节庆领导协调小组抓顶层设计

建立州级层面的“节庆旅游领导协调小组”，州委书记、州长担任组长，相关副州长、州人大常委会副主任、州政协副主席任副组长，相关部门负责人任成员，统领、协调全州各类节庆，突破县域各自为政和内部同质化竞争。如“苗族姊妹节”，不应称为“台江姊妹节”。“台江”这一名称是后来才出现的，也不是因台江县成立而存在，在此前姊妹节早已有之，它不仅在台江一带，也存在于施秉、黄平、凯里、剑河、三穗部分地方，是苗族同胞地域性节庆，不是县域性节庆，称为“台江姊妹节”是把大文化做小了。类似“萨玛节”“圣婆节”“招龙节”等，是整个民族的节日或至少是区域性的民族节日，不是“小圈子化”的行政区划节日。改变此类内部“小我”竞争，只有靠州级甚至省级层面的基层设计进行统筹协调，否则是资源的破坏和浪费。与此同时，领导协调小组争取各行各业（与之相关的食、住、行、游、购、娱等行业）的支持配合。

（二）推行“产业链积极州产化培养制度”

节庆所需要相关的建材、食材、导演，以及承包商等，通过立法方式，全用本县本州的，由近及远，如果县内解决不了再由州内其他县（市）解决，州内解决不了再外购或外请，支持州内相关产业的发展。对黔东南的林下养鸡、百香果、蔬菜、食用菌等扶贫产业，应该给予更多的机会、更多的信赖、更大的容忍度，首先消费扶贫产业产品，积极州产县产替代，确保产业产品有市场。对旅游商品如银饰、刺绣等，通过立法方式，不许从州外输入，规定必须是州内生产，支持当地产业发展。这是一个看似牺牲短期利益，却顾全长期发展的做法。

（三）多维度宣传推介黔东南民族节庆

1. 设立“黔东南民族传统节庆网站”

设立并丰富“黔东南民族节庆网站”，除了详细介绍黔东南民族节庆的相关文化、具体活动安排及与之相关的食、住、行、游、购、娱之外，还要及时汇报节日期间每天的交通状况和气象情况等信息，并将全州各县举办苗年或侗年的具体情况分别进行宣传、介绍，突出各地各节的特色与亮点。

2. “走出去、联起来、请进来”宣传

即赴主要旅游客源地进行集中宣传、促销，或者积极参与国际国内大型旅游交易

会、展览会等，扩大州外市场；联合起来并形成以曲阜为轴心的网络群，才能将分散的力量凝聚起来，树立一个共同的形象，建立共同体；利用外来优势，引进一系列苗学、侗学研究，国际文化交流活动，把国内外著名大学和文化产业集团引进来，为节庆增添色彩。

3. 争取开通“苗年”“侗年”专列

协调交通部门，为方便人们的出游，特开设“苗年”专列、“侗年”专列，把各节庆地点作为列车经过的线路，乘客们可以一路欣赏，尽享各处风光。

（四）在全州各县（市）职校建立节庆专业

经省人民代表大会通过，以法律制度形式确定民族民间文化教育开展的空间范围，在凯里境内的凯里学院、黔东南州职院、贵州省电子工业学院等高校，在全州各县（市）职校，设立“民族节庆专业”，教学内容包括各相关民族传统节庆的历史文化、表演，少数民族语言类如苗语、侗语，体育健康类如侗族摔跤、独木舟、斗牛、斗鸡、斗鸟、芦笙、武术、龙舟、木鼓舞、抢花炮、赛马、摔跤、板凳舞等，音乐舞蹈包括民族声乐、民族乐器、民族民间舞蹈等课程，同时开设民族民间美术、民间刺绣、蜡染、蜡画、民间版画、民族服装、民间工艺等课程。与此同时，设立民族民间文化保护专项基金，确保民族民间文化教学有固定场地、道具、外出演出、相关器材等，为民族民间文化进校园、进课堂提供坚实的物质准备，保证教学工作正常开展，并在举办相关节庆时，以比赛方式参加展演。

（五）建立联盟合作机制突出品牌形象

全域旅游要求资源整合、产业融合、共建共享，激活“冷资源”“闲资源”，更好地满足个性化、多样化市场需求，带动经济社会发展，文旅融合，开放办节，能拓宽引流渠道。一是协助举办节日，要用好用足各类帮扶资源，与外界或协作地区，着力推进东西部旅游扶贫协作，加强旅游市场合作，加大旅游企业招商力度，吸引更多专家人才到贵州开展帮扶活动。二是深化跨地区跨境合作（如苗年、侗年等），推动与周边地区率先开展节庆旅游交流合作，组织开展跨地区跨境节庆共办、品牌共建、文化援助等活动，如“中国各地苗年大联欢”“中国各地侗族侗年大联欢”等。三是“节日节事旅游 +”，创新业态和亲子旅游、家庭旅游、老年旅游，推动与文化旅游、研学旅游、体育旅游、养生旅游等有机结合，拓展旅游的产业链和价值链，拉动综合消费。

【参考文献】

［1］雷秀武，龙初凡．传承民族文化的载体模塑民族心理的平台——黔东南民族文化传统节日人类学考察［M］．北京：中国文史出版社，2013.

［2］黄翔，等．旅游节庆与品牌建设——理论·案例［M］．天津：南开大学出版社，2007.
［3］吴小莲，李冬芹，张强．民俗节庆文化旅游创新研究［M］．武汉：华中师范大学出版社，2014.
［4］王欣，等．世界旅游目的地营销案例［M］．北京：经济管理出版社，2015.
［5］葛凯．制造中国——消费文化与民族国家的创建［M］．黄振萍，译．北京：北京大学出版社，2016.
［6］保罗·皮尔泽．第五波财富［M］．路卫军，庄乐坤，译．北京：中国社会科学出版社，2013.
［7］道格拉斯·霍尔特，道格拉斯·卡梅隆．文化战略——以创新的意识形态构建独特的文化品牌［M］．汪凯，译．北京：商务印书馆，2013.

● 贵州民族地区基础设施建设融资模式研究

——以 PPP 融资模式为视角

颜全己

（贵州大学　历史与民族文化学院　贵州　贵阳　550025）

摘　要： PPP 融资模式主要应用于基础设施和公用事业建设领域，由公共部门与私营部门以契约方式签订正式协议，各自发挥优势，提供公共产品服务，分担风险和共享收益，是一种公私合营模式。贵州的经济发展滞后，民族地区基础设施薄弱，为加快民族地区脱贫致富和巩固已取得的成果，引进 PPP 融资模式来减缓贵州省的财政负担显然是一条有效的途径，对发展民族地区基础设施建设作用巨大。

关键词： PPP 融资模式；民族地区；基础设施；发展

PPP 融资模式是英国政府在 20 世纪 80 年代提出的一种新型融资模式，主要应用于基础设施和公用事业建设领域，属于一种公私合作关系，是一种公私合营模式。其主旨是政府以特许经营权的方式，将部分政府责任移交给运转正常、融资能力较强的大型私营企业。总体趋势在于，在市场中引入竞争机制，进行基础设施建设，提高资金的使用效率，使基础设施建设融资走出困境，让社会经济文化得以快速发展。对经济总量小，建设需求大，各方面建设都需要经济注入的贵州省，PPP 融资模式的作用尤其显得巨大，具有广阔的发展空间。因此，为加快贵州省经济迅速发展，满足人民群众日益提高的生活水平需要，尤其是民族地区社会经济文化发展的需求，根据现阶段贵州省财政经济的实际情况，借鉴西方国家成功的 PPP 融资模式案例来为贵州民族地区基础设施建设服务是亟待探讨的问题。

一、近年来贵州省基础设施建设的情况

近年来，贵州省城市基础设施建设得到飞速发展，基础设施项目得到进一步落实，基础设施水平也有所提升。随着贵州省加强对“5 个 100 工程”的推进，2014 年以来贵州省的基础设施和配套设施得到了进一步完善，不少省级工业区、旅游景区、示范

作者简介：颜全己（1996—），男，布依族，贵州大学历史与民族文化学院 2019 级硕士研究生。研究方向为中国少数民族经济。

小城镇等的基础设施得到优化，有了历史性的突破。就交通运输而言，2018 以来，贵州省新增铁路 1484 千米，总里程达到 3550 千米，建成贵阳至广州、长沙、昆明、重庆高速铁路。新增公路 3.55 万千米，总里程达到 20 万千米，其中高速公路 5833 千米。内河航道总里程达到 3664 千米。供水保障能力达到 116 亿立方米，70 个县建成投运中型水库。新增电力装机容量1800万千瓦、总容量达到5810万千瓦，建成500千伏“日”字形环网，40个县通天然气管道。建成5个支线机场，民航旅客年吞吐量2460万人次。

2013 年以来，在国家的大力支持下，在贵州省委、省政府的坚强领导下，贵州省经济、社会发生翻天覆地的变化，人口城镇化进程加速发展。2013—2017 年常住人口城镇化率增幅连续四年位居全国第一，根据 2018 年人口变动抽样调查结果推算，贵州省 2018 年常住人口城镇化率 47.52%，较上年增长 1.50 个百分点，增幅位居全国第三，连续 5 年增幅在全国保持前列。五年间，贵州省常住人口城镇化率从 37.83% 提高到 47.52%，年均增长 1.94 个百分点，年均增幅高于全国 0.77 个百分点；五年间，贵州省常住人口城镇人口从 1324.89 万人增长到 1710.72 万人，年均增长 77.17 万人。常住人口城镇化率同国家差距进一步缩小到12个百分点，虽然在全国排名上仍处于倒数第二，但同上一位云南省的差距从 2013 年的 1.51 个百分点缩小到 0.29 个百分点，差距进一步缩小（见表 1）。

表 1　2013—2018 年全国及贵州常住人口城镇化率变化情况　　单位：%

地区	2013 年	2014 年	2015 年	2016 年	2017 年	2018 年
全国	53.73	54.77	56.1	57.35	28.52	59.58
贵州	37.83	40.01	42.01	44.15	46.02	47.52
差距	15.90	14.76	14.09	13.20	12.50	12.02

贵州省城镇化率提高，城市布局需要进一步优化，改善基础设施大量资金投入，地方财政有限，合理运用民间资本，多元化推广 PPP 模式是有效缓解政府财政压力的有效途径，因而近年来，政府制定了有关的补偿机制和引进了数量较多的 PPP 项目专业机构，为民间资本注入贵州省基础设施建设提供发有利的空间。

由此可见，首先，贵州省基础设施建设存在的最大问题是基本条件弱，水平较低，总量过于小。如电力、燃气和水的生产供应、计算机服务和软件业、交通运输、仓库储存、水利环境、公共设施管理等在全国所占比例大多数年份都低于 1%。其次，结构不合理。如交通方面，贵州省二级以上公路与等级公路所占比重不高，许多乡村未通油路，铁路主要有株方复线，大多为单线，黔东、黔南、黔北等许多边远的少数民族地区缺少覆盖。水利方面缺少骨干水源，大多为小型水库，饮水安全隐患尚未根除，需要抢救治理的病险水库尚多。再次，物流运输成本过高。从全国范围看，贵州省物流运输费每单位 GDP 承担费用物高于全国平均水平的 2 倍。主要原因在于，物流管理层次甚低，过路费较高，物流滞缓，从而增高成本。最后，基础设施的建设成本过于高。贵州省多为喀斯特地质地貌，由于受特殊环境的影响，公路、铁路建设的造价比中部平原地区要高出40%以上，如每千米高速公路比北方等其他地区最少要高出6000万元。由于沟壑深险，水利工程难度过大，每立方米水的建设成本，比全国平均增加9元，平均需15元。

贵州省的三个民族自治州，占据贵州省总面积的一半，其人口数量占贵州省总人口数近40%。贵州省的民族地区多属于边穷的山区，与黔中、黔北等地区的经济发展相比较为滞后，尽管改革开放以来基础设施和公共服务建设有所进步，但与全国发达地区的平均水平差距大。发展贵州省民族地区经济和推进城镇化进程让边远农村能与城镇形成共同体，离不开基础设施建设这一先决条件。民族地区是贵州省最接地气，最需要发展的地方，基础设施建设和保养关系着许许多多群众的生存发展，民族地区群众是真正需要大力帮助的群体。基础设施建设和保养事关当地社会经济文化的发展，是脱贫致富的基础支撑。基础设施建设好，就有利于各方面的投资和当地支柱产业的发展。目前，基础设施建设虽然有了改善，但是面对巩固提高完善等诸多方面，还依然资金短缺，在融资方面还存在许多困难。因此，解决好基础设施建设和保养的融资问题，事关贵州省脱贫攻坚和巩固脱贫成果的大事。

二、近几年贵州省PPP项目建设的总体情况

贵州省基础设施建设的快速发展与PPP融资模式有着千丝万缕的联系。就目前状态来看，贵州省全领域的PPP项目，不仅项目储备十分全面，而且项目前期工作较为全面成熟，这对贵州省基础设施建设起着一个强烈的示范带头作用。贵州省首先从全领域项目库建设入手，先后建立了包含4个子库在内的省级PPP项目库，2017年，贵州已经加入省级PPP项目库的项目就达到了1800多个，计划总投资高达21 408.8亿元。2018年贵州省重点PPP项目工程包共157项，其中传统基础设施领域112项，社会及民生领域共45项，总投资2632.9亿元，引入社会资本1680.8亿元，项目涵盖基础设施和公共服务等15各领域。包括能源、交通运输、生态保护、市政工程等诸多基础设施领域，此外还涉及医疗卫生、文化教育等公共服务性领域，在入库项目数量和投资额度上与去他地区相比处于全国前列。近年来，在贵州省探索创新运用PPP模式的过程中，取得了较大进展，表现在以下五个方面。

第一，立足顶层建设，建立保障制度。贵州省人民政府出台省级联席会议制度，明确常务副省长为会议总召集人，在省财政厅建立办公室负责专门事务，着力推行PPP投融资工作，明确1+N融资模式的PPP制度体系，以“一个实施意见+项目库管理、PPP基金、PPP项目财政补贴制度，行业（部门）若干等实施方案”的框架，为PPP推广提供运用方面的保障。

第二，抓好示范标杆，发挥引领作用。一是抓好向全国展示的示范性项目，

2014—2016 年，贵州省向财政部推荐参选的已批示范性项目中入围 29 个，获得投资经费共 614.74 亿元。2018 年，精心组织参加全国第四批 PPP 示范性项目申报，精选项目 60 个，获取资金 1192.07 亿元。二是组织评选省级示范性项目，评出省级示范性项目 132 个，投入经费 1067.29 亿元。三是开展 PPP 示范性县级创建工作，大力打造典型树立标杆，乌当、龙里等 9 个县（市、区）成为 PPP 示范县（市、区），为贵州 PPP 模式推行树立了标杆。

第三，灵活使用财政资金，积极创新融资方式。一是由省级财政设立 PPP 资金，出资 10 亿元，筹集民营资本 90 亿元，共获省级 PPP 资金 100 亿元。同时以省级为示范，各市县及行业成立 PPP 子基金，形成 600 亿元模式的 PPP 基金体系，用以保证 PPP 项目融资的信誉。二是在中央 PPP 奖补政策的基础上，制定省级奖补政策。从科学性、规范性出发，引进 PPP 项目，从专项经费中奖补符合条件的示范性项目和示范县（市、区），现已拨用资金 4055 万元，奖补最高的达到 100 万元。

第四，贯彻落实实施方案，使所制定的规范落地生根。自 2014 年以来，大力建立全省 PPP 项目库，规范项目台账管理，对项目实施规范扎实落实。同时多层面进行培训，扩大掌握 PPP 项目的管理和运作范围，并对示范性项目及 PPP 化债项目进行多方面督导。通过这些措施从中发现项目运行存在的问题，以便找出对策，使项目运作进一步规范。

第五，利用各种形式大力宣传，扩大民营资本投入 PPP 项目建设。贵州省大力运用财政部 PPP 综合平台，对贵州省 PPP 项目进行推行宣传，目前已录入项目 1800 个，计划使用经费约 2 万亿元。2017 年贵州省制定了 PPP 项目三年计划，有 1000 个项目得到推介或实施。2016 年 8 月、2016 年 9 月、2017 年 11 月，贵州省组织或参与各层面的 PPP 项目融资会、合作推进会、融资论坛等活动，广泛宣传贵州省的 PPP 融资项目。在财政部举办的“中国 PPP 融资论坛”会议期间，贵州省共推介 236 个项目，获取投资约 3128.77 亿元，从而扩大了贵州省 PPP 融资影响力。

根据财政部政府和社会资本合作中心项目库公开信息显示，2018 年上半年，贵州省入库 PPP 项目数量为 478 个，占全国 PPP 项目的 6.28%；项目合计总投资约 10 031 亿元，占全国 PPP 项目的 8.58%。在全部的 478 个项目中，市政工程、交通运输、旅游类的项目数量较多，分别为 157 个、76 个和 54 个；从总投资的角度来看，交通运输、市政工程、旅游类的项目体量最大，总投资分别为 4564 亿元、2241 亿元和 1041 亿元。根据中商情报网讯，重点 PPP 项目工程有 157 个项目，传统基础设施领域 112 项，计划总投资 2632.9 亿元，拟引入社会资本 1680.8 亿元；截至 2019 年 6 月底，贵州省共有 519 个项目纳入全国 PPP 综合信息平台管理库，总投资约 11 233.07 亿元。进入执行阶段项目 281 个，总投资约 7115.69 亿元，落地率为 54.14%。1—6 月新入管理库项目 24 个，总投资约 447.95 亿元。管理库项目融资情况，管理库需融资项目数为 248 个，总投资约 5495.05 亿元，拟融资金额为 3995.23 亿元，实际到位的融资金额为

1056.94 亿元，融资完成率为 26.45%，贵州省平均融资成本为 5.23%；民营企业参与方面，民营企业参与项目共 97 个，总投资约 1383.72 亿元，分别占执行阶段项目数和总投资的 36.74%、21.23%；贫困县推广运用 PPP 模式情况，全省 66 个贫困县中，已有 60 个县开展 PPP 推广运用工作，纳入全国 PPP 综合信息平台管理库项目共 280 个，总投资约 2427.87 亿元；污染防治与绿色低碳项目情况，纳入全国 PPP 综合信息平台管理库项目共 189 个，总投资约 1946.09 亿元；消费领域基本公共服务项目情况，纳入全国 PPP 综合信息平台管理库项目共 93 个，总投资约 1179.30 亿元。

三、贵州各地区 PPP 落地率分析

（1）贵阳市及贵安新区：贵阳市及贵安新区项目为 39 个，总投资 983 亿元。并且以市政工程为主，其项目数量占区域项目的 57%，其余行业领域分布相对较为均衡。落地率良好。

（2）遵义市：从项目数量来看，市本级、新蒲新区和习水县，项目数量多，且落地情况良好，落地率基本都超过了 50%；遵义市、凤冈县、赤水市、道真仡佬族苗族自治县等地的项目数量虽然较多，但落地率相对偏低；而桐梓县、务川仡佬族苗族自治县等地的项目数量虽然少，但项目基本都完成了落地。

（3）铜仁市：据表所述，铜仁市落地情况并不好，共有 11 个 PPP 项目的铜仁市，除市本级及万山区以外，其他区县的项目落地情况比较糟糕，尤其是玉屏侗族自治县、石阡县、碧江区等地，项目数为 0。

（4）黔南布依族苗族自治州：落地率较低，66 个 PPP 项目，仅 15 个项目落地，落地率为 22.7%，低于贵州省和全国的平均水平。其中州本级、福泉市、平塘县无项目落地。

（5）黔东南苗族侗族自治州：落地率超过省内平均水平，黔东南州项目共计 44 个，落地 20 个，落地率为 45.5%，略超贵州省平均水平。其中州本级、凯里市项目数量及落地情况都表现得相对较好。

（6）六盘水市：落地情况优秀，六盘水市项目共计 44 个，落地 24 个，落地率为 54.5%，落地情况优秀，其中水城县和中山区各落地了 7 个项目。

（7）毕节市：落地率达标，毕节市项目共计 52 个，21 个项目落地，落地率为 40.4%，基本达到贵州省平均水平。其中黔西县、织金县、金沙县项目都基本实现了落地。

（8）安顺市：落地率较低，安顺市项目共计 37 个，仅 12 个项目落地，落地率为 32.4%，低于贵州省和全国的平均水平。其中镇宁布依族苗族自治县、平坝区、黄果树风景名胜区、关岭布依族苗族自治县无项目落地。

（9）黔西南布依族苗族自治州：落地率低，黔西南州项目共计 30 个，仅 4 个项目落地，落地率为 13.3%，远低于贵州省平均水平。其中贞丰县、义龙试验区、晴隆县、

普安县、册亨县、安龙县均无项目落地。

综上所述，贵州省内 PPP 项目落地状况总体较好，但是民族地区区域发展令人担忧。三个少数民族自治州中，仅黔东南州超过贵州省平均水平，而黔南与黔西南落地情况均较低。铜仁的玉屏侗族自治县、安顺市的镇宁和关岭布依族苗族自治县、毕节的威宁彝族回族苗族自治县甚至没有 PPP 项目落地，发展状况很糟糕。

四、对贵州民族地区基础设施建设 PPP 融资的建议

（1）大力发展贵州民族地区基础设施融资基金。由于贵州省经济总量小，财政负担重，为了缓解财政压力，可以专门设立用于基础设施建设产业投资基金。可向特定投资者、非特定投资者筹措基金，以其所投资的基金为股份成立以基础设施建为专项的基金公司，如各地区城投公司。对基金公司的管理，则应聘请专家负责，以保证将资金用于基础设施建设项目。项目建成之后，可将转让股权以给投资主体，从而达到资金增值和投资者共享投资收益及共担投资风险目的。其好处是可以弥补基础设施的缺口，发挥资金规模优势，提高投融资能力，降低项目公司的负债率，通过新型投融资主体，使资本运作效率得以最大优化，贵州省基础设施投资基金按照市场化机制运作，形成能直接承担风险的投融资主体。

（2）优化贵州民族地区基础设施投融资模式。第一，规模合理化。一般来说，基础设施建设项目的周期较长、产权明显易定，评估较单一，可采取集合投资，风险分散的方式，恰当规定其规模，贵州省应在逐步积累经验的基础上控制募集资金，避免意外风险。第二，公司化管理。通过组建专门的基金公司进行有效管理，一方面让投资者参与决策，另一方面加强对基金管理者的监督，以此达到基金安全，投资良性循环，效益优化的结果，并增强基金使用的透明度。同时成立公司，可以拥有法人资格，能够向银行贷款，利于公司的规模扩大。第三，公募与私募结合。由于贵州省基础设施建设所需经费数额庞大，而民营企业和个人投资者的条件和投资环境发育欠缺，发育不良，投资方向往往受到有关法律法规的限制，加上缺少恰当的投资工具，可以根据实际情况采取这种公私募集资金的方式。

（3）吸收多元化投资的经验，形成有效的多元化融资体制。首先，采取合理的运作方式，有效回收城乡基础设施费用，即由提供非公共品的基础设施单位通过经营回收投资建设资金。这种体制的特征是政府不再充当投资主体，只充当引导行业发展的职能。同时制定合理的产品收费价格，并进行有效管控，在市场运作中，尤其需要对各种利益关系的协调。该项目工程的投资主体是由企业或政府授权的主体和个人，因而在项目融资渠道方面，可以通过市场化、多样化方式，通过 PPP 融资途径，由政府授权投资主体发行债券、股票、银行贷款、国外资金等渠道融取经费。其次，公益性较明显，关系民生的公共基础设施，不应向人民群众收取过多的费用，可以采取政府财政补贴与市场补偿的机制，由财政补偿不足部分经费。比如公园、体育场等公益效

益强，具有不可分性之类的公共设施，它们的投资主体为政府、企业、个人，可以采用PPP融资方式，使用股票、债券、贷款、国外资金等方式。最后，那些无法向使用者收费的公共基础设施，从社会公益性考虑，可以全由财政补偿，如街道、河堤、泄洪渠、绿化带等，其投资主体只能是政府，可采用银行贷款和国外资金等渠道。

（4）大量吸收民间资本，逐渐形成多元化融资运作格局。作为经济不发达地区，财政收入总量小的贵州省，民营资本和个人资本参与贵州民族地区城乡基础设施建设具有重要的作用，它具有投资效率大、潜力深厚的特性，提高民间资本的投入比重，使之成为贵州省城乡基础设施建设的主要融资渠道，创造公平有效的融资环境，激发民间资本参与贵州省城乡基础设施建设的积极性十分重要。对此政府应制定有利于投资主体的优惠政策，通过财政性资金与民间资本的配合，避免基础设施项目的风险，增加投资主体的收益。以积极的优惠政策和财政性担保资金为民间融资和投资担保，保证民间投资享有合理的利润收益。在引进民间资本参与基础设施建设中，充分发挥经济杠杆的调节作用。具体来说，可以采取单一投资和多样投资的方式。对于规模小的基础设施项目，可以由民间资本独立投资兴建，以其投资作为项目股本，参与盈利分配。规模大的项目，可以使用部分财政资金，一方面减低投资风险，另一方面让投资者有所获益，由此增加民间投资者的吸引力。对于经济收益好的竞争性基础设施项目，如洗车场等可以通过市场配置，通过竞争，利用民间资本投资，对公厕之类的公益性公共设施可以实行灵活多样的融资方式。

（5）制定合理的价格标准，适应社会经济发展的需要。价格的形成过程一般为政府定价。市场调节，在规定的浮动内由企业定价。贵州民族地区基础设施产品及服务价格主要是由政府统一定价，不利于贵州民族地区基础设施的有效发展，对基础设施多元化投融资主体的发展不能产生促进作用，因此应从以下方面着重加以改革。首先，以成本为基础非公共产品的价格，一方面优先考虑企业投资的合理回报，另一方面注意产品社会公益性强、居民需求弹性小的特点，有效控制高利润的价格产生，如燃气、电力、供水等与其他企业相比平均盈利水平应该相当。其次，对某些公共产品可以实行高额价格，如垃圾处理、环境保护、河水处理等。贵州省大多数城市水资源较为缺乏，环境污染较大，事关民生大计，应通过经济杠杆的调节，达到保护水资源和环境质量的提高，通过高额收费的经济手段可以抑制居民和企业的有害垃圾和污水的投放量，同时将征收到的资金用于垃圾处理和污水处理设备的提高，以达到良性营运和环境保护的目的。最后，对于社会效益大而需要政府补贴的公共产品，如城市公交车的乘坐，可实行政府补贴的优惠政策，对于这类产品政府在核算成本时，要充分考虑民生问题和解决城市交通问题制定价格，从而达到最大的社会效益。

五、结语

基础设施投入差异决定区域经济增长率大小，随着贵州民族地区基础设施建设规模的不断扩大，PPP 融资模式也不断在民族地区基础设施建设中得以推广运用。基础设施建设融资难，是制约基础设施发展的瓶颈。合理吸收民间资本，通过个人、集体、外资等各种投资，从而实现基础设施建设的完善和发展，为经济社会的发展提供了必要的保障。引入竞争机制已经是贵州民族地区基础设施建设不可缺少的运营手段，竞争机制能否顺利进入政府是关键，应创造条件让符合条件的投资者参与竞争，才能保证基础设施市场运行的正常健康发展。体制改革、制度创新、政策导向、融资方式的选择等方面，是解决好基础设施问题的重要环节。发达地区基础设施建设的成功经验，为贵州民族地区基础设施建设提供了借鉴，建立市场化和多样化的基础设施建设投融资方式已经迫在眉睫。毫无疑问，PPP 投融资模式是资金短缺的贵州省基础设施建设的最佳选择，应该提高这方面的建设和经营管理水平。对于基础设施投融资渠道，政府应发挥主导作用，基础设施投资是实现政府经济发展的战略，决定着社会公平、变革、生产力发展、经济成长。完善金融市场功能，可以有效配置资源，降低经济实体风险，减小交易成品，提升经济储蓄水平，实现市场机制在投融资方面的调适作用。贵州民族地区基础设施引入 PPP 融资模式能够使政府部门摆脱财政投资不足的困境，吸引私营企业投资，减少贫困，实现经济增长，从而整合融资渠道，达到融资合理分布，实现投资效益优化。

【参考文献】

[1] 冯冰. 城市基础设施建设的新型投融资模式——PPP 模式应用研究 [J]. 财经界（学术版），2016（13）.

[2] 王雪青. 城市基础设施建设项目融资的 PPP 模式 [J]. 科技管理研究，2008（4）.

[3] 李罡.PPP 模式在贵州基础设施建设中的应用 [J]. 商情，2017（24）.

[4] 2018 年贵州省政府工作报告 [R]. 贵州省政府工作报告，2018-02-05.

[5] 2017 年贵州省人口发展情况分析报告 [R]. 贵州省统计局，2017.

[6] 贵州省常住人口城镇化率增幅连续 5 年位居全国前列 [R]. 贵州省统计局，2019-04-02.

[7] 毕业. 贵州深化投融资体系改革研究 [J]. 理论与当代，2013（7）.

[8] 2018 年贵州省重点 PPP 项目工程包：共 157 项 [EB/OL].（2018-05-22）[2018-06-12]. http: www.360doc.com/content/18/0522/16/40490835_756124272.shtml.

[9] 贵州省 PPP 项目季度分析报告（第三期·半年报告）[R]. 贵州省财政厅，2019-07-17.

[10] 邹士年. 推进 PPP 模式应注意的问题和对策 [EB/OL].（2016-10-08）[2016-11-12]. http: www.sic.gov.cn/News/455/7002.htm.

● 基于网络文本分析的文化古镇旅游形象感知研究

——以青岩古镇为例

王怡涵
（贵州大学　历史与民族文化学院　贵州　贵阳　550025）

摘　要：为了深入研究游客对历史文化古镇型旅游目的地的旅游形象感知，为历史文化古镇的可持续发展提供有益建议，本研究运用网络文本分析法和扎根理论的方法，以马蜂窝旅游网按照设定的条件进行筛选后得到的 94 篇青岩古镇的游记为文本数据，使用 ROST Content Mining 6 内容挖掘软件提取高频特征词。从旅游资源、旅游环境、特色美食、服务设施、背景文化、旅游体验 6 个方面分析游客对青岩古镇的旅游形象感知。结果表明：青岩古镇是一座历史悠久文化底蕴深厚的千年文化古镇。青岩古镇的旅游开发得到了游客的认可，游客总体上对青岩古镇的旅游形象感知持积极态度，满意度较高。游客对青岩古镇的消极感知主要因素在于商业化严重，缺乏特色，基础设施还不够完善。青岩古镇旅游形象感知的进一步提升还需要深入挖掘古镇文化，拓宽宣传渠道，完善旅游公共服务体系建设。

关键词：青岩古镇；网络文本分析；旅游形象感知

长期以来，有关旅游目的地形象感知的研究都是旅游研究中的重要内容。旅游形象是吸引游客最重要的因素之一，也是评价旅游目的地发展状况与发展潜力的重要衡量指标，良好的旅游形象在游客选择目的地时发挥着举足轻重的作用，旅游目的地形象将对旅游者的消费决策产生相当大的影响，它是旅游目的地营销的重要内容[1]。张建忠提出了旅游区形象理解有广义和狭义两个方面[2]，黎洁则分析了旅游目的地形象的构成因素，主要包括政治经济状况、旅游目的地自然环境、人文旅游资源、基础设施、

作者简介：王怡涵（1996—），女，汉族，贵州大学历史与民族文化学院 2018 级民族学硕士研究生。研究方向为中国少数民族经济。

❶ 黎洁，吕镇．论旅游目的地形象与旅游目的地形象战略［J］．商业经济与管理，1996（6）：62-65.

❷ 张建忠．旅游区形象建设的初步研究［J］．泰安师范高等专科学校学报，1997（2）：134-137.

旅游业发展与旅游设施等❶。旅游形象感知是游客在旅游的整个规划以及实施过程中从自身的角度和需求对旅游目的地做出的一种认知和评价。按照游客旅游行为的进行阶段，可以将游客感知划分为本底感知、决策感知、实地感知和最终感知❷。旅游者对旅游目的地形象评价是公正、客观的。这些评价因子大都由那些旅游者可感知到的旅游吸引物因子、文化因子和相关附属因子构成。如果这些评价因子与旅游者感觉中的形象大致相符，旅游者会感到"满意"，反之则表现为"失望"❸。

网络由于其开放、共享以及自由的特性促进了旅游信息的传播和分享。越来越多的游客在旅游之后会在网络平台上以文字或图片的形式分享自己旅游的心情和感受，因此网络文本也日渐成为旅游形象感知传播的重要途径。学者通过对网络文本进行详细的分析来研究游客对旅游目的地形象的感知。张高军等利用百度、Google 以及各旅游网站采集游客记述华山旅游的网络日志和网友点评，筛选后得到了 92 篇日志和 181 条负面点评；然后运用质性研究的文本分析法，通过这些材料研究游客对华山形象的感知❹。

一、研究地概况

青岩古镇，贵州四大古镇之一，位于贵州省贵阳市南郊，建于明洪武十年（1377），原为军事要塞，后来逐渐演变为滇黔茶马古道上的商贸重镇，距今已有 600 多年的历史。古镇的镇容布局沿袭明清格局，镇内设计精巧、工艺精湛的明清古建筑交错密布，寺庙、楼阁画栋雕梁、飞角重檐相间。青岩建筑群种类众多，历史悠久，工艺精湛，文化内涵极为丰富，既受汉文化的影响，又融入当地布依族和苗族文化的内涵。青岩建筑群体现的民俗民风构成青岩古镇城市气质的要素，形成了具有明显时代和地域特征的城市肌理，并交融整个青岩镇的历史长河中。青岩古镇人文荟萃，有历史名人周渔璜、清末状元赵以炯（贵州历史上第一个文状元）。镇内有近代史上震惊中外的青岩教案遗址、赵状元府第、平刚先生故居、红军长征作战指挥部等历史文物。周恩来的父亲、邓颖超的母亲、李克农等革命前辈及其家属均在青岩秘密居住过。青岩古镇还是抗战期间浙江大学的西迁办学点之一。

2005 年 9 月青岩古镇景区被建设部、国家文物局公布为第二批中国历史文化名镇。2013 年在顶峰国际非物质文化遗产保护与传承旅游规划项目中被誉为中国最具魅力小镇之一。2010 年青岩古镇荣获中华诗词学会授予的"中华诗词之乡"荣誉称号，率先成了全国的诗词之乡。2016 年被住建部列为首批中国特色小镇。2017 年 2 月 25 日，

---

❶ 黎洁 . 论旅游目的地形象及其市场营销意义［J］. 旅游论坛，1998（1）：17-19.

❷ 薛会娟 . 旅游地感知场的形成机理及管理对策探讨［J］. 人文地理，2008（1）：97.

❸ 宋章海 . 从旅游者角度对旅游目的地形象的探讨［J］. 旅游学刊，2000（1）：65.

❹ 张高军，李君轶，张柳 . 华山风景区旅游形象感知研究——基于游客网络日志的文本分析［J］. 旅游科学，2011（8）：87.

评为国家5A级旅游景区。

二、研究方法

本研究采用的是网络文本分析法。网络文本分析法来源于内容分析法，内容分析法就是对文献的内容进行客观、系统、量化分析的一种科学研究方法。内容分析法以测量量变为主要目的❶。内容分析法是基于定性研究的量化分析方法，将用语言表示的文献转换为用数量表示的资料，并将分析结果用统计数字描述❷。网络文本分析方法则是一种通过收集网页、论坛、博客、微博等网络信息源上的文本资料，借助内容分析并提炼其关键信息，以开展相关主题研究。

本研究主要运用的软件是ROST Content Mining 6内容挖掘软件，针对网页、论坛、微博等网络信息源，进行分词、词频统计、聚类、相关性、相似性、情感倾向、共现、同被引、时序、趋势、词频爆发、语义网络及社会网络分析，实现内容挖掘、文本分析、知识处理等目的❸。ROST Content Mining 6软件以其使用成本低、易于分析网络文本、操作方便等优势被广大学者所应用。因此，本研究以贵阳市花溪区青岩古镇旅游区作为研究对象，以旅游网站上游客的游记和评价形成的网络文本作为研究的主要内容，运用ROST Content Mining 6内容挖掘软件对文本资料进行定量分析，利用词频分析功能提取游客点评样本中的高频特征词及其频数，提炼游客感知的青岩古镇形象。因此，通过研究这些网络文本可以了解旅游者对于青岩古镇的形象感知，进而了解青岩古镇景区发展的现状以及趋势。

三、数据来源及处理

本研究选取马蜂窝旅游网旅游攻略中的游记作为样本选取来源，在网站旅游攻略页面搜索框中键入青岩古镇，其中出现有关青岩古镇的游记共5957篇，由于所获相关游记数量过于庞大、可用文本质量参差不齐，因此按以下步骤对游记进行筛选：（1）游记发表的时间越近，可用价值越高，越能了解游客对青岩古镇形象感知的最新情况，因此本文主要选取的是2017年2月25日青岩古镇被评为国家5A级旅游景区以来且浏览量超过1000次的游记；（2）由于互联网的开放性，任何人都能在上面发表评论，因此有些游记主要是景区的官方宣传、商家打广告以及旅行社方面为吸引游客而写，为了保证评论的真实性，将这类带有明显广告性质的和攻略性质的文字过滤掉；（3）为保证样本的质量，对与主题无关、仅有图片或从网上搜集的单纯介绍景区景点的重复内

❶ KRIPPENDORFF K. Consent Analysis.an Introduction to Its Methodology［M］. Los Angeles：Sage Publications，1980：1-40.

❷ 马文峰.浅析内容分析法在社科情报科学中的应用［J］.情报科学，2000，18（4）：346-349.

❸ CHOI S，LEHTO X Y，MORRISON A M. Designation image representation on the web：content analysis of Macau Travel related websites［J］. Tourism Manage，2007，28（1）：118-129.

容进行剔除。选取对旅游过程有详细具体的描述和情感表达的游记;（4）游记的内容要具有分析的可行性，由于一些游记虽然涉及多个旅游景点，但游记中有关青岩古镇旅游过程描述的比重较大，因此允许少数游记没有把青岩古镇作为唯一的目的地。经过以上筛选，共得到 94 篇有效的游记，作为后文研究的基础。

为使搜集到的文本可以最大限度地提炼与运用，数据分析的结果更加准确，在不改变网络文本原意的前提下，对采集到的样本内容进行预处理。首先，为便于分词，剔除文本中所有的标点符号和空格，将剩下的纯文本内容保存为 .txt 文档类型；其次，合并同义词，将地名、景点名称、特产等所指为同一对象的不同表述进行统一，以便于进行高频特征词的频数统计。例如将“状元蹄”“青岩猪脚”“青岩猪蹄”等统一为“状元蹄”，将“小长城”“南长城”“城墙”等统一为“南长城”；最后，建立自定义词典，参考文本内容，将青岩古镇景区相关的主要地名、景点、食品等词汇纳入 ROST 软件的自定义词典，使目的地专属的名词如“背街”“青岩豆腐”“状元府”等能够在分析过程中被识别，同时将代词、定冠词、介词等无关词汇纳入过滤词表中，以达到过滤的目的。

四、青岩古镇旅游形象感知分析

（一）高频特征词分析

用 ROST Content Mining 6 软件点击功能性分析列表框下的分词选项，在待处理文本框中载入待处理文档，获得以空格分类的分词后文档，然后点击词频分析，删除词频较高但无意义的词，如“位于”“于是”，最后按照出现的频数由高到低选取词频前 50 位的词汇进行分析，如表 1 所示。

从高频特征词的词性来看，前 50 位的高频特征词由名词、动词和形容词三类构成。其中名词最多，达到了 39 个，占总数的 78%，名词多是青岩古镇的地理位置、旅游景点、景色、建筑、特色美食等。形容词有 7 个，占总数的 14%，主要是对青岩古镇的历史文化特征、景区环境氛围的描述，反映了游客对于目的地的感知和态度，软件提取的形容词基本上是正面的、积极的词汇，如安静、魅力等。动词有 4 个，占总数的 8%，体现的是游客在青岩古镇景区内的活动与行为特征，游客在此主要是“漫步”在青岩古镇的街道上，游客从南长城上“下来”时看到的景色和感受，游客喜欢在这里“拍照”，对于青岩古镇独特的建筑特色和文化氛围则需要游客用心去“感受”。

表 1　关于青岩古镇的网络文本的前 50 个高频词汇

序号	词汇	词频 / 次	词性	序号	词汇	词频 / 次	词性
1	青岩古镇	408	名词	26	好吃	29	形容词
2	古镇	264	名词	27	石牌坊	29	名词
3	贵州	133	名词	28	民居	29	名词
4	南长城	133	名词	29	糕粑稀饭	28	名词
5	状元蹄	131	名词	30	寻枪	27	名词
6	历史	128	名词	31	石头	26	名词
7	贵阳	120	名词	32	感受	25	动词
8	建筑	91	名词	33	古朴	25	形容词
9	美食	86	名词	34	安静	24	形容词
10	特色	82	名词	35	教堂	23	名词
11	状元	65	名词	36	沧桑	22	形容词
12	文化	63	名词	37	下来	22	动词
13	背街	62	名词	38	万寿宫	20	名词
14	明清	61	名词	39	名人故居	20	名词
15	城门	60	名词	40	拍照	19	动词
16	青石板	49	名词	41	米豆腐	18	名词
17	商铺	45	名词	42	民族	18	名词
18	门票	45	名词	43	赵国澍	18	名词
19	赵以炯	44	名词	44	人文	17	名词
20	玫瑰糖	43	名词	45	商业化	17	形容词
21	南门	39	名词	46	宁静	16	形容词
22	寺庙	33	名词	47	慈云寺	15	名词
23	街道	32	名词	48	状元府	14	名词
24	漫步	31	动词	49	文昌阁	13	名词
25	豆腐圆子	31	名词	50	魅力	13	形容词

从使用频率最高的 10 个特征词看，第一位是“青岩古镇”，被提及 408 次，反映游客对旅游地名称感知非常强烈。第二位是“古镇”，这体现了青岩古镇作为贵州四大古镇之一，古镇是游客的第一印象，对游客具有很大的吸引力，另外，很多游客都

在游记中会将青岩古镇与贵州的其他三大古镇进行比较。第三位的“贵州”和第七位的“贵阳”则都体现了青岩古镇的地理位置。第四位是“状元蹄”，作为青岩古镇最具特色的美食代表，是前去游玩的游客最喜爱的小吃，同样第九位的“美食”充分体现了青岩古镇的各种特色美食是许多游客的关注点之一。排在第四位的是“南长城”，这说明在青岩古镇的所有景点中，南长城对游客的吸引力排在第一位，游客最喜欢的活动就是爬城墙，在高处俯瞰欣赏青岩古镇的风景。第六位是“历史”，和第十位的“特色”则都体现了青岩古镇作为一座历史悠久的千年文化古镇，有经历时间雕刻而留下来的遗迹，洋溢着浓厚的文化气息。第七位是“古建筑”，青岩古镇古建筑精湛的工艺和悠久的历史使它们时至今日仍然散发着无限的魅力。

一般而言，旅游者在游记中提及多的形象属性是旅游目的地给其留下印象较深的特征与感受，反映了旅游者对旅游地形象感知中最为主要的部分。对表 1 中 50 个高频特征词进行归纳总结可以发现，作为一座历史文化古镇，青岩古镇最受游客关注的是人文类景观，而自然类景观受到的关注很少。可以将游客所感知的青岩古镇旅游形象归纳为四点：悠久的历史文化和影响力（青岩古镇、古镇、古建筑、赵以炯、寻枪）；独具特色的旅游景点和景色（状元府、青石板、教堂、背街、特色等）；浓厚的文化和人文气息（文化、历史、民族、特色、古镇等）；远离城市的世外桃源（古朴、安静、魅力）。

（二）情感分析

情感态度可以直接反映游客对景区的印象，是游客的直接感受。运用 ROST Content Mining 6 中的“情感分析”功能对青岩古镇游客网络文本进行分析，可以发现游客对景区的整体认同度较高，积极情感占比最高，达到 69.89%；消极情感占比最低，为 8.60%；中性情感占比较少，为 21.51%。因此，青岩古镇游客旅游地意象的情感成分以积极情感为主，且高度积极的情感占比最大，而中性和消极情感成分占比小。这个结果又与上述高频词分析相呼应，高频词分析结果中的词语也是以积极正面的词为主。这也说明青岩古镇的营销宣传取得了较好的效果，游客对景区的情感态度趋于良好，但同时也需要注意其中的消极情感成分。

本研究对 91 篇网络文本进行分析和归纳，利用扎根理论的研究方法将其中积极的评价进行概念化，逐一登录并提炼，从中可以将 274 个青岩古镇旅游形象的积极感知要素归纳为 5 个核心类属，10 个二级类属。

从表 2 中可以看出，在四个核心类属中，“旅游资源”类积极感知要素所占比例最高，达到 33.94%，其中“主要景点”的积极评价最多。排在第二位的是“背景文化”，占总的积极感知要素的 30.28%，在这当中“声誉”占比最大，大部分游客在游记中都会提到青岩古镇在历史长河中以及近年来获得的赞誉。其次则是“特色美食”“旅游环境”和“服务设施”，分别占 20.07%、8.76% 和 6.93%。

表 2　游客对青岩古镇积极评价逐级编码过程

三级编码	二级编码	一级编码
南长城依山而建蜿蜒曲折而上（5）；南长城上设有垛口炮台显得非常雄伟壮观（4）；状元府十分低调坐落于状元街（4）；背街是最有名的一条街（15）；背街有一种独特的时空感和神秘感（9）；保存完好的古代牌坊是镇上最有文化代表性的东西（5）；定广门门洞有一夫当关、万夫莫开之势（5）	主要景点（17.15%）	旅游资源（33.94%）
房屋建筑充满了古色古香的味道（8）；建筑非常赏心悦目（6）；设计精巧工艺精湛的明清古建筑（17）；错落有致的屋舍，有一种立体美感（6）；石雕木雕工艺精湛（9）	建筑景观（16.79%）	
我被古镇的迷人夜景迷住了（2）；初见青岩就被它美丽的身姿打动；有独特的地域特色，颇具魅力（11）；犹如世外桃源一般；青岩古镇像一个质朴的女子不造作；有着古朴宁静的气息（3）；很舒服的小镇（2）；没有被城市的喧嚣与繁华淹没，反而呈现出一股生机盎然的景象；古镇有一种阳刚之气（2）	环境氛围（8.76%）	旅游环境（8.76%）
状元蹄真的非常好吃（18）；状元蹄已成为当地的一种旅游文化现象（3）；我最喜欢吃古镇的状元蹄（4）	状元蹄（9.12%）	特色美食（20.07%）
各种小吃价格比较平价味道也特别好（5）；豆腐圆子味道不错（3）；特色小吃琳琅满目（2）；豆腐圆子、糕粑稀饭、米豆腐等也独具特色（12）；黄家玫瑰糖特别好吃，有玫瑰的香气（7）；糕粑稀饭口味细滑甜糯再拌上特制的玫瑰酱，那味道美妙极了	其他小吃（10.95%）	
客栈院落不大却足够精致；万家民宿怡心，别院环境十分好；房间干净整洁，空间很大（3）；文凡状元别院像是与古镇相生相成；寿福客栈的环境和服务都很好；客栈位置很好找（2）；城南客栈的房间装修不错	住宿（3.65%）	服务设施（6.93%）
进市区交通非常便利（5）；去青岩古镇的公交很多（4）	交通（3.28%）	
天主教、基督教、佛教、道教和谐相处形成其独特风格（7）；四教并存令人称奇（9）；良好而独特的宗教氛围（3）；东方庙宇与西方教堂和谐相处，体现了小镇的淳朴民风与百姓的宽容（3）	宗教（8.39%）	背景文化（30.28%）
历史文化底蕴深厚（15）；浓郁的地方特色（2）；走出贵州历史上第一个文状元赵以炯（12）	历史（10.58%）	
中国最具魅力小镇之一（5）；贵州四大古镇之一（10）；第二批中国历史文化名镇之一（4）；国家5A级旅游景区（8）；有贵阳南大门之称（4）	声誉（11.31%）	

注：三级编码括号内数字为该评价出现的次数，出现1次的不标注；二级、一级编码括号内表示该类属所占比例。

与游客对青岩古镇旅游形象的积极感知因素相比，游客在网络文本中提到的消极评价虽然很少，但是却值得我们关注并对这些评价进行深入的分析。与积极感知因素相同，对91篇网络文本进行分析和归纳，利用扎根理论的研究方法将其中积极的评价进行概念化，逐一登录并提炼，将得到的32个青岩古镇旅游形象的消极感知要素归纳为3个核心类属，5个二级类属（见表3）。

表 3　游客对青岩古镇消极评价逐级编码过程

三级编码	二级编码	一级编码
现在可看的都是大同小异的商业店铺（4）；千篇一律的商业街，卖着千篇一律的商品和小吃（7）；商业化气息很浓（6）	商业化严重（53.13%）	旅游体验（59.38%）
东西也不是特别的有特色；古镇还处在低级阶段就是特色太少	缺少特色（6.25%）	
缺少一种古镇的久远与宁静；不仅没有看到历史的也没看到民族的，应该说这就已经失去了古镇的魂	旅游环境（6.25%）	旅游环境（6.25%）
通票 80 元不值得（5）；10 元钱的门票就足够了（3）	门票（25%）	服务设施（34.38%）
工作日游客也极多，公交车站排队拥挤（2）；火车站前的公交发车间隔是八分钟一趟，结果足足等了半个小时	交通（9.38%）	

注：三级编码括号内数字为该评价出现的次数，出现 1 次的不标注；二级、一级编码括号内表示该类属所占比例。

在 3 个核心类属中，“旅游体验”类消极感知因素所占比例最高，达到 59.38%。在“旅游体验”方面，游客最直观的体验就是古镇“商业化严重”问题，此外游客还认为“缺少特色”。“商业化严重”和“缺少特色”是值得我们深思的问题，也是许多古镇在发展旅游业的过程中绕不开的问题，这与排在第三的“旅游环境”在本质上有相同之处，有游客认为青岩古镇的环境“缺少一种古镇的久远与宁静”，“不仅没有看到历史的也没看到民族的，应该说这就已经失去了古镇的魂”。对于任何一个古镇而言，发展旅游最直接的目的就是提高当地的经济收入，促进当地社会的快速发展。因此在这个发展的过程中，商业化是必不可少的，古镇都会通过卖工艺品、特色美食等增加收入，由于这些产品的同质性，很容易让游客感到“千镇一面”。因此青岩古镇作为一座历史文化古镇，在商业化的过程中要保持自己独有的特色，找准自己的定位，深入挖掘古镇深厚的文化内涵，要使游客不仅能够在青岩古镇吃好玩好，更要使游客能够看得到文化底蕴，欣赏到地方特色，感受到古镇的魂之所在。

在游客的消极感知因素中，还有一个不可忽视的方面，就是排在第二位的核心类属“服务设施”，即青岩古镇的门票和交通问题。其中 25% 指向“门票”，另外 9.38% 指向“交通”。青岩古镇的门票分为两种，10 元的门票和 80 元的通票，通票可以进入状元府、万寿宫、文昌阁等主要景点。但是从网络文本中可以看出，游客认为买 10 元的门票就足够了，80 元的门票不值得，古镇的一些景点完全没有必要进去参观，在外面看一下建筑就行，买 10 元的门票能够在街上走走、欣赏一下风景、吃一些特色美食就可以了。这也暴露出了一个问题，究竟如何才能使游客感受到门票是物有所值，而不是可买可不买的。一方面要加强宣传力度，让游客能够认识到这些景点独特魅力，另一方面也要提高服务水平，让游客在花钱的同时享受高水平的服务。在上文的积极感知要素中，游客对交通的评价显示距离市区很近，交通便利。但是在消极的感知要素中，交通问题虽然所占比例较小，也是榜上有名，样本中 9.38% 指向“交通”。良好的交通对青岩古镇旅游业的发展也发挥着重要的作用，政府要加大公共交通的投入，为游客的出行提供便利。

五、结论与建议

（一）研究结论

本研究以青岩古镇为案例地，利用网络文本研究旅游目的地形象，取得了良好的研究效果。在研究过程中使用了网络文本分析法和扎根理论的方法，系统分析了游客对青岩古镇旅游形象感知。得出以下结论。

（1）通过对高频特征词的分析发现，青岩古镇作为一座历史文化古镇，最受游客关注的是人文类景观，游客对青岩古镇自然类景观的关注很少。游客对青岩古镇旅游形象的整体感知可以概括如下，青岩古镇是一座历史悠久、文化底蕴深厚的千年文化古镇，有着独具特色的旅游资源和环境，弥漫着浓厚的文化和人文气息，整体旅游环境安静、古朴、历经沧桑但魅力依旧，对游客有着良好的吸引力。

（2）游客对青岩古镇的评价积极情感占比最高，中性情感次之，消极情感最少。这说明青岩古镇的旅游开发得到了游客的认可，游客总体上对青岩古镇的旅游形象感知持积极态度，满意度较高，给游客留下了深刻的印象。游客对青岩古镇形象的积极感知要素主要有5个：旅游资源、旅游环境、特色美食、服务设施、背景文化。

（3）游客对青岩古镇的消极感知主要来自旅游体验、旅游环境以及旅游基础设施的不完善。主要体现在游客认为青岩古镇商业化严重，千篇一律的商业街和小吃，缺少自己的特色，缺少一种古镇的久远与宁静，另外，包含小景点的门票太贵不值得买，公交车拥挤且不准时。综合游客的评价，景区管理部门应该重视并应采取切实措施对这些不足加以改进，以提高游客满意度，进而提升青岩古镇的旅游形象。

（二）青岩古镇旅游形象提升建议

1. 深入挖掘古镇文化

尽管青岩古镇作为贵州四大古镇之一，通过电影《寻枪》得到了广泛宣传，但是由于地处西南地区，相对周庄、绍兴、乌镇等江南小镇来说，其知名度较低。如何提高青岩古镇的知名度，其关键在于对古镇文化的挖掘和展示，提升古镇的文化资源魅力。青岩古镇的旅游开发管理部门要加强对景区历史人文的重视，一方面可以开发一些互动式的文化活动，使游客能够参与其中，在活动中深化对当地文化的感知。另一方面可以策划一些大型实景演出，把无形的文化资源转变成有形的文化产品。将赵以炯、周渔璜以及长征途中和抗战时期的一些历史名人在青岩的故事搬上舞台，更好地展示青岩的历史与文化。这样不仅能将青岩古镇的文化魅力展现出来，使游客真正体会到古镇的历史文化底蕴，同时能延长游客在古镇的停留时间，带动当地经济发展，使古镇居民获得更多的经济收入。

2. 拓宽宣传渠道

近年来，很多综艺真人秀都会在一些文化古镇古城等进行拍摄，节目的播出为这些古镇带来了大量游客，这无疑是一种很好的宣传手段。青岩古镇有着独特的旅游环境：古色古香的建筑，宁静古朴的气息，交错纵横的石巷，这些都特别适合综艺节目在这里进行游戏环节的拍摄。青岩古镇可以邀请综艺节目到青岩拍摄，这一定可以大幅度提升当地的知名度和影响力，吸引更多游客前来游玩。在这个“互联网 +”时代，景区营销也要与时俱进，青岩古镇虽然有自己的官方旅游网站，但是网站影响力不足，因此青岩古镇可以发挥新媒体的影响力，通过微信公众号、直播平台等新兴媒体传播青岩古镇的古朴景色和千年积淀的历史文化气息的图片、视频等，让人们直观地感受到青岩古镇的魅力，激发他们前来旅游的动力。

3. 完善旅游公共服务体系建设

对于游客的需求，公共交通方面有待完善，针对公共交通存在过度拥挤、不够准时等问题，可以加大公共交通的投入，增开前往青岩古镇的公交专线，为游客带来更好的旅游体验。景区的开发管理部门要提高服务水平，开展优惠活动，比如针对一些客源热门省份及城市实行定期的免费或打折活动，让游客愿意进入景点内部参观游览，而不是在外面走马观花地看一眼。另外，由于古镇以人文旅游资源为主，景区可以适时为游客提供一些公共的义务讲解，帮助游客了解青岩，认识青岩，而不是将这座千年古镇单纯作为拍照和吃美食的去处，这样才能为青岩古镇吸引到更多的游客。

【参考文献】

[1] 黎洁，吕镇．论旅游目的地形象与旅游目的地形象战略［J］．商业经济与管理，1996（6）．

[2] 张建忠．旅游区形象建设的初步研究［J］．泰安师范高等专科学校学报，1997（2）．

[3] 黎洁．论旅游目的地形象及其市场营销意义［J］．旅游论坛，1998（1）．

[4] 薛会娟．旅游地感知场的形成机理及管理对策探讨［J］．人文地理，2008（1）．

[5] 宋章海．从旅游者角度对旅游目的地形象的探讨［J］．旅游学刊，2000（1）．

[6] 张高军，李君轶，张柳．华山风景区旅游形象感知研究——基于游客网络日志的文本分析［J］．旅游科学，2011（8）．

[7] KRIPPENDORFF K. Consent Analysis.an Introduction to Its Methodology［M］. Los Angeles：Sage Publications，1980.

[8] 马文峰．浅析内容分析法在社科情报科学中的应用［J］．情报科学，2000，18（4）．

[9] CHOI S，LEHTO X Y，MORRISON A M. Designation image representation on the web：content analysis of Macau Travel related websites［J］. Tourism Manage，2007，28（1）．

[10] 张维亚，陶卓民，秦立，等．基于网络游记的苏州园林旅游者数字足迹空间响应研究［J］．资源

开发与市场，2016，32（7）.

［11］张洪昌，舒伯阳．基于网络文本分析的民族村寨国际旅游形象感知研究——以黔东南州为例［J］．西北民族大学学报，2019（3）.

［12］程金龙，吴国清．旅游形象研究理论进展与前瞻［J］．地理与地理信息科学，2004（2）.

［13］王媛．基于文本挖掘的古镇旅游形象感知研究——以朱家角为例［J］．旅游科学，2013，27（5）.

［14］苗红，马金涛，张欢．基于网络文本分析的嘉峪关市游客感知形象研究［J］．西北师范大学学报，2014（2）.

［15］张文亭，骆培聪．基于网络文本的目的地旅游形象游客感知与官方传播对比研究——以福建永定土楼为例［J］．福建师范大学学报，2017，33（1）.

［16］孙小龙，林璧属．基于网络文本分析的旅游商业化符号表征研究——以西江苗寨为例［J］．旅游学刊，2017（12）.

［17］张颖．基于网络文本内容分析的乡村旅游形象感知研究——以济南朱家峪为例［J］．福建农林大学学报，2016，19（2）.

［18］杨秋风．基于网络文本分析的重庆都市旅游形象感知研究［D］．重庆：重庆师范大学，2014.

［19］沈啸，张建国．基于网络文本分析的绍兴镜湖国家城市湿地公园旅游形象感知［J］．浙江农林大学学报，2018，35（1）.

［20］王永明，王美霞，等．基于网络文本内容分析的凤凰古城旅游地意象感知研究［J］．地理与地理信息科学，2015，31（1）.

［21］付业勤，王新建，郑向敏．基于网络文本分析的旅游形象研究——以鼓浪屿为例［J］．旅游论坛，2012，5（4）.

［22］文捷敏，余颖，刘学伟，等．基于网络文本分析的“网红”旅游目的地形象感知研究——以重庆洪崖洞景区为例［J］．旅游研究，2019，11（2）.

［23］田晴，徐飞雄．基于网络文本分析的历史文化名镇旅游形象感知研究——以芙蓉镇为例［J］．衡阳师范学院学报，2018，39（6）.

● 民族旅游产业经济发展中家空间的物质变迁研究

——以西江苗寨为例

陈　美

（贵州大学　历史与民族文化学院　贵州　贵阳　550025）

摘　要：在当前我国民族旅游产业经济快速发展的背景下，旅游产业作为现代化的重要力量推动了地方的发展与变迁。旅游产业发展使旅游地家中设备以及食材等物质发生变化，展现出文化认同和社会之间的相互作用。在传统的研究中，研究者多把家当作一个容器，没有涉及家的空间意义，本研究通过文献分析法、访谈和参与式观察三种方法进行资料的收集，以西江千户苗寨作为案例地研究旅游产业经济的发展对当地家庭产生的影响，以及该影响所隐含的意义。研究发现，旅游参与后，通过对家中内部格局的重新布置、家用设备的更新以及产品原材料的采购，家空间成为一个新的消费空间，从而使家的内部空间结构被游客所影响。从物质的变化体现经济的变化，反映了民族旅游地居民的家在游客凝视作用下成为旅游活动主体与客体之间互动协商的产物。

关键词：民族旅游产业；经济发展；家空间；物质变迁

近年来，在我国民族旅游地区发展旅游成为其促进当地经济发展的重点产业和先导产业。家是一个民族地区发展旅游的重要场所，不仅是当地人接纳来访游客最主要的地方，还是展现民族特有文化的最佳选择之地。有句古话是这样说的，文化是旅游发展的灵魂，旅游是文化发展的依托。因此，在旅游参与之后，为了更好地吸引游客来体验当地特色民族文化，当地居民的家空间发生了不同程度的改变，包括家中内部格局的重新布置、家用设备的更新、家空间功能以及在空间内部开展的各种文化消费活动。就如近年引进的家庭餐馆，不但改变了当地居民家空间的功能，而且原有的空间意义也发生了改变，同时他们的生活方式也随之发生了变化。前文对民族旅游的研究大多是关注民族旅游地的景区规划、产品开发、文化变迁等宏观层面的问题，却很

作者简介：陈美（1996—），女，汉族，贵州瓮安人，贵州大学历史与民族文化学院 2019 级在读硕士研究生。研究方向为中国少数民族经济。

少从微观层面去研究家空间。由于家空间的物质变化体现了家庭经济的变化，同时也会使家的意义发生改变，以及当地文化认同与社会之间的关系，因此，本研究将进一步在微观视角下研究旅游产业带动空间物质变化过程中“家”的意义，并从民族旅游地家的物质变化中探讨旅游产业的经济发展对旅游地家庭产生的影响。

一、家与家空间研究

（一）家及家空间的概念

“家”并不仅仅意味着是一座房子那样的一个遮风挡雨的容身之地，或者是一个装满家庭用具的物理空间，而是个人与社会交融的地方。可见，家是一个包含着人们生活中各种情感、经历的具体的空间，也是表达意义和社会关系的一个抽象的空间。而在人文地理学家看来，“家”是一个“社会空间系统”，代表着房屋空间和家庭关系的融合，成为一个由实践经历、身份关系以及情感记忆建构而成的物质和情感空间。尽管当前有许多学者给“家”下了定义，但家并没有一个绝对的概念，由于在不同时期、不同社会或文化背景下对于家的理解与感知也会存在着很大差异。

在文化地理学看来，家空间是一个物质文化空间，一个开放的、充满情感的地方。因此，西方文化地理学对家庭的研究从物质文化、个人身份认同和归属感以及家与外部社会的相互依存关系向家庭空间转变。而在中国，文化地理学的家庭研究处在一种空缺状态，将以家空间作为切入点，通过文献分析的方法，对西方家庭研究进行整理和分析，以希望对中国文化地理学的家庭研究有所裨益。

本研究认为，家是主人、客人以及用具所共同组成的一个空间，家空间是一个开放的消费空间。在旅游参与后，不仅整个旅游资源环境是一个开放的消费场所，当地居民的家空间也逐渐成为游客进行文化消费的空间，在为了满足游客需求的过程中，旅游地的家空间发生了一系列的物质变化。

（二）旅游产业发展对家空间的物质变化影响研究

在这个新的消费主义时代，那些具有特色的旅游产品的旅游地很是受旅游者的青睐，就如可以体验特色民族文化的家庭旅馆最受旅游者的喜爱。因此，民族旅游地的居民为了能更好地为游客服务，也为了更好地在旅游市场上做好商业主导者，纷纷将自家的房子改建成家庭旅馆，方便游客住宿和餐饮，正是因为这样的改变，才使当地居民能更加充分地利用旅游产业的发展来提高经济收入。

在人类学重返物质研究时，一些学者如 Arjun Appadurai 和 Mary Douglas 在 20 世纪就开始强调对日常生活物质性的关注，对旅游地家庭的物质文化、商品消费，以及对损坏物品的存放进行了广泛而深入的探讨，还强调了日常用品（例如，厨具和电器）在社会文化空间的构建中有着重要意义，认为当地居民每天在家庭生活中对物品进行的使用是一种不同于购物的商品消费行为，例如食物的采购和烹饪在某种程度上就是一种“看不见”的消费行为。

这些学者将文化和消费结合在一起，把当地居民的家看作一个商品经济空间，关注当地的物质文化如何购买、使用和抛弃这一变化来揭示家在消费空间中的社会关系，并将这些过程与当地文化认同紧紧地连接在一起。这些研究主要表现在对旅游地家重构的探讨，以及家中设备的购买、使用和抛弃，食物的采购、储存、烹饪和食用与文化认同和社会的相互作用。从他们的角度来分析，家被构建成一个开放的消费空间，因此，家成为旅游地商品经济中最重要的场所。

（三）消费者的家感知

家空间是由不同空间组合而成的一个反映着人与居住场所之间的关系系统，那么其内部空间的变化，亦反映着文化认同与社会之间的相互作用。旅游地居民的家是一个将民族、旅游、消费和文化结合为一体的公开场所，是有着高度流动性的一个新的消费空间，因此，其家的内部空间的结构会被游客所影响，导致居民对家的感知度大大降低，但当前学者对于旅游地居住空间的研究主要是从地方或社区等宏观尺度的视角探讨旅游地空间的商业化变迁，较少以消费者的角度去关注旅游地家内部空间物质的变化研究。

二、西江千户苗寨概况

西江千户苗寨位于贵州省黔东南苗族侗族自治州雷山县东北部西江镇南贵村，是由十余个村寨组成的占地 50 平方千米的苗族聚居村寨，据调查，截至 2014 年年底，该区域共 1432 户 5515 人，其中苗族人口占全村人口的 99. 5%，是苗族原始生态文化最完整的地方，是黔东南地区的一座露天博物馆。

西江千户苗寨发展旅游产业后，商业化改造导致当地居民家中物质变化受影响较大，不仅家的空间结构发生了变化，家空间的内部格局以及物质布置也不同于原来苗族传统习惯，而且还引进不少新的日常用品和家用电器，特别是那些将家改造成家庭旅馆、家庭餐馆的苗家，使西江苗寨的住宿风格和饮食文化成为吸引旅游者的两个重要因素。

一方面，家改建成旅馆后，居民的居住空间变小，而且在大多数家庭旅馆中居民除了打扫卫生外很少进入装修过的客房去，因为在她们心理上家的空间发生了变化，居民的生活范围就发生了变化。由于游客和居民共同生活在一个充满苗族文化的消费空间中，这使家变成了一个开放的空间，游客成为主人日常生活中的一部分，这导致家成了居民工作和生活的空间，也成了游客与当地人建立社会关系的主要场所，更成为游客能从各方面体验特色民族文化的重要空间，从而拓展了家内部空间的意义。

另一方面，西江的美食不但具有浓郁的民族特色，还有较强的神秘感，很容易对游客形成强烈的吸引力。苗寨餐馆主要是为游客提供餐饮服务，消费者在一定程度上不但可以享受特色美食，还能顺带参观苗家餐馆的房屋内部装修设计。餐馆的原材料以采购、储存、加工、销售为主要流程，苗寨的特色菜肴有着独特的苗族文化，基于特殊的地理环境，大多都是在当地取材，这也体现了当地食材的一大特色。经营者大多是当地的农民，突出了“吃苗家饭、享苗家乐”的特点。作为一个民族旅游产业发展地，其特色食品要能对外来游客有足够的吸引力，而且还要体现出比较好的服务态度，做出最纯正的民族特色，让游客在舒适的环境中感受到健康的民族美食，并且体验到最传统的饮食文化。

鉴此，本研究试图基于民族旅游产业发展地家空间这一微观场景，关注当地居民的家变成消费空间这一过程中的物质变化现象，尝试以贵州西江千户苗寨为研究对象，通过实地调研获取居民对家空间物质变化的感知情况，并对空间物质变迁的影响因素进行探讨，以期丰富民族旅游地空间的物质变迁的相关研究，促进民族旅游地经济社会可持续发展。

三、旅游产业发展后家空间中的物质变化过程

（一）家中设备的更新

当代旅游业作为经济开发的重点产业。在旅游的六要素中，“吃”能够带来最直接也是最大的经济收入，旅游者在对饮食消费的支出远远超过对其他旅游产品的购买，当地人也正是抓住游客对饮食的需求量，便将家改成餐馆，使原本的家变成了商品消费场所，当地的特色饮食便成为共享的美食，使饮食文化得到传播与发展。伴随着饮食文化的发展，制作美食的厨具要变得方便和快捷，所以厨房电器的引进便成为很多家庭餐馆的首要任务，并逐渐使之成为当地人们生活中不可缺少的家用电器。

旅游开发前，西江千户苗寨的村民们大部分以木柴作为主要燃料，不需要任何金钱支出，只靠劳动力就能在当地获取，因为那时候居民经济生活水平很低，他们家中就只有柴灶。主要的做饭工具是古代流传下来用来蒸米饭的甑子，使用时一般是放在装有水的柴灶锅上，甑子的大小一般是依据家里人数而定的，有的人家会有不同大小的甑子，因为有时候自己家或者寨子有红白喜事时，需要很大的甑子，会相互借用。以前人们用的竹制过滤用具称为“筲箕”，是用来淘米、装菜、盛饭的器具，形状像瓢，大小各不相同，非常实用。

对比现在的西江千户苗寨，笔者去深度访谈了山顶上的两家村民和商业区的四家家庭餐馆，村民家中柴灶仍然存在，虽然平时做饭一般都用煤气灶，柴灶都是用来给牲畜煮食用，但是偶尔还是会在柴灶上用甑子蒸饭，由此可见，柴灶的使用在苗寨村民中还没有完全被淘汰；而家庭餐馆中甑子的使用却很少，即使用甑子也只是为了蒸苗家特色糯米饭，为的是能做出传统糯米饭的味道，但是在做其他食物时大部分主要

还是用“锑锅”，炒菜全部是用煤气炉，煮饭都是用电饭煲，给客人煮火锅用的都是装液化气的小型节能燃气炉，装菜盛饭的大部分是用胶质或铝制的小盆。不仅如此，家里还引进了电脑、空调、饮水机、装蔬菜的冰柜、厨房里的排风扇、套装瓷碗、黑胶筷子、消毒柜、铝制的或塑料的筲箕等一系列家用电器和就餐用具。原因是在家成为餐馆后，在这个开放的消费空间中游客是他们主要的消费者，为游客服务也是他们家庭生活中的一部分，因此他们在保留独特民族文化的基础上会更多地关注游客的需求以及在乎游客的感受，从消费者的角度出发，让更多来旅游的游客能在一个舒适的环境下顺利地吃到喜欢的美食。

由此看来，在没有开发旅游时，当地人保留对自己所有文化的认同，仍然使用着传统的家庭用具。旅游产业发展后，由于游客的介入，当地人不再生活在只有自己和家人的私密空间中，因而在保留一定的特色民族文化的基础上，他们更多地会站在消费者的立场上去改变家庭环境、屋内空间结构以及家中需要的用具等，考虑的因素也是为了方便游客用餐，同时更好地保证销量，才能让家庭生活水平有足够的保障，从而促进景区的发展，让更多的游客来到这个地方体验特色民族文化。体现了旅游地居民的家在游客凝视作用下成为旅游活动主体与客体之间互动协商的产物。

新事物的产生和引进必定会有旧事物的损坏和遗弃。旅游的发展不仅带动了当地的经济，同时也改善了村民们的生活质量。经走访苗寨村民得知，由于旅游的开发，现在他们家的生活不像以前那么艰苦，家里的开销也没有以前那么节俭，而且受不同文化的影响，他们的思想也在慢慢地开放起来，愿意去接受新兴事物，并且陆陆续续也为家里增添了不少新东西。

自从西江千户苗寨发展成景区后，交通便利了，基础设施也逐渐完善起来了，当地人现在是在家就能赚钱，出门就能购物，不仅有稳定的经济收入，物质生活水平也提高了不少，逐渐达到民族地区开发旅游产业的目的。同时也促使原始的家庭发生了变化，房屋的重建与装饰，新事物的购买与旧事物的丢弃以及家庭关系的变化等，这无疑是一个物质变迁的过程。

（二）传统食材的转化

在旅游市场下，带动经济发展不仅体现在消费者身上，当地居民每天在家庭生活中对物品进行的使用也是一种商品消费行为，例如食物的采购、储存、烹饪与食用。

苗族菜肴种类繁多、取料广泛。当地老人告诉我，以前的食材主要源于自然，很多菜类的食材都是通过从自然界中采集，尤其是野菜，如蕨菜、鱼腥草、马蹄菜等，吃法很简单，洗干净后加入调料凉拌即可。还有一些寻常人很少听说过的食物，如竹蛆、蜂蛹、花蜘蛛等。这些食物都是苗寨老一辈人为了生存而去发掘的食物，因为那时候家中人口少，有野菜挖就能保证一家人的生活。后来人口逐渐增多，对饮食的要求越来越高，便有了种植蔬菜的农作。笔者去调研时是春季的第三个月，正是油菜、小葱、黄瓜、菠菜、小白菜等各种蔬菜出产的季节，“有什么吃什么”便成了民族地区饮食生活中最真实的写照。和以前不同的是，当家家户户都种菜或者上街买菜后，几乎没有人吃野菜，更何况，野菜已经成了“招待客人”最好的食材，尤其是城里人。当笔者到农户家访谈时，发现院子里正放着洗净的、成把的、自家吃不完的小白菜、小葱，以及刚刚采回来的黄瓜，老人说她家的菜都是自家种的，几乎很少去菜场买菜，而且她家种的菜每个季节的菜都吃不完，然后都会拿去农贸市场上卖，买菜的主要是在当地做餐饮的人或是做小本生意的店主，虽然四五元钱一把，但给自己用作零花钱还是可以的，同时这部分人也能为景区餐馆提供一部分食材。

现在苗寨人主要以大米为主食，菜肴以酸、辣为主要调味品，几乎每个菜都有酸和辣，且有“无酸辣不成菜”之说。西江千户苗寨最出名的特色菜是酸汤鱼，这次采访餐馆老板，笔者还亲自参与并体验了酸汤鱼的制作过程。首先，将鱼取出内脏，并在鱼的两侧割上几刀，有利于入味，然后将做好的酸汤和各种调味料放在锅中合煮，待酸汤煮开后放入整条鱼，最后，待鱼快煮熟时放入切好的白菜和豆腐，煮熟后放上葱花就可以吃了。通过采访得知，老板家自从开了餐馆后，家里的所有田地都拿来种菜了，也算是节省了一笔买菜的钱，但是也有一些菜得在当地农贸市场购买，一般是老板娘早上去菜场买菜，由于农田离家很远，去一次要走一两个小时，所以都是 3 天左右去摘一次菜，摘回来的菜放在冰柜里方便炒菜时取。由此看来，家在成为餐馆后在一定程度上已经改变了居民的生活方式，以前作为劳作的农民，过着十年如一日的农家生活，现在并没有那么劳累，只是每天在舒适的环境里做着美食还能结交不同社会层次的消费者，同时与家人相处的时间也越来越多，家庭关系也变得越来越融洽。

现在的苗家餐馆能支撑起一个家的开支，都是旅游产业带来的福利。以前整个家的经济来源都靠田地里的农作物，现在却变成了餐馆里食材来源的辅助地，当地人只需将自己采购回来的原材料进行储存、烹饪，然后给需要的游客食用，在某种程度上这是一种“看不见”的消费行为，同时也是一个物质变化的过程。

（三）文化认同的作用

民族旅游地的饮食文化是传统民俗文化的重要组成之一，从侧面反映了文化认同、身份认同和社会的相互作用，餐饮习俗作为一种传承的社会文化现象，是在共同地域、共同历史的作用下，形成的积久成习的文化传统。

随着旅游产业在民族地区的快速发展，一方面当地苗族保存着原有的山地农耕的生产方式，采用牛耕的古老方式，种植苞谷、辣椒、水稻等传统作物；另一方面也遵循并沿袭着传统的饮食习俗，如对酸汤饭、酸汤鱼、鼓藏肉的喜爱和特殊节日上的花糯米饭，则是受苗族强烈的民族文化认同的影响。如此，才能在接纳异域文化的同时而不丢失自己的民族传统和民族特色。家庭餐馆之所以能在这样的环境下普遍存在，不只是民族文化认同的结果，而是因为家庭观念的改变和社会认同导致家庭关系的变化，从农民之身变成商人之家，就外部发展而言其中有着不同层次、不同阶级的社会关系，从内部发展来看则是他们之间相互作用的结果。

（四）主与客的空间交互

民族旅游产业的发展使居民的家在游客凝视作用下不再是一个固定的私密空间，而是处在家的所有者和游客之间不断重建的过程。游客作为苗家主人主要的消费者，作为消费空间的主体，他们的需求是直接促使当地居民家空间物质的变化，同时也直接影响当地居民家庭的经济收入。苗家主人作为新消费空间的主体，他们不但会根据客人的需求去改造房屋空间，也会在保留特色民族文化的同时给予家人一定的私密空间，这导致家内部空间功能变得更加丰富和复杂。总而言之，旅游地的家变为餐馆的空间物质变化过程中，家不再只是一个封闭的私人空间，而是一个兼具经济消费、文化认同、社会关系建立的社会空间。

四、影响家空间物质发生变化的因素

（一）资源保护力度

民族旅游产业的开发就是一个新的空间重建过程，政府引导当地旅游产业发展存在利益分配差异，使区域旅游发展不均衡，导致旅游资源的保护力度太小而产生不一样的发展变化。在政府政策支持下，西江千户苗寨传统村落被重建成旅游景区，使当地的居民生活方式发生改变。政府在旅游开发中重点建设中心景区和河岸两边的村落，而对商业区以外的村寨保护力度不大，这很明显存在着对资源的保护力度不同而使当地居民生活在不同的经济市场下，区域旅游市场经济收益在很大程度上也会影响居民家庭经济收入，由而导致区域家庭物质变迁的差异。

经走访整个西江千户苗寨就会发现，大部分核心商业区以外的居民家中安置的都是比较传统的家用器具，并且能长期在家使用的都是老人小孩居多，大部分年轻人都在外地打工，一小部分在景区内做销售、餐饮、环保等。而住在景区的核心商业区内的居民家就显然不同，他们家中常见的日用品和厨房电器基本趋于现代化，但也不是完全没有使用，家中有老人的，并且是住在一起的那些人家，家中也有人在使用传统用具。民族旅游产业的发展虽能带动当地经济的发展，也能发扬和传承当地民族传统文化，但旅游就代表着有不同民族不同文化的游客介入，通过不同文化之间的交流与融合，在一定程度上也影响着不同地域的文化变迁。

（二）经济收入水平

旅游市场经济的发展逐渐改变当地居民的消费观念，不但提高了家庭经济收入水平，也使交通越来越便利，同时，当地居民在购物方面也更加多样化。在苗寨商业区，每家都是个体经营小商户，而且在生活上也非常便利，小吃街对面就有一个大的农贸市场，市场既有各种常见水果和蔬菜，也有干货以及各种主食、副食，而且商业区左边两千米处就有一个生鲜市场，里面有鸡、鸭、鱼、猪肉等肉类食物，在很大程度上丰富了人们的饮食结构。多种多样的食材使当地居民的生活更加丰富营养，同时也印证了“经济基础决定上层建筑”的哲理。

商业区有收入多的也有收入少的，一般生意好的商户更倾向于使用现代化器具，因为它方便又快捷。当然我们都觉得民族旅游景区不应该是越传统的越受欢迎吗？是的，但是商户都会在现代化的基础上加上传统的元素，这样既不影响美观又不耽误使用。而那些住在边缘区的村民们依然过着传统的生活，不仅不能自己在家做生意挣钱，而且在购物这方面也不是很方便，生活方式和生活环境也没有发生很大的改变，一部分村民仍然早出晚归，春、夏、秋、冬都忙于农田之中，这部分人为商业区的商户提供最具有当地特色的原材料；还有一部分人过着朝九晚十、日复一日为客人服务的生活，每天不仅要协调自己与家人的关系，还要调理老板和客人的需求。边缘区的村民由于收入水平较低，家中用具基本以传统为主，少部分也有购买一些像煤气炉、热水器之类的家用必备电器。由于民族旅游地区区域经济发展的不平衡，导致家庭收入有差距，从而使家庭物质变迁存在差异。

（三）民族特色文化

在这个网络信息交流时代，人们在网上就能获取全国各地旅游景区的基本信息，也可以看见身边朋友所去过的旅游地，并选择自己想要体验的风俗文化之地，这样间接促使人群在不同地方之间的流动。现在的旅游景区都得有能够对游客具有强烈吸引力的特色文化，包括游客来到旅游地与当地人接触交流的这个过程，也属于不同文化之间的交流与认识。为了使游客能够更好地了解并接触到民族旅游地的特色文化，当地居民通过改变自己家的装修风格，家中的布置，如在墙上挂自己家人穿传统服装的照片、家中摆放苗家刺绣小物件与银饰装饰品，这样不仅方便来访游客参观，还能吸引一部分潜在消费者。当家的概念变成一种消费观念，则是为了促进旅游发展，从而带动当地经济的发展，最重要的是提高当地居民的经济收入。那么，当地特色文化便是旅游消费的主要产品，为更好地提高居民的经济收入水平，苗寨各家通过装饰文化空间和布置特色家具来更好地营造家空间和展示苗族文化。

五、结论及讨论

本研究主要是通过关注民族旅游产业发展过程中，当地居民家的内部空间变化，旅游参与后家空间物质的变迁不但会导致家空间的意义改变，也会使当地居民的生活方式发生改变。家空间是当地居民与游客接触的主要场所，旅游发展中居民与游客之间的互动协商导致家中设备更新以及新物资采购等一系列物质变化，使家空间的意义发生了改变。本研究还将“家”引入家庭餐馆的研究，在消费主义市场上关注居民与游客的社会关系，自己在消费者视角下去关注旅游地家空间的物质变迁，有助于对家庭研究的补充。由于家空间的物质变化不仅体现着家庭经济的变化，也会影响家的意义。因此，本研究意在关注消费空间下家庭关系的变化来探讨空间物质变化过程中家的意义。

【参考文献】

［1］张机，徐红罡．民族旅游地区家空间的主客角色冲突研究——以丽江白沙村为例［J］．地理科学，2016，36（7）．

［2］彭建，郭思远，张姣姣，中国民族地区旅游发展的空间差异特征与影响因素［J］．中国旅游评论，2016（3）：89-101.

［3］汤佩，陶伟，丁传标，程明洋．西方人文地理学文献中的“家”［J］．地域研究与开发，2017，36（6）：165-170.

［4］郑诗琳，朱竑，唐雪琼．旅游商业化背景下家的空间重构——以西双版纳傣族园傣家乐为例［J］．热带地理，2016，36（2）：225-236.

［5］安宁，朱竑，刘晨．文学旅游地的空间重构研究——以凤凰古城为例［J］．地理科学，2014，34（12）：1463-1469.

［6］刘晨，蔡晓梅，曾国军．西方厨房研究及其对中国文化地理家庭空间研究之启示［J］．热带地理，2014，34（4）：445-453.

［7］丁传标，赵永琪，陶伟．城市化进程中家屋空间重构的过程、内容与逻辑——以广州珠村为例［J］．地理科学，2017，37（9）：1326-1336.

［8］董敬畏．空间、家屋与人观——以关中邓村为例［J］．北方民族大学学报（哲学社会科学版），2011，98（2）：119-124.

［9］朱正斌，杨洋，殷红梅，李瑞，邓欣悦．旅游影响下西江苗寨群社会文化变迁空间分异研究［J］．贵州师范大学学报（自然科学版），2017，35（1）：22-29.

［10］孙九霞，苏静．多重逻辑下民族旅游村寨的空间生产——以岜沙社区为例［J］．广西民族大学学报（哲学社会科学版），2013，35（6）：96-102.

［11］张机，徐红罡．民族旅游中的主客互动研究——基于符号互动论视角［J］．思想战线，2012，38（3）．

［12］王伟，卜风贤．公共空间与乡村社会：基于乡村集市功能的一项经验研究——以陕西省 W 集市为例［J］．农业经济，2013（9）：101–105.

［13］杨丽．云南民族饮食文化与旅游餐饮业发展浅议［J］．经济问题探索，2002（12）：116–119.

［14］高培．贵州西江苗寨传统民居空间组合模式更新研究［J］．建筑学报，2014（S2）：66–72.

［15］庄友刚．西方空间生产理论研究的逻辑、问题与趋势［J］．马克思主义与现实，2011（6）：116–122.

［16］高军波，刘彦随，乔伟峰，张永显．中国典型农区县域社会不平等空间模式与地域差异——以河南省为例［J］．地理研究，2016，35（5）：885–897.

［17］孙九霞，周尚意，王宁，等．跨学科聚焦的新领域——流动的时间、空间与社会［J］．地理研究，2016，35（10）.

● 基于网络文本分析的肇兴侗寨旅游体验研究

杨艳华

（贵州大学　历史与民族文化学院　贵州　贵阳　550025）

摘　要：本研究通过收集游客在携程网对肇兴侗寨 2017—2019 年的网络评论，运用网络文本分析法，采取 ROST Content Mining 软件对评论文本进行分析。结果表明：少数民族文化风情是吸引游客的主要体验要素，门票、交通、商业化等是游客非常关注的因素；旅游资源、旅游特色、旅游设施及服务是游客体验的主要构成因素；游客的积极情绪大于消极情绪，对景区的综合满意度较高。但是对景区食宿服务和条件、交通配套措施等方面存在消极情绪。因此，本研究建议当地政府和景区加强景区服务管理、完善景区环境治理、增加游客互动项目和设计民族特色商品。

关键词：旅游体验；肇兴侗寨；网络文本分析

21 世纪，随着互联网技术的快速发展，游客以更生动更直接的网络评论、网络游记和图片等方式表达他们对旅游地的态度以及展现在当地的体验和感受。这些方式不仅为其他旅游者进行旅游选择有着便捷的参考作用，也有利于景区开发商、景区管理者以及旅游从业人员等以此进行景区规划建设和提升景区服务质量等。肇兴侗寨作为中国最大的侗族村寨之一，有着丰富的民族村寨旅游资源和产品。2018 年，肇兴侗寨作为央视春晚分会场之一，吸引了愈来愈多的人来此旅游。游客激增，游客体验便显得愈来愈重要。因此本研究以肇兴侗寨为例，选取游客在携程网 2017—2019 年的网络评论为文本，分析肇兴侗寨游客的旅游体验。该研究有利于帮助明确肇兴侗寨游客的旅游体验感知情况，并结合分析出的结论提出合理建议，以期提升景区旅游接待能力和水平并促进旅游发展可持续。基于网络文本分析肇兴侗寨的旅游体验研究具有示范作用，同时也为其他少数民族旅游村寨改善旅游接待条件和设施、促进旅游可持续发展提供有效的参考与借鉴。

作者简介：杨艳华（1999—），女，苗族，贵州省天柱县人，贵州大学历史与民族文化学院 2020 级民族学在读硕士研究生。研究方向为旅游管理、中国少数民族经济。

一、绪论

（一）研究背景及意义

首先，本研究在对国内外基于网络文本分析的旅游体验的发展现状与研究成果总结梳理的基础上，对体验、旅游体验等相关的概念进行界定，从而设计课题论文的写作。其次，选取贵州省肇兴侗寨作为研究对象，以携程网的游客网络评论为文本。再次，利用内容挖掘软件对搜集的游客评论做高频词分析、社会语义网络分析和情感分析，在此基础上对肇兴侗寨旅游体验中存在的问题进行探讨，并提出相关建议与对策，以期为提升肇兴侗寨旅游体验提供依据以及为当地旅游发展提供有效的参考和借鉴。最后，对本研究的写作进行总结，并指出本研究写作的不足与展望。

（二）研究现状

旅游体验的研究始于20世纪60年代中期的西方学术界。学者最开始对旅游体验进行概念研究并提出了相应的研究范式。国外旅游体验研究作为国外旅游理论研究的重要领域之一，研究内容集中在旅游体验的质量及其影响因素研究、旅游体验的动机和满意度研究、旅游体验的意义及分类研究这三大方面。

在国内，最早开始关注旅游体验研究的是谢彦君教授。之后其他学者分别从旅游体验与旅游者的认识角度、实证分析、旅游体验的维度、认同角度、现象学角度、身体地理学视角和扎根理论、具身理论等视角对旅游体验进行研究。近年来，研究借助网络文本分析来研究旅游体验的文献逐渐增多，包括影视旅游者体验质量研究、野生动物旅游体验研究、邮轮旅游游客体验感知属性及特征、城市旅游体验的层次、影响游客旅游体验质量的原因等。

目前，有研究者基于SWOT分析对少数民族村寨的旅游文化资源开发、针对旅游开发对当地居民的影响，以及民族村寨智慧旅游发展等方面进行了研究，但较少使用网络文本分析法对少数民族村寨旅游体验进行研究。因此，本研究选取肇兴侗寨为案例地，以网络评论为样本，深度剖析肇兴侗寨游客的旅游体验，为景区提升接待水平、完善接待设施以及旅游可持续发展提供依据，并对其他民族村寨旅游发展提供借鉴和参考。

二、研究设计

（一）研究对象

肇兴侗寨坐落于贵州省黔东南苗族侗族自治州的黎平县，是全国最大的侗族村寨之一，也是黎平侗乡风景名胜区的核心景点，素有“侗乡第一寨”之美誉。2005年

《中国国家地理》将其评选为“中国最美的六大乡村古镇”之一，2007 年我国《时尚旅游》杂志社和美国《国家地理旅行者》编辑团队共同评选其为“全球最具诱惑力的 33 个旅游目的地”之一。景区内著名的景点有堂安梯田、堂安生态博物馆以及世界非物质文化遗产侗族大歌等，国内规模最大的侗寨鼓楼建筑群落也位于此。

（二）研究方法

本研究主要采用网络文本分析法。文本分析法是指从文本的表层深入文本的深层，从而发现那些不能为普通阅读所把握的深层意义。近年来，旅游学也逐渐利用文本分析法进行研究，成果包括相关概念界定、旅游目的地形象、区域旅游发展、游客满意度、旅游安全、旅游动机和旅游影响等方面。游客在虚拟网络中真实地表达自己的游览经历、心得、感受，因此旅游目的地旅游体验感知研究的方向之一也将网络文本纳入内容分析。利用 ROST Content Mining 软件对收集的网络评论进行高频词汇分析、社会语义网络分析和情感分析，得出游客对肇兴侗寨的旅游体验感知并基于游客网络评论中的典型性问题提出相应建议。

（三）文本处理

由于游客的文化背景和表达方式有所差异，因此在网络评论内容中存在诸多问题，将会影响软件做文本分析时出现不准确甚至错误的情况，因此有必要在搜集文本之后进行相应的处理。首先纠正关键错别字；其次将繁体字表达修改为相应的简体中文；最后统一部分词汇表达。例如景区特色：将“侗歌”“大歌”“侗族大歌”统一为“侗族大歌”，将“花轿”“华侨”“花桥”统一为“花桥”等；地点名称：“唐安”“堂安”统一为官方名称“堂安”，而单独提及的“堂安侗寨”“堂安梯田”等不做统一；“丛江”“从江”统一为“从江”等；另外还有相近表达，如“淳朴”和“纯朴”统一为“淳朴”。以此提高词频统计的准确性。

三、文本分析和研究结果

（一）高频词汇分析

使用 Rost Content Mining 软件进行分词处理，并对分词文本进行整理，处理无意义词汇并添加和整理肇兴侗寨所特有的自定义词汇后，对文本进行高频词汇分析。通过高词频统计发现，“侗寨”“表演”“景区”“寨子”“肇兴”“值得”“方便”等词成为关于肇兴侗寨旅游体验的高频词汇，排名前 100 的高频词汇见表 1。

表 1　高频词汇统计（前 100）

特征词	词频 / 次	特征词	词频 / 次	特征词	词频 / 次	特征词	词频 / 次
侗寨	662	小时	90	观光车	54	安静	37
表演	314	推荐	88	便宜	53	少数民族	37
景区	309	夜景	86	居民	51	优惠	36
寨子	304	建筑	85	徒步	49	美丽	36
肇兴	293	游客	83	歌舞	49	电瓶车	36
值得	282	千户	83	门口	48	完全	36
方便	210	民风	78	住宿	48	进去	36
特色	202	时间	77	感受	48	村寨	35
商业化	193	侗族大歌	76	休闲	48	优美	35
侗族	193	客栈	76	不大	47	慢慢	34
晚上	190	漂亮	74	古镇	47	千米	34
地方	177	风情	72	当地人	46	寨里	34
鼓楼	175	适合	72	好玩	45	大门	33
景色	173	从江	70	贵州	44	原始	33
门票	158	当地	68	网上	44	分会场	33
堂安	152	交通	67	提前	42	服务	33
淳朴	119	气息	67	舒服	42	全国	33
梯田	117	文化	66	不多	41	风雨桥	32
苗寨	116	高铁站	59	建议	41	每天	32
免费	111	旅游	58	游玩	41	保留	31
西江	109	环境	56	停车场	41	古朴	31
民族	107	春晚	55	严重	40	酒店	30
景点	103	体验	55	管理	40	好吃	29
商业	101	开发	55	热情	38	悠闲	29
原生态	91	分钟	54	白天	37	观景台	29

对高频词进行分类，可以从以下四个方面来分析游客的旅游体验（见表 2）。

1. 旅游资源

在高频词统计中词频出现最多的是“侗寨”，从中可以看出游客对该景区的一个基本认知和吸引要素，即侗族文化和少数民族风情这些异质性要素；同时出现次数较多的词为“景区”“寨子”“肇兴”，都体现了游客对该景区的少数民族文化的关注度。另外还有一些相关词汇，例如景区内景点“堂安”以及与其相关的活动如“梯田”“徒步”“夜景”等。

表 2　高频词汇分类

分类	词汇
旅游资源	侗寨、景区、寨子、肇兴、侗族、堂安、景点、民族、景色、文化、开发、古镇、贵州、村寨、全国、大门
旅游特色	表演、特色、鼓楼、夜景、建筑、侗族大歌、梯田、风情、春晚、徒步、歌舞、当地人、少数民族、分会场、风雨桥
旅游设施及服务	门票、免费、高铁站、客栈、交通、环境、观光车、住宿、网上、停车场、管理、电瓶车、千米、服务、酒店、观景台、优惠
旅游体验及评价	值得、商业化、淳朴、商业、原生态、漂亮、体验、小时、民风、适合、旅游、体验、分钟、便宜、感受、休闲、不大、好玩、提前、舒服、不多、建议、游玩、严重、热情、安静、美丽、优美、慢慢、原始、古朴、好吃、悠闲、热闹、方便

2. 旅游特色

旅游的一个重要特征是异地性，因此旅游者接触的是陌生的人和事，体验的是异域的风情和历史文化。在旅游特色要素中，“特色”一次直接被提到的频数较高，被提及最多的词汇为“表演”，排名第二，可延伸提及的词汇有“侗族大歌”“歌舞”，侗族大歌作为世界级非物质文化遗产，自然对游客产生莫大的吸引力，好多游客也是慕名而来，同时肇兴侗寨景区表演为免费观看且场次较多，因此游客给出了许多正面评价；侗族建筑布局精巧，因此在其他特色中还包括提及较多的“鼓楼”“梯田”“建筑”“民族”“风情”“少数民族”“风雨桥”等词汇，可以体现出游客对侗族建筑和文化风情的浓厚兴趣。另外，2018 年作为央视春晚分会场，肇兴侗寨大放异彩，吸引了大批游客前往参观游览。因此“春晚”“分会场”这两个词汇在 2018 年也出现较多，从中可以看出春晚分会场这次活动给肇兴景区带来了很好的宣传效力。这些高频词也较好地体现了肇兴侗寨的旅游吸引要素。

3. 旅游设施及服务

从高频词统计中可以发现，游客评论主要集中在门票、交通以及住宿上。首先，“门票”被提及的次数最多，由于肇兴侗寨对一些省份地区推出免票以及折扣优惠，吸引了众多省外游客，并针对 14 周岁以下，70 周岁以上人群免票，因此“免费”一词被数次提及。其次，“交通”一词被提及多次，既包括景区外交通也涉及景区内交通，景区外交通提及最多的为“高铁”和“高铁站”，由于肇兴侗寨离从江高铁站距离很近，并且高铁站安排了直达景区的专线接送车，同时高铁站也存在许多客运车辆以及私营车辆，进入景区十分方便，因此高铁成为游客的首选出行方式；景区内交通包括“停车场”“观光车”以及“电瓶车”，由于景区内禁止自驾车进入，并将停车场设置在距离景区三千米外的地方，并在游客评论中看出景区对停车场管理并不十分规范，从而引发了景区观光车收费问题也呈现出消极态度，因此游客对停车问题做了许多消极评论。最后，“住宿”则主要体现在了“酒店”“客栈”等词汇，在住宿上，少部分游客提出由于节假日或客流量增加供不应求时，出现了胡乱涨价、高收费宰客的现象，体现出了景区住宿管理存在的问题。

4. 旅游体验及评价

在游客的旅游体验总体评价中出现最多的词汇是“值得”，词频排在第六位；其次较多的是“商业化”“商业”，形容较多的词汇有“严重”和“完全”，主要表现出景区商业化现象严重或者景区完全商业化了。在评论中可以发现，游客做出“商业化”评论主要是因为：第一，大量外地商家入驻景区开设店铺；第二，景区内商品没有特色，同质化商品众多；第三，在景区住宿、饮食上被胡乱收费或涨价，受到不公平待遇等。同时，在商业化评论中，游客多次将其与其他类似景区进行对比，尤其是西江千户苗寨，其中“苗寨”被提及116次，“西江”被提及109次，“千户”被提及83次。与“商业化”相反的“原生态”“原始”“淳朴”等词也被大量提及，由此可以看出游客对景区的整体感受对比明显，较强地受到游客主观性的影响以及在景区的实际经历感受。另外，游客对景区的评价大多集中在积极方面，例如当地“漂亮”“舒服”“休闲”“热情”“悠闲”等。

（二）社会语义网络分析

本研究利用ROST Content Mining软件中的社会网络与语义分析功能，分析了肇兴侗寨景区游客评论中关键词的关联性。

评论主要围绕“肇兴侗寨”“寨子”作为景区的整体范围认知为中心向四周发散，与“肇兴侗寨”直接相关的词汇有“商业化”“值得”“特色”等词语；“商业化”“商业”等词汇与“西江”“千户”“苗寨”“原生态”等词连接在一起，表明游客在肇兴侗寨旅游时，会将其与其他民族村寨进行对比，其中最为突出的便是西江千户苗寨；“值得”与“一去”“一看”“推荐”等词连接，表明游客良好的旅游体验以及推荐意愿；肇兴侗寨作为少数民族旅游村寨，其民族风情是吸引游客的主要因素，在游客评论中也得到了很好的展现，例如“特色”与“寨子”直接相连，还体现在相应的“建筑”“鼓楼”“民族”“风情”“文化”“民族特色”“少数民族”等词汇；以“景区”为中心，周边分布着“门票”“高铁”“免费”“交通”“方便”“晚上”等词，由于肇兴侗寨景区离从江高铁站很近，游客多是选择高铁出行，交通十分方便；“晚上”有侗族歌舞表演，游客可以“免费”观看，以及有着非常美丽的“夜景”，因此这些词汇在游客评论中出现次数很多；与“景区”直接相关的词还有“管理”，管理问题主要体现在景区的饮食和住宿节假日胡乱涨价宰客、停车场管理不规范、景区环境卫生治理不理想等方面；最外围词汇则体现出了游客对肇兴侗寨的一个整体体验感受评价，例如“方便”“漂亮”“民风淳朴”“民族风情”等词汇，体现出了游客的良好体验感受。

（三）情感分析

根据情感分析统计表明（见表 3），游客评论中积极情绪占比最高，为 82.04%，总共为 1242 条，从积极情绪分段结果中可见，中度层面最多，其次是一般层面，而高度层面最少。高频词中可体现的积极情绪词汇有“值得”“淳朴”“漂亮”“推荐”等词汇；中性情绪占比最少，为 7.46%，共计 113 条，不做分段结果处理。可体现的词汇有“一般”“还行”等；消极情绪占比为 10.50%，共有 159 条，可体现的词汇有“失望”“不值”等。从游客评论中发现，消极情绪主要体现在以下四个方面。

1. 景区住宿

对景区住宿的消极评论主要体现在：一是游客在节假日或游客流量多时订酒店被胡乱涨价和收费；二是酒店住宿收费高，但提供的设施条件较差，价格和质量形成较大的反差。

2. 景区餐饮

消极评论主要体现在：一是逢节假日或特殊情况，胡乱涨价收费；二是景区内饮食消费较高；三是饮食口味较少。

3. 景区交通管理

消极评论主要体现在：一是停车管理不规范，停车秩序混乱；二是乘坐观光车秩序混乱，存在乘坐观光车不排队、胡乱插队以及攀爬观光车等现象；三是景区交通配套设施不完善，给游客出行及出游造成不便。

4. 景区环境卫生

由于景区居民的日常生产生活废水都是排放到景区内的河流小溪中，导致景区内的河流水质变差，并散发出异样的气味，不仅影响了景区的整体环境，而且对游客的综合旅游体验也有较大的负面影响。

表 3　情感分析统计

情感类别	点评数量 / 条	比例 / %	分段结果	数量 / 条	比例 / %
积极情绪	1242	82.04	一般	421	27.81
			中度	435	28.73
			高度	386	25.50
中性情绪	113	7.46	—	—	—
消极情绪	159	10.50	一般	121	7.99
			中度	28	1.85
			高度	4	0.26

注：消极情绪点评数量与分段结果数量结果相差 6 条。

四、结论与建议

（一）结论

本研究通过在携程网收集游客对肇兴侗寨的网络评论，运用网络文本分析法对评论文本进行分析，得出以下结论：第一，采用 ROST Content Mining 软件对文本进行分词处理并得出了游客评论的前 100 个高频词，通过高频词分析发现少数民族文化风情是吸引游客的主要体验要素；旅游资源、旅游特色、旅游设施及服务和旅游体验及评价是游客体验评论的主要构成因素；第二，通过社会网络与语义分析功能，发现以“寨子”的景区整体认知范围为中心向四周辐射，包括交通、民族、特色、门票等核心高频词，延伸词汇包括方便、表演、鼓楼、商业化等；第三，根据情感分析得知，游客对景区的积极情绪为 82.04%，从中可以看出大多数游客对景区的总体满意度较高。其中少数民族文化风情和门票政策等有着关键作用，而负面情绪主要体现在景区交通配套服务不规范、住宿和饮食胡乱涨价以及收费较高而提供的设施条件较差和景区水质污染严重等方面。

（二）建议

1. 加强景区服务管理

通过分析可以发现，游客在肇兴侗寨旅游体验评论中，所提出的负面情感来源于交通设施配套服务的不便以及酒店住宿和餐饮收费等方面。因此，建议景区首先规范对停车场的管理，例如停放和收费标准以及提升停车场服务人员的服务水平等，并完善景区内的相关交通设施配套服务，便于游客出行；其次是加强景区的食宿的监管力度，避免景区商家胡乱涨价和收费，出现“宰客”现象；最后是提升景区的食宿接待水平和条件，例如保持最基本的水、电供应条件，增加饮食风味等。吃、住、行是游客体验的关键要素，加强这三个方面的管理有利于提高景区的接待水平，从而提升游客体验满意度。

2. 完善景区环境治理

在游客评论中，许多游客提出由于肇兴侗寨居民的日常生产生活用水直接排入河流小溪，导致水质变差，出现异味，从而影响到景区的整体环境以及游客体验，尤其是对居住在河边的客栈的游客影响更大。环境是景区可持续发展的重要因素，因此景区需要合理规划废水处理和排放问题，并采取措施恢复水质，完善景区环境卫生治理，促进景区的可持续和健康发展。

3. 增加游客互动项目

少数民族文化风情是吸引游客的主要特色因素，从游客评论中也可以看出，游客渴望参与式体验少数民族文化项目，愿意主动投入时间和精力参与到当地的一些民俗活动之中，游客从中可以获得高品质的旅游需求，满足对于美好生活的向往和追求。例如抓稻田鱼、两年一度的芦笙大会等活动。更多地挖掘体验式项目，让游客参与到文化项目之中，既能让游客在娱乐活动中学习和了解侗族文化，又可以为游客提供更好的旅游互动体验，同时加大景区的吸引力以及更好地宣扬侗族文化。

4. 设计民族特色商品

在评论中游客极少提及购买旅游商品。这是因为纪念品的同质化以及文化内涵的缺失，商品的质量和价值低劣，大大降低了景区的异质吸引力，也降低了游客的购物欲望。因此建议在大量外地商家进驻时，除了注重经济收益之外，也应更加关注景区的文化内涵和底蕴。少数民族村寨旅游，游客享受和消费的就是文化，文化才是景区得以长远发展的根本所在，深入挖掘侗族文化，利用“文化＋商品”的模式设计出独具特色的旅游商品，打造本民族文化内涵的纪念品品牌，从而增强景区对游客的购物吸引力，提升游客的购物欲望。同时，游客购买的特色纪念品也可以在传承侗族文化和宣传景区等方面发挥作用。

五、不足与展望

本研究通过网络文本分析法分析了肇兴侗寨的游客评论，从中得出结论并提出了相应的改进建议，对景区的可持续发展有着一定的借鉴参考作用。但是，本研究仍存在着不足，主要体现在以下三个方面：一是本研究只选取了携程网一家网站 2017—2019 年的评论内容为研究数据，在之后的研究中可以选取多家网站评论为数据，以提高数据的准确性和公平性；二是网络评论未能纳入游客的人口统计特征，因此不能准确分析游客的个性特征，在往后的研究中可以采用“文本＋问卷”调查的形式，将人口属性纳入做纵向的深入研究；三是本研究未介绍文本编码的过程，类目层次也相对简单。

【参考文献】

［1］谢彦君，彭丹．旅游、旅游体验和符号——对相关研究的一个评述［J］．旅游科学，2005（6）：1–6.

［2］谢彦君．旅游体验——旅游世界的硬核［J］．桂林旅游高等专科学校学报，2005（6）：5–9.

［3］吴文智，庄志民．体验经济时代下旅游产品的设计与创新——以古村落旅游产品体验化开发为例［J］．旅游学刊，2003（6）：66–70.

［4］董彩娟．智慧景区游客旅游体验的影响因素研究［D］．广州：华南理工大学，2015.

［5］邹统钎，吴丽云．旅游体验的本质、类型与塑造原则［J］．旅游科学，2003（4）：7–10，41.

［6］谢彦君．基础旅游学［M］．北京：中国旅游出版社，2004：158.

［7］窦清．论旅游体验［D］．南宁：广西大学，2003.

[8] 苏勤．旅游者类型及其体验质量研究——以周庄为例［J］．地理科学，2004（4）：506–511.

[9] QUAN S，WANG N. Towards a structural model of the tourist experience：An illustration from food experiences in tourism［J］. Tourism Management，2004，25（3）：297–305.

[10] 陈才，卢昌崇．认同：旅游体验研究的新视角［J］．旅游学刊，2011，26（3）：37–42.

[11] 赵刘，程琦，周武忠．现象学视角下旅游体验的本体描述与意向构造［J］．旅游学刊，2013，28（10）.

[12] 谢彦君，樊友猛．身体视角下的旅游体验——基于徒步游记与访谈的扎根理论分析［J］．人文地理，2017，32（4）.

[13] 吴俊，唐代剑．旅游体验研究的新视角——具身理论［J］．旅游学刊，2018，33（1）：118–125.

[14] 方寒雁．基于网络游记的影视旅游者旅游体验研究［D］．杭州：浙江工商大学，2012.

[15] 丛丽，吴必虎．基于网络文本分析的野生动物旅游体验研究——以成都大熊猫繁育研究基地为例［J］．北京大学学报（自然科学版），2014，50（6）：106–113.

[16] 何孟艳，张言庆，吴明玉．基于网络文本分析的邮轮旅游体验感知研究［J］．旅游论坛，2017（6）.

[17] 方雨．基于网络游记的城市旅游体验研究［D］．武汉：华中师范大学，2018.

[18] 邓钧方．基于网络文本分析的张家界大峡谷玻璃桥旅游体验研究［D］．吉首：吉首大学，2019.

[19] 汪月，佟琳，杨霞，钟滨柔，杨星辰．基于SWOT分析的黎平县侗族文化旅游资源开发研究——以肇兴侗寨为例［J］．旅游纵览（下半月），2018（10）：149–151.

[20] 杨春香．民族村寨旅游开发对当地居民的影响研究——以贵州肇兴侗寨为例［J］．旅游纵览（下半月），2018（5）.

[21] 肖亮文，许建．湘西少数民族村寨智慧旅游发展研究——以湘西德夯苗寨为例［J］．旅游纵览（下半月），2019（8）.

[22] 黄胜男．基于网络文本分析法的旅游目的地形象感知研究［D］．合肥：安徽大学，2014.

[23] 余志远．成己之路——背包旅游者旅游体验研究［D］．大连：东北财经大学，2012.

● 贵州民族传统生态文化之乡村振兴的软实力价值及其实现路径

雷青春[1]　雷　宇[2]

（1. 中共黄平县委党校　贵州　黄平　556100；2. 中共黄平县委组织部　贵州　黄平　556100）

摘　要： 长期以来，贵州少数民族在生产生活实践和与大自然的相处中，形成了自己独特的传统生态文化。这些文化遵循的是“人与自然和谐相处、和谐发展、共生共存”理念。他们既追求“人与自然的和谐相处，更追求人与人之间的和谐相处”。这些生态文化理念，与当今党和国家大力提倡的“科学发展、生态文明、乡村振兴”不谋而合、一脉相承。因而对“乡村振兴”具有极大的软实力价值。本研究运用大量的事例和分析论证方法，说明贵州可以借鉴少数民族传统生态文化观念，保护好、建设好自己的生态家园，并以这些生态家园和民族文化为载体，大力发展休闲观光农业和乡村旅游，实现“产业兴、百业旺”目标，把贵州建成最美最宜居的原生态绿色家园，继而成功走向“产业兴旺、生态宜居、乡风文明、治理有效、生活富裕”的乡村振兴道路。

关键词： 民族传统生态文化；乡村振兴；软实力价值；实现路径

一、贵州少数民族基本情况

贵州是一个多民族共居的省份，其中世居的少数民族共有17个，它们是苗族、布依族、侗族、土家族、彝族、仡佬族、水族、回族、瑶族、白族、壮族、畲族、毛南族、蒙古族、仫佬族、满族、羌族等。据2010年第六次人口普查数据显示，贵州省共有少数民族人口1255万余人，占贵州省总人口的36.11%。其中排名前五位的是苗族（397万人）、布依族（251万人）、土家族（144万人）、侗族（143万人）、彝族（83万人）。贵州省苗族人口占全国苗族总人口的49.8%；布依族人口占全国布依族总人口的97.3%；侗族人口占全国侗族总人口的55.7%；仡佬族人口占全国仡佬族总人口的

作者简介：雷青春（1976—），男，苗族，贵州黄平人，高级讲师；研究方向为党史、民族文化。雷宇（1966—），男，苗族，贵州黄平人；研究方向为人口学、社会学。

98.2%；水族人口占全国水族总人口的93.2%。

贵州省少数民族依次分布在黔东南苗族侗族自治州、铜仁市、黔南布依族苗族自治州、毕节市、黔西南布依族苗族自治州、安顺市、六盘水市、贵阳市和遵义市。其中苗族主要分布在黔东南、黔南、黔西南、黔西北和黔东北；布依族主要分布在黔南、黔西南、黔中；侗族主要分布在黔东南、黔东；土家族主要分布在黔东北和黔北；彝族主要分布在黔西北和黔西南；仡佬族主要分布在黔北、黔西北和黔中；水族主要分布在黔南；回族主要分布在黔西北、黔西南和黔中；白族主要分布在黔西北；瑶族和壮族主要分布在黔东南、黔南；畲族主要分布在黔东南和黔南的部分县市；毛南族主要分布在黔南的部分县内；满族、蒙古族主要分布在黔西北的部分县内；羌族主要分布在黔东北的石阡、江口两县。千百年来，各民族和睦相处，共同生活在贵州这个绿色的原生态家园里，为贵州的经济社会发展做出了积极贡献。

据专家考证，苗族主要从长江中下游及黄河下游一带逐步迁徙进入贵州。水族主要从沿海地区逐步迁徙进入贵州。回族主要从中国西北和北方逐步迁徙进入贵州。白族主要从云南等省逐步迁徙进入贵州。瑶族主要从湖南、湖北、两广等省逐步迁徙进入贵州。而布依族、侗族、土家族、彝族、仡佬族等少数民族则是贵州的土著民族。千百年来，贵州的少数民族由于其势力弱少、文化水平、生产水平、科技水平相对落后，只能以土著或者迁徙的方式，生存或躲到贵州这块深山沟壑、河水纵横、与世隔绝的大山里。他们长期生活在封闭的世界里，聚族而居、精耕细作，过着“日出而作，日入而息，凿井而饮，耕田而食”的自给自足的生活。遵循天人合一、人与大自然和谐相处的生活方式、文化传统。崇尚集体至上、尊老爱幼、邻里相帮、勤劳勇敢、吃苦耐劳、艰苦奋斗、勤俭节约等价值理念。他们不喜欢侵略、不喜欢暴力、不喜欢掠夺、不喜欢霸占、不喜欢欺压。崇尚与世无争、和谐相处、重诚重善、忠诚正直、热情好客、以礼相待。倡导忠诚、正直、友谊、团结，反对欺骗狡诈、虚伪狂妄等行为。追求和营造“夜不闭户、路不拾遗”的生活境界。几千年来，他们安身立命，开垦田土，默默地生息繁衍，经过一代又一代的辛勤耕耘，在贵州这块神奇的土地上，建成了一个个美丽的原生态家园，也形成了自己独特的传统生态文化。

二、贵州少数民族传统生态文化特点

生态文化是一种涉及人与自然关系的文化，是指人类在与大自然的相处中，能够科学地处理和协调人类社会与自然环境的文化观。它反映了人类社会要求人与自然和谐相处、和谐发展、共生共存的最高理想。

贵州少数民族在漫长的社会、生产、生活实践中，在与大自然的长期斗争和相处中，不断地探索、总结和思考，形成了本民族自己的生态知识和传统的生态理念，构建了各民族的原始生态观，并建立了与自然环境和谐相处、共同生存发展的社会机制，形成了各自的生态文化。

历史上，贵州少数民族长期深居高山大川，山高坡陡，河流纵横，与世隔绝，就自然形成了自己的生态文化，这种生态文化，是他们在特定的自然生态条件下为适应和改造自然生态环境而创造出来的物质文化和精神文化的总和。这种文化以崇拜自然、保护自然、永续利用自然为基本特征。各民族通过对自然生态的敬畏，有效约束了人们破坏自然生态的不良行为，使自然生态始终保持着一种可自我恢复的平衡状态。长期维持了一种人类与自然和谐发展的状态，维护了生态环境的平衡，也保证了本民族的可持续发展。

贵州少数民族的传统生态文化对生态环境有着重大的保护价值。在苗族、布依族、侗族、土家族、水族等少数民族中，民间至今还广泛流传着关于开天辟地、人类与动物起源，万物产生的古歌和传说故事。认为人与世间万物都“同源”。应该和谐相处，共生共存。因为“同源”理念，他们就认同在同一个自然环境中，人类和动物、植物都是同胞兄妹，相互依存、和睦相处，谁也离不开谁。因此，长期以来，少数民族对大自然中的动物和植物，除了为生计而捕杀或砍伐外，在大多数情况下，他们仍然秉承着以保护为主的态度，遵循着“择而捕之，用才伐之，适可而止，永续利用”的生态理念。比如他们抓鱼，就坚持“抓大放小”原则，网鱼只网大一些的鱼，留下一些小鱼，让它们继续繁衍发展，以便今后得以捕捞。他们砍树，只间伐密林中的一小部分，而不是大片大面积砍伐，使森林很快得到恢复。他们十分注重对森林的保护，还经常种树，始终保持着山野的常绿、生态的良好。现举几个具体例子来说明贵州少数民族的传统生态文化观念。

1. 苗族的生态文化观

在苗族人看来，人和世间万物的来源都与枫树有关。《苗族史诗》唱道：“砍倒了枫树，变成千万物。锯末变鱼儿，木屑变蜂蜜，树心孕蝴蝶，树丫变飞蛾……”经过动物的多次演变，最后产生了人类。因此，苗族人民认为他们与世间万物都拥有一个共同的祖先，继而对自然产生敬畏、感激、尊重的心理特点，希望与大自然像亲人一般和谐相处。在苗族的生态文化中，他们有四大特点。一是非常尊重树木，在寨边或寨中或桥头等处都指定有许多神树和鬼树，训导人们绝不能砍伐，否则将受到鬼神的报应。因而历来有植树造林、封山育林和保护“风景林、护寨林、桥头林、风水林、神树林、祭祀林”等的良好风尚。二是十分珍惜土地。在雷山、台江、剑河、从江等县，可以看到大量的吊脚楼。笔者经过仔细观察研究分析并询问当地老人，他们修建吊脚楼的原因不是喜欢这样做，而是为了节约土地。他们知道，在高陡的山谷里，平地非常稀少，只有将房屋建在陡坡上，才能留下异常宝贵的平地作为田土和耕地，生产粮食，保证生活之用。三是敬水。苗族人上山干农活或走远路时，口渴了看到有野水井，在喝水后都要在井边折一根绿草打成结叉符号，丢在井里，表示感谢“井神”给自己水喝。四是对各种动物有保护和尊重的习俗。对飞到村子里或栖居在寨子中树上的鸟儿，一律禁止捕杀。有时上山围猎，也不会“竭泽而渔”，而是有所取舍，保持永续利用。

2. 侗族的生态文化观

侗族有崇拜自然、爱护自然的良好风俗。他们认为人是自然中的一部分，在侗族的传统观念里，人是依傍天地、自然而生，人与自然息息相关，只有确保自然资源的稳定延续，才能保证自身的长久发展。如在侗族中就常听到一句谚语“无山就无树，无树就无水，无水就无田，无田不养人”。在侗族人看来，神就是天地自然，由天地自然孕育出河流、山川、树林、花草，这些是孕育一切生命的“母体”，而人类、鸟兽、鱼儿、虫儿都是由“母体”滋养诞生的。在这一生态观念的影响下，侗族一般都选择森林茂密、有河有水的地方修建村寨。村寨建成后，还要在周边栽种很多树木，并称之为“护寨林”。他们还封了许多“神山、神石、神树”等，并精心加以保护。被封为神树的，不仅不能砍伐，连枯枝落叶也不能烧。这种风俗习惯，使每个侗寨都处在青山绿水中，风景异常优美。更值得一提的是，从江县占里的侗族还懂得了人口数量与自然环境平衡的原理。占里人从鸟雀与生态环境的关系中悟出了一个朴素的道理，叫作“一棵树上一窝雀，多了一窝就挨饿。”于是，占里人为了长期生存下去，就立下了一对夫妇只能生两个孩子的规矩，后辈人代代遵守不渝。这一寨规民约，使全寨人口与自然环境始终保持着长期的和谐稳定。在几百年的时间里，这里的人口自然增长率始终几近于零。自从中华人民共和国成立以来，占里村的人口只增长了 20 余人，堪称一大奇迹。因此，占里村被誉为“中国人口文化第一村”。据说，他们是以几种草药来控制生育和生男生女问题，使人口与自然环境始终保持着一种“平衡”的状态。

3. 壮族的生态文化观

壮族认为：一切动物、植物和自然物都具有生命和灵魂。因而他们有浓厚的自然崇拜现象。如他们崇拜水、崇拜土地、崇拜树木、崇拜牛、崇拜鸟等。壮族的水崇拜大多和特定的河流、溪水有着直接的联系。他们所崇拜的水神，基本上是其生存所依赖的特定河流和溪水，每年他们都要定期祭祀水神。壮族的树崇拜，大多数壮族村寨旁边都指定有一片“神林”或一株古神树，这片山的一切植物都被视为灵物，严禁入内砍伐和扫叶积肥、扔污物和置葬等，神树是本村寨的保护神，每年三月都要举行规模较大的祭祀活动。壮族还有鸟崇拜，如他们称乌鸦为“古姑神”，因而至今仍保持着各种有关鸟的禁忌，如不准捕捉猫头鹰、喜鹊、燕子等。壮族的生态文化观念，对维护人类的生态平衡，确保人与自然和谐发展起到了重要的作用。

4. 彝族的生态文化观

在彝族的传统信仰中，就有着朴素的自然崇拜现象。如对石头、花草、树木、森林和水的崇拜，这表明了他们对世间万物的朴素认识。在彝族地区，普遍存在对竹、杉树和栗树的崇拜。有彝族从竹而生的传说。在许多彝族村寨，都留有一块空地来专门种植竹子，竹根围以巨石，外围再围以竹栅栏，严禁进围内砍伐竹子，每年举行祭竹大典。还有些彝族以松树和栗树作为始祖，很多村寨都有一块神圣的山林，每年到此举行祭祀祈福活动。他们把一些有上百年历史的高大树木视为本村寨的“保护神”。

认为神树能够给村子带来平安、吉祥和丰收。因此每年都要对神树进行祭祀，一般每年举行三次祭祀，祈求神树的保佑。就因如此，爱林护林一直成为彝族群众的自觉行动。彝族的先民还创制了一系列带有生态道德价值取向的村规民约、碑刻和法典，用来保护公有林、神树林、水源林、风水林等。他们不仅保护树林，也同样保护动物。如彝族古训就说："山林中的野兽，虽然不积肥，却能供人食，可食毋滥捕，狩而应有限。山上长的树，箐中成的林，亦不可滥伐。有树才有水，无树水源枯。"彝族敬畏山、水、树、石，更敬畏神山、神树、神石等，禁止一切破坏大自然的行为。这种传统观念对保护生态环境有着极为重要的意义。

其他的少数民族，与苗族、侗族、壮族、彝族的生态观也基本相同。这里就不再尽述。

另外，为了保护生态环境和开展社会管理，各个少数民族还创建了自己的村规民约，如苗族就创建了村规民约"议榔"。"议榔"所定的公约是大家应该遵守的规章法度。用来约束、控制、规范苗民的行为举止、伦理道德等。保障苗族社会的稳定安宁，掌控苗族社会的生产生活，约束苗民的不良行为，维护苗族人民在社会道德、社会制度、婚姻制度等方面的权利和义务，保障苗族地区的和睦。"议榔"的第一个功能就是规定人们不能破坏自然。比如，"议榔"规定，苗族村寨的一些古树如"鼓山林""风水树"、神树、护寨树等不准乱砍滥伐，不准烧山毁坏草木，违反者绝不轻饶。例如，从江县加鸠区苗族的《议榔词》就有这样的内容："众乡亲静听，无古不有今。规约古人定，大家要遵循。柴山莫乱砍，天地各有份。"说明"议榔"规定起到"封山育林"，保护生态环境和营造人与自然和谐相处的作用。苗族"议榔"习惯法对自然环境、自然资源的保护作用在一定程度上甚至优于国家的森林法，比如，现在我们在很多地方看到诸如"严禁乱砍滥伐""严禁放火烧山，保护森林、人人有责"等标语，禁止人们砍伐森林，但是结果却适得其反，很多人还是"明知山有虎，偏向虎山行"，任意破坏森林资源。"议榔"的第二个功能是禁止人们杀人、偷盗、强奸、抢劫、破坏生产、诬陷等犯罪行为，并对不良社会道德进行相应处置。"议榔"的第三个功能是教育苗族人民从小要培养吃苦耐劳、艰苦奋斗、团结协作的优良传统美德。由此可见，苗族议榔对保护苗族地区的自然资源与生态环境，保证苗族社会可持续发展，维护苗族社会的生产生活秩序，加强苗族地区社会管理、保障苗族社会的稳定和谐，巩固社会治安、规范人们的道德行为，树立良好人格、培养优良传统，实现民富安邦起到了积极的作用。又如侗族的村规民约"侗款"，它是侗族村寨最重要、最主要的社会制度。通过侗族民众协商制定，把款约条款刻在石碑上，以警示众人要遵守法规，起到保护自然环境和维护社会秩序的作用。还起到保护社会公共安全、预防火灾发生等作用。是侗族村民进行自我管理、自我教育、自我约束、自我监督的重要机制。其他的少数民族也有相似的村规民约。一面用来保护自然生态资源，一面用来规范社会生活秩序等。

总之，贵州少数民族的传统生态文化，其特征主要表现在两个方面。一是坚持

“天人合一、地人合一”原则，敬畏天地原则，热爱自然善待自然原则，人与自然和谐发展原则，为子孙后代造福和着想原则，对自然万物的索取和回报原则，节地原则，环保原则，可持续发展原则，永续利用原则，绿色生态发展原则，生活家园永恒原则。二是在追求人与自然和谐相处的同时，同样追求人与人之间的和谐相处，着力构建和谐社会。长期以来，贵州少数民族在其传统生态文化的熏陶下，营造和保留下来了一个个优美的原生态家园，是人与自然和谐相处的典范，也就是乡村振兴中所说的“生态宜居”。下面，我们可以走进黔东南的几个民族村寨，体验一下少数民族传统生态文化遗留下来的原生态家园。

1. 从江岜沙苗寨生态家园

岜沙苗寨位于黔东南从江县城南 6 千米处月亮山麓的茫茫林海中。整个苗寨共有 2000 余人。村寨木楼古朴简单，四周则为密林环绕，环境幽雅。走进岜沙，随处可见茂密的森林。他们以稻作为主，狩猎为伴。当地苗族除了保留着古朴独特的民族风情外，还保留着人与自然高度融合的原生态家园。岜沙人认为，他们如此安然自得的生活，主要得益于祖先选准的这块宝地，尤其是这片生于斯、养于斯的森林的荫庇。于是岜沙人对树木特别崇拜，把树木当神来祭拜。岜沙人说：“人来源于自然，归于自然；生不带来一根丝，死不带走一寸木。”因此从古到今，岜沙从不滥伐树木，有时不得以为之，也是局限于生活生产所需，其余一律受到制约。上百年来，村民们缺油缺盐，也只是上山修剪杈枝或砍些枯树，肩挑徒步到县城去出售，从未用车拉过木材到外地出售。岜沙人出生时，父亲要上山种一棵树；岜沙人死后，都要深埋于地下，并在上面种植一棵树。因此至今，他们的家园四周森林茂密、鸟语花香、空气清新、环境清幽，是人类最宜居的原生态家园之一。

2. 剑河展留苗寨生态家园

位于黔东南州剑河县南寨乡，在仰阿莎湖畔海拔 800 米的半山腰上，这个自然寨居住着 150 户 600 多名苗族村民。这里的原生态人文及自然环境保护得相当完好，村落四周林木葱茏，绿树成荫，百年古树随处可见，据称是该县原生态植被保存最完好的一个苗寨。全寨苗族同胞祖祖辈辈坚持“以歌养心、以舞养身、以酒养神”的独特方式，生活在人与自然非常和谐的原始森林环境中。百余年来，全村邻里团结友爱，信守村规民约，百年未发生火灾，也从未发生任何治安及刑事案件。展留村现被列为世界非物质文化遗产保护名录的苗族锡绣艺术村寨之一。

3. 凯里南花苗寨生态家园

南花苗寨位于凯里市三棵树镇，地处美丽的巴拉河畔。村寨依山而建，吊脚楼层层叠叠，鳞次栉比，掩映在苍翠茂密的林木之中。以秀丽的自然风光、浓郁的民族风情而闻名。南花村是一个依山傍水、民族风情浓郁的苗族村寨。全村 187 户 824 人，有林地面积 2000 亩，森林覆盖率达 83.2%。其古朴的原生态家园与丰富的民族文化，深深吸引了中外游客。

4. 榕江大利侗寨生态家园

位于黔东南州榕江县栽麻乡大利村，在大利溪畔深山幽谷中。这里冬暖夏凉，青山幽幽，翠竹碧绿，鸟语花香。村内石板古道阡陌相连，青瓦木楼鳞次栉比，有 500 年树龄的古楠木和老榕树数十株。晾禾谷仓无数，立在荷塘稻田之上，又美观，又防火。一条小溪从寨中穿过，风雨桥五座横卧于溪上，村中年轻男女谈情说爱，上了年纪的老人纳凉闲谈，都在这座桥上。这里也是著名的“侗族大歌之乡”。如果用一个词来形容大利侗寨，那就是安静。走在大利侗寨的路上总会有种“柳暗花明又一村”和“复行数十步，豁然开朗，屋舍俨然，鸡犬相闻，往来种作，怡然自乐”的世外桃源感觉。

5. 榕江晚寨侗寨生态家园

在黔东南州榕江县寨蒿镇的大坡上，距县城 50 千米，村寨里绿树成荫，山川秀丽，山脚下有一条小溪流过，有一座花桥横跨小溪，古石井清凉爽口的泉水四季溢满，环绕寨脚的小溪两岸原始生态植被保护完好，连接山寨的石板古道四处纵横。晚寨人喜爱唱歌，几乎到痴迷的程度，人们以歌为乐，以歌为荣，歌唱得好的人备受尊敬和爱护。自古以来此村歌手歌师辈出。每逢侗年、春节、吃新节等节日，村中都要举行规模宏大的“踩歌堂”活动，最具特色的是晚寨琵琶歌，享誉海内外。

在黔东南或整个贵州，像这样的少数民族村寨还有很多很多。这些民族村寨，构成了一幅绝美的田园风光美图。寨脚，是潺潺流淌的小溪，有清冽的飞瀑，有洁白的沙滩，有林木荫蔽的河场。四围原始森林与层层梯田交相辉映，织就了一幅幅犹如蓬莱仙境般的美图。山美水美，真诚热情，清净纯真，淳朴迷醉；是人类返璞归真、回归大自然的理想王国。这些原生态美丽乡村，是他们坚持遵循传统生态文化营造出来的。

从上述的事例中我们可以看到，贵州少数民族传统生态文化观念与当今党和国家大力提倡的科学发展、生态文明、乡村振兴的基本内涵不谋而合。

三、乡村振兴战略的主要内容及灵魂

党的十九大报告指出：要“实施乡村振兴战略”。其基本内容是“产业兴旺、生态宜居、乡风文明、治理有效、生活富裕”。此前，习近平总书记在关于农村建设工作中，就提出了“让群众望得见山、看得见水、记得住乡愁”“绿水青山就是金山银山”“努力建设美丽乡村和农民幸福家园”“要结合实施农村人居环境整治三年行动计划和乡村振兴战略，建设好生态宜居的美丽乡村，让广大农民在乡村振兴中有更多获得感、幸福感。”“让中华大地天更蓝、山更绿、水更清、环境更优美，大踏步进入生态文明新时代”等重要指示。乡村振兴要让人们“望得见山，看得见水，留得住乡愁”，这实际就是要求我们要以自然为美，把好山好水好风光留存在乡村，把乡村建设成为人与人、人与自然和谐共处的美丽家园，实现中华民族的永续发展。笔者认为，乡村振兴战略的核心和灵魂是科学发展和生态文明，它是科学发展观和建设生态文明的延伸和扩展。

四、贵州少数民族传统生态文化之于乡村振兴的软实力价值

乡村振兴是科学发展观和建设生态文明在农村的延伸和扩展，是发展观念上升到更高层次的体现。同样，我们更可以欣喜地看到，长期以来，贵州少数民族所遵循的传统生态文化观念，与当今党中央提出的科学发展、生态文明、乡村振兴不谋而合，四者同样是一脉相承，它们遵循的理念都是“人与自然是生命共同体，人类必须尊重自然、顺应自然、保护自然”。强调“人与自然环境是相互依存、相互促进、共处共融”。它们的最终目标都是追求“人与自然、人与人、人与社会和谐共生、良性循环、全面发展、持续繁荣”。正因如此，贵州少数民族传统生态文化对乡村振兴具有良好的启发和借鉴作用，更具有积极的促进作用，对乡村振兴具有强大的软实力价值。今天，我们完全可以借鉴少数民族传统生态文化观念，大力实施乡村振兴战略，把贵州农村建成“产业兴旺、生态宜居、乡风文明、治理有效、生活富裕”的最美生态家园。

乡村振兴战略提出了“产业兴旺、生态宜居、乡风文明、治理有效、生活富裕”的总要求。其中，产业兴旺列在首位，是最为基础、最为关键的任务。产业兴，则农民富、乡村活。因为产业兴旺，可以解决就业和提高农民收入。产业兴旺能促进生态宜居，产业发展了，农民收入提高了，就会更加重视生态环境问题，就能更好地保护和提升生态环境质量。产业兴旺有助于乡风文明，古语说，衣食足而后知荣辱，是有其道理的。产业兴旺有利于乡村的有效治理，大家都有活可干，有钱可挣，乡村秩序就更为稳定，乡村治理就更为平顺有效。产业兴旺才能提高农民收入，才能直接推动农民生活富裕。

2018 年中央一号文件也明确提出“乡村振兴，产业兴旺是重点”。作为乡村振兴的物质基础，产业兴旺发展既是支撑乡村振兴的源头，更是引领乡村振兴的潮头。只有产业兴旺，才能增强乡村吸引力，促进资本、人才等各类要素向乡村聚集，“农村美”的物质基础才会不断得到夯实；只有产业发展，才能激活经济，富裕农民，繁荣乡村，“农民富”的根本目标才会得以实现。产业兴旺了，农村才能得到更好的发展，才能实现生态宜居、乡风文明、治理有效、生活富裕的最终奋斗目标。从乡村振兴战略的二十字方针中，我们可以看出“产业兴旺”是基础，“生态宜居”是关键。因此，我们要根据贵州的具体实际，找到一条适合本省实际的产业兴旺之路，以此来促进“生态宜居、乡风文明、治理有效、生活富裕”。

长期以来，在各少数民族传统生态文化观念的熏陶下，贵州至今仍保留着较好的原生态人居环境和秀美的山水风光，是发展乡村旅游、生态观光农业的一块净土和风水宝地。

五、利用少数民族传统生态文化推动乡村振兴的主要路径

在上述的论述中我们已经看到，贵州少数民族长期以来所遵循的传统生态文化观

念，与近年来党中央提出的科学发展、生态文明、乡村振兴一脉相承，它们的根本宗旨都是追求“人与自然、人与人、人与社会和谐共生、良性循环、全面发展、持续繁荣”。因此，在未来的经济社会建设中，我们完全可以借鉴贵州少数民族传统生态文化观念，大力开展“乡村振兴”建设，把贵州打造成人类最美、最宜居、最令人向往的原生态和谐家园，让农民群众“住上好房子、过上好日子、吃上好食品、处在好环境，养成好习惯、形成好风气”，在广大的农村地区实现“业兴、家富、人和、村美”。其实现路径可以从以下几方面着手。

第一，借鉴少数民族传统生态文化观念，保护好青山绿水，保护好原生态家园，建设宜居美丽乡村，在农村大力发展乡村旅游和休闲观光农业，以“产业兴旺、生态宜居”为引领，促进“乡风文明、治理有效、生活富裕”发展，实现全省乡村振兴。长期以来，少数民族传统生态文化兼顾经济发展和环境保护，是生态绿色可持续发展、生态文明发展理念在农村的成功实践。今天，我们要借鉴少数民族传统生态文化观念，坚持保护自然、顺应自然、敬畏自然的生态文明理念，让环境保护与经济发展同行。认真贯彻落实“绿水青山就是金山银山”的嘱托，推动农村人居条件和生态环境同步建设，保留乡土气息、保存乡村风貌、保护乡村生态系统、治理乡村环境污染，实现人与自然和谐共生，让乡村人居环境绿起来、美起来。努力实现美丽生态、美丽居所、美丽经济、美丽生活的“四美融合”，绘就农村发展新画卷。

我们要借鉴少数民族的生态文化理念，注重对自然人文资源的保护和利用，利用贵州生态文化优势，培育生态经济理念，保持自然的原真性，变生态资源为生态效益，大力发展乡村旅游业和休闲农业，建立一大批周末型农场、观光农园；乡野民宿农庄、度假农庄，露营农场、骑马农场、教学农场、探索农场、狩猎农场等；打造鲜花主题型乡村度假胜地，葡萄酒庄型乡村产业与乡村旅游基地，以及生态交流型旅游基地等。要大力建设田园综合体，以农民为主体，将循环农业、创意农业、农事体验、田园社区四位一体有机结合，打造宜居、宜业、宜游美丽乡村新形态，把农村建成“农民生活的幸福家园，市民向往的休闲乐园”，形成宜居、宜业、宜游的最佳环境。把乡村变成都市的“后花园”。将农业打造成绿色农业、生态农业、特色农业、品质农业、旅游农业，将农田改造为景观农业，农产品升级为旅游纪念品。以生态农业、旅游农业提升居民生活环境质量，提高其收入，富裕其生活。要积极推动休闲农业和乡村旅游品牌体系建设，建设一批天蓝、地绿、水净、安居、乐业的美丽休闲乡村（镇）；建设一批功能齐全、布局合理的现代休闲农业园区；建设一批增收机制完善、示范带动力强的现代休闲农庄。举办休闲农业和乡村旅游大会、美丽乡村休闲旅游行等活动。鼓励各地因地制宜培育特色多样的旅游品牌。吸引更多城里人到农村消费，让农村的产业兴旺起来。要以增加农民收入为目标，着力做好“特”字文章，通过做大做强休闲农业和乡村旅游业、高效绿色种养业、农产品加工流通业等乡村特色产业，培育农业农村发展新动能，让农业成为有奔头的产业，让农民成为有吸引力的职业，让农村成为安居乐业的美丽家园。要以乡村旅游来推动现代农业发展。把传统农业改造提升为现代农业，实现农业发展提质增效。引导生产者提供更多优质、安全、绿色的农产品。建立一批现代农业园区，推动农产品深加工转型升级，提高农业创新力、竞争力。

我们要整合利用贵州的古朴村落、生态环境、农耕文化、美丽田园、和谐家园、生态农业、创新创意等资源要素，打造农业与文化生态休闲旅游融合发展新业态。带动文化旅游、休闲观光、乡村民宿、共享农庄等生活性服务业的发展。推进农村一产向二、三产业自然延伸；推动农村一、二、三产业融合发展。推动农产品加工业，延长产业链、价值链、增收链；积极拓展农村的经济、社会、政治、文化和生态功能。要结合贵州资源禀赋、人文历史和产业特色，挖掘农村文化，提升休闲农业和乡村旅游的文化软实力和持续竞争力。以生态旅游、生态农业为发端，促进乡村整体发展和农村繁荣。

另外，我们要围绕近几年来乡村旅游提出的很多原创新概念和新理论，如游居、野行、居游、诗意栖居、第二居所、轻建设、场景时代等，推动贵州乡村旅游内容丰富化、形式多元化，解决我省乡村旅游同质化日益严重的问题。促进乡村旅游始终保持旺盛的生命力。

同时，通过发展乡村生态旅游，吸引大量的农民工、中高等院校毕业生、退役士兵和科技人员等返乡创业，催生大量农业生产性和生活性服务业发展，进一步促进农业的规模化、集约化、专业化和标准化生产，将更多的农村资源要素留在乡村，将更多的城市资源要素引入乡村，使乡村人气更旺、建设更好、发展更和谐。使乡村振兴始终保持着旺盛的生命力。实现乡村振兴以后，又自然而然地反过来促进当地的基础设施建设。如果乡村社区富裕了，就可以普遍建设学校、医院、图书馆、博物馆、公园、广场、运动场以及菜场、购物中心等商业区，还可建立运动场，供居民休闲锻炼，社区的基础设施就能够满足居民的日常生活需要，保证老人有去处，小孩有地方玩，闲人有书看。使农村真正变成人们生活的乐园，继而又促进乡风文明和治理有效，形成德治、自治、法治相融合的乡村治理新格局。

第二，加大民族文化和民族村落的保护力度，以民族原生态家园发展乡村旅游，促进乡村振兴。少数民族文化具有差异性、独有性、脆弱性、不可替代性等特殊属性。在现代文明日益发展、民族同化日益加剧的今天，少数民族传统文化已经成为当地旅游资源的重要组成部分。在少数民族聚居区，民族原生态文化是最具特色的旅游资源和最大的优势资源。贵州是少数民族的主要聚居区，省内少数民族人口达1255万余人。长期以来，贵州少数民族在漫长的历史长河中，创造了丰富多彩、浓郁厚重的民族民间文化，保留了原汁原味、古朴原始的民族文化传统。其中黔东南被联合国乡土文化组织确定为“世界十八个文化生态保护区”之一，被联合国教科文组织确定为世界十大“返璞归真，回归自然”旅游胜地，被世界旅游组织称为“迷人的民族文化生态博物馆”。在当今飞速发展的旅游经济大潮中，民族原生态文化已成为引起世界关注的重要资本，是我们发展旅游产业的核心竞争力。近年来，贵州的黔东南正是利用独特的民族文化资源优势，积极挖掘、开发、包装，并多渠道多形式进行宣传，推动了全州旅游产业的快速发展。涌现出了一大批民族旅游村寨，如黎平肇兴，从江岜沙、占里、小黄，雷山西江，榕江三宝，凯里南花等。

在社会日益发展、现代文明城市逐步"围剿"农村的今天，贵州保留下来的独特民风民俗和民间文化显得格外宝贵，是我们在旅游经济大潮中的一棵摇钱树。因此，我省要发展与生态文明建设相适应的无污染的旅游产业，促进乡村振兴，就必须首先保护好原生态的民族传统文化。可是，在保护民族传统文化方面，目前贵州省的情况却不容乐观，甚至令人非常担忧。如果不及时采取强有力的保护措施，几十年内，贵州省的民族原生态文化将被现代文明冲刷得干干净净，荡然无存。

民族原生态文化是我们的一笔十分宝贵的财富，是贵州旅游产业的灵魂和根本。可以说，在旅游市场竞争日益激烈的今天，谁保存了原汁原味的民族原生态文化，谁就会占尽优势。因此，保护好我省多姿多彩、原汁原味、古朴浓郁的民族原生态文化，已经刻不容缓。

第三，要充分利用国发二号文件将贵州战略定位为"扶贫开发攻坚示范区，文化旅游发展创新区这一重要条件与政策优势。长江、珠江上游重要生态安全屏障。民族团结进步繁荣发展示范区"。以及当前中国正在大力开展脱贫攻坚战、国家财政加大对贵州扶持的历史性机遇，积极争取项目资金，发展贵州的绿色生态产业，主要发展观赏性精品水果产业、蔬菜产业、实用速生经济林产业、牧草产业等。既绿化美化贵州，又促进群众增收，推动乡村振兴。

第四，借助当前中国大力开展易地扶贫搬迁的机遇。选择一些生态良好、风景优美，具有旅游发展潜力的民族村寨，进行改扩建，将这些民族村寨打造成乡村旅游景点，然后按照当前实施的易地扶贫搬迁优惠政策，动员愿意搬迁的其他少数民族贫困户搬迁到这个寨子居住，建成 500 户或 1000 户以上的民族村寨，同时完善村寨的各类基础设施，发展相关的绿色产业，把村寨包装成旅游景点。建议贵州把人口达到 10 万人以上的少数民族都建立 2~3 个经典民族村寨，人口达到 3 万人以上的少数民族都各建立一个民族旅游村寨，大力发展乡村生态和民族文化旅游，然后以这些村寨为辐射带动点，带动周边的相关产业发展。促进贵州乡村振兴。

第五，借助当前中国大力开展农村人居环境整治的机遇，优先整治好现存的民族村寨。当前，在国家的大力支持下，我省很多地方正在开展农村人居环境整治活动，以财政资金补贴的方式，鼓励农民改厨、改厕、改圈，硬化入户路和房前屋后，并栽花种草，美化家园。各地的党委政府，应该利用这个机会，组织专业团队，深入农村指导农民按照"美化家园，生态宜居"的标准，全力包装好自己的家园，把自己的家建成一个既安怡舒适，又美观亮丽的住所，这样，几百户美丽的家就构成了一个美丽的旅游村寨。要认真贯彻落实习近平启动实施的"千村示范、万村整治"工程，把越来越多的乡村打造成“示范美”，呈现“共同美”，提升“内涵美”。促进我省乡村旅游发展。

第六，借助当今城市居民热爱乡村旅游的机遇，走黔东南民族原生态乡村旅游、云南丽江民族原生态乡村旅游发展道路。当今时代，随着工业革命的日益兴旺，全球人口的剧增，城市化建设的加快等，在给人们带来生活便利的同时，也给人们造成了较大的危害。如日益严重的环境污染、噪声污染、土地沙化石漠化、气候恶化、交通拥堵、食品含化学物品过多严重影响人们的生命安全等。于是，少数民族的很多原生态家园就成为人们向往的地方，大城市的人们不惜重金，拖儿带女，不远千里万里，纷纷涌入少数民族的原生态家园，观赏他们的人与自然完善融合的生活环境和古朴的民族风情，引爆了这些生态家园的旅游产业，继而又推动了少数民族地区的乡村振兴。

长期以来，贵州少数民族在其传统生态文化的熏陶下，营造出了一个又一个美丽的原生态家园，为贵州保留了青山绿水，使贵州被人们赞誉为“公园省”，省内的许多地方甚至被人们称为“人类疲惫心灵的栖息家园”、一块“返璞归真、回归自然”的理想圣地。也吸引了一批批旅游者蜂拥而来，带动了当地的旅游产业大发展，也有力促进了乡村振兴。现在列举几个典型事例如下。

1. 雷山县西江千户苗寨利用传统生态文化大力发展乡村旅游促进乡村振兴

西江千户苗寨位于贵州省黔东南苗族侗族自治州雷山县，现有1300多户6000多人，99.5%的人口均为苗族，是一个保存苗族“原始生态”文化完整的地方。它由十余个依山而建的自然村寨相连成片，是目前中国乃至全世界最大的苗族聚居村寨。它是领略和认识中国苗族漫长历史与发展之地。西江千户苗寨是一座露天博物馆，展览着一部苗族发展史诗，成为观赏和研究苗族传统文化的大看台。2008年旅游开发前，西江千户苗寨是一个经济落后、贫困面广、文化保护乏力的传统村落，虽然坐拥丰富的苗族文化遗产，但“富饶的贫困”是其典型特征。2008年，贵州省第三届旅游产业发展大会在西江苗寨举办，自此西江千户苗寨的发展及脱贫致富跨入快车道。历经十年发展，在旅游业的强力带动下，西江千户苗寨实现了农村生产生活条件、生态环境、公共服务的极大改善。成功走向了乡村振兴之路。

2008—2018年，在旅游的带动下，整个西江社区都普遍受益。2007年西江千户苗寨社区居民人均年收入为1700元。到2017年西江千户苗寨村民人均年收入为22 100元，户均86 190元，村民人均年收入较2007年增长了12倍。据统计，2017年，西江千户苗寨全年旅游综合收入达64亿元，相比2008年的1亿元翻了64倍。2008年旅游开发前，西江全村有1500多名村民外出打工。旅游开发后，外出打工村民纷纷回流，常年在西江千户苗寨景区打工的村民有2000~3000人，其中，西江千户苗寨村民有1000多人，周边村寨的约有2000人。另据统计，截止到2017年6月，累计在西江千户苗寨景区注册的大大小小的旅游生产经营主体达1300多户，形成了较完整的旅游服务产业链。在西江全寨的农户中，99% 以上的家庭直接或间接地参与了旅游开发。目前，西江千户苗寨千万元户达到 10 户，百万元户超过 20 户，十万元户超过 100 户。通过旅游开发，西江千户苗寨游客量从 2008 年的 77.73 万人次增加到 2017 年的 750 万人次。

另外，他们还通过建立电子商务旗舰店，采取“互联网 + 旅游 + 政府公信力”运营模式，把雷山的鱼酱、银饰、银球茶、青钱柳、天麻等当地特色旅游产品通过网上销售出去。而且电商旗舰店还带动了西江景区的黄里、长乌、大龙、乌尧、脚尧、麻料、乌高、控拜等周边村寨 300 多户贫困户发展茶叶种植、银饰加工等产业，共带动 1154 名贫困人口实现增收。让更多的当地农特产品逐步走向市场。在脱贫攻坚战中发挥了积极作用。

十年间，通过发展乡村生态旅游，西江千户苗寨景区相继被评为“中国历史文化名镇”“中国十大最美村落”“中国少数民族特色村寨”“中国十大优秀国际乡村旅游目的地”“世界十大乡村旅游度假胜地”“中国景观村落”等称号。2011 年被国家旅游局评为国家 AAAA 级景区。余秋雨游览西江后感叹道：“西江，用美丽回答一切。”

通过旅游开发，整个西江千户苗寨村落面貌得到改善，传统生计方式得到升级转型，旅游品牌日益响亮，民族文化保护发展双赢，生态环境日益改善，乐居乐业乐游的和谐乡村已经形成。十年来，“西江模式”在经济、社会、文化、脱贫等方面取得了显著成效，为贵州省民族地区发展原生态民族文化乡村旅游和休闲观光农业、现代农业提供了鲜活的案例，对民族地区的脱贫致富、文化保护发展以及乡村振兴有着可以借鉴、参考的重要价值与意义。

2. 黎平肇兴侗寨利用传统生态文化大力发展乡村旅游促进乡村振兴

肇兴侗寨位于黔东南苗族侗族自治州黎平县，是黔东南苗族侗族自治州最大的侗族村寨之一，有居民 800 余户 4000 多人，号称“黎平第一侗寨”。肇兴侗寨四面环山，寨子建于山中盆地，两条小溪汇成一条小河穿寨而过。寨中房屋为干栏式吊脚楼，鳞次栉比，错落有致，全部用杉木建造，硬山顶覆小青瓦，古朴实用。肇兴侗寨以鼓楼群最为著名，其鼓楼在全国侗寨中绝无仅有，被载入吉尼斯世界纪录，被誉为“鼓楼文化艺术之乡”。肇兴不仅是鼓楼之乡，而且是歌舞之乡。肇兴侗寨中吊脚楼鳞次栉比，禾仓、禾晾、榨房、井亭、鱼塘布局合理，鼓楼、花桥、戏台，把整个侗寨点缀得古朴宁静，景象宜人，让人流连忘返。十多年来，这个曾经的贫困村寨，通过盘活资源资产、用活生态资源及特色民族文化、发展乡村旅游，走上了致富路。村民们用耕地等自然资源，鼓楼、戏台等公共文化资源，以及村民自有的民居、掌握的文化传承技艺等，作为资源入股，形成利益共同体，营造乡村旅游景区，使旅游产业获得了巨大发展。

2017 年，景区接待游客达 124.08 万人次，旅游综合收入达 10.82 亿元。以前寨子 80% 的劳动力外出打工，家乡的旅游业发展起来后，大家纷纷回到了家乡。

近年来，肇兴侗寨通过发展乡村旅游，被评为“中国最美的六大乡村古镇”“全球最具诱惑力的33个旅游目的地”“世界上最大的民族博物馆”“人类疲惫心灵的最后家园”“人类保存的最古老的歌谣”，联合国世界文化基金会确定为全球“返璞归真，回归自然”十大旅游首选地，世界乡土文化保护基金会授予全球18个生态文化保护圈之一。

肇兴侗寨是黎平县以民族文化乡村旅游带动乡村振兴的缩影。近年来，依托生态环境、乡村田园、侗族文化等优势，黎平县不断完善基础设施，丰富旅游资源。仅2017年，全县就有3660人通过发展旅游产业实现脱贫。

同时，黔东南苗族侗族自治州的从江岜沙、占里、小黄，雷山朗德，榕江三宝，凯里南花等少数民族村寨，也通过发展自然山水、田园风光、民族风情相结合的乡村旅游，实现了脱贫致富，促进了当地的乡村振兴。

少数民族传统生态文化对乡村振兴具有强大的软实力价值。它们就是充分利用少数民族长期遵循传统生态文化观念而遗留下来的一个个原生态家园，走乡村旅游和休闲观光农业发展之路，以生态旅游和休闲观光农业来带动百业兴旺，成功实现了当地的乡村振兴。

【参考文献】

[1] 蒙祥忠 . 论贵州民族传统生态文化 [J] . 贵州师范学院学报，2014，30（7）.

[2] 王永莉 . 试论西南民族地区的生态文化与生态环境保护 [J] . 西南民族大学学报，2006（2）.

[3] 刘雁翎 . 论贵州苗族环境习惯法 [J] . 贵州民族研究，2008（4）.

[4] 崔海洋，等 . 侗族传统文化与生态环境保护——以黔东南州侗族地区为例 [J] . 生态经济，2016（4）.

[5] 黄柏权 . 西南地区民间生态知识与森林保护 [J] . 长江师范学院学报，2008（5）.

[6] 廖国强 . 中国少数民族生态观念对可持续发展的借鉴和启示 [J] . 云南民族学院学报（哲学社会科学版），2001（5）.

[7] 王孔敬 . 西南地区苗族传统生态文化的内容特点及其保护传承研究 [J] . 民族研究，2010（21）.

[8] 石朝江 . 苗学通论 [M] . 贵阳：贵州民族出版社，2008.

● 浙江大学西迁对湄潭茶文化和茶产业的影响*

江应飘　邓泽颖　杨渝凤

（贵州大学　历史与民族文化学院　贵州　贵阳　550025）

摘　要：“文军长征”，即浙江大学西迁贵州湄潭一带，是特殊时代中国教育史上的重大事件。一方面，浙江大学西迁湄潭得以在民族危难的环境下立足、生存和发展；另一方面，浙江大学凭借“求是创新”的精神和强大的师资力量在以湄潭为中心的黔北开展的一系列教学、科研、调查、实业等活动，对黔北地区产生了重大影响。其中之一就是在湄潭茶产业的基础上通过校地“联姻”，建立实用职业学校，进行茶叶育种、病虫害防治、茶叶加工指导与培训等工作，对湄潭茶产业的发展产生了重大影响，如今的湄潭发展为“全国茶叶百强县第二位”，具有“茶城”“茶海”之誉，这与浙江大学的西迁密切相关，对这一历史事件的探讨既有助于传承、弘扬浙大精神，也有利于湄潭茶产业的发展、茶文化知名度的更加提高。

关键词：湄潭茶；浙江大学西迁；茶文化；茶产业

浙江大学西迁入贵州所带来的影响涉及社会经济文化的各个方面，从经济方面来看，在湄潭地区可表现为对当地茶文化产业的影响。1939 年竺可桢先生先后在贵州赤水、绥阳、瓮山等地进行考察，最终选择把浙江大学迁入风景秀丽、具有江南味道的湄潭一带，这正好也为该地茶文化和茶产业注入现代技术力量创造了机会。

在浙江大学西迁至湄潭七年的时间里，学校师生与湄潭地区的人们相处融洽，共同为该地经济的发展做出了突出贡献。仅在迁入的后半年，学校便协助政府建设了面积约两百亩的中央茶厂实验地。在浙江大学农学院专家的指导下，湄潭地区引进了大量优异茶种及培育技术，传统的茶文化得以与现代科学技术相结合，名扬四方。1943 年，民国中央实验茶厂与浙江大学更是在湄潭联合创办了贵州省立实用职业技术学校，主要开设茶叶种植培育技术，以种茶、采茶、制茶等为主的专业技术培训。在浙江大学优秀专家的教学下，湄潭地区培养出了大批的科学技术人才，极大地提高了该地区

---

*　基金项目：贵州大学“SRT 计划”项目“浙江大学西迁办学对黔北文化发展的历史作用及其影响研究”2019 年度项目（编号 247）。

作者简介：江应飘（1998—），女，六盘水市人；邓泽颖（2000—），女，六盘水市人；杨渝凤（2000—），女，贵州贵阳人。均为贵州大学历史与民族文化学院历史学本科专业 2018 级 2 班学生。

茶文化的知名度，扩大了茶产业的规模。

目前，从现有的资料来看，学术界研究浙江大学西迁对湄潭茶文化产业产生了何种影响这一问题的数量较少，主要有谢丹的《抗战时期浙大西迁对湄潭地方现代化的影响》、陈保健、黄观新、代修平的《抗战时期贵州湄潭茶叶技术的发展》、政协湄潭县委所编《20世纪中国茶工业的背景——贵州湄潭茶文化遗产价值追寻》、罗郁的《近现代贵州茶叶提质与浙大西迁湄潭七年》、张宪忠的《茗香千年·湄潭茶史回眸》、袁盛的《“湄潭茶叶”产业发展的若干思考及对策》、刘小华的《湄潭茶叶的职业教育与工匠精神培育》、陈保健的《抗日战争时期贵州湄潭茶叶科技的发展》等。他们的研究关注的多是湄潭茶文化本身的发展历程，或者从技术、科技、价值等个别的角度来展开对湄潭茶叶的讨论，并未专门从浙大西迁对湄潭地区茶叶文化产业的影响角度展开研究，这也就是我们想要进一步加以补充和完善的地方。

本研究从湄潭的自然环境及其茶史的简析、浙江大学西迁湄潭办学与湄潭“茶”的“联姻”以及浙江大学于湄潭茶产业发展促进的举措这三方面展开研究，把浙江大学西迁这一历史事件与湄潭地区的茶文化产业发展紧密联系在一起，强调浙江大学西迁对其系统的影响作用。这种影响力是持久的，是潜移默化而又深远的。如今，湄潭发展为“全国茶叶百强县第二位”、具有“茶城”“茶海”之誉，湄潭地区的湄江茶以其色翠、馥郁、味醇、形美四绝而名扬四方，成为贵州四大名茶之一，这些成就可以说正是当年浙江大学西迁对湄潭地区的茶文化产业影响的结果。对其探讨，既有助于传承、弘扬浙大精神，也有利于湄潭茶产业的发展、茶文化知名度的进一步提高。

一、湄潭茶史及其发展状况

湄潭位于贵州省北部，属于遵义地区，县城距遵义市区58千米，总面积1864平方千米。地域呈南北狭长，东西宽25.5千米，南北长96.5千米，森林覆盖率达60.08%。该地区处于东经107°15′36″~107°41′08″，北纬27°20′18″~28°12′30″，属亚热带季风性湿润气候，平均海拔972.7米，年平均气温14.9℃，是养茶、种茶的天然地带。

与历史上湄潭茶叶只作为补贴的作用不同，如今的湄潭是贵州最大的茶产业区域，有西部的茶海一称，茶叶已经成为该地区重要的经济支柱。它在“全国重点产茶县”排位第二，获得了“中国茶产业发展政府贡献奖”“中国名茶之乡”“全国重点茶县”等荣誉。此外，湄潭茶叶还先后荣获贵州省十大名茶、“中茶杯”全国名优茶评比特等奖、“中绿杯”全国名优绿茶评比金奖，中国（北京）国际茶业博览会金奖等殊荣，当之无愧是贵州产茶的第一县。

在浙江大学迁回后的几十年，湄潭茶叶一直未停下发展的脚步。2001年，它成为全国首批“无公害茶叶生产示范基地县”，2005年成为“中国三绿工程茶叶示范县”，2008年成为西南地区唯一的“中国名茶之乡”。到了2017年5月，原国家质检总局批准对湄潭翠芽实施地理标志产品保护，2018年，全县已经拥有60万亩茶园，其中无公害茶园认定面积达到 3 万公顷，无性系良种比例达到 99%，湄潭茶叶的规模化也随之显著扩大。同年，全县茶叶生产、加工年产值达 500 万元以上的企业有 350 家，国家级龙头企业有 4 家，省级龙头企业有 22 家，市级有 25 家。到了 2019 年 11 月 15 日，湄潭翠芽入选中国农业品牌目录，12 月 23 日入选“中国农产品百强标志性品牌”，产品类型也扩展到了包括绿茶、红茶、茶多酚、茶树花、茶花面膜等茶叶产品与副产品。

除了推出原生态的茶叶产品之外，湄潭还注重加快产业的融合发展，着重发展以茶叶为主题的旅游产业，先后建成了 2 个国家级 4A 景区，推出贵州十大魅力景区之一的中国“茶海”，以茶产业为基础的旅游业呈多态发展，展现出了蓬勃的生机与活力。如今在“十九大”精神和习近平总书记新时代思想的指引下，湄潭借着中央实施乡村振兴的契机，重点围绕“夯实一个基础、巩固两个品牌、拓展三个市场、全面融合发展”的发展思路，推动湄潭产业的转型升级，提高生产效率，增加产品价值，努力实现“产业兴、人气旺、生态好、环境美”的产业发展目标。

在当代荣誉的背后，湄潭茶的发展历史十分悠长。对贵州遵义地区来说，若从陆羽的茶经算起，中国先民对茶的深入研究迄今已有 1400 余年了。茶圣陆羽在茶经中谈道：“黔中生思州、播州、费州、夷州……往往得之，其味极佳。”[1] 其中所提及夷州正是今日之湄潭。

在贵州未立省之前，湄潭的茶叶并没有名气。唐朝时，唐人制茶采之、蒸之、捣之、拍之、焙之、封之，蒸而不捣为散茶，捣而不拍者为末茶。烦琐复杂的工艺在那时还未传到这人烟稀少的湄潭地区，对茶的功能和作用也不如现在这么了解，喝茶对于当地人来说不是一种享受，诗人温庭筠所说“疏香皓齿有余味，更觉鹤心通杳冥”[2] 的中原细品饮茶之风气还没有到达这里。茶也不是换取货币的交换物，只是一种解渴的原始饮料。到了立省之后，湄潭之地的茶叶作为一种贡品上交给朝廷，其名声也远不如蒙顶甘露、六安瓜片、龙井等。

明朝永乐十一年时贵州立省，在人口的增加和外族融入的交流过程中，人们对茶叶的需求渐渐开始增长，茶叶交换活动随之也变得频繁。当时，湄潭的交通还算便利，靠近乌江，青龙关驿道、官坪大路以及五里坡驿道，这一带的茶叶交换主要由湖南、江西、四川等一带的行商进行，他们将此地的茶叶带出去，无形中促使了湄潭茶叶的问世。但此时百姓获利较少，利益多为茶商所专，且从文献记载来看，人们对湄潭茶的关注度也较低，大多为只言片语，茶叶知名度有限。这一情况直到浙大西迁自湄潭之后才得到了明显改变，茶的文化和品质也开始出现一个欣欣向荣和不断进步的局面。

中国人自古善于以茶为友，以茶为诗。浙江大学西迁到湄潭的这一段时期，湄潭当地的茶馆之风盛行，茶诗兴起，周开迅先生主编的《画境诗心·浙江大学湄潭吟社

[1] 陆羽．茶经［M］．卡卡，译．北京：中国纺织出版社，2006.

[2] 参见《西陵道士茶歌》。

诗词解析》[1]当中的《湄潭茶场八景》正是浙江大学西迁后对湄潭茶文化带动作用的表现。可以说湄潭茶叶的发展，无论是在种植上，还是文化的传播及其知名度的提高上，浙大西迁这一时段都是一个极为重大的转折期。

二、浙江大学西迁湄潭与湄潭茶业的“联姻”

浙江大学西迁历经江南六省，辗转1300多千米，最后西迁至远离战争的湄潭以及永兴地带。在这里，学术的精神得到传扬，茶叶的香气也同样浸染着迁入的师生。1939年时正值抗日战争的相持阶段，国民正在为民族的自由和独立洒下热血和情怀，国内经济前沿沿海地区大受打击。为了开辟出一条新的国际贸易出路用以换取军需，国民政府派出中国茶叶总公司和中央农业实验所的40余位国内知名专家进行实地考察。在考察云、贵、川三省份之后，那时的贵州省主席吴鼎昌大力推荐贵州的湄潭一带，使得考察组陆续来到该地区并租下“万寿宫”，最后有大约1131亩土地被作为校址和茶叶试验地，由此来开发湄潭的茶资源，提供更多的茶叶销售和使用。此后在该地区便建起了中国近代史上第一个国家级别的茶叶研究机构——中央实验茶场，由浙江大学农学院教授刘淦芝先生担任第一任场长。1940年浙江大学西迁入湄潭办学，跋山涉水来到这个小镇的浙江大学师生与茶场开始了一场历史性的会合，掀起了这远山云雾缭绕里的一场茶香革命。

浙江大学西迁湄潭办学和湄潭茶的“联姻”，既是对茶产业，也是对茶文化发展的促进。西迁时期，杨守珍、刘淦芝、杨新美等浙江大学的老师对于湄潭的茶叶已有较深的了解和研究，浙江大学的学生也一同参与茶叶实验，共同对湄潭茶叶的质量、种类等改善问题进行探讨研究。浙江大学西迁也为湄潭茶叶的发展提供了优秀的人才，1941年浙大毕业学生以曹景熹和寿宇等为代表的8名学生一同参加茶场的工作。

同时值得注意的一点是，两者合作创立的技术性院校，在当时中央实验茶场的场长刘淦芝博士和教育学家江问渔先生，以及浙江大学农学院院长蔡邦华先生的倡导下，着手建立了“贵州省立实用职业学校”。当时学校内只设有茶叶科以及蚕桑科两个学科，带领指导茶叶科的是中央实验茶场技术室的主人李联标先生，西迁入湄潭的浙江大学的各位老师也纷纷出任任课老师。虽然贵州省立实用职业学校只创办了两期，学制也只是三年，但是在中央实验茶场研究人员和西迁的浙江大学师生的教导、培育之下，培养出的专业茶叶技术人才超过了100名，极大地促进了当时湄潭茶叶技术的发展，同时也为湄潭茶叶的发展奠定了重要的基础。

在茶文化的发展上，抗战时期的这段历史赋予了湄潭茶业一种历史底蕴，成为其区域文化发展的一个特点；浙江大学西迁促进产业发展的同时，基于人们对于茶的重视，与茶有关的各种活动必然会兴起，特别是此时期茶馆文化和茶诗文化的涌现。在

[1] 周开迅．画境诗心——浙江大学湄江吟社诗词解析［M］．潞西：德宏民族出版社，2012.

这种特殊历史文化的赋予下，也可使当今时代的旅游业把其作为一种文化名牌使用。除此之外，它可以成为浙江大学与湄潭两个地区的联系纽带。这种历史的纽带作用不仅体现在办学上的互助，在茶产业上，同样也是一个可供利用的地方，对湄潭引进东部的先进管理技术，茶品研发技术以及对外合作都有着积极作用。

可以说这并不是只存在于历史中的一次交往，这种交往存在一种延续性和广延性。在这些交往的影响下，最有代表性的就是以西迁为主题的餐厅、茶馆，这是极为贴近人们生活的一种文化形式，名人、名事、名地都是潜在的经济发展素材。尤其是在浙大西迁湄潭办学这一时期，大量诗词的出现以及浙江大学著名师生之间的饮茶之风，都是对湄潭茶文化的一种推进。1943 年 2 月 28 日在湄江河畔的“湄江吟社”最有代表性，著名的《试新茶》十五首系列诗词以及其他师生所作也保存至今。社内的苏步青、江问渔、王季梁、祝廉先、钱宝琮、胡哲敷、张鸿谟、刘淦芝、郑晓沧等先生为主要成员，有“九君子”之称。

可以说浙江大学西迁湄潭这一时期，不仅为湄潭茶业以后的成就奠定了基础，也是近代中国茶产发展的一个转折，同时这段坎坷而具有时代特点的历史，也使湄潭的茶文化变得深刻而富有底蕴。

三、浙江大学促进湄潭茶产业发展的举措

对湄潭茶叶产业发展的影响包括以下几点。

第一，首先是茶叶的育种问题：湄潭的地理位置、自然环境本身是适合茶树生长的，《湄潭县志》中关于湄潭气候的记载为：“气候平和，虽寒不严，虽暑不酷，四时皆夏，一雨变成秋。”[1]李联标教授在当时对湄潭和风岗的茶树品种进行研究之后将当地的茶树品种分为十类，包括野生乔木大叶大茶树、半乔木大叶大丛茶、灌木大叶茶、团叶茶、鸡嘴茶等。

他亲自对茶树进行观察研究，对湄潭茶树的开花期限、结实的部分、茶树的品质进行细致的观察，发现在茶树生长的一天之中，对茶树授粉的最好的时间段是上午 9—11 时。而在茶树一年的生长当中，湄潭的茶树开花最好，最丰富的时间，是当年的 10 月左右，此时开花最多，结果实也最好，而且每棵茶树中下部的位置和春天发枝的顶部，是茶树结果实最好，品质最高的一部分。这使湄潭对茶的认识更进一步，对此后贵州的茶叶育种具有很重要的借鉴意义。同一时期陈汝基先生主持作了茶树的扦插繁殖以及茶树扦插时间土壤问题方面的研究，为湄潭茶叶的种植提供了较有价值的参考。

第二，对茶树防病虫害方面的研究：浙江大学在湄潭办学的七年里，大批的专家学者云集，给这里带来了学术的气息，同时湄潭又以自己不被战争侵扰的宁静保护着这些有识之士，两者的关系极大地推动着湄潭茶文化的发展。

---

[1] 湄潭县地方志编纂委员会 . 湄潭县志［M］. 贵阳：贵州人民出版社，1993：79.

既是浙江大学农学院教授又是中央茶场场长的刘淦芝先生，是茶界公认的中国近代茶叶10位专家之一，被尊为贵州现代茶科学及茶文化先驱。他就曾亲自对湄潭当地茶树的病虫害这一方面进行调查，同时还对茶树主要病虫的生长、繁衍、生存等方面进行了研究。他找到了好几十种茶树害虫的标准，有以茶摆头、背袋虫、紫衣茶金花等这些害虫。还有杨美新、陈鸿逵两位先生抽去了近48 112个茶芽的研究，使得湄潭茶叶害虫的受病概率大幅度下降，同时湄潭茶叶的生产量也提高，茶的品质也更加优越。

第三，湄潭茶工艺的进步：很早之前，湄潭当地的人们是不懂如何保存茶叶和制作茶叶的。先民制作茶叶的方法采取的是最简单的步骤，他们砍下茶树带回家，烧水时将茶叶从枝丫上取下，丢入水中即可。后来随着外部的传入，贵州立省之后茶叶的上供，以及清末民初之际行商的贸易等因素，茶叶的制作方面才有所进步，但在浙大西迁这段时期之前仍然没有出现革命性的进展。

浙江大学西迁之后，首先是茶叶品质的提高，使得茶叶成为湄潭这一地区的一大经济支柱，人们对于茶叶的关注度明显提升。这一时期，茶叶生产在湄潭当地茶农传统工艺的基础上，融合了浙江大学西迁带来的技术和经验，为茶叶的研制开辟了新途径。当时的湄潭甚至当时的贵州都是晒青茶制法的茶叶产品，这样的炒制手法中，极少数的茶叶能成为上品，偶尔有少量的毛尖。而对于另外一种制法即炒青，却是极少的使用，像绿茶、红茶、烘青等也一直极少有，因此完全没有办法提供与外面匹敌的上好茶叶产品，所以最初的茶叶研制就从试制工夫红茶开始。在几年的尝试之下，仿造龙井的制作工艺，研制出“湄红”“湄绿”两个特色，尝试用烘青、半烘炒、全炒青等方法，尝试研制桂花茶、沱茶、龙井茶等产品，为湄潭茶的种类和茶工艺的进步做出了极大贡献，同时也使湄潭的品茗艺术水平前进了一大步。

四、湄潭茶叶历史文化底蕴的丰富

茶圣陆羽在《茶经》中谈道：“茶在黔中生思州、播州、费州、夷州。……往往所得，其味极佳。”所谓夷州，大部分便是指现今的湄潭地区，可见湄潭地区的茶叶早在唐朝时期便已算佳品。到了唐宋时期，随着茶马古道交通路线的发展，该地区的茶叶贸易也仅作为生活的补贴，用于交换与上供，利润大多未入他们手里，这样的历史原因使得湄潭地区保持着最朴素和最原始的饮茶方式和饮茶文化，这与浙江大学西迁带来的茶的雅致、文化、艺术大不相同。

湄潭地区茶文化产业的快速发展便是在浙江大学西迁这一特殊历史条件的影响下形成的。在浙江大学多数专业教授和老师的带领下，湄潭地区在茶叶的育种方面、茶树的病虫害方面、茶工艺方面都有了极大改变，茶叶质量和产量都取得了革命性进步。百年之前，行商使得湄潭茶叶问世，百年之后，浙江大学西迁使得湄潭茶叶进一步闻名于世。如今浙大已经离开湄潭许多年，但这片土地上留下了它永久的记忆。湄潭茶叶包裹了那时浙江大学西迁贵州的民族气节和学校的办学精神，勾连起了与湄潭地区的情谊，这一情谊依然保留至今，也会一直持续到以后，浙江大学与湄潭办学不止、教学不止、文化传播不止、情缘不止。

【参考文献】

[1] 陆羽．茶经［M］．卡卡，译．北京：中国纺织出版社，2006.
[2] 湄潭县地方志编纂委员会．湄潭县志［M］．贵阳：贵州人民出版社，1993.
[3] 陈保健，黄观新，代修平．抗战时期贵州湄潭茶叶技术的发展［J］．福建茶叶，2016（6）：398–399.
[4] 政协湄潭县委会．20 世纪中国茶工业的背景——贵州湄潭茶文化遗产价值的追寻［M］．潞西：德宏民族出版社，2012.
[5] 罗郊．近现代贵州茶叶提质与浙大西迁湄潭七年［J］．农业考古，2012（5）：323–326.
[6] 周开迅．浙大西迁办学纪实——永远的大学精神［M］．贵阳：贵州人民出版社，2009.
[7] 周开迅．画境诗心——浙江大学湄江吟社诗词解析［M］．潞西：德宏民族出版社，2012.

● 关于完善成品油消费税征管问题的探析

——以山东省菏泽市为例

吴徐鉳

（贵州大学　历史与民族文化学院　贵州　贵阳　550025）

摘　要：本研究通过从消费税对于整个财税征管体系所具有的不可替代的作用为切入点且成品油作为消费税应征消费品的其中一个大类，更是具有重要的意义。以此来分析当前成品油的消费税深化改革所具有的意义和作用，并且通过对比国内外对于成品油的消费税征收方式的差异来评析我国目前成品油的消费税如何进一步深化改革。此外还从环境保护的角度，分析成品油消费税的改革会产生的积极影响。

关键词：成品油消费税；深化改革；差异

一、成品油消费税的内容及其征管的意义

（一）成品油消费税的主要内容

我国当前成品油消费税的主要征收对象为汽油、柴油、石脑油、溶剂油、航空煤油、润滑油、燃料油 7 类成品油。

从 20 世纪 90 年代开始，国内开始把成品油纳入消费税并作为重点征收对象，而相应的消费税政策也一直处在一种持续改善的状态中。第一次调整（1999）：适当地提高含铅汽油的税率，用不同税率对含铅汽油和无铅汽油进行征税并且严格定义两者的税目注释确保他们之间的区分泾渭分明；第二次调整（2006）：为了达到防止纳税人利用税目注释界限不清的漏洞进行避税，要将溶剂油、石脑油、航空煤油和燃料油纳入征税范围，汽油和柴油的税率稳定不变。但是，本次政策调整中航空煤油暂缓征税且规定燃料油、溶剂油、润滑油和石脑油应该依据应纳税所得额的 30% 缴纳消费税，按法定税率全额征税的时间规定为 2008 年 3 月。第三次调整（2009）：将成品油各税目的税率全部提高适当的水平并且将养路费加入成品油消费税的征收范围，也即我们的

作者简介：吴徐鉳（1995—），男，侗族，贵州省石阡县人，贵州大学历史与民族文化学院 2020 级民族学硕士研究生。研究方向为中国少数民族经济。

燃油税改革。增加消费税的收入主要目的是用来补助农民、困难群体、公益以及代替公路养路费等。在 2014 年我国又进行了第四次和第五次调整，在 2015 年国际油价持续下跌的情况下开展了第六次调整，于第四次、第五次、第六次的变革中连续增加了相关的消费税税率，原价为 1 元 / 升的石脑油、溶剂油、汽油、润滑油的相关税率增加到了 1.52 元 / 升，原价是 0.8 元 / 升的燃料油和柴油则被提高到了 1.2 元 / 升，最后做出决定暂缓征税且不再对含铅汽油征税。

（二）征收成品油消费税的意义

当前我国一直在持续提高经济发展水平以及深化经济体制改革，但在此过程中出现的资源环境同经济发展的不协调问题日益严重，节能减排的工作也出现了前所未有的困难。一方面，随着我国逐渐成为世界第一大石油进口国，我国石油消费量逐年增加，在 2015 年的时候石油依存度已然达到了 60%。另一方面，石油的利用效率较低、并且随着机动车数量的快速增长，石油的消耗以及污染的严重性也逐渐提升。机动车尾气的大量排放促使了部分地区出现了严重的雾霾现象，人民群众的身体健康由此受到了严重的损害，正常的生活也不可避免地受到了严重的影响。基于此种情况，治理大气污染、控制污染的排放、引导消费者形成正确的消费需求以及节约利用石油资源，刺激新能源产业的发展，改善成品油消费税的必要性就不言而喻了。在党的十八届三中全会上，消费税征税范畴、过程、税率的改革要加快速度落到实处，针对一些污染程度较大以及消耗资源较多的产品要逐渐纳入消费税的缴纳范围这样的建议被广泛提出，而且油品征税可以实行在加油场所的消费过程中进行缴纳，因为目前很多国家都是于油品消费过程中完成消费税的缴纳工作。我国曾经提出了有关税制整改的方案，而这份文件主要内容包括了六个税种，消费税就是其中之一，乃是毫无疑问的重点调整对象。

二、我国目前成品油消费税征管现状——以山东省菏泽市为例

（一）菏泽市成品油企业基本概况

目前成品油属于中国炼化行业一类，而当前我国的炼化行业总加工能力一年为 69054 万吨，这中间 73% 的加工能力都是由中石化和中石油所贡献，国内 27% 的加工能力被地方性炼油企业（简称“地炼”）占据，而国内山东又占据了它的 66%，且根据公司规模来看，该省份亦为地炼油领域中公司数量较大的地方，大约占据了 34% 的比重，总体而言在国内占据着重要地位。

最近几年由于中石油与中石化两个企业在市场中占据了大部分的份额，使得菏泽地炼的经营十分艰难，在 2008 年以前仅仅存在一个成品油制造公司，那就是东明石化，但从这之后本地的政府部门以国家颁布的有利政策、本省经济发展的趋势和本地的独

特的优点作为基础，明确了本市中的主要产业发展目标为“四大基地与一大产业”，四大基地其中之一就是石油化工基地。菏泽油区属于中原石油，当今已经明确的油、气产地共有 5 个地方，石油地质储存量已达到了 5625 万吨，预计储存量为 5755 万吨，根据有关信息显示，在该油区范围中石油总量可达 21.7 亿吨，天然气可达 1500 亿~3000 亿立方米。石油化工行业是本市的主要产业，伴随这些年产业的不断发展，公司的数量与规模正在大规模增加，据有关资料统计，本市拥有 19 家石油公司，其中的 5 家正从事成品油的制造工作。

（二）由菏泽市各项经济统计数据分析成品油消费税征管中出现的问题

1. 菏泽市各项经济数据及数据下反映的问题

众所周知，山东省地炼是我国地炼省份中产量最大的省份，其中每个市都各有其突出的地方，菏泽市也是其中之一。但是 2007 年以前菏泽市石化企业少之又少，无论是成品油行业还是其他行业都对整个菏泽市的经济发展贡献不大。致使本地的生产总值位于整个省份的末尾。从 2008 年开始，菏泽市响应国家的政策，在第一、二、三产业中大力进行市场开拓、市场秩序规范，拓展高新技术产业，科学利用开发地炼资源。因此逐渐实现了本地区生产总值的飞速增长，其中石油加工业、农业、服务业产值都在逐年增加。具体情况见表 1、图 1、图 2。

表 1　菏泽市成品油消费税收益具体资料　　单位：万元

税目	2013 年	2012 年	2011 年	2010 年	2009 年	2008 年	2007 年
汽油	1038	2053	2905	4202	9126	4334	4270
柴油	5550	5300	9113	4536	8982	4500	1810
石脑油	—	77	1724	1215	1670	69	83
溶剂油	—	—	—	—	44	557	1233
燃料油	5477	5590	1650	1366	4504	2609	1215
成品油消费税合计	12 065	13 020	15 392	11 319	24 326	12 069	8611
菏泽市消费税总收入	46 693	42 733	41 602	34 616	36 492	17 283	13 791

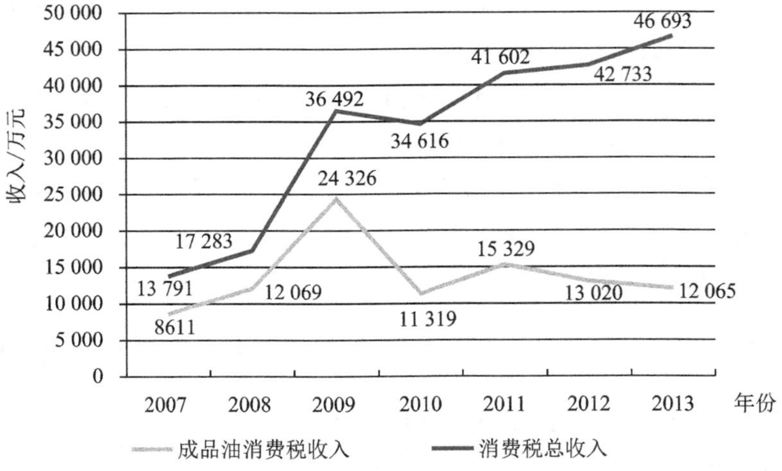

图 1　消费税总收入与成品油消费税收入对比

从图 2、图 3 的数据我们可以很明显地看出，自 2007 年以来，菏泽市一直处于持续发展的阶段，菏汉市生产总值从 2007 年的 653 亿元增长到 2015 年的 2400.96 亿元，第二产业—工业的总产值也实现了从 1284.44 亿元到 6343.62 亿元的突破，其中石油加工业的产值也是逐年上升。上述数据能最直接反映出当前菏泽市的经济发展正处于快速上升状态中。然而通过图 1 的数据图能够看出，菏泽市的消费税收入一直呈现出上升的趋势，但是其中成品油消费税却从 2007 年开始一直处于波动起伏的状态，总体趋势更是呈现下跌之势。从这个角度可以体现出成品油行业及其生产公司出现了逃税的情况。首先是没有根据相关的规范在税务机构进行合法登记。其次是即使早已完成上述登记工作，然而在上报过程中特地把柴油等应税商品偷换为化工产品销售，或者把汽油等税率较高的商品偷换为税率相对较低的产品，逃避缴纳消费税。从而出现了相关消费税的漏征现象。除此之外，图 1 体现出了该消费税为波动状态，不仅在该行业出现问题，征管方面征收环节的单一、消费税税目的注释程度不够清晰也是造成此种情况的主要原因。

除此之外，我们可以从食品行业的经济发展与增值税的增长状况来分析成品油消费税是否存在着问题。从食品制造业的产值来看，2008 年以来，菏泽市的食品制造业产值从最初的 31.59 亿元一步步增长到 2015 年的 126.09 亿元，展现出了巨大的增长态势。而食品行业几乎都是增值税的税户，据统计，2008 年该城市的增值税收益是 27.64 亿元人民币，到了 2015 年达到了 65.17 亿元人民币，也是呈现出稳步上升的趋势（见图 4）。这与成品油消费税的变化情况、消费税总收入的增长等呈现出不同的趋势。食品行业情况与成品油行业的对比进一步说明对于这个城市的相关消费税的征收与管理中存在着某些不足之处。接下来我们便来研究一下成品油消费税征管中所表现出的一些不足之处。

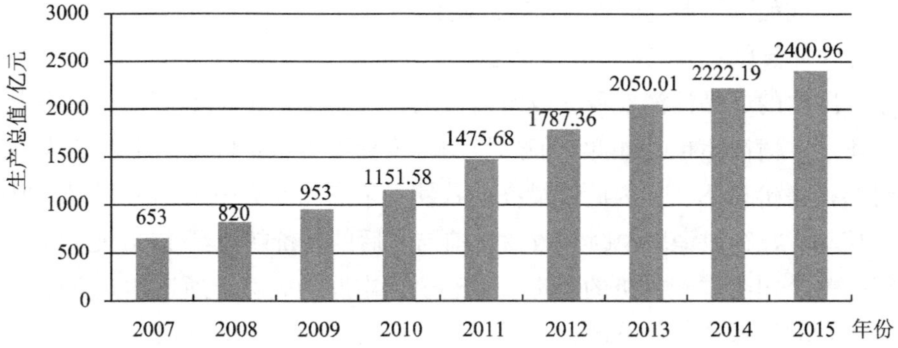

图 2　菏泽市 2007—2015 年生产总值

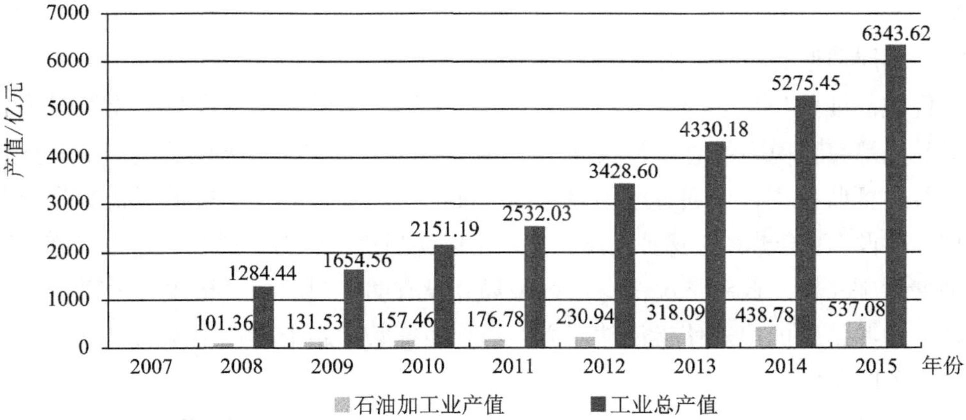

图 3　菏泽市工业总产值与石油加工业总产值对比

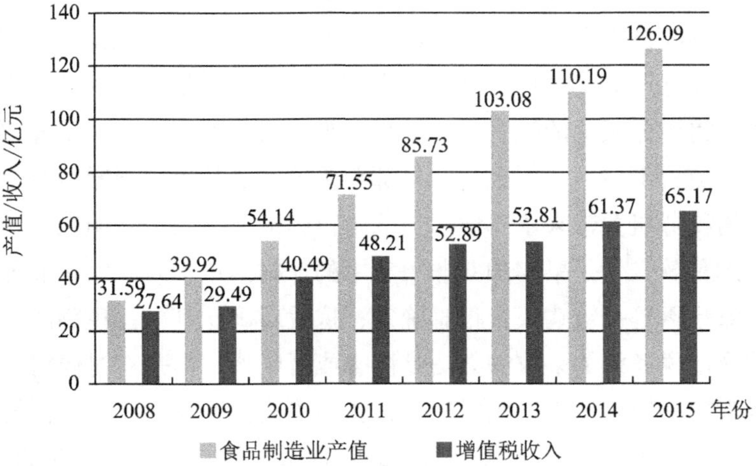

图 4　菏泽市食品制造业产值与增值税收入的对比

2. 菏泽市成品油消费税征管中存在的问题

（1）征收环节单一带来系列违法问题。

当今，国内的成品油消费税在收缴阶段内，基本都定位于生产、委托和进口等领域的初始阶段，菏泽市也是如此。但这样的方式导致了从不同渠道生产的成品油进入市场的时候销售价格不一，因此便最终会致使竞争点以及竞争力不尽相同。根据市场监察委的核算，在征收消费税时，收缴之前与之后的差价超过了 1700 元 / 吨，这样的情况使得一些公司会本着投机的心理去追逐这样丰厚的收益，通过建立空壳公司使用违法手段进行非法操作，最终改换发票名称从而偷逃税。与此同时，一些炼油企业自身管理制度存在缺陷加之菏泽市地方政府由于成品油消费税是大类收入监管力度不够大，致使部分炼油企业通过一系列手段进行偷逃税，对于市场的有序发展产生了重大的影响。

（2）不同类型的油税率以及征收范畴也存在差异。

应税成品油的税目注释方式存在缺陷。当今菏泽市的成品油税目主要根据《关于提高成品油消费税税率的通知》（财税 167 号文）中的规定对七类油品进行了分类并且列示了具体征收范围，但通过应用该指标将油品划归到成品油消费税征收的范畴中并不合理，就像“混合芳烃”这种物质，它也可以充当汽车燃料，那么它是否应该按汽油征收消费税呢？对于此种情况菏泽市国税局并没有明确说明到底按哪一种税目来征收消费税。这些情况的出现使得征纳双方在消费税征管问题上存在很大的争议，给征管工作带来了巨大的困难。

（3）针对消费税扣除施行的策略并不符合征管条件，增加了征管难度。

菏泽市国税局在成品油消费税抵扣方面的处理办法是根据现行税款抵扣政策来进行的。首先，纳税人被要求提供购买的油品增值税抵扣原件。其次，非当期且非按实际耗用数量计算的税款不允许被抵扣，由于石油化工业的专业性太强，产品的生产太复杂，要想明确库存产品是一件很困难的事情，这使得税款抵扣的计算出现了严重的偏差，同时也使得税务机关的征管工作变得困难。成品油制造公司从外部购买应税产品用来不断加工应税消费品，那么这些外部购买的产品是否应当缴纳相应的税款也不能确定，这也给税务机关带来了不便。当下施行的消费税政策表明以上消费品可以扣除原外购品已纳税款，但是事实却并非想象中的那样简单，对一家企业外购的应税消费品，他的上家是否是一级购买者很难确定，这就对确认其已扣税额的工作造成了困难。目前，菏泽市税务机关采取的方法是协查或者函调，但是有时候对方税务机关由于工作繁忙或者别的原因使得回函时间一拖再拖更有甚根本不回函，征管工作难以进行。除此之外如果商业企业从上家处购进的数量跟他售卖给下家企业的数量不一致，那么这样的情况还需要税务机关一家家核查，难度非常大。

三、成品油消费税征管中出现问题的原因分析

（一）纳税人依法纳税的意识不强以及当前的违法成本过低

从我国的税收历史来看，人民一直存在着一种对纳税的抵抗心理，不明白也不清楚自己经过自身的努力通过合法渠道得来的收入为什么要交给国家，即使一部分人心甘情愿上缴但却不明白自己所上缴的税款具体用在了哪些领域，并未很清晰地感受到“取之于民，用之于民”的本质。所以对于税收这个问题，很多人民的做法就是在可以不缴纳的时候就不缴纳，在可以少缴纳的时候就少缴纳。从另一方面来看，政府部门本身也存在问题导致纳税人不愿纳税，例如当前问题严重的公款消费、公款旅游等问题屡见不鲜，纳税人不愿意自己辛苦挣来的钱上交政府部门以后被如此不恰当利用。

按照《中华人民共和国税收征管法》的相关内容，指出偷税的含义为相关纳税人通过伪造、变造、隐匿、私自销毁账本、记账依据，于账本上增加支出的额度降低收益的额度，和不按照实际情况上报的方式，不缴或者少缴税款的行为。如果纳税人被查出有偷税行为，税务部门就会强制其缴纳应当补缴的款项，同时不仅要收取一定的滞纳金，还要收缴纳税人应交税款的50%~500%的款额；构成犯罪的，依法追究刑事责任。滞纳金的收取额度为偷税的款额的0.05%。这样的惩罚方式对于当前火热且利润巨大的油品行业来说，惩罚力度不足以让他们感受到法律的威严，也不足以让他们提高违法犯罪的警惕感和纳税意识。很容易导致很多不法企业在偷税漏税这条道路上越走越远。

（二）部分油品不缴消费税以及征收范围不明确

我国目前的成品油消费税征收税目主要就是汽油、柴油、石脑油、溶剂油、润滑油、燃料油、航空煤油7种。但是油品行业的油类却完全不止这里所列示的七种那么少，例如还有芳烃油、柏油等各种外形类似，名字不同的油品。仅凭简单的测试跟指标测算是完全不足以明确区分成百上千种油品的，就算是专业人士，他们也要利用专业的仪器，经过精密的测算才能精准地判定油品的种类。除此之外，大部分油品的运输以及保存是用管道或者大型油罐，这样的保存以及运输方式使得观看检查的难度加大，因而更是加大了税收征管的难度。税务人员是专业的税务人才，并不是专业的化学人才，即使给予税务人员专业检测仪器也难免会造成检查结果出现差错。因此很难在征管问题上做到完美无缺。

（三）现行以票管税的征管方式，存在诸多问题

当下通过发票来管理税收的制度中存在诸多问题，这为在发票上做手段的不法分子提供了有利的条件。

以票管税制实施以来，利用增值税专用发票偷、骗国家税款案件屡禁不止，主要表现

在以下几种情况：盗窃增值税专用发票，虚开、代开、谎报丢失以及倒卖等，其根本目的无非是多抵扣进项税额，少体现销项税额，少实现应纳税额，而且由于增值税的抵扣具有“链条”的特征，这种类型的案件多具有涉案范围广的特点，一个环节出问题则环环出问题。最为典型的是“金华”案件，其涉案企业之多，地区之广，危害之大是前所未有的。

（四）成品油消费税政策的调整过于频繁

从 20 世纪 90 年代开始，我国对成品油消费税进行了调整，但总体来说一直到 2005 年这期间，相关的政策并未出现较大的变动，直到 2006 年以后，才有了实质性的大规模变动。具体细节是：保持汽油和柴油的税率不变，将征税规模扩大到石脑油、溶剂油、润滑油、燃料油、航空煤油，防止纳税人通过混淆应税产品来逃避纳税。然而这次变动中指出，前四种成品油暂时根据应纳税额的 30% 上缴，到了 2008 年 3 月初才进行了又一次的调整，将款项变成了全额征税。航空煤油则一直暂缓征税。2008 年还出台了相关抵扣政策，即把外部购买或者代为加工的部分产品可以刨除原外购品已经缴纳的税款，从 2009 年开始，将养路费并入消费税，成品油各子税目的税率均有了很大程度的增加。2012 年细化了液态产品的消费税的征收细则。总之 2006 年以后相关政策的变动频率较大导致在成品油消费税征管方面出现困难。

四、成品油消费税征管的国际比较与借鉴

（一）美国的做法以及经验借鉴

1. 美国的做法

道路建设资金是美国开征燃油税的主要目的，而为什么要把征收道路使用费改为征收燃油税呢？原因就在于高成本外加道路交通阻塞使得征收道路使用费发生了严重的困难。美国的燃油税由联邦机动车燃油税、州机动车燃油税以及其他附加费几项内容组成。然而各个州的税率之间有着较大的区别，相对而言联邦的税率却表现得十分固定。

多年来美国消耗了无数的燃油，其原因就是美国燃油价格太低，相比于 DECD 成员国的平均水平而言，美国的燃油价格中税只占了大约 20% 的比例。这样的情况导致了广大成品油消费者和汽车生产企业对于节能减排工作不上心，执行力出现问题。在 20 世纪 70—80 年代，美国政府提高了燃油税税率，目的就是保障交通运输系统的建设与维护的资金充足。但是 90 年代以后，随着经济快速发展，汽车行业如雨后春笋般的野蛮生长，汽车成了每个家庭都拥有的产物，所以燃油税不能取得人民的支持缺乏群众基础，对于此类税种的调整受到了越来越大的阻力。

2. 美国的经验借鉴

燃油税是公路建造的重要资金来源，它对于美国成品油消费税的重要程度不言而

喻。联邦政府的公路资金收入的七成都是燃油税贡献而来，各州的公路税收收入，燃油税也贡献了六成。较低的燃油税税率使得消费者对于汽油等的使用没有节约意识，节能减排工作进行的不到位，再加之经济比较发达，人民收入越来越高，汽车已经在社会上由奢侈品变成了普遍拥有的产品。这样就导致了燃油税的后期改革阻力增大。我们可以从美国的情况看出，在汽车拥有者还没有扩大到社会的每一个人以前，尽快尽早提高燃油消费税的税率才有希望成功。

（二）德国的做法以及经验借鉴

1. 德国的做法

当前德国的消费税收入现状主要体现在它对 GDP 产值的贡献为 3%~4%，总税收收入中 10% 是消费税且比例稳定。从近年来德国财政报公布的数据来看，由于受到金融危机的影响，危机后消费税收入对 GDP 的贡献和对总税收收入的贡献上升幅度较之危机前的幅度要小。

德国的税收政策表示能源产品的征税政策只有在其用于发动机或供暖燃料时才起效，其他用途不作为征税依据。除此之外德国还对其进行了明确的划分，发动机燃料的最低税率特别高，相反工业或商业发动机燃料和供暖燃料的最低税率却很低。具体情况见表 2。

表 2　德国能源消费税最低税率　　单位：欧元 / 千升

项目用途	用于发动机燃料	工业或商业用发动机燃料	供暖用燃料	
			商用	非商用
汽油	421	无	无	无
柴油	330	21	21	21
煤油	330	21	—	—

2. 德国的经验借鉴

消费税是流转税中的重要组成部分，但相对于增值税来说消费税的地位显得并没有那么重要，它很必要但不是最重要，只是作为配角来发挥作用。其原因就是增值税的增税范围更加广阔，税基覆盖更加全面，不会扭曲货物和劳务的流通，能够兼顾公平与效率的原则符合当前税制改革的要求。但在政府财政出现困难的时候，通过提高消费税的税率来增加财政收入的方式渡过难关比较容易获得社会的认可。而消费税中的成品油消费税则在这个过程中扮演了很重要的角色，需求弹性小的成品油能够在困难时期成为有效提高收入的产品，原因就是它的需求弹性小，这也就表示提高它的价格，需求曲线的斜率很大，对于需求量的影响是很小的。所以适当提高成品油消费税税率能够在保证需求量变化很小的情况下实现收入的增加。和德国对比而言，国内消费税税率依旧存在上升的潜力。具体情况见表 3。

表 3　德国与中国汽油、柴油最低税率对比　　单位：元 / 升

国家	汽油	柴油
德国	5.98	4.27
中国	1.52	1.2

数据来源：Eurtpean Consumption Tax Trends 2014：selected-excise-duties in OECD countries（P_{24}）折合人民币（截至 2017 年 4 月 1 日人民币兑美元汇率 1RMB=0.1453$）。

（三）日本的做法以及经验借鉴

1. 日本的做法

在日本，政府为了提高财政的收益水平对消费税定了两步提高税率的政策。第一步，在 2014 年 4 月 1 日税率从原来的 5% 提高到 8%，以此为过渡阶段；第二步在 2015 年把税率从过渡阶段的 8% 上升到 10%。但是为什么在日本，消费税的改革幅度很大但过程却相对显得顺利呢？原因就是日本有着高透明的财政运行体制、良好的舆论环境以及改革的内容与人民的切身利益相结合，最终使得整个改革进程越来越顺利。政府的财政支出预算精确到 1000 日元，决算则是 1 日元，这样的高透明的财政体制使得人民对于日本政府做出的改革政策非常信任。日本在改革政策下发之前会做好充分的准备工作，减少财政支出以及削减行政经费以营造良好的舆论环境。这样正确的改革方式势必获得良好的结果，2014 年的统计数据显示成品油消费税收入占了税收总额的 30.7%，除此之外，日本通过法律规范的模式对公众承诺成品油消费税这部分收入会整体用于社会保障方面，将税收真正做到取之于民，用之于民。以此获得广泛的群众支持。

2. 日本的经验借鉴

我国成品油消费税的税率在 2013—2015 年进行了几次密集型调整，国际油价普遍走低的国际环境并没有给这几次调整带来帮助，国内质疑之声不断，部分群众和企业怀疑这样的政策调整是否真的有必要。因此在这样的情况下我们可以借鉴日本的改革经验，保证财政支出预算的高透明度，减少政府的不必要开支，将改革的收入用于符合人民切身利益的地方，例如环境污染的治理、交通基础设施的建设、养老院和教育的普及等。保障人民能真真切切地清楚税收用在了何处，拥有自身的知情权、监督权等。

（四）国际上成品油征管的经验总结

我国原油对外依存度非常高，如果国际形势发生变化，能源产品的自给自足将非常重要。煤制油是煤炭清洁高效利用的重要方向，是洁净油品、特种油品的重要来源，

对保障国家能源战略安全、加快能源结构调整有重要作用。针对该行业目前的不景气状态，国内应当出台相应的政策为其提供保障机制，例如降低或者豁免消费税，促使煤制油能够回本或者获取部分利润。

五、进一步完善成品油消费税征管及改革的对策

（一）提高纳税人税法遵从度以及税务人员的综合素质

为了减少税务工作人员在进行税收征管时的工作量以及减小工作难度，强化纳税人的依法缴纳税款的自觉性。让纳税人能自觉自愿配合税务工作人员的征管工作能够为征收以及缴纳行为提供良好的环境。如今多媒体工具日渐发达，这给我们的宣传方式提供了极大的便利，我们可以依托电视、广播等进行宣传，也可利用如今的互联网多媒体进行宣传，例如QQ、微信、微博、Instagram等软件。宣传的要素主要可以设置为相关税收法规、纳税的基础过程和税务人员征税的步骤、应当承担的纳税职责等。只有向纳税人全面普及了相关知识以后才能保证税务工作的顺利进行。此外，税务人员的综合素质也要提高，对于成品油行业来说，生产方面、设备方面的复杂性太强，而且利用大型油罐来储存的方式也导致了税务人员在征管时无法快速方便地审查。所以针对税收监管人进行专业的培训，强化他们的专业素质，让他们能够对成品油的各个环节有一个充分的了解，以确保进行成品油税务征管时不会产生误差。另外，对于国家出台的消费税相关政策，要对税务人员进行专门的政策性培训，使其充分明白政策的执行的方方面面，减少因为政策理解的不到位而导致税款征收出现差错。

（二）强化税收征管，以“互联网+税收”等新技术手段有效治理税收流失

对我国的税务机关和税务工作人员来说，为人民群众提供优质且高效的服务是长期的追求。但是由于当前我国纳税人的基数过于庞大，征管条件比较传统，纳税人在纳税过程中会遇到各种各样的问题，而我们的税务人员也不全是高素质人才，在有限的环境条件下向纳税人提供的服务受到了很大限制，最终结果往往与纳税人的期望不大相符。要想改善税务机关的服务有很多方法和途径，互联网则是其中很重要的一种方式。当前我国的大部分税务机关已经设立了专业的税务咨询、税务服务的网站，把相关的税收法规和税收政策以及纳税过程中容易出现的错误发布在官网上以便于纳税人能最快最方便地获取到自己最需要的信息。更加先进的一些税务机关网站还提供专业的从税务申报到问题解决的一条龙式的人工服务。

（三）全面覆盖七种油品的税基，完善成品油消费税的税目注释

当前税务部门于此类税种上的征收管理工作出现难以准确开展的原因为现今这种税务种类的分类不够严谨，税目注释不够清晰，使得很多企业利用混淆应税产品名称

的方式进行偷逃税。解决此问题的方式税务机关可以按照油品中主要成分的含量或该种油品的化学性质来明确划分他们具体属于哪一类税目。与此同时，税务部门要同石化产品检测机构的同志进行密切合作，当税务人员对产品究竟属于何种油类无法判定时，可以联系检测机构的同志帮忙进行检测。但是税务部门自身也要对具体油类要有明确的定义，比如汽油、柴油、石脑油属于轻质油，但是轻质油的具体含义是什么，当某种油符合多少标准的时候它可以归属于轻质油，对于这样的问题要进行明确说明。如果将应税油品的主要成分含量或其化学性质进行量化，那么税务人员操作起来将会容易很多，例如将轻质油中辛烷值不小于 65 的划为汽油，把倾点或者凝点在 -49 到 30 的划归到柴油等，税务工作者不用花大量时间精力去全部检测，只需要通过检测此种油品的主要成分含量便能确定它应该归属于哪一类税目。

六、结论

消费税对于国内税收收入来说具有重要意义，同时成品油的消费税征收则是此税种中的关键环节。建立健全的成品油消费税的征收管理机制对于当前处于改革深水区的中国来说至关重要。加强对成品油市场的监管、提高地方对于此类税种的征收管理的积极性并且增强纳税人依法缴纳税款的自觉性是关键步骤。文章经过简明的方式介绍成品油消费税的内容和政策，接着以菏泽市为例探究国内当前此类税种征管中心出现的不足之处并且结合外国的先进经验予以改善，包括汽油试点先行，启动改革；增加纳税人税法遵从度以及税务人员的综合素质；以互联网的新媒体技术来强化税收征管等方式。希望这些对策和建议，能够有助于改善成品油消费税税收政策、为国内成品油领域的有序发展提供重要的帮助。

【参考文献】

[1] 王凯，白彦锋，张静．我国成品油消费税改革中的难点问题研究［J］．中央财经大学学报，2015（2）：18–23.

[2] 白彦锋，邱璇璇，张静．我国当前成品油消费税改革的方案选择［J］．税务研究，2015（4）：52–58.

[3] 尹音频，张莹，孟莹莹．成品油消费税改革的供求效应［J］．税务研究，2015（4）：36–42.

[4] 万莹，徐崇波．成品油消费税税率和税负水平的国际比较研究［J］．当代财经，2016（2）：43–51.

[5] 吴琼．成品油消费税行政管理改革路径探讨［D］．天津：天津师范大学，2013.

[6] 孟莹莹．中国消费税的经济效应研究［D］．成都：西南财经大学，2012.

[7] 李洁丽．我国成品油消费税改革评析［J］．中国商贸，2011（18）：242–243，245.

[8] 李娜．我国成品油消费税政策改革对策研究［J］．商，2016（8）：120–121.

[9] 郭焦锋，白彦锋. 成品油消费税改革的障碍与机遇 [J]. 能源，2016 (6)：52-55.
[10] 陆亚如. 进一步深化成品油消费税改革的思考与建议 [J]. 中外企业家，2016 (10)：115-116.
[11] 田效先. 我国成品油消费税存在的问题与对策研究 [J]. 中国管理信息化，2012，15 (17)：36-38.
[12] 苏穗燕. 美国燃油消费税政策及启示 [J]. 国际石油经济，2016 (6)：25-29.
[13] 于雷. 我国成品油消费税的问题与解决对策 [J]. 中外企业家，2014 (23).
[14] 马莹莹. 三问成品油消费税改革 [N]. 中国石油报，2015-03-11 (001).
[15] 刘波. 把成品油消费税纳入税制改革 [N]. 21 世纪经济报道，2015-03-04 (004).
[16] 刘海燕. 成品油消费税调整技巧创新 [J]. 中国市场，2015 (22)：112-113.

● 枫香印染技艺应用与瑶族服饰产业发展前景探析

——以麻江县河坝村为例

黄艾薇

（贵州大学　历史与民族文化学院　贵州　贵阳　550025）

摘　要：乡村经济振兴问题一直是民族地区发展的重点和难点。推进乡村经济振兴，关键是要推进当地的特色产业发展，注重非遗技艺的保护与传承。麻江县保存着众多的非物质文化遗产，其中少数民族服饰产业是地方重要的经济产业，拥有一批本土民族服饰品牌。在麻江县下属的瑶族村寨河坝，“枫香印染”是其民族服饰的特色制作工艺。文章基于麻江县的“枫香印染”的历史与技艺特征，研究了融入该技艺后的瑶族服饰特色的具体体现，以此来分析民族服饰产业发展的困境及其原因。认为通过融合多种当地产业、优化工艺制作流程、整合文化资源几个层面，可以寻找瑶族服饰产业生产性保护的路径。

关键词：乡村振兴；民族服饰产业；非遗技艺；枫香印染；生产性保护

贵州作为少数民族聚居地，其民族服装制作技艺（刺绣技术、扎染技术等）入选了各级非物质文化遗产名录。枫香染工艺流程复杂考究，图案庄重秀美，其制品体现了瑶族的传统与特色。因其独特的艺术价值，1991 年曾有 20 余件枫香染制品被国家博物馆收藏。随着社会发展，具有悠久历史的枫香染工艺由于制作工艺复杂，习艺周期长，制作周期至少要达半年，而且要求必须用自织自纺的棉布，辛劳耗时，导致当地年轻人不愿意学，枫香印染技艺面临失传的局面。此外年轻人在外地学习和工作，受外界文化的冲击大，穿着民族服装的频率降低，枫香染制品在当地消费者中需求空间也相对降低，因此构建当地人对枫香染技艺的主体性认同显得尤为重要。虽然枫香印染制品针对本地人的消费市场有所减小，但是对其他消费群体的销售市场有一定扩大，如去当地游玩的游客或团体，枫香染的爱好者或研究者，举办大型庆典活动的主办方等。民族服饰特色工艺面临许多挑战，同时也存在机遇。在这样的现状与背景下，保

作者简介：黄艾薇（1997—），女，四川内江人，贵州大学民族学 2020 级在读硕士生。主要研究方向为民族文化。

护面临失传的民族传统技艺枫香印染，关系到民族服饰经济产业的生存与发展。

为了更好地传承和发扬非遗技艺，保护民族服饰文化，促进民族地区的服饰产业发展，本文运用历史文献调查法和田野调查方法，以贵州麻江县瑶族村寨河坝的民族服饰为例，研究非遗技艺“枫香印染”与民族服饰产业发展的关系。试图通过枫香染的生产历程、引入枫香染后形成的特色的具体表现及当地民族服饰产业的市场效益情况，来分析其困境原因，阐释“枫香印染技艺”与民族服饰产业发展的非遗生产性保护问题。

一、枫香印染技艺解读

（一）枫香印染的历史

蜡染古称蜡颉，据考证，“蜡缬”一词在文献中最早、最确切的记载是在唐代慧琳写的《一切经音义》卷五十之众缬：“今谓西国有淡涩汁，点之成缬，如此方蜡点缬也。”[1]宋史也有记载中提到过“枫染”，当时制作枫香染的村寨曾十三次把枫香染制品作为贡品供奉皇帝，并被赐予“天染”。[2]蜡染工艺起源汉代或更早，宋代以后逐渐消退于中原，兴盛于我国的中南、西南少数民族地区。清代是少数民族地区印染工艺大发展时期，起源于中原地区的蜡染工艺在贵州一枝独秀，广为分布。在贵州，瑶族、布依族、苗族、水族、畲族都还保存古老的蜡染工艺，其中布依族、苗族叫点蜡幔。蜡染和枫香染同属传统的防染印花工艺，蜡染在贵州许多民族地区都有流布，枫香染手工技艺却集中在较小的范围，鲜为人知。

在瑶寨河坝村，蜡染工艺已经有700年悠长的历史，是绕家人[3]迁徙生活的写照。河坝瑶族村境内有龙山河，拥有河谷、山脉、台地丘陵等不同的地貌类型，四周有枫树、银杏、松柏，古木参天。村落青山环抱、绿水环绕，具有得天独厚的自然生态环境。河坝村周边大范围的梯田耕地为当地居民的生活提供了必要的物质保证，虽受制于山区环境而人均占有农田面积不大，但是较为丰富的水资源造就了肥沃的农田，是村寨保留其农耕文化的基础。

由于其地理位置、环境因素，在历史上麻江县河坝村的瑶族长期处于一种不与外界联系，不为外界所熟知的状态，其生态环境保护完好、传统文化保留纯粹。长期生息在同一生境中的人，为了利用其生存环境的需要，在其世代延续中创造了特有的文化，以之维系成独具特点的人们共同体。河坝绕家作为一个没有文字的少数民族，所有技艺都是靠口传心授。枫香染记载了许多绕家人的历史，其图案的历史渊源，与该

---

[1] （唐）慧琳:《一切经音义》卷五十。

[2] 宋太祖乾德五年（967）至宋哲宗元符二年（1099），南宁州（今惠水）先后派官员赴京（今开封）进贡十三次，所贡之物就有蜡染。《宋史》卷493载:“南宁特产名马、朱砂……蜡染……”

[3] 河坝瑶族俗称“绕家”。绕家分上绕家、下绕家，上绕家在都匀绕河地区，下绕家就是河坝村。河坝瑶族因历史上长期比较封闭，保存了较古朴的文化习俗和原始生态植被，很少与外界往来，不与异族通婚，很少被外界关注。直到20世纪90年代初期，绕家才被正式确认为瑶族的一支，并逐渐被外界所知。

民族的历史变迁息息相关。在众多枫香染制品图案中，常出现诸如鱼类、鸟类的图像，这与河坝村瑶族在历史上采用的“狩猎——采集”的生计方式不谋而合；另外，据当地人口述，龙、凤、鱼、鸟类图案也是对子孙繁荣的象征，拥有着美好的寓意。枫香染一方面体现了当地人民淳朴的民俗文化和审美取向，另一方面也反映出了当地人民对吉祥生活的向往以及对图腾的崇拜。

关于“枫香染技艺”的起源，有几种说法。有的说法从文化历史角度分析，如：传说一位绕家姑娘在一株百年枫香树下织布，枫香树油滴落在织成的布上，经印染后留有白花，“天意玉成”；有的是从文化传播学的角度来分析，如：遇到神仙传授技艺或在梦里得到启示；而有的传说还带有功能主义的韵味，如：枫香染是古代宫女的消遣方式，后逐渐演变为染织工艺。

截至 2020 年 7 月，寨子里现存“世袭染匠”杨勋勇，“点花传承人代表”曹兴妹、龙盼宝、杨本安，染匠传承人杨勋勇、杨万仁。[1] 当地的妇女和姑娘们都热衷于这一手工艺，只要有空闲时间，就点制各种各样的蜡花图案，以备浸染、脱蜡、漂洗、缝制等之用。瑶族妇女也把制作蜡染的聚集地当作交流的一个平台，三五人同作或单人独作。当地《绕家歌》唱道：“兄弟姐妹情深深，在家闲着没事做，邀请姐妹进家来。一同拿笔来点花，染成放入闺深处。等到乡里芦笙场，妹才穿出给哥看。”绕家青年男女在对歌相亲或节庆时，女子通过穿戴枫香染和刺绣的服饰，展示自己高超的手艺，以博得男子的爱慕和倾心。由此可见，枫脂染艺术在瑶族同胞生活中占有举足轻重的地位。

在 2008 年，河坝绕家枫香染工艺成功入选国家非物质文化遗产项目，河坝瑶寨也逐渐被外界关注。由此可见，河坝瑶族少数民族文化沉淀丰厚，传统生产生活方式、古朴的民族服饰展示出了瑶族文化的魅力，同时，由当地瑶族人民孕育出的特色传统技艺“枫香印染”历史悠长，文化底蕴深厚。

（二）枫香印染的流程与技艺特点

河坝瑶族的妇女首先会在自织的白土布上纯手工绘制出图案，然后将枫脂[2]和牛油[3]按 10:2 的比例混合配制油料，装在一只土碗里，置于盆装的热草木灰上，灰中埋上少许红炭火，以保恒温。待两种油缓慢融合后，就用毛笔或竹制小签蘸油反复涂在画好的图案纹络上。待蜡风干以后，就可以进行上色步骤：在染坊里，将涂好油料的布浸入靛缸。靛缸以蓝靛为主，黑色也较为常见[4]。把经过反复浸染的布料取出后在河边反复漂洗，直至布上的枫香油、牛油混合物完全被洗刮掉，取到室内通风处阴干，

[1] 河坝村委会提供，访谈时间：2020 年 11 月 26 日。

[2] 能分泌出枫香油的枫树木质为红色，秋季树叶发红。取枫香油的方法类似割橡胶，用刀斧在枫香树上砍出口子，枫香油便流出，用容器盛好加水，在火上熬制，用丝状棕树皮滤掉渣滓，等待枫香油漂在水面，取出将其冷却固化。

[3] 牛油作用有二：一是可以增强韧性，二是在染色后便于脱去油脂。

[4] 黑色和靛蓝色染料分别用两种瑶语叫“堌”“背桠”的植物制成。

便可出现青底白花、蓝底白花，或青底蓝花等色彩对比鲜明的花纹图案。其图案形态各异，色彩调配和谐，风格生动细腻，饱满不杂。

从工业形态来看，枫香染与蜡染有一定渊源，但从材料、工具、纹饰、制作工艺来看，枫香染有独特的工艺特征和审美价值。枫香染之所以不同于蜡染，主要在于使用的纺染剂和画画工具不同，蜡染是用蜂蜡和蜡刀，而枫香染则是用枫香油和毛笔、竹签，对手艺人的国画功底要求很高。麻江瑶绕家枫香染独具特色，一是其制作技术和用料都很讲究，自成一体，所用材料均取自天然；二是用枫香树油和牛油配制的油料在布上绘图点花，油料因渗透力强，风干后质地柔软，在接下来的洗染过程中不会因破裂而产生冰纹，图案清晰，色彩对比强烈。这种制作工艺在贵州境内实属独特。由此可见，枫香染作为一项传统非遗工艺，其制作兼具复杂性、精美性和独特性。

二、枫香印染与河坝瑶族服饰的融合

（一）为何融入枫香染

“枫香印染怎么起源的，我还真不知道。”州级传承人杨万仁[1]说，“听老一辈讲，老祖宗最初迁到这地方，找不到吃的，只能用花、草、鸟、虫、鱼充饥。这些东西救了老祖宗的命，为了感恩和纪念，就以图纹的形式，把这些东西印在穿的衣服上。”他取来一张制好的头帕，摊开到桌面上，说：“你看这上面的花纹，没有别的，都是花、鸟、虫、鱼。”

符号互动论认为：人在与他人的互动过程中确立自己的身份；这种互动并非一种机械的刺激—反应过程，而是基于一定的意义阐释之上，意义的阐释需要借助符号来进行；人与社会并非一成不变的实体，而是处于不停的互动与变化过程中。

根据符号互动论，麻江河坝村寨的瑶族民族服装可以用于区别人的不同身份，而这种互动是基于不同身份的家庭地位、日常活动范围决定的，而这种身份的不同，正是借助服饰这种符号载体来进行的。如：麻江县的瑶族服饰以青和蓝为主色调，青和蓝体现了明快素雅的民族气质，而且在劳动时也不易弄脏。女装多为红色花纹配之，对于年轻妇女来说，鲜艳明快的颜色不显得单调，给人的视觉印象十分强烈，表现了当地瑶族妇女热烈的性格特点。男装、童装较简便，因为男人一般是主要劳动力，需要轻便的服装以便劳作；儿童四处跑跳，轻便耐脏的服装就更适合儿童成长。

将独具特色的非遗“枫香染”技艺融入河坝瑶族服饰，不仅因为该技艺让服饰更精美，更具特色，更有市场竞争力，也是对珍贵且濒临失传的传统特色技艺的一种传承和保护，是对河坝瑶族年轻人的主体性身份认同感的一种提升。

---

[1] 访谈对象：杨万仁，男，瑶族，1949年生，黔东南苗族侗族自治州民族民间文化优秀传承人，麻江县河坝村村民；访谈时间：2020年11月26日。

（二）枫香染融入后形成的特色具体表现

瑶族服饰中，其女装由于花色样式相较于其他种类的服饰更多，因此更具有样本分析的代表性。瑶族女装有盛装和便装两种区分。瑶族妇女在节日、隆重场合会从头到脚打扮，这种隆重的装扮被统称为盛装❶。瑶族妇女盛装的头上包挽着折叠平整的头帕，头帕两端留线须，须端横镶两道白色或红色布褊，头顶上外搭两端留有寸许线须的青底白花头巾。头帕和头巾多是采用枫香印染工艺制作的布料，图案式样丰富，主要以花、草、虫、鱼、鸟为主，间隙的花纹有锯齿纹、几何纹、云纹、闪电纹等。瑶族妇女便装穿右衽和尚领无扣的绣花衣，前襟用四色布和一条彩色锦镶四条边装饰，肩部有条织锦花边，着装时用三组花带在右侧打结。外套通常为青色或蓝色的两节百褶中裙，裙前系张下端镇有四五寸宽花边的围腰片，腰左另配张绣花帕。其中四色布、彩色锦囊、肩部花边、花带、围腰片上多有枫香印染的图案装饰。

自清代后期，瑶族渐仿汉习，除节日、隆重场合着盛装外，均改穿便装❷。瑶族妇女的便衣是右衽齐膝矮领中衫，腰拴短围腰，围腰于胸前部有梯形绣花围腰牌，围腰有花纹图案，且两端留有线须。便装去头饰、首饰，不穿长裙，去裹腿、翘鼻鞋；仍挽头帕、搭头巾，着大裆长裤，穿轻便的鞋。瑶族妇女的便装所用的布料多是自纺自织的，以平纹棉布、麻布为主。虽便装的花纹图案相较于盛装更为简洁，但其所用布料也是枫香印染制品所用的原料之一，在头帕、搭头巾、腰带等部位，有少量枫香印染的图案纹饰做点缀。从瑶寨河坝村的女性盛装及便装常用布料以及图案装饰来看，枫香染已经融入当地民族服饰的特色元素中，枫香染技艺运用十分广泛。

正是枫香印染的融入使瑶族服饰独特多样的花色和款式得以完美呈现，枫香油的巧妙运用使染制出来的布料不像其他染制工艺产出的布料那般坚硬，反而质地柔软、体感舒适。用枫香油混合牛油制成的油料，既能避免反复浸染、洗刮过程中图案的开裂损坏，又使图案不易褪色，长久保存。由此可见，枫香印染技艺的保护传承对于瑶族服饰的发展来说，具有至关重要的作用和意义。

三、河坝瑶族服饰产业困境情况的综合考察

（一）困境表现

1. 生产历程

麻江县河坝村有关枫香印染的企业目前有十来家，都是以自家厂房的形式生产。在传统瑶族民族服饰制作工艺上，往往都是手工制作，基本流程有：准备工作、绘制样图、点花、染布、脱蜡。除自织布、制油料、绘草图的时间外，浸泡染布要 6~7 天，

❶ 瑶族称盛装为“相育”，意为绕家人的衣服。
❷ 绕语称便装为“相然”，意为“土家衣”。

洗刮晾晒要 1~2 天，最后制成枫香染成品最短也要半个月。枫香印染工艺流程复杂，纯人工生产效率较低，不适用于有大批量或紧急的生产销售情况。

2. 当地产业概况

国家级的非遗保护行动已经进行了近二十年，在一定程度上带来了传统文化复兴。在非遗政策的引导下，河坝瑶族人民有意识地突出其特有的民族艺术形式，具体体现在当地的民族服饰产业特色组织均立足于枫香印染特色技艺，进行生产或销售活动。如麻江县劳动技能实训基地[1]每年会组织枫香印染技能培训，此地也是麻江县河坝靓丽瑶族文化产品旅游开发基地。从 2008 年枫香印染技艺被评为国家级非遗项目以来，河坝枫香印染制品如女式瑶族服饰的价格从 2008 年的 500~2000 元 / 套，再到 2010 年 1000~3000 元 / 套不等[2]。2020 年 10 月，在麻江县当地门店调查记录的一些在售纯手工枫香印染服饰单品价格显示，某门店上衣单价为 2680 元 / 件，长裙单价为 1860 元 / 件，围腰单价为 816 元 / 件，头帕单价为 390 元 / 条，套装为 5750 元 / 套。可以看出，麻江县河坝村的民族服饰售出价格有逐年上涨趋势，而且融入枫香印染的服装、配饰、工艺品种类也逐年增多。

当地的民族服饰企业和个人与枫香染技艺相关的发明专利[3]、作品著作权[4]数量众多。表 1 是根据爱企查的企业年报（2019）统计的麻江县部分民族服饰产业组织主营范围及专利著作权情况。

表 1　麻江县部分民族服饰产业组织主营范围及专利著作情况统计

项目	贵州省麻江河坝民族工艺品有限公司	贵州省麻江县河坝绕家枫香印染有限公司	麻江县河坝村枫香染瑶绣农民专业合作社	麻江县农文旅开发投资有限公司
主营范围	瑶族枫香染、瑶族服饰、刺绣、编制、饰品	枫香染民族工艺品加工，民族服装、装饰品、手工绣花、针纺织品、挂画、壁画、箱包	枫香染、手工绣花、针纺织品制作、瑶绣	旅游产品、枫香染工艺品的研发、制作与销售；户外活动组织与策划
发明专利 / 项	26	15	52	293
作品著作权 / 项	5	3	9	45

根据以上调查信息，麻江县当地的民族服饰产业特色组织均立足于枫香印染特色技艺，进行生产或销售活动。其主营范围丰富，涵盖旅游产品、服装、饰品等多方面；专利著作众多，显示当地从业者有创新的主动性，但拥有的特色并未实现更大的经济

[1] 位于贵州省黔东南苗族侗族自治州麻江县龙山镇河坝村一组，即麻江河坝瑶族文化博物馆（私人博物馆）所在地，于 2016 年 12 月挂牌。

[2] 河坝村委会提供，访谈时间：2020 年 10 月 2 日。

[3] 发明专利，如：利用枫树脂染油进行染布时的油脂混合搅拌装置、中草药材染布用的手工揉搓辅助器具、一种利用枫树脂染油进行染布的方法等。

[4] 拥有作品著作权的作品名称，如：绕家儿童盛装系列、绕家鞋系列、灿杨枫脂染等。

效益。县级传承人龙明丽[1]说："我们的传统服饰和制作工艺非常有特色，我们瑶族的非遗传承（项目）应该被保护，枫香染技艺应该被更多人看到，希望更多人认识瑶族，让我们的特色文化制品走出瑶山。"可以看出，当地传承人开始思考怎样让本民族获得更多的特色知名度问题，想让枫香印染成为河坝瑶族的象征符号，甚至是当地的文化名片。

（二）致困原因探析

1. 工艺效率低

河坝瑶族特色产业枫乡印染产业目前有十来家在自家做，有专门的枫乡印染合作社，但是没有将大家的潜力充分挖掘，加上规模小、加工耗时长和价格高，未形成特色产业链。在工艺层面上，提前制好油料、绘制样图，目的是既保留文化手工性，又能提高效率。具体绘制样图可以实行的方案点：以点带面，以传承人带领不会的滞留民工；出样板设计图，其他人手工模仿。必要时也可通过机器生产的方式生产，以应对大单、急单的情况。

此外，当地虽有合作社组织，但其凝聚作用不足。在管理方面，合作社可以召集多名传承人，形成村内枫香印染产业的组织规模之后，再去投入市场竞争。合作社要发挥纽带和召集者的作用，让拥有技艺的传承人燃放出文化和技术。

2. 文化挖掘不足

河坝村传统文化知名度不高，村寨自发建设发展，整体风貌一般，文化挖掘不足，一定程度上制约了当地的经济发展。其文化整体还存在一种自发的保护状态，当地民族服装的制作生产有从众性，且夹杂着随意性，这影响了古村落特色技艺的文化魅力。河坝村非物质文化多，具有代表性的枫香印染技艺现在还依旧保留，但是发展带动后劲不足，关于河坝瑶族特色文化产业的多样化路径需要创新。

民族学中的象征是由象征符号和象征意义两种要素组合而成的复合体。象征符号是象征意义的表现形式，它们大多以外显的可感知的具体事物显现出来，是人们储存意义的媒介或载体，承担着传递信息的任务，属于象征体系中的表层结构；而象征意义则是象征符号所反映的内容，即隐藏在象征符号之中而被人们传递出来的文化信息和密码，代表了人们对特定事物的看法和寄予的期望，属于象征体系中的深层结构。在民族服饰这个符号上，象征同样具有特殊价值和重要作用。换个说法，象征就是用具体的媒介物表现某种特殊的意义，一个象征包括两个层次，一是某一具体的媒介物，二是该事物所表达的特殊的意义，两者的有机结合便是象征。从这个分层出发，具有特色文化背景的枫香印染民族服饰是一具体的媒介物，而与其所代表的特殊文化

[1] 访谈对象：龙明丽，女，瑶族，麻江县县级非物质文化遗产项目枫香印染代表性传承人，麻江县河坝村村民；访谈时间：2020 年 10 月 3 日。

意义相结合就是象征。在挖掘瑶寨河坝的枫香印染民族服饰的文化内涵时，我们要充分运用象征的研究手法，发掘和塑造枫香染的文化背景，衍生出具有相关象征意义的枫香印染文创作品，能刺激消费欲望，促进枫香印染技艺的创新发展，从而带动瑶寨河坝的民族服饰销售。

3. 产业融合不足

当下河坝村旅游开发建设薄弱，村寨缺乏良好旅游服务设施，游客在这里能得到的旅游服务非常有限，并且居民还缺乏相应的旅游服务意识，使得村寨的旅游软件、硬件设施都较为匮乏。旅游业的落后使游客群体的消费空间下降，进而影响民族服饰产业的经济效益。除了旅游业和民族服饰产业以外，当地还有林下经济产业、蓝莓产业、红菜薹产业。个性突出、特色鲜明是乡村旅游业的竞争力之一。在提高其多种旅游产品的品牌知名度、提升旅游服务后，当地可以推出各项专题旅游，如“周末当个养鸡人”“家庭蓝莓园”“快乐摘菜农”“穿越体验枫香染”，甚至是“农夫的一天”，丰富旅游项目，增加游客游玩体验，吸引更多的游客群体，进而提升当地多种产业的经济效益。

四、结语及对瑶族服饰产业发展的路径思考

服饰类非遗拥有通过创意设计和工业生产转化为文化产品的能力，适用生产性保护的方式。“生产性保护”是指“在具有生产性质的实践过程中，以保持非物质文化遗产的真实性、整体性和传承性为核心，以有效传承非物质文化遗产的技艺为前提，借助生产、流通、消费等手段，将非物质文化遗产及其资源转化为文化产品的保护方式。”其中“保护”是“生产性保护”的核心含义，“生产性保护”是非物质文化遗产保护的手段而不是目的。品种众多的非物质文化遗产，其生存状态是不平衡的：有的展现出活力与潜力，有的却日益衰落、后继无人。对于缺乏活力但又具有潜力的枫香印染技艺，生产性保护更是关键的补救措施。瑶寨河坝的非遗衍生出的财富有较大的前景，我们要从多方面去寻求方法手段使非遗技艺枫香染与民族经济产业的结合发展。在瑶寨河坝村民族服饰文化发展实践中，务必强调“保护为主”这一个大的前提。

具体而言，非遗技艺的生产性保护是：民族服饰产业在传统传承与特色创新方面形式要突破，要提高枫香染工艺流程效率，要提高民族服饰经济收益，促进村镇民族服饰产业的发展。民族服饰公司做大做强，扩大生产规模以满足不同的消费者的需求，有利于拉动本地区的经济发展，带动更多的贫困户就业，共同走上致富道路。

总体来说，河坝村要形成枫香印染产业为亮点，就要增色其文化产业，带动民族服饰和其他周边文创产品销售的产业链条；文创产业作为河坝村整体产业群的中间环节，是发展的重心；也可以农耕产业为基础，丰富文化产业体验项目，进而扩大枫香印染产业销量和规模的产业回路，提高民族服饰产业的经济效益。

【参考文献】

［1］杨军昌，等．贵州省非物质文化遗产田野调查丛书——黔东南苗族侗族自治州卷［M］．北京：知识产权出版社，2018.

［2］贺琛，杨文斌．贵州蜡染．［M］．苏州：苏州大学出版社，2009.

［3］李金云．符号互动论述评．［J］．徐州工程学院学报（社会科学版），2020（7）.

［4］范玉梅．试论中华象征文化［J］．民族研究，1994（1）.

［5］瞿明安．论象征的基本特征［J］．民族研究，2007（5）.

［6］田兆元．经济民俗学：探索认同性经济的轨迹——兼论非遗生产性保护的本质属性［J］．华东师范大学学报（哲学社会科学版），2014（2）.

● 公园城市建设的内涵、关系及路径研究*

——基于成都市、都江堰市的实证分析

李永贤　姚文文　王坤丽　周映江

摘　要：本研究通过对成都市和都江堰市两级城市的比较研究，分析了公园城市建设需要把握好的几组关系问题，提出了以生态价值为导向做好公园城市体系规划，以绿色低碳为引领培育公园城市生活方式，以特色主题为基础提高公园城市的品质的公园城市建设路径。

关键词：公园城市；生态价值；实证分析；实现路径

近年来，公园城市作为一种城市的新型发展方向，在全国相继规划建设，成都市作为国内先行先试城市，实践上已经取得了明显的成绩，但也暴露出一些不可忽视的问题。这一领域理论研究的相对不充分让这种实践变得尤为珍贵，本研究旨在通过多学科综合视野下从内涵到实践的理论分析，探寻科学有效地实现路径。

一、公园城市的几个基本问题

传统意义上，习惯于认为城市和公园的关系是公园作为城市的一部分，而公园城市则用公园定性修饰城市，是一个词，因而对公园城市的理论背景以及内涵和概念等基本问题的深入探讨是必要的。

（一）公园城市的由来及理论背景

“公园城市”一词是随着2018年2月习近平总书记在四川成都天府新区视察时首次提出“公园城市”理念而起，又随着近几年成都如火如荼进行公园城市建设而引发社会广泛关注。2019年4月，成都市在天府新区中国西部国际博览城举行首届“公园城市·未来之城公园”主题论坛，与国内外专家共同探讨研究，深化公园城市理论体系，成了国内首个提出“公园城市”建设的城市。

---

* 本研究属2019年度成都市哲学社会科学规划项目（一般项目，项目编号2019Z21）课题成果。

作者简介：李永贤（1986—），男，现为都江堰市政府办公室。王坤丽（1985—），女，资源环境与城乡规划管理专业，现都江堰市生态环境局工作；姚文文（1981—），男，现都江堰市商务和投促局工作；周映江（1987—），男，现都江堰市政府办公室工作。

从理论角度来看，这一理论涉及区域经济学、城市社会学、城市规划学、生态学等多理论综合。中国乃至世界城市发展的理论层面，任何城市发展到较高级阶段都会与公园相伴而生，国内外对公园和城市关系的理论研究也从未间断。今天，随着城市的发展进入更成熟的阶段，又或者因为污染型城市面临被迫转型时，公园也必然成为市民生活不可或缺的场景之一。习近平总书记提出的建设公园城市“要突出公园城市特点，把生态价值考虑进去。”是对统筹推进“五位一体”总体布局的具体实践指导，根本特点在于城市生态价值的提升，是对城市生态理论的具体拓展。

从实践层面来看，在中国城市化进程发展过程中，我国相继提出了卫生城市、宜居城市、园林城市、生态城市、绿色城市、海绵城市等阶段性目标，每个阶段都有不同的城市发展主题。公园城市便是基于当前人居环境发展问题的高度上提出来的，是重新定位公园和城市关系，进而满足市民对城市美好生活的需求和提升城市生态价值的实践探索。

（二）公园城市的内涵及概念

公园城市的内涵不同于传统的园林城市，园林城市偏重城市的园林绿化建设，以人均公共绿地、绿地率、绿地覆盖率为基本指标。后来的生态园林城市，是在园林城市的基础上强调自然环境生态化，加大了社会生态化的比重，提高了城市的生态功能。而公园城市体现的是以生态文明引领城市发展，是公园形态与城市空间的有机融合，是城市绿色发展的新模式。其内涵更倾向于倡导构筑山水林田湖城生命共同体、生产生活生态空间相宜、自然经济社会人文相融，人、城、境、业高度和谐统一的新型城市，具备公园化的形态面貌，且以有生命力的绿色共享空间为城市主要活力因素。[1]在成都的实践中，对公园城市理念的诠释是：建设公园城市旨在打造美丽宜居公园城市，提升城市品质，完善城市功能，优化城市结构，真正实现“园中建城、城中有园、城园相融、人城和谐”[2]的现代化城市。这种定位体现了公园城市理念的两个方面，一是价值，二是形态。价值的体现是和城市本身的功能融合为一体，赋予了传统城市更多生态价值；形态的体现是将公园场景融入了城市规划建设和人居环境提升。因此，可以认为公园城市的内涵主要在于生态价值、城市价值、空间优化和人居体验共同得到提升。

在此基础上，可以对公园城市的概念做进一步的讨论。综合已有的概念界定，公园城市是与城市公园相对的概念，是在坚持以生态价值为核心的基础上，创建全面协调发展的人居环境，进而对城市的发展建设做出最优化的决策部署。坚持以人为本，

---

[1] 郎莹，董山平.基于对公园城市建设理论与实践的思考［C］.中国风景园林学会2020年会论文集（上册），2020-11-21.

[2] 陈柯航，谢小林，陈良.公园城市的建设发展探究——以成都市为例［J］.现代园艺，2021，44（2）：130.

以公共服务为基础，围绕“人、城、境、业”这四个方面来建设富有生命活力、生态环保、生活高质、生态产业的充满强大竞争力的美好城市。[1]这种界定更偏向于说明公园城市的内容方面。综合已有的概念界定，我们认为：公园城市是以生态文明建设理念为导向，通过公园和城市规划建设的有机融合，不断丰富城市公园形态，提高市民生活品质，优化城市空间结构，增强城市承载功能，最终实现城市生态价值和城市人居体验不断提升的新型城市发展模式。

二、公园城市建设的实证解析

在城市建设发展的具体实践中，公园城市建设依然是一个普遍、宽泛的概念，也无法在其界定中全面表达城市特质、调性以及人文性、独特性等内容，需要在实证性分析中丰富理论，通过不同条件和特质、不同层级城市的具体实践比较研究，才能更好地探寻科学有效的路径。

（一）成都公园城市建设的实践做法及分析

成都市是在全国副省级城市中率先创建国家生态文明建设示范市的城市，在公园城市建设实践中，已经取得了显著的成绩。

1. 顶层设计注重理论与实践在互动中有机结合

近两年来，成都市坚持每年举办一届“公园城市论坛”，集中汲取这一领域的高端智慧和优秀理论，并在顶层设计层面出台了《成都建设践行新发展理念的公园城市示范区总体方案》等一系列政策文件，不断推动理论、制度和实践的融合。在“十四五”期间成都重点任务中，明确提出要“全力打造高品质宜居地，彰显城市幸福美好生活价值。”

2. 发展布局注重空间优化和人居环境同步提升

未来城市空间体系总体格局上，成都将构建“大都市区—区域城市—功能区—新型社区”四级纵向延伸体系，以及“城市功能区—城市片区—公园社区—公园街道—大美乡村”五级横向布局体系，营造全维度公园城市空间体系。

3. 主体功能注重公园场景打造和城市绿道联结统筹提升

成都将规划建设1275平方千米龙泉山城市森林公园和1.69万千米三级天府绿道体系，打造133平方千米城市环形公园——锦城公园和34平方千米城市带状公园—锦江公园，全市森林覆盖率达40.2%，建成区绿化覆盖率达45%。[2]到2020年年底，建成天府绿道4408千米，新增绿地面积2004万平方米。2021年，成都市还将建成“百个公园”示范工程30个、公园城市示范片区23个。[3]

---

[1] 陈垚楠 . 生态视角下的成都公园城市建设［J］. 四川文理学院学报，2021，31（1）：137.

[2] 成都市发展改革委 . 加快建设践行新发展理念的公园城市示范区［N］. 成都日报，2021-03-10（006）.

[3] 数据资料来源：《2021年成都市政府工作报告》，https：//www.sohu.com/a/449787380_100160785.

4. 内生动力注重城市管理和市民参与高效互动

成都市对公园城市实行统一领导，在相关部门协同配合的基础上，组建了公园城市建设管理局，专门负责规划编制，系统管理现有林地、湿地、风景名胜区等。开办了官方网站，向市民公开工内容与进度，接受市民留言询问，开放意见箱，搭建互动交流平台，确保方案合理，顺应民意。

从成都的阶段性实践来看，虽然公园城市建设还处在边规划、边设计、边建设的起步阶段，主要工作内容仍然集中在基础设施建设完善的硬件层面，难免对实施过程中缺乏有力统筹，效果零散呈现等不足。但毫无疑问，成都在公园城市建设的实践中，是敢于担当、勇于探索和不遗余力的，而且基本形成了从理论到实践的一整套良性互动促进体系。用现代城市管理理论分析来看，成都在公园城市建设的实践中初步构建了城市领导决策层拥有国际开放的视野、创新发展的担当，城市发展理论研究充分交流互动、城市管理运行机构不断健全和各主体责权机制高效执行，全体市民积极参与的良发展格局，这在未来将持续对城市发展具体行动起到优化作用和内容补充，并保证各阶段任务的高效完成。因此，成都公园城市建设的模式将是生态文明和新发展理念下新型城市建设极具参考价值的实践模式。

（二）都江堰市建设美丽宜居公园城市的主要做法

都江堰市在地理位置上有成都市“后花园”和成都平原“天府之源”的叠加优势，又是集大熊猫栖息地世界自然遗产、都江堰—青城山世界文化遗产和世界灌溉工程遗产的“三遗之城”，城市知名度和美誉度高，拥有发展生态旅游业和建设公园城市的众多优势条件，以此为基础形成了率先建成美丽宜居公园城市和国际化生态旅游名城的发展定位，具体实践做法也有明显的城市地域特征。

1. 规划设计突出全域公园城市整体布局

自开展公园城市建设以来，都江堰编制了《践行新发展理念的公园城市示范片区——都江堰市建设总体规划》，构建“绿道蓝网、水城相融、清新明亮”的生态城市格局，计划在 2025 年形成基本构架，塑造园中建城、城中有园、城园相融、人城和谐的公园城市格局。

2. 空间优化突出生态旅游价值双重升级

作为旅游城市，与成都中心城区不同，都江堰市的公园城市建设更注重对城市旅游的服务功能和城市人居环境的改善效果，布局上遵循在城区形成“城市综合公园＋社区公园＋街头公园”三级公园体系，以绿道建设为纽带，串联起乡村郊野公园、旅游景点、川西林盘等特色资源。

3. 城市价值突出人居体验公园特质增强

都江堰市在全域公园城市建设中，注重以人为本，为满足百姓对美好生活的追求，围绕市民和游客的需求，持续完善配套设施和公共服务建设。随着美丽宜居公园城市建设的推进，融创、恒大、碧桂园等多家全国知名房企的陆续入驻，城市居住和生活品质明显提升，城市调性更具人文舒适特质。

都江堰市的公园城市建设实践，注重突出城市特质，把“美丽宜居”作为独特的调性，是对本地现状优势条件的整合强化，尤其是在城市价值和人居体验双提升的情况下，能在较短时间内实现城市综合品质和价值的提高。在区域经济学的视角下，都江堰的模式充分发挥了将地方现成资源转化为城市价值和经济效益的优势，特别是通过公园城市的建设，实现了城市土地价值的增长，同时有效控制了地方政府的资金投入，短时间可实现城市功能和配套升级，并不新增政府负债，是一种高性价比的现代城市转型发展模式。从城市社会学的角度看，都江堰的公园城市建设更注重以人为本的理念，通过整合既有的资源，突出城市特有品质，即生态和旅游价值，强化了城市发展中城市和人（市民和游客）的双向互动，把人居体验和城市更新有机融合，进而实现了城市社会综合功能的整体重构和增强。

三、公园城市建设需要关注的几个问题

通过对成都市和都江堰市的实践分析研究，结合其他城市在类似实践方面的比较研究，我们认为，未来公园城市建设不仅需要更多学科综合性理论研究的指导，还要谨慎把握好与之紧密相关的几个现实问题。

（一）公园和城市的关系问题

公园城市不是在城市中多建公园，更不是把城市全部变成公园，非包含与被包含的关系，而是秉持生态文明理念，通过城市资源的合力配置和利用，合理运用生态景观、绿地休闲、人文体验、健康养生、文化创意等多种公园的形态，增加城市功能形态中的公园场景，增强市民在城市生活中的公园体验，在城市发展中实现绿色与发展之间的价值转换。

（二）公园城市和人的关系问题

公园城市需要强大的城市神经系统、大脑系统、中枢系统，以及以人民为中心的公园城市服务系统。人是城市发展的核心，人们在改变城市空间的同时，又被他们所居住和生活的城市空间所改变，以人为本是公园城市建设的基本原则之一。对城市而言，基础功能、服务提供、环境改善的对象是人，价值提升、品质优化、特质塑造的基础是人，城市建设、发展评价、生态保护的主体还是人。因此，公园城市的建设要重视研究与城市本身密切相关的人、人群、人的体验之间的关系。

（三）当前利益和长远发展的关系问题

按照城市发展从低级到高级的基本规律，公园城市属于城市发展的较高级阶段，

不能盲目跨越或者照搬照抄，又或者只顾当前利益，让长远发展付出不必要的代价。在经济学视野下，城市是一个地方经济的核心，城市中的公园建设是以牺牲土地价值为代价的，公园用地特别是城市绿地属于低效低值土地范围，而能给城市带来经济价值的则是住宅和商业开发的土地，简单追求绿地面积很容易陷入城市土地资源浪费的误区，特别要考虑到当城市建设扩展提速导致用地紧张时，是否还有足够的城市建设用地能够支撑公园绿地系统。因此，公园城市建设中要兼顾短期效果和长期发展空间的关系，科学实现城市在公园中的蓝图，既要打破过于明确的功能分区，顺应城市原本的多样性、复杂性和生态性，更要探索通过规划产业生态圈和产业功能区，实现产城融合。

(四)顶层设计和具体实际之间的关系问题

在不同地方的实践中，往往会出现从以区域面积和行政级别为特征的以大盖小、层层覆盖式规划模式，即上级城市、下级城市、城市片区、具体点位之间形成一种“倒锥形”规划叠加，而忽略了同一层级本身的统一性和不同层级之间的相关性，造成公园与公园间的联系性较差、公园城市发展区域的不平衡甚至两极分化、城市风貌的塑造相对简单和同质化严重、已建成公园维护管理成本高难度大、城市用地前后规划矛盾难以协调等各种问题。因此，在实际操作中，要充分考虑公园城市建设的具体条件，科学制定符合实际的发展规划。

四、公园城市建设的路径思考

未来城市发展中，公园城市建设无疑是最符合生态文明和“绿水青山就是金山银山”发展理念要求的转型方向，也是最具人居价值的城市形态。公园城市建设的实现路径要把握好几个重点。

(一)以生态价值为导向做好公园城市体系规划

公园城市是自然生态与人类共生的复合生态系统，必须坚持生态价值优先的导向，在规划中多种形式体现生态理念，需要充分考虑到不同层级、同一层面各种公园的关联性和共生效应，加大以政府为主导，多学科、多专业、多领域、多部门协同参与的研究、规划、评估机制建设，突出以人为本的核心，以更好满足市民生产生活的功能为主要目的，根据实际用好城市现状资源，因地制宜设计多元化的公园形态，形成层级分明、类型完善、功能完备、分布均衡、品质优良、全民共享的公园体系，还要处理好公园绿地增长和城市建设发展之间的长远关系。

(二)以绿色低碳为引领培育公园城市生活方式

公园城市所提供的高品质、生态型生活方式，对绿色低碳的生活方式要求更高。

因此，在公园城市建设中，关键要加大立体式绿色体系的构建，秉承生态学和多元化的原始理念，注重保持原始生态，丰富多元化植物物种，加强水生湿地生态建设，充分发挥城市水系统的作用，增添水生植物或湿生植物，减少人为因素对植物生态系统的影响。[1] 同时，对人的要求也更高，城市管理也要向着培育更加绿色低碳的生活方式转变，城市生产领域要转向环境友好、循环高效的生产方式，探索建立传统污染型企业碳转移机制，生活领域要大力营造“公园人”城市社会氛围，推动城市住房建设的生态型迭代升级，加快完善城市交通体系低碳化、市民消费引导、垃圾分类管理等方面制度，让绿色经济成为现代化经济体系的重要支柱，绿色低碳生活方式成为公园城市的主流模式。

（三）以特色主题为基础提高公园城市的品质

公园城市是由多个相对独立的公园有机联结而成的公园系统，这些公园在城市中的形态和特质各不相同，才能更好地承载城市发展中形成的文化、生态、自然、建筑等特色元素。因此，公园城市建设更要挖掘城市特色资源，因地制宜打造“一园一品”的特色公园，避免千城一面，为城市增加生机，为市民带来更美好的公园式生活体验。

【参考文献】

[1] 王琳黎．新发展理念在成都落地生根［N］．成都日报，2021-07-01.

[2] 肖睿珂，张云路，李雄．生态文明建设战略下公园城市生态价值转化研究动态［J］．中国城市林业，2021，19（3）.

[3] 王国平，祖明远，雷倢．城市从公园里长出来［N］．四川日报，2021-07-01.

[4] 孙丙涛．我国城市公园建设现状及其对策研究［J］．居舍，2018（4）.

[5] 史云贵，刘晓君．绿色治理——走向公园城市的理性路径［J］．四川大学学报（哲学社会科学版），2019（3）.

[1] 欧阳苍山．城市公园生态建设和管理的探讨［J］．低碳世界，2021，11（2）：253-254.

● 传统中医疗法的困境以及破局路径探析

——以贵阳市 Z 中医院刮痧疗法为例

苏梓睿

（贵州大学 历史与民族文化学院 贵州 贵阳 550025）

摘 要：中医疗法是我国传统文化的重要组成部分，重视中医药文化传承和中医疗法的发展有利于增强民族认同感和民族自信心。具有从根源处治愈疾病和调理人体健康状况进而提高免疫力等优点。但也因其见效慢、传承困难等因，总体发展上目前存在一定困境。需从宣传引导提高认识、制度建设、传承者培养、特色活动开展等多方面综合发力，以实现困境破局。

关键词：中医疗法；发展现状；传承困境；破局路径

中医药文化是经历中华民族数千年历史淬炼而形成并传承至今的文化瑰宝，亦为我国传统文化体系中不可或缺的一部分。中医曾因其显著的疗效和其医理中所蕴含的古朴的哲学观而闻名于世界且对国际医学的发展产生了积极的推动作用。在西方医学尚未形成完整的理论学说前，中医就因其具有系统的理论学说以及显著的功效被周边国家采纳吸收并衍生出自身的医药文化，如当中医传入日本后便产生了“汉方医学”（又称“东洋医学”）、传入韩国则演化为“汉医学”（今被改称“韩医学”）、传入越南便产生了“东医”，其影响范围和力度之广于此可见。

资料显示，西医传入中国始于明朝隆庆三年（1569）传教士于澳门建立的西医院。之后西方传教士们陆续来中国进行的传教活动中，利用西医或建立西医院以医治病人是其重要、普遍的渗透手段。由于我国中医的悠久历史和深厚土壤，西医长时期在我国传播的地域有限，影响不大，甚至一度被中国的文人所嘲讽。而西医于 19 世纪末 20 世纪初突破了疼痛、感染、失血的三大难题后，一跃在医学领域处于优势地位，并强势地传播于世界各地。这一时期，伴随着帝国主义“船坚炮利”对我国的入侵，“西医东渐”强势而入我国。因西医具有的医学“标准化”指标体系、“立竿见影”的医疗效果，对传统中医理论与临床实践形成了严重的冲击。在观念上，首先是近代中国

作者简介：苏梓睿（1994—），男，贵州大学历史与民族文化学院 2019 级民族学硕士研究生，研究方向为民族文化与民族经济。

接受过西方教育及其思想理念的人士，经过对比对中医渐持否定态度，如曾学习过5年西医的孙中山就曾一度将中医视为糟粕。鲁迅在接触过西医书籍之后更是在其《呐喊·自序》中说中医是“有意或无意的骗子”。视中医为“落后的象征”和“伪科学”的现象即在中西文化激烈碰撞的清末和民国初期泛滥成灾。而于政府层面，亦“人云亦云”不加分辨地自贱自己数千年的中医传统，1929年2月的国民政府中央卫生委员会会议上甚至抛出了《废止中医案》，该案虽随后迫于压力而取消，但中医因之仍然受到了重创。于此而后，中医药、中医疗法也随之式微。

中华人民共和国成立后，中医这一中华民族文化的瑰宝得以重拾和焕发生机。毛泽东主席十分重视中医文化，1950年8月毛泽东为第一届全国卫生会议作的“团结新老中西各部分医药卫生工作人员，组成巩固的统一战线，为开展伟大的人民卫生工作而奋斗”的题词即是对传统中医的高度肯定。中华人民共和国成立初期，卫生事业发展有限，西医因其成本及其治疗费用较高，绝大多数城乡居民承担困难，而中医价廉且普及城乡，成了这一时期我国人口健康发展可靠的、有效的保障，贡献卓著。于此，1954年毛泽东主席曾有高度的评价：“中医对我国人民的贡献是很大的，中国有六万万人口，是世界上人口最多的国家，我国人民所以能够生衍繁殖，日益兴盛，当然有许多原因，但卫生保健事业所起的作用是其中重要原因之一，这方面首先应归功于中医。”之后，“中西医并重”一直是党和国家发展医疗卫生事业的一贯方针。其中，所开展的“扶持中医药和民族医药事业发展”一系列措施及其颁布施行的《国务院关于扶持和促进中医药事业发展的若干意见》等法规为传统中医药事业的发展发挥了极为重要的保障与推动作用，中医、西医作为我国医疗卫生事业发展的双翼，发展迅速，蒸蒸日上。然而就比较而言，总体上西医的发展及其受众优势较中医明显，就是中西医结合的机构或临床中，中医大多也处于辅助或次要的状态和境地，即是说，中医于国家层面的重视与实际在医疗卫生实践中的状况存在着较大的反差，甚至在特定的环境中处于差强人意的尴尬处境，一些过去有效的、曾为人们广泛接受的传统疗法被现实所“边缘”、所“荒疏”而陷于困境，等等这些，无疑与我国传承、弘扬包括中医药文化在内的优秀传统文化、增强文化自信心和软实力的时代音符不甚相符，亟应引起高度关注。本研究以贵阳市Z院特色刮痧疗法为例，以窥视中医药中的传统疗法状况之一斑。

一、传统中医之刮痧疗法——基于贵阳市Z院的个案

刮痧是中医药中传统的疗法之一，它以中医皮部医学为理论基础，通过使用器具（如牛角、玉石等材质制成的刮痧用具“砭”即刮痧板）对人体的皮肤部位进行擦拭，以达到疏通经络、活血化瘀的目的。刮痧早在旧石器时代已有雏形，后中医学据此衍生出了刮痧这一治疗方法。刮痧对人体的益处有：①活血祛瘀。即可以调节肌肉的收缩和舒张，从而使得肌肉组织间的压力得到调节，以促进刮拭区域的血液循环。②调

整人体的阴阳平衡，使人体机能正常运转。③疏通经络。其通过砭来直接作用于人体表层，加强局部循环和直接刺激局部组织得以提高其痛阈。④调整人体内部生物电信息。用刮法、点法、按法刺激足三里穴，输入调整信息，可对垂体、肾上腺髓质功能有良性调节作用，提高免疫能力和调整肠运动等作用。⑤排除人体内部毒素。刮痧可使得局部组织呈现高度充血状态，血管神经受到刺激使血管扩张，血流及淋巴液增快，吞噬作用及搬运力量加强，使体内废物、毒素加速排除。这个过程又称为“出痧”。当“痧”从体内排除后，患者不仅身体健康状况可以得到明显的改善甚至能使之心情更为舒畅。贵阳市 Z 院中医门诊的刮痧疗法承载了上述优点而一直名声贯耳。

1. 刮痧疗法的时间占用

刮痧疗法是 Z 院中医护理门诊里知名的医疗项目，因其疗效显著，每周刮痧应诊的两天，慕名来诊（刮痧）者在 14~20 人。该疗法因一次为一个疗程（根据就诊者身体状况不同所需刮痧的身体部位和不同数量也不同，因此 1 个疗程所需时间多有不同，若仅为 1 名医师工作，至少一个疗程需要 1~2 小时，多名医师同时工作虽可提高效率但就诊者未必能够承受其疼痛，故多数为 1~2 名医师同时工作使时间控制在 1 个疗程 2 小时以内），一般 4 个疗程大见成效（一般一疗程），故就诊者至少需要在一个月内占用 4~8 小时的时间接受治疗。而医师因就诊者较多，工作时间每天多在 8 小时以上，又由于是带有体力型的治疗方式，从业人员相对有限。于此认为，该疗法得到了一定的认可但受限于从业医师数量而无法接纳更多的患者，规模难以扩展。

2. 就诊者年龄分布

该门诊的就诊者大致分为三个层次：第一，中老年人（40~70 岁），该年龄层人多存在慢性疾病，需要调理和治疗；第二，青年人（20~30 岁），该年龄层人大多因生活压力较大且生活作息不规律，或多或少存在着各种各样的身体健康问题（如失眠、心绪不宁、易怒、胃肠功能紊乱等）；第三，少年就诊者（14~18 岁），多是家长视小孩病情选择而来。以上三个年龄层的划分主要基于以下两个因素：首先是因思想观念的不同，不同年龄段的人对传统中医的接受和信任程度有很大差异。中老年人因为社会阅历较为丰富且思想观念较年轻人而言更为传统，所以对中医和该疗法的信任程度要高，再加上体验过后确有明显的成效就进一步加深了对该疗法的信任，这个年龄段的人群持续接受治疗的概率当然也是最高的。青年相对少年人来说比较容易接受该传统疗法，一方面，青年的好奇心较为旺盛，有着敢于尝试的勇气，另一方面，可能是曾经接受西医疗法，但疗效不佳而转为尝试传统中医疗法。传统的中医疗法却不一定能被少年人群所接受，因为他们的社会阅历较为稀少，对传统中医理念知之甚少且受全球化影响对西方文化有些许向往和偏好，故对其信任程度不高，笔者所接触的少年就诊者起初皆为父母所迫而来因而认知性、自觉性不高。当然，就诊者年龄段的差异性分布和刮痧疗法自身也有着密切联系。上文提到刮痧疗法可以通过刺激人体表层来提高人体痛阈（即提高人体对疼痛的耐受性），为了达到该目的，在刮痧过程本身就伴随着强烈的疼痛感但会随着刮痧次数的增多和就诊者身体健康状况的逐步改善而减轻。中老年就诊者较后两者更为有忍耐力和毅力，且因疗效明显故更为愿意坚持接受治疗，而青少年则与之相反。对疼痛感的耐受程度是影响就诊者愿意继续接受该疗法的主要因素之一。

二、中医疗法困境

中医疗法在医疗科学发达的当下存在着较大的危机，实际上自西医进入国门以来，其在不同程度的质疑、误解与边缘中始终处在顽强地生存、抗争和发展的状态，困境可以说是其如影随形的伴侣，这可在如下几个方面感其大概。

一是清末民国初年破除“迷信”思潮所波及。鸦片战争之后，国人在目睹了英国的坚船利炮后意识到了西方先进科学之利，各阶层有志和有识之士开始探求救亡图存的道路。他们一些人认为致使近代中国出现积贫积弱的根源就在民众因“迷信”而愚昧因此无法接受以西方科学为代表的先进思想，更遑论在此基础上进行创新与发展，故要求彻底根除“迷信”势在必行。何为“迷信”？我国著名民俗学家江绍原将其界定为“一切和近代科学相冲突的意念、信念以及与它们并存的行止，我们皆称为迷信。”中医理论因无法被当时视为“先进”的西方医学体系理论所印证，而不幸被归为“迷信”成了被抨击的对象。1929 年在南京国民政府召开的第一届中央卫生会议中甚至通过了以余云岫为首等人提出的“废止中医”提案即为在 20 世纪 20 年代“反迷信”运动高潮时，中医所面临的致命惨境。

二是现今一些不良企业对中医声誉的败坏。中医行业在中华人民共和国成立后逐渐发展着，但在商业模式盛行的当下，其发展再度面临了新的挑战。诸多未经过正规中医培训甚至根本未曾接触过中医的企业、私人医院及其个体从业者为了盈利而假借中医名号大势推销其养生保健、治疗慢性疾病的产品或服务，致使患者轻则钱财受损重则延误治疗时机，或者服用不正规的保健品进而性命堪忧。2018 年 12 月 25 日不良企业权健假借中医名号进行传销营利的黑幕被丁香医生的《百亿保健帝国权健，和它阴影下的中国家庭》一文公之于众后，其所造成的极为恶劣的社会影响遭到了全社会的强力抨击。但也因该类型不良企业被相继曝光、而遭别有用心者将事情的过度解读或片面渲染，却将正统的中医行业置于网络舆论的风口浪尖。其负面影响之一，就是加深了人们对中医的质疑与不信任，使正规中医行业的发展受到影响。

三是传承不易，发展受限。中医发展难以进一步扩大规模与其传承不易有着密切的联系。有别于西方医学开设学科和学校进行集体式教育，中医在我国古代缺乏规范统一的教材且医师多倾向于师徒相传的封闭传授模式，故传承效率低下、从业人数上不及西医。中华人民共和国成立后，国家将中医学系统化、规范化并将其成为各医科大学的一门学科以集中教学、培养人才，使中医在国内得到了广泛继承、发展，而且走向了世界。但客观的事实却是，国家对西医人才的培养力度一直都远大于中医。也因受其中医专业人才数量的制约，虽中医的低副作用、对慢性病有奇效等优点现今被人再度重视，但也巧妇难为无米之炊无法满足其进一步扩大发展规模的需要。

四是疗法与现代社会的节奏适应有差距。实际上，中医自身在治疗慢性病、疑难杂症、流行病、传染病等都有显著疗效且优于西医，该优点则是它得以继续传承和弘扬的根本。目前中医发展难以有突破性的进展与日益快节奏化的社会和人们对高效率的追求有着密切联系。中医讲究疗程，疗程即为在连续用药某个时间段后，因为药物的影响，病情发生了变化，或者得到有效的控制，又或者发生转变的特定时间段。中医在治疗过程中往往疗程是不能中断的，一旦中断基本就没有疗效，而随着病情不断变化发展，在一个疗程结束后又会根据情况进入下一个疗程直至患者痊愈，其治愈周期较长，不符合现代人快节奏生活的需求，如刮痧就需要 4~8 个疗程方能初见成效。西医虽然也有疗程一说，但对比中医胜在其灵活性，可以随时根据病情变化来调整治疗方案，不必墨守成规必须完成一个疗程方能进入下一阶段，因此其效率高于中医，就一般疾病而言更符合民众的需求心理。

五是中医疗法在观念上认同度相对不高。在近代国难史和西方医学的双重影响下，民众已经产生了中医在各领域皆不如西医的偏见，坚信西医优于中医，故中医的受众相对较为。客观认识中医具有独特价值的多为中老年人，他们大多具备深厚的民族情感以及较为丰富的阅历，同时对中医疗效也有一定程度的理解或者有过切身的体验而认同度较高。青少年则因生活在高度全球化的时代背景之下接触西方文化较多，对中医药文化不甚了解，对传统民族文化的情感也不同于其先辈那般强烈，加之自幼多接受西医治疗，故对中医疗法在一定程度上不同程度持有怀疑态度。而现今一些不法企业打着中医旗号进行营利的现象更是屡见不鲜，则无异于在对中医药的认同上雪上加霜。若想突破中医药发展所面临的困境，树立起民众对中医药的正确认知无疑为重中之重。

三、相关路径思考

中医药是中华民族的科学、智慧结晶，中医药作为中华传统文化的精华部分，为中华儿女的预防和治疗疾病做出了重大贡献。“中医药学是中国古代科学的瑰宝，也是打开中华文明宝库的钥匙”。2021 年 6 月国家中医药管理局、中央宣传部、教育部、国家卫生健康委、国家广电总局联合印发《中医药文化传播行动实施方案（2021—2025 年）》，既是国家在新时期对中医药文化传承弘扬的高度重视体现，又是“十四五”时期推动中医药文化传承弘扬工作、使中医药成为群众促进健康的文化自觉的重要指南，无疑也是包括刮痧在内的中医药传统文化走出困境、得到良好传承弘扬的制度保证。具体在弘扬中医药文化、传统中医疗法的困境破局路径上，笔者认为可从如下几个方面进行思考。

一是要进一步提升全社会对中医药文化作为中华优秀传统文化的重要组成部分的

价值认识，采取措施强化对中医药文化的教育、传播工作。即要按照《中医药文化传播行动实施方案（2021—2025年）》的有关要求，通过广泛开展群众性中医药文化活动，普及中医药健康养生知识、方法，传播中医药文化理念，提升中医药文化在广大群众中的影响力，帮助群众更加经常接触到规范的中医药养生保健知识；引导中小学生了解中医药文化的重要价值，推动开展形式多样的中医药文化进校园活动；推进中医药文化传播常态化机制建设，培养建立中医药文化传播工作队伍，促进中医药文化的传播与弘扬。

二是完善行业相关法律法规，使中医药文化及其产业有序、健康发展。从目前来看，我国针对医院职业化管理领域的相关法律法规的制定、颁行虽然取得了突出的成效，但在丰富发展特色中医药文化产业的政策、健全促进中医药文化产业融合的制度、严格企业审批及产品质量认证等方面尚需做进一步的工作。通过相关行业法律法规的完善，杜绝诸如“权健”借中医名号欺诈患者、打着中医旗号而行不良保健行业之实、“秘方”泛滥等有损中医声誉和民众生命、财产安全等行为和现象。

三是重视职业中医医师培养力度和职业区分度。受西医广泛的适用性影响，现今医学教育模式多以西为主以中为辅，目前从业中医的医师多为兼职中医而纯粹的中医医师并不多见。中医从业医师的缺乏不仅直接限制了可接纳就诊者的人数，而且也使中医产业规模的扩大受到影响。前述Z院中医门诊中医医师的缺乏、高强度的工作量而又无法扩大规模的境况即可见其一斑。若能使中医医师与西医医师各司其职以满足市场需求和降低人力成本进而使中医治疗费用降低来吸引更多的就诊者或许能突破当前的困境。但这就对专职的中医医师队伍的建设提出了要求，亦即应加大各医学高校对中医人才的培养力度，而其中则更要注重中医药复合型人才的培养力度及其规模，因为中医药与文化产业融合发展是中医药文化产业发展的方向。

四是适当开展一定的免费中医体验活动、发展中医药文化康养旅游产业等活动。要较好地普及中医相关业务，让民众有切身的体验来感受中医疗法的魅力所在，是一条值得借鉴的实践路径。各中医机构以及相关保健服务部门在通过增加职业医师数量来降低人力资源成本的基础上，可以酌情考虑提供一定人数和次数的免费服务让民众能够亲自参与其中，领略、感受中医的实际疗效和疗法，从而增进对中医文化及其传统疗法的原理、疗效等认识。目前在不少地方，随着经济社会的发展，人们生活水平的提高和健康意识的增强，中医药与旅游相结合的新型旅游模式逐渐兴起，并迅速发展形成中医药文化旅游产业。大凡中医药文化积淀深厚、传统中疗法著名的地方，可在系统挖掘整理当地中医药文化旅游资源、制定中医药文化旅游资源与当地旅游产业融合发展规划基础上，发展地方中医药文化康养旅游产业。而这不仅可推动地方旅游产业结构优化和转型升级，而且也有利于中医药文化的传承与复兴。

【参考文献】

[1] 盛海英，王盛．毛泽东对中医创新性发展的贡献浅析［J］．毛泽东邓小平理论研究，2020（4）．
[2] 孙勇．孙中山先生与中医［N］．证券时报，2020-09-11（A03）．
[3] 中共中央文献研究室．毛泽东年谱（1949—1976）（第 2 卷）［M］．北京：中央文献出版社，2013：493.
[4] 卢志丹．毛泽东品国学［M］．北京：新世界出版社，2011.
[5] 王文宝，等．江绍原民俗学论集［M］．上海：上海文艺出版社，1998：252.
[6] 邓海建．权健事件或成保健品市场整肃契机［N］．健康报，2018-12-27（002）．
[7] 李德帅．中医说疗程依据是什么［N］．健康报，2016-10-12（005）．
[8] 张梅颖．推动中医药文化在传承中发展［J］．群言，2018（2）．

史志及其他

● 简评《遵义新志》*

杨渝凤　刘青青

（贵州大学　历史与民族文化学院　贵州　贵阳　550025）

摘　要：抗日战争时期，全国性战争的爆发迫使官修方志滞迟不前，但方志界仍有学者在坚持修志，其中张其昀先生随浙江大学西迁至遵义，主持编写了《遵义新志》。该书不承封建社会志书重人文史事的特点，而是重实用价值、科研水平，于内容及体例上均开近代新编地方志先河，它的“新”建立在大量第一手研究材料与精确的实地考察之上，对志书的新编和方志发展具有重要的时代意义，其研究方法与结论直到今天仍可作为参考。

关键词：地方志；《遵义新志》；创新

地方志，一般是指记述地方情况的志书，主要分为全国性的总志以及地方性的州郡府县志两类，即一种是“统志”体，另一种是“地方史志。”[1]

司马光《河南志序》中提到：“周官有职方、土训、诵训之职，掌道四方九州之事物，以诏王知其利害。后世学者为书以述地里，亦其遗法也。”司马光将方志的渊源追至周官之职方、土训和诵训。而后世撰书，是“西周遗法”。方志正式定型于宋代，而溯其起源，则说法不一，但大抵与司马光相近，认为发源于先秦，近代学者也认为方志之名始于周礼，“沿至北魏，斯名未改”。可见地方志的编纂在我国存在已久。

地方志是一种区域性、记叙性的历史文献，对于地方性志书来说，记录的范围往往只限于一省、一市或一县，顾颉刚认为，“夫以方志保存史料之繁富，纪地理，则有沿革疆域、面积分野；纪政治，则有建置、职官、兵备、大事记；纪经济，则有户口、田赋、物产、关税；纪社会，则有风俗、方言、寺观、祥异；纪文献，则有人物、艺文、金石、古迹”，编纂地方志既可知地方物产财政，也“有补于史家者流”。2019 年 12 月 30 日，2020 年全国省级地方志机构主任工作会议暨全国地方志事业发展规划研讨会在北京召开，会议提出：“地方志工作要适应我国经济社会发展的趋势和要求，坚

---

* 基金项目：贵州大学“SRT 计划”项目“浙江大学西迁办学对黔北文化发展的历史作用及其影响研究”2019 年度项目（编号 247）。

作者简介：杨渝凤（2000—）女，贵州贵阳人；刘青青（2000—）女，贵州六盘水人。均为贵州大学历史与民族文化学院历史学本科专业 2018 级学生。

[1] 史继忠 . 贵州方志考略［J］. 贵州民族研究，1979（1）.

持以‘中国之志’资政辅治、记录传承‘中国之治’。”可见，地方志无论是在哪个时期，都是历史研究、现实资治不可缺少的资料。

方志界对新旧方志的界别问题存在不同的看法，但通常以 1949 年为时间节点，按照其编纂的时间进行划分。贵州最早的方志，一般认为是常璩于晋穆帝永和四年至永和十年间编成的《华阳国志·南中志》。但其概述整个西南地区，贵州部分并不详细。史念海与曹尔琴所著《方志刍议》中提到：“两千多年来，方志撰述的发展是有规律可循的，概括起来大致为：从两汉时起，方志的撰述就以两种不同的方式平行向前发展。一种是记人，另一种是记地。”之后由于不便阅读的原因，两类合流，得以继续发展。各代统志与地方史志的编写使得一种固定的撰述形式延续下来，即记人与记事篇章相互补充，形成对一个地区的完整认识。近代以来，旧方志多为地理舆情之书，具有较高的应用价值，但封建社会时期成书的旧方志一类，存在一定为政权统治服务的色彩，因而其撰述方式及规范等方面难免有所欠缺。

明清时期，贵州方志编纂逐渐发展壮大；“永乐至崇祯二百余年间，共修方志四十部。其中官修通志四部，私撰省志两部，府志十七部，州、县、卫志十七部。”被称为“天下第一府志”的《遵义府志》正于道光年间修成，由沙滩文化代表人物郑珍、莫友芝合编，该志共 48 卷，80 余万字，内容包括道光年间及之前遵义政治经济文化等各方面情况。梁启超评《遵义府志》为“郑子尹、莫子偲之《遵义志》，或谓为府志中第一”，《遵义府志》极高的学术价值得益于其严谨的资料考证、不拘一格的体例变化及重人文、重经济的编纂精神。于 1936 年出版的《续遵义府志》记载清道光二十二年至宣统三年共 60 多年的历史情况，对于我国来说，这是一个动荡变化的时期，《续遵义府志》前后花了二十四年的时间修成，保存了大量赋税、农桑、物产等可资借鉴的史料。

不同于方志传统观念，贵州和例则的上述方志而言，《遵义新志》犹如志林中的一缕清风；《遵义府志》和《续遵义府志》的资料翔实完备为新志的编写提供了参考。《遵义新志》与传统方志在内容、结构和作用上都有所区别。

一、《遵义新志》简介与成书过程

抗日战争时期，国土连片沦陷，民族处在危急存亡的关头，为救亡图存，抢救和保存我国文化教育的命脉以及民族之元气，东部沦陷区的许多高校在战乱中进行了历史上罕见的大迁移行动，走上颠沛流离的西迁之路。其中浙江大学于 1937 年开始撤离杭州，历时两年，穿越江南六省，于 1940 年抵达贵州遵义，于遵义办学七年之后回到杭州，国立浙江大学史地研究所（简称“研究所”），于民国二十八年（1939）八月成立，当时浙江大学三迁后校址位于广西宜山，之后桂南告急，宜山遭敌机轰炸，校舍被毁，竺可桢校长带领全体浙大师生于年底迁至遵义。之后环境较为安定，研究所的研究工作开始循序进行。

张其昀，字晓峰，我国现代著名史地学家、教育家，生于举人世家，1919年就读于南京高等师范学校史地部，毕业后供职于上海商务印书馆，1927年北伐战争胜利之后，他在中央大学地理系任教达十年，1936年，受浙江大学校长竺可桢延聘，于浙江大学创办史地学系。他是中国现代人文地理学的开创人，也是历史地理学的鼻祖，此外，他还是一位心怀赤诚的教育者，张其昀自喻，一生治学，不外五事：一曰国魂，以谋发扬中华民族精神；二曰国史，探索中华文化之渊源；三曰国土，研究中国在世界之地位；四曰国力，衡断经济建设对国计民生之关系；五曰国防，以唤起爱国思想与民族正义，培养新生力量。在当时那种战火纷飞、颠沛流离的环境中，浙大学子正是在如张其昀先生这样的老师带领下，专心致志地学习与研究，创造出了无数学术硕果。

张其昀在浙江大学任教期间，培养了许多史学、地学人才，浙大史地系发展迅速，这与他史地结合的学术思想不无关系，史地合系创造了新学风，也体现了专与博，专才教育与通才教育相结合、相统一的教育理想。“研究所”有四个学科组，分别是史学组、地形学组、气象学组和人文地理学组。西迁至遵义湄潭之后，虽然远离了炮火，但由于战乱加剧、经济崩溃，加之西迁过程中流离失所，浙大师生在湄潭的生活条件依然恶劣，在遵义办学的七年时间里，研究所各学组老师与学生在文献资料不足、经费欠缺，以及研究条件艰苦的情况下对遵义的地理进行了实地考察，测量收集其地形地势、气象土壤、乡镇人口、家屋地景等资料数据，写出专业论文，再行汇编成书。

《遵义新志》全书共十一章，由张其昀撰写前言，叶良辅教授指导研究，斧正文稿，并在书末附其他四十余篇未刊出研究论文目录，其中包括谭其骧所著《播州杨保考》、王爱云《贵州开发史》等文，引言中提及：“举凡地质、地形、气候、土壤、人口、聚落、土地利用、产业、交通、民族、史迹诸项，均作详尽之研究，记录颇丰，兹特汇为一书，名曰《遵义新志》。”此书的编纂是师生凭借着顽强的毅力和坚强的意志，克服了无数困难撰写而成的，体现着浙大师生不畏艰难、求实务真的治学精神。

二、《遵义新志》的特色

（一）内容新

《遵义新志》以“实”为新；“顾中国过去之方志，意在保存桑梓文献，故其记载偏重地方史料。此次本所编纂之《遵义新志》，大都为地学著作，特重地图之表现，与旧制体例不同，适足以补其所缺，而于民生利病尤所关怀。”（《遵义新志》引言）从内容上看，《遵义新志》与之前的地方志不同，它没有人物的部分，而是重物产、重发展，以遵义地区的经济与实业发展为主。书中关于遵义自然资源部分内容力求切实的数据和实际地理情况，如“地质”一章中，“计先后完成遵义三岔河两全幅，余有团溪、龙坪、老蒲场、板桥、芝麻坪等幅，各就一半，统计面积约二千平方公里”。可见所测范围较精确。张其昀先生所作“历史地理”一章中将遵义两千年发展的历史分为九个时期，分别为夜郎期、牂牁期、播州期、杨保前期、中期及后期、老城期、沙滩期、新城期。并逐一对各时期遵义历史特征进行阐述，厘清了遵义历史发展的脉络。这一部分涉及部分聚落家族的描述，但主要仍是根据遵义的人口、聚落区划、经济发展水平的不同进行划分。

志书，尤其是地方志是一个地区最全面、最系统的资料汇集，能最大限度地反映这一地区的区域特征，是地区行政决策、经济发展重要的参考资料；1941 年，刘之远教授发现团溪锰矿，由此，战时重庆钢铁厂炼铁所需锰，都由遵义供给，这里也成为之后西南地区工业建设的重地。书中提及：“此种土地利用图之绘制，我国尚属首次，倘能普遍推行于各地，裨益建国大业，当非浅鲜，篇中关于遵义农业改良之若干结论，均本次之田间目验，实事求是，非但可供今后遵义地方建设之准绳，且为我广大农村画出一幅剖面，深望我国言农政者留意及之。”（《遵义新志》引言）由此看出，《遵义新志》作为一部反映近代遵义地区自然、产业、经济状况的志书，虽然其编纂时间较短，但借由此书的编纂所进行的科学研究以及书中的相关记载对当时以及之后很长一段时间内遵义乃至整个黔北地区的经济文化发展有极大的推动作用。

（二）结构新

《遵义新志》结构上以“类”为新，全书十一章是史地研究所各组师生共同研究的成果汇集，各章作者不同，各将研究内容撰成学术论文，再由时任史地研究所所长张其昀编成《遵义新志》，包括“地质”一章、“气候”一章、“地形”两章、“相对地势”一章、“土壤”一章、“土地利用”一章、“产业与资源”一章、“聚落”一章、“区域地理”一章、“历史地理”一章。书中包括大量数据图表，直观形象，与文字相互印证，增强可行度，加大信息量。书后附录附部分未收录学术成果目录，其中包括谭其骧教授所著《播州扬报考》与其他四十余篇论文，这些文稿收存在研究所内。文章语言严谨科学，精练简单，较为全面地展现了浙大西迁时期遵义的生境以及经济形态。

首先，该志资料丰富，排列有序，门类清楚，主要分为自然环境与社会环境两部分，前六章主要记录遵义自然地理情况，第七章开始对遵义的土地利用、产业基础、历史发展进行阐述。两部分的记述之间又有穿插联系，相互印证，使整本书内容翔实，可读性很高。《遵义府志》的撰写主要是建立在浙大师生实际的考察与实验之上，并非依赖于此前的方志史料。学组的师生在长时间的数据收集和经验总结之后撰写文章，对当时来说，这些研究成果代表着最新的、最确切的实际情况，对当时遵义地区政治经济的发展都有极高的参考价值。

其次，该志体例特别，因而专业性高，学术价值不菲。此书有两个首创：一是中国最早的土地调查工作和相对高度研究，二是此书的学术研究方法及编纂的科学规范性，属专家修志。[1]《遵义新志》实际上是一部学术论文的汇编，这也一定程度上引起了争论，一些人认为不能将其作为地方志，但鉴于一般地方志记录范围为某一特定地区，并具有“资治、存史、教化”功能（《读志用志试论》）等特点，《遵义新志》完全符合，而它编纂的独特体例，对遵义已存地方志来说则正好“适足以补其所缺”（《遵义新志》引言）。

此书十一章内容来自十三位浙大师生，部分章节多人共纂，部分学者参与了多个章节的编纂。这些人无论在当时还是之后都是各自研究领域的翘楚。叶良辅教授（1894—1949）是我国早期的地质学家、岩石学家，浙大西迁时的叶良辅教授任浙江大学史地系教授、地系系主任、史地研究所主任，指导了浙大史地研究所多个各学组的研究活动，《遵义新志·引言》中提及“叶良辅教授指导研究、斧正文稿，用力独多”。由施雅风撰写的《遵义新志·地形下》一篇中也有“一九四一至一九四二年，笔者于叶左之教授指导下，于本区域内作地形调查”的记录。除此之外，参与撰写《地形下》《土地利用》《区域地理》的施雅风当时只是浙江大学史地系的一名学生，拜叶良辅先生门下，1944 年获浙江大学研究院硕士学位，1980 年当选为中国科学院学部委员（院士）。一生致力于冰川学和地理学的研究，被誉为中国现代冰川之父。编写《遵义新志》时任助教的陈述彭先生也已经是中国科学院学部委员。浙江大学的到来，给遵义带来了一股强大的学术力量，许多的研究人员，专家教授都参与了《遵义新志》的编写，为这本书的完成倾注心血，由此，这样一本体裁特殊的地方志学术价值可见一斑。

（三）作用新

《遵义新志》作用上以“进”为新，整部书包含着与时俱进的思想，《遵义新志》将整个遵义地区的产业资源单独列为一个章节并且将其分为四个部分进行阐述：（1）人口与土地；（2）农业与农产；（3）矿业与地下资源；（4）工商业与市容。包含图表八篇，逐一记录下遵义百年来人口数量等数据，记述了遵义人口产业发展的概貌，分析了该区域人口变动的原因和规律，具有很高的资治价值。“结论与展望”部分中，作者对于当时遵义的发展现状进行了分析，认为遵义最需要解决的问题有三个，第一是人口问题，第二是粮食问题，第三是动力能源问题。并具体阐述了遵义当时的能源储备情况与桎梏，而“遵义之经济开发，虽已有两千年之历史，但现阶段仍主要为农业生产方式，抗战期间，工商业略有启发，但胜利来临，公私企业已多紧缩”等说法已经具有产业结构不合理等先进经济思想。并为当时遵义经济发展提出了具体的方向和道路，将重点放在人口就业、交通建设、工业发展等方面。

《遵义新志》对于遵义乃至黔北地区的影响不仅仅是文化记录的保存，它的实际应

[1] 王永太．凤鸣华冈——张其昀传［M］．浙江：浙江人民出版社，2006.

用价值更为明显，这就是《遵义新志》先进性和科学性的体现。如今的遵义经济社会发展主要以工业、旅游业为依托，如何解决经济总量小、产业结构不合理等问题成为遵义现在主要的攻坚对象。因此，对人口和产业资源的把握是遵义发展决策中的重要环节。而《遵义新志》的主旨内容与之契合，且具有较高的学术水平，因此书中的许多记述、方法经验如今依然值得借鉴。这也开创了地方志的一个先例，属于研究性的地方志。现实意义巨大。

三、结论

综上所述，《遵义新志》内容上以“实”为新，结构上以“类”为新，作用上以“进”为新，记载梳理遵义自然与人文地理情况，由专家修志，在短短七年时间里，完成了各种实况测绘、资料整理和理论研究并撰写文章，可谓是学界模范。内容要素丰富翔实，特色生动，著述性强，各章都有切实数据、分析和作者观点的阐述，语言严谨科学，资料可信，有据可稽，实用价值极高，达到了图书编纂最初的目的：对以往志书史料有所补充，并使对民生利病有所关怀，《遵义新志》开创了近代研究性地方志的先河，为新地方志的撰写提供了一个模范，后世地方志的撰写均可侧重提高文章的学术性，发挥志书“资治、存史、教化”的功能，并力求准确严谨。而后编纂新地方志强调的“鸟瞰全局，溯古瞻今，揭示规律，评论得失，远瞩未来”的要求，也是从文章的理论性和学术性上对新地方志的编写设立标准，亦可窥见对《遵义新志》的借鉴与继承。

【参考文献】

[1] 史继忠．贵州方志考略［J］．贵州民族研究，1979（1）：95-101.

[2] 杨军昌．中国方志学概论［M］．贵阳：贵州人民出版社，1999.

[3] 陈福桐．读《续遵义府志》［J］．贵州文史丛刊，1996（2）：50-55.

[4] 王永太．凤鸣华冈——张其昀传［M］．杭州：浙江人民出版社，2006.

[5] 肖先治．史笔著春秋、肝胆献伟业——贵州首轮新方志编修综述［J］．贵州信息与未来，2010（2）：4-7.

[6] 严易平，申茂银．论道光《遵义府志》的特色与价值［J］．科技文献信息管理，2017，31（4）：49-51，53.

[7] 傅振伦．中国方志学通论［M］．杭州：浙江人民出版社，2006.

[8] 杨军昌．读志用志试论［J］．中国地方志，1998（2）：46-51.

[9] 史念海，曹尔琴．方志刍议［M］．杭州：浙江人民出版社，1986.

● 试析“乡土志”的产生背景和主要特点

周昌兰

（贵州大学　历史与民族文化学院　贵州　贵阳　550025）

摘　要：作为地方志的形式之一，“乡土志”产生并发展于清末民初。当时中国国内发生着改革；国际上面临其他文明的冲击。在内外客观因素作用、修志人才具备的情况下，它应运而生。其编撰带着爱国必先爱乡；爱乡必先识乡情的逻辑。乡土志用简单平实的语言记录了地方的历史变迁、山川地貌以及物产人文，被运用于乡镇教育，具有较强的实际功效，它在方志学的历史上占据着一席之地，也是中国教育向现代化转型的体现之一。这些特点使其在整体上与地方志一脉相承的同时又别具一格。

关键词：乡土志；清末民初；乡村教育；实际功效；教育现代化

乡土志是清末学制改革的产物，不可避免地带有官方的强制色彩。但是其编撰者却是主动的因素，多由有一定文化底蕴的地方官或附属文人担任。它的编撰对象是广阔却具体的乡村土地，主要涉及各乡的历史、舆地、格致，追本溯源的同时不忘关注现实。再者，乡土志应用于乡村的教育，其社会效益较大，对教育现代化转型的贡献是功不可没的。在记录时代之事的同时，纵向上累积起来的乡土志资料又为我们呈现了方志史演进与民间教育发展的冰山一角。以官方下达的文献作为准绳，它有一定的篇章划分和撰写原则。在总体形式的概领之下，各个地方的乡土志又有略微差异，体现在撰写的方式、篇目的长短以及结构的设置上。不过，乡土志的特点正是在一本本地方志之中才体现出来的。

一、乡土志的概念

《中国方志大辞典》给出了“乡土志”的相关界定 。[1]“乡土志是地方志的一种。

作者简介：周昌兰（1998—），女，汉族，贵州省盘州市人，贵州大学历史与民族文化学院 2017 级本科生。研究方向：中国古代史。

[1] 参考邹涛《20 世纪以来晚清至民国时期乡土志研究综述》得知，还有许多其他众多的关于“乡土志”概念的界定。参见于论文朱士嘉的《方志之名称和种类》；鲜健鹰的《管窥〈宜都乡土调查志〉》；陈其南、邱淑如的《方志〈氏族志〉体例的演变与中国宗族发展的研究——附清光绪〈乡土志〉总目录》。以及一些书籍如刘光禄的《中国方志学概要》；王复兴的《方志学基础》；林衍经的《方志学综论》；陈光贻的《中国方志学史》等。

大致与风土志类同，但所载范围稍异，大致一省、一州、一县，小至一地、一乡。”❶可见，乡土志是地方志中的类别之一，而区别它与其他志书的关键在于所记录的内容。《盖平县乡土志》❷的序记载道：“乡土有志，滥觞于周礼。外史四方之志与《汉书》之郡国志。盖分而言之，则为一县之乡土；合而言之，则皆国家之舆图也。”❸该观点认为《周礼》是最早的地方志，❹专门记载一方乡土事迹的志书。自汉代修国史之后，便有了中央撰史与地方修志的明显区分。而“乡土志”则是晚清出现的特指专门志书的名词。但是，它带有地方志的大类属性，所以，既可以从国家的整体组成部分之一，也能从极具地方特色的角度来看待乡土志。“六、乡土志：乡邑为志，昉于元之镇志，其后江南浙西多有之。乾隆庚辰董士宁之乌青镇志，嘉庆壬戌徐达源之黎里志，其卓著者。”❺傅振伦在论述方志的种类时提及乡土志，虽然它的出现有着特殊的时代背景，但是，其产生同样是有源流的，只是在前志的基础上出现了创新和发展，即质的飞跃。另外，王兴亮对乡土志的相关词义进行了具体的阐述：“根据《周礼·大司徒》《荀子·赋》《宋史·河渠志六》等古籍的记载可知，‘乡’指的是古代中国的一种居民组织。而依照《商君书·错法》《后汉书·班超传》等书中的文字可知，‘土’字不仅指泥土，还泛指土地。至于乡土二字的连用，早在《列子·天瑞》中就已经出现。所以，‘乡土’是一个带有感情色彩的词语，有狭义与广义之分。乡土志则应该从狭义的角度来看。❻”“乡土”泛指个人居住的小环境、成长空间，但也能够涵盖民族和国家的地域范围。单就其记录的内容来说，乃一个地方的实际事物，所以立足点无疑是狭小的乡野。不过，小小的乡土志中却蕴藏着丰富的家国情怀。“乡土”的广义并没有被忽视。只是说这种志书的编撰从狭义的概念出发，即立足于具体的事物，最后却要回归到广义的国家疆域，即指向宽宏的境地。

二、乡土志的产生背景

乡土志产生于清末民初。在特定的时间背景下，中国面临转型。内部统治者以及仁人志士在西方外来文化的影响之下开始寻找出路，并作出相应改变。那正是一个变动着的、处于改革中的时期。乡土志在这个大背景当中生根发芽，此后，成长壮大为时代变化的反映。具体而言，其产生背景主要有三个方面。

第一，西方文化的影响。“乡土志产生较早，南宋绍兴五年（1135）就有常棠编成

---

❶ 《中国方志大辞典》编辑委员会．中国方志大辞典［M］．杭州：浙江人民出版社，1998：3.

❷ 该乡土志并非点校版。本文的断句和符号方面的问题欢迎指正。

❸ 章运熹监修．盖平县乡土志［M］．辽宁：盖平教养工厂（石印），1920（盖平后学郭春藻荫轩序）.

❹ 除了将《周书》视为中国最早的地方志书以外，还有观点称《禹贡》，或《山海经》，或《越绝书》，或《华阳国志》是最早的方志。

❺ 傅振伦．中国方志学通论［M］．北京：商务印书馆，1935：3.

❻ 王兴亮．清末民初乡土教育研究［M］．成都：四川大学出版社，2013：3-5.

的《澉水志》。"[1]个别的乡土志在宋代就已经存在了。但真正具有乡土志意义的，并且产生数量较众多的时期却是在清末，尤其是20世纪初期，朝廷颁布了系列章程之后，乡土志集中地出现在人们的视野之中。这时期乡土志的产生主要受西方影响。"乡土志的编纂，滥觞于清末的学制改革。其教育思想的改变，则受到'欧风美雨'的刺激影响。"[2]第一次鸦片战争后，中国的封建社会受到西方资本主义国家的武力与文化冲击，民族意识也开始逐渐觉醒。通过对外接触与文化传播之后，外国先进的教育方法以及教科书的编撰形式、科目分类便作用于乡土志的编写。[3]"其中，德国和日本的教育对中国的影响最大。德国是最早实施乡土教育的国家，1872年，德国教育部制定了《关于小学校及教员养成的一般规程》，当中强调了解乡村地理的重要性。日本则在明治维新时期发行《新小学令施行规则》。于1872年颁布了《学制令》；1900年再次修改《小学校令》[4]"。两国对于地方教育的重视和教材的编撰方式启发了中国。他们的教材中有科目的分类意识。在关注地理中的山川地貌等自然科学知识的同时，又不忽略历史等人文信息。总之，西方与中国的武力冲突不仅使政府意识到了本国的落后，还让西式教育的零星雨点飘散到中国的大地中，孕育出了不同于旧式的文化因素。而别国的新式教育与先进的知识文化便成了中国改革中借鉴的因素。

第二，政府的政策推动。在民族危亡的情况下，客观上，清政府迫于时局的压力，主观上又有维护自身统治的意识，所以进行了改革。关于学制的改革则是晚清改革的一部分。"清光绪二十年（1894）中日甲午战争后，丧权辱国，列强群起，攘夺权利，国势衰微，封建统治阶级意欲图存，则认为非实行立宪新政不可，于是对现行各种制度进行了改革。"[5]西方入侵的局势摆在眼前，中国政府开始加强对地方的教育，希望凝聚地方的向心力。当中的一些章程涉及了乡土志的修订，这也是乡土志得以大规模产生并继续发展的重要原因。清光绪二十九年（1903）颁布了《奏定学堂章程》[6]。"当中的《奏定初等小学堂章程》主张设立初等小学堂，七岁以上的便可入学。理论上，让他们应该学习八个完全科目，视各地情况可作合并。此外，对教员管理员、屋场图书器具等均做了规定。而《奏定高等小学堂章程》又提出设高等小学堂，为供小学毕业者继续学业，扩充国民知识，强壮国民气体。后还有中学堂、高学堂、大学堂等一系列的章程。"[7]它们的设置，奠定了乡土志写作内容规范的基础。"光绪三十一年清学部在办新学的同时，通令各地纂修乡土志，作为初等小学堂课本，并颁布了《乡土志例

---

❶ 《中国方志大辞典》编辑委员会. 中国方志大辞典［M］. 杭州：浙江人民出版社，1998：3-4.

❷ 王兴亮. 清末民初乡土教育研究［M］. 成都：四川大学出版社，2013：5.

❸ 关于欧洲的初等教育的内容，在王长纯、梁建的《初等教育》等书中还有详细介绍。而关于欧洲教育对清末的影响，在王兴亮的《清末民初乡土教育研究》一书中也有大篇幅的论述。

❹ 李新. 清末乡土教材的产生及其文化价值探微［J］. 湖南师范大学教育科学学报，2013（5）：12-16.

❺ 范学宗. 乡土志浅谈［M］// 中国地方史志协会. 中国地方史志论丛. 北京：中华书局，1984：68.

❻ 这在李新的《清末乡土教材的产生及其文化价值探微》、侯春燕的《关于晚清乡土志编纂的思考——兼谈当代修志的问题与出路》、陈碧如的《乡土志探源》等论文中均有所提及。

❼ 张百熙. 张百熙集［M］. 长沙：岳麓书院，2008：140-170.

目》，这是我国方志史上又一件大事。”[1] 该例目相当于乡土志编纂原则的总章程。当中进一步规范了乡土志的篇章结构和应该涉及的内容。清政府的众多政令是乡土志撰写的重大推动力之一，这在乡土志的序言中就有体现。骈体的《阳城县乡土志》有沈继焱、常赞春、田九德作的三篇序言。“沈序中记录着：‘国家指日立宪，学界振兴，学部大臣奏令天下郡县各撰《乡土志》，以嘉惠小学诸生。盖欲即耳目之见闻，俾循名以核实，此诚居今稽古、行远自迩之善教也’。常序道：‘清季废科举，设学堂，各县学院改称小学，其课程有乡土志编授之功令’。田序如是叙述：‘逊清光绪季年，学部尚书张百熙奏请天下郡县撰辑乡土志，用备小学课读。诏从之。颁示各省学臣，转饬所属奉行’。”[2] 由此可见，乡土志是晚清教育改革中的重要一环。受政策的推动，它产生并不断被完善。其发展是方志史上浓墨重彩的一笔，同时又是晚清教育转向现代化的进程中不可忽视的组成部分。

第三，撰志人才的具备。人的主观能动性是客观事物间的桥梁，而人才则是构建乡土的具体事物与事实记载，即乡土志之间联系的重要因素。“目前存书的绝大多数乡土志书都是当时各地‘府事’‘县事’（县令）负责教育的‘教谕’或其附属文人所编，尤其是按《乡土志例目》编纂的乡土志书，大部分是由这部分人编成。”[3] 撰写乡土志的人才来源多样，当中还有的受过新式教育。其中，地方官编撰乡土志这种情况，从部分新疆乡土志编撰者的身份中就可以看出。“清光绪《伊犁府乡土志》清许国桢编。许国桢，光绪末年任新疆伊犁府知府；清光绪《沙雅县乡土志》清张绍伯编。张绍伯，辽宁沈阳人，光绪末署新疆沙雅县知县；清光绪《疏勒府乡土志》清蒋光升编修。蒋光升，湖南湘阴人，光绪末署新疆疏勒县知县，后任库车直隶厅抚名同知；清光绪《巴楚州乡土志》清张璪光修。张璪光，湖南湘潭人，监生，光绪三十一年（1905）任巴楚州知府等。”[4] 新疆的乡土志几乎都是出自县令、知府之手。而文人修志的状况在《盖平县乡土志》[5] 中有所体现：

巡阅使有徵取之令，营口县有借证之咨。是县志[6]之编辑实为亟不可缓。□有族兄幼樵之门人冯庆澜拔萃，来署相见，极力邀为编辑，讵以黑龙江孙督军函邀入幕，不克，共襄是举。随经推荐郭君春藻，众议院议员孙君孝宗又推荐崔君正峰堪任编辑之事当倩。劝学所长蔡向阳筹备处所相邀，编辑自八年六月至九年一月始成……暨战兴邦贡士共同校正。乃书未校竣，省立第三师范学校有人与战君相熟，竟假阅而详录以

[1] 田雨．清学部颁《乡土志例目》[J]．社会科学战线，1985（4）：189.

[2] 杨念先，杨兰阶，田九德．阳城县乡土志·阳城县金石记（骈散体两种）[M]．栗守田标点校注．太原：三晋出版社，2009：3-8.

[3] 王兴亮．清末民初教育类乡土志编纂群体与社会影响[J]．中国地方志，2014（6）：42.

[4] 王天丽．新疆方志书目提要[M]．乌鲁木齐：新疆美术摄影出版社，2015.

[5] 该本《盖平县乡土志》并非点校版。本文的断句、标点问题欢迎指正。

[6] 这里的“县志”指的应当就是盖平县的乡土志。

去。愈可见斯志之编辑大有裨益，尤为不容缓也……特掇其梗概而为之序。❶

这段序言描述了《盖平县乡土志》的筹备编辑过程，从中可以看出乡土志的编写有地方显贵的门生参与，即附属文人。清末的文官集团已经基本饱和。自北宋以来，大量在科举中失利的知识分子退居乡村，促进了乡村教育的兴盛。况且，晚清的教育改革将变得僵化的科举制度取消，“根据《中国近代学制史料：第一辑下册》记载：‘1905 年上谕：着自丙午科（1906）为始，所有乡会试一律停止，各省岁科考试亦即停止。’至此，标志着延续了 1300 多年的科举制度废止，为近代教育的发展扫清了障碍，此后，学堂在政府强有力的机制下快速发展”❷。于是，逐渐到地方去发展乡村教育的有知识储备的乡贤士绅并不少，他们或因为经济问题而成为地方官的附属文人，或自立门户致力于教书育人，这就为乡土志的撰写提供了人才。无论是官员还是乡绅，他们都是乡土志撰写中最活跃的因素，也是乡土志兴起的背景之一。

三、乡土志的主要特点

区别于其他的地方志，乡土志的编辑人员来源多样；应用的对象是特定群体；编撰的内容大体上形式一致，但其内容本身就展现它独特的性质。以下列出几段各个乡土志中的内容，再从中对比并提炼出乡土志的主要特点。

清光绪间，刘师培鉴于学生自幼即当培养其爱国、爱家乡的思想，创议各省县编辑乡土志，并在《国粹》学报上发表所拟定的体例和纲目。学部赞同，遂定乡土志例目，分为历史、地理、物产、商务等纲，凡 28 目。历史分建置、政绩（附忠义、武功）、兵事、耆旧（附忠义）、人类（指民族）、户口、氏族、宗教、实业诸目。地理分方位、里数、界址、区划、古迹、祠庙、坊表、桥梁、市镇、学堂、山脉、水道、道路、钱粮、杂税诸目。物产分动植矿等物及其制造诸目。奏定《学堂章程》所列《初等小学堂学科》。历史学科主要讲授乡土之大端、故事及本地古先名人之事业。地理学科主要讲授乡土之道里、建置及本地先贤之祠庙、遗迹等类。格致学科主要讲授乡土之动物、植物、矿物。凡关于日用所必需者，使学生知其作用及名称。❸

乡土志一书，在昔八股时代，工骈俪務贴括者，率不以之为重轻。故硕学宿儒有问：“以某山某水之原委；某人某物之事理，辄谢以不知，而不以恥者，所在皆是。”今者国体已更，科学尤重，而学又皆求实际。举几风土、民情、山川、草木、道里、河渠以及人事之遗留；物类之动植，皆有待于研究，以为增长学问，扩充智识之具。此乡土志之所由见重也。惜我盖邑之乡土，志向付阙如间，有见于前清盛京通志者，仅寥寥如晨星。虽事皆徵宝，然或详古而略今，或举大而遗细，未免有挂漏之憾。与今幸崔君溪珊，郭君荫轩，承我邑侯章公之重嘱，不惜殚精竭力搜罗而编辑之。吾知此

❶ 章运熹监修：《盖平县乡土志》，“知县事绍兴章运熺识”。
❷ 刘冬梅．清末教育改革对复式教学的影响［J］．鸡西大学学报，2012（6）：6-7.
❸ 巴县劝学所．巴县乡土志提要［M］// 傅振伦．傅振伦方志论著选．杭州：浙江人民出版社，1992：518.

志既成，小之可以广学士之见闻；大之可以备国家之采择。其有所裨益于学界者，岂仅在吾一邑一乡也。❶

晋县乡土志❷凡例：一编辑是志书就乡土所习见、习闻者一一采择。令诸生明白易晓，以立教授之基础。一是志事求详核，共采辑一百六十课以备初等学校之用。一是志文期简雅，庶不至使俗烂之气入诸生脑髓。❸

国之有史，家之有乘，乡之有志一也。盖天地间之万事万物昙花一现，过而不留，无以记之，将前不见古人后不见来者。将举千载以来，两间之形形色色、光怪陆离，皆惝恍迷离而不可辨，桃花流水杳然一去而不返也。讵非憾事哉。❹

以上便是几部乡土志的序言及凡例部分❺。从这些文字可以看出乡土志的相关特点，它们的表述有相似、重合之处，也有差别。乡土志的主要特点❻大致分析如下。

第一，内容涉及人文地理。大概总分为三大类，即历史、地理、格致，这与清末政府颁布的《学堂章程》《乡土志例目》的要求大体上是一致的。在三大类的基础上再进行细分，乡土志的开头几乎都是书写的地方历史沿革，再介绍地方的人物。如材料一所说，历史之下再分为建置、政绩；地理再分为区划、方位、水道等类别；物产类又有矿物、动物、植物之别。此外，“乡土志的体例结构是根据课时、教学内容和学生年龄而设计的。”❼所以，各地乡土志中的实际篇目设置顺序和名称可能有所出入，并不否认个体存在的差异性，王兴亮也列举新疆和陕西等地的乡土志来说明“乡土志书编纂特点呈现出一定的地域和时间分布特性。”❽但就整体而言，乡土志的内容离不开人文与地理。它为我们分述人物、自然和物产三者的情况，相较客观与直观，又可令人联想到其中的联系，从而引发对乡村问题的深入思考。

第二，语言简单而富有趣味性。从第一段和第三段材料中均可以得出乡土志是为了教育而编撰的，面向的群体主要是乡村的儿童。材料二则指出乡土志的内容涉及面广，所以难免有某些方面深度不够的遗憾。并且，就笔者所翻阅过的乡土志书来看，它们的篇幅都不是很长。所以，无论从受众的角度还是从乡土志的内容进行分析，乡土志当中的语言叙述都是简单易懂的。“晚清民国时期，小学生们的课堂开始变得有趣起来。因为在他们的历史、地理及格致课上，有了更多他们熟悉而亲近的内容。”❾再加上它的编撰对象是具体的地方性人、物，会让当地人有更多的亲切感，在学习之中又

❶ 章运熹监修. 盖平县乡土志［M］. 辽宁：盖平教养工厂（石印），1920（盖邑兴邦宪庭序）.

❷ 该本《晋县乡土志》并非点校版。本文的断句、标点问题欢迎指正。

❸ 李席. 晋县乡土志［M］. 台北：成文出版社，1968：5.

❹ 章运熹监修. 盖平县乡土志［M］. 辽宁：盖平教养工厂（石印），1920（古辰州后学崔正峰溪珊序）.

❺ 还有《醴陵乡土志》《盐井县乡土志》《阳城县乡土志》，其序言和其他内容就不一一列举了。

❻ 据其他学者分析，乡土志还有其他一些本文未单独、详细提炼出来的特点。如侯春燕的论文《关于晚清乡土志编纂的思考，兼论当代修志的问题与出路》中提到的“修纂宗旨、读者群体与别的地方志不同”等。

❼ 陈碧如. 乡土志“名”与“实”［J］. 中国地方志，2007（3）：20.

❽ 王兴亮. 清末民初乡土志书的编纂和乡土教育［J］. 中国地方志，2004（2）：46.

❾ 王新环. 浅论晚清民国时期的教学改革［J］. 黑龙江史志，2010（11）：17.

能够联想到生活的实际，学思结合。费孝通先生也曾在他的作品中回味小学时期学习“香兔子”的经历❶。乡土志不晦涩难懂，但是，并非代表其简略而颇多遗漏，第三段材料中有提到“志事翔实”。该种志书不是一味删繁就简，而是根据实际情况，在详略当中取舍。并且，值得夸赞的是，其语言还生动活泼。

第三，注重实际功效。学习一处的历史有利于了解一个地方的纵向历史变迁，学习地理、物产等则有利于认识当代的社会情况，并进行横向的对比。对应的乡土志可以加深人们对自己家乡的了解。材料四中将国史、家谱与乡土志相提并论，它们都是起记载的作用，记当代之事，也可为后世保留实用的资料。而结合乡土志产生的历史背景可知，通过乡土志教育民众，识得乡情之后，便能够将这种爱乡之情更好地延伸到爱国意识上面，“以后学问逐渐扩充，凡一切知识技能皆足资报效国家之用。”❷掌握实际技能算一种实用；回报国家又算是一种实用，爱国意识则是串联二者的中介。从小及大，由己及国。总之，乡土志的特点是注重实效，立足于现实，获取相应的知识，丰富人们的思想、提升文化素养之后，又回归于现实。

第四，具有现代教育的初步特征。乡土志的编撰受西方教育思潮和教材撰写形式、内容的影响，已经初步具备现代教育的雏形。比如当中体现的分科思想，根据知识的不同，有相应的分类。“乡土志（乡土教科书）源于我国近代初等教育历史、地理、格致合科教科书的编写。”❸从清末到民国，它不断得到发展，又反过来推动了近代初等小学教育的完善。而“对乡土志进行考订，则可以发现乡土志从产生到直接发展为乡土教材是一个渐进的过程”。❹经历清末民初乡土志的影响，后期的乡土教材各方面也在进步，并且，“乡土志虽然体例与传统的地方志类同，但有其创新点所在。而教育则是令它具有主要特征的重要原因。彼时，地方读书人也通过教育把乡民和国民自然而然联系起来。”❺乡土志脱胎于地方志，却带有一些现代乡土教材的特征，虽然乡土志与乡土教材不完全等同，但是乡土志当中的教育因素，如应用于小学课堂、分科的性质，都是不容忽视的。“从突出‘由乡及国’到强调适应地区差异；从史地格致向中小学各科延伸；从多种体例并存向‘教科书体’集中；从多方面参与到以地方教育行政部门为主；从初级小学向整个基础教育扩展。”❻此后，乡土教育的目标定位在慢慢改变，乡土志也逐渐向乡土教材演化，它的产生及演变是推动中国近代教育转型与发展的重要因素。

---

❶ 费孝通．忆小学乡土教育［J］．少年儿童研究，2012（17）：49-50.
❷ 学务处咨各省督抚编辑乡土志文［J］．教育杂志，1905（7）：11-12.
❸ 陈碧如．乡土志探源［J］．中国地方志，2006（4）：48-54.
❹ 王兴亮．清末民初乡土志书的编纂和乡土教育［J］．中国地方志，2004（2）：45-50.
❺ 程美宝．由爱乡而爱国——清末广东乡土教材的国家话语［J］．历史研究，2003（4）：68-84，190.
❻ 李新，石鸥．百年中国乡土教材发展的基本走向［J］．教育学术月刊，2018（1）：85-90.

四、总结

乡土志于中国社会变革时期应运而生，带有时代的烙印。在受“欧风美雨”的大范围影响之下，政府开始实行一系列的措施来应对和抵御风险。其内容、形式等编撰具有西方教育的色彩，但是，它又没有完全丢掉中国的地方志书传统，在当中还可以看到各类古史《地理志》中追溯山川形貌与历史地理沿革的影子。所以，乡土志是中西合璧的产物。另外，其产生同样离不开人物的悉心栽培，撰史者的数量以及质量都足以支撑乡土志大范围、多数量、长时间地成片出现。清末民初，地方的重要性也逐渐显现。一方面，民智慢慢开化，人民学习知识的诉求增多；另一方面，政府在战争面前，意识到团结地方人民、维护政治稳定的重要性。而在该种多元环境中孕育的乡土志不同于其他的地方志书，从内容和体例上就可见一斑。它的内容涉及人文、物产、自然；有科普的性质，语言简单易懂，内容却翔实生动，又没有背离一般地方志严谨的编撰原则；出于爱国教育的目的，当中贯穿着从识乡、爱乡到爱国的逻辑；与此同时，乡土志书中不但没有忽略食货等经济的内容，反而还注重学习的实际功效，这也体现了清末“经世致用”的学风。乡土志是地方志的一个类别，又凭借着众多特点脱颖而出。它促进了国内教育的现代化，在地方志编撰史和中国教育史的发展上都留下了不可磨灭的印记。

●“黔驴技穷”中的历史演变

刘子星

（贵州大学　历史与民族文化学院　贵州　贵阳　550025）

摘　要：通过“黔”所指地的变化和“黔驴技穷”成语的演变历程，发现对于“黔驴技穷”的认识存在两个方面的错位：其一为地域范围的认识错位，其二为成语在传播过程中造成的错位，并判断在民国时期报刊出现对该成语的频繁使用，加深了对“黔驴技穷”的误解。进一步在这种错位之中找到是何种原因让“黔驴技穷”与贵州发生错位，并在“黔驴技穷”的现象背后阐述推动“黔驴技穷”错位发展的因素，以及分析“黔驴技穷”中不同的历史记忆的延续和再记忆过程。

关键词：黔驴技穷；地域变迁；历史记忆

在诸篇关于“黔驴技穷”的辨析文章中论述了“黔”所指并非贵州，但是忽视了“黔驴技穷”是何时开始指代贵州的变化这一问题，或者是何种因素让它开始指代了贵州。张何清基于《黔之驴》一文并结合历代的“黔”地所指，分析了“黔驴技穷”并非指贵州，但对“黔驴技穷”何时开始指代贵州没有进一步探究。刘林对《黔之驴》这篇文章与“黔”地进行了说明，指出《黔之驴》的“黔”应该是在黔中道辖地内，而不是指今天的贵州，但缺乏更准确的比较以及忽略了成语的变化。值得注意的是他们基于对“黔”地的认识，发现了“黔驴技穷”中“黔”非贵州，对今天再认识该成语具有直接意义。

一、“黔”与贵州

众所周知，典故“黔驴技穷”源于唐宋八大家之一的柳宗元所写《黔之驴》一文，文章以驴与虎的多次交手，得出了驴“技止此耳”。对于柳宗元所写的这一故事的真实性不可得知，但该文是一篇古典寓言，作者想通过此故事来比喻有限的一点本领也已经用完了。

对于该文特别值得注意的地方，便是柳宗元开头所提到的“黔无驴”，即这条驴不属于“黔”，然却产生了对该成语的误解。当下的“黔”是贵州省的简称，而在历朝历

作者简介：刘子星（1999—），男，土家族，贵州印江人，贵州大学历史与民族文化学院 2017 级本科生。研究方向为地方史与地方文化。

代之中的“黔”与当今的“黔”存在着明显的不同，为了明确“黔驴技穷”这一根本就是悖论的历史记忆，需要进一步考证“黔”的出现及其指代范围的演变。

在柳宗元所处的唐代，“黔中”也叫“黔中道”，而“黔中”一名最早见于《史记·秦本纪》：“魏筑长城，自郑滨洛以北有上郡；楚自汉中南有巴、黔中。”据谭其骧先生所编《中国历史地图集·先秦》中标示出的“黔中”的具体范围，明确在今天渝、黔、湘、鄂四省交界处。

秦汉时期，基本上沿袭了先秦时期“黔中郡”的地理沿革，至公元前 202 年，汉改黔中郡为武陵郡，而新莽时改名建平。东汉复称武陵，隶荆州，其范围与上述四省交界处相差不大。

公元 627 年，划全国为十五道，黔、夷、思等州隶江南道。公元 669 年定黔中、岭南、闽中三道之州。公元 777 年，设黔中经略招讨观察使，领黔、施等十一州，治黔州。从谭其骧主编的《中国历史地图集·隋唐五代》与今地相比：北至重庆的彭水、黔江之北，西边至今天重庆涪陵东部，下至贵州道真，南至贵州的务川，东边包括了贵州沿河、重庆的酉阳，上接黔江，所以唐代柳宗元所指的“黔”应该是以上地域范围。

宋代的“黔”的地理范围有两个所指。一为黔州黔中郡武泰军节度后政升为绍庆府所管辖的范围，大体未变仍沿唐代的黔中；二为只存在了较短时间的黔南路，其辖及大部分在今广西，即今宜山、柳州、环江毛南族自治县、三江侗族自治县诸地，在今贵州只有从江、榕江连接处一片，宋代“黔”所指范围并未有大的变化。

元明的全国行政划分中，在今贵州省的范围内没有以“黔”命名的地名，但“贵州之得名始于元。至元十六年，诸蛮条、置八番、罗甸等处军民宣慰使及都元帅府于贵州，是以有贵州之名也，厥后相沿而勿改”。1413 年，明朝廷在贵州设立了“贵州布政司”辖 8 府，后改为 13 府，这便初步奠定了当今贵州的行政区域范围。

在清朝的地方行政划分之中，“黔”再次被引入了贵州地名中。1664 年，平水西安坤叛，以水西地置黔西府，隶贵州布政司。1684 年，降黔西府为黔西州，属大定府。1687 年，调整府治，以黔西州属威宁府。1730 年，府治又调，黔西州复属大定府。清朝在明朝贵州建省的行政地域之上再次对贵州省行政地域范围进行了调整。因此此时的“黔”所指代的地理范围与今天的“黔”所指范围基本上吻合，在一定的基础上也说明了“黔”所指的贵州这一地区便在这一时期出现固定的认识概念，虽此时的“黔”与当今“黔”仍旧不同，它只是针对“黔西府”所提出却对民国时期在贵州设“黔”地名具有较大影响。

民国时期贵州地区中各地的范围得到了进一步的划分和区别。民国二年，定贵州省行政首脑曰民政长，下设黔中、黔西、黔东三道观察使。黔中道治贵阳，辖贵阳、定番（今惠水县）等 31 县。黔西道治毕节，辖毕节、大定（今大方）等 23 县。黔东道治镇远，辖镇远、施秉等 27 县。从明代沿袭至清，再至民国，贵州的行政区域与当下贵州的行政区划渐渐接近，是当下贵州省下辖的三州五市的最初的地域行政模型，在此过程中逐渐形成了“黔”指贵州的认同。

除此之外，从历代对贵州进行纪实的地方志中也可以发现“黔”与贵州的关系。《黔记》是明万历年间任贵州巡抚的郭子章根据所闻所见编撰而成的纪传体贵州地方志，从作者成书的时间以及以“黔”命名的书名，便可以发现在明万历时期，以郭子章为代表的贵州地方官对贵州与黔的认识已基本一致，“合行云南抚接衙门，将前项加编银两，难以彼此，用济黔省目前之急”；另外，在清人田雯所编《黔书》之中，也出现了“黔省”的表达“臣非敢过渎宸聪，实以黔省穷荒固陋，必崇文治而后可以正人心”。诸如以“黔省”的表达在文中甚多，在后人张澍所编《续黔书》中也便如此，而清人吴振棫所编《黔语》更是围绕贵州全域进行的地方性质的描述。《黔记》以“黔”命名的地方志书为开端，它分别有两层的意义，其一为在作者的认识中黔是贵州的代称，其二是作为传统社会传递知识信息的方式，以“黔”命名的地方志书扩大了“黔”的传播范围，抑或可以认为诸多以“黔”代指贵州的地方志书是造成后人认识“黔驴技穷”这一故事记忆的直接带入的原因之一。

不管是从唐至宋，还是元明之间，“黔”都是在变化的地理区域。不难发现，“黔”的指代存在着明显的“断裂”，这种断裂的出现，可能导致的结果是对前代“黔”所指地域的记忆的遗忘或者是遗失，而造成断裂的原因是不同的朝代对待地方的不同具体政策以及相应的需求。这便可以说明前代所指的“黔”，至后代时已经是以一个全新的地理指代出现在视野之中，但它始终都与以前的朝代有着密切的联系。这却变成了一个问题：既然“黔驴技穷”中的“黔”并不是指代贵州，那么“黔驴技穷”又是何时或者以何种方式以一种“指鹿为马”的错误盖于贵州的身份之上的?

二、“黔驴技穷”的演化及传播

“黔驴技穷”追本溯源至唐代柳宗元《黔之驴》，但在柳文中并没有提及和概括出四字成语，这四字的成语显然是后人通过阅读之后的提炼。通过对比文献中唐宋元明清对“黔驴技穷”的使用，便发现“黔驴技穷”四字成语的出现实则上是一个缓慢的演变过程。

文献中记载有“黔驴技穷”之意的词语使用，最早出现在唐代文学家柳宗元一篇名为《永某氏之鼠》的词中“……黔驴之戒，其犹在得失之域……然士与王朝，人以黔驴为戒……”。柳宗元在这篇文中自引“黔驴”两字，借用《黔之驴》这一古典寓言所表达的意思。除上述以外，根据所查找文献资料，表 1 内容便是“黔驴”所出现的朝代及具体出处。

表 1 “黔驴”所出现的朝代及具体出处

序号	文献出处	作者	文献朝代	内容
1	《永某氏之鼠》	柳宗元	唐	“黔驴之戒，其犹在得失之域”
2	《秦少游年谱长编——元祐八年癸酉四十五岁》	徐培钧编	宋	“羌人谁谓多筹策，止有黔驴技一蹄”
3	《亳州乞致仕第三表》	欧阳修	宋	“昔而少健，黔驴之技已殚”
4	《和武平学士岁晚禁直书怀五言二十韵》	欧阳修	宋	“贪荣同卫鹤，取笑类黔驴”
5	《贺新凉·甲寅春闻襄寇退》	李曾伯	宋	“自愧黔驴无伎俩，桑土绸缪盍早”
6	《诘猫赋》	刘克庄	宋	“信半质之难矫兮，况驴技之已陈”
7	《雪夜冰琴诗为邓静春赋》	柯九思	元	“余生两耳获亲赏，所恨黔驴惟技拙”
8	《灭虏之策》	朱舜水	明	“况黔驴之技人穷，山鬼之术尽露”
9	《答王师吉书》	朱舜水	明	“特恐黔驴技尽”
10	《温州经籍志》	孙诒让（清）	明	“伎俩止而，潦豕黔驴，人将笑之”
11	《盗有徒为贼》	徐珂	清	“小孽障必在此，黔驴之技止此耶”

在文献资料中对《黔之驴》故事的引用并未出现“黔驴技穷”四字，而是引其中的一词两字来表达柳文中的含义。从文献中发现，“黔驴技穷”成语的出现并未在唐宋元明时期，可能是之后的一次提炼的结果。在明清某些文献中，《黔之驴》故事的引用实则是突破了唐宋时期对仅限于词语的角度，而把这则故事提炼成了一个规范的成语。

在明清文献中，明末户部尚书毕自严的著作《石隐园藏稿》中说，“六年持筹嗟仰屋，华发种种类临深，匪朝匪夕躬尽瘁，畏首畏尾力难任。黔驴技穷驽马殚，倦鸟回首思高林”。毕自严一文突破了原先《黔之驴》仅限词语的使用，是在现已查文献中最早使用“黔驴技穷”成语的。另外，从另一则材料之中，可以发现毕自严对贵州是有了解的。崇祯年间，毕自严所撰《度支奏议》云：“黔中之田，原不论顷田，而止论段落，犹未脱荒服之习俗也。”所以，结合这两则材料，不难发现，毕自严对“黔驴技穷”的认识是带着一定的主观偏见而致。

成语渐渐被表达以及和使用被规范起来，这不仅是后来成语广泛流传的基础，还是突破文献记载达到口耳相传的根本条件。在资料《法军侵台档案补编》中，“……亦有不能久宕之势；幸与诸同事详酌焉。谢酋黔驴技穷，究作何态？极为系念……”。综上，皆可看到明清时期“黔驴技穷”逐渐以完整的四字成语出现的现象。

不仅如此，《黔之驴》作为一种民间曲艺被吸收和改造，并且广为流传。“黔之驴”的寓言故事获得引用和广为人知的传播，当然需要借助于符合大多数人所喜爱的传播方式——曲艺。作为传播的对象，“黔之驴”需要一个面向大众的传播媒介，而且要突破只限于传统书籍记载的限制，又要代表大众能接受和认识的方式。曲艺，作为一种大众接受面广泛的民间艺术，其取材往往来源于历史及民间流传的故事，曲艺的种类因不同的地域而呈现的更加丰富，其中子弟书是流行于清代中晚期北方的一种满汉融合的曲艺文学形式，故事所具有的寓言性和诙谐性，让它在大众中广泛地流传，曲艺的传播形式，让《黔之驴》故事传播的受限条件大大减少，因它不需要过高的文化认识水平，而是作为一种口耳相传的故事在大众中广泛地流传，让故事自身也不会在流传中丢失，反而会成为家喻户晓的经典故事。这一阶段对“黔之驴”故事的认识是导致“黔驴技穷”记忆发生错位的开始。首先，大众对“黔之驴”的寓言的熟悉；其次，在清代“黔”已经在贵州的地域划分之中出现，大众不会对过去“黔”地变化进行追溯，这便引起人们对“黔驴技穷”认知的错误；最后，导致大众对“黔驴技穷”进行记忆时也遗忘了原本的历史记忆。

在“黔驴技穷”之中所发现的不只是“黔驴技穷”指代的变化，而是对“黔驴技穷”的认识观念的追溯。既然“黔驴技穷”存在认识偏差，那便应该在回顾历史演变的过程中去寻找这种认识偏差的因素。成语，在一定程度的意义上不只是一种语言表达的使用，而是成了社会史的范畴，其中可能包含了不同的社会因素，但它足以表现这一时期中的某一个成语在人们观念中的定型，以致这种定型对后代的影响之深。如果以一种“管中窥豹”的视角去认识“黔驴技穷”的历史，便能认识到历史中的局部性却有展示全面性的趋势。所以对“黔驴技穷”中“黔”的指代错误发现，到“黔驴技穷”何时出现的这种错误，再到认识真实的过程，其内容十分丰富。

通过对比“黔驴技穷”形成的阶段，发现明清时期“黔驴技穷”出现的次数有限，并且不能表示“黔驴技穷”所形成认识的普遍性。明清以前的文献中所使用的“黔驴”或“驴技”也只停留于对《黔之驴》故事的寓意的引用，出现“黔驴技穷”的四字成语的使用也寥寥无几。进一步把视线置于近代以来的文献资料之中，便发现在近代的各种类型的报刊中，出现了大量的“黔驴技穷”的四字成语，近代报刊之中出现的较多“黔驴技穷”的成语，实则说明人们开始普遍的使用和广泛的传播。“黔驴技穷”的演变至近代在报刊媒介中广泛使用，近代报刊作为词作的重要载体，在传播词学的过程之中，又对词学观念的转变有着重要作用。新的媒介对该成语的使用唤起了人们对“黔驴技穷”的记忆，媒介记忆的出现，让原本沉淀的历史重现在大众的眼前，媒介记忆也会成为一种历史积淀，成为历史形成的范畴，成为历史记忆建构中的一部分；相反，历史记忆也会死而复生成为新的媒介记忆，并且以最直接的方式继续延续。这便是人们在认识和记忆的过程中，逐渐把故事中所表达的内容加以所处的真实时代之中，进而导致近现代以来的大众对“黔驴技穷”的进一步错误理解和认识。

大量报刊载体让“黔驴技穷”所表述的故事及字面意思直观地展现在大众的面前，大众对其认识也只停留于字词的表面。相对于之前的传播形式，报刊在传播信息的同时也对诸多具有代表性的成语起到了重大的推广作用。这种普遍性的传播形式，加之所停留于表面字词的认识，辅之“黔驴技穷”自身诙谐的故事情节，再加上“黔”所指代地的断裂延续及相应的地理范围的变化，导致了“黔驴技穷”的故事渐渐层累，并最终成为“三言两语”说贵州中的两语之一。

三、“黔驴技穷”的历史记忆

前文已经对“黔”所指地和“黔驴技穷”演变有了一个粗略的概述，发现其中存在着巧妙的逻辑联系。唐宋，所指的“黔”并非今日的“黔”，直至 1413 年贵州建省，“黔”的变化才发生了与前代不同的改变，但元明时期贵州并无“黔”所称地名，仅从明代与贵州相关的地方志中，可以发现贵州与“黔”在地方官认识之中已一致，即“黔”为贵州。清朝“黔”在贵州的地名中再次出现，直到民国时期贵州地域范围被分为了黔中、黔西、黔东。此时的“黔”与贵州的一致性相比明清时期更为具体深刻。

在清代“黔”再次从史籍之中脱壳而出时，成为具有鲜活生命的地域范围，并随着进一步演化，固定了“黔”所指的贵州。这样一种客观的地理名称辅之以灵活且传播范围广的艺术形式，《黔之驴》的故事也在变化之中慢慢地指代了贵州。从明到清，贵州始终是处于一个西南边陲的地带，相比京畿、江南地区，可以说是一个近乎没有“存在感”的地区，其在诸多人的心中也是近于“是非之地”，而“黔驴技穷”的成语褒贬义中，其带有明显的贬义，自然形成了“黔”的初印象和“黔驴技穷”在空间和意理的层面上最为错误的指代产生，便是“黔驴技穷”中“黔”所指的便是贵州。这一种张冠李戴的错误也在不经意之间成了贵州的身份“标签”，最终演变为一种理解且广泛的传播，导致的结果便是对贵州的错误理解和片面看法。

区域名称的不断变化和近代以来新的传播方式是对该成语的使用和认识最为直接的推动力，这种推动力把对贵州的理解和“黔驴技穷”的语义诠释进行“逆向提升”。随着新的传播方式的推广，在广泛使用“黔驴技穷”这一成语的同时也让大众加深了对这个成语的理解，而这种推动力的持续性和顽强性至今仍可所及一二。

纵观“黔”的指代变化和“黔驴技穷”的演变历程，“黔驴技穷”背后的历史故事并没有在历史发展的过程之中有所改变，但是“黔”地所指却在历史过程之中发生了巨大变化。历史中的动与静的表达或以一种宏大的巨变展开，但更多的是一种潜移默化的变。抑或可以说，“黔驴技穷”寓言故事始终没有变化，就像笔直的轨道，其无比的径直，但如果以微观的视角对历史进行一层一层的剥离，便可以看出在径直中也含有弯曲的现象。这种微观的弯曲也只有呈现在细微的历史之中，因为宏大的变化是一眼所及，而在细微之中便是细微的变化。那么在“黔驴技穷”成语的认识中便也解释了“变”与“静”的不协调会导致在流传过程中出现记忆的误差。

此外，从“黔”的演变历程来说，每一个时期中对“黔”的指代的区域是有一定的基于前代认识的基础之上，带有浓厚色彩的主观认识在毫无驳斥力的客观发展前，显示出了铿锵有力的一击。“黔驴技穷”与“黔”之间存在的一种错位的“历史记忆”，而最异为前者的“历史记忆”中有着极其丰富的主观记忆在其中，而后者便是承托了

“历史记忆”之中原本的记忆部分。在“黔驴技穷”的认识中如同嵌入了技艺精湛的“历史记忆”使之被主观化，而在客观的发展中又带着让主观认识得以延续的认识，历史和记忆都既有关于过去，又有关于现在。在彭刚看来，观察过去与现在之间的关系，也有着不同的视角。其一是过去不断绵延累积而至于现在。其二是由克罗齐的著名命题“一切历史都是当代史”得到说明。这一蕴含丰富的命题，其中一层题中应有之义就是，人们总是从当下生活中的需要和关切出发，而将目光投向过往中的某些片段和层面。对于记忆而言，或许我们也可以说，记忆乃是对于过去经历遗存在人们头脑中的印痕的不断重构。于是，在即将相交之处又出现了崩裂的局面。客观的发展局面开始出现与主观认识相异的因素，逐渐增多的主观认识开始否定了基于原来的认识，便开始了一种“偏离”，“黔驴技穷”却是一个相反的方向发展，由于客观的事实不断地重构，主观认识直接架构于后来较之稳定的客观事实上。于是，在现实与过去不断对话的同时也将客观的事实颠倒。

【参考文献】

[1] 张清河．“黔驴技穷”的“黔”，并非贵州［J］．文史天地，2008（9）：45-47.

[2] 刘林．被误读的“黔驴技穷”［J］．贵阳文史，2012（4）：40.

[3] 尚永亮．柳宗元集［M］．南京：凤凰出版社，2007：164-165.

[4] 王燕玉．“黔”字所系的地望沿革［M］// 贵州史专题考．贵阳：贵州人民出版社，1986：154-164.

[5] 郭子章著，赵平略点校．黔记（中）［M］．成都：西南交通大学出版社，2016：467.

[6] 田雯编，罗书勤，等点校．黔书［M］．成都：巴蜀书社，1992：14.

[7] 陈洪，杨恂骅．论子弟书对唐代寓言的接受与重构——以《黔之驴》为例［J］．贵州大学学报（社会科学版），2015（6）：143-146.

[8] 王新立．晚清近代报刊对词学的传播与影响［J］．文艺评论，2016（4）：13-18.

[9] 邵鹏．媒介记忆与历史记忆协同互动的新路径［J］．新闻理论，2012（5）：12-15.

[10] 彭刚．历史记忆与历史书写——史学理论下的“记忆转向”［J］．史学史研究，2014（2）：1-12.

● 高校学生党支部标准化建设论略

张　月
（贵州大学　历史与民族文化学院　贵州　贵阳　550025）

摘　要： 高校学生党支部是党的最基层的组织，加强高校学生党支部建设是落实高校全面从严治党的内在要求。目前高校学生党支部出现队伍建设不够专业化，理论学习不到位；组织建制不合理，监督执行履行不到位，先锋模范作用不突出等问题。这些问题是高校学生党支部标准化建设的障碍性。

关键词： 学生党支部；标准化；内涵；现状；意义

党的十九大报告中指出，“党的基层组织是确保党的路线方针政策和决策部署贯彻落实的基础。”“党支部要担负好直接教育党员、管理党员、监督党员和组织群众、宣传群众、凝聚群众、服务群众的职责，引导广大党员发挥先锋模范作用。”高校学生党支部作为基层组织，最为直接地体现了高校的全部战斗力，加强高校学生党支部标准化建设是我党永葆生机活力的重要条件，也是全面推进从严治党的内在要求。因此，加强高校学生党支部标准化建设，是高校各级基层党组织和每一位党务工作者必须认真深入思考的重大问题。

一、高校学生党支部标准化建设的内涵

“标准化是指在经济、技术、科学及管理等社会实践中，对重复性的事物和概念，通过制订、发布和实施标准达到统一，以获得最佳秩序和社会效益。”党建标准化建设的源头可以追溯到21世纪初的企业，始于国有企业开始尝试将企业内部的质量管理体系导入企业党建，以其质量管理的标准对党建工作进行规范化。“党支部标准化建设就是将企业标准化移植、创新到党支部建设中，按照定量与定性相结合的方式，将党组织工作任务清单化、质量标准化、流程规范化、推进责任化。”

党支部标准化是指导和落实党的建设的一套目标、制度、过程、载体和方法。高校学生党支部标准化应该是在基本组织设置方面、基本队伍建设方面、基本制度执行方面、基本任务落实方面、基本保障配套方面等相关条件逐步优化和完善的条件下，按照各方面的标准化建设深入推进，并在具体操作过程中预定计划、加强执行与监督、

作者简介：张月（1987—），宁夏石嘴山市人，讲师。研究方向为高校党的建设与学生工作。

量化评估考核等来强化学生党支部建设。具体来讲，高校学生党支部标准化建设是要在组织建设、队伍建设、党员发展、监督考核等方面坚持标准，认真做好学生党员发展工作，抓好学生入党积极分子、党员发展对象培养教育工作，坚持“三公示三投票一答辩”，严格落实党内组织生活各项制度，强化日常管理，落实标准化建设，推动学生党建工作。

二、高校学生党支部标准化建设的现状分析

高校学生党支部是最基层的党组织，高校学生党支部建设是推进高校党建工作发展的重要内容。目前高校学生党建的发展虽然取得一些成绩，但是问题依然存在。

（一）高校学生党支部标准化建设实施现状

随着全面从严治党的深入开展，“2016 年江苏省委教育工作委员会颁布了‘江苏省基层党支部工作标准’，2017 年中华人民共和国教育部党组颁布了《普通高等学校学生党建工作标准》”，各省相继出台相应政策，如“海南省 2018 年印发《海南省直属机关全面从严治党标准规范》为海南省高校党建工作提出明确的发展方向。”2019 年 3 月贵州省委出台《关于推进全省党支部标准化规范化建设的实施意见》。各省市高校根据教育部政策相继出台党支部标准化建设的实施意见，结合具体实际制定具体的实施办法，进一步加强高校基层党支部标准化建设。

（二）高校学生党支部建设存在的问题及分析

1. 高校学生党支部队伍建设不够专业化，理论学习不到位

随着教育体制改革的深入，高校对教师的要求逐步提高，面临市场竞争，各种科研压力、教学任务、评估考核等工作使得教师将重心转移到自身的发展与培养人才上，一般不担任学生党支部书记，而学生党支部书记一般是由学生或者辅导员担任。高校辅导员由于要应对各种学生事务，多种职务压身，时间上不能够保证理论学习，创新更是无时间思考，而学生由于课业紧张、学生活动、评优评奖等各方面压力，党支部工作也是处于完成工作任务的状态。再加上高校对学生党支部书记缺乏系统的专业培训，多数处于摸索状态，所以高校学生党支部队伍建设专业化不够，导致党支部理论学习不到位，政治理论素养提升被忽略，高校学生党员出现理论不强，党支部的凝聚力和战斗力弱化。

2. 高校学生党支部组织建制不健全，管理弱化

根据《中国共产党支部工作条例（试行）》规定，有正式党员 7 人以上的党支部，应当设立党支部委员会。“党支部委员会设立书记、组织委员、宣传委员、纪检委员等，必要时可以设 1 名副书记。”由于高校各学院的学生人数不一，发展学生党员数量不一，高校学生党支部设置方式不一，有以班级为单位，或以年级为单位，或以专业

为单位等，党小组和党总支的设置也不一，且在选优配方面有待提升，因此高校学生党支部出现组织建制有待进一步健全，党支部管理亟待加强。

3. 高校学生党支部监督执行履行不到位

党支部应该做好党员管理工作，规范组织生活，“坚持‘三会一课’制度，党员必须参加党员大会、党小组会和上党课，党支部要定期召开支部委员会会议。”高校学生党支部队伍和制度建设基本健全，但在监督和执行力度上有待加强。党支部在民主生活会制度、“三会一课”制度，发展党员制度，民主评议党员制度等方面缺乏切实的监督，监督力度不够，出现表面化、形式化、娱乐化。

4. 高校学生党支部战斗力与党员先锋模范作用不突出

学生党支部换届后，新支委缺乏系统专业的培训和学习，对党支部工作、党员发展及党务工作等处理摸索状态，学生党支部书记工作的兼任状态使得理论学习时间上无法得到有效保证，不够全面深入、执行与监督不到位等，以至于高校学生党支部缺乏组织力和战斗力。同时现代化进程的加快，使得党的建设过程中的一些主体要素、制度性要素、程序性要素、保障性要素、价值性要素的规定、要求、原则等多少会被削弱，所以党员的理想信念也存在弱化现象，党员的先锋模范作用也没有得到充分发挥。

5. 高校学生党支部的工作及思路缺乏创新性

新时代的大学生党员多为“95”后甚至出现“00”后，个性鲜明，思想活跃，获取信息的渠道不仅仅局限于书本和课堂的传统教学。传统教育方法和理论学习方式已经不能够满足当代大学生的需求。现在多数学生党支部活动仍然是以传统的方式开展，如读读报告、学学文件、看看电影等，这种方式缺乏吸引力，更缺乏创新性，导致党员同志对支部活动不感兴趣。党支部活动缺乏创新，组织缺乏活力，凝聚力不强，所以达不到理想的效果。因此党支部书记应该结合新时代要求不断解放思想，创新工作。

三、高校学生党支部标准化建设的现实意义

高校学生党支部肩负着大学生党员教育、管理、监督、组织、宣传等职能，在思想政治教育和价值观培养方面发挥着重要的引领作用，也是高校党建工作的关注点。高校学生党支部标准化建设，不仅是推动高校全面从严治党的有效举措，也是加强高校基层党组织建设的现实需要。

1. 强化政治导向，增强凝聚力和战斗力，发挥党支部战斗堡垒作用

大学生正处于人生的起步阶段，也是政治起步阶段，能否成为社会主义建设事业的合格接班人，关键在于政治方向是否正确，所以大学生党员要努力提高政治站位，坚定理想信念，不忘初心，牢记使命。积极推进高校学生党支部标准化建设，必须突出政治功能，将政治建设放在首要位置，帮助大学生党员树立正确的世界观、人生观、价值观，提升自身整体素质，提升学生党支部的凝聚力和战斗力，巩固高校基层党组

织的基础性地位，促使高校学生党支部充分发挥其战斗堡垒作用。

2. 厘清工作脉络，严格标准程序，贯彻落实高校全面从严治党要求

加强高校学生党支部标准化建设，是全面从严治党的内在要求。高校学生党支部数量多，分布广，是高校加强党的建设和大学生意识形态教育工作的重要阵地。学生党支部担负着发展和教育党员的重要职责，要严格按照党员发展流程培养和发展优秀青年加入组织，重视党员的先进性、纯洁性及政治素质的全面性考察，使其在思想上和行动上齐入党。新时期加强党的建设，全面从严治党，既要从上到下，也要从里到外。因此，做好党员发展的“进口管理”是贯彻落实高校全面从严治党的内在要求。

3. 明标准严落实，培养高质量党员，充分发挥学生党员的先锋模范作用

高校学生党支部标准化建设关键在于制度标准的落实，高校学生党支部以学生党员为主要细胞，严格落实“三会一课”制度，严格规范党员发展、组织学习等，在严格标准规范的条件下发展优秀党员。优秀学生党员在日常学习生活中，能够主动认真地履行党员的权利和义务，敢于攻坚克难，拼搏进取，努力完成组织交给的工作和任务。这种主动性与积极性能够带动和影响身边的人共同进步，起到模范带头和桥梁作用，因此高校学生党支部标准化建设有利于充分发挥党员先锋模范作用。

4. 量化考核标准，增强工作实效，推动党的事业健康发展

青年党员是社会主义事业的建设者和接班人，培养质量关乎党的事业的发展。高校学生党支部作为培养和输送优秀学生党员的摇篮，要严明组织纪律性，敢于开展批评和自我批评，在年度的民主评议中结合具体实际，量化考核指标，从理论学习、党日活动、实践活动、学习方面、模范作用、社会服务等多方面进行考核，重视群众的监督意见，增强工作实效。学生党员同志应通过民主评议，反思自己，努力增强政治意识，提升政治素养，努力奋进，以建设社会主义现代化强国为己任，推动我党事业健康发展。

四、结语

中共中央印发《中国共产党支部工作条例（试行）》和中共教育部党组印发《普通高等学生党建工作标准》之后，高校学生党建工作已经取得了一些成效，学生党支部标准化建设也在积极探索中，需要根据新时代的发展与学生的培养与时俱进，在实际工作中进行不断检验和完善，因此学生党支部标准化建设是一项长期工程。

【参考文献】

[1] 习近平. 决胜全面建成小康社会 夺取新时代中国特色社会主义伟大胜利——在中国共产党第十九次全国代表大会上的报告［EB/OL］.（2017-10-27）［2018-05-11］. http：//politics.gmw.cn/2017-10/27/content_26628091.htm.

［2］何彪，邹靖．新时期高校基层党支部标准化建设探讨［J］．领导科学论坛，2018（9）：57–58.
［3］何慧琳．浅析新时代高校学生党支部标准化建设的重要性［J］．决策探索（下），2019（3）：36.
［4］李明．全面从严治党视野下高校基层党支部标准化建设［J］．法制与社会，2019（7）：147–148.
［5］何彪，邹靖．新时期高校基层党支部标准化建设探讨［J］．领导科学论坛，2018（9）：57–58.
［6］中共教育部党组织关于印发《普通高等学校学生党建工作标准》的通知［EB/OL］．（2017–03–10）［2017–05–11］.http：//www.moe.gov.cn/srcsite/A12/moe_1416/moe_1417/201703/t20170310_298978.html.
［7］范华莉，徐晓亮．新时代高校学生党支部标准化建设研究［J］．文化创新比较研究，2018，2（35）：23–24.

● 以史学前沿意识的培养为基点的课堂教学模式探讨

——以贵州大学《中国近现代史专题研究》为例*

袁轶峰

（贵州大学　历史与民族文化学院　贵州　贵阳　550025）

摘　要：以先进教育理念为引导，通过独特而丰富多样的课程教学设计，拟在真正意义上探究课程授课方式，真正实现课程主持者与听课者之间在特定范围内的思想、观念、推理、辩论等的动态互动交流，在教学模式上，推行以学生为中心、以问题为导向、基于学术前沿意识培养的探究式、讨论式、参与式等教学模式改革，即“讲授模式”“研讨模式”“专题模式”三种教学方式，努力构建学生自主、教师主导下的学习、研究和实践相结合的教学模式。

关键词：学术前沿意识；课堂教学模式；中国近现代史专题研究

一、问题的提出

21 世纪是知识创新、技术创新、理论创新和体制创新的世纪，其中知识创新和理论创新是其他一切创新的基础，中国近现代史的特殊地位决定了它在知识创新和理论创新中所具有的重要作用，而要繁荣中国近现代史研究，又不可忽视以学术前沿意识的培养为基点的中国近现代史的研究。只有我们掌握了这一学科学术前沿，才能更好地收集、考证、整理和利用史料，增强对中国近现代史史实的感受能力、判断能力、理解能力和驾驭能力，更好地总结历史规律，“以史鉴今”“资政育人”，在建设中国特色的社会主义事业中发挥更大的作用，因此基于学术前沿意识培养的中国近现代史课程在教学中具有重要的意义和作用。

近年来，学术型研究生教学在强调基础知识体系传授的同时，不断加强学生科研

*　基金项目：教育部中西部提升计划贵州大学第二批研究生重点课程“中国近现代史专题研究”（编号：贵大研 ZDKC〔2015〕009）阶段性成果之一。

作者简介：袁轶峰（1977—），男，江西吉安人，贵州大学历史与民族文化学院副教授，历史学博士。研究方向为中国社会史。

能力的培养和训练，使学生的专业研究能力得到了一定的提升，这是一个令人欣慰的变化。然而，由于一个关键环节的缺失，使学生整体科研能力和素养多有缺憾。这个关键环节就是“史学前沿意识”的培养。史学前沿通常汇集了这个学科领域最具指向意义的理论、方法和动向，汇集了一批具有代表性的学者及其著作。吴琦教授较早关注史学前沿在培养学生中的作用，他认为，学术前沿的发展脉络还是十分清晰的，社会史和文化史是史学界最能体现创新和变革的前沿性领域。这表明史学界越来越明确地意识到史学前沿是史学领域最重要的阵地。不过，人们在深刻地认识到史学前沿重要性的同时，似乎都没有明确思考“史学前沿”的内涵到底为何？所谓“史学前沿”，即指史学研究中代表史学发展趋势，引领史学发展方向，汇集史学研究的新范式、新方法、新观点、新视角等的学术领域，史学前沿是史学发展不可或缺的学术力量。毫无疑问史学前沿在历史教学中发挥着重要地位和作用，但如何将“史学前沿”运用到实际的课堂教学过程之中，还有进一步研究之必要和价值。我们以贵州大学《中国近现代史专题研究》为例来探讨史学前沿意识的培养为基点的课堂教学模式。

二、方案实施

2011 年经教育部批准为中国史一级学科硕士授予单位之际，我们即提出“素质为本，实践为用，面向主流，培养高手”的教育理念与办学方针，旨在造就一批具有广博的人文素质与现代意识、专业基础扎实、具有国际视野、能胜任中国历史研究工作的创新型人才。为此，我们制订了一整套体现中国史一级学科的培养方案，以专业基础课和专业选修课为板块的培养体系。

《中国近现代史专题研究》属于学位课的公共专业课课程，目的在于了解中国近现代史的基本理论和方法，初步熟悉中国近现代史的研究门径，为后续课程打下基础，也为未来发展廓清方向。为此，本课程一方面通过对中国近现代史研究的现状与发展趋势的掌握，熟悉有关的基本理论和基础知识，了解近几年中国近现代史研究中的主要理论问题、研究方法，主要的研究领域与范畴；另一方面在教学上，采取专题讲授、课后阅读、课堂讨论相结合的方法，促进学生课后阅读与思考，力图通过学习，使学生了解学术前沿，扩大学术视野，增强问题意识，把握主要理论与方法，为进一步学习与研究打下良好的基础。以此为进一步的学术研究和撰写硕士学位论文做必要的准备，使研究生今后可以更好地从事研究工作和各种相关的工作。2014 年 9 月，我们针对目前中国史一级硕士学科的实际状况开设了本课程。

笔者长期担任《中国近现代史专题研究》课程的教学与研究工作，有着较为深厚的理论基础和丰富的教学经验。学生与教师都不喜欢被迫的知识灌输的授课方式，而是都喜欢开放性的讨论与交流的授课方式。因此，以问题为导向、基于学术前沿意识培养的探究式、讨论式、参与式等教学方式是我们历来一直在坚持做的。在上课之前，我们通常还要做一个课前准备与调研工作。一是从理论上对中国近现代史的教学理念进行清理、反思与重建，凸显学术前沿意识；二是对学生的知识构成、学习习惯、学习现状、学习需求等情况进行调研；三是在取得调查数据的基础上，进行综合性的理论分析，确立课堂教学方案。

三、教学模式

在多年的研究生教育历程中，我们逐渐摸索出三种教学模式。

一是讲授模式。这种模式是以教师为主体，针对学科重要研究方向和学科前沿向学生讲授，重在本学科系统认知（见图 1）。

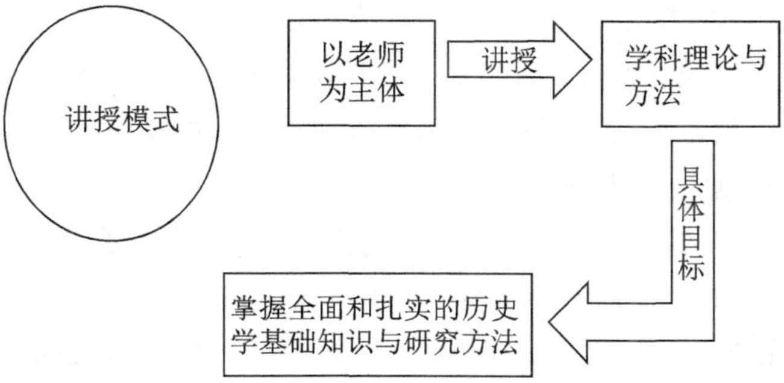

图 1　讲授模式

教师通过介绍中国近现代史研究的现状与发展趋势，重点介绍近几年中国近现代史研究中的主要理论问题、研究方法，以及主要研究领域。这种模式通过讲授使研究生较好把握近代中国的巨大变迁，理解近代中国的主旋律，更好地从宏观上整体认识近代中国。通过对学术前沿的介绍，使学生明了中国近现代研究中的热点、难点和空白点，激发学生的学术研究兴趣。

二是研讨模式。这种模式由教师提出本学科研究的一些热点问题，学生查阅文献资料后结合自身理论基础进行观点阐述，与师生一起讨论，最后由教师进行总结评论，重在独立思考的训练（见图 2）。

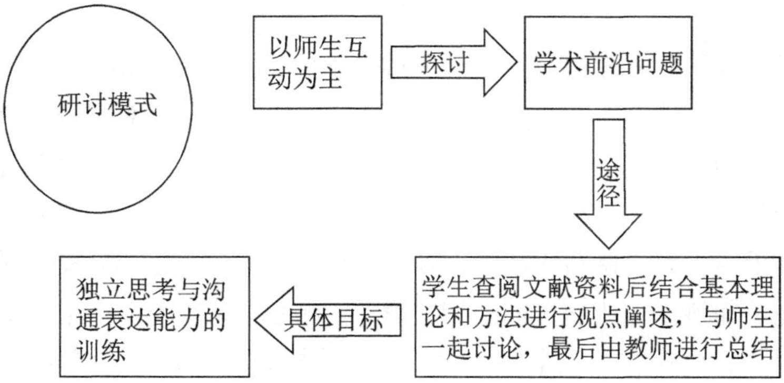

图 2　研讨模式

这种研讨模式，一般穿插有两种教学方法，一是讲述法，每次上课均指定一人主讲，余众均为评论及讨论人。主讲人应备妥文字稿，可就主题读物抒评，亦可就相关问题提出论述，且应在上课前一日分送上课同学。二是讨论法，每人上课前均应阅读指定读物，完成千字以内之读后意见（含简短综合要点，感想及问题），至迟应在上课前一日中午 12：00 前 E-mail 给所有上课师生，以便上课时共同参与讨论。上课同学事前应研读指定读物，利上课讨论，训练沟通表达与学术讨论能力。如布置学生阅读葛兆光《宅兹中国：重建有关“中国”的历史论述》。重点围绕以下三个问题展开讨论：（1）何谓“中国”？（2）“中国”是怎样形成的？（3）“中心”与“边缘”的关系？以小组形式进行，每组都要撰写报告，每组代表将会在课堂上做主旨发言。三位同学主旨发言 10 分钟，三位同学评阅 5 分钟，余众讨论。通过模仿学术会议的研讨模式，既训练了学生学术表达能力，又激发学生对学术前沿问题的探讨。这种课堂研讨的教学方法，可以促进学生课后阅读与思考，使学生了解学术前沿，扩大学术视野，增强问题意识，把握相关问题的主要理论与方法，为进一步学习与研究打下良好的基础。

三是专题模式。教师提出有学术价值和社会意义的问题，指导学生拟定研究提纲，并在教师指导下完成文献查阅、实地调研、形成报告，旨在解决问题的方法训练（见图 3）。

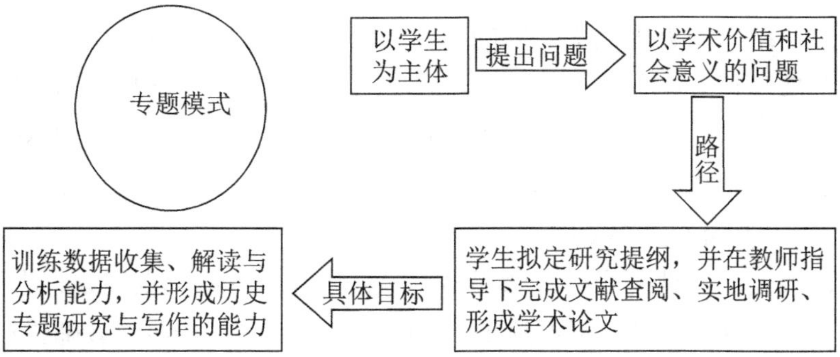

图 3　专题模式

这种模式也是从两方面进行：一是通过带学生进资料室，钻故纸堆，使学生对文献史料有感性认识；带学生参观博物馆，考察遗址遗迹，获得对实物史料的感性认识；组织学生开展社会调查，以便取得收集口碑史料的经验。目的就是将课堂理论讲授与资料查阅实践相有机结合，深化和提高对实际收集、整理、辨别、利用和研究史料的实践认知与动手能力。二是写作能力培养。具体做法是，可选取历史人物为对象，或选择某一专题（如科举停废、民间信仰、商会、市场、弱势群体、会馆、移民、土地占有等）为对象，利用在课堂上学习之方法，草拟研究计划，以学术论文方式呈现，借以训练数据收集、解读与分析能力，并形成历史专题研究与写作的能力。

四、结语

21世纪以来，历史学在社会科学的影响下，一些新理论、新方法的不断引进，中国社会史学界思想空前活跃，新思路、新见解层出不穷，在理论方法方面突破了过去的单一模式，研究范式上也呈现了多元化发展的趋向，发展出许多新的课题。学者们尝试利用社会科学的理论、方法研究其对象，产生了大量研究成果，如行龙等人"以水为中心的区域社会解释模式"，赵世瑜等人对"传说与故事"的解读方式，陈春声、郑振满、刘志伟等人的民间信仰与社会空间研究等，均为区域史学树立起一种具有相当解释力与可操作性的研究范式。不过也有些学者，由于生搬硬套社会科学理论，也造成了研究的偏差与问题。因此，课程很有必要以专题方式检讨这些社会科学理论与中国近现代史研究的主要成果，并介绍未来值得探讨的课题。

本课程以史学前沿意识的培养为基点的教育理念为引导，采取专题方式讲授，通过独特而丰富多样的课程教学设计，拟在真正意义上探究课程授课方式，真正实现课程主持者与听课者之间在特定范围内的思想、观念、推理、辩论等的动态互动交流，在教学模式上，推行以学生为中心、以问题为导向、基于学术前沿意识培养的探究式、讨论式、参与式等教学模式改革，即"讲授模式"（对话—辩论—思考—结论），"研讨模式"（问题—调查—讨论—参与），"专题模式"（确定主题—准备讲稿—进行讲授—授后总结），以及教师针对不同专题，指导学生阅读基本论著，以充实中国近现代史重要课题的专业知识；并配合读书讨论与期末学期报告，加强学生对中国近现代史的理解与探究能力。

总之，努力构建学生自主、教师主导下的学习、研究和实践相结合的教学模式。使学生了解学术前沿，扩大学术视野，增强问题意识，把握主要理论与方法，为进一步学习与研究打下良好的基础。

【参考文献】

[1] 吴琦．论高校历史学科史学前沿意识的培养［J］．历史教学（下半月），2013（4）．

[2] 吴琦．史学前沿著作的研读［J］．历史教学（下半月），2012（7）．

[3] 袁轶峰．区域社会史研究——从地方史到区域史［J］．廊坊师范学院学报（社会科学版），2015（1）．

● 中华民族共同体教育融入民族学专业教学改革初探

蒙祥忠

（贵州大学　历史与民族文化学院　贵州　贵阳　550025）

摘　要：党的十八大以来，我国民族团结进步事业已进入以铸牢中华民族共同体意识为主线的新的发展阶段。如何将中华民族共同体教育融入民族学专业研究生课程教学，已经成为当前民族学专业教师的一大重要使命。本研究在分析西南地区某高校民族学专业研究生课程设置的基础上，聚焦中华民族共同体教育与民族学专业课程体系建设的融合与运用问题，提出如何通过课程体系来培育研究生铸牢中华民族共同体意识的教改方案。

关键词：民族学专业课程；中华民族共同体教育；教改方案

党的十八大以来，习近平总书记着眼于新时代民族工作新的阶段性特征，创造性地提出了“铸牢中华民族共同体意识”。[1]党的十九大进一步确立了新时期党的民族工作方针，即全面贯彻党的民族政策，深化民族团结进步教育，铸牢中华民族共同体意识，加强各民族交往交流交融，促进各民族共同团结奋斗、共同繁荣发展。“铸牢中华民族共同体意识”这一重要论断，是在准确把握和认识统一多民族国家基本国情的基础上提出的，是对新时代民族工作的重大理论创新。[2]“铸牢中华民族共同体意识”这一重要论断持续引起了广泛的关注。仅从学界来看，形成了包括民族学、历史学、考古学、社会学、政治学、行政学、语言学、教育学、文学等多学科共同关注的局面，且主要聚焦于铸牢中华民族共同体意识的理论渊源、基本内涵以及路径选择等几大议题。但铸牢中华民族共同体意识的诸多理论问题仍未实现真正的破题，仍需要各学科的进一步努力。作为拥有民族学硕士点的高校，更应该积极思考如何在研究生课程体系建设中融入中华民族共同体教育，探讨在课程体系建设中铸牢研究生中华民族共同体意识的必要性及实现路径，将具有重要的理论价值和现实意义。基于此，本研究选

作者简介：蒙祥忠（1978—），男，博士，贵州大学历史与民族文化学院副教授，硕士生导师。主要研究方向为马克思主义民族理论与政策。

❶ 习近平:《在全国民族团结进步表彰大会上的讲话》，新华网，2019 年 9 月 27 日。

❷ 麻国庆．铸牢中华民族共同体意识的社会结构视角［N］．光明日报，2020-04-10.

择西南地区A高校为例，提出民族学专业课程融入中华民族共同教育的教改方案，旨在培育研究生铸牢中华民族共同体意识。

一、A高校的基本概况

西南地区A高校是一所"211工程"大学，是国家世界一流学科建设高校。A高校民族学硕士学位一级学科授权点于2009年获批建设，该校民族学一级学科是省重点学科、省特色重点学科。A高校在民族学、马克思主义民族理论与政策、民族史、中国少数民族经济4个方向招生培养。2015—2020年，共毕业民族学硕士生94人，就业率均在90%以上。毕业生大都在政府部门、高校、企事业单位成为业务骨干和团队中坚力量。另外，有20余位民族学专业硕士考上中国社会科学院、中山大学、厦门大学、云南大学、中南民族大学、兰州大学等民族学专业博士研究生。

截至2020年12月，A高校民族学导师队伍共有48人，其中正高级职称23人，副高级职称19人，中级职称6人，导师团队中博士学位比例达80%以上。一直以来，A高校民族学团队着力于民族平等团结共同发展繁荣、民族政策与边疆治理、民族地区人口与绿色可持续发展、民族文化传承保护、精准脱贫、乡村振兴等方面的调查与研究，并取得突出的科研成绩。

二、A高校民族学专业课程设置情况

（一）A高校民族学专业课程设置

从目前A高校民族学专业课程设置来看，其一级学科基础必修课共3门，包括：《民族学理论与方法》《民族学经典导读》和《田野调查与民族志写作》；每个二级学科至少开设与二级学科方向相关的2门专业必修课，这些课程需在研究生一年级完成。研究生二年级开设一门或两门选修课。A高校民族学专业的专业课、专业必修课和专业选修课共50门。另外，所有民族学专业研究生必须完成6个月以上的田野工作。其具体课程设置见表1。

表1　A高校民族学专业课程设置表

课程名称	课程类型	课程名称	课程类型
民族学理论与方法	专业课	田野调查与民族志写作	专业课
民族学/人类学经典导读	专业课	民族学通论	专业必修课
中国民族学史	专业必修课	马克思主义民族理论	专业必修课
民族关系与民族政策	专业必修课	民族考古学	专业必修课
西南民族史	专业必修课	经济人类学	专业必修课
民族经济学	专业必修课	苗族文化研究	专业选修课

续表

课程名称	课程类型	课程名称	课程类型
技术人类学	专业选修课	文化生态学 / 生态人类学	专业选修课
影视人类学	专业选修课	宗教人类学	专业选修课
旅游人类学	专业选修课	人类学理论前沿	专业选修课
当代中国民族区域自治研究	专业选修课	西南民族关系	专业选修课
马克思主义与当代人类学	专业选修课	民族志理论与书写	专业选修课
稻作文明研究	专业选修课	西南民族环境史	专业选修课
贵州民族关系史	专业选修课	中国民族移民史	专业选修课
中国西南民族志选读	专业选修课	东盟宗教研究	专业选修课
跨（国）境苗族研究	专业选修课	族群认同与民族主义	专业选修课
民族与宗教	专业选修课	经典世界民族志导读	专业选修课
经济理论与方法	专业选修课	民族文化产业发展理论	专业选修课
社会科学思想史与理论介绍	专业选修课	经济社会学	专业选修课
民族文化产业	专业选修课	人口资源环境经济学	专业选修课
区域经济学	专业选修课	民族人口与发展	专业选修课
西方经济学史	专业选修课	中国少数民族审美研究	专业选修课
中国少数民族概论	专业选修课	中国苗族服饰研究	专业选修课
民俗学	专业选修课	民族与现代性问题	专业选修课
族群与区域文化	专业选修课	中国民族概论	专业选修课
人类学理论批判	专业选修课	历史人类学	专业选修课

（二）A 高校民族学专业课程设置有待进一步优化

从 A 高校民族学专业课程设置来看，主要存在两个问题。一是有的课程与民族学专业学科不够紧密或涉及的面过于狭窄；二是有的课程名称或课程涉及的内容可能存在重叠现象。

与民族学专业学科不够紧密或涉及的面过于狭窄的课程主要包括：《中国少数民族审美研究》《跨（国）境苗族研究》《中国苗族服饰研究》《苗族文化研究》《东盟宗教研究》《技术人类学》《贵州民族关系史》《区域经济学》《西方经济学史》《人口资源环境经济学》《稻作文明研究》等。这些课程可以考虑取消或归并至其他课程。

课程名称或课程涉及的内容可能存在重叠现象而需要整合为一门课程的主要包括：（1）《民族学理论与方法》《民族学通论》《中国民族学史》可整合为一门课程；（2）《中国少数民族概论》《中国民族概论》可整合为一门课程；（3）《民族关系与民族政策》《西南民族关系》《西南民族史》《历史人类学》可整合为一门课程；（4）《田野调查与民族志写作》《民族志理论与书写》可整合为一门课程；（5）《马克思主义民族理论》《当

代中国民族区域自治研究》《马克思主义与当代人类学》《社会科学思想史与理论介绍》可整合为一门课程；(6)《文化生态学 / 生态人类学》《中国民族移民史》《西南民族环境史》可整合为一门课程；(7)《民族学/人类学经典导读》《经典世界民族志导读》《中国西南民族志选读》可整合为一门课程；(8)《民族经济学》《经济人类学》《民族文化产业发展理论》《经济理论与方法》《民族文化产业》《经济社会学》《民族人口与发展》可整合为一门课程；(9)《人类学理论前沿》《民族与现代性问题》《人类学理论批判》可整合为一门课程；(10)《民族与宗教》《宗教人类学》可整合为一门课程；(11)《族群认同与民族主义》《族群与区域文化》可整合为一门课程。另外，与其他课程没有重叠的主要包括《影视人类学》《旅游人类学》和《民族考古学》，这3门课程可单独保留。

通过对以上各门课程整合，以及取消部分课程后，A高校民族学专业课程将由原来的50门，减少到14门。提出进一步优化A高校民族学专业课程设置的设想，不仅利于融入中华民族共同体教育课程教学的设置，也有利于攻读民族学不同方向的研究生根据自身的需要而精准选择课程。

三、中华民族共同体教育融入民族学专业课程教学方案

(一)中华民族共同体教育融入"民族学"方向的课程教学

"民族学"二级学科方向主要研究民族文化变迁、社会关系、民族关系、制度习俗、生计方式、生态智慧和民族教育发展等领域。仅从2021年A高校"民族学"二级学科方向毕业生的硕士学位论文选题来看，就包括有少数民族丧葬仪式、少数民族生命观、少数民族古经、民族手工艺、民族体育、民族文化资源、民族文化生态、民族村落治理等。这些论文选题都符合"民族学"二级学科方向的基本要求。

中华民族共同体教育融入"民族学"二级学科方向课程，必须结合西南地区多民族的实际情况。2019年，习近平总书记在全国民族团结进步表彰大会上强调指出，中华民族多元一体是先人们留给我们的丰厚遗产，也是我国发展的巨大优势。这一重大论断，不仅指出了多民族是我国的一大特色，也是我国发展的一大有利因素。A高校地处西南地区，是一个多民族、欠发达的省份，贵州省有17个世居少数民族，少数民族总人口占贵州省36%以上。A高校所处的省份因是一个多民族的交汇地带而荟萃了农耕文化、游耕文化和农牧文化等，是研究多民族文化交往交流交融的理想园地。

作为汇集多姿多彩民族文化的西南地区，为研究铸牢中华民族共同体意识提供了丰富的典型案例。历史上各民族通过广泛的文化交流后，造就了各民族文化都具有极强的包容性，无论是农耕文化，还是游耕文化，抑或是农牧文化，它们之间都互为兼容，并以文化作为载体而建设共有精神家园，多种文化的汇聚熔铸成多元一体的中华文化。因此，在中华民族共同体教育融入"民族学"二级学科方向的课程上，需要结

合西南地区多民族文化的实际情况，增加有关中华优秀传统文化、中华各民族的文化交往交流交融、各民族共同创造的非物质文化遗产等内容。要培养学生充分认识到各民族共同创造了祖国灿烂的文化，增强他们对中华文化的认同。

（二）中华民族共同体教育融入“马克思主义民族理论与政策”方向的课程教学

“马克思主义民族理论与政策”方向主要运用马克思主义民族理论和中国共产党的民族方针政策，探索和研究民族平等、团结、和谐与共同发展繁荣的理论及其在民族地区的实践，为民族区域自治、民族社会经济发展、文化传承保护、乡村振兴等提供理论支撑与政策支持。仅从 2021 年 A 高校“马克思主义民族理论与政策”方向毕业生的硕士学位论文选题来看，就包括有西南地区少数民族和汉族的交融状况、民族地区红色歌谣、民族地区乡村产业绿色发展等。这些选题均关注当前民族领域基础理论问题和现实问题。

党和国家历来重视民族领域基础理论和重大问题研究工作。党的民族政策的制定依据，离不开对西南民族地区的调查研究。在中华民族共同体教育融入“马克思主义民族理论与政策”方向的课程上，需要增加有关马克思主义民族共同体理论及其中国化、中华民族共同体建设的理论与实践、中国特色民族政策与中华民族发展进步、中国共产党与中华民族建设、民族区域自治制度的发展与完善、推进民族区域自治立法、国家通用语言文字学习推广与民族地区双语教育、各民族交往交流交融典型案例调查、边疆地区民族团结进步事业、现代民族国家建设的理论与实践、民族事务治理体系和治理能力现代化问题等内容。

（三）中华民族共同体教育融入“民族史”方向的课程教学

“民族史”方向主要开展民族史、民族区域发展史研究，重点关注民族与国家之间在政治、经济、社会、文化、教育等方面的互动与发展。仅从2021年A高校“民族史”方向毕业生的硕士学位论文选题来看，就包括有民族地区市镇发展与变迁、土司制度与社会历史变迁、宗族制度与社会建构等。选题均符合“民族史”方向的学科要求。

千百年来，我国各民族的祖先都共同开发了我们祖国的疆域。在祖国的每一寸土地上，都铭刻着中华各民族先民的智慧。各民族在共同开发祖国的疆域中始终保持着密切的联系。历代中央王朝、少数民族政权在边疆开发中都做出了巨大贡献，中国疆域版图因此而得到完整保护。自秦代开始，历代中央王朝对边疆的经营与开发尤为重视。在这一历史过程中，各少数民族都积极主动作为，为我国边疆疆域的巩固和发展共同做出了突出贡献。因此，在中华民族共同体建设下，必须充分发掘整理历史上各民族对祖国疆域开发的贡献，培育研究生进一步认识到各民族共同缔造、发展、巩固统一的伟大祖国。在中华民族共同体教育融入“民族史”方向的课程上，需要增加有关中华民族共同体的形成与发展、中华各民族交往交流交融状况、各民族共同开拓祖国疆域、各民族共同书写祖国历史、各民族共同培育中华民族精神等内容。

（四）中华民族共同体教育融入“中国少数民族经济”方向的课程教学

“中国少数民族经济”方向主要关注经济发展中的文化作用，人口与资源、环境协调发展的关系，民族地区精准可持续脱贫，民族地区生态文化与绿色发展、乡村振兴等。仅从2021年A高校“中国少数民族经济”方向的硕士毕业生论文选题来看，就包括有民族手工业发展与文化传承、民族地区乡村旅游与生计发展、民族村寨生态产业发展、民族乡村旅游可持续发展等。选题均关注民族地区经济社会发展，符合该方向的学科要求。

各民族之间的经济文化交流、借鉴和互补，促成了中国历史上各民族的共同进步和发展。中国历史这一部多元民族、多元文化互动的历史，在经济上表现为游牧文化和农耕文化的互惠。中国的民族和经济区域大致可分为三个地带：其一是，农耕民族与旱地农业发展地带主要集中于秦岭－淮河以北之秦长城以内；其二是，水田农耕民族与水田农业发展地带主要集中于秦岭－淮河以南；其三是，游牧民族与狩猎民族发展地带主要集中于秦长城以外。中国的大一统是建立在这3个地带中民族关系发展的伟大结果，其互动必然包括经济的互惠。游牧文化和农耕文化之间的交流成了中华民族共同体意识的重要基础。因此，在中华民族共同体教育融入“中国少数民族经济”方向的课程上，要增加有关中华各民族经济交往交流交融、历史与现实各民族的经济贸易往来、民族地区脱贫攻坚与乡村振兴对接机制等，尤其需要向学生介绍西南地区这一多民族交错地带中所建立的经济和文化的联系。

四、结语

作为肩负党的民族政策研究的民族学专业，在课程设计上要紧密结合新时代党的民族工作方针政策而给予适当调整，尤其是要将中华民族共同体教育纳入课堂教学以及论文选题中，发挥民族学专业在中华民族共同研究中的积极贡献。从目前我国高校民族学专业课程设置来看，大多仍保留最传统的课程名称，其初衷是为了培养学生掌握民族学最基础的理论和研究方法，但这些课程所使用的教材，有的与当前民族学学科发展以及我国民族工作不相适应。当前最急迫的教学改革是，要将中华民族共同教育内融入民族学专业的课题教学中，其内容的主线围绕着铸牢中华民族共同体意识的问题导向、铸牢中华民族共同体意识的理论渊源和基本内涵、铸牢中华民族共同体意识的实践路径等几个方面。此外，下一步的工作任务是，要做好编写《中华民族共同体教育》课程配套教案讲义的工作，可考虑将《民族理论与民族政策》课程优化调整为《中华民族共同体教育》。

●“人口学概论”课程思政教学体系改革的探索与实践*

郑姝霞[1, 2]

（1. 贵州大学　公共管理学院　贵州　贵阳　550025；
2. 贵州大学　人口·社会·法制研究中心　贵州　贵阳　550025）

摘　要：2017年以来，贵州大学社会学系社会工作专业以立德树人为根本，进行“人口学概论”课程思政教学体系的改革探索和实践。结合项目式学习（PBL）教学理念和BOPPPS教学模式，积极推进课程思政教学改革与课程教学模式改革协同设计、强化专业课与思政课的协同融合、探索课程思政设计全路径创新，挖掘“真”“实”“全”的课程思政素材和元素，进行全过程、全路径创新，注重从上好一节课向上好一门课，注重回答好人口学学科教育“培养什么人、怎样培养人、为谁培养人”的问题，凝聚学生对人口国情的共识和共鸣，推进人口学科知识理念传播和普及，推进价值引领、能力培养和知识培养相结合，为学生更好地服务于人口发展实践、服务于中国特色社会主义建设提供保障。

关键词：人口学概论；课程思政；改革

一、前言

2016年，习近平总书记在全国高校思想政治工作会议上指出，要坚持在改进中加强思想政治理论课，同时强调“其他各门课都要守好一段渠、种好责任田，使各类课程与思想政治理论课同向同行，形成协同效应”。2017年，《关于加强和改进新形势下高校思想政治工作的意见》中指出，“充分发掘和运用各学科蕴含的思想政治教育资源”，《高校思想政治工作质量提升工程实施纲要》（教党〔2017〕62号）中强调，“大力推动以‘课程思政’为目标的课堂教学改革，优化课程设置，修订专业教材，完善教学设计，加强教学管理，梳理各门专业课程所蕴含的思想政治教育元素和所承载的思想政治教育功能，融入课堂教学各环节，实现思想政治教育与知识体系教育的有机

*　基金项目：贵州省普通本科高校2021年本科教学内容和课程体系改革项目（项目号：2021011）。

作者简介：郑姝霞（1979—），女，贵州毕节人，贵州大学公共管理学院社会学系讲师，博士，贵州大学人口·社会·法制研究中心研究人员。研究方向为人口理论、人口与社会发展。

统一"。2018年,《关于加快建设高水平本科教育全面提高人才培养能力的意见》(教高〔2018〕2号)和《关于深化新时代学校思想政治理论课改革创新的若干意见》相继发布,2020年《教育部关于印发〈高等学校课程思政建设指导纲要〉的通知》(教高〔2020〕3号)中明确指出"立德树人成效是检验高校一切工作的根本标准"。系列旨在提高高校人才培养质量、推进高校课程思政建设、促进课程育人作用的指导性文件,为高校课程思政的改革指明了方向。

二、"人口学概论"课程建设历程概述

1984年,贵州大学在贵州省率先成立了人口研究所。1993年,贵州大学成为在全国较早获批人口学二级学科硕士点的建设单位,围绕人口学学科建设和人才培养,开设了"人口理论与政策"等相关课程。2004年,基于人口学理论知识和研究方法在社会工作本科专业人才培养中的重要性,贵州大学社会学系开设了"人口理论"课程,在本科和硕士两个培养层级中,形成了较为完备的人口学学科知识体系的学习和培育格局。作为一门实践性很强的学科,人口学的兴起和发展都是适应和回应社会需求的结果,2008年,为更好地紧密契合社会工作专业的办学定位和学生培养目标、凸显该课程的应用性和实践性,"人口理论"课程更名为"人口学概论",并修订了教学大纲。2013年,课程主讲人开始探索基于研究性学习的实践教学方法。并于2017年开始,以立德树人为根本,进行课程思政教学体系的改革探索和实践。回应学校"立德树人、质量为本、成就教师、发展学生"的办学理念,服务国家和人民、服务区域经济社会发展,建设有区域特色和国内外影响力的综合性、高水平大学的办学目标,以及培养通专兼备、知行合一的高素质专门人才的人才培养目标。

三、"人口学概论"课程思政建设目标

(一)人才培养:价值塑造——知识传授——能力培养

教育部印发的《高等学校课程思政建设指导纲要》中指出,"全面推进课程思政建设,就是要寓价值观引导于知识传授和能力培养之中,帮助学生塑造正确的世界观、人生观、价值观,这是人才培养的应有之义,更是必备内容"。据此,我系"人口学概论"课程在思政教学体系的改革探索中,明确了如下人才培养目标。

1. 掌握学科知识原理

使学生全面了解马克思主义人口理论的基本科学原理和彰显马克思主义人口理论鲜明实践性的中国人口问题的本土情境;掌握人口学学科的基本理论、基本概念、基本知识,了解本学科的前沿成果和发展趋势。

2. 学会学科知识应用

培养学生历史辩证地运用学科理论和思维,认识理解现阶段中国人口发展的过程、

经验、特点和问题的能力。

3. 达成育人目标

“高等学校人才培养是育人和育才相统一的过程”[1]。“人口学概论”课程注重在知识传授和能力培养的基础上，融入思政元素和素材，凝聚学生的人口国情共识，培养家国情怀，增强其对中国特色社会主义共同理想的思想认同和理论自觉。

（二）课程建设

1. 在育人理念上落实课程思政协同育人理念

“人口学概论”课程精选高思想素质、高学术水平、高授课技能、热爱教育教学的教师团队，以立德树人为目标，将价值引领、能力培养和知识传授相结合，通过日常教学，使学生了解马克思主义人口理论的基本科学原理，以及彰显马克思主义人口理论鲜明实践性的中国人口问题的本土情境，实现“全课程、全课堂、全方位”育人，达成为助力人口与经济社会可持续发展，服务国家和地方经济社会发展、服务人口发展实践、服务中国特色社会主义建设的育人目标。

2. 在内容供给上丰富思政元素和思政教育素材

基于精选教材，在全面系统地介绍马克思主义人口理论和人口研究的基本原理的基础上，“找准思政内容和专业知识的契合点”，紧扣国家发展战略，从热点问题切入，动态更新教辅材料，分析和阐明现阶段中国人口发展主要过程、经验和特点、面临的突出问题，普及学科知识理念，引导学生掌握学科知识原理、学会学科知识应用，历史辩证地运用学科理论和思维，“真”“实”“全”地认识理解中国人口发展的实践、道路及其规律性。

3. 在方法措施上创新课程思政实施路径

课程从学生关切的人口问题入手，结合 PBL 教学理念和 BOPPPS 教学模式，从教学到考评模式进行全过程、全路径创新，注重从上好一节课向上好一门课，切实打造金课。实现“教师在不知不觉中实施教育，学生在不知不觉中深受教育”。

四、“人口学概论”课程思政建设重点

（一）强化专业课与思政课的协同融合，回答好人口学学科教育“培养什么人、怎样培养人、为谁培养人”的问题

大学生正处于“拔节孕穗期”，正处于专业知识理论和专业能力积蓄、价值观形成、独立正确地理解社会的关键时期。中国人口学要有正确的人口理论做指导。中国

[1] 《教育部关于印发〈高等学校课程思政建设指导纲要〉的通知》（教高〔2020〕3 号）[EB/OL].（2020-06-01）[2020-08-11]. http://www.moe.gov.cn/srcsite/A08/s7056/202006/t20200603_462437.html.

特色的人口学在课程教学教育环节中，必须以立德树人为根本，以“四个回归”为基本遵循，结合学科在认识和解决中国人口实践中的本土情境，用马克思主义的学科立场，进行价值观引导和学科训练，讲好中国人口故事，做到“守好一段渠、种好责任田”。

（二）探索课程思政设计全路径创新，改变重教轻育、重教轻学、重结果轻过程的问题

围绕立德树人的育人目标，科学设计课程，探索推进研究性（PBL）学习的课程实践，通过教学观念改革促进学习方式变革。坚持以人为本，既注重“教得好”，更注重“学得好”，从问题或情境切入，以思政元素和素材为载体，以过程取向和主体取向为考核方法和考核内容，回应金课打造中的三性一度的问题，激发学生学习兴趣和潜能，提升学生学习自主性、创新性，及对中国人口学科的认同感、自豪感。

（三）挖掘“真”“实”“全”的课程思政素材和元素，避免说教和假大空问题

利用人口学学科紧密联系社会经济发展易于进入大众视野的优势，以及其实践性和应用性的特点，“真”“实”“全”地动态更新和挖掘课程思政素材和元素，从热点问题和情境切入，用 BOPPPS 模式组织教学，让学生带着问题和兴趣主动参与教学，结合专业培养目标和打造金课目标，突出学科实践性、坚持本土立场、讲好中国人口故事，秉持问题导向和政策导向，用生动话语传播人口学知识理念，避免假大空，凝聚人口国情共识[1]，服务地方经济社会。

五、“人口概论”课程思政建设路径

（一）挖掘思政教育资源、完善课程内容

课程思政是让思政内容在专业课中得到深入感知和贯彻。“人口学概论”是一门理论性、实践性和应用性并重的课程，有丰富的思政教育资源。

1. 精选教材为纲

本门课程使用的教材是由刘铮主编、中国人民大学出版社出版的《人口理论教程》，该著作在中国人口学构建马克思主义人口理论的进程中应运而生。被誉为“集十余年中国人口理论研究之大成”[2]。紧扣教材，本课程全面系统地介绍马克思主义人口理论的基本科学原理，并对彰显马克思主义人口理论鲜明实践性的中国人口问题的本土情境进行分析。

---

[1] 尹德挺，菅立成，郑澜，董亭月．试论中国人口学的本土特色——基于学科体系、学术体系与话语体系的视角［J］．北京行政学院学报，2020（12）．

[2] 曲海波．1974—1985 年间中国人口理论发展的逻辑与历史［J］．人口学刊，2003（2）．

2. 动态更新教辅

人口学学科的特点决定了人口学的话术和话语容易转化为社会和日常生活的热点话题。基于此，课程在本身蕴含的丰富思政素材和元素的基础上，特别注重动态地从国家人口政策、新闻时事、权威期刊文献中抓住富有时代性、前沿性的热点问题和实践问题作为思政素材和元素，以之作为与专业课程的融合点，提升学生素质、回应育人需要和实践需求。

（二）课程思政建设模式和方法路径

1. 积极推进课程思政教学改革与课程教学模式改革协同设计

以立德树人为根本，以“四个回归”为基本遵循，回答好人口学学科教育“培养什么人、怎样培养人、为谁培养人”的问题。

2. 积极推进专业课程与思政课程的协同融合

明确立德树人目标，从教师到学生、从教学到考核，在育人的每一环形成协同效应。强化马克思主义人口基础理论和对实证研究的指导地位，全面通过对中国丰富人口国情的学习、对人口发展实践经验的总结，真正理解马克思主义人口理论的科学性和实践性，讲好中国人口故事。

3. 注重挖掘和丰富思政教育素材和元素

精心准备教辅资料，从课程导入到教学反思和总结，注重通过挖掘可触、可摸、可见的“真”“实”“全”的思政素材和元素，凝聚学生对人口国情的共识和共鸣，推进价值引领、能力培养和知识培养相结合，推进人口学科知识理念传播和普及，为人口学更好地服务于人口发展实践、服务于中国特色社会主义建设提供保障。

4. 以研究性学习为理念，以 BOPPPS 模式为切入点

通过专业知识和思政素材、思政元素的融合和契合，结合“过程取向”“主体取向”的考核模式，引导学生自主学习能力、创新学习能力、历史思辨能力、服务社会能力的提升。

5. 提升教学团队思想政治理论水平

按照“四有好老师”的要求加强思想政治学习，构建思想素质高、学术水平高、授课技能高、热爱教育教学的学科队伍，为课程建设提供坚强基础和保障。

（三）课程建设目标融入课程教学过程

1. 教学理念为先导

（1）专业课程与思政课程协同融合。以立德树人为根本，以“四个回归”为基本遵循，回答好人口学学科教育“为谁培养人、怎么培养人”的问题；（2）秉持研究性学习理念，以教学方式改革带动学习模式变革，落实“以学生发展为中心，学习成果为导向，学习效果为标准”的教学理念；（3）秉持教学教育的理念，将知识育人与价值育

人结合。突出专业课程与思政元素、学科理论教学与学科实践、科学研究与课堂教学、知识学习与知识传播、本土立场与国际视野结合。

2. 融入思路

秉持研究性学习（PBL）的理念，在具体操作上采用 BOPPPS 模型。在教学过程中，从问题和情境切入，通过教学主导方——教师教学理念、方法和模式的转变，带动教学主体方——学生学习自主性、积极性和创造性的转变，实现课堂翻转，塑造平等、民主、合作、和谐的教学关系。建立过程取向和主体取向的发展性课程评价形式，在教学中，切实融入思政素材和元素，落实"以学生发展为中心，学习成果为导向，学习效果为标准"的教学理念，通过润物细无声的方式，实现价值引领、知识传授和能力培养三位一体的育人目标。

3. 教学内容及组织实施

（1）课程注重"上好每一节课"对"上好一门课"的推动。围绕马克思主义人口理论基本原理的四个方面，及彰显马克思主义人口理论鲜明实践性的中国人口问题的本土分析情境展开教学；（2）找准专业知识和思政内容的契合点，基于研究性学习（PBL）的理念，从学生感兴趣的热点切入，依托调研、读书报告、辩论赛、讨论等教学活动，依据 BOPPPS 模式，通过教师观念的转变，带动学生学习方式的变革，达成育人目标。

4. 课程评价

构建发展性课程评价体系：（1）过程考核与期末考核相结合。通过课堂讨论、课堂发言，读书报告或专题调研报告及汇报、专题辩论等小组互评模式等"过程取向"与"主体取向"的考核，强化学生实践和反思能力；（2）教师评分与小组交互评分相结合。在小组过程考核中，将教师评分与小组互评分别予以一定权重，计算学生过程考核成绩；（3）专业价值认知与中国人口发展的相关问题和现象的分析能力相结合。在考核内容中，强化学生历史思维和思辨能力；（4）充分发挥过程考核的反馈调节功能，调整考核任务，积极改进教学方式方法，推进课程思政发展及师生发展。

六、结语

综上所述，未来在"人口学概论"课程思政教学体系的建设中，首先，必须继续坚持立德树人，促进教学改革与课程思政协同、融合。在分析和认识中国人口发展中的诸多问题时，坚持马克思主义的原则、立场和根本方法，讲好中国人口故事。其次，在教学团队建设方面，建立学科认同，树立学术坚守。教学团队是课程思政育人的重要基础和保障。须提高思想政治素养、促进基础知识和创新知识、学科知识和实践知识的结合，强化学科意识，提升学科素养、拓展学科领域、创新学科方法，促进人口学学科人才队伍的成长。最后，继续推动教学模式变革，带动学习革命。提高教学水平、提升教学理念，切实上好每一堂课，努力建设课程思政金课。以学生发展为中心，推敲好每一个教学环节，提升学生学习的主动性、创造性和独立性，提高分析能力、历史思维和思辨能力，实现全程育人、全方位育人的目标。

【参考文献】

［1］习近平．把思想政治工作贯穿教育教学全过程　开创我国高等教育事业发展新局面［EB/OL］.（2016-12-09）［2017-05-11］. http：//jhsjk.people.cn/article/28936173.

［2］中共中央、国务院．关于加强和改进新形势下高校思想政治工作的意见（中发〔2016〕31号）［EB/OL］.（2017-02-27）［2017-06-15］. http：//www.gov.cn/xinwen/2017-02/27/content_5182502.htm.

［3］中共教育部党组．高校思想政治工作质量提升工程实施纲要（教党〔2017〕62号）［EB/OL］.（2017-12-05）［2018-01-07］. http：//www.moe.gov.cn/srcsite/A12/s7060/201712/t20171206_320698.html.

［4］教育部．关于加快建设高水平本科教育全面提高人才培养能力的意见（教高〔2018〕2号）［EB/OL］.（2018-10-08）［2018-11-15］. http：//www.moe.gov.cn/srcsite/A08/s7056/201810/t20181017_351887.html.

［5］中共中央办公厅、国务院办公厅．关于深化新时代学校思想政治理论课改革创新的若干意见［EB/OL］.（2019-08-14）［2019-10-07］. http：//www.gov.cn/zhengce/2019-08/14/content_5421252.htm.